Arbeit, Migration und Soziale Arbeit

Thomas Geisen · Markus Ottersbach
(Hrsg.)

Arbeit, Migration und Soziale Arbeit

Prozesse der Marginalisierung in
modernen Arbeitsgesellschaften

Herausgeber
Thomas Geisen
Hochschule für Soziale Arbeit der Fach-
hochschule Nordwestschweiz
Olten
Schweiz

Markus Ottersbach
Fachhochschule Köln
Deutschland

ISBN 978-3-658-07305-3   ISBN 978-3-658-07306-0 (eBook)
DOI 10.1007/978-3-658-07306-0

Die Deutsche Nationalbibliothek verzeichnet diese Publikation in der Deutschen Nationalbiblio-
grafie; detaillierte bibliografische Daten sind im Internet über http://dnb.d-nb.de abrufbar.

Springer VS
© Springer Fachmedien Wiesbaden 2015
Das Werk einschließlich aller seiner Teile ist urheberrechtlich geschützt. Jede Verwertung, die
nicht ausdrücklich vom Urheberrechtsgesetz zugelassen ist, bedarf der vorherigen Zustimmung
des Verlags. Das gilt insbesondere für Vervielfältigungen, Bearbeitungen, Übersetzungen, Mikro-
verfilmungen und die Einspeicherung und Verarbeitung in elektronischen Systemen.

Die Wiedergabe von Gebrauchsnamen, Handelsnamen, Warenbezeichnungen usw. in diesem
Werk berechtigt auch ohne besondere Kennzeichnung nicht zu der Annahme, dass solche Namen
im Sinne der Warenzeichen- und Markenschutz-Gesetzgebung als frei zu betrachten wären und
daher von jedermann benutzt werden dürften.

Gedruckt auf säurefreiem und chlorfrei gebleichtem Papier

Springer VS ist eine Marke von Springer DE. Springer DE ist Teil der Fachverlagsgruppe Springer
Science+Business Media
www.springer-vs.de

Inhaltsverzeichnis

Einleitung

Arbeit, Migration und Soziale Arbeit. Herausforderungen und Perspektiven 1
Thomas Geisen und Markus Ottersbach

Teil I Grundlagen und Systematisierungen

Fremde Subjektivierungen 25
Anselm Böhmer

Migration und Behinderung 49
Erich Otto Graf

Die Kunst, „ganze Menschen" zu regieren. Über die politische Vermenschlichung ausländischer Arbeitskräfte 69
Esteban Piñeiro

Migration, Work, Social Work and Psycho-Social Theories. Towards Improved Understandings, Knowledge and Practice 93
Pat Cox

Lebensstrategien von Familien im Kontext von Arbeit und Migration ... 109
Thomas Geisen

Teil II Übergangsmanagement

Jugendliche mit Migrationshintergrund in Inklusionskontexten am Beispiel von Bildung, Ausbildung und Arbeit 143
Markus Ottersbach

Jugendwohnen und Migration. Empirische Befunde zu einem ausbildungs- und arbeitsmarktbezogenen, sozialpädagogisch begleiteten Wohnangebot 167
Laura de Paz Martínez und Miriam Meuth

Jugendliche ohne Schulabschluss als Thema von Bildungspolitik und Sozialer Arbeit. Kritische Analyse von Zielstellungen, Daten und Begrifflichkeiten 193
Martina Hörmann

Berufliche Integration von jugendlichen Migrantinnen und Migranten. Biografische Herausforderung und Aufgabe der Sozialen Arbeit 213
Margit Stein

Wege in die Arbeitswelt – dorthin, wo noch Platz ist 235
Eva Mey

„Mein grösster Wunsch ist es, eine Lehrstelle zu finden". Jugendliche mit Migrationshintergrund beim Übergang ins duale Berufsbildungssystem 263
Monika Müller

Erfolgs- und Misserfolgsfaktoren von Berufsintegrationsprojekten für Personen mit Migrationshintergrund 287
Sylvie Kobi, Christina Dietrich, Esther Forrer Kasteel und Milena Gehrig

Teil III Arbeitsintegration und temporäre Beschäftigung

„Wir sind hier keine Phantasiefirma" 319
Gisela Hauss

Zwischen Care-Gemeinschaft und Marginalisierung 339
Nadia Baghdadi und Raphaela Hettlage

Die Arbeit von MigrantInnen in Haushalten Pflegebedürftiger zwischen Prekariat und Autonomie 361
Nausikaa Schirilla

Wanderarbeitende am Rand der Gesellschaft 375
Matthias Wagner

The Swedish Welfare-State's Unnoticed Helpers 395
Eva Wikström

In Deutschland nur geduldet. Rechtsstaatliche Diskriminierung und Handlungsmöglichkeiten Sozialer Arbeit 415
Andreas Deimann

Mitarbeiterverzeichnis

Nadia Baghdadi St. Gallen, Schweiz

Anselm Böhmer Weingarten, Deutschland

Pat Cox Preston, Lancashire, UK

Laura de Paz Martínez Mainz, Deutschland

Andreas Deimann Leverkusen, Deutschland

Christina Dietrich Zürich, Schweiz

Esther Forrer Kasteel Zürich, Schweiz

Milena Gehrig Zürich, Schweiz

Thomas Geisen Olten, Schweiz

Erich Otto Graf Basel, Schweiz

Gisela Hauss Olten, Schweiz

Raphaela Hettlage Bern, Schweiz

Martina Hörmann Olten, Schweiz

Sylvie Kobi Zürich, Schweiz

Miriam Meuth Frankfurt am Main, Deutschland

Eva Mey Luzern, Schweiz

Monika Müller Winterthur, Schweiz

Markus Ottersbach Köln, Deutschland

Esteban Piñeiro Basel, Schweiz

Nausikaa Schirilla Freiburg, Deutschland

Margit Stein Vechta, Deutschland

Matthias Wagner Bielefeld, Deutschland

Eva Wikström Umeå, Schweden

Einleitung

Einleitung
Arbeit, Migration und Soziale Arbeit. Herausforderungen und Perspektiven

Thomas Geisen und Markus Ottersbach

Arbeitsmigration ist ein Kennzeichen moderner Gesellschaften (Geisen 2005; Lutz 2008; Potts 1988), sie hat seit dem ausgehenden 20. Jahrhundert an Dynamik gewonnen. Castles et al. charakterisieren das 21. Jahrhundert als Zeitalter der Migration (Castles et al. 2013) und inzwischen ist sie auch, nachdem Migration hier lange als Rand- oder Spezialthema galt, zu einem zentralen Gegenstand der Sozialen Arbeit geworden, und zwar nicht nur wenn es um migrationsspezifische Fragen der Unterstützung im Kontext der Einwanderung geht, etwa um Beratung in ausländerrechtlichen Fragen, die Unterstützung unbegleiteter minderjähriger Flüchtlinge oder von traumatisierten Flüchtlingen. Vielmehr sind alle Bereiche der Sozialen Arbeit durch eine starke Heterogenität von Klientinnen und Klienten mit Migrationsbiographie gekennzeichnet. Sie kommen aus ganz unterschiedlichen, weltweiten Herkunftsregionen und haben vielfältige, komplexe Migrationsbiografien aufzuweisen. Migrantinnen und Migranten werden insbesondere zu Klientinnen und Klienten der Sozialen Arbeit, wenn bei ihnen in konkreten Lebenslagen spezifische Probleme und Herausforderungen auftreten, für deren Bearbeitung sie auf Unterstützung angewiesen sind. Ein zentraler Bereich, in dem Migrantinnen und Migranten auf besondere Weise unterstützt werden, ist der Bereich der Arbeitsinte-

---

T. Geisen (✉)
Olten, Schweiz
E-Mail: thomas.geisen@fhnw.ch

M. Ottersbach
Köln, Deutschland
E-Mail: Markus.Ottersbach@fh-koeln.de

gration. Denn hier sind sie mit höheren Belastungen konfrontiert, haben erschwerte Zugänge zum Arbeitsmarkt und sind stärker von Erwerbslosigkeit betroffen. Die höhere Erwerbslosigkeit von Migrantinnen und Migranten ist auf unterschiedliche Faktoren zurückzuführen. Neben Formen der Diskriminierung und Ausgrenzung gilt es vor allem zu beachten, dass ein hoher Anteil von ihnen in stark konjunkturabhängigen Bereichen, in Branchen mit saisonalen Schwankungen und im Niedriglohnsektor beschäftigt ist. Vor diesem Hintergrund setzen sich die Beiträge des vorliegenden Bandes mit unterschiedlichen Facetten des Zusammenhangs von Arbeit, Migration und Sozialer Arbeit auseinander. Hierzu werden zunächst theoretische Grundlagen der Arbeitsgesellschaft diskutiert und Prozesse der Pluralisierung von Arbeitsverhältnissen im Kontext von sozialem Wandel aufgezeigt. Anschließend wird der Zusammenhang von Erwerbsarbeit und Migration diskutiert, bevor abschließend die Bedeutung der Sozialen Arbeit im Kontext von Arbeit und Migration thematisiert und die im Band gesammelten Beiträge vorgestellt werden.

1 Moderne, Arbeitskraft und Arbeitsgesellschaft

Moderne Gesellschaften sind Arbeitsgesellschaften, in denen die menschlichen Tätigkeiten auf Arbeit zentriert sind. In Arbeitsgesellschaften sind die Vergesellschaftungsprozesse vor allem auf die Ausbildung und produktive Anwendung von Arbeitskraft fokussiert (Geisen 2012). In (welt-)gesellschaftlicher Perspektive sind eine ausreichende Verfügbarkeit von Arbeitskraft und ihre qualifikatorische, soziale und kulturelle Passung in den verschiedenen Bereichen ihrer Anwendung entscheidende Grundlagen für die kontinuierliche Produktion und Reproduktion moderner Gesellschaften (Marx 1989; Negt 2001). Aus diesem Grund ist das in der Moderne entstandene Verständnis von (Erwerbs-)Arbeit zugleich auch elementarer Bestandteil des Alltagslebens (Lefebvre 1975). Die durch Arbeit erzeugte materielle Produktion und Reproduktion dominiert das Alltagsleben der Individuen. Mit anderen Worten: In modernen Arbeitsgesellschaften konkretisieren sich nicht nur die gesellschaftlichen Anforderungen in (Arbeits-)Tätigkeiten und sozialen Praxen als Bedingungen der materiellen Produktion und Reproduktion. Zugleich realisieren sich darin auch die mit modernen Arbeitsgesellschaften verbundenen gesellschaftlichen Norm- und Wertvorstellungen als individuelle und kollektive Werthaltungen. In ihren Widersprüchen, Ambivalenzen und Verschiebungen bilden die Norm- und Wertvorstellungen die immateriellen Bedingungen von Produktion und Reproduktion ab und gehen einher mit der jeweils individuellen Aneignung und Umsetzung eines allgemeinen Leistungs- und Konkurrenzprinzips, das an den Möglichkeiten der gesellschaftlichen Verwertung der Resultate von sozialen Praxen und Tätigkeiten bemessen wird.

Die (Erwerbs-)Arbeit selbst und die (Erwerbs-)Arbeitsverhältnisse, also die sozialen Kontexte und Bedingungen, unter denen sich Arbeit als menschliche Grundtätigkeit (Arendt 1996) realisiert, sind einem beständigen sozialen Wandel unterworfen, der erhebliche Auswirkungen auf das Alltagsleben der Menschen hat. Denn mit dem Wandel der Arbeitsverhältnisse ändern sich die menschlichen Lebensgrundlagen. Während beispielsweise in den mittel- und nordeuropäischen Sozialstaaten seit den 1960er Jahren und bis in die 1980er Jahre hinein ein Arbeitsverhältnis dominierte, das a posteriori als „Normalarbeitsverhältnis" bezeichnet wird, so haben sich in der Folge vielfältige neue Arbeitsverhältnisse etabliert, die vor allem durch zeitliche und örtliche Flexibilität gekennzeichnet sind. Auch der im Produktionssinn einheitsstiftende Ort der Fabrik, wie er kennzeichnend für die fordistischen Produktionsverhältnisse (Schaarschuch 1990) bis in die 1970/1980er Jahre hinein war, hat spätestens im Hightech-Kapitalismus (Haug 2012) an Bedeutung verloren. Merkmale des klassischen „Normalarbeitsverhältnisses" sind eine sozialversicherungspflichtige, unbefristete und häufig zeitlich, rhythmisch und örtlich klar festgelegte Vollzeitbeschäftigung, die vielfach die einzige bzw. die wichtigste Quelle des Familieneinkommens ist. Im Sinne einer geschlechterspezifischen Arbeitsteilung dominierte das männliche Ernährer-Model, während Hausarbeit und die Versorgung von Kindern und pflegebedürftigen Familienangehörigen in der Regel durch die nicht- oder nur in geringem Umfang erwerbstätige Ehefrau besorgt werden. Strukturelle Defizite in der sozialen Unterstützung, etwa fehlende oder unzureichende Betreuungsmöglichkeiten für Kinder und bestehende soziale Ungleichheiten, etwa bezogen auf die geschlechtsspezifische Ungleichbehandlung bei der Entlohnung, trugen vor allem in den liberalen und korporatistischen Wohlfahrtsregimen (Esping-Anderson 1998, S. 43 f.) zu einer Verfestigung der dominierenden Formen geschlechtsspezifischer Arbeitsteilung bei. Hinzu kamen weitere staatliche Privilegierungen des Normalarbeitsverhältnisses auf der Basis des männlichen Ernährer-Models, in Deutschland beispielsweise über die Steuergesetzgebung im Rahmen des sogenannten Ehegatten-Splitting. Darüber hinaus war das Normalarbeitsverhältnis ein durch Gesetze und Tarife weitgehend festgelegtes Beschäftigungsverhältnis, das detaillierte Bestimmungen in Bezug auf Alter, Beschäftigungsdauer und Betriebszugehörigkeit und damit verbundene Gratifikationen enthielt (Castel 2000; Castel and Dörre 2009). Kollektiv geregelt und abgesichert war das Normalarbeitsverhältnis als ein Lohnarbeitsregime auch im Hinblick auf sozialstaatliche Garantien und individuelle Schutzfunktionen, insbesondere im Hinblick auf Kündigung, Mitbestimmung in Großbetrieben, Krankheitsfall, Alter/Seniorität, Alterssicherung, betriebliche Zusatzrente und Arbeitslosenversicherung. Die mit dem Normalarbeitsverhältnis explizit und implizit verbundenen Wertsetzungen und Beurteilungen haben aber auch eine Kehrseite:

die vom männlichen Ernährer-Typus abweichenden Arbeitsmarktteilnehmenden, beispielsweise Frauen, Menschen mit Migrationshintergrund, Berufs- oder Betriebswechselnde, sind strukturell benachteiligt, etwa bezüglich des Lohns, der Arbeitsbedingungen, oder im Hinblick auf ihre berufliche (Weiter-)Entwicklung.

Seit den 1980er Jahren ist das etablierte kollektive System der sozialen Sicherung in den verschiedenen europäischen Staaten starken Transformationsprozessen unterworfen (Geisen 2001; Kraus und Geisen 2001; Lessenich 2008; Schmid 2010). In Deutschland war dies beispielsweise auch eine Reaktion auf den starken Anstieg der Erwerbslosigkeit seit Ende der 1970er Jahre, die zu Massenarbeitslosigkeit führte und sich im Zuge der deutschen Wiedervereinigung in den 1990er Jahren nochmals verschärfte. Diese Entwicklung schien lange Zeit nicht abgeschlossen und hat sich mit deutlichen regionalen und altersspezifischen Unterschieden auf hohem Niveau eingependelt. Auf Grund von Wirtschaftswachstum und demographischem Wandel, aber auch durch die Flexibilisierung und Deregulierung des Arbeitsmarktes hat sich die Lage auf dem Arbeitsmarkt daher erst in den vergangenen Jahren deutlich verbessert.[1] Die positive Entwicklung in Deutschland, die trotz der Wirtschafts- und Finanzkrise seit 2008 weiter anhält, ist jedoch nicht vergleichbar mit derjenigen anderer europäischer Länder. Insbesondere in Frankreich und in den südeuropäischen Ländern hat die Arbeitslosigkeit im gleichen Zeitraum stark zugenommen und zum Teil dramatische Ausmaße erreicht, etwa in Griechenland und Spanien. Die Folgen einer Politik der Flexibilisierung und Deregulierung des Arbeitsmarktes zeigen sich auch am Rückgang des Anteils des „Normalarbeitsverhältnisses" an der Beschäftigung in Deutschland von 66 % in 1999 auf 60 % in 2014 (IAB 2014). Dieser basiert vor allem auf der starken Abnahme des „Normalarbeitsverhältnisses" bei Frauen. Während Männer im 2014 weiterhin zu zwei Dritteln in solchen Arbeitsverhältnissen beschäftigt sind, liegt der Wert bei Frauen nur noch bei 50 % (IAB 2014). Standardisierte Vollzeitbeschäftigung wird in zunehmendem Maße durch andere Formen der Arbeit ersetzt (Teilzeit-, Leih- oder Heimarbeit, Ich-AG). Der Anteil der Teilzeitarbeitenden hat sich in den letzten 15 Jahren verdoppelt, derjenige der geringfügig Beschäftigten mehr als vervierfacht (IAB 2014). Eine vergleichbare Entwicklung zeigt sich auch bei der Entwicklung des Arbeitsmarktes in der Schweiz, der durch einen tief greifenden Strukturwandel gekennzeichnet ist, der durch „das starke Wachstum der Teilzeitbeschäftigung und die weit gehende Stagnation der Vollzeitbeschäftigung" (BFS 2014c) charakterisiert ist. Darin zeigt sich ein globaler Trend der Beschäftigungsentwicklung, „von dem auch die Schweiz nicht verschont geblieben ist: Die zunehmende Deregulie-

---

[1] Dies gilt jedoch nur für die Arbeitslosenstatistik, nicht für das Lohnniveau unterer Lohngruppen.

rung und Flexibilisierung der Arbeitsverhältnisse bzw. die Abkehr vom bisherigen, männlich dominierten Normalarbeitsverhältnis einer ununterbrochenen, sozialversicherungsmässig abgesicherten Vollzeitbeschäftigung. An der Tatsache, dass Vollzeitstellen mehrheitlich von Männern besetzt werden, Teilzeitstellen dagegen mehrheitlich von Frauen hat sich im betrachteten Zeitraum [1985–2001] jedoch (...) nichts geändert. Der zweigeteilte Arbeitsmarkt mit einem männlich geprägten Vollzeitsektor und einem weiblich geprägten Teilzeitsektor weist ein grosses Beharrungsvermögen auf" (BFS 2014c). Aktuelle Zahlen zeigen, dass im Zeitraum 2008 bis 2013 die Anzahl der Beschäftigten und Erwerbstätigen in der Schweiz zunahm, dass die Erwerbslosenquote gemäß ILO mit 4,2% im zweiten Quartal 2013 jedoch um 0,8 Prozentpunkte höher war als fünf Jahre zuvor (BFS 2014a, S. 10). Dies zeigt, dass die Folgen der Finanz- und Wirtschaftskrise von 2008/2009, die zwischenzeitlich auch in der Schweiz zu einem Anstieg der Erwerbslosigkeit führte, noch immer spürbar sind. Der Anstieg der Zahl der Erwerbslosen ist vor allem auf eine Zunahme der Erwerbslosenquote bei den Männern zurückzuführen, insgesamt kam es zu einer Angleichung der Erwerbslosenquote von Frauen und Männer: „Im zweiten Quartal 2013 waren 4,1% der Männer resp. 4,2% der Frauen erwerbslos; 5 Jahre zuvor war der Unterschied deutlich grösser (2,9% resp. 4,0%). Frauen arbeiten weiterhin deutlich öfter Teilzeit (58,5%) als Männer (14,5%). Die Anzahl teilzeiterwerbstätiger Männer hat sich in den letzten 5 Jahren jedoch überdurchschnittlich erhöht" (BFS 2014a, S. 10). Ausländerinnen und Ausländer sind in der Schweiz häufiger von Erwerbslosigkeit betroffen: „1,398 Mio. Ausländer waren im zweiten Quartal 2013 erwerbstätig und 92.000 waren erwerbslos im Sinne der ILO. Die Erwerbslosenquote gemäss ILO der ausländischen Bevölkerung ist innerhalb von fünf Jahren um 1,5 Prozentpunkte gestiegen (2. Quartal 2008: 6,5%; 2. Quartal 2013: 7,9%), wobei im ersten Quartal 2010 zwischenzeitlich ein Spitzenwert von 10,4% erreicht wurde" (BFS 2014a, S. 16).

Insgesamt sind die Gründe der Erosion des Normalarbeitsverhältnisses (Dombois 1999; Walwei 1999) – neben der Flexibilisierung und De-Regulierung des Arbeitsmarkts – vor allem auf Rationalisierung, den Rückgang des Wirtschaftswachstums, Tendenzen der „Tertiärisierung" (von der klassischen Industriearbeit zur flexiblen Dienstleistungstätigkeit), falsche oder riskante Unternehmensführung, ein neoliberales Wirtschaftskonzept (Effektivierung der Produktionsverhältnisse unter der Maxime der Optimierung der Kapitalgewinne), die Verlagerung von Arbeitsplätzen in Länder mit geringen Lohn(-neben)kosten oder Umweltauflagen und ein zunehmendes Bedürfnis nach Selbständigkeit und Selbstverwirklichung zurückzuführen. Die Zunahme flexibilisierter und fragmentierter Erwerbsbiografien hat auch zu einer Zunahme von sogenannten Working Poor geführt, also von Erwerbstätigen, die trotz Erwerbstätigkeit nicht in der Lage sind, mit ihrem Erwerbseinkommen ihren Lebensunterhalt zu bestreiten. In der Schweiz waren 2012 „590.000 Personen von Einkommensarmut betroffen, davon rund 130.000 Erwerbstätige. Weiter waren rund 1,19 Mio. Personen armutsgefährdet, und rund 280.000 Personen wiesen in mindestens drei von neun Lebensbereichen einen finanziell bedingten Mangel auf. Nach allen verwendeten Konzepten sind Alleinerziehende, Personen mit geringer Bildung und Personen in Haushalten mit geringer Arbeitsmarktteilnahme besonders betroffen" (BFS 2014b, S. 2). Zugleich stellt sich vor dem Hintergrund eines auf kontinuierliche Vollbeschäftigung ausgerichteten sozialen Sicherungssystems die Frage, inwieweit Brüche in der Erwerbsbiografie nicht verstärkt Prozesse der Dequalifizierung zur Folge haben und welche Beeinträchtigungen sich hieraus für betroffene Personen ergeben, etwa im Hinblick auf die Alterssicherung.

Migrantinnen und Migranten sind von diesen Entwicklungen auf unterschiedliche Weise betroffen. Zum Teil stellen flexible und brüchige Erwerbsbiografien für sie keine Neuerung dar, sondern sie bilden sowohl für Männer als auch für Frauen eine alltägliche Erfahrung ab. Darüber hinaus sind Migrantinnen und Migranten jedoch vielfach in konjunkturabhängigen und krisenanfälligen Bereichen beschäftigt, so dass sie von wirtschaftlichen Krisen in besonderer Weise betroffen sind. Allerdings sind noch weitere, zum Teil migrationsspezifische Faktoren, für die Benachteiligung von Migrantinnen und Migranten am Arbeitsmarkt von Bedeutung, daher wird der Zusammenhang von Erwerbsarbeit und Migration nachfolgend genauer in den Blick genommen.

2 Erwerbsarbeit im Kontext von Migration

Zentral für die Lebenslage von Menschen mit Migrationshintergrund ist insbesondere ihre rechtliche Situation, dies gilt auch in Bezug auf die Erwerbsarbeit. Arbeitsverbot, nicht-dokumentierte oder an den Aufenthaltsstatus gebundene, befristete oder unbefristete Arbeitsverhältnisse verdeutlichen dies. In Deutschland hat vor allem die konservative Politik lange Zeit versucht, den Status als „Einwanderungsland wider Willen" (Bade 2001) auch arbeitsrechtlich zu fixieren. Arbeitskräfte aus dem Ausland waren (als so genannte Gastarbeiter) entweder willkommen oder (als Flüchtlinge) höchstens geduldet. Dies schlug sich auch auf deren Arbeits- und Lohnsituation nieder. Manchen Flüchtlingsfamilien wurde eine Arbeitsaufnahme bis in die dritte Generation verboten. Eine Kehrtwende trat erst mit der Verabschiedung des neuen Staatsangehörigkeitsgesetzes im Jahr 2000 und des neuen Zuwanderungsgesetzes im Jahr 2005 in Kraft. Mit der partiellen

Einführung des *jus soli* und einer systematischen Steuerung der Einwanderung bekennt sich Deutschland ausdrücklich zu einem Einwanderungsland, das bereit ist, hier lebende Migrantinnen und Migranten langfristig – vor allem auch durch eine erfolgreiche Partizipation in der Erwerbsarbeit – zu integrieren. Auch in der Schweiz ist die Einbürgerung von Ausländerinnen und Ausländern an hohe Hürden geknüpft, allerdings ist ihr Anteil an der Wohnbevölkerung insgesamt auch im europäischen Vergleich hoch. Ende 2013 „umfasste die ständige ausländische Wohnbevölkerung der Schweiz 1.886.630 (2012: 1.825.060) Personen. Davon waren 1.279.455 (2012: 1.194.640 Personen) EU-28/EFTA-Staatsangehörige. Damit betrug der Ausländeranteil rund 23 %" (BFM 2014, S. 7). Die Einwanderung in die Schweiz erfolgt vielfach zur Aufnahme einer Erwerbstätigkeit, „2013 sind 114 481 Personen aus der EU-28/EFTA2 in die Schweiz eingewandert – rund 62 % (70.660) davon zur Aufnahme einer Erwerbstätigkeit (ständige ausländische Wohnbevölkerung)" (BFM 2014, S. 17). Die Einwanderung aus der EU erfolgt im Rahmen der Personenfreizügigkeit, während die Einwanderung aus sogenannten Drittstaaten kontingentiert ist. Zugang erhalten vor allem Hochqualifizierte, so verfügten 2013 84 % der aus Drittstaaten zugelassenen Arbeitskräfte über einen Hochschulabschluss (BFM 2014, S. 18).

Der Migration kommt also im Zusammenhang mit Erwerbsarbeit als Vergesellschaftungsform eine wichtige Bedeutung zu. Max Weber folgend ist Vergesellschaftung eine soziale Beziehung, „wenn und soweit die Einstellung des sozialen Handelns auf rational (wert- oder zweckrational) motiviertem Interessenausgleich oder auf ebenso motivierter Interessenverbindung beruht" (Weber 1980, S. 21). Hoerder unterstreicht die Bedeutung von Migration als Ausgleichsprozess und argumentiert, „dass Migration ein Prozess des Ausgleichs und des Aushandelns ist, ein Prozess der selbst-entschiedenen (aber nur im Rahmen gesellschaftlich-ökonomischer Vorgaben selbst-bestimmten) Umverteilung von Menschen entsprechend ihrer Interessen und gemäß Angeboten oder Einschränkungen der Abwanderungs- und Zuwanderungsgesellschaften. Migration bedeutet Ausgleich ökonomischer Ungleichgewichte; die Entscheidungsfindung ist ein Prozess des Aushandelns (negotiating) von Präferenzen und Strategien" (Hoerder 2002, S. 19). Ausgleichsprozesse sind nicht nur aufgrund konjunktureller Schwankungen erforderlich, sondern auch wegen struktureller Bedingungen auf den internationalen Arbeitsmärkten. In den prosperierenden Zentren etwa kann der Bedarf an Arbeitskräften oft nur unzureichend durch regional verfügbare Arbeitskräfte abgedeckt werden. Migration ist in diesem Zusammenhang eine Möglichkeit, neue Arbeitskräfte an Orten verfügbar zu machen, an denen Knappheit besteht. Von dieser Politik des Werbens um hochqualifizierte und gut ausgebildete Fachkräfte, machen die prosperierenden Staaten weltweit Gebrauch. Wer über ausreichende Qualifikationen verfügt, kann sich daher erfolgreicher und zunehmend auch unter Verwendung von bereits erworbenen Qualifikationen in den internationalen Arbeitsmarkt integrieren (Ruhs und Anderson 2010).

Auf der einen Seite werden daher gerade hochqualifizierte Menschen mit Migrationshintergrund auch von der Wirtschaft umworben. Im Kontext eines globalisierten Kampfes um die Köpfe wird zunehmend auf die Mobilität von innereuropäischer, und speziell inner-EU-Wanderungen, und generell auch auf weltweite Wanderungen von Hochqualifizierten gesetzt. Dies hat auch hier Folgen für die Situation der Bewerberinnen und Bewerber. Aufbrechen und Weggehen einerseits und Ankommen bzw. Bleiben andererseits haben lange Zeit die Situation dieser Bevölkerungsgruppe gekennzeichnet. Heute sind für die neueren Formen geografischer Mobilität eher kontinuierliche Bewegungen von Menschen und Dingen charakteristisch. Dies spiegelt sich teilweise in neuen Definitionen, Begrifflichkeiten und Diskursen wider, so z. B. in dem Versuch, durch das Präfix „trans" (Transmigration, Transnationalität etc.) den neuen (Erscheinungs-)Formen geografischer, aber auch sozialer Mobilität Rechnung zu tragen (Pries 2010; Faist 2000).

In den Einwanderungsgesellschaften finden sich Migrantinnen und Migranten *auf der anderen Seite* allerdings vielfach in prekären Arbeitsverhältnissen wieder, die Folgen für ihre soziale, kulturelle und ökonomische Situationen haben. Sie sind somit den auch in Arbeitsverhältnissen sichtbar werdenden gesellschaftlichen Macht- und Herrschaftsverhältnissen unterworfen, durch die sie marginalisiert und gegenüber Etablierten zu Außenseitern gemacht werden (vgl. Elias und Scotson 1993). Im Bereich der Arbeit wird Menschen mit Migrationshintergrund häufig noch immer ihre Qualifikationen nicht (ausreichend) anerkannt, so dass ihnen der berufliche Aufstieg erschwert wird, oder sie werden mit rassistischen Formen von Diskriminierung konfrontiert, etwa bei der Suche nach einem Ausbildungs- oder Arbeitsplatz. Zugleich wächst in den westlichen Arbeitsgesellschaften aber auch der Zwang, das Verwertungspotential der Ressource Arbeitskraft bei Migrantinnen und Migranten besser auszuschöpfen. Dies wird insbesondere vor dem Hintergrund der demographischen Entwicklungen und dem Fachkräftemangel diskutiert. Als Beitrag zur Bearbeitung dieser gesellschaftlichen Herausforderungen werden eine nachholende Qualifizierung und verbesserte Möglichkeiten der Anerkennung von formell erworbenen Qualifikationen, die vor der Einwanderung erworben wurden, ebenso diskutiert wie die Anerkennung von informell erworbenen Qualifikationen. Vor diesem Hintergrund wird Arbeitsintegration im Kontext von Migration für die kommenden Jahre zu einer zentralen gesellschaftlichen Aufgabe. Dies gilt insbesondere auch dann, wenn die Beschäftigungsfähigkeit aufgrund von Krankheit oder Unfall zeitlich befristet oder dauerhaft beeinträchtigt wird.

Die Vielfältigkeit von (Erwerbs-)Arbeit im Kontext von Migration hat in den öffentlichen Debatten bislang kaum ausreichend Beachtung gefunden. Aktuelle gesellschaftliche Diskurse um eine vermeintliche ‚Einwanderung in die sozialen Sicherungssysteme' oder die Sorge, dass ‚Einheimischen die Arbeitsplätze weggenommen werden', halten sich hingegen hartnäckig. Sie verweisen darauf, dass im Kontext von Migration feststehende Stereotype, Rassismus, Diskriminierung und Stigmatisierung ihre Wirkung entfalten. Die damit einhergehenden Belastungen für Migrantinnen und Migranten, die sich mit einem gesellschaftlichen Klima konfrontiert sehen, das ihnen feindlich gegenübertritt, sind bislang kaum untersucht worden (Geisen 2007). Jugendstudien über die sogenannte Zweite Generation argumentieren jedoch, dass der erhöhte Anpassungsdruck, dem Einwandernde in der Gesellschaft unterworfen werden und die zu erheblichen Anpassungsanstrengungen führen, sich negativ auf die Sozialisation der nachfolgenden Generation auswirken kann (Geisen und Riegel 2007; Juhasz und Mey 2003; Riegel 2004). Auch Untersuchungen, die sich mit Fragen der Arbeitsintegration von Migrantinnen und Migranten beschäftigen, liegen bislang kaum vor, obwohl die Arbeitslosenquoten von Ausländerinnen und Ausländern insgesamt ein deutlich höheres Niveau ausweisen als die Arbeitslosenquoten von Inländerinnen und Inländern. Dies gilt sowohl für Herausforderungen, wie sie im unmittelbaren Zusammenhang mit einer Einwanderung entstehen, als auch für Reintegrationsprozesse im Kontext von vorübergehender oder dauerhafter Erwerbslosigkeit. Darüber hinaus gelingt Jugendlichen mit Migrationshintergrund der Übergang von Schule in Ausbildung und Berufstätigkeit vielfach weniger gut als denjenigen ohne Migrationshintergrund (vgl. Ottersbach 2010). Vor diesem Hintergrund stellt der Zusammenhang von Arbeit und Migration moderne Gesellschaften vor große Herausforderungen. Denn Migrantinnen und Migranten sind auf dem Arbeitsmarkt vermehrt mit Hindernissen konfrontiert und auf Unterstützung angewiesen. In diesem Zusammenhang kommt der Sozialen Arbeit eine wichtige Bedeutung zu.

3 Soziale Arbeit im Kontext von Migration und Erwerbsarbeit

Dort, wo Arbeitsintegration unterstützt werden soll oder wo Arbeitsintegration nicht oder nicht mehr ausreichend gelingt, kommt der Sozialen Arbeit eine große Bedeutung zu. Denn in Bezug auf Erwerb und Erhalt von Beschäftigungsfähigkeit stellt die Soziale Arbeit umfangreiche Maßnahmen, Angebote und Unterstützungsleistungen bereit. Als Profession und Disziplin ist sie beteiligt, wenn es in den Kontexten von sozialer Benachteiligung und Migration um die Gestaltung von Übergängen in die berufliche Bildung geht (u. a. Qualifizierungsmaßnahmen, Jugendberufshilfe, Brückenangebote und Motivationssemester), um die Reintegration von erkrankten und verunfallten Beschäftigten in Unternehmen (u. a. im Rahmen von Eingliederungsmanagement), von Erwerbslosen (u. a. im Kontext von Qualifizierungsmaßnahmen oder Programmen zur Beschäftigungsförderung), von Menschen mit Behinderungen und Beeinträchtigungen, oder um die Weiterbeschäftigung von älteren Beschäftigten.

Vom Wandel der Arbeit bzw. der Arbeitsverhältnisse ist auch die Soziale Arbeit betroffen. So ist die Soziale Arbeit – insbesondere in Deutschland – heute mit anderen Aufgaben betraut als dies in den 1980er oder 1990er Jahren der Fall war. Bis in die 1980er Jahre zielte der fürsorgende Wohlfahrtsstaat vor allem auf eine finanzielle Kompensation sozialer Ungleichheit, die zentral durch den Staat geregelt wurde. Gerechtigkeit wurde dabei unter materiellen Gesichtspunkten interpretiert und sollte durch finanzielle Umverteilung erreicht werden. Massenarbeitslosigkeit, Belastungen im Zuge der Wiedervereinigung und weitere politische Entscheidungen wie die Abschaffung der Kapitalertragssteuer und der Einschränkung der Vermögenssteuer führten dann in Deutschland sukzessiv zu erhöhten Ausgaben und zu weiteren Einbußen bei den Steuereinnahmen. Anfang des neuen Jahrtausends wurde politisch mit der Einführung der Agenda 2010 reagiert, die eine Reduzierung der Staatsaufgaben und -ausgaben durch die Hartz-Reformen vorsah. Der so genannte „Dritte Weg", der die Neudefinition des Gerechtigkeitsprinzips weg von der Verteilungs- und hin zur Chancengerechtigkeit beziehungsweise den Wechsel vom „fürsorgenden" zum „aktivierenden Staat" implizierte, wurde damit versucht umzusetzen (Giddens 1998). Eigenverantwortung und Bildung sind für Giddens zentrale Orientierungspunkte in der Entwicklung und Umsetzung eines neuen Wohlfahrtsregimes, das er als „social investment state" bezeichnet (Giddens 1998, S. 99 ff.). Eigenverantwortung und Initiative sind für ihn auch zentrale Orientierungspunkte in der Bekämpfung von Armut: „Conventional poverty programmes need to be replaced with community-focused approaches, which permit more democratic participation as well as being more effective (…). Fighting poverty requires an injection of economic resources, but applied to support local initiative. Leaving people mired in benefits tends to exclude them from larger society. Reducing benefits to force individuals into work pushes them into already crowded low-wage labour markets. Community building initiatives concentrate upon the multiple problems individuals and families face, including job quality, health and child care, education and transport" (Giddens 1998, S. 110 f.). Kritik übt Giddens auch an den etablierten wohlfahrtsstaatlichen Institutionen: „Some forms of welfare institution are bureaucratic, alienating and inefficient, and welfare benefits can create perverse consequences that undermine what they were designed to achieve.

However, third way politics sees these problems not as a signal to dismantle the welfare state, but as a part of the reason to reconstruct it" (Giddens 1998, S. 113). In der Umsetzung des Programms zeigten sich jedoch auch Probleme, da neoliberale Positionen in den westlichen Gesellschaften weiterhin starkes Gewicht hatten. In Deutschland beispielsweise führte dies zu einer starken neoliberalen Durchdringung der Politik des third-way. Dem Staat wurde zwar die Aufgabe zur Aktivierung der Bürgerinnen und Bürger übertragen, die er seitdem durch das Motto „Fördern und Fordern" zu realisieren versucht, es dominierte jedoch seitdem das „Fordern", symbolisiert durch eine stärkere Verpflichtung der Arbeitnehmerinnen und Arbeitnehmer zur Aufnahme einer (auch minderwertigen oder schlecht bezahlten) Arbeit. Die entscheidenden Stellschrauben für diese Neuausrichtung sind eine verstärkte Überprüfung und Kontrolle der Berechtigung zur Sozialhilfe (Hartz I), die Förderung so genannter prekärer Beschäftigungsverhältnisse wie „Ich"- und „Familien AG's" und Mini-Jobs (Hartz II), die Umstrukturierung und partielle Privatisierung der Arbeitsagentur (Hartz III) und eine Minderung der Lohnersatzleistungen (Abschaffung der Arbeitslosenhilfe) bzw. die Zusammenlegung der Arbeitslosenhilfe und der Sozialhilfe zu ALG II (Hartz IV). Legitimiert wurden die Reformen vor allem vor dem Hintergrund eines zu teuren, ineffektiven und „die Zielgruppen paralysierenden Sozialstaats" (Galuske 2004).

Für die Soziale Arbeit blieben diese Änderungen nicht folgenlos. Seit der Agenda 2010 ist sie in Deutschland mit neuen Aufgaben konfrontiert, da sie nun verstärkt Aufgaben in den verschiedenen Bereichen von Arbeitsintegration und Arbeitsvermittlung (z. B. als Job-Center) übernommen hat. Die Folgen dieser Entwicklung für die Soziale Arbeit werden von Galuske beispielsweise als Unterwerfung der Sozialen Arbeit unter eine ökonomische, auf Effektivität und Effizienz basierende Sachzwang-Ideologie, eine Unterstützung der Sozialen Arbeit bei der Individualisierung der Schuldzuweisung der Arbeitslosigkeit und der Stigmatisierung der Arbeitslosen, eine Verschiebung der Balance der Sozialen Arbeit von Hilfe und Kontrolle zugunsten der Kontrolle und eine Entprofessionalisierung der Sozialen Arbeit durch Ökonomisierung und Privatisierung kritisiert (Galuske 2002, S. 10 f.). Diese Umstellung bewirkte auch methodische und sprachliche Änderungen für die Soziale Arbeit. Prozesse wie Analyse, Planung, Durchführung und Qualitätssicherung haben Einzug in die Methodik der Sozialen Arbeit gefunden; genauso Begriffe wie Kundenorientierung, Coaching, Aktivierung, Effizienz und Output-Orientierung ihr modernes Vokabular prägen (Kurzke-Maasmeier 2006, S 114). Zudem soll Soziale Arbeit von nun an (wieder) stärker als „Hilfe zur Selbsthilfe" fungieren, d. h. die Fähigkeiten zur Selbstsorge, zur Selbstbestimmung und zur Selbstveränderung stärken und Menschen dazu bewegen, ihre und auch die Probleme Anderer (z. B. durch Familieneinsatz, Nachbarschafts- oder Stadtteilhilfe) eigenständig zu beheben oder sich mit ihnen zu arrangieren. Eng verknüpft mit der Ausrichtung dieser aktivierungspolitischen und -pädagogischen Um-Programmierung (Heite 2008, S. 192) ist die Förderung bzw. der Ausbau des sozial orientierten, ehrenamtlichen zivilgesellschaftlichen Engagements im Kontext der Bürgergesellschaft. Auf „Selbstverantwortung der Einzelnen" oder auf „Abhängigkeit von partikularen, etwa familialen oder nachbarschaftlichen Gemeinschaften" (Heite 2008, S. 192) basierende und an Sympathie geknüpfte Angebote ersetzen fortan die ehemals sozialstaatlichen, auf Recht basierenden und einklagbaren Leistungen. Das Motto „Hilfe zur Selbsthilfe" wird somit staatlich instrumentalisiert und Soziale Arbeit gerät unter den Verdacht, als verlängerter Arm gesellschaftspolitischer Interessen missbraucht zu werden (Ottersbach 2013).

Der disziplinäre und professionelle Diskurs innerhalb der Sozialen Arbeit zeigt, dass die sozialstaatlichen Veränderungen sowohl die Praxis der Sozialen Arbeit als auch das professionelle Selbstverständnis verändert haben. Vor dem Hintergrund dieser Entwicklungen beschäftigt sich der vorliegende Band mit dem Zusammenhang von Arbeit, Migration und Sozialer Arbeit. Bezugnehmend auf den Bereich von Arbeit und Migration soll ausgehend von einer Gegenstandsbestimmung und Systematisierung untersucht werden, inwieweit Maßnahmen, Programme und Konzepte der Sozialen Arbeit im Kontext von Arbeit und Migration Anwendung finden und wirksam werden. Darüber hinaus geht es aber auch um die Frage, wie Profession und Disziplin der Sozialen Arbeit zu einem verbesserten Verständnis des Zusammenhangs von Sozialer Arbeit und Migration beitragen, und welche Rolle sie darin einnehmen können.

4 Zu den Beiträgen

Die Beiträge des Buches setzen sich mit ausgewählten länderspezifischen Aspekten des Zusammenhangs von Arbeit, Migration und Sozialer Arbeit auseinander. Einen Schwerpunkt bilden Beiträge aus Deutschland und der Schweiz. Im Einzelnen werden folgende Themenfelder bearbeitet: Grundlagen und Systematisierungen, Übergangsmanagement und Arbeitsintegration sowie temporäre Beschäftigung. Dabei geht es sowohl um die Frage nach der Relevanz der verschiedenen Themenfelder im Kontext von Migration und Erwerbstätigkeit für die Soziale Arbeit als auch um die Frage nach der Rolle der Sozialen Arbeit in den spezifischen Themenfeldern.

4.1 Grundlagen und Systematisierungen

Zunächst werden in diesem Band Grundlagen und Systematisierungen zum theoretischen und historischen Verhältnis von Arbeit, Migration und Sozialer Arbeit präsentiert. *Anselm Böhmer* setzt sich in seinem Beitrag mit strukturellen Prozessen subjektiver Marginalisierung von Migrantinnen und Migranten in modernen Arbeitsgesellschaften auseinander. Er fragt nach den subjektivierenden Veränderungen von Erwerbsarbeit, bevor er die daraus gewonnenen Erkenntnisse auf die Vergesellschaftungsmodi von Migrantinnen und Migranten anwendet. Aktivierende Subjektivierungen werden ebenso thematisiert wie spezifische Zugänge zum deutschen Arbeitsmarkt unter den Voraussetzungen ausländischer Qualifikationsnachweise. Im Anschluss entwickelt er sozial- und migrationspolitische Perspektiven für die Arbeitsgesellschaft und die sich hieraus ergebenden Konsequenzen für die Profession Sozialer Arbeit. Im Fazit werden Alternativen diskutiert, wenngleich Soziale Arbeit auch den Strukturen und Veränderungen der Erwerbsarbeitsgesellschaft nicht entgehen kann.

Letztere werden im nachfolgenden Beitrag in den Blick genommen. Mit der Prekarisierung von Arbeitssituationen, der Flexibilisierung menschlicher Arbeit und den Wanderungen sozialer Spannungen am Beispiel des Verhältnisses von Migration und Behinderung beschäftigt sich *Erich Otto Graf* in seinem Artikel. Erst bei genauer Betrachtung, so die Argumentation, falle auf, dass die beiden Phänomene strukturelle Ähnlichkeiten aufweisen. Während Migrantinnen und Migranten im Kontext nationalstaatlicher Selbstverständnisse und Identitätskonstruktionen als *Fremde* bezeichnet werden, gelangen Menschen mit Behinderung in Situationen, in denen ihnen essentialistische Deutungen zugeschrieben werden. Beide Phänomene ähneln sich, da sie Emergenten politischer Kräfteverhältnisse sind, die als soziale Probleme im Kontext nationalstaatlicher und normalitätsverfasster Sozialer Arbeit adressiert werden. Dann treten zum Beispiel Fragen auf, ob bei so genannten *Ausländerinnen und Ausländern* Rentenneurosen und dergleichen mehr vorliegen, ob *Fremde* eher bei der Sozialversicherung betrügen und so weiter. Letztlich geht es dabei also nicht nur um die Frage der Betrachtung von Migration im Alltagsdiskurs, sondern auch um die Frage, inwieweit (Arbeits-)Migration zum Gegenstand politischer Auseinandersetzungen geworden ist.

Die Politisierung von Arbeitsmigration in der Schweiz steht auch im Fokus des Beitrags von *Esteban Piñeiro*. Sie ist für ihn ein Prozess der Verschiebung von einer Perspektive auf Migrantinnen und Migranten als „Arbeitskraft" zu einer Perspektive auf Migrantinnen und Migranten als „ganze Menschen". Ausgehend von Foucaults Gouvernementalitäts-Konzept analysiert er die zentralen diskursiven Manöver dieses Perspektivwechsels. Er zeigt auf, dass „der Ausländer" zunächst als rohe Arbeitskraft rationalisiert und später im Kontext einer sich zuspitzenden Überfremdungspolitik auch „menschliche Konturen" gewinnt. Als „menschlicher Ausländer" stellt er aber zugleich eine Gefährdung des einheimischen Lebens dar. Mit diesem Dilemma sieht sich die offizielle Politik seit den 1960er Jahren konfrontiert. In den 1960er und 1970er Jahren wird daher im Rahmen einer neu entworfenen Eingliederungspolitik ein drittes ausländisches Subjekt produziert, das nun nicht mehr vorrangig als Bedrohung erlebt wird, sondern sich die Integrationspolitik der 1990er Jahren aneignet, um sich entsprechend zu arrangieren. Abschliessend wird auf den Beitrag der Sozialen Arbeit zur Unterstützung dieses Arrangements eingegangen.

Psychosoziale Erklärungsansätze stehen im Mittelpunkt des Beitrags von *Pat Cox* zum Verständnis von Arbeit, Migration und Soziale Arbeit in Großbritannien. Sie beginnt mit einem Überblick über die drei Aspekte Migration, Arbeit und Soziale Arbeit, bevor sie sich mit den psychosozialen Erklärungen zu den einzelnen Aspekten und ihrem Verhältnis untereinander auseinandersetzt. Ziel ihres Beitrags ist ein besseres Verständnis von Arbeit und Migration, um schließlich passende Angebote der Sozialen Arbeit entwickeln zu können, die eine kritische Analyse und Praxis ermöglichen sollen.

Am Beispiel von Migrationsfamilien diskutiert *Thomas Geisen* Zielsetzungen und Herausforderungen im Kontext von Arbeitsintegration. Er verwendet hierzu das Konzept Lebensstrategien, dass er als Analyseinstrument für den Zusammenhang von Arbeit, Migration und Soziale Arbeit vorschlägt. Dabei geht es ihm vor allem darum, die Komplexität des Zusammenhangs von Arbeit und Migration aufzuzeigen. Denn erst wenn diese verstanden wird, so seine These, können bestehende Massnahmen und Angebote der Sozialen Arbeit verbessert und neue entwickelt werden, um Menschen im Kontext von Migration bei der Arbeitsintegration und der Beschäftigungssicherung besser zu unterstützen.

4.2 Übergangsmanagement

Zum Thema Übergangsmanagement leitet *Markus Ottersbach* ein. Er beginnt dieses Kapitel mit einem Beitrag zu den Inklusionskontexten Bildung, Ausbildung und Arbeit bei Jugendlichen mit Migrationshintergrund in Deutschland. Die Institution Schule, die Ausbildung und die Einmündung in den Arbeitsmarkt sind für die Biografie Jugendlicher von besonderer Relevanz. Im Anschluss an die Darstellung der Lebenssituation der Jugendlichen rekurriert er auf mögliche Ursachen der Benachteiligung in allen drei Bereichen, um anschließend Maßnahmen zur Unterstützung der Jugendlichen zu entwickeln. Statistische Erhebungen und theoretische Fundierungen, so sein Fazit, reichen nicht aus, um auf dieser Grundlage wirksame Maßnahmen zur Verbesserung ihrer Lebenssituation zu entwickeln. Auch der Migrationskontext, die Migrationsbiografie und die konkreten Bildungsentscheidungen und -verläufe müssen jeweils differenziert ermittelt bzw. rekonstruiert werden. Im Fazit wird die Interkulturelle Pädagogik als mögliches Konzept zur Verbesserung der Situation der Jugendlichen mit Migrationshintergrund diskutiert.

Jugendwohnen steht bei *Laura de Paz Martinez und Miriam Meuth* im Mittelpunkt ihres Beitrags. Sie beschreiben zunächst die (Aus-)Bildungssituation junger Frauen und Männer mit Migrationshintergrund in der Deutschland und konzentrieren sich anschließend auf das begleitete Wohnangebot für Jugendliche. Danach stellen sie Forschungsergebnisse zweier Untersuchungen vor, in denen einerseits auf die Nutzungs- und Zugangsbedingungen von Bewohnerinnen und Bewohnern mit Migrationshintergrund im Jugendwohnen und andererseits auf deren Perspektive auf das Angebot eingegangen wird. Im Fokus stehen dabei die Rolle der Bewohnerinnen und Bewohner mit Migrationshintergrund im Jugendwohnen, welche Unterstützung sie dort erfahren und welche Bedeutung das Jugendwohnen für sie hat. Abschließend diskutieren die Autorinnen, ob das Angebot die Jugendlichen im Übergang Schule-Beruf tatsächlich unterstützt, ohne Gefahr zu laufen, Teil von Stigmatisierungs- bzw. ethno-kulturalisierenden Differenzierungsprozessen zu werden.

Martina Hörmann fokussiert auf die Zielgruppe Jugendlicher ohne Schulabschluss als Thema von Bildungspolitik und Fachdiskurs. Ihr Ziel ist es aufzuzeigen, dass eine Diskussion der Begrifflichkeiten im Fachdiskurs und eine Systematisierung der Zielebenen notwendige Voraussetzungen für valide Daten sind, um auf diese Weise zu Erkenntnissen zu gelangen, mit denen die Zahl junger Menschen ohne Schulabschluss gesenkt und verbesserte Voraussetzungen für einen gelingenden Übergang in Ausbildung und Beschäftigung geschaffen werden können.

Im Beitrag von *Margit Stein* steht die berufliche Integration von jugendlichen Migrantinnen und Migranten als biografische Herausforderung und Aufgabe der Sozialen Arbeit im Mittelpunkt. Dabei gibt sie zunächst einen Überblick über die aktuelle, allgemeine Situation junger Menschen im Übergang von der Schule in den Beruf aus einer (inter-)nationalen Perspektive. Klar wird dabei, dass insbesondere junge Menschen mit Migrationshintergrund mit Schwierigkeiten im Übergang konfrontiert sind. Eine der Ursachen für diese Schwierigkeiten ist alleine die Tatsache, einen Migrationshintergrund zu haben, da indirekte und direkte Benachteiligungsstrukturen bereits wesentlich die (nicht-)erfolgreiche Einmündung in die Beruflichkeit determinieren. Am Beispiel der Schulsozialarbeit, präventiver Angebote der Jugendberufshilfe, weiterer struktureller Hilfen, wie etwa die Gemeinwesenarbeit, und einem EU-Forschungsprojekt zur regionalen Unterstützung des Übergangs in die Arbeitswelt, das konkret die Lebenswirklichkeit von jungen Menschen ländlicher Regionen am Übergang in die Ausbildung und Arbeitswelt untersucht, werden Maßnahmen zur Unterstützung von Jugendlichen diskutiert.

Eva Meys Beitrag beschäftigt sich mit der Situation, in der Jugendliche aus Familien mit Migrationshintergrund der Übergang in die Berufs- und Arbeitswelt in der Schweiz zwar gelingt, dieser angesichts der wenig privilegierten Ausgangslage jedoch starke Momente der Fremdbestimmung enthält. Anhand von Fallbeispielen aus einem Forschungsprojekt arbeitet sie die Mechanismen heraus, über die sich die Passung zwischen eigenen Zielen und Wünschen einerseits und der Nachfrage des Arbeitsmarktes andererseits vollzieht. Darüber hinaus diskutiert sie die Bedeutung solch primär fremdbestimmter Übergänge im biografischen und gesellschaftlichen Kontext. Deutlich wird dabei, dass fremdbestimmten Übergängen bei Jugendlichen mit Migrationshintergrund eine besondere Bedeutung zukommt, da diese den Übergang – anders als bei Jugendlichen ohne Migrationshintergrund – häufig im Kontext prekärer Zugehörigkeit vollziehen.

Im Zentrum des Beitrags von *Monika Müller* steht ebenfalls der Zusammenhang zwischen Arbeit, Bildung und Migration in der Schweiz, allerdings aus der Perspektive der Jugendlichen selbst. Sie stellt eine Studie vor, in der männliche albanische, bosnische und tamilische Jugendliche befragt wurden, die kurz vor oder nach dem Übergang vom Ausbildungs- ins Berufssystem stehen, wie sie mit dieser Situation umgehen und welche Bedeutung die Lehrstellensuche in ihrer Lebenswelt hat. Anhand von Fallbeispielen werden die Bedeutung der Lehrstellensuche für die Jugendlichen und Strategien im Umgang mit Diskriminierungserfahrungen erörtert. Abschliessend verweist die Autorin auf das Dilemma, dass Bildung aus individueller Perspektive zwar einen Möglichkeitsraum schafft, der jedoch durch die gesellschaftlichen Funktionen des Bildungssystems eingeschränkt wird.

Auf der Basis von Studienergebnissen und dreier Evaluationsstudien in der Schweiz beschäftigen sich *Sylvie Kobi, Christina Dietrich, Esther Forrer Kasteel und Milena Gehrig* mit Erfolgs- und Misserfolgsfaktoren von Berufsintegrationsprojekten für Personen mit Migrationshintergrund. Aufgezeigt wird, wie Interventionen der beruflichen Integration von Personen mit Migrationshintergrund gestaltet sind und welche Elemente einer Intervention als erfolgsversprechend bezeichnet werden können. Dabei geht es den Autorinnen auch darum zu diskutieren, was als „Erfolg" zu werten ist und wie dieser gemessen werden kann. Mehrdimensionale Messungen von Erfolg und der Einbezug verschiedener Perspektiven werden als Voraussetzung von „promising practices" von Berufsintegrationsangeboten für Personen mit Migrationshintergrund angesehen.

4.3 Arbeitsintegration und temporäre Beschäftigung

Der letzte Teil des Buches zum Thema Arbeitsintegration und temporäre Beschäftigung beginnt mit dem Beitrag von *Gisela Hauss*. Sie stellt die Ergebnisse einer ethnographischen Studie zur beruflichen Eingliederung im Kontext von Arbeitslosen- und Sozialversicherung in der Schweiz vor. Konkret geht es um die Praxis von Aktivierung und Sozialinvestition in der Arbeitslosenversicherung, der Sozialhilfe und in Integrationsprogrammen für Erwerbslose. Dabei zeigen die Beobachtungen der Interaktionen zwischen den neu eingewanderten Personen und dem Arbeitsintegrationssystem deutlich, dass sich in der Arbeitsintegration Inkludierungs- und Exkludierungsprozesse vermischen. Die Eindeutigkeit des Topos ‚Integration durch Arbeit' muss Hauss folgend relativiert werden, weil es auch innerhalb des Eingliederungsprozesses Ausschlussprozesse gibt. Nicht selten endet die kurzfristige Arbeitsmarktintegration von neu eingewanderten Personen in prekären Arbeitsverhältnissen. Die Soziale Arbeit ist in diese Prozesse der Arbeitsintegration involviert; ihre Aufgabe liegt vor allem darin, die Balance zu halten zwischen ökonomischer Ausrichtung der Maßnahmen und dem originären Anliegen, die Autonomie und Handlungsfähigkeit der Betroffenen zu stützen.

Nadia Baghdadi und Raphaela Hettlage beschäftigen sich mit Fragen und Herausforderungen zur temporären Beschäftigung. Sie thematisieren in ihrem Beitrag die private Care-Arbeit von Migrantinnen. Von Interesse ist für sie, wie Migrantinnen mit den unsicheren und teilweise prekären Beschäftigungsverhältnissen umgehen, wie sich die Arbeitgebenden im Spannungsfeld von Sorge für die Angehörigen, finanzieller Belastung und Flexibilitätsansprüchen verhalten und ob in den Care-Arrangements Herrschaftsverhältnisse entlang der Linien von Klasse, Herkunft/Ethnizität und Geschlecht und Arbeitsbedingungen sichtbar werden. Vor dem Hintergrund einer qualitativen Studie werden soziale Machtverhältnisse und individuelle Deutungsstrategien im privaten Carebereich herausgearbeitet. Deutlich wird dabei, dass die Abhängigkeiten innerhalb der Care-Arrangements komplex, wechselseitig und sowohl strukturell wie auch individuell angelegt sind.

Einen weiteren Blick auf die Care-Arbeit wirft *Nausikaa Schirilla*, die die Arbeit von Migrantinnen in Haushalten Pflegebedürftiger zwischen Prekariat und Autonomie verortet. Nachdem sie den Forschungsstand zur Thematik entfaltet, geht sie auf die Ambivalenz der Situationen der Care-Arbeit ein. Deutlich wird, dass einerseits die Care-Arbeit durchaus prekäre Arbeitsverhältnisse impliziert, andererseits Frauen diese Arbeit aber auch autonomisch zu gestalten versuchen und über neues Einkommen verfügen. Forschung und Soziale Arbeit sind vor dem Hintergrund dieser Ambivalenzen vor besondere Herausforderungen gestellt. Während die sozialwissenschaftlichen Verortungen zwischen „Viktimisierung" und „neuen

Technologien des Selbst" schwanken, liegen Verortungen für die Soziale Arbeit bislang nur sehr begrenzt vor. Aus der Perspektive professionellen Handelns in der Sozialen Arbeit ist es für die Autorin bei der Auswahl der Unterstützungsstrategien wichtig, dass die Soziale Arbeit sich vorher die Biografien der Frauen und vor allem deren Einschätzungen zur Care-Arbeit genau anschaut.

Ein vergleichbares Beispiel für temporäre Beschäftigung thematisiert *Matthias Wagner*. Im Anschluss an eine deutsch-polnische Studie stellt er die sozialen und psychischen Belastungen von polnischen Wanderarbeiterinnen und Wanderarbeitern und ihrer Angehörigen in der Heimat vor. Mit ethnografischen Methoden der verdeckt teilnehmenden und teils auch offenen Beobachtung und mittels Interviews mit polnischen Erntehelferinnen und Erntehelfern werden nicht nur der Bereich der Arbeit, sondern auch das Wohnumfeld in Polen und Deutschland, die wirtschaftlichen Auswirkungen und der gesellschaftliche Kontext dieser Tätigkeiten beschrieben. Auch er kommt dabei – wie die Autorinnen in den vorangehenden Beiträgen – in Bezug auf die Einschätzung dieser Art temporärer Migration zu einem ambivalenten Ergebnis. Auf der einen Seite ermöglicht diese Arbeit den Erntehelferinnen und Erntehelfern, ihren Verdienst deutlich anzuheben; auf der anderen Seite sind damit jedoch gleichzeitig erhebliche psychische und physische Belastungen für die Erntehelferinnen und Erntehelfer selbst und für ihr Umfeld verbunden. Profiteure dieser Arbeitsverhältnisse sind daher vor allem die landwirtschaftlichen Betriebe in Deutschland.

Auch *Eva Wikström* beschäftigt sich in ihrem Beitrag mit dem Thema der landwirtschaftlichen Wanderarbeit – dieses Mal am Beispiel saisonaler Arbeitsmigration asiatischer Beerenpflückerinnen und Beerenpflücker in Schweden. Ihr geht es einerseits darum, die Lebenssituation der Wanderarbeiterinnen und Wanderarbeiter darzustellen und andererseits sich zu fragen, inwiefern diese Gruppe der Unterstützung durch die Soziale Arbeit bedarf. Dabei geht sie zunächst auf den Kontext der temporären Beschäftigung von Migrantinnen und Migranten in Schweden ein, stellt den Forschungsstand zum Thema vor und verbindet aktuelle Forschungsergebnisse mit den Erfordernissen einer möglichen sozialarbeiterischen Unterstützung durch das Wohlfahrtssystem.

Andreas Deimann schließt den Band mit einem Beitrag zur Situation geduldeter Flüchtlinge in Deutschland ab. In diesem Beitrag wird nochmals deutlich, wie zentral die rechtlichen Bedingungen für Menschen sind, wenn sie zwecks Arbeitssuche oder auch aus humanitären Gründen nach Deutschland migrieren. Die Duldung ist ein im Anschluss an ein abgelehntes Asylverfahren verhängter Aufenthaltstitel, der kein Bleiberecht, sondern eine Abschiebung vorsieht, die nur aus humanitären Gründen nicht vollzogen werden kann. Diese Gruppe befindet sich Deimann zu Folge zwischen Abschiebeandrohung, Diskriminierung beim Arbeitsmarktzugang und Sozialer Arbeit als Exklusionsverwaltung. Soziale Arbeit gerate dabei in ein Dilemma, weil sie gezwungen sei auszuwählen, welche Möglichkeiten, professionell zu handeln, geboten wären, obwohl Hilfen zur Integration politisch gar nicht erwünscht sind. Besonders widersprüchlich wird die Situation vor dem Hintergrund, dass viele geduldete Flüchtlinge in Deutschland bereits in der dritten Generation mit einer solchen Duldung ausharren und sie insofern längst zu Einwandernden geworden sind.

5 Fazit

Die Beiträge des vorliegenden Bandes zeigen auf, dass der Zusammenhang von Arbeit, Migration und Soziale Arbeit vielfältige Facetten aufweist, dass eine systematische Forschung in diesem Bereich, die verstärkt auch die Interventionen der Sozialen Arbeit in den Blick nimmt und nach ihren Wirkungen befragt, derzeit noch kaum entwickelt ist. Dies ist umso erstaunlicher, da gerade die Frage der Arbeitsintegration als ein Schlüssel für eine erfolgreiche Gestaltung von Vergesellschaftungsprozessen im Kontext von Migration angesehen wird. Vor diesem Hintergrund liegt das Anliegen dieser Publikation vor allem darin, erste Einblicke zum Verhältnis von (Erwerbs-)Arbeit, Migration und Sozialer Arbeit zu geben und vorhandenes Wissen zu sichten. Dabei hat sich gezeigt, dass insbesondere der Care-Bereich, das Übergangsmanagement und die Arbeitsintegration bzw. die temporäre Beschäftigung aktuelle Schwerpunkte der Auseinandersetzung darstellen. Allerdings zeigt sich daran auch, dass andere Bereiche und Themen, etwa im Zusammenhang mit gesundheitlichen Beeinträchtigungen in der Erwerbstätigkeit, alternde Belegschaften oder allgemeine Herausforderungen in der konkreten Integration am Arbeitsplatz auch im Hinblick auf eine auf die Erwerbsarbeit bezogene Sozialarbeitsforschung zukünftig verstärkt Beachtung finden sollten.

Literatur

Arendt, H. (1996). *Vita activa. Oder vom tätigen Leben*. München: Piper.
Bade, K. J. (2001). Unübersichtlichkeit und Vereinfachung: Käseglocken im Einwanderungsland wider Willen. *Streitroß, 13*(33).
BFM. (2014). *Migrationsbericht 2013*. Bern-Wabern.
BFS. (2014a). *Arbeitsmarktindikatoren 2014*. Neuchâtel: Bundesamt für Statistik.
BFS. (2014b). *Armut in der Schweiz. Ergebnisse 2007 bis 2012*. Neuchâtel: Eidgenössisches Departement des Innern EDI.
BFS. (2014c). Erwerbsarbeit und Beruf. Bundesamt für Statistik: http://www.bfs.admin. ch/bfs/portal/de/index/regionen/thematische_karten/gleichstellungsatlas/erwerbsarbeit_ und_beruf/beschaeftigungsgrad_und_entwicklung.html. Zugegriffen: 5. Sept. 2014.

Castel, R. (2000). *Die Metamorphosen der sozialen Frage.* Konstanz: UVK Universitätsverlag.
Castel, R., & Dörre, K. (Hrsg.). (2009). *Prekarität, Abstieg, Ausgrenzung. Die soziale Frage am Beginn des 21. Jahrhunderts.* Frankfurt a. M.: Campus.
Castles, S., Miller, M. J., & Haas, H. D. (2013). *The age of migration: International populatoin movements in the modern world.* Houndmills: Palgrave Macmillan.
Dombois, R. (1999). Der schwierige Abschied vom Normalarbeitsverhältnis. *Aus Politik und Zeitgeschichte, 37,* 13–20.
Elias, N., & Scotson, J. L. (1993). *Etablierte und Außenseiter.* Frankfurt a. M.: Suhrkamp.
Esping-Anderson, G. (1998). Die drei Welten des Wohlfahrtskapitalismus. Zur Politischen Ökonomie des Wohlfahrtsstaates. In S. Lessenich & I. Ostner (Hrsg.), *Welten des Wohlfahrtskapitalismus. Der Sozialstaat in vergleichender Perspektive* (S. 19–56). Frankfurt a. M: Campus Verlag.
Faist, T. (2000). *Transstaatliche Räume. Wirtschaft, Politik und Kultur in und zwischen Deutschland und der Türkei.* Bielefeld: Transcript Verlag.
Galuske, M. (2002). *Flexible Sozialpädagogik. Elemente einer Theorie Sozialer Arbeit in der modernen Arbeitsgesellschaft.* Weinheim: Beltz Juventa Verlag.
Galuske, M. (2004). *Der aktivierende Sozialstaat. Konsequenzen für die Soziale Arbeit. Studientexte aus der Evangelischen Hochschule für Soziale Arbeit.* Dresden. (FH) www.ehs-dresden.de/fileadmin/hochschule/Veroeffentlichungen/Studientexte/Studientext_2004-04_Galuske.pdf. Zugegriffen: 20. Sept. 2014.
Geisen, T. (2001). Sozialstaat in der Moderne. Zur Entstehung sozialer Sicherungssysteme in Europa. In K. Kraus & T. Geisen (Hrsg.), *Sozialstaat in Europa. Geschichte, Entwicklung, Perspektiven* (S. 21–41). Wiesbaden: Westdeutscher Verlag.
Geisen, T. (Hrsg.). (2005). *Arbeitsmigration. WanderarbeiterInnen auf dem Weltmarkt für Arbeitskraft.* Frankfurt a. M.: IKO.
Geisen, T. (2007). Gesellschaft als unsicherer Ort. Jugendliche MigrantInnen und Adoleszenz. In T. Geisen & C. Riegel (Hrsg.), *Jugend, Partizipation und Migration* (S. 29–50). Wiesbaden: VS Verlag für Sozialwissenschaften.
Geisen, T. (2012). *Arbeit in der Moderne. Ein dialogue imaginaire zwischen Karl Marx und Hannah Arendt.* Wiesbaden: VS Verlag für Sozialwissenschaften.
Geisen, T., & Riegel, C. (Hrsg.). (2007). *Jugend, Partizipation und Migration. Orientierungen im Kontext von Integration und Ausgrenzung.* Wiesbaden: VS Verlag für Sozialwissenschaften.
Giddens, A. (1998). *The third way. The renewal of social democracy.* Cambridge: Polity Press.
Haug, W. F. (2012). *Hightech-Kapitalismus in der Grossen Krise.* Hamburg: Argument.
Heite, C. (2008). *Soziale Arbeit im Kampf um Anerkennung. Professionstheoretische Perspektiven.* Weinheim: Beltz-Verlag.
Hoerder, D. (2002). Migration als Ausgleichsprozess. Über die Zusammenhänge von Mobilität, Individuum und Gesellschaft. In T. Geisen (Hrsg.), *Mobilität und Mentalitäten* (S. 17–38). Frankfurt a. M: IKO.
IAB. (2014). Zahlen zum Thema „Auslaufmodell Normalarbeitsverhältnis?" http://www.iab.de/1406/view.aspx. Zugegriffen: 12. Aug. 2014.
Juhasz, A., & Mey, E. (2003). *Die zweite Generation: Etablierte oder Außenseiter?* Opladen: Leske+Budrich.
Kraus, K., & Geisen, T. (Hrsg.). (2001). *Sozialstaat in Europa: Geschichte, Entwicklung, Perspektiven.* Wiesbaden: Westdeutscher Verlag.

Kurzke-Maasmeier, S. (2006). Aktivierende Soziale Arbeit im reformierten Sozialstaat. Professionelle Herausforderungen und sozialethische Kritik. In S. Kurzke-Maasmeier, C. Mandry, & C. Oberer (Hrsg.), *Baustelle Sozialstaat! Sozialethische Sondierungen in unübersichtlichem Gelände* (S. 111–128). Münster: Aschendorff.
Lefebvre, H. (1975). *Kritik des Alltagslebens*. Reinbek: Rowohlt.
Lessenich, S. (2008). *Die Neuerfindung des Sozialen. Der Sozialstaat im flexiblen Kapitalismus*. Bielefeld: Transcript Verlag.
Lutz, H. (2008). *Vom Weltmarkt in den Privathaushalt*. Opladen: Barbara Budrich.
Marx, K. (1989). *Das Kapital*. Berlin: Dietz Verlag.
Negt, O. (2001). *Arbeit und menschliche Würde*. Göttingen: Steidl.
Ottersbach, M. (2010). Bildung, Ausbildung und Arbeit: institutionalisierte Sackgassen für Jugendliche und Junge Heranwachsende mit Migrationshintergrund. In W. Baros, F. Hamburger, & P. Mecheril (Hrsg.), *Zwischen Praxis, Politik und Wissenschaft. Die vielfältigen Referenzen interkultureller Bildung* (S. 80–89). Berlin: Verlag Irena Regener.
Ottersbach, M. (2013). Zivilgesellschaftliche Partizipation Jugendlicher – eine Herausforderung für die Soziale Arbeit. In W.-D. Bukow, M. Ottersbach, S. Preissing, & B. Lösch (Hrsg.), *Partizipation in der der Einwanderungsgesellschaft* (S. 133–158). Wiesbaden: Springer.
Potts, L. (1988). *Weltmarkt für Arbeitskraft. Von der Kolonisiation Amerikas bis zu den Migrationen der Gegenwart*. Hamburg: Junius.
Pries, L. (2010). *Transnationalisierung. Theorie und Empirie neuer Vergesellschaftung*. Wiesbaden: VS Verlag für Sozialwissenschaften.
Riegel, C. (2004). *Im Kampf um Zugehörigkeit und Anerkennung*. Frankfurt a. M: IKO Verlag.
Ruhs, M., & Anderson, B. (Hrsg.) (2010). *Who needs migrant workers? Labour shortages, immigration, and public policy*. Oxford: Oxford University Press.
Schaarschuch, A. (1990). *Zwischen Regulation und Reproduktion*. Bielefeld: Karin Böllert KT-Verlag.
Schmid, J. (2010). *Wohlfahrtsstaaten im Vergleich. Soziale Sicherung in Europa: Organisation, Finanzierung, Leistungen und Probleme*. Wiesbaden: VS Verlag für Sozialwissenschaften.
Walwei, U. (1999). Normalarbeitsverhältnis in Bewegung. *Mitbestimmung*, 11, 12–17.
Weber, M. (1980). *Wirtschaft und Gesellschaft*. Tübingen: Mohr Siebeck.

Dr. Thomas Geisen ist Professor für Arbeitsintegration und Eingliederungsmanagement/ Disability Management an der Hochschule für Soziale Arbeit der Fachhochschule Nordwestschweiz FHNW. Seine Arbeitsschwerpunkte sind Arbeit und Migration. Aktuelle Veröffentlichungen: „Migration, Familie und Gesellschaft. Beiträge zu Theorie, Kultur und Politik" (2014, herausgegeben gemeinsam mit Tobias Studer und Erol Yildiz), „Soziale Arbeit und Demokratie" (2013, gemeinsam herausgegeben mit Fabian Kessl, Thomas Olk und Stefan Schnurr), „International Handbook of Migration, Minorities and Education. Understanding Cultural and Social Differences in processes of Learning" (2012, gemeinsam herausgegeben mit Zvi Bekerman), „Arbeit in der Moderne. Ein dialogue imaginaire zwischen Karl Marx und Hannah Arendt" (2012), „Disability Management and Workplace Integration" (2011, gemeinsam herausgegeben mit Henry Harder). Weitere Informationen: www.fhnw.ch/ personen/thomas-geisen.

Markus Ottersbach ist Professor für Soziologie am Institut für interkulturelle Bildung und Entwicklung (INTERKULT) der Fakultät für Angewandte Sozialwissenschaften der Fachhochschule Köln. Aktuelle Veröffentlichungen: „Die Zukunft der Gemeinwesenarbeit. Von der Revolte zur Steuerung und zurück?" (Hg. zus. mit R. Blandow und J. Knabe), Wiesbaden 2012; „Partizipation in der Einwanderungsgesellschaft" (zus. mit W.-D. Bukow, B. Lösch und S. Preissing) Wiesbaden 2013; „Jugendkulturen. Lebensentwürfe von Jugendlichen mit Migrationshintergrund" (Hg. zus. mit U. Steuten), Oldenburg 2013; „Diversität und Partizipation. Deutsch-französische Perspektiven auf die Arbeit mit Jugendlichen aus marginalisierten Quartieren" (Hg. zus. mit A. Boubeker), Münster und New York 2014. Kontakt: Markus.Ottersbach@fh-koeln.de.

Teil I
Grundlagen und Systematisierungen

Fremde Subjektivierungen

Strukturelle Prozesse subjektiver Marginalisierung in modernen Arbeitsgesellschaften

Anselm Böhmer

In postfordistischen Zuwanderungsgesellschaften geraten die qualifikatorische Passungen der Subjekte wie der gesellschaftlichen Strukturen gerade dann in Konflikt, wenn die permanente Neu-Generierung von Beschäftigungsfähigkeit und Erwerbsarbeit im Modus subjektiver Selbstoptimierung in den Vordergrund rücken; solche Konflikte bergen für MigrantInnen spezifische Herausforderungen. So lautet die im Folgenden entfaltete und geprüfte These. Dabei fragt der Aufsatz zunächst nach den subjektivierenden Veränderungen von Erwerbsarbeit (1) und wendet die Erkenntnisse auf die Vergesellschaftungsmodi von MigrantInnen an. Hinsichtlich der Arbeitsintegration im Kontext von Migration kommen infolgedessen Aspekte von erwerbsbezogenen Logiken aktivierender Subjektivierung ebenso zur Sprache wie spezifische Zugänge zum deutschen Arbeitsmarkt unter den Voraussetzungen fremder Qualifikationen (2). Sodann werden sozial- und migrationspolitische Perspektiven für die Arbeitsgesellschaft entwickelt (3) und bezüglich der Konsequenzen für die Profession Sozialer Arbeit erörtert (4). Gerade sie wird als Profession wie Disziplin aktiv, wenn es im Kontext von Migration um die Assistenz für subjektive Antworten auf die arbeitsgesellschaftlichen Anrufungen geht. Ein die unterschiedlichen Argumentationsstränge verbindendes und prolongierendes Fazit (5) bietet sodann eine alternative Lesart der systematisierenden These an, wenngleich Soziale Arbeit auch in diesem Modus der ihr inhärenten

---

A. Böhmer (✉)
Weingarten, Deutschland
E-Mail: boehmer@hs-weingarten.de

© Springer Fachmedien Wiesbaden 2015
T. Geisen, M. Ottersbach (Hrsg.), *Arbeit, Migration und Soziale Arbeit*,
DOI 10.1007/978-3-658-07306-0_2

Ambivalenz von Differenzierungen sowie Transformationen von Differenzen in der Erwerbsarbeitsgesellschaft nicht entgehen kann.

1 Arbeitsgesellschaftliche Tendenzen von Subjektivierungen

In modernen Arbeitsgesellschaften bietet Erwerbsarbeit Möglichkeiten gesellschaftlicher Integration. Denn durch die Teilnahme am Produktionsprozess können Individuen an den gesellschaftlich konstitutiven Prozeduren ökonomischer, sozialer und subjektiver Gestaltung partizipieren (vgl. Geisen 2011, S. 19 f.; mit Blick auf Alleinerziehende vgl. Zabel 2012). Diese Teilhabe an – oder beim Fehlen von honorierten Zugängen zur Produktion: Ausgrenzung von – Produktionsverhältnissen gewinnt insofern nicht allein monetäre Bedeutung, sondern greift gerade angesichts ihrer orbjektiven Strukturen in die subjektiven Prozesse der Individuen ein, wie nun gezeigt werden soll.

1.1 Normalerwerbsarbeit: zweifelhafte Orientierungen

Als *normal* konnte in modernen Gesellschaften bis vor nicht allzu langer Zeit die Vergesellschaftung durch bedarfsdeckende Vollerwerbstätigkeit angesehen werden. Diese Tätigkeit greift zumindest in Deutschland unverkennbar auf das Konzept der „Beruflichkeit" als auf berufliche Ausbildung gestützte Absicherung des individuellen Status zurück (vgl. Bolder et al. 2012). Beruflichkeit gilt trotz aller gegenteiligen Analysen einer „Erosion von Normalerwerbsarbeit" als auch aktuell unhintergehbares prägendes Moment der Arbeitswelt (vgl. Ahrens und Spöttl 2012, S. 88). Dies wird insbesondere aufgrund der damit einhergehenden „Zuweisung von Lebenschancen" (Ahrens und Spöttl 2012) *via* Erwerbsarbeit attestiert. Dabei gilt der Beruf auch uneingeschränkt als Arena zum Erwerb eines sozial eindeutigen Habitus (vgl. Corsten 2012, S. 319). Insofern kann Beruf als soziales Konstrukt mit der Wirkung einer Koppelung von Individuum und Gesellschaft (vgl. Corsten 2012, S. 321) *per* Berufstätigkeit begriffen werden.

Doch hat diese spezifische Vergesellschaftung unterschiedliche Nuancen. Zunächst sei darauf verwiesen, dass Erwerbsarbeit alles andere als gleich verteilt ist. Einerseits lassen sich Genderdifferenzen (vgl. dazu die Übersicht in Statistisches Bundesamt 2012) hinsichtlich der Verteilung auf unterschiedliche Berufsgruppen, Entlohnung sowie Chancen auf Übernahme von Leitungsverantwortung ausmachen. Andererseits verändert sich die Struktur der Berufswelt selbst: Zunehmend mehr Arbeitsverhältnisse werden befristet (vgl. Ahrens und Spöttl 2012, S. 88) und unterlaufen damit die mit dem Konzept der Normalerwerbsbiografie einhergehende Verheißung auf ununterbrochene Kontinuität. Auch Teilzeitarbeit, niedrige Entlohnung, Leiharbeit (vgl. Böhmer 2011) oder die Vergabe von Werkverträgen tragen dazu bei, dass sich bestimmte Bereiche der Erwerbsarbeit kaum noch als bedarfsdeckend oder gar identitätsstiftend nutzen lassen. Insofern ist zu resümieren, dass das Leitbild einer Normalerwerbsbiografie wohl kaum an Orientierungskraft für moderne Gesellschaften, doch merklich an Zuverlässigkeit und damit Überzeugungskraft verloren hat (vgl. Ahrens und Spöttl 2012, S. 89).

1.2 Entgrenzung und Subjektivierung von Erwerbsarbeit

Gegenwärtig wird von einer „neuen Qualität von Beruflichkeit" (Voß 2012, S. 283) ausgegangen. Dabei sind – ganz im Sinne des „Arbeitskraftunternehmers" als analytischer Bestimmung jener Erwerbstätigen, die ihre Arbeitskraft unternehmerisch anpreisen, steuern und kontinuierlich optimieren müssen (vgl. Pongratz und Voß 2001) – Entgrenzung und Subjektivierung von Arbeit (vgl. Voß 2012, S. 284 ff.) maßgebliche Prozessperspektiven. Hier nun soll Subjektivierung von Arbeit zunächst allgemein verstanden werden als „Zwang, das Arbeitshandeln mehr als bisher *selbstverantwortlich unter Einsatz aller subjektiven Potenziale organisieren zu müssen* – was steigenden Entscheidungsdruck und ein erhöhtes Risiko des Scheiterns impliziert" (Voß 2012, S. 285). Der daraus resultierende „Individualberuf" wird nach Voß davon geprägt (sein), reflexive Gestaltung und relativierte Fachlichkeit in neuer Weise zu einem – jeweils subjektiv auszugestaltenden – Beruf zu vereinen (vgl. Voß 2012, S. 287 ff.). Somit kommen auf die ArbeitskraftunternehmerInnen mit neuer Beruflichkeit umfängliche Selbststeuerungs-, aber auch Selbstvermarktungsanforderungen zu, die sie wohl erst dann zufriedenstellend erfüllen können, wenn sie einerseits mit ihrem jeweiligen „subjektiven Arbeitsmarkt" hinlänglich vertraut sind und dieser andererseits zumindest insofern diversitätskompetent gestaltet wird, also gesuchte Berufskonzepte von sozialen Sekundärqualitäten (Gender, Migrantionsbezug o. a.) entkoppelt werden. Gerade auf diese doppelte Perspektive der Passung von subjektiv formierter Beruflichkeit und objektiv rezipierendem Kompetenzmarkt wird noch zurück zu kommen sein (vgl. 1.4).

Zudem stellen Huchler et al. angesichts der Tatsache, dass zunehmend häufiger Subjektivität als soziale Größe konzeptualisiert werde, ein gewandeltes Verständnis von Vergesellschaftung fest, insofern ein „*Subjektivierte[r] Kapitalismus*" (Huchler et al. 2012, S. 95) den Ansprüchen an die individuelle Ausfüllung postfordistischer Produktionsverhältnisse und -formationen Ausdruck verleihe. Andernorts wird mit Blick auf Vergesellschaftungsprozesse und diesen inhärente

Kompensationsmechanismen formuliert: „In der politischen Regulierung, Ordnung und Regierung sozialer Beziehungen konstituiert, schafft, ja ‚erfindet' der Wohlfahrtsstaat die moderne Gesellschaft als eine komplexe Struktur symbolisch und materiell institutionalisierter Muster wechselseitiger Unterstützung und Abhängigkeit sozialer Akteure" (Lessenich 2008, S. 485). Mit diesen beiden Blickwinkeln lässt sich eine gewandelte Konstruktion des nunmehr subjektivierenden wohlfahrtsstaatlichen Programms skizzieren. Der „neuerfundene Sozialstaat" (vgl. Lessenich 2013) nämlich zeichnet sich dadurch aus, dass er die „komplexe Struktur symbolisch und materiell institutionalisierter Muster wechselseitiger Unterstützung und Abhängigkeit sozialer Akteure" im Sinne einer subjektivierenden Orientierung an Erwerbstätigkeit festmacht. Insofern wird deutlich „(d)as Bild einer Aktivgesellschaft, deren eingeschränktes, halbiertes Verständnis von Aktivierung auf Formen einer dem Gemeinwohl verpflichteten, sozial subjektivierten Selbstbestimmung zielt – und in der das mit der Formel vom ‚Fördern und Fordern' öffentlich angekündigte ‚Dir werden wir helfen!' in den Ohren eines strukturell passivitätsverdächtigen Publikums mehr wie eine Drohung denn als Verheißung klingen muss" (Lessenich 2013, S. 97).

1.3 Entkollektivierung

Die „Agenda 2010" (Deutscher Bundestag 2003) hat *in extenso* entfaltet, was ein aktivierend konzipierter Sozialstaat bereits zuvor als Zielvorstellung aufgetragen bekam: die Aktivierung der individuellen Kräfte seiner BürgerInnen, um die ebenso individuelle Integration in den Arbeitsmarkt zu bewerkstelligen. In der Arbeit der Jobcenter verdichtet sich dies: „Der deutsche Gesetzgeber verbindet mit der Arbeit der Job-Center die Zielvorstellung, Langzeitarbeitslose und vor allem junge Arbeitslose unter 25 Jahre zu motivieren und zu aktivieren, um ihre ‚Beschäftigungsfähigkeit' zu verbessern. Dabei geht es nicht allein um deren schulische Qualifikation, sondern auch um persönliche Eigenschaften" (Wolff und Müller 2013, S. 18; vgl. auch Wulfgramm 2011, S. 177 f.). Dabei umfassen die Anrufungen im ALG-II-Regime spezifische Formate: „Unzuverlässigkeit, Unpünktlichkeit und mangelnde Selbstorganisation sind danach keine psychischen Charaktereigenschaften, die sich nicht mehr verändern, sondern Ausdruck von Unreife im Hinblick auf seine Verwendbarkeit auf dem Arbeitsmarkt. Dadurch bleibt das Problem als Entwicklungsproblem im Rahmen der Fallentwicklung handhabbar ohne dass es diesbezüglich eigener therapeutischer oder beraterischer Anstrengungen bedürfte" (Wolff und Müller 2013, S. 19). Solche Auffassungen sedimentieren sich alsdann in der Beratungspraxis von Jobcentern, die nach empirischer Datenlage zu Eingliederungsvereinbarungen neigen, deren Förder-Anteile lediglich ein geringes

Maß an Aufwand für die Mitarbeitenden des Jobcenters bedeuten, hinsichtlich der potentiellen Sanktionen hingegen sehr viel schärfer formuliert sind (vgl. Kolbe 2012, S. 202 f.). Insofern wäre auf diese Prozesse Castels Analyse anzuwenden, dass gegenwärtige gesellschaftliche Ordnungen von einem Wandel hin zur „Entkollektivierungs- oder Reindividualisierungs-Tendenz" (Castel 2011, S. 18) geprägt seien. So macht etwa die Implementationsanalyse von Bauer et al. zu § 16e SGB II deutlich, dass mit der tagesstrukturierenden Wirkung einer Tätigkeit, der Möglichkeit, zum eigenen Lebensunterhalt durch Arbeit beizutragen, sowie die identifikatorischen Möglichkeiten des „inneren Berufes" (Weber) dezidiert subjektive und zugleich gesellschaftlich objektivierte Normen maßgeblich sind (vgl. Bauer et al. 2011, S. 35 ff.). Dabei werden die in der „Person liegenden Vermittlungshemmnisse" (§ 16e SGB II) eben in dieser gesucht und bearbeitet, die objektivierbaren Umweltfaktoren wie Akzeptanz in der Belegschaft und reguläre Einordnung in betriebliche Hierarchien hingegen sind in nicht geringem Maße vom „vom ‚Fingerspitzengefühl' und vom Takt" (Bauer et al. 2011, S. 38) der Beteiligten abhängig – und somit nicht auf kollektiv gewährleistete und solcherart objektiv geltende Normalitäten zurückführbar. Zugleich jedoch wird darauf aufmerksam gemacht, dass Zuschüsse zum Arbeitsentgelt als solidarische Leistung im Sinne des Sozialstaatsgebotes anzusehen sind (vgl. Bauer et al. 2011, S. 17). Doch auch in dieser „Solidaritätskonstruktion" werden einerseits bislang politisch funktionale Kollektive aufgelöst zugunsten von abstrakteren Solidaritätsformen: „das Jobcenter" oder „der Staat" fungieren anstelle von Gewerkschaft oder Betriebsrat. Zugleich werden auch die Inhalte des solidarischen Bündnisses verändert: Waren zuvor gemeinschaftliche Ziele und deren Operationalisierung maßgeblich, werden diese nun durch subjektivierte Formen von „Freiwilligkeit" und Einordnung in die Suggestionen erwerbsgesellschaftlicher Normalität ersetzt (vgl. 37 ff.; zum daraus resultierenden Spannungsverhältnis von *workfare* und Fürsorge vgl. Bauer et al. 2011, S. 40).

Mit Blick auf diese subjektivierenden und gerade darin prekarisierend wirkenden Anrufungen der bislang Erwerbslosen, aber zugleich auch der mit ihnen Zusammenarbeitenden wird ersichtlich: „Das Wechselspiel von Disziplinierung und Selbstdisziplinierung, das den gesamten Lebenszusammenhang durchdringt, maskiert [...] den Herrschaftscharakter von Prekarisierungsprozessen" (Dörre 2011, S. 399). Diese wiederum unterliegen nach Offe spezifischen Formen der Aktivierungsprogrammatik: „Arbeitslosen soll [...] ‚Eigenverantwortung' beigebracht werden. Dazu dient offenbar auch ihre regierungsamtliche Beschimpfung als ‚Faulenzer' sowie alle die Maßnahmen, die ihre ‚Aktivierung' durch eine neue Mixtur von ‚Fordern und Fördern' vorsehen" (Offe 2003, S. 811; vgl. zum eingeschränkten „arbeitsmarktpolitischen Nutzen" aktivierender Maßnahmen Koch et al. 2005, S. 438; sowie Wulfgramm 2011, S. 190).

1.4 Workfare: objektivierte Subjektivierungen

Im vorhergehenden Abschnitt konnte gezeigt werden, dass arbeitsmarktspezifische Subjektivierungen – durch die Normalerwerbsorientierung ebenso wie durch die Disziplinarregime aktivierender Sozialstaatlichkeit und ihrer Akteure befördert – auf strukturell objektivierte Zusammenhänge rekurrieren müssen, um gesamtgesellschaftlich funktional zu werden. Allerdings ist die Auffassung von Geisen zu weiten, der schreibt: „Der Widerspruch der modernen Gesellschaft besteht darin, dass die bürgerliche Gesellschaft den Menschen einerseits als Subjekt versteht, ihn jedoch aufgrund der gesellschaftlich-kapitalistischen Produktionsweise andererseits zugleich auch objektiviert und ihn den herrschenden Produktions- und Reproduktionsbedingungen unterwirft" (Geisen 2011, S. 13). Denn Subjektivierung und Objektivierung müssen nicht zwingend als derartig dichotomische gedacht werden, die sich in modernen Gesellschaften einem Entweder – Oder sozialer (Zu-) Ordnungen fügen. Vielmehr zeigen nicht zuletzt die Studien von Foucault (vgl. etwa 2007, 2000) und Butler (vgl. z. B. 2007, 2001), dass jegliche Subjektivierung schon ihre Objektivierung in sich trägt: Die Dispositive der Macht, des Geschlechts oder auch des Kapitals durchformen die Subjektivitäten und strukturieren sie dabei – cum grano salis – in objektivierender Form: Wer ich bin, soll sich zumindest *idealiter* nicht mehr unterscheiden von dem, was „man" sein soll. Dies scheint dann auch durch Geisens eigene Auffassung gedeckt: „In den modernen Gesellschaften wird die Subjektwerdung zu einem Prozess der funktionalen Eingliederung in die Gesellschaft" (Geisen 2011, S. 454).

Eine solche Verschränkung von Subjektivität der arbeitsgesellschaftlichen Selbstformatierung und Objektivität der gesellschaftlich Geltung beanspruchenden Imperative findet sich auch in den multiplen Rollenzuweisungen, die sich in der Verwaltung von Arbeit(slosigkeit) als Konzepte von objektivierter Subjektivität identifizieren lassen (vgl. Bohlender 2012, S. 161): Der Fallmanager als Leiter, Partner, Coach, Administrator – und der „erwerbsfähige Hilfebedürftige" in den Formaten von Partner, Kunde, Hilfesuchendem oder Verwaltungsobjekt. Stets werden in diesen unterschiedlichen Rollen dasselbe Regime, aber eben in unterschiedlichen Konstellationen und Komplementaritäten, verwirklicht, unterschiedliche Bühnen mit unterschiedlichen Rollen bespielt und doch dasselbe Grundverständnis von Subjektivitäten aktualisiert – das nämlich einer allseits aktivierenden Psychopolitik. Dabei ist die Auffassung in Zweifel zu ziehen, Führen im ALG-II-Regime erfordere nicht absoluten Gehorsam, sondern freiheitliches und freiwilliges Mitwirken der „Kunden" (vgl. Bohlender 2012, S. 162). Vielmehr wird absoluter Gehorsam nachgerade darin sichtbar, dass die Betroffenen auf eine bestimmte und konkrete Weise – und mithin im hier angesetzten dialektischen Sprachspiel – objektivierte Freiheit in Szene setzen *müssen*; nämlich einzig solche zur Erwerbstätigkeit des Arbeitskraftunternehmers.[1]

2 Migrationsspezifische Subjektivierungen in modernen Arbeitsgesellschaften

Waren bislang Tendenzen einer objektiviert-subjektivierenden Transformation von Vergesellschaftung in der Erwerbsarbeitsgesellschaft allgemein Thema der Erörterungen, sollen nun diese Fragestellungen unter der Perspektive von Migration in den Fokus gerückt werden, um damit einem zweiten, für moderne Gesellschaften – und damit für Deutschland zumal – an Bedeutung gewinnenden Blickwinkel zu eröffnen.

2.1 Passage-Räume

Das Phänomen der Migration ist zugleich Modus und Arena von Gesellschaftsordnung wie -integration. Insofern lassen sich Migrationsprozesse als soziale Passage-Räume verstehen, in denen eine Form der gesellschaftlichen (Ein-)Ordnung durch eine andere ersetzt wird. MigrantInnen haben aber für die jeweilige Gesellschaft offenkundig eine eigene Funktion und machen insofern deutlich, dass Migration auch als eigener Modus von Vergesellschaftung konzeptualisiert werden kann. Denn ein „Wir" lässt sich allererst mit Blick auf gesellschaftliche Identitäten abgrenzen (vgl. Mecheril 2011, S. 49). Zudem kann Migration bestimmte innergesellschaftliche Optionen bedienen, wie etwa die politischen Bemühungen um Immigration von „High Potentials" nach Deutschland zeigen. Insofern bietet Migration als Konzept und ereilen MigrantInnen wie Nicht-(als-solche-konzeptualisierte-)MigrantInnen die Perspektive gesellschaftlicher Selbstvergewisserung und Neukonstitution, die nicht allein als Kompensation des demografisch verloren gehenden Arbeitskräftepotentials (vgl. Fuchs et al. 2012, S. 7) verstanden werden können,[2] sondern zugleich auch konstitutiv für eine Ordnung moderner Gesellschaften zu sein scheint, die sich ohne eine Produktion von „Geanderten" (Melter 2012, S. 20) wohl kaum gewinnen ließen.

---

[1] Auf alternative Freiheitsräume v. a. für die „alten" Professionen im Sinne einer kaum hinterfragten „Souveränität (Entschiedenheit) im Akt des Anfangens" verweist Corsten 2012, S. 332.

[2] Die AutorInnen prognostizieren, dass „ein potenzialerhöhender Migrationseffekt von etwa 170.000 Erwerbspersonen im Jahr 2012 und rund 150.000 Erwerbspersonen im Jahr 2013" (Corsten 2012) für Deutschland zu erwarten sei.

Dabei stellt sich Migration in Erwerbsarbeitsgesellschaften die besondere Herausforderung, ihre Eigendynamiken und -logiken in den Plausibilitäten dieser Gesellschaftsformation abzubilden, soll die Vergesellschaftungschance wie -form *via* Migration funktional werden. Somit erlangen Migrationsprozesse kompensatorische Dignität und werden eingeordnet in das Gesamt der als erwerbsarbeitsgesellschaftlich belangvoll attribuierten Prozesse: „Das Arbeitskräfteangebot wird von drei Einflussfaktoren getrieben: Demografie, Erwerbsverhalten und Wanderungen" (Fuchs et al. 2012, S. 7). MigrantInnen können also offenkundig dann mit gesellschaftlicher (akzeptierter) Passung rechnen, wenn sie sich den erwerbsbezogenen Logiken aktivierender Psychopolitik einordnen lassen. Insofern sind nachgerade Fragen der beruflichen Qualifikation, deren Kompatibilität und Verortungen in den sozialen Räumen der Erwerbsarbeitsgesellschaft von besonderer Bedeutung für die Vergesellschaftung von MigrantInnen, wie nun gezeigt werden soll.

2.2 Subjektive Zugänge zum deutschen Arbeitsmarkt

Studien belegen bereits seit geraumer Zeit, dass MigrantInnen eine lediglich eingeschränkte Partizipation am Arbeitsmarkt erfahren (vgl. mit einem Fokus auf türkische Frauen OECD 2005, S. 20). Zudem wird betont, dass Rezessionen wie jene in Deutschland 1992–1997 für die Beschäftigungssituation von MigrantInnen hierzulande besonders gravierende Folgen haben (vgl. OECD 2005). Auch die Situationen der sog. „zweiten Generation" zeichnet die OECD in keinesfalls leuchtenden Farben (vgl. OECD 2005, S. 24). Damit werden Zusammenhänge unterschiedlicher Gruppen als interpretativer Bezug zur Erläuterung von Unterschieden im Ausmaß der Teilhabe an arbeitsgesellschaftlichen Prozessen und Strukturen verwandt. Inwiefern jedoch eine Kausalität zwischen Erwerbsbeteiligung und den angewandten Kategorisierungen herstellbar ist und inwiefern dieser durch die solcherart kategorisierten Individuen resp. Gruppen erstellen lässt, wird zumeist keiner weiteren Erklärung unterzogen.

Nicht-individuelle Interpretationen lassen sich bei Zugrundelegung der nämlichen Kategorien zumindest teilweise in einer jüngeren Studie der OECD finden: So „ist die deutsche Migrationspolitik im internationalen Vergleich nicht beschäftigungsorientiert [...]. Arbeitsmigranten machen lediglich 13 % der gesamten Zuwanderungsströme aus Nicht-EU-Ländern aus [...]. Darüber hinaus sind die Zuwanderer im Durchschnitt weniger qualifiziert als die im Inland geborenen Arbeitskräfte, und der Anteil der hochqualifizierten Zuwanderer liegt unter dem OECD-Durchschnitt [...]" (OECD 2012, S. 69). Damit werden unterschiedliche Perspektiven in Relation zueinander gesetzt: erwerbsarbeitsgesellschaftliche, bildungsspezifische sowie zugewanderte und solcherart fremde. Der damit jedoch einhergehenden „eigeninitiativchancenbewussten individuellen Mobilitätsbereitschaft" (Lessenich 2008, S. 496) mit ihrer insbesondere subjektivitätsspezifischen Formatierung unter der Ägide erwerbsarbeitsgesellschaftlicher Anrufungen und ihren transformiert wohlfahrtsstaatlichen Implikationen scheint weniger Aufmerksamkeit gezollt zu werden.

2.3 Fremde Qualifikationen

„Die Voraussetzungen für die Feststellung der Gleichwertigkeit vom im Ausland erworbene Berufsqualifikationen sind hoch" (Knuth 2012, S. 147). Mit dieser weder neuen noch beispielsweise durch das „Anerkennungsgesetz"[3] vollumfänglich behobenen Herausforderung (vgl. Knuth 2012, S. 148) haben MigrantInnen zu rechnen, die sich in Deutschland um die Anerkennung ihrer Bildungs- und Berufsabschlüsse bemühen. Dabei wird mittlerweile von einem „skill-biased technological change" (Bennett 2012, S. 290) ausgegangen, der höher qualifizierten Berufen die Anerkennung leichter mache als niedriger qualifizierten. Gleichwohl haben auch zugewanderte AkademikerInnen nicht selten mit der Anerkennung ihrer Qualifikationen nicht gerade leichtes Spiel: „Analysen zeigen, dass – vermutlich aufgrund der schwierigen Anerkennung von ausländischen (Hochschul-) Abschlüssen in Deutschland – insbesondere zugewanderte Akademikerinnen und Akademiker oft in Berufen mit niedrigerem Ausbildungsniveau arbeiten" (Fuhr 2012, S. 558). Kommt es zu einer Nichtanerkennung der mitgebrachten Berufsqualifikationen, kann dies massive Konsequenzen für die Betroffenen nach sich ziehen: „Eine nicht unerhebliche Rolle spielt hierbei, dass die subjektive berufliche Identität gebrochen statt (falls überhaupt notwendig) weiterentwickelt wird" (Knuth 2012, S. 127 f.). Wären in dieser Hinsicht einzig arbeitsmarktspezifische Motivlagen innergesellschaftlich wirksam, würde sich ein solches dysfunktionales Phänomen wohl kaum über einen Zeitraum mehrerer Jahrzehnte perpetuieren.

Hinzu kommt: „Ausländer erhalten zum Zeitpunkt ihres Einstiegs in den deutschen Arbeitsmarkt in der Regel deutlich geringere Löhne als Deutsche" (Lehmer und Ludsteck 2013, S. 1 f.).[4] Ursächlich dürften wirken die schon erwähnten, als nicht passgenau betrachteten beruflichen Qualifikationen, sprachliche Einschränkungen sowie fehlende Orientierung im deutschen Arbeitsmarkt. Doch können

---

[3] „Gesetz zur Verbesserung der Feststellung und Anerkennung im Ausland erworbener Berufsqualifikationen" vom April 2012, welches das sog. Berufsqualifikationsfeststellungsgesetz (BQFG) ebenso umfasst wie Anpassungen zahlreicher Bundesberufsgesetze.

[4] Ob der Terminus der „Ausländer" hier im ausländerrechtlich korrekten Sinne verwendet wird, muss aufgrund der nicht trennscharfen Verwendung des Begriffs etwa Corsten 2012, S. 1 f. als fraglich eingeschätzt werden.

MigrantInnen nach Aussage dieser Studie durch Faktoren wie längere Betriebszugehörigkeit, den Wechsel in lukrativere Tätigkeiten oder auch durch stabilere Beschäftigungsformen höhere Löhne erzielen. „Diese Effekte sind zum einen Ausdruck erfolgreicher Suche, zum anderen deuten sie auf eine Verbesserung des betriebsspezifischen Humankapitals einer Person hin" (Lehmer und Ludsteck 2013, S. 7). Auch an dieser Stelle muss zumindest danach gefragt werden, ob es jenseits aller subjektiven Selbstbewirtschaftungsfortschritte weitere Faktoren geben kann, die strukturell oder politisch für diese Veränderungen geltend gemacht werden können. Zu denken wäre etwa an niedrigere strukturell bedingte Zuschreibungen von Fremdheit aufgrund assimilativer Prozesse oder schlicht virtuosere Handhabungen solcher Zuschreibungen aufgrund zunehmenden Erfahrungswissens auf Seiten der MigrantInnen.

2.4 Sprache als individualisierendes Konzept

Für die berufliche Integration von „Menschen mit Migrationshintergrund", deren Familien also bereits über z. T. mehrere Generationen in Deutschland ansässig sind, werden insbesondere Sprachdefizite als hemmende Faktoren ins Feld geführt (vgl. Walter 2013, S. 49). Dabei ist zumindest für den Teilaspekt der Sprachförderung bekannt: „Defizite im Deutschen, vor allem in mündlicher und schriftlicher Fachsprache, sind für den Arbeitsmarkt relevant, hindern aber nicht grundsätzlich an einer Erwerbstätigkeit" (Deeke 2011, S. 92). Werden diese Befunde hinreichend gewürdigt, ergibt sich die Frage, inwiefern das merkliche Betonen von „Sprachkompetenzen" so breiten Raum einnimmt. In diesem wie manch weiteren Zusammenhängen (vgl. etwa auch den folgenden zur Erwerbsbeteiligung von Frauen) liegt zumindest der Schluss nahe, dass durch Verweis auf subjektive Defizite auch mögliche objektive Veränderungen etwa von Betrieben, betrieblichen Abläufen o. a. aus dem Fokus rücken.

Auch bezüglich der individuellen Neigung zum Übergang von Transferbezug in Erwerbstätigkeit, die sog. *Hazard*rate, wird berichtet: „Die Hazardrate für Mütter mit deutscher Staatsangehörigkeit beider Gruppen [solche, die mit einem Partner zusammenleben, vs. solcher, die allein leben; Anm. A.B.] liegt höher als für Ausländerinnen und reflektiert damit auch die geringeren Arbeitsmarktchancen der Letzteren. Eine deutsche Staatsangehörigkeit hat für Mütter in Paarhaushalten mit ca. 31 % einen größeren positiven Effekt als für Alleinerziehende (19 %). Dies könnte den Hintergrund haben, dass ausländische Mütter in Paarhaushalten dem Arbeitsmarkt vergleichsweise fern sind, da etwa die Aufgabenteilung im Haushalt besonders traditionell ist. Genauso ist denkbar, dass der Partnereffekt hier geringer ausfällt, weil die männlichen Partner häufig ebenfalls keine deutsche Staatsbürgerschaft besitzen und auf dem Arbeitsmarkt größere Probleme haben als Deutsche" (Lietzmann 2011, S. 354 f.; vgl. auch BMAS 2013). An dieser Stelle nun ist Gegenstand der angestellten Überlegungen die Frage, was in welcher Weise konzeptualisiert wird. Denn einerseits ergibt bereits eine Binnendifferenzierung der Gruppen von AusländerInnen sehr unterschiedliche Erkenntnisse zu Teilhabe am Markt für Erwerbsarbeit (vgl. Lehmer und Ludsteck 2013). Andererseits muss auch in diesem Zusammenhang die Frage nach der Normativität moderner Arbeitsgesellschaften und ihrer Verfahren der Vergesellschaftung aufgeworfen werden. Es scheint keineswegs ausgemacht, dass ein Verweis auf Erfahrungen mit Wanderungen über national-politische Grenzen hinweg und die damit sicher auch gegebenen, aber eben nicht als homogen anzusetzenden, Unterschiede der Sozialisation einen Beitrag zur gesellschaftlichen Differenzierung leisten. Zugleich aber muss ebenso gefragt werden, welche Mechanismen von Ein- oder Ausschließungen zur individuellen Arbeitsmarktintegration oder -ferne beitragen.

3 Migration und Hegemonie in der Arbeitsgesellschaft

In den vorhergehenden Abschnitten wurden erwerbsarbeitsgesellschaftliche Subjektivierungstendenzen thematisiert – für die Gesellschaftsmitglieder allgemein sowie für solche mit eignen oder innerfamiliären Migrationserfahrungen im Besonderen. Nun sollen politische Perspektiven im Sinn einer „Praxis des Erzeugens, der Reproduktion und Transformation sozialer Verhältnisse" (Laclau und Mouffe 2012, S. 193) entwickelt werden, die Migration in der Erwerbsarbeitsgesellschaft kritisch einzuordnen und demgemäß differenzierter zu gestalten gestatten.

3.1 Hegemoniale Identitäten und ihre Grenzen

Die bislang geleisteten Rekonstruktionen von Prozessen moderner Arbeitsgesellschaften haben deutlich gemacht, dass von den Individuen auf spezifische Weise die Ausbildung eines Selbstbildes und dessen Praxis[5] verlangt wird. Insofern werden Subjektivität und Objektivität in der Erwerbsarbeitsgesellschaft dergestalt verschränkt, dass Subjektivität nachgerade als Artikulationsraum von gesellschaftlicher Objektivität fungiert. Damit ergibt sich ein Modus der Vergesellschaftung, der nahezu[6] umfassend wird: Subjektivität kann nun kaum noch als Widerpart von

---

[5] Diskurstheoretisch lässt sich Praxis beziehen auf das diskursive Feld, in dem sich sozialen Praxis allererst – als hegemoniale – konstituiert (vgl. Laclau und Mouffe 2012).
[6] Perspektiven dennoch möglicher individueller Freiheitsräume lassen sich u. a. ableiten aus Foucault 2007.

Objektivität, das Selbst nicht mehr in Frontstellung zur Vergegenständlichung gesehen werden, sondern beide sind die zwei Seiten derselben Medaille eines ebenso individuierenden wie aktivierenden Gesellschaftsformates und somit einer transformierten Ausgestaltung des Sozialen (vgl. Lessenich 2013).

Zur Interpretation dieses Phänomens kann ein Rückgriff auf die kritische Althusser-Rezeption von Laclau und Mouffe (vgl. Laclau und Mouffe 2012) dienlich sein.[7] In ihrem Theoriekonzept entfalten sie ein zunächst an Gramsci orientiertes Hegemonie-Konzept, das dessen Position poststrukturalistisch weiterführt: „Hegemonie definieren sie als die Expansion eines Diskurses zu einem dominanten Horizont sozialer Orientierung" (Glasze und Mattissek 2009, S. 160). Grundlage dafür ist die Kritik an der Nutzung der Rede von der Ideologie, die Laclau und Mouffe für Gramsci im Sinne einer vereinheitlichenden Rolle der Klassen und für Althusser in den funktionalen Anforderungen hinsichtlich einer Logik der Reproduktion ansetzen (vgl. Laclau und Mouffe 2012, S. 146) Stattdessen unterlegen sie ihrer anti-essentialistischen Sicht folgend jeglichem Diskurs *Artikulation* als Deutungskategorie (vgl. Laclau und Mouffe 2012).

Wird nun das ideologiegegründete Konzept der Anrufung nach Althusser durch ein diskurstheoretisches restrukturiert, so zeigt sich nicht bloß ein einziges Subjektkonstrukt als Unterworfenes im ökonomischen Prozess, sondern eine spezifische Subjektivität, die orientiert ist an einer beanspruchten Totalität des hegemonialen Diskurses subjektiver Selbstoptimierung in einem aktivierenden Modus von Vergesellschaftung. Damit aber ist Subjektivität nicht individuell zu verstehen, sondern eine sozial amalgamierte Identifikation sozial formierter Ansprüche aufgrund politischer Kontroversen um Vormacht in jeweils historisch, territorial und sozial spezifischen Situationen. Identitäten werden hegemonial formuliert und durch gesellschaftlich formatierte Subjektivitäten ebenso fundiert wie artikuliert.

Daraus ergibt sich für den Kontext von Migration eine doppelte Problemlage: Einerseits werden diskursiv Subjektpositionen als fremde konzeptualisiert und die so bezeichneten Menschen als „Fremde" kategorisiert (vgl. Böhmer 2013a). Diese „Funktion der Anderen" scheinen moderne Gesellschaften (zumindest) dann zu nutzen, wenn eigene – nationale – Identitäten unsicher geworden sind (vgl. auch Mecheril 2011). Umgekehrt aber dienen „die Anderen" gerade als Ausgeschlosse-

---

[7] Dabei macht Althusser die Verschränkung von Subjektivität als Ausdruck gesellschaftlich wirksamer Anrufungen folgendermaßen deutlich: „das Individuum wird als (freies) Subjekt angerufen, damit es sich freiwillig den Anordnungen des SUBJEKTS [mithin der übergeordneten normativen Ordnung; Anm. A.B.] unterwirft, damit es also (freiwillig) seine Unterwerfung akzeptiert und folglich ‚ganz von allein' die Gesten und Handlungen seiner Unterwerfung ‚vollzieht'. Es gibt Subjekte nur durch und für ihre Unterwerfung. Deshalb funktionieren sie ‚ganz von alleine'" (Althusser 1977, S. 148). Vgl. auch die instruktiven Ausführungen in Wolff 2004.

ne der Formierungen von Identitäten, müssen also wenigstens einen gewissen Bezug zur – sie als Auszuschließende adressierenden – gesellschaftlichen Formation gewährt bekommen. Damit aber wird eine kritische Positionierung der Individuen zu solchen Exklusions-/Inklusionsprozessen *innerhalb* der stattfinden Diskurse nahezu unmöglich, da ihnen eine diskurskritisches *Außen* durch ihre – prekäre – Einbettung in bestehende Diskurse kaum zugänglich ist.[8]

3.2 Arbeitsmärkte als Katalysatoren sozialer Ungleichheiten

Der Blick auf die solcherart hegemonial fungierenden Ordnungen von Erwerbsarbeitsgesellschaften wirft die Frage nach deren spezifischen Konkretisierungen von hegemonialer Identifikation und Exklusion auf. Zunächst sei darauf verwiesen, dass Arbeitsmärkte – nach der nun herangezogenen Auffassung Offes – soziale Ungleichheiten nicht selbst produzieren, sondern ihrerseits importieren. Offe nämlich macht darauf aufmerksam, „that labor markets, far from being the location of voluntary exchange, are basically institutional arrangements that register and enforce inequalities *the origin of which are to be located outside the market transaction itself.* Perhaps labor markets in all kinds of capitalist welfare states can best be described as ‚sorting machines' which function as *catalysts* of patterns of distribution and inequality that are already in place before, as it were, the market transaction begins and the labor contract is concluded" (Offe 2010, S. 45). Insofern sind Arbeitsmarkt-Prozesse eher Artikulation spezifischer Ordnungen der jeweils gegebenen „kinds of capitalist welfare states" und insofern Katalysatoren, die soziale Differenzen befördern, ohne jedoch deren grundlegende Ursachen zu sein. Dies aber hat zur Folge, dass Subjektivierungen *via* Arbeitsmarkt lediglich Artikulationen weiterreichender gesellschaftliche Formatierungen sind – Subjektivierungen, die nun lediglich *auch* am und durch den Arbeitsmarkt statthaben, dabei ein gesamtgesellschaftliches Diskursformat zum Ausdruck bringend.

Somit aber lassen sich Ursachen von Subjektivierung nicht unmittelbar am Arbeitsmarkt erkennen. Die fraglichen Subjektivitätskonzepte sind ja schon längst von Hegemonien gänzlich anderer Herkunft geformt und insofern nicht nachträglich in katalysatorisch wirkenden Verfahren zu wandeln. Was vielmehr nach den

---

[8] Illustrativ mag der Verweis auf Aktionen wie die Protestcamps von AsylantInnen gegen das deutsche Asylrecht im Jahr 2012 sein (vgl. etwa die Hinweise in der Tageszeitung vom 4.4.12). Solche Proteste werden nur möglich, weil die als Fremde Kategorisierten zumindest noch eine gewisse Nähe zum Raum öffentlicher Diskurse in Deutschland haben resp. herstellen können und doch auf deren interne politische Prozesse hinsichtlich der Berücksichtigung von Forderungen angewiesen bleiben.

vorhergehenden diskurstheoretischen Rekonstruktionen hegemonialer Prozesse für einen funktionierenden Arbeitsmarkt mit Menschen verschiedener Herkünfte und Zuschreibungen vonnöten wäre, ist die Bearbeitung der Muster von Differenz, die Arbeitsmärkte vorab ordnen oder überhaupt erst ermöglichen (vgl. Offe 2010). Damit aber wären diskurstheoretische Analysen der hegemonialen Prozesse ihrerseits womöglich doch wieder auf ideologiekritische Untersuchungen verwiesen, um die fungierenden Muster der Diskurse nicht nur in ihrer Semiotik auf – eventuell leere (vgl. Laclau 2002, S. 65 ff.) – Signifikanten hin zu befragen, sondern ebenso die gesellschaftlich relevanten Signifikate in ihrer Dynamik zu beleuchten. Arbeitsmärkte als Katalysatoren gesellschaftlicher Hegemonien ließen sich insofern differenzierter verstehen, als nach ihrem Wie (Diskurse) ebenso wie dem Wozu (Ideologien) gefragt wird – und die sich damit ergebenden Befunde als Anlass für etwaige weiterführende gesellschaftspolitische Analysen für die Situation von MigrantInnen in den „capitalist welfare states" aufgefasst werden können.

3.3 Arbeitsmärkte als Alteritätsmaschinen

„Der Markt der Subjektivierung von Arbeit im Regime verallgemeinerter Entrepreneurship ,verarbeitet' unentwegt Alteritäten, indem er sie entweder als Alleinstellungsmerkmale privilegiert oder sie als unverwertbar aus dem gesellschaftlichen Verkehr ausschließt" (Bröckling 2012, S. 23). Dieser Markt arbeitsgesellschaftlicher Subjektivierungen ist insofern als Mechanismus gesellschaftlicher Differenzbildung nach der Maßgabe faktischer Hegemonien zu verstehen. Er unterscheidet – insbesondere in seiner Ausgestaltung als Arbeitsmarkt – die jeweiligen Subjekte als funktional oder dysfunktional. Zugespitzt ließen sich somit *Arbeits*märkte als Alteritätsmaschinen auffassen, die nun nicht allein Verstärkung gesellschaftlicher Differenzierungen darstellten (vgl. 3.2), sondern nun auch in der Fortführung hegemonialer Ordnungen deren „Geschäft" weiter betreiben können und dabei neuerlich hegemonial definierte Älteritäten zu erzeugen verstehen, indem sie auch aus den bislang Inkludierten jene ausschließen, die sich angesichts der an sie gerichteten Anrufungen nicht mehr zu bewähren verstehen. Eine solche neu fungierende Ausschlussprozedur mit der Konsequenz einer Annäherung unterschiedlicher Gruppen von Ausgeschlossenen entlang der migrationsbezogenen Demarkationslinie hinsichtlich ihrer Erfolge auf dem Arbeitsmarkt scheinen auch die Daten von Fuhr nahezulegen: „Interessanterweise unterscheidet sich das Armutsrisiko von Menschen mit und ohne Migrationshintergrund am wenigsten beim niedrigsten Bildungsstand: Schulabbrecher sind – unabhängig vom Migrationsstatus – hochgradig armutsgefährdet. Je höher der Schulabschluss, desto weiter öffnet sich die ,Armutsschere', desto größer wird also der Unterschied in den Armutsgefährdungsquoten von Menschen mit und ohne Migrationshintergrund. Dies bedeutet, dass Zuwanderer und ihre Nachkommen trotz Abitur und Universitätsabschluss weiterhin um ein Vielfaches armutsgefährdeter sind als Deutsche ohne Migrationshintergrund" (Fuhr 2012, S. 557).

Insofern sind die Motive etwa für die Aufnahme einer geringfügigen Beschäftigung durch sog. „Menschen mit Migrationshintergrund"[9] oft andere als die ohne eine solche Zuordnung: „Die Unterteilung der Befragten nach Personen mit und ohne Migrationshintergrund zeigt, dass die Hinzuverdienstmöglichkeit für Personen mit Migrationshintergrund seltener ein Beweggrund für die Aufnahme einer geringfügigen Beschäftigung ist als für Personen ohne Migrationshintergrund (46 % im Vergleich zu 61 % [...]). Hingegen geben Personen mit Migrationshintergrund doppelt so häufig an, die geringfügige Beschäftigung auszuüben, da sie nichts anderes gefunden haben (22 % im Vergleich zu 11 %)" (RWI 2012, S. 56). Und in NRW „erhalten geringfügig Beschäftigte mit Migrationshintergrund bestimmte Leistungen (unbezahlter Urlaub, Entgeltfortzahlung im Krankheitsfall) in deutlich geringerem Maße als Personen ohne Migrationshintergrund" (RWI 2012, S. 107). Migrationsspezifisch „Andere" werden durch die Arbeitsmärkte offenkundig nicht nur anders behandelt, sondern auch mit zusätzlichen anderen Eigenschaften belegt.

4 Die professionelle Gestaltung migrationspolitischer Erwerbsarbeitsintegration durch Soziale Arbeit

Soziale Arbeit – als Profession der Moderne – hat ihren Anteil an den Subjektivierungsstrategien moderner Erwerbsarbeitsgesellschaften. „Die Aufgabe der Auswahl, der Einordnung, des Markierens, des Unterscheidens und des Differenz-Herstellens ist konstituierendes Merkmal Sozialer Arbeit" (Mecheril und Melter 2012, S. 263). Somit ist einerseits die eigene Rolle und Position in der Produktion sozialer Differenz zu reflektieren (vgl. Mecheril und Melter 2012, S. 266), andererseits kann aber mit einem bloßen Verweis auf Dilemmata und deren Unausweichlichkeit wohl kaum hinreichend politischer Spielraum für eine Profession gefunden werden, die nicht selten beansprucht, emanzipatorisch, menschenrechtsorientiert und kritisch zu agieren. Insofern soll im folgenden Abschnitt danach gefragt werden, welche Rolle Soziale Arbeit in ihrer Interaktion mit den ‚Alteritätsmaschinen Ar-

---

[9] Zur Definition dieses Terminus vgl. RWI 2012, S. 32, FN. Allerdings bleibt hier und allgemein fraglich, inwiefern „die" Menschen mit Migrationshintergrund bei all ihrer Heterogenität (vgl. Lehmer und Ludsteck 2012 sowie Stauf und de Paz Martínez 2011, S. 6 f.) in ein einheitliches – und dabei aussagekräftiges – statistisches Konzept gefasst werden können.

beitsmärkte' einnehmen kann, um die These potentieller Spielräume subjektiver Eigensinnigkeiten nicht voreilig aus der Hand zu geben. Darum aber dürfte es gehen, wenn eine solche Profession in modernem Zuschnitt nicht davon absehen möchte, dem jeweiligen Menschen dabei zu assistieren, „sich seines Verstandes ohne Leitung eines anderen zu bedienen" (Kant). Dass mit dem Erringen einer solchen *Denkungs*art zwar schon viel gewonnen sei, ist angesichts der hier entfalteten Analysen sicher nicht in Abrede zu stellen. Und doch wird für Soziale *Arbeit* eine diesbezügliche *Handlungs*art wohl das tatsächliche Ziel darstellen müssen. Dieses reflexiv anzusteuern, ist Zweck der sich nun anschließenden Erwägungen zu MigrantInnen im deutschen Erwerbsarbeitsregime.

4.1 Soziale Passage-Räume statt starrer Hintergründe

Das statistisch induzierte Konstrukt eines Migrationshintergrundes ist in seiner Wirkung für die Teilhabe an Erwerbsarbeit als ambivalent einzuschätzen: Zunächst muss festgestellt werden, dass ein solches Konzept am Arbeitsmarkt *per se* nachteilig wirkt. So lässt sich für das hinsichtlich der Arbeitsmärkte mehr als bedeutsame Bildungswesen (vgl. Stanat et al. 2010) ebenso wie für das Ausbildungswesen (vgl. Ahrens und Spöttl 2012) zeigen, dass die Attribuierung von Migrationsspezifika in aller Regel abträglich fungiert. Zudem werden Diskriminierungserfahrungen sowie Prozesse der (Re-)Ethnisierung bei Jugendlichen beschrieben, denen der Zugang zu Ausbildung verwehrt wird (vgl. Ahrens und Spöttl 2012, S. 94). Solche Prozesse ziehen im Kontext der vorhergehenden Reflexionen zudem Marginalisierung, wenn nicht gar Ausschließung der solcherart konzeptualisierten Menschen nach sich. Andererseits lässt sich aus den hier vorgelegten Analysen ableiten, dass derartige Marginalisierungsprozesse nicht primär den Ausgrenzungen am Arbeitsmarkt geschuldet sind, sondern andere gesellschaftliche Orte und Prozesse diesbezügliche Wirkungen entfalten.

Ein solcher gesellschaftlicher Zusammenhang stellt für das professionelle Selbstverständnis Sozialer Arbeit eine besondere Herausforderung dar: „Der Sozialen Arbeit kommt – unabhängig von konzeptionellen Entwicklungen – die Aufgabe zu, Kinder und Jugendliche mit Migrationshintergrund als unverwechselbare und einmalige Individuen (an)zuerkennen und sie gerade nicht auf ihren ‚Hintergrund' festzuschreiben. [...] Zugleich ist es notwendig, die Kategorie der ‚Herkunft' dann aufzugreifen und zu bearbeiten, wenn es für die Akteure selbst von Bedeutung ist" (Stauf und de Paz Martínez 2011, S. 29). Diesem Postulat folgend, soll nun eine erste Perspektive für Soziale Arbeit in ihren erwerbsarbeitsgesellschaftlichen Handlungsbezügen – als Jugendberufshilfe etwa, Schulsozialarbeit oder auch betriebliche Soziale Arbeit u.v.a.m. – formuliert werden. Wurden die – gesellschaftlichen – Konstruktionen von migrationsbezogenen Hintergründen für die Identität einer Person als zu statisch, undifferenziert und gemeinhin wenig aussagekräftig erkannt, wird für die Reflexion wie die Praxis Sozialer Arbeit nach einem alternativen Konzept gesucht werden müssen. An dieser Stelle sollen die Möglichkeiten eines an Bourdieu orientierten Begriffs sozialer Räume und der in ihnen stattfindenden Passagen angeboten werden. Damit nämlich ließen sich relativ stabile Positionen innerhalb sozialer Geflechte beschreiben und in ihrer Eigendynamik mitgestalten: „Der soziale Raum und die in ihm sich ‚spontan' abzeichnenden Differenzen funktionieren auf der symbolischen Ebene als *Raum von Lebensstilen* oder Ensemble von *Ständen*, durch unterschiedliche Lebensstile ausgezeichnete Gruppen" (Bourdieu 1985, S. 21). Dieser Raum von Lebensstilen als „Aneinanderreihung von sozialen Positionen" (Bourdieu 1997, S. 160) lässt sich seinerseits sehr viel eher auf eine soziale Ästhetik mit ihren subjektivierenden Teilmomenten applizieren als die bislang bemühten Aussagen zu einem einheitlichen und solcherart bestenfalls als dichotome Alterität fungierenden Migrationshintergrund.[10]

Die Arbeit in solchen sozialen Räumen kann leichter auf Differenzen (nicht allein migrationshintergründiger Attribuierung) eingehen und die Einschätzungen von Individuen und Gruppen – in (nicht: trotz) aller Subjektivierungstendenz – aufnehmen und unterstützen, ohne damit sogleich zur Exekutorin gesellschaftlicher Hegemonien und ihrer Grenzregime zu werden. Dass dies mit gegenwärtigen Markt-bezogenen Finanzierungs-, Organisations- und Selbstorganisationsanmutungen nicht immer konfliktfrei zu verwirklichen ist, muss wohl kaum betont werden.

4.2 Ein ästhetisches Mandat Sozialer Arbeit

Mit Blick auf die Lebensstile und ihre subjektiven Ausdrucksgestalten ist wiederum Subjektivität als Vexierbild zu zeichnen: Einerseits haben die bisherigen Untersuchungen ergeben, dass erwerbsarbeitsgesellschaftliche Subjektivierungen für die unterschiedlichsten Menschen gleichermaßen Anrufungen bereit halten: die nach *employability*, nach Selbststeuerung, nach kreativer Problembewältigung und vielem anderen mehr. Motiv solcher Anrufungen und diskursiver Artikulationen sind die selbstgestaltete Einpassung der Individuen in die gesellschaftlichen Ordnungen und ihre Transformationen. Werden solche Einpassungen nicht geleistet oder kön-

---

[10] Die mit diesen Auffassungen einhergehenden Möglichkeiten zur Reflexion auf die Ausstattung, Verteilung und Nutzung von sozialen und anderen Kapitalsorten können an dieser Stelle nicht mehr eigens erörtert werden; vgl. diesbezüglich etwa Bourdieu 1983.

nen sie nicht zureichend in die Produktionsverhältnisse einbezogen werden, droht den betreffenden Individuen die sanktionsbewährte Optimierung *qua* „Fördern und Fordern" (vgl. SGB II) oder aber die Ausgrenzung in erwerbsarbeitsgesellschaftliche Rand- und Sonderzonen.

Dabei fungiert Soziale Arbeit nicht selten als Bearbeiterin der innergesellschaftlichen Marginalitätsregime und steht dabei zumindest in der Gefahr, ihr doppeltes Mandat für Hilfe und Kontrolle (vgl. Böhnisch und Lösch 1973) als Hilfe zur Inklusion in subjektivierende Hegemonien und Kontrolle von Tendenzen des Entweichens zu vereinseitigen. Und auch ein drittes Mandat wie das der Menschenrechte (vgl. Staub-Bernasconi 2007) mag in denjenigen Fällen zu kurz greifen, in denen Subjektivierung als freiwillig und individuell gewünscht etikettiert – und erlebt – wird.

Insofern soll hier abermals (vgl. bereits Böhmer 2013b und 2012) für ein *Ästhetisches Mandat* Sozialer Arbeit votiert werden. Ganz nämlich im Sinne einer Ästhetik der Existenz (vgl. Foucault 2007) ist damit nicht das oberflächliche „Aufhübschen von Biografien" gemeint. Vielmehr kommt hier Assistenz bei der Frage nach der Ausdrucksgestalt der eigenen Existenz ins Spiel. Ästhetik verfolgt somit das – hier: erwerbsarbeitsgesellschaftliche – Ziel einer „Technologie des Selbst" (Foucault 2007, S. 287 ff.), um damit zur Artikulationsgestalt der eigenen Existenz zu gelangen und auf dessen Basis biografische Entwürfe zu entwickeln. Dass diese Projekte nicht losgelöst von hegemonialen Anrufungen entwickelt werden können, liegt auf der Hand. Die Individuen hätten aber zumindest gewisse Spielräume, ihre existenziellen Prozesse reflexiv zu entwerfen. Sozialer Arbeit stellt sich dabei die Aufgabe, Fragen nach einer solchen Ästhetik wach zu halten, Erprobungsräume für potentielle Antworten zu bieten und sich für die politische Bereitstellung solcher existenziell verstandener „ästhetischer Räume" stark zu machen. Dies scheint unter den hier skizzierten Perspektiven kaum anders denn in einem kritisch-kommunikativen Professionsverständnis denkbar zu sein.

Konkret gehen mit dieser Form ästhetischer Mandatierung Sozialer Arbeit Assistenzprozesse einher, die sich folgendermaßen umschreiben lassen (vgl. Böhmer 2012):

- die Arbeit am Selbst: Individuelle Spielräume einer kritischen Selbstbestimmung tun sich auf, insofern Menschen die hegemonial beschränkten, aber eben nicht gänzlich getilgten Freiräume ihres Selbstverstehens und -ausdrucks nutzen.
- die Arbeit angesichts des Fremden: Das Fremde im Eigenen wie in den „Anderen" kann zum Anlass genommen werden, bisherige Selbstverständnisse kritisch zu transformieren. Damit implodiert die Logik eines „Wir" *versus* „Ihr".

- die Arbeit am sozialen Feld: Die sozialen Bezüge zwischen Menschen spannen jeweils ein Feld auf, das durch seine Grenzen, Charakteristika und ausgesuchte Perspektiven bestimmt ist. Soziale Arbeit kann dazu beitragen, dass solche Spezifika für die biographische wie gruppenspezifische Ausdrucksgestalt der reflektierten Selbstverortung nutzbar werden.
- die Arbeit an der Coexistenz: Durch situativ angemessene Antworten auf Impulse der einander begegnenden Menschen können Überschreitungen existenzieller, sozialer oder auch materiell definierter Grenzen zwischen diesen Menschen möglich werden, die eine faktische Coexistenz wahrscheinlicher werden lassen und einen angemesseneren Interessenausgleich aller Beteiligten ermöglichen. Diese Sichtweise entspricht einer Inklusions-bezogenen Transformation dessen, was manche Träger Sozialer Arbeit als „Anwaltschaftlichkeit" reklamieren: der Einsatz *für* (nun nicht mehr: „Benachteiligte", sondern) Strukturen, die in vielfältiger Hinsicht barrierearm sind.

In diesen unterschiedlichen Arbeitsfeldern bietet sich mithin „die Möglichkeit, innerhalb der individuellen, sozialen, materiellen und gesellschaftlichen Hegemonien nach Freiräumen für die Frage nach dem Selbst zu suchen" (Böhmer 2012, S. 401). Für den entfalteten Zusammenhang von Migration und Erwerbsarbeit wäre insofern danach Ausschau zu halten, welche selbstbestimmenden Entwürfe der Erwerbsarbeits-bezogenen gesellschaftlichen Integration die Individuen wollen, welche Ressourcen, Kompetenzen und Freiheitsrechte sie dazu benötigen und wie ein sich damit ergebender biografischer Prozess subjektiv formiert und zugleich objektiv-politisch formuliert werden kann.

5 Fazit: Ästhetik hybrider Subjektivitäten

Der reflexive Weg der hier entwickelten Argumentation erstreckte sich über mehrere Wegmarken: Wurde zunächst die veränderte subjektivierende Tendenz von Erwerbsarbeitsgesellschaften rekonstruiert, um somit die gewandelten Anforderungen an Subjektivität im Postfordismus zu umschreiben. Überdies wurden damit einhergehende Herausforderungen für MigrantInnen entfaltet. Bereits in diesem Zusammenhang wurden die individualisierenden und subjektivierenden Konsequenzen des transformierten Erwerbsarbeitsverständnisses als lediglich „eine Seite der Medaille" kenntlich und auf die Unterbestimmung gesellschaftlicher und objektivierbarer Interventionen und Gestaltungen hingewiesen. Im dritten Kapitel wanderte der Blick über die Arbeitsmärkte, um deren Spezifika in der Herstellung und Bearbeitung gesellschaftlicher Marginalisierungen zu untersuchen. Vor dem Hintergrund dieser Zusammenhänge ergab sich schlussendlich der Versuch einer – lediglich knapp angedeuteten – gewandelten Perspektive auf die Rolle und Funktion Sozialer Arbeit: ein ästhetisches Mandat für die die Unterstützung existenziell ausgerichteter Prozesse als kritische Selbstpositionierung innerhalb erwerbsarbeitsgesellschaftlicher Arenen. Wer ein solches Mandat erteilt, wie es sich legitimieren und realisieren lässt sowie welche Grenzen einer solchen gewandelten Selbstpositionierung als Profession zukommt, kann hier nicht mehr ausführlich dargelegt werden.

Deutlich aber dürfte damit geworden sein, dass sich für eine der emanzipatorischen wie selbstkritischen Moderne entstammenden Profession wie die Sozialer Arbeit letztlich befremdliche Anrufungen zur Bearbeitung von Marginalisierungen der (in vielfacher Hinsicht) Fremden ergeben. Diese Anrufungen liegen nun weitaus weniger in den hegemonialen Strukturen gesellschaftlicher Formationen begründet, sondern ruhen eher in deren normativen Grundlagen von Freiheit, Gleichheit und Solidarität der Gesellschaftsmitglieder – nachgerade dann, wenn diese Optionen marginalisierenden Regimen untergeordnet werden sollen. Dass Soziale Arbeit als Profession solcher kritischer Grenzbearbeitung und Passagegestaltung noch einen längeren Weg bis zur vollumfänglich realisierten Praxis von „Emanzipation und Differenz" (Laclau 2002) vor sich hat, wird man wohl annehmen dürfen.

Literatur

Ahrens, D., & Spöttl, G. (2012). Beruflichkeit als biographischer Prozess. Neue Herausforderungen für die Berufspädagogik am Beispiel des Übergangssystems. In A. Bolder, R. Dobischat, G. Kutscha, & G. Reutter (Hrsg.), *Beruflichkeit zwischen institutionellem Wandel und biographischem Projekt* (S. 87–102). Wiesbaden: VS Verlag für Sozialwissenschaften.

Althusser, L. (1977). Ideologie und ideologische Staatsapparate. Anmerkungen für eine Untersuchung. In L. Althusser (Hrsg.), *Ideologie und ideologische Staatsapparate: Aufsätze zur marxistischen Theorie* (S. 108–153). Hamburg: VSA.

Bauer, F., Jung, M., Franzmann, M., & Fuchs, P. (2011). *Implementationsanalyse zu § 16e SGB II in Nordrhein-Westfalen II. Die Erfahrungen der Geförderten* (Series 7). Nürnberg: IAB.

Bauman, Z. (2007). *Leben in der flüchtigen Moderne*. Frankfurt a. M.: Suhrkamp.

Bennett, J. (2012). Ungleichheiten auf dem Arbeitsmarkt aufgrund von Bildungsunterschieden und die Rolle der Arbeitsmarktderegulierung. *Zeitschrift für Sozialreform, 58*(3), 289–313.

Böhmer, A. (2011). Teilhabe an den Rändern? Von unterschiedlichen Pfaden der Arbeitsgesellschaft und den Auswegen Sozialer Arbeit. *Forum sozial, 7*, 33–35.

Böhmer, A. (2012). Ästhetik der Bildung. Zur Kritik von Subjektivität im Bildungsbegriff. *Zeitschrift für Pädagogik, 58*(3), 389–406.

Böhmer, A. (2013a). Die Funktion der Anderen. Migrationstheoretische Überlegungen zur Diskursfigur der dritten Person. *Migration und Soziale Arbeit, 35*(3), 210–216.
Böhmer, A. (2013b). Das Fördern des Forderns. Eine subjekttheoretische Kritik transformierter Sozialpolitik. In B. Benz, G. Rieger, W. Schönig, & M. Többe-Schukalla (Hrsg.), *Politik Sozialer Arbeit. Bd. I. Theoretische und disziplinäre Perspektiven* (S. 247–264). Weinheim: Juventa.
Böhnisch, L, & Lösch, H. (1973). Das Handlungsverständnis des Sozialarbeiters und seine institutionelle Determination. In H.-U. Otto & S. Schneider (Hrsg.), *Gesellschaftliche Perspektiven der Sozialarbeit* (Bd. 2, S. 21–40). Neuwied: Luchterhand.
Bohlender, M. (2012). Von „Marienthal" zu „Hartz IV". Zur Geschichte und Gegenwart des Regierens von ‚Langzeitarbeitslosen'. In M. Lindenau & M. Meier Kressig (Hrsg.), *Zwischen Sicherheitserwartung und Risikoerfahrung. Vom Umgang mit einem gesellschaftlichen Paradoxon in der Sozialen Arbeit* (S. 141–166). Bielefeld: Transcript.
Bolder, A., Dobischat, R., Kutscha, G., & Reutter, G. (2012). Beruflichkeit – Ein Kampf der Einzelnen gegen die Institutionen? In A. Bolder, R. Dobischat, G. Kutscha, & G. Reutter (Hrsg.), *Beruflichkeit zwischen institutionellem Wandel und biographischem Projekt* (S. 7–23). Wiesbaden: VS Verlag für Sozialwissenschaften.
Bourdieu, P. (1983). Ökonomisches Kapital, kulturelles Kapital, soziales Kapital. In R. Kreckel (Hrsg.), *Soziale Ungleichheiten. Soziale Welt Sonderband 2* (S. 183–198). Göttingen: Schwartz.
Bourdieu, P. (1985). Sozialer Raum und ‚Klassen'. In P. Bourdieu (Hrsg.), *Sozialer Raum und ‚Klassen'. Leçon sur la leçon.* Frankfurt a. M.: Suhrkamp (Übers. v. B. Schwibs).
Bourdieu, P. (1997). Ortseffekte. In P. Bourdieu, et al. (Hrsg.), *Das Elend der Welt. Zeugnisse und Diagnosen alltäglichen Leidens an der Gesellschaft* (S. 159–167). Konstanz: UVK Universitätsverlag.
Bröckling, U. (2012). Die Arbeit des unternehmerischen Selbst. *Gegenblende* 14/2012. Individuum und neue Arbeitswelt. 13–29.
Bundesministerium für Arbeit und Soziales [BMAS]. (2013). Nationaler Aktionsplan zur Umsetzung des Nationalen Integrationsplans. Erster Zwischenbericht „Arbeitsmarkt und Erwerbsleben" O. O.
Butler, J. (2001). *Psyche der Macht. Das Subjekt der Unterwerfung.* Frankfurt a. M.: Suhrkamp.
Butler, J. (2007). *Kritik der ethischen Gewalt.* Frankfurt a. M. (Erweiterte Ausgabe).
Castel, R. (2011). *Die Krise der Arbeit. Neue Unsicherheiten und die Zukunft des Individuums.* Hamburg: Hamburger (Übers. v. T. Laugstien).
Corsten, M. (2012). Die subjektive Entschiedenheit beruflicher Praxis. Annotationen zur Theorie des beruflichen Habitus. In A. Bolder, R. Dobischat, G. Kutscha, & G. Reutter (Hrsg.), *Beruflichkeit zwischen institutionellem Wandel und biographischem Projekt* (S. 319–335). Wiesbaden: VS Verlag für Sozialwissenschaften.
Deeke, A. (2011). Berufsbezogene Sprachförderung und berufliche Weiterbildung von Arbeitslosen mit Migrationshintergrund. In M. Granato, D. Münk, & R. Weiß (Hrsg.), *Migration als Chance* (S. 91–112). Bonn: Bertelsmann W.
Deutscher Bundestag (2003). Plenarprotokoll 15/32. Stenografischer Bericht 32. Sitzung. Freitag, 14. März 2003. Berlin.
Dörre, K. (2011). Prekarität und Macht. Disziplinierung im System der Auswahlprüfungen. *WSI-Mitteilungen, 64*, 394–401.
Foucault, M. (2000). *Dispositive der Macht. Über Sexualität, Wissen und Wahrheit.* Berlin: Merve.

Foucault, M. (2007). *Ästhetik der Existenz. Schriften zur Lebenskunst.* Frankfurt a. M.: Suhrkamp (Hrsg. v. D. Defert und F. Ewald unter Mitarbeit v. J. Lagrange).
Fuchs, J., Hummel, M., Hutter, C., Klinger, S., Vallé, J., Weber, E., Zapf, I., & Zika, G. (2012). Neue Herausforderungen für den deutschen Arbeitsmarkt. *IAB-Prognose 2012/2013.* Nürnberg: IAB-Kurzbericht (14/2012).
Fuhr, G. (2012). Armutsgefährdung von Menschen mit Migrationshintergrund. Ergebnisse des Mikrozensus 2010. *Wirtschaft und Statistik, 7,* 549–562.
Geisen, T. (2011). *Arbeiten in der Moderne. Ein dialogue imaginaire zwischen Karl Marx und Hanna Arendt.* Wiesbaden: VS Verlag für Sozialwissenschaften.
Glasze, G., & Mattissek, A. (2009). Die Hegemonie- und Diskurstheorie von Laclau und Mouffe. In G. Glasze & A. Mattissek (Hrsg.), *Handbuch Diskurs und Raum. Theorien und Methoden für die Humangeographie sowie die sozial- und kulturwissenschaftliche Raumforschung* (S. 153–179). Bielefeld: Transcript.
Huchler, N., Voß, G. G., & Weihrich, M. (2012). Markt, Herrschaft, Solidarität und Subjektivität. Ein Vorschlag für ein integratives Mechanismen- und Mehrebenenkonzept. *Arbeits- und Industriesoziologische Studien, 5*(1), 78–99.
Knuth, M. (2012). Berufliche Anerkennung und Berufsintegration von Eingewanderten. In A. Bolder, R. Dobischat, G. Kutscha, & G. Reutter (Hrsg.), *Beruflichkeit zwischen institutionellem Wandel und biographischem Projekt* (S. 127–151). Wiesbaden: VS Verlag für Sozialwissenschaften.
Koch, S., Stephan, G., & Walwei, U. (2005) Workfare: Möglichkeiten und Grenzen. *Zeitschrift für Arbeitsmarktforschung, 38,* 419–440.
Kolbe, C. (2012). Irritationen im Zwangskontext – Interaktionen im SGB II. *WSI-Mitteilungen, 65,* 198–205.
Laclau, E. (2002). *Emanzipation und Differenz.* Wien: Turia + Kant.
Laclau, E., & Mouffe, C. (2012). *Hegemonie und radikale Demokratie. Zur Dekonstruktion des Marxismus.* Wien: Passagen.
Lehmer, F., & Ludsteck, J. (2013). *Das Herkunftsland ist von hoher Bedeutung. Lohnanpassung von Ausländern am deutschen Arbeitsmarkt.* Nürnberg: IAB-Kurzbericht (1/2013).
Lessenich, S. (2008). Wohlfahrtsstaat. In N. Baur, H. Korte, M. Löw, & M. Schroer (Hrsg.), *Handbuch Soziologie* (S. 483–498). Wiesbaden: VS Verlag für Sozialwissenschaften.
Lessenich, S. (2013). *Die Neuerfindung des Sozialen. Der Sozialstaat im flexiblen Kapitalismus.* Bielefeld: Transcript.
Lietzmann, T. (2011): Bedürftigkeit von Müttern. Dauer des Leistungsbezugs im SGB II und Ausstiegschancen. *Zeitschrift für Sozialreform, 57*(3), 339–364.
Mecheril, P. (2011). Wirklichkeit schaffen: Integration als Dispositiv. Essay. *Aus Politik und Zeitgeschichte, 43,* 49–54.
Mecheril, P., & Melter, C. (2012). Gegebene und hergestellte Unterschiede. Rekonstruktion und Konstruktion von Differenz durch (qualitative) Forschung. In E. Schimpf & J. Stehr (Hrsg.), *Kritisches Forschen in der Sozialen Arbeit. Gegenstandsbereiche – Kontextbedingungen – Positionierungen – Perspektiven* (S. 263–274). Wiesbaden: VS Verlag für Sozialwissenschaften.
Melter, C. (2012). Barriere- und diskriminierungskritische Soziale Arbeit in der behindernden Migrationsgesellschaft. *Migration und Soziale Arbeit, 1,* 16–22.
Offe, C. (2003). Perspektivloses Zappeln. Oder: Politik mit der Agenda 2010. *Blätter für deutsche und internationale Politik, 48,* 807–817.
Offe, C. (2010). Inequality and the Labor Market – Theories, opinions, models, and practices of unequal distribution and how they can be justified. *Zeitschrift für ArbeitsmarktForschung, 43,* 39–52.

Organisation für wirtschaftliche Zusammenarbeit und Entwicklung [OECD] (2005). *Die Arbeitsmarktintegration von Zuwanderern in Deutschland*. Paris: Waxman.

Organisation für wirtschaftliche Zusammenarbeit und Entwicklung [OECD]. (2012). OECD-Wirtschaftsberichte. Deutschland 2012. OECD Publishing. http://dx.doi.org/10.1787/eco_surveys-deu-2012-de. Zugegriffen: 26. Jan. 2015.

Pongratz, H. J., & Voß, G. G. (2001). Erwerbstätige als „Arbeitskraftunternehmer". Unternehmer ihrer eigenen Arbeitskraft? *SOWI–Sozialwissenschaftliche Informationen, 30*(4), 42–52.

Rheinisch-Westfälisches Institut für Wirtschaftsforschung [RWI]. (2012). *Studie zur Analyse der geringfügigen Beschäftigungsverhältnisse. Forschungsvorhaben im Auftrag des Ministeriums für Arbeit, Integration und Soziales des Landes Nordrhein-Westfalen*. Essen: RWI.

Stanat, P., Rauch, D., & Segeritz, M. (2010). Schülerinnen und Schüler mit Migrationshintergrund. In E. Klieme, C. Artelt, J. Hartig, N. Jude, O. Köller, M. Prenzel, W. Schneider, & P. Stanat (Hrsg.), *PISA 2009. Bilanz nach einem Jahrzehnt*. (S. 200–230). Münster: Waxmann.

Statistisches Bundesamt. (2012). *Frauen und Männer auf dem Arbeitsmarkt. Deutschland und Europa*. Wiesbaden: Statistisches Bundesamt.

Staub-Bernasconi, S. (2007). *Soziale Arbeit als Handlungswissenschaft. Systemtheoretische Grundlagen und professionelle Praxis – ein Lehrbuch*. Stuttgart: Haupt.

Stauf, E., & de Paz Martínez, L. (2011). Migration und Soziale Arbeit. *Enzyklopädie Erziehungswissenschaft Online*. doi:10.3262/EEO14110170.

Voß, G. G. (2012). Individualberuf und subjektivierte Professionalität. Zur beruflichen Orientierung des Arbeitskraftunternehmers. In A. Bolder, R. Dobischat, G. Kutscha, & G. Reutter (Hrsg.), *Beruflichkeit zwischen institutionellem Wandel und biographischem Projekt* (S. 283–317). Wiesbaden: VS Verlag für Sozialwissenschaften.

Walter, N. (2013). *Die Zukunft der Arbeitswelt. Auf dem Weg ins Jahr 2030*. Stuttgart: Robert-Bosch-Stiftung.

Wolff, R. (2004). Art ideologische Staatsapparate/repressiver Staatsapparat. HKWM 6/I. Sp. 761–772.

Wolff, S., & Müller, H. (2013). Persönlichkeit und Persönlichkeitsentwicklung im Jobcenter. *Zeitschrift für Sozialpädagogik, 11*(1), 18–36.

Wulfgramm, M. (2011). Subjektive Auswirkungen aktivierender Arbeitsmarktpolitik: Ein-Euro-Jobs als sozialintegrative Maßnahme? *Zeitschrift für Sozialreform, 57*(2), 175–197.

Zabel, C. (2012). *Alleinerziehende profitieren am meisten von Weiterbildung. Beschäftigungswirkung von Maßnahmen im SGB II*. Nürnberg: IAB-Kurzbericht (12/2012).

Dr. Anselm Böhmer ist Professor für Sozialplanung, kommunale Entwicklung und Sozialraumorientierung an der Hochschule Ravensburg-Weingarten. Zuvor war er Professor an der Dualen Hochschule Baden-Württemberg (Villingen-Schwenningen) und leitete dort den Studiengang Jugend-, Familien-, Sozialhilfe. Seine Forschungsschwerpunkte sind poststrukturalistische Perspektiven auf Arbeit, Armut, Bildung, sozialen Raum, Sozialplanung (Governance) und Formate von Subjektivität. Weitere Informationen: http://portal.hs-weingarten.de/web/boehmera.

Migration und Behinderung

Prekarisierung von Arbeitssituationen, die Flexibilisierung menschlicher Arbeit und die Wanderung sozialer Spannungen

Erich Otto Graf

1 Einleitung

Die beiden Phänomene, das der Migration und das der Behinderung haben miteinander nichts zu tun. Sie zeigen allerdings bei ihrer Analyse strukturelle Ähnlichkeiten, denen hier nachgegangen wird. Es gibt Menschen, die von den einen Menschen als *Fremde* bezeichnet werden, aus Gründen die rational nicht nachvollziehbar sind, sondern sich historisch-kontingent im Kontext nationalstaatlicher Selbstverständnisse und Identitätskonstruktionen als soziale Vorurteile erklären lassen, und es gibt andererseits Menschen, die sich in Situationen von Behinderung befinden, die nicht situativ verstanden werden, sondern ihnen aufgrund essentialistischer Deutungen zugeschrieben werden.

Beide Phänomene ähneln sich insofern als sie Emergenten politischer Kräfteverhältnisse sind, die als soziale Probleme im Kontext nationalstaatlich verfasster Sozialer Arbeit adressiert werden. In diesem Rahmen tauchen dann mit einem Mal Fragen auf, die sich damit beschäftigen, ob bei so genannten *Ausländer_innen* Rentenneurosen und dergleichen mehr vorliegen, oder ob *Fremde* eher bei der Sozialversicherung betrügen und so weiter.

Migration funktioniert als soziologisches Phänomen nach der immer gleichen Logik. Sie entsteht bei grossen Reichtumsunterschieden zwischen territorialen Kontexten und verläuft gegengleich: Kapital wandert in der Tendenz von reicheren

E. O. Graf (✉)
Basel, Schweiz
E-Mail: eograf@institutionsberatung.ch

in den ärmeren Kontext, während Arbeitskraft vom ärmeren in den reicheren Kontext einwandert.[1] Einwanderung und Auswanderung bedeuten für die jeweiligen Kontexte Substitution von Veränderung. Sie dienen der Erhaltung des bestehenden *status quo* der Machtverteilung, aber sie lösen die strukturellen Probleme der jeweiligen Kontexte nicht, sondern verschieben allerdings die Manifestation der mit diesen strukturellen Spannungen zusammenhängenden anomischen Spannungen.[2] Im Einwanderungskontext werden die Migrant_innen als *Fremde* wahrgenommen und je nach der Art ihrer Wahrnehmung wird ihre Integration ein soziales Problem festgestellt. Georg Simmel (1983, S. 509) nennt „den Fremden jenen Menschen der heute kommt und morgen bleibt". Migration ist jenes Phänomen, das diesen Zustand der bleibenden Fremden herstellt. „Der Fremde ist ein Element der Gruppe selbst, nicht anders als die Armen und die mannigfachen „inneren Feinde" ein Element, dessen immanente und Gliedstellung zugleich ein Außerhalb und Gegenüber einschließt. Die Art nun, wie rebellierende und distanzierende Momente hier eine Form des miteinander und der wechselwirkenden Einheit bilden, mag durch folgende – keineswegs als erschöpfend gemeinte – Bestimmungen angedeutet werden" (Simmel 1983, S. 509). Wer *fremd* ist, bestimmt sich immer zunächst im Kontext dessen, was *nicht-fremd* ist. Einander fremd sein ist nichts anderes als eine Form von *„miteinander zu sein"*. Das Miteinander der Menschen gestaltet sich entlang bestimmter Verkehrsformen, die kulturell orientiert und dadurch gestaltet sind, dass sie wie anderes Kulturelles auch, einer bestimmen Mischung von Fremdzwang und Selbstzwang gehorchen. Dieses Miteinander ist nach Simmel durch ein bestimmtes Verhältnis von Nähe und Ferne strukturiert. Dabei spielt weniger eine räumliche geographische Distanz eine Rolle als jene auf der zentralen Dimension der aktuellen Gesellschaft, dem Reichtum. „Endlich gewinnt die Proportion von Nähe und Entferntheit, die dem „Fremden" den Charakter der Objektivität gibt, noch einen praktischen Ausdruck in dem abstrakteren Wesen des Verhältnisses zu ihm, d. h. darin, dass man mit dem Fremden nur gewisse allgemeinere Qualitäten gemein hat, während sich das Verhältnis zu den organisch Verbundenen auf

---

[1] Es besteht allerdings auch das Phänomen des Exportes/Importes von *in Menschen inkorporiertem sozialem Kapital*, also Menschen mit hoher und spezieller Bildung, die so genannten *Expats*. Wenn hochqualifizierte Arbeitskräfte in ein Land einwandern, dann „spart" dieses Land die Ausbildungskosten für diese Arbeitskräfte und importiert damit Dienstleistungen die im Bildungsbereich eines anderen Landes. Erbracht worden sind.

[2] Hans Joachim Hoffman-Nowotny hat in seinen Arbeiten zur Migration diese Mechanismen von Unterschichtung und Überschichtung einer Beschäftigungsstruktur in nationalstaatlichen Kontexten plausibel erklärt. Heute werden auf dem Hintergrund kultursoziologischer Betrachtungsweisen, die Codedifferenzen eher in den Vordergrund gerückt und strukturtheoretische Erklärungen eher weniger verwendet. Vgl. Hoffmann-Nowotny 1969, 1973, 2001.

der Gleichheit von spezifischen Differenzen gegen das bloss Allgemeine aufbaut" (Simmel 1983, S. 511). Wenn man sich diesen Satz etwas genauer anschaut, dann fällt einem auf, dass er sich sowohl zur Beschreibung des „Fremden" eignet, als auch zur Beschreibung jener Phänomene, die, über bestimmte Register gezogen, zur „Behinderung" werden. Fremd meint zunächst einfach „*nicht so wie wir*". Das „*wir*" kennt keine Fremden und ist bestimmt über Zugehörigkeiten. Zugehörigkeiten aber sind entweder zugeschrieben oder erworben. Sie sind damit nicht unabhängig von Historizität und der Machtverteilung. Gleichzeitig entsteht ein Dilemma für beide Seiten des die Fremdheit generierenden Verhältnisses, das Hans Georg Soeffner folgendermassen charakterisiert: „Wer sich als Migrant lediglich kulturell „assimiliert,"[3], ohne sich strukturell in das Sprach-, Ausbildungs- und Berufssystem des Aufnahmelandes einzugliedern, mag für einige Zeit (und Generationen) die eigene Kultur und Familientradition „retten,". Er bezahlt dies jedoch mit sozialer Unterprivilegiertheit und Randständigkeit bis hin zur Dauerarbeitslosigkeit – auch der Nachkommen. Wer sich dagegen gezielt in die Strukturen und Vorgaben des Aufnahmelandes integriert, schafft für sich und seine Nachkommen ein beachtliches Potential an Ein- und Aufstieg. Allerdings gefährdet er das kulturelle Herkunftsmilieu und damit auch den Zusammenhalt der Familie – wie sich durch Scheidungsraten, Eltern-Kind-Konflikte und den Kampf der eingewanderten Frauen um die neu gewonnenen Rechte und Freiheiten zeigen lässt. Es liegt auf der Hand, dass ein solches Erklärungsmodell allen Beteiligten Einblicke in die eigene Situation und in Handlungsoptionen eröffnet. An einer solchen Konzeption analytischer, die Alltagspraxis erhellender und möglicherweise formender Erkenntnisse zeigt sich die Qualität einer Soziologie, der sich der verpflichtet weiß, der sie zum Gegenstand hat und der sie dient: der Gesellschaft" (Soeffner 2004, S. 397). Das Funktionieren im Einwanderungskontext muss nicht bedeuten, dass die Eingewanderten, innerlich die im Einwanderungsland imaginierten normativen Ordnungen auch übernehmen, sondern bedeutet nur, dass die Eingewanderten im formal geltenden Rahmen funktionieren. Das bringt die funktionierende Gruppe der Eingewanderten in eine kulturelle Spannung gegenüber jener Gruppe der so genannten „Einheimischen", die sich eher an zugeschriebenen Werten orientieren.

Probleme, die im Zusammenhang mit Migration festgestellt werden, sagen also etwas darüber aus, wie die beiden Kategorien, jene der *Migrant_innen* und jene der *Nicht-Migrant_innen* aus der Beobachterperspektive jener, die von sich sagen, *einheimisch zu sein*, zueinander stehen. Das Gleiche lässt sich über die Verhältnisse

---

[3] Assimilation meint im Kontext der Migrationssoziologie, die Anpassung und Einpassung der Migrant_innen an die lokaleKultur des Einwanderungslandes unter weitgehender Aufgabe der kulturellen Bezüge des Auswanderungskontextes.

derjenigen sagen, die als *behindert* und die als *nicht-behindert* bezeichnet werden, und zwar im Hinblick auf das jeweils referenzierte System (beziehungsweise Subsystem). Auf dem Hintergrund solcher Überlegungen scheitern die essentialistischen Versuche, die mit Migration und Behinderung umschriebenen Phänomene zu fassen. Jan Weisser hat deshalb vorgeschlagen, Behinderung antiessentialistisch zu fassen und sie situativ zu erklären, indem etwas an einem Ort zu einer Zeit so nicht geht, wie man erwartet, dass es geht. Behinderung (1) zeigt sich dann in der Situation der Erwartungsverletzung und mit Behinderung (2) wird jenes Wissen verstanden, das zu dem Zeitpunkt der Wahrnehmung der Erwartungsverletzung operativ ist. Entscheidend ist dabei der soziale Ort, an welchem die Behinderung festgemacht wird. In einem essentialistischen Konzept steht jeweils der einzelne Mensch und dessen durch Beobachter_innen wahrgenommene Performanz im Vordergrund, indem diesem Menschen zugeschrieben wird, dass seine Behinderung etwa darin besteht, nicht sehen zu können; im Rahmen einer nicht-essentialistischen Theorie der Behinderung würde man eher fragen, wie Menschen dazu kommen, Alltagsumwelten so zu konstruieren, dass diese Konstruktionen für blinde Menschen zu Barrieren werden (vgl. Weisser 2005 und 2007). In diesem Sinne sagen die essentialistischen Benennungen von Behinderungen, wie etwas Körperbehinderung, Sehbehinderung, cerebrale Parese und dergleichen mehr, eher etwas aus über die Geschichte der Konzepte als über die so genannten Sachverhalte mit denen sie sich zu beschäftigen vorgeben. Anders gesagt rekurrieren essentialistische Behinderungskonzepte stets auf unterschwellige Begriffe von Normalität von menschlichen Körpern und deren Ausstattungen. Mit essentialistischen Konstruktionen hängen auch Identitäten und Zugehörigkeiten zusammen (vgl. Pellegrini 2006). Schwierigkeiten ergeben sich dort, wo Identitäten aus singulären Zugehörigkeiten heraus konstruiert werden, etwa im Satz „Wir Blinden..." oder dort, wo im Hinblick auf Hörbeeinträchtigungen als Alleinstellungsmerkmal die Gebärdensprache verlangt wird. Solche Konstruktionen geraten in eine gefährliche Nähe zum Rassismus, weil hier ein Moment menschlicher Existenz auf dem Hintergrund einer biologistischen Konstruktion im Sinne einer nach dem sozialen Vorurteil konstruierten zugeschriebenen Differenz zur Identitätsbildung verabsolutiert wird.[4] Führt allerdings die Reaktion auf vorurteilshafte und stigmatisierende Zuschreibungen dazu, dass die stereoptypisierte und ausgegrenzte Gruppe ihrerseits mit einem analogen Mechanismus sozialer Differenzierung antwortet, dann wird Verständigung im übergreifenden kulturellen Kontext erschwert. Hüben und drüben der kommunikativen Missverständnisse wird anstelle von argumentativen Diskursen mit vorgefassten Meinungen operiert. Dies gilt zu einem grossen Teil

---

[4] Zum Funktionieren sozialer Vorurteile vgl. Heintz et al. 1978.

im Kontext der aktuell geltenden schweizerischen Gesetzgebung zur Invalidenversicherung, wo sich das *Workfare-Konzept* unter dem Slogan „Arbeit vor Rente" durchgesetzt hat, damit einen Markt für so genanntes *Eingliederungsmangement* öffnend.[5]

2 Die Notwendigkeit die Phänomene institutionsanalytisch zu untersuchen

Von hier aus ist institutionsanalytisch vorzugehen, so wie das René Lourau in seinen Klassikern exemplifiziert hat (vgl. Lourau 1970 und 1978). Es gilt die als Probleme bezeichneten Verhältnisse von Verhältnissen entlang der jeweilig involvierten institutionellen Systeme zu analysieren. Diese Vorgehensweise verhindert, dass die Forscher_in in die essentialistische Falle tappt und meint, es seien die *Fremden* oder die *Menschen mit Behinderung*, die Schwierigkeiten hätten. Baut man die Analyse von hier aus auf, so wird klar, dass alles, was mit Phänomenen wie *Migration* oder *Behinderung* zu tun hat, nur aus der Perspektive der Relationalität unter den Bedingungen kontingenter aber relevanter institutioneller Verflechtungen zu verstehen ist.

Fremdheit, entstehend aus *Migration* und/oder *Behinderung* besteht, zunächst in einem Orientierungsproblem, zu dessen Lösung die *Fremden* und die *Behinderten* über weniger diskursive Macht verfügen als die *Nicht-Fremden* und die *Nicht-Behinderten*. Das Scheitern von Kindern, denen die Schule einen Migrationshintergrund zuschreibt, sagt nichts über diese Kinder, aber sehr viel über die Schule aus (vgl. Kronig 2003). Das Gleiche gilt für jene Phänomene, die mit Behinderung umschrieben werden. Wer von Körperbehinderung spricht, hat offenbar ein Körperwissen, das es ihm und ihr erlaubt von *behindert* und von *nicht-behindert* zu sprechen.

Kulturelle Systeme sind über normative Setzungen integriert. Alle diese Systeme organisieren ihre Integration über Ausschlussmechanismen, weil Normen immer erst in ihrer Überschreitung und deren Sanktionierung kulturell bestehen. Soziale Normen werden performativ markiert, indem sie einerseits sowohl auf der Ebene des so genannten Alltagslebens als selbstverständlich gesetzt sind. Dabei besteht die Sanktion hier eher durch Missbilligung, Konflikt und Streit. Andererseits werden die normativen Ordnungen aber auch über die Institutionalisierung des gesetzten Rechts und dessen Vollzugsdispositive wie Polizei, Staatsanwalt und Gerichte durchgesetzt. Zwischen diesen beiden Ebenen der Kultur können immer

---

[5] Zum Konzept des Workfare vgl. Wyss 2007.

auch Spannungen entstehen, da die Ebene des Alltagslebens sich über Vorstellungen von Selbstverständlichkeiten integriert, die lokal stark variieren können, während Rechtsnormen mit Hilfe staatlicher Kontrolle und staatlichen Zwangs durchgesetzt werden.

Soziale Probleme sind Wahrnehmungsdifferenzen durch Aktanten an den jeweiligen Orten in der Gesellschaft, wo eine *Ist-Soll-Differenz* festgestellt wird. Konkrete gesellschaftliche Situationen bestehen aber immer aus vielen Kulturen, wenn wir Phänomene wie etwa die Wissenschaft, Wirtschaft oder Bildung als kulturelle Systeme oder als Subsysteme von kulturellen Systemen verstehen wollen. Entscheidend sind also die machtmässig relevanten Bezugsrahmen. Die Falle essentialistischer Zuschreibung ist besonders im Kontext jener Praxen, die sich selbst mit *Sozialer Arbeit* etikettieren, besonders gross, lebt doch ein grosser Teil ihrer Rechtfertigung mit Hilfe von Titeln wie *Empowerment*, *Selbstbestimmung*, *früher Förderung*, *kompensatorischem Unterricht* und dgl. mehr, soziale Problemlagen so weit zu entschärfen, dass die sozialen Probleme in Individuen abgebildet und dadurch als Probleme dergestalt etikettierter Menschen werden können (vgl. Winkler 1988).

Allerdings neigt solche Individualisierung im Zusammenhang mit den Fragen des verschärften schweizerischen Asylrechts manchmal auch dazu, dass keine Seite mehr wirklich weiss, über wen gesprochen wird, da aufgrund des Gesetzes der „wahre" Hintergrund eines Asylgesuchs verschleiert werden muss. Dazu helfen auch Konstrukte wie das Konstrukt der „Wirtschaftsflüchtlinge", mit welchem Migrant_innen bezeichnet werden, die der Staat nicht aufnehmen will.[6]

Wahrgenommene kulturelle Ist-Soll-Differenzen sind allerdings kulturell betrachtet immer Lerngelegenheiten für das von einer solchen Differenz adressierte System. Essentialistische Konstruktionsversuche also jene, auf welche kulturalistische und biologische Konstruktionen zurückgreifen, enden in den unendlichen Regressen ihrer Aporien, aus denen auch zu Hilfenahme moralisierender Diskurse nicht heraushelfen kann. Ihnen liegt ein ungenügendes Verständnis des bürgerlichen Rechtsstaates zugrunde.[7]

Wird der analytische Blick aus gesellschaftstheoretischer Perspektive betrachtet zu kurzsichtig eingestellt, dann lassen sich viele soziale Probleme diagnostizieren, die der Intervention der Sozialen Arbeit bedürfen. Hier von Integration zu sprechen

---

[6] Zur Schwierigkeit des sich Verstehens im Kontext der Konstruktion von Individualität. Um Asyl zu erhalten ist es nicht immer möglich, alles zu sagen, sondern es nötig, das Nötige zu sagen. Was nicht heisst, dass offen gelogen, sondern strategische gedacht wird. Vgl. Lanz 2008.

[7] Zur Staatstheorie, vgl. Poulantzas 2002; zur Staatstheorie von Nicos Poulantzas, ihrer Möglichkeiten und Grenzen, vgl. Demirovic 2007.

erscheint zwiespältig, weil dieser Duktus dazu neigt, die Zweiseitigkeit der Lernprozesse auszublenden. Die *Dispositive* der Sozialen Arbeit sind in der Regel als Einbahnstrassen des Lernens ausgelegt. Diejenigen Personen, denen die Probleme zugeschrieben werden, sollen bei der Lösung dieser Probleme unterstützt werden. Die Lösung der Problematik bedeutet implizit immer und explizit häufig die Anpassung der durch das Problem betroffenen Person an den Kontext, worin das Problem auftritt. Der Staat legt fest, welche Sprache die Unterrichtssprache ist und damit ist gewissermassen schon das Fach „Deutsch als Zweitsprache" erfunden. Ebenso ist es klar, dass die Arbeiter_innen sich dem Sprachgebrauch der Firma anzupassen haben.[8] Die hegemoniale Dominanz des Einwanderungskontextes ist normativ ebenso stark verankert wie die Selbstverständlichkeit der Barrieren in der Alltagskultur. In dem Ausmass, wie es den jeweiligen Individuen nicht gelingt, diese Anpassungsleistungen zu erbringen, erfahren sie Marginalisierung, insbesondere auf dem Arbeitsmarkt.

Im Kontext von Förderung entfällt vollends, dass nicht die einen etwas können und die anderen dieses etwas nicht, sondern dass die einen sagen können, was die anderen können müssen, weil die Machtschichtung hier explizit gemacht wird. Es ist hier also konkret zu fragen, weshalb es möglich ist, dass Lehrkräfte nicht in den Muttersprachen der von ihnen zu beschulenden Kinder unterrichten, beziehungsweise weshalb es möglich ist, dass Menschen in ein Land einwandern können, dessen Sprache sie nicht verstehen, wenn daraus später Probleme entstehen. Weshalb wird diese Einwanderung dann nicht verhindert? Wer hat die Güterabwägungen zwischen welchen Momenten der Thematik so getroffen, dass Einwanderung dennoch stattfinden kann? Solche Fragen werden konsequenterweise nicht gestellt. Die einen möchten sie nicht stellen, weil sie eine diskriminierende, rassistische, den Menschenrechtsdiskurs verletzende Grundhaltung dahinter vermuten; die anderen finden solche Fragen irrelevant und überflüssig, weil es im Kontext von Migration oder im Kontext von Behinderung um die Wirtschaft geht und, man den das Risiko der Unternehmen tragenden Unternehmer_innen nicht noch weitere Bürden aufladen dürfe. Das könnte deren Renditeerwartungen schmälern, was im Duktus gängiger Sprachregelung als Gefährdung von Arbeitsplätzen verstanden wird.

---

[8] Es gibt in der Schweiz auch Ausnahmen dafür. Seit Jahrzehnten ist das Italienische die lingua franca auf den Baustellen. Ein wenig Italienisch, fokussiert auf die Arbeitsvorgänge auf dem Bau verstehen fast alle, eher noch als Deutsch.

3 Lernen ist Veränderung – wer bringt wen zum lernen?

Die kapitalistische Entwicklung hat in Europa und den USA in Laufe des 19. Jahrhunderts die so genannte „soziale Frage" gestellt. Eine Frage, mit der sich die entstehende Sozialwissenschaft das ganze vorletzte Jahrhundert herumgeschlagen hat. Die Lösung der Problematik ist schliesslich in einer Funktion von Repression und sozialer Sicherung gefunden worden. Im Zuge dieser politischen Konflikte, die alle industrialisierten Staaten in der ersten Hälfte des 20. Jahrhunderts in teilweise militanten und gewalttätigen Auseinandersetzungen durchziehen, werden staatliche Dispositive der sozialen Sicherung als gesellschaftliche Gefässe für den Umgang mit der Differenz geschaffen. Darunter fallen auch all jene Gesetzgebungen zum Umgang mit Behinderung.

Wer ist verantwortlich für solche Veränderungen? Wie muss Lernen organisiert werden? Weshalb braucht das Land ein so genanntes *Behinderungsgleichstellungsgesetz*, wenn doch vor dem Gesetz schon alle Einwohner_innen des Landes gleich zu behandeln sind?

Diese Fragen ergeben sich aus der Analyse der jeweiligen konkreten Situationen, in denen die sozialen Probleme formuliert werden. Und in ihre Analyse gehört selbstverständlich, dass die sozialen Orte und die Urheber_innen der Problemwahrnehmungen hineinzunehmen sind. Weisser (2005) definiert Behinderung als jenen Zustand, in dem etwas, von dem wir erwarten, dass es geht, nicht geht. Behinderung entsteht also als ein Konflikt zwischen Fähigkeiten und Erwartungen. Dadurch entstehen soziale Ordnungen von Behinderung, durch welche Zugehörigkeiten und Nichtzugehörigkeiten bestimmt werden. Wie auch immer Behinderungssituationen sozial konstruiert sind, immer haben sie zur Folge, dass sie zu differentiellen Ausschlüssen von gesellschaftlicher Teilhabe führen. Diese Ausschlüsse nehmen die Gestalt an, dass die Zugehörigkeitskategorie der „Nicht-Behinderten" die Zugehörigkeitskategorie der „Behinderten" bestimmt. Diese wird damit innerhalb der Gesamtgesellschaft zu einer disponiblen Menge, die an bestimmte soziale Orte migriert wird. Was bei Weisser (2007, S. 243) als Behinderung (2) bezeichnet wird, ist das jeweilige gesellschaftliche Konfliktlösungswissen um Behinderung (1), den Konflikt zwischen Fähigkeiten und Erwartungen.

„Wenn Behinderung in der Sprache des Konflikts konzipiert ist und der Begriff zur Optik wird, welche die soziale Welt der Behinderung sichtbar macht, so wird die Frage der Betroffenheit zu einer Frage der Zugehörigkeit, oder, in ihrer aktiven Form, zu einer Frage der subjektiven und kollektiven Positionierung" (Weisser 2007, S. 244). Weisser beschreibt damit ein soziales Phänomen, das Merton/Nisbet (1976) als soziales Problem definieren. Entscheidend dabei ist, dass die sozialen Probleme unabhängig ihrer Kausalitäten als solche dort bestehen, wo sie wahrgenommen werden, dass sie miteinander nicht quantitativ vergleichbar sind und

– was in unserem Zusammenhang besonders interessant ist – dass die Lösung des sozialen Problems der einen Gruppe dazu neigt, zum sozialen Problem einer anderen Gruppe zu werden.

4 Migration

So wie wir das Konzept des sozialen Problems beschrieben haben, wird deutlich, dass soziale Probleme lokotemporal gebunden sind. Sie lassen sich unter den Bedingungen verschieben, dass die Kontexte von Verursachung und Auftreten getrennt werden können. Es sind Verteilungen von weltweit zentralen Gütern innerhalb der Weltgesellschaft, die zu strukturellen Spannungen führen. Ich denke dabei an die Zugangsmöglichkeiten zu Reichtum, Gesundheit, Bildung, Urbanität usw. Die Codierung dieser Spannungen erfolgt jeweils nach den lokal zur Verfügung stehenden Codes. Solcher jeweils lokaler Codierung stehen die nationalstaatlich verfassten normativen Ordnungen des positiven Rechts gegenüber. Dabei entstehen nicht selten starke anomische Spannungen. In diesem Sinne könne wir sagen, dass Güter und Menschen, die sich über die Erde verschieben, in den Wegen, die sie nehmen, solchen strukturellen Spannungsgefällen in der Weltgesellschaft folgen. Migration stellt so gesehen einen Sonderfall der Allokation von Ressourcen, Menschen oder Dingen, also sozialen Verhältnissen dar. In den strukturellen Spannungen sind die Motive für diese Bewegungen auszumachen.

Wanderung kann auch Import und Export von Humankapital und Import und Export beliebiger Waren bedeuten. Die Herstellungsbedingungen am einen Ort können günstiger sein als am Ort des Verbrauchs des Hergestellten ist. Für das hergestellte Gut kann so an einem geographisch fernen Ort oft ein besserer Preis als am Herstellungsort erzielt werden.[9] Eine Arbeitskraft mag an einem Ort rein gar nichts wert sein, an einem anderen etwas mehr. Entlang solcher Gefälle erfolgt

---

[9] Diese Thematik zeigt sich besonders im Zusammenhang von so genannten ökologischen Fragen, wo es kostengünstiger ist, nicht erneuerbare anstatt erneuerbarer Energien zu verwenden, weil die Kostenstruktur so institutionalisiert ist, dass reale Kosten, dort wo sie anfallen, externalisiert werden können. Externalisierung von Kosten bedeutet, dass die Kosten nicht dort bezahlt werden müssen, wann und wo sie anfallen. Dazu gehören alle jene Fragen, die sich heute als so genannten „Entsorgungsprobleme" darstellen vom gewöhnlichen Haushaltabfall über den industriellen Sondermüll bis hin zum CO_2-Ausstoss oder der nach wie vor nicht gelösten Fragen der ökologisch unbedenklichen Lagerung von radioaktivem Abfall. Nationale Souveränitätskonstruktionen helfen mit, globale soziale Probleme zu verschleiern. Ein klassisches Beispiel dafür ist die weltweite Steuerbefreiung von Flugpetrol für den Flugbetrieb. Viele zu sozialen Problemen gewordene Phänomene hängen mit Fragen mangelnder Internalisierung von anfallenden Kosten zusammen.

Migration. Die Menschen leben heute in einer einzigen Weltgesellschaft, in welcher sie sich mehr oder weniger eingeschränkt durch lokale Begrenzungen ebenso bewegen, wie die Güter, die sie herstellen, bewegt werden. Migration ist so gesehen nichts anderes als der Austausch, bzw. Ausgleich von Ressourcen entlang eines Gefälles wirtschaftlicher Möglichkeiten. Sie ist abhängig von gesamtgesellschaftlichen Randbedingungen der Ressourcenallokation. Es gibt grundsätzlich zwei Möglichkeiten, Ressourcen zu allozieren: Man kann die Arbeit zu den Arbeitskräften bringen oder die Arbeitskräfte zur Arbeit. Ob der eine oder der andere Weg gewählt wird, hängt von einer Reihe von Opportunitätskosten ab. Welche Art von Arbeit und welche Art von Arbeitskraft jeweils wohin migriert, hängt von verschiedenen Randbedingungen für die Investition von Kapital ab, wie etwa dem technologischen Niveau eines Kontextes, der Rechtssicherheit für Investitionen, den Lohnkosten und den Lohnnebenkosten, der staatlichen Gesetzgebungen und anderem mehr. Hier zeigt die ungleiche Machtverteilung eine gesellschaftliche Latenz, und die Manifestationen der auf ihr basierenden Spannungen nehmen eine andere Gestalt an. Die Codierung der strukturellen Spannung als einer kulturellen, die sich als etwa „Überfremdung" versteht, hilft mit, diese durch die Kapitalflüsse entstandenen sozialen Probleme einer so genannten *Allgemeinheit* zur Lösung zu überlassen. Migration und Gütertausch gehören zusammen. Und damit auch die sozialen Probleme, die mit ihnen zusammenhängen. Gleichzeitig öffnet diese Organisation der kapitalistischen Produktion von heute im Zusammenhang mit Arbeit und Migration neue Problemfelder, die gewöhnlich mit der Metapher des *Umweltproblems* umschrieben werden. Umweltprobleme sind nicht Probleme irgendeiner Umwelt, sondern resultieren aus einer bestimmten Art und Weise des Produzierens, sind also letztlich Emergenten des Umgangs von Menschen mit Menschen.[10]

5 Arbeit und Soziale Arbeit

Soziale Arbeit, die sich im Problemfeld von Migration und Behinderung bewegt, hat also grundsätzlich diese Fragen nach den hinter den Ausgrenzungsprozessen stehenden gouvernementalen Machtstrategien zu stellen. Sie gerät, falls sie so verfährt, in ein nicht lösbares Spannungsverhältnis zwischen universalistischen rechtlichen Normen und den nationalstaatlich verfassten rechtlichen Normen. Dabei

---

[10] Der gängige Diskurs rechnet hier immer unsauber, weil Kosten, die real anfallen, externalisiert werden. Vgl. Fn 9. Die sozialen Kosten der Migration trägt der Staat, bzw. die Bevölkerung eines Territoriums und die an bestimmten Orten lebenden Menschen tragen auch die Kosten der Umweltzerstörung bestimmter Kapitalallokationen, etwa in Folge von nachhaltigen Gesundheitsschädigungen; vgl. dazu Graf 2012a) und Graf 2012b).

entdeckt sie, dass es zu ihren Kernaufgaben gehört dazu beizutragen, dass die gesellschaftlichen Spannungen an den Orten ihrer Intervention als individuelle Problemlagen interpretierbar bleiben, damit sie der Logik ihrer Intervention zugeführt werden können (vgl. Winkler 1988)

Arbeit ist in dieser Kultur nach wie vor der zentrale Referenzpunkt gesellschaftlicher Orientierung. Sie ist grundsätzlich als Lohnarbeit verfasst. Dabei wird ausgeblendet, dass die Institutionalisierung der Lohnarbeit als kultureller Standard von Arbeit der nicht bezahlten Arbeit von vor allem Frauen bedarf, da die Arbeit der Reproduktion der Arbeitskraft nicht monetarisiert gedacht wird. Wer ohne Lohnarbeitsverhältnis dasteht, befindet sich in einer die gesamte Existenz in Frage stellenden Situation und gerät aus dieser Institution herausfallend in andere Abhängigkeitsverhältnisse.

In diesem Zusammenhang ist zu fragen, was es denn bedeutet, wenn Arbeitsplätze verschwinden. Dann verschwinden zunächst einmal Möglichkeiten, Lohnarbeit zu leisten. Auch wenn in den Mythen unserer christlichen Kultur die Arbeit als Strafe für den Sündenfall eingeführt wird, ist Arbeit für die Menschen immer mehr, als blosse Plackerei gewesen. Sie ist immer auch eine gestaltende, sinnstiftende, befriedigende, die Menschen auch glücklich machende Institution. Sigmund Freud bezeichnet in einer Fussnote seines Werkes *Das Unbehagen in der Kultur* die Arbeit als jene Technik der Lebensführung, welche den Menschen am stärksten an die Realität bindet. „Keine andere Technik der Lebensführung bindet den Einzelnen so fest an die Realität als die Betonung der Arbeit, die ihn wenigstens in ein Stück der Realitäten die menschliche Gemeinschaft sicher einfügt. Die Möglichkeit, ein starkes Ausmass libidinöser Komponenten, narzisstische, aggressive und selbst erotische auf die Berufsarbeit und auf die mit ihr verknüpften menschlichen Beziehung zu verschieben, leiht ihr einen Wert, der hinter ihrer Unerlässlichkeit zur Behauptung Rechtfertigung der Existenz in der Gesellschaft nicht zurücksteht. Besondere Befriedigung vermittelt die Berufstätigkeit, wenn sie eine frei gewählte ist, also bestehende Neigungen, fortgeführte oder konstitutionell verstärkte Triebregungen durch Sublimierung nutzbar zu machen gestattet,, (Freud 1974, S. 212). Aus diesem Grund ist die Spaltung der Arbeiter_innen in Fremde und Nicht-Fremde und in Behinderte und Nicht-Behinderte zunächst als Machtstrategie zu verstehen, die tief in der Kultur verankert ist.

Wenn Arbeit die Menschen an die Realität bindet, so ist auch im Umkehrschluss zulässig dass der Verlust der Arbeitsmöglichkeit Menschen in ihrer Bindung an die Realität verunsichert. Menschen, welche ihre Arbeit verloren haben, sind oft geschockt, fühlen sich entwertet. In jenen Fällen, wo sie beinahe ihr ganzes Arbeitsleben in der gleichen Firma zugebracht haben – in der Schweiz ein nicht seltenes Phänomen, das nicht zuletzt einen wichtigen Faktor für die berühmte schweizerische Qualitätsarbeit dargestellt hat – fühlen sich solche Menschen oft missbraucht. Sie reagieren je nach ihrem Charakter und Temperament aggressiv oder apathisch auf solche subjektiv als Schicksalsschläge erlebten Veränderungen der kapitalistischen Wirtschaft. Dauert der Zustand von Arbeitslosigkeit längere Zeit an, so ergeben sich für viele Arbeitslose Probleme mit der Zeitstruktur und der Bewältigung ihres Alltags. Sie bekunden Mühe sich wieder in den Arbeitsrhythmus einzugliedern, wenn sie wieder eine Stelle finden. Nicht selten manifestieren sich auch Konflikte in den Familiensystemen dieser von Arbeitslosigkeit betroffenen Menschen (vgl. Zwicky 2003).

Marie Jahoda, eine der Pionier_innen der Sozialpsychologie, hat sich über viele Jahrzehnte hinweg mit der Institution der Beschäftigung und den Folgen der Beschäftigungslosigkeit auseinandergesetzt. „Beschäftigung ist auf eine Weise organisiert, die den Teilnehmenden der Arbeitswelt Erfahrungskategorien auferlegt, denen sich niemand entziehen kann, ob er seine Arbeit nun hasst oder liebt. Diese sind: Jenem Teil des Tages, der im Wachzustand verbracht wird, wird eine Zeitstruktur aufgeprägt – dies gilt auch für die Woche, das Jahr, ein ganzes Leben; der soziale Horizont erweitert sich über die Familie und die Nachbarn hinaus; man nimmt an einer kollektiven Anstrengung teil; eine soziale Identität wird gestiftet; und dem einzelnen werden regelmässige Aktivitäten zugewiesen und die Kontrolle über diese Aktivitäten zur Verfügung gestellt. Arbeitslose sind definitionsgemäss dieses Verhaltensschauplatzes beraubt und damit der Erfahrungen innerhalb dieser institutionell sanktionierten Kategorien" (Jahoda 1994, S. 300). Diese sozialpsychologischen Aussagen verweisen auf das Problem der sozialen Kosten, welche durch den Abbau von Arbeitsplätzen anfallen. Diese Kosten werden zwar privatisiert, indem sie den einzelnen Arbeitenden auferlegt werden. Sie tauchen aber auch wieder als Verschärfung sozialer Probleme auf – in der Form von Suchtproblemen, Gewaltproblemen in den Familien, in den Quartieren, Delinquenz, Xenophobie usw.

Wo also aus betriebswirtschaftlicher Notwendigkeit Arbeitsplätze verschwinden müssen, verschwinden aus sozialpsychologischer Sicht Verhaltensschauplätze. Mit ihrem Verschwinden nehmen Bindungsmöglichkeiten von Menschen an die Realität ab. Daraus lässt sich auf wachsende Orientierungsprobleme in der Realität schliessen. Fragen nach dem Sinn und nach neuen Lebensinhalten tauchen auf, welche von den Menschen, die durch die Abnahmen der Arbeitsmöglichkeiten betroffen sind, individuell beantwortet werden müssen. Was wir hier beschrieben haben ist der klassische Fall eines Spannungstransfers einer strukturellen Spannung (Anpassung eines Konzerns an die Bedingungen weltweiter Konkurrenz) in eine Person (eine entlassene Arbeitskraft). Ein organisationales System transferiert eine Spannung in ein individuelles System. Diese Spannungsübertragung erscheint in der betroffenen Person, die mehr ist als eine Arbeitskraft, als ein Problem ihrer eigenen Sinnfindung. Der Verlust einer gewohnten Arbeit zieht immer die Aufgabe von vielfältigen Orientierungspunkten und sozialen Netzen mit sich. Dies ist eine der nichtintendierten Folgen eines solchen Prozesses sogenannter Rationalisierung. Für die Behandlung dieser sozialen Probleme ist die Öffentlichkeit in der Form des Staates zuständig. Diesem fehlen allerdings immer häufiger die Mittel dazu und er wird als sozialer Staat zudem von jenen Kräften bekämpft, die Verantwortung tragen für die Zunahme seiner Aufgaben. Die Bewältigung der sozialen Tranformationsprozesse, in denen wir uns zur Zeit befinden, hängt in starkem Masse davon ab, welche gesellschaftlichen Lernprozesse zu ihrer Lösung in Gang kommen. Die augenscheinlichste dieser Lernebenen ist jene der Individuen. Die Wirtschaft fordert von den Arbeitenden in immer höherem Masse Flexibilität. Im Bereich der Berufsbildung hat diese Forderung mit der Thematisierung der so genannten Schlüsselqualifikationen Einzug gehalten. Das zur Krisenlösung notwendige Lernen muss auf ganz unterschiedlichen Ebenen stattfinden. Die Probleme dieses Lernens sind aber komplex, weil an die Institution der Arbeit viele Aspekte unseres Alltags geheftet sind. Wie Jahoda oben erwähnt, ist der im Wachzustand verbrachte Teil des Tages in ausgeprägtem Masse durch die Beschäftigung strukturiert, die sozialen Einbindungen jenseits von Familie und Nachbarschaft sind in starkem Masse mit ihr verknüpft. Die Sozialpsychologie bezeichnet diese Effekte der Beschäftigung als latente Funktionen der Arbeit. Muss nun die Arbeitsstelle gewechselt werden, fällt Arbeit überhaupt weg, so führt dies zu einem – wenigstens zeitweiligen – Verlust an Realitätsorientierung. Für das dem Veränderungsprozess ausgesetzte Individuum sind damit Verunsicherungen verbunden. Auf uns verunsichernde Prozesse reagieren wir häufig mit erhöhter Angst. Wir fühlen uns im Zusammenhang mit einer anstehenden Veränderung vom Neuen entweder angegriffen oder empfinden das, worauf wir uns bisher in unserem Leben bezogen haben, als von Verlust bedroht. Wir fragen uns: „Soll denn alles, was ich bisher gemacht habe nun plötzlich nichts mehr wert sein?"

Dort, wo die Angst grösser wird als die Neugier, wird Lernen blockiert, weil Neues nicht mehr in genügendem Masse aufgenommen werden kann. Es besteht vielmehr die Gefahr, dass ein Rückgriff auf Zugeschriebenes stattfindet, um sich seiner selbst wieder zu versichern. Wird Lernen mit dem Erwerb von Status verknüpft, so sind zugeschriebene Statuspositionen nicht erwerbbar und damit auch weniger dem Verlust ausgesetzt. Der Appell an die Arbeitskräfte, in der heutigen Zeit mehr Flexibilität zu zeigen, wird an Grenzen stossen, die mit der Aufhebung von Arbeitsstellen und der damit eingehenden allgemeinen Verunsicherung zusammenhängen. Die von einzelnen Exponent_innen der Wirtschaft immer wieder geforderte geographische Mobilität der Arbeitskräfte ist nicht nur eine suboptimale

Lösung des Problems, sondern wird in vielen Fällen die Ursache neuer sozialer Probleme sein, weil Migrant_innen ihre Referenzsysteme, ihre sozialen Netze durch die Migration sehr oft verlieren und damit Gefahr laufen, noch mehr soziale Spannungen zu erleben, die zu sozialen Problemen werden können. Bekannt sind die Anpassungsprobleme der sogenannten „Zweitgenerations-Kinder", welche die erzwungene Überanpassungsleistungen ihrer Eltern sehr oft mit einem integrativen Scheitern im Einwanderungskontext bezahlen müssen. Das Gleiche gilt für die Arbeitskräfte mit so genannten Behinderungen. Sie sind aus vielerlei Gründen nicht in der Lage diesen teflonartigen Habitus des *heute hier – morgen dort* zu erbringen, den die Unternehmen von ihren Arbeitskräften verlangen. Also fallen sie im Wettbewerb zurück, dürfen hinten anstehen und ihre Prekarität vergrössert sich. Hieraus wird ersichtlich, was die eigentliche Krux der Arbeitslosenunterstützung, der Invalidenversicherung und der Eingliederungsversuche in den Arbeitsprozess darstellt. Diese Dispositive verhindern zwar im Moment die vollständige Verarmung eines die Arbeit los gewordenen Menschen, aber sie vermögen ihm oft nicht jene Perspektive zu geben, die die Wiedereingliederung in die Arbeit und die an sie geknüpften sozialen Netze ermöglicht. Betrachtet man die in den letzten fünfzehn Jahre durchgeführten Reformen der Systeme der sozialen Sicherheit, so stellt sich die Frage, inwiefern deren Ausrichtung auf eine kurze betriebswirtschaftliche Logik der einzelnen Systemeinheiten nicht in einem Konzept der *Regierung der Prekären* gefasst werden solle, wie Isabell Lorey es vorschlägt (vgl. Lorey 2012). Dabei geht es darum, das Angstniveau zu manipulieren, mit ihm zu spielen, um über den habituierten autoritären Sozialcharakter Gehorsam zu erzwingen. Prekarisierung wird durch diesen Herrschaftsmechanismus zum Normalfall und die neoliberale Problemlösungsstrategie ist weiterhin die der Individualisierung. Die nun wirklich vereinzelten Einzelnen sollen sich anstrengen, die Probleme, die ihnen die Entwicklung der kapitalistischen Produktionsweise schafft aus eigenen Antrieb auch selbst zu lösen. Dies Dynamik streut über die ganze gesellschaftliche Stratifikation hinweg. Ein hoher Bildungsstatus bedeutet heute nicht mehr per se auch ein hohes und ein langfristig stabiles Einkommen. Die Individualisierung der Lebensgestaltung erschwert zudem die Weitergabe von sozialen Kapital in familiären Kontexten und macht dessen Erwerb tendenziell zur Aufgabe der Einzelnen. Der Verlust der Solidarität, des solidarischen Handelns und Kämpfens zeigt sich unmittelbar im Bedeutungsloswerden der Arbeiter_innenbewegung und ihrer Organisationen. Diese Politik wird ohne Zweifel begleitet sein von neuen Expressionen sozialer Problematiken, denen mit medizinalisierten und repressiven Dispositiven begegnet wird. Damit stellt sich allerdings im Zusammenhang mit Fragen von Integration und Inklusion die Frage nach den dazu notwendigen Schritten von Lernen. Lernen wird dann und dort erleichtert, wo neue Perspektiven für die Aktanten aufgezeigt werden. Man denke etwa an die Geschwindigkeit, mit welcher grosse Teile der Bevölkerung sich im Umgang mit Computern vertraut gemacht haben und sich heute mit dem Internet beschäftigen. Aus einer solcher Sicht sind die Bedingungen für gelingendes Lernen auf der individuellen Ebene eng verknüpft mit dem Erfolg von organisationalen Lernprozessen auf institutioneller Ebene.

Hier stellt sich das Problem der Innovation auf eine andere Art und hier zeigen sich auch die Grenzen bisheriger Konzepte der Sozialen Arbeit. Der Staat kann nur beschränkt auf dem Gebiet der Wirtschaft innovativ tätig sein, da er sofort von den Interessenvertretern der strukturschwachen Branchen, den Verlierern des gegenwärtigen Transformationsprozesses, zurückgebunden wird. Die öffentlichen Hand wird aus Angst vor weiteren Arbeitsplatzverlusten nicht selten in vielen grossen und kleinen Schritten dazu genötigt, eine Strukturerhaltungspolitik zu betreiben, welche die langfristigen gesellschaftlichen Transformationsprobleme nicht nur nicht löst, sondern deren soziale und wirtschaftlichen Kosten in die Höhe treibt. Zweifellos sind aber weitergehende Lernprozesse angezeigt. Unternehmen müssen lernen neue Arbeitsplätze zu schaffen. Dabei wird gerade die Art der Arbeit, für welche angesichts der sich rasch verändernden technologischen Ausgangslage Arbeitsplätze geschaffen werden von entscheidender Bedeutung im Hinblick darauf sein, wie ausgrenzend mit Migration und Behinderung in den jeweiligen Kontexten umgegangen wird. Solcher Veränderungen in der wirtschaftlichen Struktur eines Landes wirken zurück das die Bildungsinstitution, die sich aufgrund ihrer Aufgabe eher langsam verändert (vgl. Graf und Graf 2008).

6 Die notwendige Verbindung der Sozialen Arbeit mit dem ökologischen Umbau der wirtschaftlichen Tätigkeiten – eine Herausforderung für die Theoriebildung der Sozialen Arbeit und ihre Praxis

Die soziale Transformation, welche die Weltgesellschaft heute durchläuft und der die grossen Konzerne als „*global players*" in besonderem Masse und abhängig von ihnen die mittelständischen Zulieferer im Speziellen ausgeliefert sind, bietet für ein reiches Land wie die Schweiz auch eine einmalige Chance, die Arbeitsstruktur des Landes in die Richtung einer zunehmenden Ökologisierung umzubauen. Mit ihr einhergehend sind auch die traditionelle Vorstellung eines „Normalarbeitstages," im Hinblick auf eine lebenszeitliche Flexibilisierung der Arbeitszeit und die traditionelle gesellschaftliche Arbeitsteilung zwischen Männern und Frauen zu diskutieren. Die fortschreitende Integration der Gesellschaft durch neue Medien wie etwa neue elektronische Netze (Internet, konzerninterne Netze, *social media* usw.) lassen auch ganz neue Formen der Kooperation über grosse geographische Distanzen zu, womit beispielsweise Aspekte der Mobilität völlig neu diskutiert werden können. Hier lassen sich viele interessante Arbeitsplätze verschiedenster Qualifikationsniveaus schaffen. So betrachtet können mit einem Mal bisherige Barrieren für die Beschäftigung von Menschen mit so genannten Behinderungen verschwinden, weil um nur ein Beispiel zu machen qualifizierte Berufsarbeit von zu Hause aus erledigt werden kann.

Eine neue Exportwirtschaft kann entstehen. Die Schweiz kann wie in früheren Jahrzehnten Erfahrung und Wissen exportieren. Ein solcher Lernprozess setzt allerdings einen ganz anderen Gebrauch des Staates voraus, als er zur Zeit in der Schweiz praktiziert wird, wo die verschiedensten Einflussgruppen, die so genannt *„referendumsfähig"* sind, den Staat für ihre *Partikularinteressen* missbrauchen.[11] Nicht zuletzt wird die ökonomisch verantwortungslose Erhaltung veralteter Strukturen damit weitergeschrieben und der Reichtum des Landes verprasst, anstatt ihn sinnvoll in die Zukunft des Landes zu investieren. Für Soziale Arbeit – ihre Theoretisierung und ihre Praxis – bedeutet dies vor allem eine Auseinandersetzung mit der eigenen Verfasstheit als ideologischer Staatsapparat, der an der Grenze zu den repressiven Staatsapparaten angesiedelt ist. Diese Auseinandersetzung wird nicht leistbar sein, wenn nicht die Rahmenbedingungen bisher jeder Sozialen Arbeit als staatlich instituiert gesehen werden. Sie sind Ergebnisse von Kräfteverhältnissen und verändern sich daher auch mit ihnen. In der Sozialen Arbeit hat die Konzeption der *advokatorischen Assistenz* eine lange Tradition, insbesondere im Feld des sonderpädagogischen Handelns(vgl. Feuser 2003). Eine Soziale Arbeit, die advo-

---

[11] Als direkte Demokratie kennt die Schweiz das so genannte Referendum, welches beinhaltet, dass ein durch das eidgenössische Parlament beschlossenes Gesetz durch die Unterschrift von 50000 Stimmberechtigten der Volksabstimmung zu unterbreiten ist (fakultatives Referendum). Sehr viele parlamentarische Gesetzesentscheidungen unterliegen in der Schweiz sowieso der Genehmigung durch den Souverän (obligatorisches Referendum). Das Referendum ist eine wichtige Machtbremse und die Drohung ein Referendum zu ergreifen hat Einfluss auf die parlamentarische Debatte im gesamtschweizerischen Parlament. Deshalb ergeben stets wechselnde Mehrheitsverhältnisse, wer heute in der einen Sachfrage obsiegt, kann in der nächsten unterliegen. Das macht die schweizerischen politischen Verhältnisse für Beobachter_innen, die repräsentative demokratische Systeme gewohnt sind, oft nicht leicht durchschaubar, da zum System der direkten Demokratie noch ein ausgeprägter Föderalismus hinzukommt. Grundsätzlich ist der Staat in der Schweiz historisch betrachtet der Kanton und der Bund übernimmt gleichsam nur neu hinzugekommene Aufgaben. Die Neuverteilung des Finanzausgleichs im Zuge neoliberaler Reformbestrebungen ist in dieser Hinsicht für die Sozialpolitik bedeutsam, weil die Invalidenversicherung (IV) als Bundeseinrichtung sich aus der Finanzierung der Schulung behinderter Kinder, die ihr bisher oblag, zurückzuziehen hatte und diese Aufgabe auf die Kantone übergegangen ist, was zu einer sehr grossen Variation der konkreten Unterstützung zwischen den Kantonen geführt hat.

katorisch die Kämpfe ihrer Klient_innen unterstützt, gerät in einen manifesten institutionellen Konflikt mit ihren jeweiligen Trägerorganisationen. Dieser Konflikt wird um so grösser werden, je direkter die Praxis der Sozialen Arbeit alleine durch den Staat finanziert ist.

7 Zusammenfassung und Schluss

Paradoxerweise bietet die neoliberale Zerstörung des Sozialstaats tatsächliche, wenn auch geringe, Freiheitsgrade für Autonomie der Sozialen Arbeit, welche diese in ihrer theoretischen Analyse verstehen muss, damit sie in praktischer Umsetzung genutzt werden können. Da die über Leistungsverträge vergebenen Aufgaben der Sozialen Arbeit mit der staatlichen Aufsicht loser gekoppelt sind, als jene die direkt von der staatlichen Verwaltung erbracht werden, ergeben sich Verhaltensfreiheitsgrade. Diese sind stets ambivalent, und sie mögen gering ausfallen, aber sie sind vorhanden und sind deshalb von einer sich am Ideal einer inklusiven Gesellschaft orientierenden Sozialen Arbeit ernst zu nehmen. Dabei sind freilich die gesellschaftspolitischen Kräfteverhältnisse in die Analyse einzubeziehen. Die Vorstellung die Verstaatliche sozialer Arbeit führe zu mehr Verteilungsgerechtigkeit ist als eher naiv zu betrachten, da es nicht die Staatlichkeit einer erbrachten Leistung ist, welche zur Verteilungsgerechtigkeit führt, sondern die staatliche Rahmenbedingung, welche über das Ausmass und den Zugang zur Leistung berechtigt. Wie die Finanzierung der Sozialen Arbeit bewerkstelligt wird, über staatliche Steuergelder, kirchliche Zuwendungen oder *charity* der Superreichen, das ist in dieser Perspektive weniger wichtig, als die Art und Weise, wie die Zugänglichkeit und das Ausmass der Leistungen der Sozialen Arbeit staatlich definiert und demokratisch kontrolliert sind. Diese Rahmenbedingungen der Zugänglichkeit sind aber Gegenstand des politischen Kampfes und betreffen die Soziale Arbeit als Disziplin indirekt, wenngleich sie die Möglichkeiten ihres Tuns beeinflussen. Die Soziale Arbeit muss sich dabei die nötigen Mittel und Organisationsformen geben um mit den anwachsenden Spannungen gegenüber anderen Teilen des Staates zurechtzukommen, ohne zu resignieren und ohne zu provozieren.

Eine solche Ausrichtung der Sozialen Arbeit in Theorie und Praxis wird um so wichtiger, als die Entwicklung der kapitalistischen Produktionsweise die nationalstaatlich verfassten Rahmen längst transzendiert hat und Probleme beinhaltet, welche mit den Mitteln des Nationalstaates nicht zu lösen sind. Diese Aussicht auf Konflikt erzeugt Angst. Angst ist zu allen Zeiten des Wandels ein Ratgeber, mit dem verständig umzugehen ist. Das bedeutet, dass sie als Warnsignal ernst zu nehmen ist. Insofern ist die zur Zeit in der Schweiz und anderen Ländern auf dem europäischen Kontinent zu beobachtende wachsende Xenophobie genau zu beobachten, vor allem dort, wo kulturalistisch die subkulturelle Differenzierung des Islamismus als Bedrohung betrachtet wird. Hier besteht die Gefahr eines positiv rückgekoppelten schismogenetischen Effektes, der die Spaltung, welche die xenophobe Angst befürchtet, durch ein durch diese Angst gesteuertes Verhalten erst erzeugt. Die weltweiten Prozesse des Gütertausches und der menschlichen Wanderung erzeugen stets neue Spannungen in den Kontexten, in welchen sie stattfinden.

Phänomene der Fremdheit und der Behinderung hängen, wie gezeigt worden ist, von den jeweiligen lokotemporalen Rahmungen ab. Jeder Versuch, sie essentialistisch zu umfassen, führt zu einer kulturellen Bewegung, welche das jeweilige Referenzsystem zu schliessen versucht, während die Bedingungen seiner Existenz es stets zur Öffnung zwingen. Dies ist der Kontext, in welchem sich Soziale Arbeit, die sich mit Migrations- und Behinderungsphänomenen befasst bewegen muss. Wir fürchten bei gesellschaftlichen Veränderung immer zu verlieren, was uns lieb ist, beispielsweise überkommene Orientierungen, die der heutigen Zeit nicht mehr entsprechen. Das Neue wird als Aggressor erlebt. Diese Formen der Angst lassen sich in so genannt populistischer Propaganda leicht dahingehend missbrauchen, dass den Verängstigten suggeriert wird, der Rückgriff auf die zugeschriebenen Werte würde irgend einen Beitrag zur Lösung des Transformationsproblems leisten. Dass diese Art der Propaganda oft von jenen gemacht wird, welche Profiteure der Transformation sind, gibt ihr einen täuschenden und verführenden Zug. Sie täuscht über die objektive Situation der Veränderung hinweg und trägt dadurch dazu bei, dass sozialer Reichtum verprasst wird und Zeit für die Anpassungs- und Lernleistungen verloren geht. Damit wird aber die Chance auf geringe Anpassungskosten verschlechtert. Die Anpassung wird später sowieso stattfinden müssen, nur sind dann ihre Kosten und deren Folgen um so höher, womit die Chancen einer gelingenden Anpassung sinken.

Literatur

Demirovic, A. (Hrsg.). (2007). *Nicos Poulantzas. Aktualität und Probleme materialistischer Staatstheorie*. Münster: Verlag.

Feuser, G. (2003). Heilpädagogik - Assistenz und Anwaltschaft. in *Fachtagung und Mitgliederversammlung des Berufverbands der Heilpädagogen e. V.* Bad Lauterberg S. 12.

Freud, S. (1974). Das Unbehagen in der Kultur. In S. Freud (Hrsg.), *Fragen der Gesellschaft. Ursprünge der Religion. Studienausgabe*. (S. 191–270). Frankfurt a. M.: S. Fischer.

Graf, E. O. (2012a). Globalisierung, Migration und Behinderung. In A. Erdélyi, S. Hans-Peter, & S. Peter (Hrsg.), *Andrea Erdélyi, Schmidtke, Hans-Peter, Sehrbrock, Peter International vergleichende Heil- und Sonderpädagogik weltweit. Grundlagen – Migration – „Dritte Welt,, – Europa* (S. 171–82). Bad Heilbrunn: Verlag Julius Klinkhardt.

Graf, E. O. (2012b). Menschen mit Behinderung/ Beeinträchtigung und der Stellenwert von Arbeit als Beitrag zu einem sinnerfüllten Leben. In G. Tuschel, S. Judith (Hrsg.), *miteinander 3. Nicht für die Schule, sondern fürs Leben lernen wir* (S. 15–38). Wien: Verlag.
Graf, M. A., & Graf, E. O. (2008). *Schulreform als Wiederholungszwang. Zur Analyse der Bildungsinstitution.* Zürich: Seismo.
Heintz, P., Held, T., et al. (1978). Strukturelle Bedingungen von Sozialen Vorurteilen. In A. Karsten (Hrsg.), *Vorurteil: Ergebnisse Psychologischer und Sozialpsychologischer Forschung* (S. 321–50). Darmstadt: Wiss. Buchges.
Hoffmann-Nowotny, H.-J. (1969). *Migration. Ein Beitrag zu einer soziologischen Erklärung.* Zürich: Juris- dr.
Hoffmann-Nowotny, H. -J. (1973). *Soziologie des Fremdarbeiterproblems. Eine theoretische und empirische Analyse am Beispiel der Schweiz.* Stuttgart: Ferdinand Enke.
Hoffmann-Nowotny, H. -J. (Hrsg.). (2001). *Das Fremde in der Schweiz.* Zürich: seismo.
Jahoda, M. (1994). *Sozialpsychologie der Politik und Kultur.* Graz-Wien: Nausner & Nausner.
Kronig, W. (2003). Das Konstrukt des leistungsschwachen Immigrantenkindes. *Zeitschrift für Erziehungswissenschaft, 1*(6), 126–141.
Lanz, A. (2008). Kele. In E. Graf, O. Grob, & C. Franziska (Hrsg.), *Arbeit und Behinderung. Schwierigkeiten in und an der Arbeitsgesellschaft* (S. 201–07). Bern: Edition Soziothek.
Lanz, A., & Züfle, M. (2006). *Die Fremdmacher. Widerstand gegen die Schweizerische Asyl- und Migrationspolitik.* Zürich: edition 8.
Lourau, R. (1970). *L'Analyse institutionelle.* Paris: Les éditions de minuit.
Lourau, R. (1978). *L'État-inconscient.* Paris: Les Éditions de minuit.
Pellegrini, A. (2006). Disability Culture und kulturell konstruierte Behinderung. In E. O. Graf & J. Weisser (Hrsg.), *Die Unausweichlichkeit von Behinderung in der Kultur* (S. 31–46). Bern: Soziothek.
Poulantzas, N. (2002). *Staatstheorie. Politischer Überbau, Ideologie, Autoritärer Etatismus.* Hamburg: VSA-Verlag.
Simmel, G. (1983). *Soziologie. Untersuchungen über die Formen der Vergesellschaftung.* Berlin: Duncker & Humblot.
Soeffner, H. G. (2004). Das Fremde im Eigenen. Zum Tode von Hans-Joachim Hoffmann-Nowotny (17.03.1934-16.03.2004) Nachruf. *Kölner Zeitschrift für Soziologie und Sozialpsychologie, 56,* 396–99.
Weisser, J. (2005). *Behinderung, Ungleichheit und Bildung. Eine Theorie der Behinderung.* Bielefeld: transcript.
Weisser, J. (2007). Für eine antiessentialistische Theorie der Behinderung. *Behindertenpädagogik, 46*(3/4), 237–249.
Winkler, M. (1988). *Eine Theorie der Sozialpädagogik: über Erziehung als Rekonstruktion der Subjektivität.* Stuttgart: Klett-Cotta.
Wyss, K. (2007). *Workfare. Sozialstaatliche Repression im Dienst des globalisierten Kapitalismus.* Zürich: edition 8.
Zwicky, H. (2003). Zur sozialen Lage von Menschen mit einer Behinderung in der Schweiz. *Schweizerische Zeitschrift für Soziologie, 28*(3), 159–187.

Dr. Erich Otto Graf ist Privatdozent an der Pädagogischen Hochschule Karlsruhe und wissenschaftlicher Mitarbeiter am Institut für Erziehungswissenschaft der Universität Zürich. Darüber hinaus ist er als Institutionsberater tätig. Zuletzt erschienen: „Solidarität. Selbstaufklärung, Autonomes Denken, Handeln und Subjektivität„ (2013) und „Begegnungen mit Menschen in Behinderungssituationen„ (2014). Weitere Informationen: www.institutionsberatung.ch.

Die Kunst, „ganze Menschen" zu regieren. Über die politische Vermenschlichung ausländischer Arbeitskräfte

Esteban Piñeiro

1 Einleitung

Ohne Ausländerinnen und Ausländer hätte es die Schweizer Eidgenossenschaft wohl kaum zum „wettbewerbsfähigsten Land der Welt" (Sommaruga 2012) gebracht. Sie hätte keinen Gotthardtunnel, würde an medizinischer Unterversorgung kranken und in der Gastronomie müsste ein Grossteil der Betriebe schliessen. Auch in Zukunft wird die Schweiz auf hoch- und niedrigqualifizierte Arbeitskräfte aus dem Ausland angewiesen sein (Bericht Bundesrat Integrationspolitik 2010, S. 13). Der Pflegebereich, die Tourismusbranche und das Metzgergeschäft müssen ihren Nachwuchs vermehrt im Ausland rekrutieren. Der Hunger nach ausländischen Arbeitskräften ist gross. Und sie kommen, die Arbeitskräfte, die man ruft. Nachdem die Schweizer Wirtschaft über mehrere Jahre stark gewachsen war, stieg der Wanderungssaldo auf 90.000 ausländische Personen an. Mit der Rezession von 2009 verringerte er sich dann wieder deutlich. Die 2010 rasch einsetzende wirtschaftliche Erholung beendete den rückläufigen Trend, so dass 2011 bereits wieder 78.500 Ausländerinnen und Ausländer einwanderten; mehrheitlich aus dem EU/EFTA-Raum. Mit 23,8 % verzeichnete die Schweiz unter den europäischen Ländern Ende 2013 einen der höchsten Anteile an ausländischen Staatsangehörigen in der Wohnbevölkerung (BFS 2014).

E. Piñeiro (✉)
Basel, Schweiz
E-Mail: esteban.pineiro@fhnw.ch

© Springer Fachmedien Wiesbaden 2015
T. Geisen, M. Ottersbach (Hrsg.), *Arbeit, Migration und Soziale Arbeit*,
DOI 10.1007/978-3-658-07306-0_4

1.1 Der Ausländer als Mitmensch

Liess das Gespenst der Überfremdung die Zuwanderung bis in die 1970er Jahren zu einer staatspolitischen Gefahr werden, so konstellieren sich die Probleme mit der ausländischen Bevölkerung seit den 1990er Jahren im politischen Horizont eines friedlichen Zusammenlebens der einheimischen und ausländischen Wohnbevölkerung (Art. 4 Abs. 1 AuG). Die gesellschaftliche Teilhabe der Ausländerinnen und Ausländer am öffentlichen Leben und die Chancengleichheit wurden inzwischen zu Zentralelementen des ausländerpolitischen Aufenthaltsdispositivs erklärt (Art. 53 Abs. 2 AuG). Anders als in der Gastarbeiterära der 1960er Jahren kann man der gegenwärtigen schweizerischen Migrationspolitik wohl kaum mehr vorwerfen, dass sie die Zugewanderten zu einer wirtschaftlichen Produktivkraft degradiert. Die offizielle Schweiz sorgt sich vielmehr um ihre Ausländerinnen und Ausländer, sie kümmert sich um die Aneignung der vor Ort gesprochenen Sprache und pflegt das vorhandene Bildungskapital. Sie fördert berufliche Entwicklungsmöglichkeiten und fordert ein selbstverantwortliches ökonomisches Verhalten. Denn die „Trendwende" (Prodolliet 2006, S. 87) zur Integrationspolitik liess deutlich werden, dass sich der ausländischen Bevölkerung laufend Integrationsaufgaben stellen, die sie produktiv bewältigen muss (BFM 2006).

Als der Grossteil der Zuwandernden aus Italien stammte und die Italienerinnen und Italiener noch als „Tschinggen" galten (Maiolino 2011), provozierten sie Überfremdungsängste und liessen ein diskriminierendes Fremdenrecht notwendig erscheinen (Haug 1980). Heute hingegen werden sie anerkannt, gefördert, gelobt – damit ihre gesellschaftliche Integration gelingt. Die offizielle Politik präsentiert uns einen „ausländischen Mitmenschen" (BBl 1995, S. 34), einen „Citoyen" (EKM 2010), der als fester *„Bestandteil unserer Gesellschaft und Wirtschaft"* geachtet wird (EKA 1996, S. 3; Herv. i.O.). Die Zugewanderten gelten als wertvolles Potential (BBl 2002, S. 3797; Piguet 2006, S. 121). Jene krude Arbeitskraft, die sich fremdenpolizeilich verwalten, rotieren, erneuern, flexibilisieren lässt, scheint der Vergangenheit anzugehören (TAK 2009). Die „mächtige Idee" (Wicker 2009, S. 24) der Ausländerintegration liess die ausländische Arbeitskraft zu einem „selbstverständliche[n] Teil unseres täglichen Lebens" (BIGA und BFA 1991, S. 27) werden. Sie transformierte die Arbeitskräfte zu jenen Menschen, die Max Frisch (1965, S. 7 f.) schon in seinem berühmten Traktat zur Schweizer Gastarbeiterpolitik der 1960er Jahre dem kleinen Schweizer „Herrenvolk" vor Augen hielt: Menschen, die auffallen, die anders sind, eine andere Sprache sprechen und zu viert in einem Schlafraum singen; die in Läden stehen, kaufen und nach einem Arbeitsunfall in Schweizer Krankenhäuser liegen. Wir haben es offensichtlich nicht mehr nur mit einer verwertbaren Arbeitskraft zu tun, sondern auch mit einem lebendigen

Subjekt in seiner gesellschaftlichen Verwurzelung (Foucault 2006a, S. 111; Negri 2007, S. 26 ff.). Das Leben wird hier in seiner Ausprägung als menschliches Zusammenleben relevant gemacht. Nicht die Biologie oder Humanmedizin bringt diesen Menschen hervor, sondern das politische Verwaltungsprogramm der Integration, das sich soziologischer, psychologischer, kulturwissenschaftlicher wie auch sozialarbeiterischer Kategorien bedient (Foucault 1987, S. 243).

Die Analyse der politischen Vermenschlichung der ausländischen Arbeitskräfte eröffnet der Sozialen Arbeit eine kritische, gar provokative Lesart ihrer selbst. Denn ganz offensichtlich begann die ausländerpolitische Verwaltung sich dasjenige migrantische Subjekt anzueignen, um das sich die interkulturelle Soziale Arbeit bis heute kümmert: den Menschen hinter der Arbeitskraft. Sozialpädagogik und Sozialarbeit waren mit der „Humanisierung der Migration betraut und konnte[n] ihre Zuständigkeit darin einfordern und legitimieren" (Bönisch et al. 2005, S. 210). Die Migrantinnen und Migranten, denen ehemals die „Mitgliedschaft symbolisch und faktisch verweigert" wurde, die „zusätzlich zur sozialen Marginalisierung noch Stigmatisierung" erfuhren (Auernheimer 2006, S. 194), mutierten inzwischen zu jenen Subjekten, die die Soziale Arbeit zuallererst sieht: „Menschen in ihren Ressourcen und Kompetenzen der Lebensbewältigung" (Thiersch 2013, S. 213). Es muss zunächst einmal irritieren, dass die von Thiersch (2013, S. 213) geforderte „unbedingte Anerkennung des Anderen in seinem Menschsein" zu einem dominanten Ausdruck der politischen Migrationssteuerung avancierte. Diesen regierungspolitischen Figurationen des ausländischen Objekt-Subjekts und dem Steuerungsregime, das sich der in der Schweiz wohnhaften ausländischen Bevölkerung annimmt, gilt das Interesse der vorliegenden Ausführungen. Allerdings kann es in einem ersten, bloss vorläufigen Aufriss, nur darum gehen, diesen Vermenschlichungsprozess zu veranschaulichen und auf seine gouvernementalen Implikationen hin aufzuschlüsseln. Die weiterführende Auseinandersetzung um eine mögliche Positionierung der Sozialen Arbeit steht damit noch aus.

1.2 Übersicht

In einem ersten Schritt präzisiert Kap. 2 die Forschungsperspektive, die im Anschluss an Michel Foucaults Konzept der Gouvernementalität theoretisch fundiert wird. Die weiteren Ausführungen gelten den elementaren methodischen Fragen und Instrumenten. In einem weiteren Schritt werden die Ergebnisse der Untersuchung präsentiert. Kap. 3 bis 5 widmen sich den zentralen diskursiven Manövern, die sich aus dem untersuchten Material herauspräparieren liessen. Wird die Ausländerin resp. der Ausländer zunächst als rohe Arbeitskraft rationalisiert (Kap. 3), so gewinnt sie resp. er im Kontext einer sich zuspitzenden Überfremdungspolitik frappanterweise an menschlichen Konturen. Diese menschliche Ausländerinnen und Ausländer der Überfremdungspolitik stellen aber zugleich eine Gefährdung des einheimischen Lebens dar (Kap. 4). Mit diesem Dilemma sieht sich die damalige offizielle Politik konfrontiert. Schliesslich begegnen wir im Kontext der in den 1960er und 1970er Jahren neu entworfenen Eingliederungspolitik einem dritten ausländischen Subjekt, das nun aber nicht mehr vorrangig als Bedrohung erlebt wird (Kap. 5). Dieses Subjekt wird sich die Integrationspolitik der 1990er Jahren aneignen, um es entsprechend zu führen. Kapitel 6 schlägt eine Brücke zur Gegenwart und zeigt, was für ein „Anwendungsfeld der Regierungspraxis" die Eingliederungspolitik einrichtete, um auch heute „bestmöglichst zu regieren" (Foucault 2006b, S. 14).

2 Der politischen Menschwerdung auf der Spur

Die Analyse der politischen Menschwerdung ausländischer Arbeitskräfte verlangt zunächst einmal keine philosophische Anstrengung und sie unternimmt auch keine anthropologische Exploration. Vielmehr gilt es eine politische Figuration, ein Regime heraus zu präparieren. Foucault zufolge entsteht eine Gestalt von Subjektivität aus dem Zusammenspiel von Macht- und Wissensformen. Sie erscheint uns als Effekt eines Kräfteensembles. Es sind Wissenskategorien, Praktiken oder Techniken, die das Subjekt hervorbringen (Stäheli und Tellmann 2002, S. 239; Bublitz 2003, S. 88). Der Mensch bildet so gesehen einen Fluchtpunkt von Definitions- und Steuerungsanstrengungen, die auf ihn einwirken und mit denen er auch auf sich selbst einwirkt. In diesem subjekttheoretischen Verständnis wird der Mensch aber nicht als gefügiges Opfer von Machtinterventionen begriffen, nicht als determiniertes Produkt, wie Ulrich Bröckling (2007, S. 22) feststellt, sondern als Produktionsverhältnis, das permanent im Gang ist. Das Subjekt kann es nur „im Gerundivum" geben, „als wissenschaftlich zu erkundendes, pädagogisch zu förderndes, therapeutisch zu stützendes und aufzuklärendes, rechtlich zu sanktionierendes, ästhetisch zu inszenierendes, politisch zu verwaltendes, ökonomisch produktiv zu machendes usw." (a. a. O.).

Diesem Verhältnis von Subjektivierungsprozessen und Regierungsformen soll im vorliegenden Beitrag unter Berücksichtigung von Foucaults (2006a, 2006b) Analytik der Gouvernementalität nachgegangen werden. Zu regieren bedeutet hiernach, „Bevölkerungen im Hinblick auf bestimmte politische Ziele aufzustellen und zu ordnen, Subjekte sowie deren Praktiken und Überzeugungen zu produzieren und zu reproduzieren" (Butler 2005, S. 70). Das Konzept der Gouvernementalität, so Lemke (2007, S. 45), erlaubt „eine umfassende Analyse gesellschaftlicher Machtprozesse, die der politischen Bedeutung von Programmrationalitäten und Wissensformen auf der einen und Subjektivierungsformen und Selbsttechniken auf der anderen Seite Rechnung trägt." Davon ausgehend, lässt sich die Migrations- und Integrationspolitik mit dem von Foucault vorgeschlagenen weiten Begriff der Regierung analytisch fassen. Über den öffentlich-rechtlichen Begriff der Staatsregierung hinausreichend, umfasst sie die „Gesamtheit der Institutionen und Praktiken, mittels deren man die Menschen lenkt, von der Verwaltung bis zur Erziehung" (Foucault 1996, S. 118): Wissensformen, Praxen oder Dispositive, die dazu dienen, „das Feld eventuellen Handelns der anderen zu strukturieren" (Foucault 1987, S. 255). Die „Kunst des Regierens" (Foucault 2006b, S. 13) stellt eine reflektierte Weise, ein Nachdenken darüber dar, wie man am besten regiert – ein praktisches Wissen, das eine spezifische Regierungspraxis zu begründen und anzuleiten beansprucht (Bröckling und Krasmann 2010, S. 24). Begreifen wir den offiziellen Integrationsdiskurs der schweizerischen Bundesverwaltung als Regierungswissen, so werden wir analysieren können, wie er das ausländische Subjekt als seinen Gegenstand ordnet und dieses an Zweckbestimmungen ausrichtet, wie er Begriffe modelliert, Ereignisse oder Dinge problematisiert, um sie auf eine ganz bestimmte Weise zu bearbeiten.

Methodisch ist der Beitrag als genealogische Diskursanalyse angelegt (Foucault 1983, 1991). Untersucht wird eine Diskursformation, die sich als politisches Regierungsprogramm identifizieren lässt (Bröckling 2007, S. 33; Lemke et al. 2000, S. 20 ff.). Die Analyse verfährt dabei streng diskursimmanent: Die öffentliche Wahrnehmung des Fremden, parteipolitische Manöver oder historische Ereignisse wie Kriege oder Wirtschaftskrisen werden vom Standpunkt der Regierung ausgehend rekonstruiert. Sie interessieren also nur insoweit sie sich als Gegenstand der ausländerpolitischen Regierungsreflexion manifestieren, in Problemdiagnosen oder konzeptionellen Überlegungen wirksam werden. Dabei treibt die Genealogie der politischen Vermenschlichung der Arbeitskräfte die historische Analyse von einer gegenwärtigen Fragestellung aus voran (Foucault 1991): Wie ist das ausländische Objekt-Subjekt als Gegenstand der Migrationsregierung zu jenem Menschen geworden, den es heute ist? Wo kam dieses Denken der gesellschaftlich integrierten Arbeitsmigrantinnen und -migranten auf, wie nahm die Vermenschlichung der Arbeitskraft Gestalt an und in welchem historischen Kontext gewann sie an Bedeutung (Dreyfus und Rabinow 1987, S. 148)? Die hier präsentierte „Geschichte der Gegenwart" (Foucault 1979, S. 43) will aber nicht erfassen oder verstehen, wie die Vergangenheit wirklich war (Dreyfus und Rabinow 1987, S. 237), sondern die Kräfte zurückverfolgen, aus denen das gegenwärtig vorherrschende Subjekt der Regierung entstanden ist. Dabei setzt sie den Schwerpunkt forschungspragmatisch auf die Analyse des offiziellen Verwaltungsdiskurses der 1960er und 1970er Jahren, wie er sich vornehmlich in *Botschaften des Bundesrates* (die die Entstehung und die politischen Zielsetzungen eines rechtsetzenden oder nicht-rechtsetzenden Erlasses oder Entscheids darstellen und kommentieren) und in *Berichten und Konzepten der Bundesverwaltung* zu wichtigen ausländerpolitischen Fragen oder Ereignissen (in denen ausländer- respektive integrationspolitische Strategien, Massnahmen oder Instrumente beurteilt, reformuliert oder neu entwickelt werden) dokumentiert.

3 Vermenschlichung als arbeitsökonomische Notwendigkeit: der Mensch der Arbeitskräftepolitik

3.1 Rotierende Arbeitskräfte

Kurz nach dem Zweiten Weltkrieg setzte in der Schweiz der Wirtschaftsaufschwung ein und führte zu einem zunehmenden Bedarf an ausländischen Arbeitskräften. Da die Schweizer Industrie über einen intakten Produktionsapparat verfügte, wurde sie alsbald mit ausländischen Aufträgen überhäuft. Es herrschte ein akuter Arbeitskräftemangel. Ohne Hunderttausende von ausländischen Arbeitskräften liess sich die Schweizer Wirtschaft nicht in Gang halten, wie der Bundesrat damals meinte (BBl 1969, S. 1060). Um die Rekrutierung italienischer Arbeitskräfte zu beschleunigen, schloss die Schweiz mit Italien eine Vereinbarung ab (BBl 1964, S. 1001 f.). Dieses erste Abkommen mit Italien vom 22. Juni 1948 beruhte auf dem Saisonnierstatut und sah für die zuwandernden Arbeitskräfte keine Niederlassung vor. Das Rotationssystem verlieh der Einwanderung einen „reversiblen, provisorischen Charakter" (Piguet 2006, S. 20): Die Aufenthaltsdauer wurde beschränkt, die gesellschaftliche Einnistung der Ausländerinnen und Ausländer verhindert, um damit letztlich das Anwachsen des Bestandes an ausländischen Staatsangehörigen zu unterbinden. Dieses Arrangement erlaubte weder den Familiennachzug noch soziale Sicherungsleistungen oder einen Anspruch auf Stellenwechsel. Die ökonomische Verwertung des ausländischen Arbeitskräftepotentials wurde mit dem expliziten Ausschluss aus allen anderen gesellschaftlichen Bereichen verbunden (Wimmer 2005, S. 145). Die Gastarbeiterpolitik der Nachkriegszeit (EKA 1999, S. 1; Wicker 2003, S. 27; Haug 1980, S. 43 ff.) behandelte die Zugewanderten als jene Wandermigrantinnen und -migranten, die kamen, um wieder zu gehen – die nicht zu jenen Fremden wurden, die Georg Simmel (1992, S. 764) in seinem berühmten Exkurs über den Fremden von 1908 beschrieb: „der Wandernde, [...] der heute kommt und morgen bleibt". Integration in die „nationale Gemeinschaft" war von offizieller Seite nicht erwünscht (Piguet 2006, S. 21). Der Bundesrat bekräftigte damals, dass von diesem Übereinkommen nicht bloss das eigene Land, sondern auch die ausländische Bevölkerung profitieren würden: Die italienischen Arbeitskräfte schätzten sich „glücklich, vorübergehend Arbeit zu finden in einem Nachbarland, dessen Lebens- und Arbeitsbedingungen damals über jenen der meisten übrigen europäischen Staaten lagen" (BBl 1964, S. 1002) – so die offizielle Wahrnehmung.

3.2 Druck aus Italien

Anders als erwartet, normalisierte sich weder die Wirtschaft noch ging die Zahl der zugezogenen ausländischen Arbeitskräfte zurück. Im Gegenteil, die starke Zuwanderung bewirkte einen markanten Zuwachs der ausländischen Wohnbevölkerung: Zwischen Februar 1950 und Februar 1960 stieg der „Bestand an kontrollpflichtigen ausländischen Arbeitskräften" auf das Dreifache, von 90.112 auf 275.291 Personen (BBl 1967, S. 73). Inzwischen hatte sich die Situation der Gastarbeiterinnen und Gastarbeiter tiefgreifend verändert (BBl 1964, S. 1002). Es kam nicht nur zu einer ständigen Zunahme der ausländischen Arbeitskräfte, sondern auch zu einer Verlängerung ihrer Anwesenheit. Die prekären Aufenthaltsbedingungen provozierten grundlegende Kritik. Die italienische Regierung forderte zu Beginn des Jahres 1961 von der Schweiz, die rechtliche und soziale Situation der Italiener zu verbessern. Sie setzte die Revision der alten Vereinbarung vom 22. Juni 1948 auf die politische Agenda. Nach anfänglich stark divergierenden Meinungen und mehrjährigen, mehrmals unterbrochenen Verhandlungen, gelangten die beiden Länder zu einem Accord (Mahnig und Piguet 2003, S. 72). Von der Einsicht angetrieben, dass die „schweizerische Wirtschaft noch während langer Zeit auf eine grosse Zahl ausländischer Arbeitskräfte angewiesen" sei, propagierte der Bundesrat (BBl 1964, S. 1010) nun eine politische Haltung, die den „menschlichen und familiären Belangen dieser Arbeitskräfte in vermehrtem Masse Rechnung" tragen würde.

3.3 Der Konjunkturpuffer als Familienmensch

Sollten mit dem ersten Abkommen mit Italien verwaltungsmässige und praktische Schwierigkeiten bei der Aus- und Einwanderung der italienischen Arbeitskräfte in die Schweiz beseitigt werden, so wurden mit dem zweiten Abkommen vom 4. November 1964 die Aufenthaltsbedingungen der Ausländerinnen und Ausländer verbessert (ebd., S. 1001): Der Bund gewährte einen rascheren Familiennachzug (nach 18 statt nach 36 Monaten), räumte nach fünf Jahren das Recht auf eine Aufenthaltsbewilligung (wenn auch nicht auf eine Niederlassungsbewilligung) ein und erlaubte fortan, die Arbeitsstelle oder den Beruf zu wechseln (Niederberger 1981, S. 65 ff.; D'Amato und Gerber 2005, S. 19). Nun sollten die „Dinge" nicht mehr nur unter ökonomischen Gesichtspunkten betrachtet, sondern „den menschlichen Aspekten" vermehrt Aufmerksamkeit geschenkt werden (BBl 1964, S. 1021). Dem Familiennachzug kam in moralischer Hinsicht besondere Bedeutung zu: „Die Trennung von seinen Angehörigen bedeutet für den Arbeitnehmer eine grosse Härte, zumal er in einer fremden Umgebung lebt und die Trennung auf die Dauer nicht ohne ernsthafte Rückwirkung auf seine persönlichen Verhältnisse bleibt" (ebd., S. 1009). Auch Max Frisch entdeckte in den von Alexander J. Seiler aufgezeichneten Gesprächen mit italienischen Arbeiterinnen und Arbeitern, dass alle von der Familie sprachen: „Das ist ihr Ethos (…): Trennung von der Familie, Sparen für die Familie, Wohnen mit der Familie, die Hoffnung auf ein kleines Haus nicht in der Fremde, sondern in Sardinien oder in de Romagna oder in Sizilien, davon ist immer wieder die Rede" (Frisch 1965, S. 9). Die rechtliche Besserstellung der ausländischen Arbeitskräfte, könnte man zugespitzt sagen, vollzog sich hier über eine diskursive Refamiliarisierung: Der Fremdarbeiter, die Fremdarbeiterin trat nun als Familienmensch in Erscheinung.

3.4 Arbeitsökonomische Strategie der Vermenschlichung

Mit dem zweiten Abkommen mit Italien distanzierte sich die offizielle Ausländerpolitik vom Fremdarbeiter als „Konjunkturpuffer" (EKA 1999, S. 1). Die bisherige politische Steuerung der abstrakten Arbeitskraft begann den Ausländer, die Ausländerin als ein Individuum mit menschlichen Qualitäten zu adressieren – wenn auch noch etwas zaghaft und förmlich. Die rechtlichen Zugeständnisse dienten offenkundig dem Erhalt bewährter Arbeitskräfte. Denn die politische Wahrnehmung der menschlichen Bedürfnisse der italienischen Fremdarbeiterinnen und Fremdarbeiter antwortete auf die Tatsache, dass „auf längere Zeit hinaus auf diese Arbeitskräfte nicht verzichtet werden" konnte (BBl 1964, S. 1021). Aus behördlicher Sicht bildete der Deal mit Italien eine Strategie der konjunkturbedingten Rekrutierungspolitik: Der Mangel an Arbeitskräften, insbesondere an qualifizierten, veranlasste den Bundesrat, dafür zu sorgen, dass der Wirtschaft „die seit einer Reihe von Jahren bei uns tätigen Arbeitskräfte erhalten bleiben" (a. a. O.). Die Humanisierung der Ausländerpolitik folgte einer ökonomischen Rationalität. So meinte der Bundesrat (ebd., S. 1023) weiter: „Wenn wir Familienväter beschäftigen, können wir ihnen den Nachzug der Familie auf die Dauer nicht verweigern". Die ausländer- oder besser arbeitsmarktpolitische Programmatik des Bundes verklammerte die „Wahrung des Gebotes der Menschlichkeit" mit den „Bedürfnisse[n] der Wirtschaft" (BBl 1967, S. 91). Ohne Menschlichkeit waren die wirtschaftlich unverzichtbaren Arbeitskräfte wohl kaum mehr zu haben.

4 Der menschliche Makel überfremdungswirksamer Arbeitskräfte: der Mensch der Überfremdungspolitik

4.1 Politisches Double Bind

Die rechtliche und soziale Besserstellung der Fremdarbeiter korrelierte damals mit einer akzentuierten Wahrnehmung derselben als Überfremdungsgefahr. Die Angst vor Überfremdung spitzte sich nicht nur in der Öffentlichkeit zu. Auch der Bundesrat stellte klar, dass die Gefahr einer Überfremdung einen Grad erreicht hatte, der sich „den Grenzen des Tragbaren näherte" (BBl 1967, S. 78). Die Menschen, die nun vermehrt bleiben würden, waren Teil einer „rasche[n] und massive[n] Zunahme der in unserem Lande niedergelassenen ausländischen Bevölkerung", die „aus Überfremdungsgründen vermieden werden" musste (BBl 1964, S. 1006). Die Erleichterung des Familiennachzuges begünstigte ein quantitatives Anwachsen der ausländischen Bevölkerung. Diese Konsequenz müsse aber in Kauf genommen werden, wenn man sich „der moralischen und menschlichen Forderung des Familiennachzuges nicht entschlagen" wolle (ebd., S. 1023). Als Abhilfe schlug der Bundesrat erstens vor, die Zahl der ausländischen Arbeitskräfte auf ein Mass herabzusetzen, „dass auch die Verheirateten unter ihnen mit der Familie zusammenleben können, ohne der Überfremdung weiteren Vorschub zu leisten" (a. a. O.). Zweitens dürfe dem Wunsch auf „sofortigen Nachzug der Familie auf keinen Fall entsprochen" werden (ebd., 1009). Der Bundesrat erachtete eine Wartefrist als unerlässlich. So konnte festgestellt werden, „ob der neuzugereiste Ausländer gewillt und fähig" war, sich an die schweizerischen Lebens- und Arbeitsverhältnissen anzupassen (ebd., S. 1010). „Charakterlich und beruflich ungeeignete Ausländer" mussten „möglichst rasch wieder zum Verlassen des Landes angehalten werden" (a. a. O.).

Mit den beiden vorgeschlagenen Strategien suchte der Bundesrat nach einem Weg, um zwischen widersprüchlichen Interessen vermitteln zu können. Zum einen hatte er es mit den Interessen von verschiedenen Wirtschaftszweigen zu tun (Mahnig und Piguet 2003, S. 105). In seinen Botschaften zu den überfremdungspolitischen Initiativen der 1960er und 1970er Jahren vertrat er gegenüber einer einseitigen quantitativen Begrenzung des Ausländerbestandes eine ablehnende Haltung. Dezidiert kritisch äusserte er sich zur im zweiten Volksbegehren vom 19. Juni 1969 (Schwarzenbachinitiative) formulierten Forderung, die Zahl der

Ausländerinnen und Ausländer in jedem Kanton auf 10% der schweizerischen Staatsangehörigen zu beschränken. Die wirtschaftlichen Auswirkungen schätzte er als verhängnisvoll ein (Niederberger 1981, S. 83 f.). Die bereits schon erfolgten „massvollen Vorkehren" hätten von der Wirtschaft „beträchtliche Opfer verlangt und in vielen Fällen zu grossen Härten geführt" (BBl 1969, S. 1059).

Zum anderen musste er auch die Forderung der fremdenfeindlichen Bewegungen berücksichtigen. In der Öffentlichkeit fanden diese zunehmend Rückhalt. Hinzu kam, dass das zweite Abkommen mit Italien für eine heftige Vertrauenskrise gesorgt hatte, die sich bis in die 1970er Jahren zog und gemäss Niederberger (1981, S. 68) alle anderen Vertrauenskrisen seit dem 2. Weltkrieg „bei weitem übertraf". Zum aussenpolitischen Druck Italiens kam nun also ein innenpolitischer Druck hinzu (Mahnig und Piguet 2003, S. 104 ff.). In aller Deutlichkeit zeigte sich die Beunruhigung der Bevölkerung in den zwischen 1965 und 1974 eingereichten fünf Volksbegehren gegen die Überfremdung.[1] Anders als beim ersten Volksbegehren befürworteten jetzt weite Teile der Bevölkerung die Ziele der zweiten Schwarzenbachinitiative (Niederberger 1981, S. 83 f.). Der Bundesrat sah sich gezwungen, eine Kompromisspolitik zu betreiben, die sich zwischen zwei politischen Polen aufspannte: Erstens reagierte er auf den aussenpolitischen Druck von Italien mit einer rechtlichen Besserstellung der „Fremdarbeiter". Wie wir bereits sahen, diente diese Konzession auch der wirtschaftlichen Nachfrage nach ausländischen Arbeitskräften. Dem ersten Interessenspol stellte sich dann ein gegenläufiger innenpolitischer Druck entgegen, der die staatspolitische Gefahr der Überfremdung betonte. In dieser Hinsicht teilte der Bundesrat mit den Überfremdungsinitianten und der aufgebrachten Bevölkerung die Einschätzung, dass die „fortdauernde Überfremdungsgefahr" weiterhin Abwehrmassnahmen notwendig mache (BBl 1967, S. 106).

Aus heutiger Sicht präsentiert sich die Position des Bundesrates in hohem Masse paradox: Einerseits erlaubte die rechtliche Besserstellung das wirtschaftlich benötigte ausländische Arbeitskräftereservoir aufrecht zu erhalten. Andererseits konditionierte dieselbe menschlichere Arbeitskräftepolitik eine weitere Gefahrenstufe der Überfremdung, denn sie begünstigte die Festsetzung und das Anwachsen der ausländischen Bevölkerung. Was die offizielle Politik notgedrungen bekämpfen musste, förderte sie gleichzeitig im Rahmen des Abkommens mit Italien. Die Zuwanderung der ausländischen Arbeitskräfte, die der Bundesrat aus überfrem-

---

[1] Wurde die erste Überfremdungsinitiative nach ihrer Behandlung im Parlament zurückgezogen, so kamen die darauf folgenden vier Initiativen zur Abstimmung. Allesamt wurden sie in den Volksabstimmungen vom 7. Juni 1970, 20. Oktober 1974 und 13. März 1977 verworfen.

dungspolitischen Überlegungen abwehren musste, bildete gleichzeitig den unentbehrlichen Treibstoff der Schweizer Wirtschaft. Die konkurrierenden Positionen, in die sich der Bundesrat notgedrungen verstrickte, ziehen sich durch sämtliche Botschaften und Berichte zu den fünf Überfremdungsinitiativen hindurch (BBl 1967, 1969, 1973, 1976a, 1976b). Denn die sich zuspitzenden widersprüchlichen Kräfte stellten die politische Stabilität des Landes ernsthaft in Frage. In diesem spannungsreichen Dreiecksverhältnis zwischen staatpolitischer Überfremdungsabwehr, wirtschaftlicher Arbeitskräfterekrutierung und rechtlicher Besserstellung der ausländischen Arbeitskräfte begann sich die offizielle Wahrnehmung des Überfremdungsproblems zu verschieben.

4.2 Gefährdung des ganzen Lebens

Der Bundesrat ging dazu über, die Gefahr einer Überfremdung nicht mehr einseitig als ein demographisches Problem oder als ein Problem der Aufenthaltsdauer quantitativ zu rationalisieren (BBl 1967, S. 89). Die Zugewanderten wurden nun umfassend und vornehmlich qualitativ problematisiert, als Menschen in ihren Lebenszusammenhängen. Die „Probleme, die sich aus dem Zusammenleben von Schweizern und Ausländern" (EKA 1979, S. 8) ergaben, rückten in den Mittelpunkt des überfremdungspolitischen Denkens. Diese neue Kunst des Regierens interessierte sich nicht nur für die berufliche Eignung. Sie liess auch die persönliche „Fähigkeit zur Eingliederung und Assimilation" (BBl 1973, S. 203) relevant werden. Jetzt ging es um den „ganzen Menschen" (Studienkommission 1964, S. 172) und nicht mehr nur um eine abschöpfbare produktive Arbeitskraft: „Ebenso wichtig wie die Eignung zur Arbeit ist die Eignung zur Eingliederung in die Bevölkerung" (ebd., S. 171). Das Problem der ausländischen Arbeitskräfte wurde nun unter ökonomischen, bevölkerungspolitischen, soziologischen und staatspolitischen Gesichtspunkten analysiert (ebd., S. 7). Behandelt wurden die vielfältigen „Ursachen der zwischen den beiden Bevölkerungsteilen bestehenden Spannungen und des in einem grossen Teil der Schweizer Bevölkerung herrschenden Unbehagens" (BBl 1973, S. 216). Nun präsentierte sich die Überfremdung als eine Gefahr, die „das ganze Leben" umfasste, den eigenen „Lebensstil", der doch eigentlich „mit schweizerischem Geist" erfüllt sein sollte (Studienkommission 1964, S. 135).

Mit der Soziologisierung, Kulturalisierung und Psychologisierung des Problems mit den ausländischen Arbeitskräften (Studienkommission 1964; Eidgenössische Konsultativkommission für das Ausländerproblem EKA) multiplizierten sich in der Verwaltungsprogrammatik die Überfremdungsgefahren. Zu bekämpfen galt es jetzt auch die *wirtschaftliche Überfremdung*, einen Zustand, „in dem innerhalb der einheimischen Wirtschaft dem ausländischen Einfluß (Arbeitskräften, Unternehmern, Kapitalinvestitionen usw.) eine übermäßige Bedeutung zukommt" (Studienkommission 1964, S. 130 f.). Die *Überfremdung des Grundeigentums* problematisierte das „bedrohliche Ausmaß", das der „fremde Einfluß" infolge zahlreicher Grundstückkäufe durch ausländische Staatsangehörige angenommen hatte (Studienkommission 1964, S. 132). Die *geistige Überfremdung* wiederum betraf sämtliche „Gebiete des schweizerischen Geisteslebens – Literatur, bildende Kunst, Theater, Film, Presse, Radio, Fernsehen, Erwachsenenbildung, Museen, Universitäten" (ebd., S. 135). Gefährdet waren „alle Lebensbereiche eines Volkes, seine Staatsauffassung, sein gesellschaftliche[r] Aufbau, seine allgemeine Geisteshaltung und seine Wirtschaft" (ebd., S. 136) – die Sitten, Gebräuche und politischen Ideen, die moralischen Werte und das „Gefühl der Anhänglichkeit und Hingebung an das Vaterland" (ebd., S. 128).

Auch Piguet (2006, S. 27) beobachtet, dass immer häufiger der übermässige Einfluss der nicht oder ungenügend assimilierten Ausländerinnen und Ausländer auf das wirtschaftliche, intellektuelle und geistige Leben der Schweiz ins Spiel gebracht wurde. Der fremde Einfluss konnte so überhandnehmen, dass die schweizerische Eigenart und Eigenständigkeit ernsthaft darunter litten (vgl. BBl 1967, S. 88, 1969, S. 1061 f., 1973, S. 203; Studienkommission 1964, S. 136). Offensichtlich liess sich die „Gefahr der Verfremdung" nicht mehr quantitativ, „bloß nach der Höhe des Anteils der ausländischen Bevölkerung" bemessen (Studienkommission 1964, S. 128). Entscheidend wurde nun vielmehr der Einfluss der nicht assimilierten Ausländerinnen und Ausländer auf das gesellschaftliche Leben. Zusätzlich zur fremdenpolizeilichen Zulassungsbegrenzung erforderte die Abwehr der Überfremdung geeignete Massnahmen, *„um den Ausländern die Eingliederung in die schweizerische Gemeinschaft zu erleichtern"* (BBl 1978, S. 175; Herv. i. O. vgl. dazu auch BBl 1967, S. 100 ff., 1969, S. 1062 ff., 1973, S. 212, 1976a, S. 1367, 1976b, S. 1378). Die gesellschaftliche Eingliederung der Ausländerinnen und Ausländer wurde hier als eine Strategie der fremdenpolizeilichen Überfremdungsabwehr konfiguriert, die insbesondere menschliche und soziale Belange berührte, wie der Bundesrat meinte (BBl 1979, S. 620). So kam es, dass sich der Kampf gegen Überfremdung weit in die gesellschaftlichen Milieus zerstreute und die unterschiedlichsten Aspekte des gesellschaftlichen Lebens der Menschen berührte.

5 Vermenschlichung als fremdenpolizeiliche Strategie: der Mensch der Eingliederungspolitik

5.1 Überfremdung im Zeichen der Anpassung

Der Bundesrat unterschied nun zwischen Ausländerinnen und Ausländer, die „überfremdungsmässig stark ins Gewicht" fielen und solchen, die „weniger oder überhaupt nicht überfremdungswirksam" waren (BBl 1967, S. 89). Bei der Beurteilung der Überfremdung spielte das Kriterium der Assimilation eine entscheidende Rolle. Ungenügende „Assimilationsfähigkeit" oder mangelnder „Assimilationswillen der fremden Volksgruppe" (Studienkommission 1964, S. 137) erhöhten das Überfremdungsrisiko. Je mehr sie sich hingegen den schweizerischen Verhältnissen anpassten, desto weniger fielen sie „überfremdungsmässig" ins Gewicht (BBl 1973, S. 203). Dem qualitativen Kriterium der Assimilation wurde eine die Überfremdung antagonisierende Wirkung zugesprochen (BBl 1967, S. 100). Ob die „allmähliche Annäherung und Angleichung des Ausländers an die Kultur der Schweiz durch die Übernahme unserer Lebensgewohnheiten, Sitten und Gebräuche, unserer Wertvorstellungen sowie unserer Denkweise" gelang, hing von verschiedenen Faktoren ab (BBl 1976a, S. 1361; vgl. dazu auch EKA 1973, S. 7 ff.). Erleichtert wurde die Anpassung durch „geeignete Unterkünfte und Verpflegung, welche die Wohn- und Eßgewohnheiten der Ausländer berücksichtigen, aber gleichzeitig den hiesigen Anschauungen" entsprachen (Studienkommission 1964, S. 146). Die Befriedigung der „äußern Lebensverhältnisse" und „die objektive Möglichkeit der Anpassung an die neue Umgebung" reichten allerdings nicht aus (ebd., S. 144). Eine gefühlsmässige Bindung seitens der Zugezogenen und die individuellen Fähigkeiten zur Assimilation wurden ebenfalls für wichtig erachtet. Ansonsten blieb die Ausländerin resp. der Ausländer „trotz beruflich gutem Fortkommen ein Fremder" (a. a. O.).

Weiter wurde auch die „Assimilationskraft der Schweiz" thematisiert (ebd., S. 151; vgl. dazu auch EKA 1973, S. 4). Assimilation hing zum einen vom Willen und den Fähigkeiten der Zuziehenden und zum anderen aber auch von der „Aufnahmebereitschaft unserer Bevölkerung" ab (BBl 1967, S. 89). Das Assimilationspotential der Ausländerinnen und Ausländer entfaltete sich also korrelativ zur Assimilationskraft der schweizerischen Gesellschaft. Es bedurfte einer wohlwollenden Haltung der Einheimischen, eines passenden und förderlichen Milieus, damit die Assimilation der Fremdarbeiterinnen, der Fremdarbeiter gelingen konnte. Der Bundesrat wollte deshalb die eigene Bevölkerung dazu bewegen, dass sie ihre Abwehrhaltung Ausländerinnen und Ausländern gegenüber ablegte (ebd., S. 102).

5.2 Beziehungsarbeit als Überfremdungsabwehr

Überfremdungswirksam war nun aus politischer Sicht insbesondere, dass die Ausländerinnen und Ausländer den Einheimischen „fremd und teilnahmlos" gegenüberstanden (BBl 1967, S. 88), keine Beziehung zu den staatlichen Grundlagen und Einrichtungen des Landes und nur „wenig Kontakt mit der einheimischen Bevölkerung" hatten, weder „am Arbeitsplatz noch während der Freizeit" (ebd., S. 90). Die offizielle Wahrnehmung betonte die sozialen und kulturellen Passungs- und Beziehungsschwierigkeiten zwischen der einheimischen und ausländischen Bevölkerung. Problematisiert wurden „Absonderung" und „allzu grosse Kulturunterschiede", die „Überlegenheitsgefühle" der Einheimischen sowie deren Befürchtung, die Ausländerinnen und Ausländer würden das „Eigenleben der einheimischen Bevölkerung bedrohen" (ebd., S. 102) – weil damit die Annäherung zwischen der zugezogenen und der ansässigen Bevölkerung erschwert und Spannungen zwischen den beiden Bevölkerungen alimentiert wurden. Auf allen Ebenen, so die Eidgenössische Konsultativkommission für das Ausländerproblem (EKA 1973, S. 10), sollten deshalb die „Kontakte zwischen Einheimischen und Ausländern gefördert werden, insbesondere auch durch Veranstaltungen, innerbetriebliche Zusammenkünfte, Beizug von Schweizern und Ausländern zur Zusammenarbeit in den Sozialwerken usw."

Statt die einzelnen Ausländerinnen und Ausländer zu domestizieren, konzipierte die offizielle Politik den Assimilationsprozess als ein Annäherungsprozess der beiden Bevölkerungen. Die in Betracht gezogenen Massnahmen sollten in erster Linie die Ausländerin, den Ausländer in die Lage versetzen, mit Einheimischen in Kontakt zu treten: Verbesserungen der Verständigungsmöglichkeiten, Erzeugung von erwartbaren vertrauten Handlungen und Haltungen, Abbau von Vorurteilen. Die offizielle Programmatik entwarf die Eingliederung also keineswegs als ein perfektes Disziplinardispositiv. Dem Richtwert der Assimilation fehlte es an jener ausgefeilten Klassifikatorik und Bewertungsqualität, die das Normale von der Abweichung zu distinguieren vermochte (Foucault 2006a, S. 98). In der damaligen Programmatik der Überfremdungsabwehr vermissen wir technologische Detailversessenheit und effiziente Prozeduren der Verhaltenskontrolle. Gemessen an Foucaults Diagrammatik der Disziplin blieb die fremdenpolizeiliche Anpassungsapparatur auffällig stumpf. Stattdessen wurde die Übernahme der schweizerischen Lebensgewohnheiten und Denkweisen (BBl 1976a, S. 1361) als ein organisches Hineinwachsen der Ausländerinnen und Ausländer in die Schweizer Gesellschaft konzipiert (BBl 1973, S. 215 f.; EKA 1973, S. 7 f.). Assimilation als kulturelle und soziale Angleichung bildete die letzte Etappe eines gelingenden gesellschaftlichen Eingliederungsprozesses (BBl 1976a, S. 1353). Sanfte Sozialtechnologien sollten die menschlichen Beziehungen zwischen Einheimischen und Zugezogenen entkrampfen und so den Assimilationsprozess begünstigen. Das liess sich nicht staatlich verordnen.

5.3 Vermenschlichung als politischer Einsatz

Mit der Eingliederungsstrategie erhielt die Überfremdungsabwehr ein humanistisches Antlitz: Die „Eingliederung der Ausländer an ihrem Arbeitsplatz und in unsere Gemeinschaft" musste aus „menschlichen, sozialen und auch wirtschaftlichen Gründen" erleichtert und gefördert werden (BBl 1978, S. 183). Weil eine grosse Zahl von Ausländerinnen und Ausländern mit ihren Familienangehörigen langfristig in der Schweiz bleiben würde, sollten sich diese in der Schweiz einleben und heimisch fühlen können. Die fremdenpolizeiliche Überfremdungsabwehr entwarf jetzt ein lebendiges soziales Wesen, das sich in vielerlei gesellschaftlichen Milieus bewegte (Foucault 2006a, S. 470). Sie liess die ehemalige Arbeitskraft zu einem „ganzen Menschen" werden – sowohl als gesellschaftliches Problem der Überfremdung wie auch als Antwort darauf, als Einsatz der Überfremdungsabwehr. Die Lebensverhältnisse gewannen als Ansatz der ausländerpolitischen Intervention an Bedeutung, Lebensstilfragen und auch das soziale Umfeld, das Zugewanderte aufnahm oder abwies. Ausländerinnen und Ausländer besassen individuelle Eigenschaften, kulturelle, soziale, psychologische oder ökonomische Eigenheiten – ein Innenleben, in dem sich der Assimilationsvorgang abspielte. Sie waren jetzt beziehungs-, lern- und anpassungsfähig. Diese Menschen, die politisch mehr als blosse Arbeitskräfte darstellten, musste die Fremdenpolizei nicht mehr nur administrieren. Ihre Tätigkeiten beschränkten sich nicht mehr aufs Verordnen. Mit der Eingliederungs- und Assimilationspolitik begann sie den menschlichen Aspekten, der Wechselwirkung zwischen den Ausländerinnen und Ausländern und Umwelt für die Aufenthaltssteuerung vermehrt Aufmerksamkeit zu schenken. Die fremdenpolizeiliche Verwaltung umfasste nun „das ganze Leben".

Die menschlichen Eigenschaften der Ausländerinnen und Ausländer liessen sich bearbeiten, verändern, zum Guten wenden, um die kulturelle und soziale Passung und Beziehung zwischen den beiden Bevölkerungen zu optimieren. Mit ihrer Politik der Vermenschlichung reagierte die offizielle Politik zum einen auf die Überfremdungsängste in der Bevölkerung: Assimilierte Ausländerinnen und Ausländer wurden nicht mehr als bedrohlich wahrgenommen. Zum anderen konnten so die ausländischen Arbeitskräfte – als angepasste, überfremdungsneutralisierte – erhalten werden. In diesem schwierigen Spannungsverhältnis zwischen wirtschaftlichen Interessen und xenophoben Strömungen in der Bevölkerung entwarf die offizielle

Ausländerpolitik ein neues eingliederungsfähiges, assimiliertes Ausländersubjekt, das von der eigenen Bevölkerung nicht mehr bekämpft werden musste und weiterhin als Arbeitskraft konsumiert werden konnte. Die fremdenpolizeiliche Assimilationspolitik rationalisierte die Ausländerin, den Ausländer nicht mehr nur als isolierte Arbeitskraft und auch nicht mehr bloss als Vektor der Überfremdung. Sie schuf den „ganzen Menschen" als Basis eines Assimilationsprozesses, an dessen Ende diese dritte politische Figur der assimilierten Ausländerin, des assimilierten Ausländers sichtbar werden konnte.

6 Übersetzungen in die Gegenwart

6.1 Das Mantra der schädlichen Masseneinwanderung

Die Geschichte der schweizerischen Ausländerpolitik lehrt uns, dass das Geschäft mit der ausländischen Arbeitskraft seinen politischen Preis hat. Bis heute stellt sich der offiziellen Politik die Migrationsfrage als ein schwieriger Balanceakt zwischen „gesamtwirtschaftlichen Interessen" auf der einen und „gesellschafts- und staatspolitischen" Anliegen auf der anderen Seite (BBl 2002, S. 3726; vgl. dazu auch Art. 3 Abs. 1 AuG). Für die einen ist die Zuwanderung mit „grossen Möglichkeiten für unser Land verbunden"; (Sommaruga 2012). Den anderen gilt sie als gesellschafts- oder bevölkerungspolitische Herausforderung. Auch heute lässt das populistische Getrommel „gegen Masseneinwanderung" (SVP 2011) nicht lange auf sich warten. Während der Verband der Schweizer Unternehmen economiesuisse (2013) die „massgeschneiderte Zuwanderung" in die Schweiz befürwortet und um eine sachliche Diskussion bemüht ist, geisselt die SVP mit ihrer Volksinitiative den „unkontrollierten Zustrom aus der EU" (SVP 2011, S. 3). Streicht der Wirtschaftsverband die positiven Seiten der Personenfreizügigkeit mit der EU heraus, so bekämpft die rechtskonservative Partei die „offenen Grenzen" (a. a. O.). Im Kampf gegen „Masseneinwanderung" bedient sie sich Metaphern, die bereits anno 1924 gegen die Überfremdung der Schweiz wirksam gemacht wurden. Schon in den Geburtsstunden des ersten nationalen Ausländergesetzes gelangte der Bundesrat zum Schluss, dass die „Stärke des Zustroms im Verhältnis zur schweizerischen Bevölkerung" die „Aufnahmefähigkeit des Landes" strapaziere (BBl 1924, S. 502). Damals gerieten nicht nur die „unwürdigen und gefährlichen" Ausländerinnen und Ausländer in den Blick, sondern speziell auch die „Massenzuwanderung fremder Arbeitskräfte" (BBl 1926, S. 325). Sie trieb das Ansteigen der „Ausländerkurve" (BBl 1924, S. 509) an, die den Grad der Überfremdung anzeigte.

Gegenwärtig ächzt die Schweiz auch unter dem Bevölkerungswachstum, womit sich die „Ausländer- zur Wachstumsdebatte" auszuformen scheint (Wehrli 2011). Die Zuwanderung wird als wesentlicher Faktor einer problematischen Bevölkerungsentwicklung identifiziert. Wenn die Zahl der Menschen so weiterwachse, würden die natürlichen Lebensgrundlagen in naher Zukunft gefährdet sein. Beklagt wird auch die Übernutzung der unnatürlichen Infrastrukturen: überfüllte Züge und verstopfte Autostrassen. Von rasant steigenden Miet- und Immobilienpreisen ist die Rede, von Dichtestress, Engpässen und Platzmangel. So werden die Auswirkungen der seit Juni 2002 zwischen den EU/EFTA-Staaten und der Schweiz bestehenden Personenfreizügigkeit und der Zuwanderung kommentiert (Däpp und Kaelin 2012). „Erträgt die Schweiz acht Millionen Einwohner?" fragt Henckel (2013) in *die Welt* nicht ohne sarkastischen Unterton, um gleich nachzudoppeln, dass der achtmillionste Einwohner aller Voraussicht nach wohl kein Schweizer und keine Schweizerin sein wird. Inzwischen gäbe es „kaum einen Ort mehr, an dem sich die Schweizer sicher fühlen vor Gedränge" (a. a. O.).

Bekämpft wird das unverhältnismässig starke Bevölkerungswachstum aktuell von einer zweiten Initiative, die die Zuwanderung begrenzen will. Die von der Vereinigung Umwelt und Bevölkerung lancierte Ecopop-Initiative bedient sich dazu ökologischer Argumente und operiert nachhaltigkeitsideologisch (Ecopop 2013): Überbevölkerung beeinträchtige die Lebensqualität und zerstöre die natürlichen Ressourcen für die kommenden Generationen. Auch wenn sich die Ecopop-Initiantinnen und -Initianten von fremdenfeindlichen Ansichten explizit distanzieren, ordnet sich ihr Denken unweigerlich ins Dispositiv der Überfremdungsabwehr vergangener Tage ein. Die „Belastbarkeit des Lebensraumes" und „Begrenzungen für das demografisch-wirtschaftliche Wachstum" entwickelten sich bereits schon mit dem am 3. November 1972 eingereichten dritten Volksbegehren „gegen die Überfremdung und Übervölkerung der Schweiz" zum zentralen Topos xenophober Abwehrreflexe (BBl 1973, S. 204 f.).

6.2 Das „Gegengift" der Integration

Wir sehen also, dass sich die Zugewanderten niemals nur als stilles Arbeitskräftereservoir bewirtschaften lassen. Ohne politische Kollateraleffekte waren und sind sie weder in der Vergangenheit noch in der Gegenwart zu haben. So segenreich die Arbeitskräfte aus dem Ausland also sein mögen: Immer lösen sie auch ein Unbehagen unter den Einheimischen und Einheimischgewordenen aus, der politische Massnahmen notwendig werden lässt. Bundesrätin Simonetta Sommaruga (2012) identifiziert jenen „Zielkonflikt", der in diesem Zusammenhang immer wieder in den Mittelpunkt der offiziellen Ausländerpolitik rückte: zum einen die Anliegen der einheimischen Bevölkerung, die sich durch die rasche unbeschränkte Zuwanderung bedroht fühlt, zum anderen die Bedürfnisse des Arbeitsmarktes. Nüchtern macht Sommaruga (a. a. O.) klar, dass sich die Wirtschaft die Arbeitskräfte holen wird, die sie braucht – mit oder ohne Masseneinwanderungsinitiative. Der Bundesrat deklariert die SVP-Initiative gar als „schädlich für das wirtschaftliche Wachstum der Schweiz", sie würde die „Wettbewerbsfähigkeit und Attraktivität negativ beeinflussen" (BBl 2012, S. 342). Wie schon in den 1960/1970er Jahren lassen sich die mit der Zuwanderung einhergehenden Widersprüche kaum einseitig, zugunsten der einen oder anderen Interessenlage auflösen. „Wie können wir den Zielkonflikt entschärfen?", fragt Sommaruga (2012) konsequenterweise.

Darauf findet die offizielle Politik eine prägnante Antwort, deren multiple „Entstehungsherde" (Maasen 1998, S. 36) wir in den vorangehenden Ausführungen freigelegt haben: „Wie viele Menschen die Schweiz aufnehmen kann, hängt von der Qualität des Zusammenlebens in unserem Land ab" (BBl 2012, S. 332). Reagierte der Bundesrat auf die quantitativ hohe Zuwanderung der ausländischen Arbeitskräfte aus dem EU/EFTA-Raum bereits zwei Mal mit der Anrufung der Ventilklausel[2], so hält er hier nun dem quantitativen Problem der Massenzuwanderung eine qualitative Strategie entgegen, die zwischen den divergierenden Interessen zu vermitteln vermag: Es ist die Integration, die die „Zuwanderung gesellschaftsverträglich" werden lässt (Sommaruga 2012). Die besorgten Initiantinnen und Initianten werden nicht mehr nur mit dem Argument besänftigt, dass die ausländische Bevölkerung eine unverzichtbare, den nationalen Wohlstand fördernde ökonomische Ressource sei. Vielmehr präsentiert die offizielle Programmatik ein wirtschafts- und gesellschaftspolitisch anschlussfähiges Ausländersubjekt, das in seinen vielfältigsten persönlichen und gesellschaftlichen Eigenschaften wirksam gemacht wird. Noch nie eignete sich die Politik die Ausländerin, den Ausländer so umfassend an wie heute. Die Integrationspolitik, die sich seit den 1990er Jahren in der Schweiz und in weiteren westeuropäischen Staaten durchzusetzen begann, perfektionierte das in den 1960/1970er Jahren entwickelte Dispositiv der gesellschaftlichen Eingliederung. Vorangetrieben wird heute ein gesamtgesellschaftlicher Prozess der gesellschaftlichen Eingliederung der Ausländerinnen und Ausländer (EKM 2010; BBl 2002, S. 3797). Die Integration in den Arbeitsmarkt bildet dabei nur noch eine Dimension der angestrebten Partizipation der Ausländerinnen und Ausländer, die sich über alle Bereiche des gesellschaftlichen Lebens erstrecken

---

[2] Der Bundesrat führte erstmals am 18. April 2012 eine zahlenmässige Beschränkung der Zuwanderung aus den EU-8-Staaten ein und ein weiteres Mal am 1. Juni 2013 – nun aber für alle EU-Staaten.

soll. Sämtliche Aspekte des wirtschaftlichen, kulturellen und sozialen Lebens und sämtliche Eigenschaften der Menschen wurden zum potentiellen Gegenstand der Integrationspolitik erklärt (Piñeiro 2010; Piñeiro und Haller 2012). Die politische Vermenschlichung der Arbeitskräfte stellt den „ganzen Menschen" als Fundament dieser neuen Kunst des Regierens bereit, der es gelingt, liberale Fördern- und restriktive Fordernelemente miteinander zu verknoten (Wicker 2009).

Die Soziale Arbeit tut gut daran, der Vermenschlichung der Arbeitskräfte nicht frühzeitig zu huldigen, auch wenn anstelle der technokratischen Arbeitskraftverwertung die gesellschaftliche Anerkennung des Menschen getreten ist. Frischs Kritik scheint zwar schon früh Früchte getragen zu haben. Bereits Mitte der 1970er Jahren treffen wir auf eine Denkweise der Regierung, die die Zugewanderten zu „ebenbürtige[n] Menschen" nobilitieren will (BBl 1973, S. 215, 1976a, S. 1361; EKA 1973, S. 9). Inzwischen wird jedoch augenfällig, was es bedeuten könnte, „ganze Menschen" in ihren gesellschaftlichen Milieus und nicht mehr nur Arbeitskräfte politisch zu verwalten. Mit dem Vermenschlichungsprogramm begann sich die Sozialtechnologie der Eingliederung und Integration extensiv und detailliert zu entfalten. Sie baute ihre statistischen Monitoringsysteme aus und entwickelte ein kaum mehr überblickbares Massnahmentableau, das potentiell alle gesellschaftlichen Akteurinnen und Akteure zu Verbündeten der Integrationsmission werden lässt. Die panoptische Lust dieses Verwaltungsprogramms scheint schier unerschöpflich zu sein. Offen bleibt vorerst, ob die Integrationspolitik ihren Perfektionierungsdrang eher liberal oder zunehmend repressiv befriedigen wird. Hingegen ist bereits jetzt schon klar, dass die Soziale Arbeit die offizielle Integrationspolitik mit ihren professionsethischen Ansprüchen konfrontieren muss.

Literatur

Auernheimer, G. (2006). Das Ende der „Normalität" und die soziale Arbeit in der Einwanderungsgesellschaft. In H.-U. Otto & M. Schrödter (Hrsg.), *Soziale Arbeit in der Migrationsgesellschaft. Multikulturalismus – Neo-Assimilation – Transnationalität* (S. 192–200). Lahnstein: neue praxis.

BBl. (1924). Botschaft des Bundesrates an die Bundesversammlung über die bundesrechtliche Regelung von Aufenthalt und Niederlassung der Ausländer. (Vom 2. Juni 1924). In *Bundesblatt* (Bd. II, S. 493–516).

BBl. (1926). Bericht des Bundesrates an die Bundesversammlung über den Bundesratsbeschluss vom 7. Dezember 1925 betreffend Abänderung der Verordnung 1921 über die Kontrolle der Ausländer. (Vom 8. Februar 1926). In *Bundesblatt* (Bd. I, S. 325–328).

BBl. (1964). Botschaft des Bundesrates an die Bundesversammlung betreffend Genehmigung des Abkommens zwischen der Schweiz und Italien über die Auswanderung italieni-

scher Arbeitskräfte nach der Schweiz. (Vom 4. November 1964). In *Bundesblatt* (Bd. II, S. 1001–1047).
BBl. (1967). Bericht des Bundesrates an die Bundesversammlung über das Volksbegehren gegen die Überfremdung. (Vom 29. Juni 1967). In *Bundesblatt* (Bd. II, S. 69–118).
BBl. (1969). Bericht des Bundesrates über das zweite Volksbegehren gegen die Überfremdung. (Vom. 22. September 1969). In *Bundesblatt* (Bd. II, S. 1044–1070).
BBl. (1973). Bericht des Bundesrates an die Bundesversammlung über das dritte Volksbegehren gegen die Überfremdung (Volksinitiative gegen die Überfremdung und Überbevölkerung der Schweiz). (Vom 21. Dezember 1973). In *Bundesblatt* (Bd. I, 1974. S. 190–233).
BBl. (1976a): Botschaft des Bundesrates an die Bundesversammlung über das Republikanische Volksbegehren „zum Schutze der Schweiz" (4. Überfremdungsinitiative). (Vom 8. März 1976). In *Bundesblatt* (Bd. I, S. 1337–1372).
BBl. (1976b). Botschaft des Bundesrates an die Bundesversammlung über die Volksinitiative „zur Beschränkung der Einbürgerungen" (5. Überfremdungsinitiative). (Vom 8. März 1976). In *Bundesblatt* (Bd. I, S. 1373–1383).
BBl. (1978). Botschaft zum Ausländergesetz vom 19. Juni 1978. In *Bundesblatt* (Bd. 2, S. 169–264).
BBl. (1979). Botschaft über die „Mitenand-Initiative für eine neue Ausländerpolitik" vom 5. Oktober 1979. In *Bundesblatt* (Bd. 3, S. 605–629).
BBl. (1995). Botschaft zur Totalrevision des Asylgesetzes sowie zur Änderung des Bundesgesetzes über Aufenthalt und Niederlassung der Ausländer vom 4. Dezember 1995. 95.088. In *Bundesblatt* (Bd. II, S. 1–183).
BBl. (2002). Botschaft zum Bundesgesetz über die Ausländerinnen und Ausländer vom 8. März 2002. 02.024. In *Bundesblatt* (Bd. I, S. 3909–3850).
BBl. (2012). Botschaft zur Volksinitiative „Gegen Masseneinwanderung" vom 7. Dezember 2012. 12.098. In *Bundesblatt* (S. 291–344).
Bericht Bundesrat Integrationspolitik. (2010). Bericht zur Weiterentwicklung der Integrationspolitik des Bundes Bericht des Bundesrates zuhanden der eidgenössischen Räte in Erfüllung der Motionen 06.3445 Fritz Schiesser „Integration als gesellschaftliche und staatliche Kernaufgabe" vom 25. September 2006, am 11. März 2008 als Prüfungsauftrag überwiesen; 06.3765 SP-Fraktion „Aktionsplan Integration" vom 19. Dezember 2006, am 2. Juni 2008 überwiesen. 5. März 2010. http://www.bfm.admin.ch/content/dam/data/ migration/integration/berichte/ber-br-integrpolitik-d.pdf. Zugegriffen: 10. Jan 2011.
BFM. (2006). Probleme der Integration von Ausländerinnen und Ausländern in der Schweiz. Bestandesaufnahme der Fakten, Ursachen, Risikogruppen, Massnahmen und des integrationspolitischen Handlungsbedarfs. Bundesamt für Migration im Auftrag des Departementsvorstehers EJPD. Juli 2006. Bern. http://www.ejpd.admin.ch/content/dam/data/ kriminalitaet/jugendgewalt/ber-integration-bfm-d.pdf. Zugegriffen: 10. Juli 2013.
BFS. (2014). Bevölkerungsstand und -struktur – Indikatoren. Bundesamt für Statistik. http:// www.bfs.admin.ch/bfs/portal/de/index/themen/01/02/blank/key/alter/nach_staatsangehoerigkeit.html. Zugegriffen: 6. Mai 2014.
BIGA, & BFA. (1991). *Bericht über Konzeption und Prioritäten der schweizerischen Ausländerpolitik der neunziger Jahre*. Bern: Bundesamt für Industrie, Gewerbe und Arbeit, Bundesamt für Ausländerfragen.
Bönisch, L., Schröer, W., & Thiersch, H. (2005). *Sozialpädagogisches Denken. Wege zu einer Neubestimmung*. Weinheim: Juventa.

Bröckling, U. (2007). *Das unternehmerische Selbst. Soziologie einer Subjektivierungsform.* Frankfurt a. M.: Suhrkamp.

Bröckling, U., & Krasmann, S. (2010). Ni méthode, ni approche. Zur Forschungsperspektive der Gouvernementalitätsstudien – mit einem Seitenblick auf Konvergenzen und Divergenzen zur Diskursforschung. In J. Angermüller & S. van Dyk (Hrsg.), *Diskursanalyse meets Gouvernementalitätsforschung. Perspektiven auf das Verhältnis von Subjekt, Sprache, Macht und Wissen* (S. 23–42). Frankfurt a. M.: Suhrkamp.

Bublitz, H. (2003). *Diskurs.* Bielefeld: transcript.

Butler, J. (2005). *Gefährdetes Leben. Politische Essays.* Frankfurt a. M.: Suhrkamp.

D'Amato, G., & Gerber, B. (2005). Integration: ein Herausforderung für die Städte in der Schweiz? In G. D'Amato & B. Gerber (Hrsg.), *Herausforderung Integration. Städtische Migrationspolitik in der Schweiz und in Europa* (S. 10–34). Zürich: Seismo.

Däpp, S., & Kaelin, B. (2012). Von der Ausländer- zur Wachstumsdebatte. *terra cognita, 21,* 56–59.

Dreyfus, H. L., & Rabinow, P. (1987). *Michel Foucault. Jenseits von Strukturalismus und Hermeneutik.* Weinheim: Beltz Athenäum.

economiesuisse. (2013). *Personenfreizügigkeit: Positive Seiten überwiegen deutlich.* http://www.economiesuisse.ch/de/themen/awi/schweiz-eu/seiten/_detail.aspx?artID=WN_Personenfreizügigkeit_20130611. Zugegriffen: 15. Juni 2014.

Ecopop. (2013). *Vereinigung „Umwelt und Bevölkerung".* http://www.ecopop.ch/joomla15/index.php?option=com_content&task=view&id=56&Itemid=27&menucat=%C3%9CBER+ECO-POP&lang=En-US. Zugegriffen: 17. Juli 2013.

EKA. (1973). *Konzept zum Ausländerproblem. Eidgenössische Konsultativkommission für das Ausländerproblem.* Typoskript o.O.

EKA. (1979). *Information Nr. 9. Ausgewogenes Verhältnis zwischen dem Bestand der schweizerischen und dem der ausländischen Wohnbevölkerung.* Eidgenössische Konsultativkommission für das Ausländerproblem (EKA). August 1978. Bern.

EKA.(1996). *Umrisse zu einem Integrationskonzept.* Eidgenössische Ausländerkommission (EKA). Juni 1966. Bern.

EKA. (1999). *Die Integration der Migrantinnen und Migranten in der Schweiz. Fakten. Handlungsbereiche. Postulate.* Bern: Eidgenössische Ausländerkommission.

EKM (2010). *„Citoyenneté" – Partizipation neu denken. Empfehlungen der Eidgenössischen Kommission für Migrationsfragen EKM.* Bern. http://www.ekm.admin.ch/de/dokumentation/doku/empf_citoyennete.pdf. Zugegriffen: 10. Jan. 2011.

Foucault, M. (1979). *Überwachen und Strafen. Die Geburt des Gefängnisses.* Frankfurt a. M.: Suhrkamp.

Foucault, M. (1983). *Der Wille zum Wissen. Sexualität und Wahrheit 1.* Frankfurt a. M.: Suhrkamp.

Foucault, M. (1987). Das Subjekt und die Macht. In H. L. Dreyfus & P. Rabinow (Hrsg.), *Michel Foucault. Jenseits von Strukturalismus und Hermeneutik* (S. 243–261). Weinheim: Beltz Athenäum.

Foucault, M. (1991). Nietzsche, die Genealogie, die Historie. In M. Foucault (Hrsg.), *Von der Subversion des Wissens.* (S. 69–90). Frankfurt a. M.: Fischer. (Herausgegeben und aus dem Französischen und Italienischen übertragen von Walter Seitter).

Foucault, M. (1996). *Der Mensch ist ein Erfahrungstier. Gespräch mit Ducio Trombadori.* Frankfurt a. M.: Suhrkamp.

Foucault, M. (2006a). *Sicherheit, Territorium, Bevölkerung. Geschichte der Gouvernementalität I.* Frankfurt a. M.: Suhrkamp.

Foucault, M. (2006b). *Die Geburt der Biopolitik. Geschichte der Gouvernementalität II.* Frankfurt a. M.: Suhrkamp.

Frisch, M. (1965). Vorwort. In J. A. Seiler (Hrsg.), *Die Italiener. Gespräche mit italienischen Arbeitern in der Schweiz.* (S. 7–10). Zürich: EVZ – Verlag. (Siamo italiani).

Haug, W. (1980). „... *und es kamen Menschen". Ausländerpolitik und Fremdarbeit in der Schweiz 1914 bis 1980.* Basel: Z-Verlag.

Henckel E. (17. Juli 2013). Erträgt die Schweiz acht Millionen Einwohner? *Die Welt.* http://www.welt.de/politik/ausland/article108597914/Ertraegt-die-Schweiz-acht-Millionen-Einwohner.html.

Lemke, T. (2007). *Gouvernementalität und Biopolitik.* Wiesbaden: VS Verlag.

Lemke, T., Krasmann, S., & Bröckling, U. (2000). Gouvernementalität, Neoliberalismus und Selbsttechnologien. Eine Einleitung. In U. Bröckling, S. Krasmann, & T. Lemke (Hrsg.), *Gouvernementalität der Gegenwart. Studien zur Ökonomisierung des Sozialen* (S. 7–40). Frankfurt a. M.: Suhrkamp.

Maasen, S. (1998). *Genealogie der Unmoral. Zur Therapeutisierung sexueller Selbste.* Frankfurt a. M.: Suhrkamp.

Mahnig, H., & Piguet, E. (2003). Die Immigrationspolitik der Schweiz von 1948 bis 1998: Entwicklung und Auswirkungen. In H.-R. Wicker, R. Fibbi, & W. Haug (Hrsg.), *Migration und die Schweiz. Ergebnisse des Nationalen Forschungsprogramms „Migration und interkulturelle Beziehungen"* (S. 65–108). Zürich: Seismo.

Maiolino, A. (2011). *Als die Italiener noch Tschinggen waren. Der Widerstand gegen die Schwarzenbach-Initiative.* Zürich: Rotpunktverlag.

Negri, A. (2007). Zur gesellschaftlichen Ontologie. Materielle Arbeit, immaterielle Arbeit und Biopolitik. In M. Pieper, T. Atzert, S. Karakayali, & V. Tsianos (Hrsg.), *Empire und die biopolitische Wende. Die internationale Diskussion im Anschluss an Hardt und Negri.* (S. 17–31). Frankfurt a. M.: Campus.

Niederberger, J. M. (1981). Die politisch-administrative Regelung von Einwanderung und Aufenthalt von Ausländern in der Schweiz. Strukturen, Prozesse, Wirkungen. In H.-J. Hoffmann-Nowotny & K.-O. Hondrich (Hrsg.), *Ausländer in der Bundesrepublik Deutschland und in der Schweiz: Segregation und Integration. eine vergleichende Untersuchung* (S. 11–123). Frankfurt a. M.: Campus.

Piguet, E. (2006). *Einwanderungsland Schweiz – Fünf Jahrzehnte halb geöffnete Grenzen.* Bern: Haupt.

Piñeiro, E. (2010). Das Phantasma der Integration. Fiebermessungen mit Terkessidis Interkultur. *Widerspruch, 59,* 63–72.

Piñeiro, E., & Haller, J. (2012). Learning to live together – Towards a new integration society. In Z. Bekerman, & T. Geisen (Hrsg.), *International Handbook of Migration, Minorities, and Education – Understanding Cultural and Social Differences in processes of Learning* (S. 85–100). Berlin: Springer.

Prodolliet, S. (2006). Zauberwort „Integration" – Paradigmenwechsel in der schweizerischen Politik? Dezember 2006. http://www.ekm.admin.ch/de/themen/doku/ref_prs_paradigma.pdf. Zugegriffen: 14. Feb. 2009.

Simmel, G. (1992). *Soziologie. Untersuchungen über die Formen der Vergesellschaftung* (Gesamtausgabe Bd. 11). Frankfurt a. M.: Suhrkamp.

Sommaruga, S. (2012). *Botschaft zur Eidgenössischen Volksinitiative „Gegen Masseneinwanderung": Statement von Bundesrätin Simonetta Sommaruga*. Medienkonferenz vom 7. Dezember 2012. http://www.bfm.admin.ch/content/ejpd/de/home/dokumentation/red/2012/2012-12-071.html. Zugegriffen: 14. Juni 2014.

Stäheli, U., & Tellmann U. (2002). Foucault – ein Theoretiker der Moderne? In C. Stark & C. Lahusen (Hrsg.), *Theorien der Gesellschaft. Einführung in zentrale Paradigmen der soziologischen Gegenwartsanalyse* (S. 238–265). München: Oldenburg.

Studienkommission. (1964). *Das Problem der ausländischen Arbeitskräfte. Bericht der Studienkommission für das Problem der ausländischen Arbeitskräfte*. Bern: Bundesamt für Industrie, Gewerbe und Arbeit.

SVP. (2011). *Argumentarium Volksinitiative „gegen Masseneinwanderung"*. http://www.masseneinwanderung.ch/downloads/argumentarium_vi_masseneinwanderung_low.pdf. Zugegriffen: 14. Juni 2014.

TAK. (2009). *Weiterentwicklung der schweizerischen Integrationspolitik. Bericht und Empfehlungen der TAK vom 29. Juni 2009*. Tripartite Agglomerationskonferenz. Bern.

Thiersch, H. (2013). Soziale Arbeit in der den Herausforderungen des Neoliberalismus und der Entgrenzung von Lebensverhältnissen. *neue praxis, 43*(3), 205–219.

Wehrli C. (26. April 2011). Von der Ausländer- zur Wachstumsdebatte. Die Bevölkerungsentwicklung als Faktor der Veränderung und Thema politischer Steuerung. *Neue Zürcher Zeitung*. http://www.nzz.ch/aktuell/schweiz/von-der-auslaender-zur-wachstumsdebatte-1.10375934.

Wicker, H.-R. (2003). Einleitung: Migration, Migrationspolitik und Migrationsforschung. In H.-U. Wicker, R. Fibbi, Rosita, & W. Haug (Hrsg.), *Migration und die Schweiz. Ergebnisse des Nationalen Forschungsprogramms „Migration und interkulturelle Beziehungen"*. (S. 12–62). Zürich: Seismo.

Wicker, H.-R. (2009). Die neue schweizerische Integrationspolitik. In E. Piñeiro, I. Bopp, & G. Kreis (Hrsg.), *Fördern und Fordern im Fokus. Leerstellen des Schweizerischen Integrationsdiskurses* (S. 23–47). Zürich: Seismo.

Wimmer, A. (2005): *Kultur als Prozess. Zur Dynamik des Aushandelns von Bedeutungen*. Wiesbaden: VS Verlag.

Dr. des. Esteban Piñeiro ist Dozent an der Hochschule für Soziale Arbeit der Hochschule für Soziale Arbeit der Fachhochschule Nordwestschweiz. Dort forscht er am Institut Sozialplanung und Stadtentwicklung mit den Schwerpunkten Migration und Integrationspolitik, repräsentative Verwaltung und kulturelle Diversität sowie Soziale Arbeit als Profession. Homepage: http://www.fhnw.ch/personen/esteban-pineiro.

Migration, Work, Social Work and Psycho-Social Theories. Towards Improved Understandings, Knowledge and Practice

Pat Cox

1 Introduction

Historically, migration has been a way for many to improve their working and earning opportunities (Geisen 2004; Harzig and Hoerder 2009; Hoerder 2010), in addition to building different lives for themselves and their families. Despite the widespread economic downturn, while numbers of migrant peoples have decreased, migration has not ceased completely (Papademitriou et al. 2010; Office for National Statistics 2013). Inherent difficulties for migrant peoples in finding work appropriate to their levels of qualification; work paying a living wage or salary; work for which workers' contributions are recognized; are manifold, and ongoing developments in immigration policies exacerbate these complexities still further (Anderson 2010). Societies across the world, whether sending societies, receiving societies or both (Bastia 2013) are being changed by migration and by the changing availability and nature of work (Geisen 2012) and these changes have implications for social work at present and in the future. This chapter focuses on migration and work in the UK and begins with a brief overview of each of the core subjects: migration, work and social work and then the author introduces psycho-social theories, where intra-psychic, interpersonal, social institutions and macro-societal relationships and issues all are considered. She applies these theories to processes and practices in migration and in work, illustrating their relevance to

P. Cox (✉)
Preston, Lancashire, UK
e-mail: pcox2@uclan.ac.uk

© Springer Fachmedien Wiesbaden 2015
T. Geisen, M. Ottersbach (Hrsg.), *Arbeit, Migration und Soziale Arbeit*,
DOI 10.1007/978-3-658-07306-0_5

better understandings of both, arguing for more robust and theoretically grounded responses from the social work profession to the inter-linked issues of migration and work; responses which include critical analysis and practice.

2 Migration

For both the previous Labour and current Coalition Governments, inward migration is a core issue underpinned by increasingly restrictive policies, driven in part by fear of UK-based terrorism thought to be being developed by migrant peoples and their descendants (Husband and Alam 2011). Analysis by Fox et al. (2012) demonstrates how East European migration to the UK is being racialized in immigration policy and also in the tabloid press; for many years and until quite recently, Irish migration to the UK was also racialized (Engels 1926; Hickman et al. 2005). Different forms of 'British identity politics' (Modood and Salt 2011) continue to emerge. Migrant peoples may or may not be 'Black', or members of a minority ethnic group, but in general they are still perceived as 'other' (Clarke and Garner 2005).

Immigration policies and attitudes towards migrant peoples are mutually self-reinforcing (Tonkiss 2013) emphasising 'difference' and exacerbating fear of the 'other'; the outsider; engendering popular criticism of inward migration and its perceived impact on the indigenous population, such as that by Goodhart (2013). Such sense of indigenous entitlement is not new; as Freud noted: 'My love is valued by all my own people, and it is an injustice (ein Unrecht) to them if I put a stranger on a par with them' (Freud 1929), pp. 109–110); this insight is echoed by Mergner (2005) in his analysis of the 'specious solidarity' of indigenous peoples in receiving societies against newcomers.

Migration may be short-term or temporary (Bastia 2013). However, in an additional effort to reduce net migration figures, the Coalition government now includes students from other nations wishing to study at English universities within immigration figures, and also subjects them to immigration controls. This policy impacts not only on who comes to study, but who stays to work and contribute to the UK economy and to social and cultural life (Gill 2013). Migration occurs not only between countries but also between regions (Geisen 2005; Hickey 2011) and while many of the issues discussed in this chapter have international migrant peoples as their subjects, much of what is written and a number of examples can be applied to the situations of 'internal migrant peoples' also.

3 Work

In many nations of the global north, including the UK, there exist underlying ideological, political and socio-cultural beliefs about the importance of work for societies, communities and for individuals (Geisen 2012). The widely-accepted beliefs that work provides a living wage and that work is necessary for human flourishing under capital persist, despite the recent global economic downturn. However, capitalist structures and economic imperatives mean that work does not necessarily result in affluence or even comfort; not all work is valued equally and frequently workers are exploited and oppressed and not paid appropriately for levels of difficulty or danger (Wright 2010).

Political and cultural beliefs coalesced around the 'right to work' in the mid-twentieth century in the UK, and these beliefs persisted, even as unemployment figures first began to rise in the 1980s (Rustin 1983); this increase in unemployment figures pre-dating concerns about the impact of international migration on 'British jobs' (Anderson 2013). In addressing the issue of work in the Twenty-first century, Anderson (2013) asserts the necessity of interrogating the concept of the 'national labour market', when labour markets regularly are subject to fluctuations in the global economy and decision-making at international levels, including decision-making concerning immigration controls (Anderson 2010; Ruhs and Anderson 2012). Such global fluctuations and decisions taken by transnational companies also impact at local levels (O'Hara 2013) and Anderson's analysis is addressed in more detail in the section on Work, Migration and Psycho-Social Understandings (below).

4 Work and Migration

Mergner (2005) argues that despite xenophobia, migrant peoples have been and are allowed free access to labour markets when production targets cannot be achieved through the efforts of indigenous workers. For example, despite extensive anti-Irish prejudice, migrants from Ireland travelled to England throughout the eighteenth century to work at harvest-time, and later in construction and industry.

The impact of inward migration to the UK upon the economy is infrequently researched (Dustmann and Frattini 2010) and in the vacuum created thereby, negative myths abound about migration, employment and contribution to the UK economy, despite clear evidence to the contrary (Office for National Statistics 2013; Organization for Economic Co-operation and Development 2013a; 2013b). Research by the Centre for Economic Performance (2012) finds that recent migrant peoples tend to be younger and better-educated than their indigenous counterparts, which has particular outcomes in their entry to the labour market; see also Khattab et al. (2011) examination of the impact of differences within and between groups entering the UK labour market.

Arendt (1973) is among those who note how the wealth of a number of nations in the global north has been built upon the practice of slavery and the commodification of human beings, who were bought and sold and compelled to work in situations endangering their health and leading to untimely death. One example of how numerous migrant peoples are forced to work in slave-like and unsafe conditions is that of the Chinese cockle-pickers who drowned while working in Morecambe Bay (BBC News 2004). In 1998 under the Labour Government, domestic workers brought in by their employing families on domestic worker visas, many of whom were imported to become domestic 'slaves', had been granted the right to leave oppressive or exploitative employers and find other domestic work within the UK. In 2012 the Coalition Government did away with this right, binding them to work only for families that bring them in (Kalayaan 2013). Migrant peoples are overrepresented among those exploited or forced into labour, even those who are from EU states (Geddes et al. 2013). 'Informal' employment and being sub-contracted to undertake homeworking on low and unreliable incomes are prevalent, as is employment without access to health insurance or other welfare benefits (May et al. 2006). Institutional and personal racism and immigration policies intersect with and influence labour market demands, resulting in discrimination about which individuals or groups are given access to particular jobs and which are not (Khattab et al. 2011).

Domestic work and care work in richer societies are traditionally undervalued and underpaid (Tronto 1994): increasingly they are both marketized and thus numerous migrant women (and some men) are employed as cleaners, housekeepers, nannies, nursery workers or care workers: see, for example Shutes and Chiatti (2012). Despite their existing academic and other knowledge, skills and employment capital (Kuvik 2010; Portes and Yiu 2013), migrant peoples often are forced to take up work that 'no-one else will do' (Tremain 2008).

5 Social Work, Migration and Work

The Draft International Definition of Social Work (International Federation of Social Workers and International Association of Schools of Social Work (2013; hereafter IFSW and IASSW 2013) states that: 'The social work profession facilitates social change and development, social cohesion and the empowerment and liberation of people. Principles of social justice, human rights, collective responsibility and respect for diversities are central to social work...social work engages people and structures to address life challenges and enhance well-being.' At the time of writing (autumn 2013), the draft is available online for suggestions and amendments; however the final version is unlikely to be significantly different to what is cited here. This draft definition supports the argument that migration, as a world-wide political, social and cultural phenomenon, and that what happens to migrant peoples in their receiving societies, should be matters of concern for social work (Ottersbach 2011). However, notwithstanding an increasing emphasis on social work as an endeavour in a globalized world (Bender et al. 2013), there is little attention paid in social work practice, education and research to migration and its implications, especially implications for labour markets and employment. In the UK, social work practice focuses predominantly on issues for refugee and asylum-seeking peoples, rather than on migrant peoples as a whole. There is little acknowledgement that UK society (like many others) consists of the descendants of migrant peoples who arrived previously and migrant peoples arriving recently (Kasinitz et al. 2008), who make significant contributions to the UK economy through their work and tax payments and to social and cultural life also. The contributions of migrant peoples and their descendants to the social work profession is rarely acknowledged (Cox 2007; Cox and Geisen 2014, forthcoming). Among the 'guides' produced as part of the re-structuring of the UK social work education curriculum is a guide on teaching about migration (The College of Social Work 2013), as though it were a separate issue to be 'bolted on', rather than an issue relevant to all aspects of professional understanding and knowledge. Few social work textbooks, even recently-published ones—for example, Blok (2012)—address migration issues.

Garrett (2013) has explored the 'ideologically pervasive work ethic' and its implications for social work practice in twenty-first century societies. His analysis includes both the changing nature and changing content of work and he argues that social work (in the UK) with an emphasis on assisting young people who were formerly 'looked after' and both disabled and able-bodied service users to gain employment, is implicated and 'nested' within this ideological work ethic. Garrett identifies that as the Coalition Government intensifies its pressure on people without work through the use of sanctions and other means (Centre for Social Justice 2012), the social work profession is being drawn into roles associated with these state apparatuses; roles which are at odds with and which contradict, the social work endeavour as defined above (IFSW and IASSW 2013). Garrett's exploration is addressed in more detail below, in the section on Work, Migration and Psycho-Social Understandings.

6 Social Work and Psycho-Social Understandings

In order to think about how social work can develop robust, critical and theoretically grounded analyses and responses which contribute to improving practice in the inter-linked fields of migration and work, the author now examines psycho-social theories, which draw from both critical theory and psychoanalysis (Miller et al. 2008). In the UK social work has had a more prolonged (but inconsistent) relationship with psycho-social theories (Cox 2009) and their relevance to practice, education and research, while the social science disciplines of social policy and sociology (Rustin 1982) have come more recently to their appreciation of how these theories assist in explaining phenomena common to both the inner and outer worlds of individuals and those of groups, communities and nations (British Sociological Association 2013).

Psycho-social theories are distinct from psychoanalytic and sociological theories and are equal to them. Both psychoanalytic and sociological bodies of theory contribute to understandings of, and knowledge about, particular social and cultural phenomena (Homayounpour 2012), including migration (Davidson 2012). Psycho-social theories also contribute such understandings and knowledge. Their strength is the framework they provide for examining the inter-connections between inner and outer experiences and worlds of individuals, groups, communities and nations: '…and…and…' not '…either…or…' and to acknowledge the conscious and unconscious power and pervasiveness of negative emotions and destructive passions (Klein 1975, 1988) on individual self-esteem and well-being; in personal relationships with one another; in relationships with social institutions and with the state and state apparatuses. While a detailed exposition of individual concepts is beyond the scope of this chapter, a broad application of psycho-social theories to migration and to work is demonstrated in sections which follow.

Miller et al. (2008) summarize psycho-social approaches (theories):

> (a psycho-social approach)…recognise[s] that both psyche and society have their own rules of structure formation. For the psyche '…[it] includes for example the mechanisms of splitting, projection, repression, denial, integration and reparation that produce dynamic patterns of internal relations between different parts of the personality. For society such rules of structure formation generate, for example, relations of class, gender and race, as well as relations between status groups and those between economy, state and civil society. Psycho-social approaches are concerned to understand how such power relations shape and are shaped by "internal relations"… (Miller et al. 2008, p. 113).

Psycho-social theories traverse and include the inner emotional worlds of the individual, the outer worlds of social networks, social institutions, policy and politics; from the person to the macro social order. This approach is best thought of as four concentric circles or domains (Froggett 2002), The innermost circle corresponds to inner worlds of feelings and emotions (the intra-psychic); the next to inter-personal relationships with significant others (partners, parents, children, families, close friends, neighbours); the next to social institutions such as health services, education, social work and employment and the outermost circle corresponds to the macro social order of politics, policies and legal frameworks. The borders between each of the domains are permeable; inner and outer worlds inter-penetrate and influence one another. These theories are straightforward to understand, absorb and to apply and they can be shared with service users, patients and clients to enhance their own understanding of themselves.

7 Migration and Psycho-Social Understandings

An example of moving from outer worlds to inner worlds demonstrates the application of psycho-social theories to migration processes and experiences. Racism and xenophobia are experienced by migrant peoples at the level of international and national politics, laws and immigration policies (the macro social order; the outermost circle); they are experienced at the level of social institutions when migrant peoples attempt to gain employment or access education, health and social work services for themselves and their families; at the interpersonal level when hatred is directed at them by neighbours, co-workers or fellow students and at the intra-psychic level (innermost circle) where migrant peoples' positive or negative feelings of well-being and self-esteem are experienced. As an example of moving from inner worlds to outer worlds: migrant peoples' campaigns for humane treatment and citizenship rights may begin at intra-psychic and inter-personal levels and then travel outwards to challenging organizations at the social institutional level and arrangements in the macro social order.

Analyses by Fanon (1952/1967, 1967 and by Gilroy (2004) assist in applying psycho-social thinking in relation to conscious and unconscious racism, xenophobia and hatred and other forms of oppression as expressed about and towards migrant peoples within each domain (see also Scheifele 2008): for example, fearing all international migrant peoples to be putative terrorists or 'health tourists'. As Piñeiro and Haller (2011) argue, laws and policies on migration issues demonstrate an internal 'logic', which make particular discourses intelligible to others and thus shape the forces of social order. This then creates a political, social and cultural climate which 'permits' hostility to be expressed around access and entitlement to welfare benefits, health services provision and housing (Clarke and Garner 2005), by politicians, by some sections of the media and by individuals.

8 Work, Migration and Psycho-social Understandings

To demonstrate the application of psycho-social theorising to work and employment experiences and processes, the author begins with an example of moving from inner worlds to outer worlds. A 'good internal object' is a conceptual and emotional image of an external object (an object whose composition combines thinking and emotion; Segal 1988), which has been taken 'inside' the self and of which the self may or may not be conscious. All of us have a range of good—and some bad—internal objects. Work is a 'good internal object' for many, although not always experienced consciously as such. For the many who migrate to find work, or to find work that is better-paid or more fulfilling (Geisen 2004; Harzig and Hoerder 2009), work is indeed a good internal object, as it is also for many indigenous peoples in receiving societies. In his examination of work, Garrett (2013, above) discusses a work ethic which is engendered in individuals by both the state and capital through ideologies and employment practices and which ultimately benefits them both. While Garrett does not appear to be applying psycho-social theory, the work ethic as he describes it is an example of how these particular state and social institutions and their underpinning ideologies influence individuals and groups in relation to feelings, ideas and attitudes about working and work. For some of us, the 'work ethic' crosses from the domains of the macro social order and social institutions to those of the interpersonal and the intra-psychic; for some of us, work as a 'good internal object' crosses 'outwards' from the intra-psychic domain.

Migrant peoples often experience being accepted as members of various workforces according to the demands of capitalist labour markets (the domain of social institutions) but not necessarily accepted as fellow human beings (intra-psychic and interpersonal domains) or as citizens with rights (Marvakis 2011).), which is the domain of the macro social order. Simultaneously migrant peoples are blamed for loss of or unavailability of work opportunities, in addition to having hostility expressed about their (supposed) access to employment (Clarke and Garner 2005). As noted by above by Anderson (2013), 'national' labour markets (social institutional domain) are subject to wider fluctuations elsewhere (macro social order) and developments in either or both impact upon individual migrant peoples, their families and communities, with migrant parents and their families bearing the stress of job uncertainty and insecure socio-economic status (intra-psychic and interpersonal domains). A recent example is the World Health Organization report (2013) that the global economic crises and recession correlate with increases in incidences of individual mental ill-health, such as depression and anxiety.

Psycho-social theorising can be applied to understand workplace and organizational relationships and processes. Bion's analyses (1961, 1970) focus both on workplaces and on groups within workplaces. Of particular relevance for insight into workplace and organizational relationships is the Kleinian (1975, 1988) concept of a 'convenient bad object': the person who is (or the group who are) the recipient(s) of almost everyone else's unconsciously projected negative feelings and (sometimes) comments and actions. For workers the 'convenient bad object' may be management, or it may be another worker or group of workers, such as one or more recently arrived migrant co-workers. The negative feelings usually have little basis in reality, but may have a disproportionate influence on workplace relationships. Psycho-social analyses by Huffington et al. (2004) and Obholzer and Zagier Roberts (1994) address organizational processes, where the intra-psychic, interpersonal and social institutional domains connect and overlap.

Frontline workers in human services such as health, education and social work often defend themselves against anxiety about their work by unconsciously adopting strategies such as overly bureaucratic and de-personalized responses to need. Migrant peoples and their families often are the recipients of such responses and Menzies Lyth's (1988) analysis of the inter-penetration of the social institutional, interpersonal and intra-psychic domains contributes to psycho-social understandings of the feelings and behaviours of workers in these settings and those of patients, clients and service users who seek support, advice or assistance.

9 Conclusion: Implications for Social Work, Migration and Work

As stated in the Introduction, societies everywhere are being changed by migration and yet, with few exceptions, social work does not centralize migration as the cultural, social and political global phenomenon that it is (Cox and Geisen 2014). Societies are also being affected by changes in availability, in content and in forms of working (Geisen 2012) and with a few exceptions, for example Garrett (2013), thinking and practice about work in social work is not as advanced as in the social science disciplines of sociology and social policy (Wright 2010). Both separately and together, the social issues of migration and of work are not yet significant for social work. The author is concerned that migration is being 'bolted on' in UK social work education; she is also concerned that work as a social issue appears not to be included anywhere in the new social work education framework (The College of Social Work 2013). It remains to be seen whether or not the final approval in 2014 of the Global Draft Definition of social work will lead to any positive changes in designing and delivering social work education curricula.

Writing about social work in political contexts, Spalek and McDonald assert that: '...(the) ...profession (is required to) commit itself to addressing policies and practices that fuel conflict, rather than engaging primarily in treating its victims' (Spalek and McDonald 2012, p. 1016) and certainly many of the policies and practices which impact upon migrant peoples cause them difficulties and conflict, though not of their own making. Here Spalek and McDonald echo the words of Clem Attlee, who many years ago worked with young men living in poverty in the UK: 'Every social worker is almost certain also to be an agitator. If he or she learns social facts and believes that they are due to certain causes beyond the control of the individual to remove them, then it is impossible to rest contented with the limited amount of good that can be done by following the old methods.' (Attlee 1920, p. 5). As Attlee argues, understanding and knowledge deployed in social work should not remain unchallenged for too long; current frameworks for practice may become the 'old methods' and must be reviewed and improved through integrating new thinking and knowledge.

Psycho-social theories correspond closely with social work's central endeavour of addressing the 'person in their situation' (IFSW and IASSW 2013; Richmond 1917; Salomon 1997). Drawing from both critical theory and psychoanalysis (Miller et al. 2008) they form a comprehensive collection of theories, which can be applied to enhance understanding of nations, communities, groups and families and processes within them, as much as to individuals. Because psycho-social theories address political and policy issues at the macro level, they fit with social work's imperative to examine and engage with social inequalities (Ottersbach 2012; Williams and Graham 2012) nationally and internationally (Bender et al. 2013); to respond to individual suffering and to address the inter-connections between them.

Their application answers Howe's (1969) critique of social work, concerning lack of 'depth' theories and fulfils the Draft Definition assertion that social work must be: '...underpinned by theories of social work, social sciences.....and indigenous knowledges.' (IFSW and IASSW 2013). Psycho-social theorising is also regularly critiqued and updated by workers who deploy it, and thus the mutual influences of inner and outer worlds are regularly being brought back close to balance: see for example, writings by Gurney (2010) on 'race' and class and by Sayles (2011) on class.

From all of the foregoing it is clear that the task for the social work profession is to acknowledge that both migration and work are 'social facts' for which the 'old methods' (current thinking and practice in social work) are providing only a 'limited amount of good' (Attlee 1920, p. 5) and that new thinking, knowledge and practices must be developed (Cox and Geisen 2014) and 'agitated for'. In the process of developing these new knowledges and practices—and this task cannot be evaded—psycho-social theories provide an existing framework for analysis and understanding, which, like the best of theories, can be measured up against changes to assess their relevance and which can be re-thought (Gurney 2010; Sayles 2011). Social work occurs at sites of interaction of multiple political, social, cultural and personal factors and understandings and knowledge of the social facts of migration and of work brings with them moral responsibilities: see, for example Alford (2012). It is not that members of other disciplines and groups cannot develop new thinking and knowledge to lead social work practice, it is that social workers can and should do this.

References

Alford, C. F. (2012). Hanna Segal: A memorial appreciation. *Psychoanalysis, Culture and Society, 17*, 317–324.
Anderson, B. (2010). Migration, immigration controls and the fashioning of precarious workers. *Work, Employment and Society, 24*(2), 300–317.
Anderson, B. (2013). *Us and them? The dangerous politics of immigration control*. Oxford: Oxford University Press.
Arendt, H. (1973). *On revolution*. Harmondsworth: Penguin Books.
Attlee, C. R. (1920) *The social worker*. London: G Bell and Sons.
Bastia, T. (2013). *Migration and inequality*. Oxford: Routledge.
Bender, D., Duscha, A., Huber, L., & Klein-Zimmer, K. (Eds.) (2013). *Transnationales Wissen und Soziale Arbeit*. Weinheim: Beltz Juventa.
Bion, W. R. (1961). *Experiences in groups*. New York: Basic Books.
Bion, W. R. (1970). *Attention and interpretation: A scientific approach to insight in psychoanalysis and groups*. New York: Basic Books.
Blok, W. (2012). *Core social work: International theory, values and practice*. London: Jessica Kingsley Publishers.
British Broadcasting Corporation. (2004). http://www.bbc.co.uk/newsTidekills18cocklepickers 6th February 2004. Accessed 3 July 2013.
British Sociological Association. (2013). http://www.britsoc.co.uk/study-groups/sociology,-psychoanalysis-and-the-psychosocial.aspx. Accessed 3 July 2013.
Centre for Economic Performance. (2012). *Immigration and the UK labour market: The latest evidence from economic research*. London: London School of Economics.
Centre for Social Justice. (2012). *Rethinking child poverty*. London: Centre for Social Justice.
Clarke, S., & Garner, S. (2005). Psychoanalysis, identity and asylum. *Psychology, Culture and Society, 10*, 197–206.

Cox, P. (2007). Young people, migration and metanarratives: Arguments for a critical theoretical approach. In T. Geisen & C. Riegel (Eds.), *Jugend, Partizipation und Migration: Orientierungen im Kontext von Integration und Ausgrenzung* (pp. 51–65). Wiesbaden: VS Verlag für Sozialwissenschaften.

Cox, P. (2009). 'Connectivity': Seeking conditions and connections for radical discourses and praxes in health, mental health and social work. *Social Theory and Health,* 7(2), 170–186.

Cox, P., & Geisen, T. (2014). Migration perspectives in social work: Local, national and international contexts. *British Journal of Social Work, 44*(Supplement 1), i157–i153.

Davidson, A. (2012). *The immutable laws of mankind: The struggle for universal human rights.* Dordrecht: Springer VS Verlag.

Dustmann, C., & Frattini, T. (2010). *Can a framework for the economic cost-benefit analysis of various immigration policies be developed to inform decision-making, and if so, what data are required?* London: Migration Advisory Committee.

Engels, F. (1926). *The condition of the working class in England in 1844.* London: Allen and Unwin. (translated by Wischenewetzky, F. K.)

Fanon, F. (1952). *Black skin, white masks.* New York: Grove Press.

Fanon, F. (1952/1967). *The wretched of the earth.* Harmondsworth: Penguin.

Fox, J. E., Morosanu, L., & Szilassy, E. (2012). The racialization of the new European migration to the UK. *Sociology, 46*(4), 680–695.

Freud, S. (1929/2004). *Civilisation and its discontents.* London: Penguin.

Froggett, L. (2002). *Love, hate and welfare: Psychosocial approaches to policy and practice.* Bristol: The Policy Press.

Garrett, P.M. (2013). Confronting the 'work society': New conceptual tools for social work. British Journal of Social Work. Advance Access published March 12, 2013. doi:10:1093/bjsw/bct041.

Geddes, A., Craig, G., Scott, S., Ackers, L., Robinson, O., & Scullion, D. (2013). *Forced labour in the UK.* York: Joseph Rowntree Foundation.

Geisen, T. (2004). People on the move: The inclusion of migrants in 'Labor Transfer Systems'—The European case. In T. Geisen, A. A. Hickey, & A. Karcher (Eds.), *Migration, mobility and borders* (pp. 35–79). Frankfurt a. M.: IKO Verlag.

Geisen, T. (2005). Migration als Vergesellschaftsprozess. In T. Geisen (Ed.), *Arbeitsmigration. WanderareiterInnen auf dem Weltmarkt für Arbeitskraft* (pp. 19–36). Frankfurt a. M.: IKO Verlag.

Geisen, T. (2012). *Arbeit in der Moderne: Ein dialogue imaginaire zwischen Karl Marx und Hannah Arendt.* Wiesbaden: VS Verlag für Sozialwissenschaften.

Gill, J. (10–16 October 2013). We push as Europe pulls. *Times Higher Education,* 5.

Gilroy, P. (2004). *After empire: Melancholia or convivial culture?* London: Routledge.

Goodhart, D. (2013). *The British dream: Successes and failures of postwar immigration.* London: Atlantic Books.

Gurney, P. (2010). The acc(id)ental tourist: Exploring the tribal areas between class and race. *Journal of Psycho-Social Studies,* 4(1), 47–56.

Harzig, C., & Hoerder, D. (2009). *What is migration history?* Cambridge: Polity Press.

Hickey, A. A. (2011). Post-retirement migration to rural areas in the U.S.: Cultural conflict and accommodation. Unpublished Paper. *Migration und Kultur,* Klagenfurt, Austria June.

Hickman, M., Morgan, S., Walter, B., & Bradley, J. (2005). The limitations of whiteness and the boundaries of Englishness. *Ethnicities,* 5(2), 160–182.

Hoerder, D. (2010). Capitalization of agriculture 1850s–1960s: Rural migrations in a global perspective. In M. Van der Linden (Ed.), *Labour history beyond borders: Concepts and explorations* (pp. 157–176). Linz: ITH.

Homayounpour, G. (2012). *Doing psychoanalysis in Tehran*. Cambridge: MIT Press.

Howe, D. (1996). Surface and depth in social work practice. In N. Parton (Ed.), *Social theory, social change and social work* (pp. 77–97). London: Routledge.

Huffington, C., Armstrong, D., Halton, W., Hoyle, L., & Pooley, J. (Eds.) (2004). *Working below the surface: The emotional life of contemporary organisations*. London: Karnac Books.

Husband, C., & Alam, Y. (2011). *Social cohesion and counter-terrorism: A policy contradiction?* Bristol: The Policy Press.

International Federation of Social Workers & International Association of Schools of Social Work. (2013). Draft International Definition of Social Work. http://ifsw.org/get-involved/global-definition-of-social-work/. Accessed 3 July 2013.

Kalayaan. (2013). http://www.kalayaan.org.uk/. Accessed 3 July 2013.

Kasinitz, P., Mollenkopf, J. H., Waters, M. C., & Holdaway, J. (2008). *Inheriting the city: The children of immigrants coming of age*. New York: Russell Sage Foundation.

Khattab, N., Sirkeci, I., Johnston, R., & Modood, T. (2011). Ethnicity, religion, residential segregation and life chances. In T. Modood & J. Salt (Eds.), *Global migration, ethnicity and Britishness* (pp. 153–176). Basingstoke: Palgrave Macmillan.

Klein, M. (1975). *Collected works of Melanie Klein, Volumes 1–4*. London: Hogarth Press.

Klein, M. (1988). *Love, guilt, reparation and other works 1921–1945*. London: Virago.

Kuvik, A. (2010). Skilled migration in Europe and beyond: Recent developments and theoretical considerations. In M. Martiniello & J. Rath (Hrsg.), *An introduction to international migration studies* (S. 211–236). Amsterdam: Amsterdam University Press.

Marvakis, A. (2011). "No place, nowhere" for migrants' subjectititvity? In Z. Bekerman & T. Geisen (Eds.), *International handbook of migration, minorities and education: Understanding cultural and social differences in processes of learning* (pp. 67–84). Dordrecht Germany: Springer.

May, J., Wills, J., Datta, K., Evans, Y., Herbert, J., & McIlwaine, C. (2006). *The British state and London's migrant division of labour*. London: Queen Mary University.

Menzies Lyth, I. (1988). *Containing anxiety in institutions: Selected essays volume 1*. London: Free Association Books.

Mergner, G. (2005). Compulsive and coerced identities: Once more on the theory of social limits to learning. In M. Van der Linden (Ed.), *Social limits to learning: Essays on the archeology of domination, resistance and experience* (pp. 139–152). New York: Berghahn Books.

Miller, C., Hoggett, P., & Mayo, M. (2008). Psycho-social perspectives in policy and professional practice research. In P. Cox, T. Geisen, & R. Green (Eds.), *Qualitative research and social change: European contexts* (pp. 112–131). Basingstoke: Palgrave Macmillan.

Modood, T., & Salt, J. (Eds.). (2011). *Global migration, ethnicity and Britishness*. Basingstoke: Palgrave Macmillan.

Obholzer, A., & Roberts, V. Z. (Eds.). (1994). *The unconscious at work*. London: Routledge.

Office for National Statistics. (2013). *2011 census analysis: 170 years of industry*. London: Office for National Statistics.

Organization for Economic Co-operation and Development. (2013a). *Employment outlook*. Paris: OECD.

Organization for Economic Co-operation and Development. (2013b). *Migration outlook*. Paris: OECD.
O'Hara, M. (2013). *Plant closure's 'huge' impact on local communities*. York: Joseph Rowntree Foundation.
Ottersbach, M. (2011). Soziale Arbeit im Kontext der Einwanderungsgesellschaft. In H. Celik (Ed.), *Handbuch zur interkulturellen Arbeit. Aspekte, Erfahrungen, Perspektiven* (pp. 93–110). Bonn: Free Pen Verlag.
Ottersbach, M. (2012). Ungleichheit und kulturelle Diversität als Herausforderung für die Soziale Arbeit. In H. Effinger et al. (Hrsg.), *Diversität und Soziale Ungleichheit. Analytische Zugänge und professionelles Handeln in der Sozialen Arbeit* (S. 68–84). Opladen: Buderich.
Papademitriou, D. G., Sumption, M., Terrazas, A., Burkert, C., Loyal, S., & Ferrero-Turrión, R. (2010). *Migration and immigrants two years after the financial collapse: Where do we stand?* Washington DC: Migration Policy Institute.
Piñeiro, E., & Haller, J. (2011). Learning to live together—Towards a new integration society. In Z. Bekerman & T. Geisen (Eds.), *International handbook of migration, minorities and education: Understanding cultural and social differences in processes of learning* (pp. 85–100). Dordrecht: Springer.
Portes, A., & Yiu, J. (2013). Entrepreneurship, transnationalism and development. *Migration Studies, 1*(1), 75–95.
Richmond, M. (1917). *Social diagnosis*. New York: Free Press.
Ruhs, M., & Anderson, B. (Eds.). (2012). *Who needs migrant workers? Labour shortages, immigration and public policy*. Oxford: Oxford University Press.
Rustin, M. (1982). A socialist consideration of Kleinian analysis. *New Left Review, 131*(1), 71–96.
Rustin, M. (1983). A statutory right to work. *New Left Review, 137*(1), 61–84.
Salomon, A. (1997). *Ausgewählte Schriften: Frauenemanzipation und soziale Verantwortung*. In A. Feustel (Ed.), (3 ed.), Neuwied: Luchterhand.
Sayles, S. (2011). The making of docile working class subjects: CBT, class and the failure of psychoanalysis. *Journal of Psycho-Social Studies, 4*(2), 126–138.
Scheifele, S. (Ed.). (2008). *Migration und Psyche: Aufbrüche und Erschütterungen*. Giessen: Psychosozial Verlag.
Segal, H. (1988). *Introduction to the work of Melanie Klein*. London: Karnac Books.
Shutes, I., & Chiatti, C. (2012). Migrant labour and the marketisation of care for older people: The employment of migrant care workers by families and service providers. *Journal of European Social Policy, 22*(4), 392–405.
Spalek, B., & McDonald, L. Z. (2012). Editorial: Social work and political contexts: Engagement and negotiation. *British Journal of Social Work, 42*(6), 1013–1021.
The College of Social Work. (2013). http://www.tcsw.org.uk/. Accessed 3 July 2013.
Tonkiss, K. (2013). *Migration and identity in a post-national world*. Basingstoke: Palgrave Macmillan.
Tremain, R. (2008). *The road home*. London: Vintage.
Tronto, J. C. (1994). *Moral boundaries: A political argument for an ethic of care*. London: Routledge.
Wlliams, C., & Graham, M. (Eds.). (2012). *Social work in Europe: Race and ethnic relations*. London: Sage Publications.
Wright, E. O. (2010). *Envisioning real utopias*. London: Verso.

Pat Cox is Reader in Social Work and Social Justice in the School of Social Work, University of Central Lancashire, UK. Her research interests and publications address issues for children, young people and their families, including, but not limited to, their experiences of migration. Recent publications include (with Thomas Geisen): Migration Perspectives in Social Work Research: Local, National and International Contexts. In: British Journal of Social Work Special Issue 'A World on the Move: Migration, Mobilities and Social Work' 44, Supplement 1, i157–i173; doi: 10.1093/bjsw/bcu044. She has recently completed a research project on social work education and environmental issues.

# Lebensstrategien von Familien im Kontext von Arbeit und Migration

Ein Beitrag zu einer subjektorientierten Migrationsforschung

Thomas Geisen

1 Einleitung

Erwerbsarbeit ist für Familien im Kontext von Migration von zentraler Bedeutung, da hierüber existentielle materielle und immaterielle Ressourcen für den Erhalt von Familie erworben werden. Vielfach ist sie für Familien oder einzelne Familienangehörige auch einer der Gründe, um zu migrieren (Geisen und Jurt 2013; Geisen et al. 2013a; Geisen et al. 2014; Goulbourne et al. 2010; Parrenãs 2013; Zontini 2010). Neben den Gründen sind auch Motive für eine Migration von Bedeutung, um Entscheidungsprozesse und Handlungsweisen von Familien im Kontext von Migration verstehen zu können. Die Unterscheidung von Gründen und Motiven stellt eine wichtige konzeptionelle Grundlage für das Verstehen des Handelns von sozialen Akteuren dar, das mit Entscheidungsprozessen verknüpft ist und auf konkrete Orientierungen der Akteure zurückgeführt werden kann. Die Frage nach den Motiven rückt die Bedeutung von Erwerbsarbeit für Familien im Kontext von Migration in den Fokus. So kann Migration beispielsweise dazu dienen, ausreichend finanzielle Mittel zu erwerben, um die Eltern im Herkunftsland zu unterstützen oder um den Kindern eine bessere Bildung zu ermöglichen. Während Gründe Auskunft darüber geben, welches Ereignis oder welcher Sachverhalt bedeutsam ist für eine Entscheidung, so geben Motive Auskunft über den Ziel- und Werthorizont in dem die Entscheidung getroffen wurde. In den Motiven werden also Ereignisse

T. Geisen (✉)
Olten, Schweiz
E-Mail: thomas.geisen@fhnw.ch

© Springer Fachmedien Wiesbaden 2015
T. Geisen, M. Ottersbach (Hrsg.), *Arbeit, Migration und Soziale Arbeit*,
DOI 10.1007/978-3-658-07306-0_6

und Sachverhalte einer Bewertung unterzogen und mit den eigenen, subjektiven Lebensperspektiven verknüpft. Auch für den Kontext Migration und Familie ist dieser Zusammenhang, etwa in Bezug auf die Frage, welche *Lebensentwürfe* der Migration zu Grunde liegen und wie diese realisiert werden sollen, von Bedeutung. Im vorliegenden Beitrag wird hierzu das Konzept der *Lebensstrategien* eingeführt, um zu verstehen, welche Bedeutung familialen Wertentscheidungen im Kontext von spezifischen, gesellschaftlich bedingten Wert- und Grundhaltungen zukommt. Im Fokus steht hierbei vor allem der hohe Stellenwert, der dem Erhalt von Familie und der Sorge für Eltern und Kinder im Kontext von Migration beigemessen wird (Apitzsch und Schmidbaur 2010; Bryceson und Vuorela 2002; Geisen 2014b; Geisen et al. 2013b).

Erwerbsarbeit ist im Migrationsgeschehen auf spezifische Weise situiert und kontextualisiert. Sie ist einerseits eingebettet in die jeweils im Herkunftsland bestehenden gesellschaftlichen Verhältnisse, andererseits steht sie meist auch im Fokus der im Einwanderungsland neu entstehenden sozialen Beziehungen (Apitzsch 1999). Im Prozess der Migration realisieren sich Prozesse der Übernahme, Anpassung und Neuaneignung von Orientierungen, die unterschiedliche Lebensbereiche betreffen, insbesondere bezogen auf Familie und Erwerbsarbeit. Sie verweisen nicht nur auf Handlungsfähigkeit und Orientierungen im Kontext von Migration, Vielmehr lassen sich im Kontext von biographischen Ereignissen und Entwicklungen unterschiedliche Verläufe identifizieren, die auf eine Kontinuität von individuellen und kollektiven Zielen verweisen. Im vorliegenden Beitrag wird der Versuch unternommen, die Kontinuität von sozialen Handlungen und Orientierungen, sowie ihre jeweiligen Realisierungen im Rahmen von Ereignissen an konkreten Orten zu analysieren. Mit Hilfe des Konzepts der Lebensstrategie erfolgt dabei exemplarisch der analytische Zugriff auf Ziele und Perspektiven von Familien im Kontext von familialen Migrationsprozessen, die als spezifische, auf individuelles und gemeinschaftliches Handeln bezogene Formen von Interaktion, Austausch und gegenseitiger Unterstützung verstanden werden. Ihnen liegen jeweils individuelle und kollektive familiale Orientierungen zu Grunde. Diese beruhen auf subjektiven Beurteilungen, Entwürfen und Perspektiven von Familien und ihren Angehörigen im Kontext von Migration (Geisen 2014a).

Der vorliegende Beitrag beschäftigt sich mit dem Konzept der Lebensstrategie, das zu einem besseren Verständnis von Handlungen und Orientierungen von Familien im Kontext von Migration beitragen soll. Das Konzept der Lebensstrategie wird zunächst im Diskurs der Migrationsforschung verortet und schließlich am Beispiel einer Migrationsfamilie empirisch konkretisiert. Abschließend wird auf die Bedeutung des Konzeptes Lebensstrategie im Kontext von Sozialer Arbeit eingegangen. Dabei wird die These vertreten, dass erst über die Rekonstruktion von konkreten, in die biographischen Verläufe und familialen Entwicklungen eingelagerten Orientierungen ein Verständnis von individuellen und kollektiven Handlungen erreicht werden kann, das für die professionelle Bearbeitung von Herausforderungen im Kontext von Migration durch die Soziale Arbeit von Bedeutung ist.

2 Strategie und Lebensstrategie in der Migrationsforschung

Die Begriffe Strategie und Lebensstrategie werden in den Sozialwissenschaften in Kontexten verwendet, in denen es um Fragen nach den Möglichkeiten und Formen der Gerichtetheit von individuellem und kollektivem Handeln unter spezifischen gesellschaftlichen Bedingungen geht. Auf diese Weise verwendet ihn beispielsweise Goffman im Rahmen seiner Auseinandersetzung mit Stigma und Stigma-Management. Hier identifiziert er Täuschen, Techniken der Informationskontrollen und Kurvieren als Strategien von Betroffenen im Umgang mit Stigmata (Goffman 1975, S. 94 ff.) Baumann (2009) verwendet den Begriff der Lebensstrategie im Kontext seiner Auseinandersetzung mit Herausforderungen und Problemen sozialer Ungleichheit. In die Migrationsforschung findet der Strategie-Begriff Eingang im Rahmen neuerer Ansätze der Migrationsforschung seit den 1980er Jahren, die sich mit Fragen der Handlungsfähigkeit von Menschen im Kontext von Migration auseinandersetzen. Neu entstehende handlungstheoretische und akteurszentrierte Ansätze, wie beispielsweise der Netzwerk-Ansatz (Boyd 1989; Fawcett 1989; Massey 2000), wenden sich dabei explizit gegen strukturalistische Modelle, die Migrationsprozesse auf gesellschaftliche Strukturunterschiede und ökonomische Ungleichgewichte zurückführen (Borjas 1989; Todaro 1969). Handlungs- und akteursbezogene Ansätze stellen demgegenüber die mit der Umsetzung des Migrationsvorhabens verbundenen sozialen Praxen und Interaktionen in den Mittelpunkt. Sie fragen nach den Gründen und Motiven für eine Migration und untersuchen die individuellen und kollektiven Entscheidungsprozesse. Theoretisch-konzeptionell kommt es dabei zu einer Verschiebung von einer strukturlogisch fokussierten Migrationsforschung zu einer stärker subjektorientierten Migrationsforschung. Diese wird ab Mitte der 1990er Jahre im Transnationalismus-Ansatz weiter akzentuiert (Glick Schiller et al. 1992; Pries 1997; Vertovec 2009).

Ein wichtiger Unterschied zwischen beiden Ansätzen zeigt sich in der Verwendung des Strategie-Begriffes. In Bezug auf das Handeln von Migrantinnen und Migranten wird im Netzwerk-Ansatz, insbesondere auch im Zusammenhang mit Familien, der Strategie-Begriff eingeführt und verwendet (Boyd 1989; Fawcett 1989). Mit Hilfe des Strategie-Begriffs wird das Handeln der Akteure im Migrationsprozess als eine soziale Praxis verstanden, das ausgehend von einer gegebenen Situation als Resultat vergangener Ereignisse und Entwicklungen an expliziten und impliziten Zielsetzungen orientiert ist und auf dieser Grundlage konkrete Handlungen und Tätigkeiten ausführt. Gegenwärtiges menschliches Handeln wird also nicht primär auf bereits gemachte Erfahrungen oder bestehende Probleme und Herausforderungen zurückgeführt, sondern es wird als Resultat von individuellen und kollektiven Orientierungen und Zukunftsentwürfen verstanden. Im Transnationalismus-Konzept spielt der Strategie-Begriff hingegen bislang keine Rolle. Individuelles und kollektives Handeln wird hier vor allem als eine Auseinandersetzung mit konkreten sozialen Problemlagen und Herausforderungen verstanden. Konzeptionell wird damit jedoch die Frage nach der Lebensgestaltung vor allem an die sozial-strukturellen Bedingungen rückgebunden. Durch den fehlenden Bezug auf eine konkrete Zukunftsperspektive hin, auf damit verbundene Zukunftshoffnungen, wird die subjekttheoretische Orientierung im Transnationalismus-Ansatz nur bedingt eingelöst. Das Lebensstrategie-Konzept, mit der Fokussierung auf individuelle und kollektive Bewertungen und Beurteilungen von sozialen Sachverhalten, die als handlungsleitend angesehen werden, kann damit einen wichtigen Beitrag zur Weiterentwicklung einer handlungstheoretisch begründeten, auf die menschlichen Tätigkeiten bezogenen und subjekttheoretisch fundierten Migrationsforschung leisten. Lebensstrategie soll daher nachfolgend zunächst als Konzeptbegriff eingeführt und theoretisch entfaltet werden.

2.1 Kritik an der klassischen Migrationsforschung

Bis in die 1980er Jahre hinein war die Migrationsforschung vor allem durch makro-ökonomische Ansätze bestimmt, wie beispielsweise der „Economy of Migration" oder der „Theorie des ungleichen Warentauschs". In diesen Ansätzen werden Migrationsbewegungen vor allem auf sozial-strukturelle Ungleichheiten zurückgeführt, wie sie etwa in Bezug auf unterschiedliche gesellschaftliche Entwicklungen, Wohlfahrtsgefälle oder in Ungleichgewichten auf den internationalen Arbeitsmärkten zum Ausdruck kommen (Han 2000; Parnreiter 2000). Diese werden als Wirkungszusammenhang wahrgenommen, der die internationalen Beziehungen und damit auch die internationalen Migrationsbewegungen kennzeichnet. Einer instrumentellen Logik folgend werden dabei Push-Pull-Faktoren identifiziert und herausgearbeitet. Dabei wird davon ausgegangen, dass sich Migrantinnen und Migranten in ihrem Handeln an den bestehenden strukturellen Ungleichheiten orientieren. Dieser Annahme liegt auch der Rational Choice Ansatz zu Grunde, der auf der Mikro-Ebene angesiedelt ist und in der Tradition des methodischen Individualismus steht. Dieser geht davon aus, dass Ereignisse auf das intentionale Handeln individueller und kollektiver Akteure zurückgeführt werden können, die sich rational verhalten und ihr Handeln auf Wünsche und Präferenzen hin ausrichten (Hill 2002; Kunz 2004). Kollektive Akteure sind in dieser Tradition der Migrationsforschung erst spät berücksichtigt worden. So wurden beispielsweise erst Ende der 1970er Jahre Familie und Haushalt von Oded Stark (1995) im Rahmen seiner Theorie der „New Economy of Migration" als kollektive Akteure in den Blick genommen. Sowohl den makro-ökonomischen Ansätzen als auch dem mikro-ökonomischen Ansatz des Rational Choice ist gemeinsam, dass sie Migrationsprozesse vor allem als Reaktions- und Umgangsweisen im Kontext bestehender gesellschaftlicher Verhältnissen ansehen, die durch soziale Ungleichheit gekennzeichnet sind. Den ökonomischen Faktoren wird dabei ein besonderes Gewicht beigemessen, weitere individuelle und kollektive Motive und Orientierungen bleiben dabei weitgehend unberücksichtigt. Am Beispiel des Einbezugs von Familie kann dies verdeutlicht werden, denn hier steht vor allem die Bedeutung von Migration zur Sicherung des Haushaltseinkommens im Mittelpunkt. Andere Faktoren, wie etwa emotionale Bindungen, Erziehung, Bildung, Sorgebeziehungen und so weiter, finden demgegenüber kaum Berücksichtigung.

Auch die welt-systemtheoretischen Ansätze sind den auf dem Rational Choice Ansatz beruhenden ökonomischen Ansätzen zuzuordnen (Sassen 1988, 1999; Wallerstein 1986). Im Gegensatz zu den ökonomischen Ansätzen, die auf die Analyse arbeitsmarktbezogener und damit auf Migration induzierende Bewegungen fokussieren, werden in welt-systemtheoretischer Perspektive die bestehenden weltweiten Ungleichgewichte unter einer Herrschaftsperspektive analysiert. Mit der Betrachtung des Migrationsgeschehens innerhalb eines globalen Zusammenhangs unter der Perspektive von Herrschaft werden Fragen von Lenkung und Steuerung sichtbar. Die Vorstellung von Migration als einem Prozess, der dem Push-Pull-Wirkungsmodell folgt, führt auch dazu, dass Migrationsbewegungen einer Lenkung und Steuerung unterworfen und als initiiert und zielgerichtet betrachtet werden. Bevölkerung wird dabei insbesondere von staatlichen Akteuren als Manövriermasse angesehen, um die eigenen Interessen zu verwirklichen. Historische Beispiele für solche Bewegungen reichen von der im Rahmen von Sklavenhandel erfolgenden Zwangsmigration über Vertragsarbeiter-Wanderungen bis hin zur sogenannten Gastarbeiterwanderungen (Geisen 2004; Hoerder 2002b; Lucassen und Lucassen 1997). Strategisches Handeln bleibt unter der Perspektive von Weltsystemtheorie jedoch systematisch auf die Ausübung und den Erhalt von Herrschaft bezogen. Anders als bei den Rational Choice Ansätzen, bei denen von einer prinzipiellen Gleichheit der handelnden Akteuren ausgegangen wird, die strategisch ihre je individuell unterschiedlichen Interessen verfolgen, gehen die systemtheoretischen Ansätze von sozialer Ungleichheit aus, die durch strategisches Handeln aufrechterhalten wird. Migration wird damit in Abhängigkeit von Herrschaftsverhältnissen betrachtet und tendenziell als aufgezwungen und unausweichlich angesehen. Interkontinentale und innerkontinentale Migrationssysteme sowie globale Wirtschaftsstrukturen werden dabei vorwiegend als ein Wirkmechanismus betrachtet, dem vor allem ökonomische Erfordernisse zu Grunde liegen, und der damit weitgehend losgelöst ist von den konkreten Bedürfnissen der Migrantinnen und Migranten. Deren Handlungen und Entscheidungen werden in Abhängigkeit von den makrostrukturellen Bedingungen gesehen. Auf diese Weise wird ihnen nicht nur die Möglichkeit abgesprochen, die eigenen Lebensbedingungen aktiv zu gestalten. Den Entscheidungen selbst werden Eigenständigkeit und Unabhängigkeit abgesprochen. Migration wird damit zu einem bloßen Ausdruck weltweit wirksamer sozialer und ökonomischer Ungleichgewichte.

In der klassischen Migrationsforschung findet damit zwar einerseits eine strategische Ausrichtung des Handelns im Kontext Migration statt. Diese wird jedoch im Hinblick auf ökonomisches Handeln und auf Herrschaftsverhältnisse hin eingeengt und als defensives Verhalten von Akteuren wahrgenommen. Der Pluralität von subjektiven und kollektiven Bedürfnissen und Orientierungen in Migrationsprozessen wird daher kaum Rechnung getragen.

2.2 Erweiterte Perspektive: subjektive und kollektive Bedürfnisse in Migrationsprozessen

Die Kritik an den makro-ökonomischen Ansätzen und an den systemtheoretischen Prämissen in der Migrationsforschung verstärkte sich ab den 1980er Jahren. Sie richtete sich vor allem gegen die den Rational Choice Ansätzen zu Grunde liegenden Paradigmen der Rationalität und der kollektiven Einheit von Akteuren. In der Folge wurden Handlungsfähigkeit oder Agency von Migrantinnen und Migranten verstärkt in den Blick genommen. Hoerder spricht in diesem Zusammenhang von „extended cost-benefit approach" oder von einem „holistic-emotional approach" (Hoerder 2002a, S. 22). Die Erweiterung betont die Bedeutung emotionaler Aspekte und verweist ansatzweise auf subjektive Handlungen und Motive im Kontext Migration. Eng damit verbunden ist die Auffassung, dass es nicht ausreicht, die Interessen kollektiver Akteure in den Blick zu nehmen, sondern dass die Entstehung der subjektiven Bedürfnisse von Migrantinnen und Migranten stärker Berücksichtigung finden muss. Vor diesem Hintergrund ist Hoerder zu Folge davon auszugehen, dass Migrantinnen und Migranten sich in einem Ausgleichs- und Aushandlungsprozess (Hoerder 2002a) für eine Migration, das heißt für die Verlagerung ihres Lebensmittelpunkts (Page Moch 1997) entscheiden. Dieser Aushandlungsprozess findet implizit oder explizit statt und bezieht das gegenwärtige soziale Umfeld mit ein, insbesondere die Familie. Zugleich wird in den Aushandlungsprozessen Bezug auf die bestehenden gesellschaftlichen Verhältnisse und Bedingungen genommen, sowie auf damit verbundene Perspektiven und Erwartungen, und zwar sowohl in Bezug auf das Auswanderungsland als auch im Hinblick auf das Einwanderungsland. Bedeutsam für die Entscheidung zur Migration sind daher nicht nur die aktuellen Lebensverhältnisse und die sozialen Beziehungen, sondern auch die Perspektiven, die mit einer Migration verbunden werden. Erkennbar wird, dass Migration eine spezifische, mit Erwartungen und Hoffnungen verknüpfte Handlungsweise darstellt, sie „ermöglicht die Entwicklung und Verwertung eigener Fähigkeiten und erwarteter Möglichkeiten durch die Wahl zwischen unterschiedlichen sozio-ökonomischen und politischen Systemen" (Hoerder 2002a, S. 21).

Der Entscheidung zur Migration können vielfältige Motive zu Grunde liegen, so kann es beispielsweise um die Bewältigung einer Krisensituation gehen, um die Realisierung eines spezifischen Vorhabens oder um die Erfüllung eines lange gehegten Wunsches. Die Migrationsforschung hat diesbezüglich bereits gezeigt, dass verschiedene Motive meist aufs Engste miteinander verknüpft werden (Geisen 2014a; Hoerder et al. 2005; Siouti 2013). Entscheidend in diesem Zusammenhang ist jedoch, dass die Motive und Gründe zur Migration mit konkreten, auf die Zukunft hin ausgerichteten Erwartungen verknüpft sind. Denn Migrantinnen und Migranten „verändern nicht nur ihren Aufenthaltsort, verlassen den bekannten Sozialraum und erschließen sich einen oder mehrere andere (…) Sie versuchen Veränderungen, meist Verschlechterungen, ökonomischer Rahmenbedingungen auszugleichen und ihre Umgestaltung des Lebensprojekts so auszubalancieren, dass die Anforderungen an ihre Lern- und Anpassungsvermögen nicht zu hoch werden und dass die materiellen Vorteile die emotionalen Belastungen (…) mindestens ausgleichen. Migration, die sich materiell und emotional nicht lohnt, wird eingestellt, auf ein anderes Ziel gerichtet oder durch Ansiedlung am Zielort beendet" (Hoerder 2002a, S. 22).

In dieser erweiterten Perspektive wird die Vielfalt von Gründen und Motiven im Kontext von Migration sichtbar. Dabei zeigt sich, dass Migration mit der Umsetzung konkreter Vorhaben und Ziele verbunden ist, dass es sich um ein „Lebensprojekt" handelt, für das Mittel und Wege zur Umsetzung gefunden werden müssen. Mit Hilfe des Strategie-Begriffs können diese Vorhaben, Überlegungen und Planungen, die Zielgerichtetheit menschlichen Handelns, in den Blick genommen, und auf diese Weise das Migrationsgeschehen selbst besser verstanden werden.

2.3 Zielgerichtetes Handeln von individuellen und kollektiven Akteuren im Kontext Migration

Auf die Zielgerichtetheit von Migration aus der Perspektive von Migrantinnen und Migranten wurde in der Migrationsforschung insbesondere im Rahmen des Netzwerk-Ansatzes unter Verwendung des Strategie-Begriffs fokussiert. Den Ausgangspunkt bildete die Kritik an den makro-ökonomischen Ansätzen. Allerdings knüpfen Netzwerk-Ansätze auch dezidiert an die systemtheoretischen Ansätze an. Die in Migrationssystemen entstehenden Verflechtungen können nach *Verflechtungskategorien* und *Verflechtungstypen* unterschieden werden, die für eine strategiebezogene Perspektive von Bedeutung sind. Unter Verwendung dieser Systematik können für die Verflechtungskategorie *Familie und personale Netzwerke* folgende konkreten Verflechtungstypen identifiziert werden:

1. greifbare, materielle Verflechtungen: Rücküberweisungen, Korrespondenz;
2. regulatorische Verflechtungen: familiale Verpflichtungen, community Solidarität; und
3. relationale Verflechtungen: relativer Sozialstatus von Migrant/innen und Nicht-Migrant/innen (Fawcett 1989, S. 674).

Die Familie hat für Fawcett eine besondere Bedeutung, da diese einen nachhaltigen Einfluss auf Migrationsprozesse ausüben kann, denn familiale Verpflichtungen haben einen beständigen Charakter (Fawcett 1989, S. 678). Soziale Netzwerke werden von Fawcett daher als handlungsrelevante soziale Beziehungen angesehen, die mit spezifischen sozialen Erwartungen und Verpflichtungen verknüpft sind.

Strukturelle Faktoren sind entscheidend für Migrationsentscheidungen, die von einzelnen oder Gruppen getroffen werden, Netzwerke liefern hierzu Ressourcen in Form von Informationen und Unterstützung (Boyd 1989, S. 645). Haushalte werden im Kontext von Netzwerk-Ansätzen vielfach als Einheiten betrachtet, die zwischen Individuen und umfassenderen strukturellen Zusammenhängen vermitteln. Konzeptionell wird dabei Bezug auf den Strategie-Begriff genommen: „Much migration research which incorporates household/family strategies emphasizes the reorganization of local and national economies within the context of a world economy" (Boyd 1989, S. 645). Mit Hilfe des Strategie-Begriffs wird die Zielgerichtetheit des Handelns von Familien und Haushalten thematisiert: „Household strategies are actions directed at balancing the household resources, the consumption needs and the alternatives for productive activity (...). Migration of individual members or the intire household unit represents a strategy at the household level to achieve a fit between resources such as land or capital, the consumption needs of its members and the alternatives for generating monetary and nonmonetary income (...) Migration can be an important strategy for generating income in the form of remittances" (Boyd 1989, S. 645).

Bei der Anwendung des Strategie-Konzepts auf Familien und Haushalte ist jedoch auch zu klären, für wen Strategien im Haushalt gelten und inwieweit individuelle und familienbezogene Strategien miteinander konkurrieren: „Families and households are not always identical to those of individuals (...) Do household/ family units develop strategies on the basis of rational economic behaviour (...)? In patriarchal societies, household strategies which involve males but not females may not be predicated on the basis of economic rationality (...) Also, who benefits or pays the costs for these collective strategies in which individual needs or interests may be suppressed (...)?" (Boyd 1989, S. 657 f.) Die Fragen danach, wie Strategien entwickelt werden, wer daran beteiligt ist und für wen diese Geltung haben, werden hier als zentrale Herausforderungen benannt, die mit der Verwendung von Strategie als Analysekonzept im Kontext von Migration verbunden sind.

Der Transnationalismus-Ansatz, der sich inzwischen zu einem dominierenden Ansatz in der Migrationsforschung entwickelt hat, fokussiert die Idee der Kontinuität sozialer Beziehungen über geographische Distanzen hinweg ebenso wie die Netzwerk-Ansätze. Sie wird allerdings dahingehend zugespitzt, dass transnationale Räume entstehen, die jenseits sozial-geographischer Räume bestehen, wie sie etwa von Nationalstaaten repräsentiert werden, und diese überlagern (Pries 2008, 2010). Das Strategie-Konzept wird dabei nicht verwendet. Empirische Analysen zeigen allerdings, dass transnationale Arrangements häufig nur dann verlässlich und dauerhaft sind, wenn sie in Sorge- und Versorgungsverpflichtungen gegenüber unmittelbaren Familienangehörigen eingebunden sind, insbesondere gegenüber Kindern und Eltern (Geisen et al. 2013; Parreñas 2005, 2008). Thomas Faist hat auf die Möglichkeit einer zeitlichen Befristung transnationaler, familialer Arrangements hingewiesen (Faist 2004). Dies verweist darauf, dass in der Realisierung transnationaler, familialer Arrangements konkrete Formen einer familialen Lebensgestaltung zum Ausdruck kommen, über die konkrete (Familien-)Ziele erreicht werden sollen. Auch für das Verständnis von transnationalen Lebensweisen ist es daher von Bedeutung, die in die konkrete Lebensgestaltung eingelagerten Zielsetzungen und damit verbundenen Handlungsweisen in den Blick zu nehmen.

In der bisherigen Auseinandersetzung mit Ansätzen der Migrationsforschung, in denen der Strategie-Begriff von Bedeutung ist, wurde exemplarisch untersucht, inwieweit dieser in Ansätzen der Migrationsforschung implizit oder explizit Verwendung findet. Dabei hat sich gezeigt, dass zwar vielfach auf die Handlungen und Orientierungen zu Grunde liegenden Zielsetzungen fokussiert wird. Dieser Zugriff erfolgt jedoch vor allem auf der Handlungsebene und ist auf spezifische Bereiche fokussiert. Sowohl die Frage nach der konzeptionellen Einordnung des Strategie-Begriffs, als auch die Frage nach der Relevanz und Reichweite von Strategien im Rahmen einer individuellen und kollektiven Lebensgestaltung bedarf daher der weiteren Klärung. Hierzu wird zunächst auf die Begriffe Lebensführung, Lebenswelt und Alltagsleben eingegangen, um den sozialen Kontext zu benennen, in dem eine individuelle und kollektive Lebensgestaltung situiert ist. Auf dieser Grundlage wird dann im Weiteren die Unterscheidung von Handlungs- und Lebensstrategien eingeführt und in ihrer Bedeutung für die Analyse von Migrationsprozessen untersucht.

3 Leben als sozialwissenschaftliche Kategorie: Lebensführung, Lebenswelt und Alltagsleben

Die Auseinandersetzung mit dem menschlichen Leben fokussiert auf zwei eng miteinander verbundene Bereiche der sozialwissenschaftlichen Forschung: Einerseits geht es um die Frage der Kohärenz des menschlichen Lebens über die (Lebens-)Zeit und andererseits um die Situierung des Lebens innerhalb des Sozialen. Mit Hilfe von Lebensführung, Lebenswelt und Alltagsleben als zentralen sozialwissenschaftlichen Konzepten wird dieser Zusammenhang nachfolgend untersucht. Es wird aufgezeigt, dass sie jeweils auf unterschiedliche, soziale Phänomene fokussieren. Während Lebensführung auf Prozessen der Sinngebung fokussiert, geht es beim Konzept der Lebenswelt um die Analyse der menschlichen Interaktionen in konkreten sozialen Räumen. Die Auseinandersetzung mit dem Konzept Alltagsleben erweitert das Analysespektrum insofern, als es die materielle Basis des Lebens in den Blick nimmt und nach den Bedürfnissen und den Möglichkeiten ihrer Realisierung fragt. Das menschliche Leben wird in allen drei Konzepten als ein Entwurf verstanden, der auf konkrete Ziele hin ausgerichtet ist. Den Ausgangspunkt bildet dabei die soziale Tatsache, dass Menschen durch ihre Tätigkeiten ihr Leben erhalten und ihm eine bestimmte Gestalt geben.

Der Erhalt des Lebens beinhaltet eine spezifische Systematik, da wiederkehrenden und neuen Bedürfnissen gleichermaßen Rechnung getragen werden muss. Max Weber bezeichnet diesen Zusammenhang als „Lebensführung" (Weber 1980, S. 275). Darunter versteht er „einen Versuch der Systematisierung der Lebensäußerungen, der Zusammenfassung also des praktischen Verhaltens zu einer Lebensführung" (Weber 1980, S. 275). Er verbindet dabei die Ebene der konkreten menschlichen Praxis mit den individuellen und sozialen Prozessen der Sinngebung. Für ihn wird der „einheitliche Aspekt des Lebens (…) durch eine bewußt einheitliche sinnhafte Stellungnahme zu ihm" gewonnen (Weber 1980, S. 275). Auf die Frage, wie die verschiedenen Aspekte des Lebens zusammengeführt werden und wie hierüber eine einheitliche Lebenspraxis etabliert wird, bietet das Konzept der Lebensführung eine Antwort. Migration kann im Kontext von individueller und kollektiver Lebensführung eine wichtige Rolle spielen indem sie als Handlungsstrategie angewendet und wirksam wird (Geisen et al. 2013a). Unter Berücksichtigung des Kontext Migration kommt in Bezug auf die Lebensführung, der Frage nach dem

Ort der Lebensführung eine besondere Bedeutung zu, da mit der Migration der Lebensmittelpunkt an einen anderen Ort verlagert wird.

Für Alfred Schütz und Thomas Luckmann finden Leben und Lebensführung als menschliche Tätigkeiten immer in einem spezifischen Kontext statt, den sie anknüpfend an Husserl als Lebenswelt bezeichnen (Schütz und Luckmann 2003). Lebenswelt ist für sie „der Wirklichkeitsbereich, an der der Mensch in unausweichlicher, regelmäßiger Wiederkehr teilnimmt. Die alltägliche Lebenswelt ist die Wirklichkeitsregion, in die der Mensch eingreifen und die er verändern kann, indem er in ihr durch die Vermittlung seines Leibes wirkt (...) Nur in der alltäglichen Lebenswelt kann sich eine gemeinsame kommunikative Umwelt konstituieren. Die Lebenswelt des Alltags ist folglich die vornehmliche und ausgezeichnete Wirklichkeit des Menschen" (Schütz und Luckmann 2003, S. 29). Lebenswelt „in ihrer Totalität als Natur- und Sozialwelt verstanden, ist sowohl der Schauplatz als auch das Zielgebiet meines und unseres wechselseitigen Handelns (...) Die Lebenswelt ist also eine Wirklichkeit, die wir durch unsere Handlungen modifizieren und die andererseits unsere Handlungen modifiziert" (Schütz und Luckmann 2003, S. 32 f.). Mit dem Begriff der „alltäglichen Lebenswelt" wird von Schütz und Luckmann der Versuch unternommen, den phänomenologischen Begriff der Lebenswelt für die Sozialwissenschaften anwendbar zu machen. Denn anders als bei Husserl geht es ihnen nicht mehr um die Frage nach der „Erfahrungswelt ersten Sinnes" (Husserl 2003, S. 192), nicht mehr um die Frage nach der Lebenswelt an sich, sondern um den spezifischen Bereich der Alltäglichkeit, den sie nun im Sinne einer den Menschen als vorgängig gegebenen Lebenswelt auffassen. Lebenswelt ist für sie das Resultat eines sozialen Konstruktionsprozesses, in dem das menschliche Leben sich erhält und entfaltet. Im Verhältnis zu Webers Konzept der Lebensführung kann Schütz und Luckmanns Konzept der „alltäglichen Lebenswelt" daher gleichermaßen als Bezugspunkt und Grundlage von menschlichen Tätigkeiten angesehen werden. Das Konzept der alltäglichen Lebenswelt beantwortet daher sowohl die Frage nach dem sozialen und geografischen Ort, als auch die Frage nach der Sinnhaftigkeit von Welt (Schütz 1993).

Für die Analyse von Migrationsprozessen ist das Konzept Lebenswelt in hohem Masse anschlussfähig, da sich hier mit dem Wechsel des Lebensmittelpunktes Fragen nach der Bedeutungsveränderung der alltäglichen Lebenswelt, die im Verlauf der Migration verlassen wird, ebenso stellen, wie Fragen der Neuorientierung und der Auseinandersetzung mit der Lebenswelt am neuen Lebensort, deren Alltäglichkeit erst wieder hergestellt werden muss. Dies gilt auch für das Konzept der Lebensführung, das die sozialen Praxen selbst in den Blick nimmt, indem es nach der Art und Weise fragt, wie Menschen ihr Leben führen und gestalten. Die Fragen nach der Gerichtetheit des sozialen Handelns und nach der Bedeutung des Ortes für die Umsetzung dieser sich in Lebensentwürfen konkretisierenden Gerichtetheit sozialen Handelns, sind damit jedoch noch nicht ausreichend beantwortet. Vor allem im Kontext von Migration kann davon ausgegangen werden, dass der Wechsel des Lebensmittelpunkts Ausdruck eines aktiven Aushandlungs-, Entscheidungs- und Handlungsprozesses ist, an dem eine potentiell äußerst heterogene und umfangreiche Anzahl von Akteuren beteiligt sein kann. Das, was bisher Geltung hatte, insbesondere die Art der Lebensführung und die alltägliche Lebenswelt, verändert sich durch die Migration grundlegend. Dabei stellt sich die Frage, wie spezifische Lebensentwürfe entstehen, welche konkreten Ziele in Lebensentwürfe eingeschrieben sind und wie diese das gegenwärtige soziale Handeln beeinflussen.

Eine Antwort hierauf gibt der Begriff des „Alltagslebens". Henri Lefebvre versucht mit diesem Konzept die Gerichtetheit individuellen und sozialen Handelns sowohl auf der Ebene der materiellen Existenzweise und der Existenzbedingungen des Menschen herauszuarbeiten, als auch auf der Ebene des sozialen Zusammenhangs. Beide Ebenen werden hier miteinander verknüpft. Lefebvre begreift das Alltagsleben als den Ort, „in dem und ausgehend von dem die wirklichen *Kreationen* vollbracht werden, jene, die *das* Menschliche und im Laufe ihrer Vermenschlichung *die* Menschen produzieren: *die Taten und Werke*" (Lefebvre 1975, S. 298). Er geht davon aus, dass die Welt des Menschen bestimmt wird „durch eben jene mittlere und vermittelnde *Ebene*: das Alltagsleben. In ihm werden die konkretesten aller dialektischen Bewegungen der Beobachtung zugänglich: Bedürfnis und Wunsch, Genuß und Nicht-Genuß, Befriedigung und Entbehrung (oder Frustration), Vollendung und Stückwerk, Arbeit und Nicht-Arbeit" (Lefebvre 1975, S. 299). Das Alltagsleben stellt einen spezifischen Bereich, eine gesonderte Ebene innerhalb der Gesamtheit der menschlichen Praxis dar. Es ist auf den Erhalt und die Gestaltung des menschlichen Lebens bezogen. Das Alltagsleben wird in einer ersten Definition von Lefebvre als eine Region bezeichnet, „in welcher der Mensch sich die Natur aneignet, weniger die äußere als vielmehr die *eigene Natur* – als Grenz- und Verbindungsgebiet zwischen dem *nicht beherrschten Bereich* des Lebens und dem *beherrschten Bereich* – als Region, in der die *Güter* den mehr oder weniger zu Wünschen verwandelten *Bedürfnissen* gegenübertreten" (Lefebvre 1975, S. 300). In der Folge unterscheidet er verschiedene Schichten und Sphären, die das Alltagsleben prägen. Hierzu gehören Zeitlichkeit, Notwendigkeit und Aneignung als elementare Formen des Alltagslebens. Zeitlichkeit verweist dabei sowohl auf die existentielle Begrenzung des Menschen durch die Lebenszeit als auch auf Konflikte zwischen verschiedenen Zeitlichkeiten, die auch simultan ablaufen. Notwendigkeiten sind durch den Erhalt des Lebens bedingt, sie umfassen „Bedürfnisse, zyklische Zeiten, sowie affektive und vitale Spontaneität" (Lefebvre 1975, S. 316). Aneignung bezeichnet schließlich den fortlaufenden Prozess, wie Menschen sich

Gegenstände und Güter zu Eigen machen, wie Wünsche und Bedürfnisse entstehen und wie diese zur Entsprechung gebracht werden: „Ohne das anhaltende Bemühen um eine Erweiterung des Möglichen geht es nicht. Als Region der Verwirklichung und Nicht-Verwirklichung, des effektiven Genusses und Besitzes (des Angeeigneten) und des Nicht-Genusses, ist es genau der Ort der dialektischen Bewegung von Entfremdung und Kampf gegen Entfremdung" (Lefebvre 1975, S. 316).

Agnes Heller knüpft hier an, indem sie das Alltagsleben als Ebene der individuellen Reproduktion fasst, also als den Ort an dem individuelle Bedürfnisse und Wünsche entstehen, nach Befriedigung streben und diese zumindest teilweise auch erfahren. Der hieraus resultierende Überschuss an Bedürfnissen und Wünschen stellt für das menschliche Leben eine Einschränkung und Begrenzung dar. Nicht erfüllte Bedürfnisse streben nach Erfüllung oder führen zu Resignation, zur Einrichtung in als beengt empfundenen Verhältnissen. Das Alltagsleben umfasst demnach für Heller „die Gesamtheit der Tätigkeiten der Individuen zu ihrer Reproduktion, welche jeweils die Möglichkeit zur gesellschaftlichen Reproduktion schafft" (Heller 1978, S. 24). Den Ausgangspunkt hierzu bildet die Tatsache, dass jeder Mensch in eine von ihm unabhängige Welt hineingeboren wird: „Die Welt erscheint ihm als ‚fertig' gegeben; in dieser Welt muß er sich erhalten, seine Lebensfähigkeit unter Beweis stellen. Er wird in konkrete Gesellschaftsverhältnisse, in konkrete Anforderungssysteme, in konkrete Institutionen hineingeboren. Vor allem muß er lernen, die Dinge zu ‚gebrauchen', er muß sich die Umgangs- und Anforderungssysteme aneignen (…) Die Reproduktion des Einzelnen ist also immer die Reproduktion eines historischen Einzelnen, des Einzelnen einer konkreten Lebenswelt" (Heller 1978, S. 26). Bestimmte Tätigkeiten werden kontinuierlich ausgeübt und sind im engeren Sinne des Wortes „alltäglich", beispielsweise essen und arbeiten, andere kennzeichnen nur „eine bestimmte Phase oder einzelne Phasen des Menschenlebens" (Heller 1978, S. 28). Die Einheit der Persönlichkeit realisiert sich für Heller im Alltagsleben, dem zugleich eine zentrale Bedeutung zukommt, denn „für die Mehrheit der Menschen (…) ist das Alltagsleben ‚das' Leben" (Heller 1978, S. 31). Konkret bedeutet dies, dass der einzelne Mensch sein Leben „objektiviert": „Der Einzelne formt seine Welt *als seine unmittelbare Umgebung*. Das Alltagsleben *verläuft* in der unmittelbaren Umgebung und bezieht sich auf diese (…) Alle Objektivationen, die sich nicht auf den Einzelnen bzw. auf dessen unmittelbare Umgebung beziehen, weisen über die Ebene des Alltäglichen hinaus" (Heller 1978, S. 30). Die Formung der unmittelbaren Umgebung geschieht über die Arbeit: „Arbeit als labour ist organischer Bestandteil des Alltagslebens" (Heller 1978, S. 117). Die Unterscheidung zwischen dem Alltäglichen und dem Nicht-Alltäglichen wird an einen konkreten Ort in der Welt gebunden. Er zeichnet sich dadurch aus, dass er unmittelbar zum Gegenstand menschlichen

Handelns gemacht wird. Diese Formung der Welt innerhalb der konkreten, lokalen Zusammenhänge der Menschen, bildet den Ansatzpunkt zum Verständnis und zur Rekonstruktion der Gerichtetheit des sozialen Handelns. Denn bezogen auf und in Auseinandersetzung mit den im Alltagsleben jeweils gegebenen Lokalitäten und ihrer jeweiligen sozialen und materiellen Ausstattung, entstehen die menschlichen Bedürfnisse. Menschliche Handlungsfähigkeit beschreibt darauf bezogen demnach die Art und Weise, wie Menschen in der Lage sind, unter gegebenen sozialen und materiellen Bedingungen ihr Leben zu gestalten. Sie tun dies jeweils auf unterschiedliche Weise, daher lassen sich verschiedene Aneignungsformen und daraus resultierend Lebensstile identifizieren. Diese stehen in Abhängigkeit zu den ihnen zu Grunde liegenden Zielsetzungen, die von den Menschen in ihrem Leben verfolgt werden. Dies ist für den Kontext Migration von besonderer Bedeutung, da sich hier die Frage nach den Gründen und Motiven der Verlagerung des Lebensmittelpunktes stellt. Das Konzept des Alltagslebens nach Heller versucht eine Antwort hierauf zu geben, indem es sich mit den Bedürfnissen und Möglichkeiten von Menschen an einem konkreten Ort befasst und danach fragt, inwieweit diese erfüllt werden und welche Handlungen und Orientierungen hieraus resultieren. Allerdings wird der Frage danach, wie diese Gerichtetheit sich konzeptionell im menschlichen Handeln konkret umsetzt, nicht weiter nachgegangen.

In der Auseinandersetzung mit den Konzepten Lebensführung, Lebenswelt konnte gezeigt werden, dass den drei Konzepten unterschiedliche Perspektiven zu Grunde liegen. Die Lebensführung stellt die individuelle Lebensgestaltung in den Mittelpunkt, die Lebenswelt bezieht sich auf Interaktionsprozesse und das Alltagsleben fokussiert auf die Möglichkeiten der Befriedigung der menschlichen Bedürfnisse. Die verschiedenen Perspektiven ergänzen sich jeweils oder sind bereits zum Teil in den jeweils anderen Konzepten mit eingeschlossen. Sie tragen insgesamt dazu bei, das menschliche Leben in seinem Gesamtzusammenhang aus unterschiedlichen Perspektiven in den Blick zu nehmen und die Erkenntnisse aus den verschiedenen Perspektiven jeweils aufeinander zu beziehen. Erst dadurch wird es möglich, Ambivalenzen und Widersprüche als zentrale Herausforderung menschlichen Lebens zu erkennen und die Formen der Bearbeitung und des Umgangs damit zu analysieren. Denn das menschliche Leben ist nicht determiniert, sondern es ist Resultat individueller Gestaltung unter jeweils gegebenen sozialhistorischen Bedingungen und Kontexten und trägt den Charakter eines Entwurfs. In diesem verbinden sich die in den jeweiligen sozialen Kontexten gegebenen Erfordernisse und Möglichkeiten mit den individuellen Gestaltungs- und Entwicklungsmöglichkeiten. Die Gestaltung des menschlichen Lebens ist daher nicht allein abhängig von den vorhandenen materiellen und sozialen Gegebenheiten. Vielmehr sind die von den Menschen vorgenommenen Bewertungen und Beurteilungen dieser Gegebenheiten grundlegend für das Verständnis der menschlichen Tätigkeiten. Erst im Prozess des Bewertens und Beurteilens werden die materiellen und sozialen Gegebenheiten daher zu Bedingungen des menschlichen Lebens. Aus der Kontinuität von Bewertungen und Beurteilungen entstehen konkrete Weltauffassungen und spezifische Ziele, die von den Menschen verfolgt werden. Der Fähigkeit von Menschen, sich auf eine Zukunft hin zu entwerfen, einen Lebensentwurf zu entwickeln und umzusetzen, liegt eine strategische Ausrichtung und Orientierung zu Grunde, die eng mit der Handlungsfähigkeit des Menschen verbunden ist. Zur begrifflich-konzeptionellen Fassung dieser spezifischen Fähigkeit wird nachfolgend auf das Konzept der Lebensstrategien zurückgegriffen, das anschlussfähig ist an die Konzepte Lebensführung, Lebenswelt und Alltagswelt und darin situiert werden kann.

4 Das Konzept der Lebensstrategien

Im Gegensatz zur alltäglichen Verwendung des Begriffs, wird Lebensstrategie nachfolgend als ein handlungsleitendes, das Leben insgesamt orientierendes und organisierendes Konzept eingeführt und verstanden. Der Begriff Lebensstrategie hat in den Sozialwissenschaften bislang nur vereinzelt Verwendung gefunden. So schreibt Hoerder etwa: „Um überleben und Lebensstrategien entwickeln zu können, müssen Menschen individuell, in Gemeinschaften und als Gesellschaften für ihre materiellen, emotionalen, intellektuellen und religiösen Bedürfnisse sorgen" (Hoerder 2002a, S. 25). Mit Hilfe des Begriffs der Lebensstrategie versucht Hoerder ausgehend von den jeweiligen gesellschaftlichen Bedingungen im Herkunfts- und dem potentiellen Einwanderungsland bzw. der Zielregion, Handlungsmöglichkeiten und Orientierungen herauszuarbeiten, auf deren Grundlage Migrationsentscheidungen getroffen und die Umsetzung eines konkreten Lebensentwurfs erfolgt. Dabei werden sowohl individuelle als auch kollektive Orientierungen berücksichtigt. Exemplarisch kann dies am Beispiel von Familien im Kontext von Migration aufgezeigt werden, da innerhalb von familialen Kontexten individuell-biographische und kollektiv-familienbezogene Handlungen und Orientierungen identifiziert und in ihrer Bedeutung für die Gestaltung familialer Beziehungen untersucht werden können (Geisen 2014a, 2014b). Die Familie bildet dabei den sozialen Beziehungsrahmen für die Entwicklung von Lebensstrategien. Sie sind das Resultat zwischenmenschlicher Bindungen, diese benötigen Zeit und bedürfen einer Zukunftsperspektive (Bauman 2009, S. 104). Im Kontext Familie sind die Zukunftsperspektiven wesentlich durch intergenerationale Beziehungen beeinflusst, dabei stehen vor allem die Übernahme von Verantwortung für sich und andere Familienangehörige sowie Sorgebeziehungen im Mittelpunkt, und zwar sowohl für die nachwachsenden als auch für die älteren Generationen oder andere sorgebedürftige Familienangehörige. Ausgehend von „der Evaluierung des sozialen Status" erfolgt schließlich die „Auswahl einer Lebensstrategie" (Bauman 2009, S. 105), um die familialen Zukunftsperspektiven umzusetzen.

Mit Leben können sehr unterschiedliche Dinge gemeint sein, etwa das biologische Leben des menschlichen Körpers, oder das soziale Leben des Menschen. Arendt folgend soll der hier verwendete Begriff des Lebens im Rückgriff auf seine etymologische Bedeutung als „unter Menschen weilen" (Arendt 1996, S. 17) verstanden werden. Für Arendt bedeutet dies, dass der Mensch im Singular nicht existiert, Mensch-Sein gibt es nur im Plural. Denn der Mensch ist auch als Individuum immer ein soziales „Produkt", Resultat von Gesellschaftlichkeit und daher bereits von Anfang an in die vielfältigen sozialen Beziehungsgeflechte eingebunden. Das Konzept der Lebensstrategie knüpft an diese grundlegende Ambivalenz des menschlichen Lebens an, sowohl Individuum zu sein als auch Teil von sozialen Zusammenhängen, etwa von Gemeinschaft und Gesellschaft. Der Begriff des Lebens beschreibt dabei zunächst eine conditio-sine-qua-non der menschlichen Existenz. Das bedeutet, dass die Menschen darauf angewiesen sind ihr Leben zu erhalten und die hierfür erforderlichen Lebensmittel zu besorgen (Marx 1989). Hieraus ergeben sich spezifische Grundtätigkeiten, die das menschliche Leben bestimmen. Arendt beschreibt diese als Arbeiten, Herstellen und Handeln (Arendt 1996). In den Grundtätigkeiten werden die verschiedenen Relationen des Menschen zur Natur, und zwar zur inneren und äußeren Natur, und zur gegenständlichen, von den Menschen produzierten Welt, sowie diejenigen zwischen den Menschen, zum Gegenstand menschlicher Tätigkeit gemacht. Dabei zeigt sich sowohl im Verhältnis von Menschen zur Natur, zu Dingen und im Verhältnis von Menschen untereinander, dass die Menschen in ihren Tätigkeiten Grenzen unterworfen und in ihren Möglichkeiten begrenzt sind (Geisen 2003, 2012). Die Gründe für diese Begrenzungen liegen vor allem in der zeitlichen und räumlichen Bedingtheit von Menschen und der von ihnen geschaffenen Gegenstände auf Grund ihrer jeweiligen Lebenszeit und ihrer körperlich-materiellen Existenzweise.

Aufgrund dieser Begrenzungen sind die menschlichen Tätigkeiten auf komplexe Weise sowohl Einschränkungen und Zwängen als auch Freiheiten und Möglichkeiten unterworfen. Diese stellen für die Menschen eine individuelle und soziale Gestaltungsaufgabe dar. Das menschliche Leben ist dabei sowohl Ausgangspunkt als auch Resultat der je individuellen, gemeinschaftlichen und gesellschaftlichen Tätigkeiten. Es ist auf umfassende Weise eingebunden in die gesellschaftlichen Verhältnisse, zugleich bieten sich Möglichkeiten vorhandene Begrenzungen zu überwinden. Mit dem Begriff des Lebens werden der zentrale Bezugspunkt und die Voraussetzung menschlicher Tätigkeiten benannt. Dabei wird im Anschluss an

Arendt nicht nur auf das Verhältnis Mensch-Natur fokussiert, sondern auch das Verhältnis von Menschen zur Welt und darauf, wie das eigene individuelle Leben, in Bezug auf das Zusammenleben mit anderen Menschen situiert ist bzw. werden soll (Arendt 1996).

Dort wo Menschen Tätigkeiten ausüben, Handlungen vollziehen und Bedürfnisse ausbilden, stellt sich auch die Frage nach ihren Gründen und Motiven: für die Ausübung einer beruflichen Tätigkeit, für die Sorge um die Kinder oder auch für die Migration. Dort, wo verschiedene Möglichkeiten zur Gestaltung des Lebens vorhanden sind, finden Prozesse des Abwägens und Aushandelns statt, werden Ziele festgelegt und Entscheidungen getroffen, Chancen erkundet und Risiken abgewägt, Realisierungsmöglichkeiten überprüft und es wird nach Hindernissen Ausschau gehalten. Immer dort, wo Ziele und damit verbundene Entscheidungen nicht unmittelbar auf die Gegenwart bezogen, sondern auf eine mittel- und langfristige Perspektive hin ausgerichtet sind, findet eine Systematisierung und Fokussierung des menschlichen Handelns auf die Zielerreichung und auf die Mittel, die hierzu erforderlich sind, statt. Begrifflich kann dieser Prozess der Zielfindung und seine Umsetzung als Strategie bezeichnet werden. In Anlehnung an Michel de Certeau, der Alltagspraktiken oder alltägliche Handlungsweisen untersucht hat, ist Strategie „eine Berechnung von Kräfteverhältnissen, die in dem Augenblick möglich wird, wo ein mit Macht und Willenskraft ausgestattetes Subjekt (ein Eigentümer, ein Unternehmen, eine Stadt, eine wissenschaftliche Institution) von einer ‚Umgebung' abgelöst werden kann. Sie setzt einen Ort voraus, der als etwas *Eigenes* beschrieben werden kann und der somit als Basis für die Organisierung seiner Beziehungen zu einer bestimmten Außenwelt (Konkurrenten, Gegner, eine Klientel, Forschungs-‚Ziel' oder ‚Gegenstand') dienen kann" (Certeau 1988, S. 23). Die Strategie, die Berechnung von Kräfteverhältnissen, liegt den Alltagspraktiken zu Grunde. Sie bedarf eines Ortes und eines mit Macht und Willenskraft ausgestatteten Subjekts, das in der Lage ist, soziale Beziehungen zu einer Außenwelt zu organisieren. Sie ist nicht gleichzusetzen mit Taktik, dem „Kalkül, das nicht mit etwas Eigenem rechnen kann und somit nicht mit einer Grenze, die das Andere als eine sichtbare Totalität abtrennt" (Certeau 1988, S. 23). Während die Taktik durch das „Fehlen von Macht" bestimmt ist, wird die Strategie „durch die Macht organisiert" (Certeau 1988, S. 90). Die Differenz zwischen Strategie und Taktik verweist „auf zwei historische Optionen im Bereich des Handelns und der Sicherheit (Optionen, die sich übrigens mehr auf Notwendigkeiten als auf Möglichkeiten beziehen): die Strategien setzen auf den Widerstand, die die *Etablierung eines Ortes* dem Verschleiß durch die Zeit entgegenhalten kann; die Taktiken setzen auf einen geschickten *Gebrauch der Zeit*" (Certeau 1988, S. 92). Bei der von Certeau vorgenommenen Differenzierung von Strategie und Taktik handelt es sich weniger um eine kategoriale, als um eine graduelle Unterscheidung, da die Praktiken der Etablierung eines Ortes immer auch von einem spezifischen Gebrauch der Zeit zeugen. Die Praktiken, wie sie Certeau unter Taktik beschreibt, werden nachfolgend ebenfalls als Strategien gefasst. Denn die Verfügbarkeit über Macht(-ressourcen) stellt in dieser Perspektive eine zentrale Dimension von Strategien dar, die eng verbunden ist mit den Praktiken der Etablierung eines Ortes und dem Gebrauch der Zeit. Macht als Ressource ist zwar ungleich verteilt, allerdings sind Menschen niemals vollkommen machtlos, wenn es ihnen gelingt gemeinsam mit anderen zu handeln, etwa in familialen Kontexten. Denn Machtressourcen werden auch dort mobilisiert und strategische Zielsetzungen verfolgt, auch wenn diese sich überwiegend auf den „Gebrauch der Zeit" beziehen.

Mit dem Begriff der Strategie werden also die Bedingungen und Möglichkeiten der menschlichen Handlungsfähigkeit in den Blick genommen. Dabei wird der Ausrichtung des menschlichen Handelns auf eine Zukunft hin eine besondere Bedeutung beigemessen. Denn die im Handeln eingelagerten Bewertungen und Beurteilungen von Sachverhalten verweisen nicht nur auf gemachte Erfahrungen aus der Vergangenheit. Im Rahmen einer subjektorientierten Migrationsforschung trägt das Konzept der Lebensstrategien der Tatsache Rechnung, dass menschliches Handeln auf die Zukunft hin ausgerichtet ist. Damit leistet es auch einen Beitrag zu einem besseren Verständnis der Gründe und Motive menschlichen Handelns. Im Konzept der Lebensstrategie wird der Begriff der Strategie mit dem Begriff des Lebens verbunden, weil in dieser Perspektive die Frage nach der Gestaltung des eigenen Lebens und des alltäglichen Tuns, den Gegenstand strategischen Handelns, ihren Bezugspunkt bildet. Das menschliche Handeln wird dabei nicht als fragmentarisch und auf einen spezifischen Gegenstand bezogen betrachtet. Vielmehr wird davon ausgegangen, dass die einzelnen Tätigkeiten immer auch einen bestimmenden Einfluss auf die Gesamtheit des Lebens ausüben. Im Kontext von Entstehung und Etablierung, Anpassung und Veränderung, Kontinuität und Diskontinuität, Festhalten an und Neuausrichtung von Lebensstrategien, stellt sich daher immer die Frage worauf Lebensstrategien gerichtet sind und was mit ihnen erreicht werden soll.

Es handelt sich bei Lebensstrategien jedoch nicht um einzelne Handlungen, die auf ein bestimmtes Ziel hin entworfen werden, also um ein Handeln Um-zu (Schütz und Luckmann 2003, S. 471). Vielmehr haben Lebensstrategien einen umfassenderen, das Leben in seinen verschiedenen Bereichen orientierenden, strukturierenden und organisierenden Charakter. Zu diesen Bereichen gehören beispielsweise das Private und das Öffentliche, Arbeit und Freizeit, Schule und Bildung, Nachbarschaft und Freundschaft. Den Lebensstrategien liegen daher normative Handlungsmaxime zu Grunde, in denen sich funktionale und motivationale Aspekte des Handelns miteinander verbinden. Sie können durch Kontinuität, also der Aufrechterhaltung und Fortführung von Lebensstrategien, als auch durch Wandel gekennzeichnet sein, also der Veränderung und Anpassung an neue Gegebenheiten und Herausforderung.

Bezogen auf den Kontext Migration bedeutet dies, dass sich in der Lebensstrategie eine biographische Kontinuität von Migration als Handlungsstrategie (Geisen et al. 2013a) abbilden kann, wie dies etwa bei regelmäßigen Formen saisonaler Arbeitsmigration der Fall sein kann. Migration kann aber auch Ausdruck der Veränderung und Anpassung von Lebensstrategien sein, wenn Migration als Handlungsstrategie im Leben neu zum Tragen kommt und umgesetzt wird. Dies kann etwa der Fall sein, wenn individuelle oder familiale Krisensituationen eintreten, die durch Migration bearbeitet werden (Geisen 2014b). In solchen Fällen kann es zu einer Anpassung und Neuausrichtung von Lebensstrategien kommen. Dies führt zu einer Neu-Orientierung in der Lebensgestaltung. Bestehende Orientierungen können dabei sowohl einen wichtigen Beitrag zur Anpassung von Lebensstrategien leisten als auch hinderlich sein.

Eine Neu-Orientierung im menschlichen Leben kann also begrifflich auch als eine Neuausrichtung von Lebensstrategien bezeichnet werden, die im Hinblick auf die Lebensgestaltung und die Verfolgung spezifischer Lebensziele vorgenommen wird. Lebensgestaltung und Lebensziele nehmen dabei Bezug auf die jeweils vorhandenen individuellen, gemeinschaftlichen und gesellschaftlichen Möglichkeitsräume. Ein auf dieser Grundlage entstehendes soziales Beziehungsgeflecht, in das Menschen von Anfang an eingebunden sind, umfasst die Bereiche Individuum, Gemeinschaft, Gesellschaft und Weltgesellschaft nicht als voneinander getrennte Ebenen, vielmehr sind sie durch Tätigkeiten, Kommunikation und soziale Praxen eng miteinander verbunden (Jouhy 1998; Mergner 1999). Das menschliche Leben ist dabei auf widersprüchliche Weise in bestehende Beziehungsgeflechte mit eingebunden, zugleich werden diese aber auch von den einzelnen Menschen mitbestimmt und neu gestaltet. Mit Blick auf die Gestaltungsfähigkeit sind dabei für Ernest Jouhy weniger die objektiven Bedingungen entscheidend, als die subjektiven Prozesse der Sinngebung und des subjektiven Handelns. Damit verweist er auf eine Perspektive die dem Handeln und der Sinngebung innewohnt, die nicht allein auf objektive Faktoren zurückgeführt werden kann. Vielmehr zeigt sich hierin ein subjektiver Faktor, den Jouhy als entscheidend für das Verstehen menschlichen Handelns ansieht (Jouhy 1996). Erkenntnistheoretisch wird damit die Entfaltung eines spezifischen Lebensentwurfs zum entscheidenden Faktor für das Verständnis menschlichen Handelns.

Das Konzept der Lebensstrategie setzt hier an, mit ihm kann eine konkrete, durch Ambivalenzen gekennzeichnete soziale Praxis in spezifischen sozialen

Kontexten auf darin enthaltene Lebensentwürfe untersucht werden. Inwieweit Lebensstrategien erfolgreich sind und zu einer entsprechenden Realisierung von Lebensentwürfen beitragen, ist jedoch auch durch die gesellschaftlichen Verhältnisse bedingt und davon, welche Möglichkeiten hier jeweils zur Verfügung stehen. Denn je nach sozialer Lage ist die Verfügbarkeit über ökonomische, kulturelle und soziale Ressourcen begrenzt. Die sozial-strukturellen Bedingungen müssen daher bei einer Analyse von Lebensstrategien mit berücksichtigt werden.

Das Konzept der Lebensstrategie hat seinen Ausgangspunkt in der Gestaltung und Entwicklung des menschlichen Lebens. Die Gestaltungsfähigkeit des menschlichen Lebens stellt eine grundlegende menschliche Ambivalenz dar, denn das menschliche Leben ist in seiner Gestaltungsfähigkeit sowohl Notwendigkeiten unterworfen als auch mit vielfältigen Möglichkeiten ausgestattet, die mit Hilfe von Lebensstrategien bearbeitet wird. Die Bedingtheit des Lebens auf Grund einer in der Regel begrenzten Verfügbarkeit von materiellen und immateriellen Ressourcen bildet daher den Ausgangspunkt für die Entwicklung und Etablierung von Lebensstrategien, um die menschlichen Bedürfnisse zu befriedigen. Darüber hinaus verweist die im Rahmen von Lebensstrategien vorgenommene Bewertung und Beurteilung von Tätigkeiten und Gegenständen auf implizit und explizit vorhandene Identifikationen und Positionierungen, die im Rahmen spezifischer Weltauffassungen vorgenommen werden. Diese sind mit individuellen und sozialen Sinngebungsprozessen verknüpft. Die Entstehung von Identifikationen und Positionierungen kann auf Strategien zurückgeführt werden. Strategien beschreiben immer auch Kräfteverhältnisse, die von einem eigenen Ort in der Welt heraus sich entfalten und durch Subjekte bestimmt werden, also auf der Organisation von Macht beruhen. Sie können mit mehr oder weniger Machtressourcen ausgestattet sein. Lebensstrategien beziehen sich auf *konkrete Orte*, an denen die Menschen leben, auf die sie sich in ihrem Handeln beziehen und von denen sie aufbrechen, um sich an neuen Orten zu situieren. Sie verweisen aber auch auf die Bedeutung von *sozialen Beziehungen*, wie sie beispielsweise im Kontext von Familie und Arbeit entstehen, die für das Zusammenleben und für die Erschließung von Ressourcen erforderlich sind. Darüber hinaus werden über Lebensstrategien auch spezifische soziale Positionierungen angestrebt, diese verweisen immer auch auf gesellschaftliche *Machtpotentiale*, insbesondere auf die Verfügbarkeit über soziale, kulturelle und materielle Ressourcen. Vor diesem Hintergrund verweisen die in den Lebensstrategien verfolgten Zielsetzungen auch auf die subjektive Bearbeitung der in individuellen bzw. kollektiven Bedeutungszuschreibungen und Orientierungen zum Ausdruck kommenden Ambivalenzen.

Mögliche Grenzen und Kritik an Begriff und Konzept der Lebensstrategie können einerseits in Bezug auf die mit dem Konzept der Lebensstrategie verbundene

Annahme einer Zielgerichtetheit menschlichen Handelns formuliert werden. Dies erscheint angesichts von Widersprüchen, Unklarheiten, Handlungsschleifen, Ambivalenzen und Unverstandenem im eigenen Leben und im Leben anderer auf den ersten Blick plausibel. Allerdings ist es gerade eine Stärke des Konzepts Lebensstrategie, dass Strategien sowohl eine unterschiedliche zeitliche und räumliche Reichweite als auch einen unterschiedlichen Grad an Spezifizierung und Ausarbeitung aufweisen können. Konkret bedeutet dies, dass sich Lebensstrategien nicht nur durch ihren jeweiligen Inhalt unterscheiden, sondern auch im Hinblick auf den Stand ihrer impliziten und expliziten Ausarbeitung dimensioniert werden können. Darüber hinaus handelt es sich beim Strategiebegriff auch um eine Prozesskategorie. Daher können angesichts von im Alltagsleben erfahrenen Ambivalenzen und Widersprüchen auch Prozesse der Anpassung und Neuentwicklung mit Hilfe des Strategie-Begriffs identifiziert werden. Lebensstrategien sind daher sowohl durch ein hohes Maß an Kontinuität als auch durch Flexibilität gekennzeichnet. Andererseits richtet sich die Kritik am Begriff der Lebensstrategie auf den Einschluss der Ganzheit des Lebens-Begriffs. Hier kann argumentiert werden, dass dem Selbst diese Ganzheit oder Totalität nicht bewusst und den Forschenden nicht als ganze zugänglich ist. Es werden also methodische Probleme angesprochen, die mögliche Limitationen im Forschungsprozess thematisieren. Für diese Probleme gibt es keine generelle Lösung, vielmehr sollte man sich den Beschränkungen jeglicher analytischer Kategorie bewusst sein, auch der von Lebensstrategien. Im Konzept der Lebensstrategien wird das erkenntnistheoretische Problem dadurch bearbeitet, dass zwischen Handlungsstrategien und Lebensstrategien unterschieden wird. Während Handlungsstrategien auf spezifische Lebensbereiche bezogen sind und damit auch kleinteilig und differenziert ausgearbeitet werden können, so sind Lebensstrategien durch ihren Bezug auf die Gesamtheit oder Totalität des Lebens gekennzeichnet. Dieser doppelte Analyseschritt erlaubt es, einzelne Teilbereiche des Lebens überschreitende, übergreifende Orientierungen herauszuarbeiten, die auf das Leben in seiner Gesamtheit bezogen werden können. Angestrebt wird hier, die aus der Subjektperspektive jeweils bedeutsame, die verschiedenen Bereiche und Facetten des menschlichen Lebens zusammenfassende und Gestalt gebende Orientierung herauszuarbeiten. Inwieweit sich dies am empirischen Material konkretisieren lässt, soll nun nachfolgend anhand eines konkreten Fallbeispiels dargestellt werden.

5 Lebensstrategie als Analysekategorie: das Fallbeispiel Familie Gomez

Nachfolgend wird das Analysekonzept Lebensstrategie am Beispiel der Familie Gomez konkretisiert.[1] Ausgehend von der Darstellung der Familiengeschichte, werden aus dem über die Familie Gomez vorhandenen Material, das im Rahmen einer Fallstudie erhoben und analysiert wurde, zunächst Handlungsstrategien identifiziert und davon ausgehend die familiale Lebensstrategie herausgearbeitet.[2] Dabei wird aufgezeigt, welchen Beitrag das Konzept der Lebensstrategie im Rahmen einer subjektorientierten Migrationsforschung leisten kann. Es zeigt sich, dass Familien in den für sie bedeutsamen Lebensbereichen ihr Leben selbst gestalten und implizite oder explizite Ziele verfolgen und erreichen wollen. In der Verdichtung der den auf die jeweiligen Lebensbereiche bezogenen Handlungsstrategien und den darin enthaltenen Orientierungen wird dann die familiale Lebensstrategie herausgearbeitet. Bei Familien als Analyseeinheit muss zwischen individuellen und kollektiven Lebensstrategien unterschieden werden. Methodisch stellt sich daher das Problem der Zuordnung der jeweiligen Orientierungen und ihrer Verdichtung zu den jeweiligen Strategien. Denn in der Realität sind individuelle und kollektive Orientierungen stets eng miteinander verwoben. Analytisch können sie daher kaum voneinander unterschieden werden. Gelöst wird dieses Problem dadurch, dass die innerhalb der Familie bestehenden Orientierungen immer dann als kollektiv ausgewiesen werden, wenn sie als von den Familienmitgliedern mehrheitlich geteilt angesehen werden können. Es wird dann davon ausgegangen, dass sie eine normative Grundlage für das familiale Handeln bilden. Davon abweichende Positionierungen von Familienmitgliedern verweisen dann darauf, dass die in der familialen Lebensstrategie enthaltenen Orientierungen brüchig geworden sind und allenfalls einer Neuaushandlung bedürfen. In der nachfolgenden Falldarstellung werden Handlungs- und Lebensstrategien als familiale Strategien aufgefasst, die sowohl individuell Geltung haben als auch für die Familie in ihrer Gesamtheit Gültigkeit besitzen. Die Rekonstruktion erfolgte auf der Grundlage der Auswertung

---

[1] Alle Namen sind anonymisiert. Dem vorliegenden Beitrag liegen empirische Daten aus dem vom Schweizer Nationalfonds geförderten Projekt „Trennungssituationen von Eltern und Kindern in transnationalen Familien" zu Grunde, das von 2010 bis 2013 unter der Leitung von Thomas Geisen und Luzia Jurt und unter Mitarbeit von Christophe Roulin durchgeführt wurde. Weitere Informationen: http://www.fhnw.ch/sozialearbeit/iip/forschung-und-entwicklung/forschungsprojekte.

[2] Weitere Angaben zu Forschungsanlage, methodischem Vorgehen und eine Sampleübersicht können hier nicht gegeben werden, vergleiche hierzu Geisen (2014b).

von leitfadengestützten Einzelinterviews, die mit den Familienmitgliedern in der Schweiz durchgeführt wurden.[3]

5.1 Migrationsgeschichte Familie Gomez

Manuel Gomez lebt bereits in der Schweiz, als er seine Frau Maria in Portugal kennen lernt. Sie stammt aus Brasilien und lebt seit drei Jahren in Portugal. Maria und Manuel heiraten und sie zieht mit ihm in die Schweiz. Marias Tochter Anna, die seit der Migration von Maria bei den Grosseltern in Brasilien lebt, kommt später im Rahmen des Familiennachzugs ebenfalls in die Schweiz. Maria hat sich noch in Brasilien von ihrem ersten Ehemann getrennt und lebte dann mit ihrer Tochter bei den Grosseltern. Sie migrierte nach Portugal, um dort zu arbeiten. In der Schweiz wird Anna in der vierten Schulklasse eingeschult, Manuel und Maria Gomez haben inzwischen eine weitere Tochter. Manuel war 17 Jahre alt, als er in die Schweiz kam. Es dauert zweieinhalb Jahre bis er seine erste Arbeitsstelle in dem Unternehmen findet, in dem schon sein Vater beschäftigt war. Maria ist in der Schweiz zunächst ebenfalls arbeitslos, findet dann aber Beschäftigung bei einer Zeitarbeitsvermittlungsfirma und ist nun Betriebsmitarbeiterin in einer Fabrik.

5.2 Handlungsstrategien

Handlungsstrategien beziehen sich auf spezifische Bereiche und Tätigkeitsfelder und sind für die Lebensgestaltung von Bedeutung. Sie fokussieren darauf, welche Handlungen unternommen werden, um konkrete Ziele in Bezug auf die Lebensgestaltung erreichen zu können. Die Zielerreichung ist dabei nicht als ein linearer Prozess vorzustellen, vielmehr geht es dabei um die Bearbeitung oder die Auseinandersetzung mit Widersprüchen, Ambivalenzen, Unklarheiten, Enttäuschungen, Schleifen usw., die als Grenzen in der Lebensgestaltung erfahrbar werden. Handlungsstrategien werden so lange beibehalten, wie sie die Konkretisierung der spezifischen Zielsetzungen ermöglichen bzw. solange deren Umsetzung möglich oder gewährleistet erscheint. Im Zuge der Analyse von Familie Gomez konnten Migration, familiale Unterstützung, ökonomische Unabhängigkeit erreichen, Bildungsaspiration und Zusammengehörigkeit der Familie stärken als familienbezogene Handlungsstrategien analysiert werden.

---

[3] Die Analyse der Interviews erfolgte mit Grounded Theory.

a. *Migration*

Maria hat sich entschieden, ihre Tochter bei den Grosseltern in Brasilien zurück zu lassen, um in Portugal zu arbeiten. Sie will unabhängig von den Grosseltern sein und allein für sich und ihre Tochter Anna sorgen können. Sie entscheidet sich auch für diesen Weg, da ihre Eltern bereits alt sind und sie sich Gedanken darüber macht, wie sie leben soll, wenn die Eltern nicht mehr erwerbstätig sein und sie unterstützen können. Die Verdienstmöglichkeiten in Portugal sind für Maria besser als in Brasilien. Unterstützung erhielt sie von einer Freundin, die bereits in Portugal arbeitete. Die Arbeitsmigration ist zu Beginn nicht auf Dauer ausgelegt, sondern Maria will zunächst einmal schauen ob sie dort Arbeit findet und auch sonst alles klappt, um dann Anna zu sich zu holen. Für Maria ist die Trennung von ihrer vierjährigen Tochter schwierig, allerdings ist sie auch beruhigt, da sie Anna bei ihren Grosseltern in guter Betreuung weiss. Anna ist daran gewöhnt, bei ihren Grosseltern zu leben, daher kann Maria sie dort zurücklassen, um erst einmal selbst zu schauen, ob sich ihr Ziel zunächst in Portugal und dann in der Schweiz realisieren lässt.

b. *familiale Unterstützung*

Als Maria in Portugal eine Stelle findet, beginnt sie auch ihre Eltern zu unterstützen, die nicht über ein hohes Einkommen verfügen. Maria erzählt, dass die finanzielle Unterstützung, die sie aufbringen konnte, nicht alle Kosten von Anna deckte, „es war wirklich nur, um meiner Mutter zu helfen, weil sie hat mich nie danach gefragt, ich war nicht gezwungen, oder, zu schicken" (F8_M: 363 ff.). Die finanzielle Unterstützung lässt die Eltern teilhaben an dem durch die Arbeitsmigration erzielten Einkommen. Die Übernahme der Betreuung von Marias Tochter war die Voraussetzung dafür, dass Maria nach Portugal gehen und dort arbeiten konnte. Es findet also eine Form gegenseitiger familialer Unterstützung statt. Auch als Maria und Manuel heiraten, setzen sie die Unterstützung von Marias Eltern fort. Als belastend für die Familienbeziehungen zeigt sich die grosse Distanz zwischen Mutter und Tochter. Maria vermisst ihre Tochter sehr, seit sie in der Schweiz lebt, konnte sie nur alle ein bis zwei Jahre über Weihnachten und Neujahr nach Brasilien reisen, um ihre Tochter zu besuchen. Die Trennungssituation belastet zunehmend auch die neue Familie. Maria will ihre Tochter unbedingt zu sich in die Schweiz holen: „ich konnte es nicht mehr, ich musste wirklich meine Tochter hierher bringen, weil ich sie sehr vermisste und sie auch kommen wollte" (F8_M: 396 ff.). Das Familieneinkommen war nach der Heirat zunächst nicht sehr hoch. Sobald sich die Einkommenssituation verbessert, beantragen sie für Anna den Familiennachzug. Insgesamt dauerte es ein Jahr bis der Familiennachzug realisiert werden kann. In der Zwischenzeit wurde die zweite Tochter, Maria, geboren. Familiale Unterstützung innerhalb der Familie, so kann man festhalten, ist im Kontext von Migration eine wichtige Ressource. Dies gilt insbesondere dann, wenn Sorgeverpflichtungen von anderen Familienangehörigen übernommen werden, etwa auf Grund von Trennungssituationen von Eltern und Kindern. Am Beispiel von Sorgebeziehungen und Unterstützungsleistungen zeigt sich auch, dass familiale Verpflichtungen vielfach implizit bestehen, aber nicht explizit ausgesprochen bzw. ausgehandelt werden, wie beispielsweise im vorliegenden Fall die finanzielle Unterstützung der Eltern.

c. *Ökonomische Unabhängigkeit erreichen*
Maria ist nach Portugal migriert, um zur ökonomischen und familialen Unabhängigkeit beizutragen. Der Verdienst in Portugal soll es ihr ermöglichen, ihre Eltern finanziell zu unterstützen, die nicht so viel verdienen und auch älter werden, so dass sie auf längere Sicht nicht mehr wie bisher ihren beruflichen Tätigkeiten, der Vater arbeitet am Bau, nachgehen können. In Portugal findet Maria mit Hilfe ihrer Freundin Arbeit in einem Café. Die Erwerbstätigkeit ermöglicht es ihr, ihren Eltern Geld zu schicken, in der Schweiz wird die Erwerbsintegration schwieriger. Ein grosses Hindernis sind fehlende Sprachkenntnisse, da sie kein Deutsch spricht. Es dauert fast vier Jahre bis sie Arbeit findet, erst über eine Beschäftigung bei einer Zeitarbeitsvermittlungsstelle, dann findet sie eine feste Stelle in einer Fabrik. Auch Manuel hat einen erschwerten Arbeitsmarktzugang in der Schweiz, als er im Alter von 17 Jahren in die Schweiz gekommen ist und ebenfalls kein Deutsch spricht. Erst als es dem Vater nach einiger Zeit gelingt, ihn in dem Unternehmen unterzubringen, in dem er selbst beschäftigt ist, gelingt ihm der Einstieg in die Erwerbsarbeit. Insgesamt zeigt sich, dass Maria über Migration und Erwerbstätigkeit versucht, ökonomisch unabhängig zu werden von ihrer Familie. Sprachdefizite stellen für Maria und Manuel Hindernisse dar, für den Ersteinstieg in den Arbeitsmarkt nach der Einwanderung. Mit Hilfe familialer Unterstützung kann dieses Hindernis überwunden und der Arbeitsmarkteinstieg erfolgreich gestaltet werden.

d. *Bildungsaspiration*
Maria erhofft sich durch den Familiennachzug eine bessere Schulbildung für ihre Tochter. In der Schweiz kommt Anna in die vierte Klasse und schliesst diese erfolgreich ab. Zu Beginn war sie in der Schule verschlossen und schüchtern, dies ändert sich, als sie eine Freundin findet. Von der Lehrerin darauf angesprochen, suchen die Eltern psychologische Unterstützung. Ein Grund sind Sprachschwierigkeiten, vor allem Mundart versteht Anna nicht. In der Schule hat sie Mühe und fühlt sich überfordert. Anna erzählt, dass sie am Anfang nicht viel sprechen konnte, aber sie hatte portugiesische Freundinnen, die in ihrer Nähe blieben und ihr geholfen haben. Ein Junge etwa habe für sie übersetzt,

was die Lehrerin gesagt hat. Für Anna ist der migrationsbedingte Schulwechsel nicht einfach. Anna vermisst den Spass, den sie in Brasilien gehabt hat und Dinge die sie dort gehabt hat, die Familie, die Orte wo sie mit Freundinnen hingegangen ist, Schulausflüge und einige Lehrerinnen. Maria und eine Nachbarin haben Anna sehr geholfen, sich an die neue Situation zu gewöhnen. Es zeigt sich, dass Bildung für Maria und Manuel sehr wichtig ist und auch für die Migration eine wichtige Bedeutung hatte. Als Anna Schwierigkeiten in der Schule hat, versuchen die Eltern sie zu unterstützen und ziehen hierzu auch fachlichen Rat hinzu. Dabei können sie auch auf die Hilfe einer Nachbarin zurückgreifen.

e. *Zusammengehörigkeit in der Familie stärken*

Als Anna in die Schweiz kommt, ist die Beziehung zu Manuel und auch zu Maria zunächst nicht so einfach. Manuel berichtet, dass Anna ihn nicht versteht und dass sie schnell beleidigt ist, so dass Maria oft ‚übersetzen' und vermitteln muss. Anna fühlt sich in der Schweiz alleine, anders als in Brasilien. Allerdings gibt es in der Schweiz auch weniger soziale Probleme als in Brasilien und das Leben wird von ihr als freier erfahren. Manuel berichtet, dass er nicht so streng mit ihr sei und sie dabei unterstützt, sich im neuen Zuhause zu Recht zu finden. Anna wird sieben Jahre von ihrer Grossmutter betreut und es besteht eine enge Beziehung zwischen beiden, daher ist die Trennung für beide schwierig. Anna hält täglichen Kontakt zur Grossmutter über Telefon und Internet und erzählt ihr, was am Tag so passiert ist. Darüber hinaus hält Anna Kontakt zu ihrer Cousine und zu ihrer Familie in Brasilien. Das Aufrechterhalten der Kontakte nach Brasilien wird durch das Internet erleichtert, auch kann man sich nun gegenseitig sehen. Manuel und Maria haben den Computer für die Grossmutter besorgt und schicken ihr monatlich Geld, um den Internetzugang zu finanzieren. Der familiale Zusammenhalt wird auch über Besuche aufrechterhalten. So geht Maria mit ihren beiden Töchtern beispielsweise in den Ferien nach Brasilien. Manuel kann allerdings nicht mitkommen, da sein Grossvater im gleichen Jahr verstorben ist und er Ferien und Geld für die Reise zur Beerdigung in Portugal benötigt hat. Anna besucht ihre Grossmutter und ihren Vater in Brasilien. Der Kontakt zum Vater ist für sie wichtig, sie ruft ihn jede Woche an und würde auch gerne bei ihm sein, allerdings ist sie auch gerne bei ihrer Mutter. Das Leben ist für die Familie seit dem Familiennachzug viel besser geworden, berichtet Manuel, auch sei Maria nicht mehr jeden Tag traurig und sie weint nicht mehr um Anna. Es zeigt sich, dass der familiale Zusammenhalt für die Familie insgesamt von grosser Bedeutung ist. Die familialen Beziehungen in die Herkunftsländer der Eltern werden beiderseits gepflegt und unterstützt. Dabei zeigt sich, dass die Aufrechterhaltung der Familienbeziehungen über Distanz mit einem erheblichen Aufwand verbunden ist. Dabei geht es darum, die Zusammengehörigkeit in der Familie zu erhalten und zu stärken.

5.3 Lebensstrategie: Familie bewahren unter sich verändernden Bedingungen

In den Handlungsstrategien der Familie Gomez zeigt sich, dass in den verschiedenen Bereichen jeweils auf veränderte Bedingungen reagiert und konkrete Umgangsweisen zur Bearbeitung neu auftretender Herausforderungen und Probleme entwickelt werden. Dabei geht es immer darum, Familie in der jeweiligen Konstellation zu sichern und zu erhalten. Es konnten Migration, familiale Unterstützung, ökonomische Unabhängigkeit erreichen, Bildungsaspiration und Zusammengehörigkeit in der Familie stärken als familienbezogene Handlungsstrategien analysiert werden. Dabei wird ein auf den Erhalt von Familie zielendes Muster erkennbar. Die Lebensstrategie der Familie Gomez kann daher als „Familie bewahren unter sich verändernden Bedingungen" konkretisiert werden. Sie ist geprägt durch das Neusituieren von Familie an verschiedenen Orten und ist zunehmend und dauerhaft darauf angewiesen, Familienbeziehungen auf Distanz aufrecht zu erhalten. Hieraus ergeben sich jeweils spezifische Herausforderungen und Belastungen, deren Bearbeitung für die Gründung und den Erhalt der Familie als intergenerationalem und multilokalem Zusammenhang bedeutsam ist.

Die in den Handlungsstrategien zum Tragen kommenden individuellen und kollektiven Orientierungen haben eine wichtige Bedeutung für die Ausrichtung des familialen Lebens auf die Zukunft hin. Bei Familie Gomez steht insbesondere der Erhalt der familialen Beziehungen im Fokus des Handelns. Dem Erhalt und der Pflege der intergenerationalen Beziehungen wird dabei eine besondere Bedeutung beigemessen, insbesondere im Zusammenhang mit Marias Familie, als ihre Tochter Anna von den Großeltern in Brasilien betreut wird. Der Erhalt des familialen Zusammenhalts und die Pflege von Familienbeziehungen über Distanz erfolgt dabei vor allem über regelmäßige Kontakte, zunächst über Telefon, später über Internet, das eigens von Manuel für die Großeltern organisiert wird und dessen Kosten auch von Manuel und Maria getragen werden. Darüber hinaus finden auch Besuche statt, die aus finanziellen Gründen allerding nur ca. alle zwei Jahre erfolgen können.

Neben dem Erhalt der Familie über Distanz und der familialen Bearbeitung der damit verbundenen emotionalen Belastungen, insbesondere auf Grund der langjährigen Trennungssituation von Mutter und Tochter, stellt die Zusammenführung der Familie durch Familiennachzug eine wichtige Zielsetzung für Familie Gomez dar. Nachdem diese gelungen ist zeigt sich aber auch, dass durch die Trennung von der Großmutter, die für Anna zur zentralen Bezugsperson geworden ist, erneut eine belastende, familiale Trennungssituation entstanden ist. Diese wird durch vermehrte, regelmäßige Kontakte zwischen Anna und der Großmutter bearbeitet, zunächst telefonisch, dann übers Internet. Der hohe Stellenwert, der den familialen Beziehungen beigemessen wird zeigt sich auch darin, dass Familie Gomez den Kontakt zu Annas leiblichem Vater pflegt und aufrechterhält. Die zentrale Prämisse des familialen Lebens von Familie Gomez besteht darin, dass ein gutes Familienleben im intensiven, intergenerationalen Kontakt und Austausch erreicht werden soll. Dies geschieht im Rahmen einer durch Multilokalität gekennzeichneten Patchworkfamilie die räumlich dezentriert ist und über verschiedene Länder und Kontinente verteilt ist. In der Lebensstrategie „Familie bewahren unter sich verändernden Bedingungen" zeigt sich daher ein konservatives, auf Bewahrung ausgerichtetes Familienmodell, das auf der normativen Grundlage einer Zwei-Eltern-Familie beruht.

6 Fazit und Schlussfolgerungen

Im vorliegenden Beitrag wurde das Konzept Lebensstrategien ausgearbeitet und exemplarisch auf die Analyse der Migrationsgeschichte von Familie Gomez angewendet. Theoretisch und empirisch wurde aufgezeigt, dass dem Konzept der Lebensstrategien die Fähigkeit von Menschen zu Grunde liegt, ihr Leben unter gegebenen Bedingungen aktiv zu gestalten und auf eine konkrete Zukunft hin zu entwerfen. Es ist daher im Kontext einer subjektorientierten Migrationsforschung zu verorten, die davon ausgeht, dass Migrationsprozesse das Resultat von individuellen und kollektiven Aushandlungs-, Entscheidungs- und Gestaltungsprozessen sind. In der Analyse von Prozessen der Gestaltung familialer Zusammenhänge im Kontext von Migration zeigt sich, dass einzelnen, auf spezifische Lebensbereiche und Themen bezogenen familialen Handlungsstrategien, eine gemeinsame Ausrichtung und Orientierung zu Grunde liegt, die als Lebensstrategie bezeichnet wird. Sie beinhalten die inhaltliche Ausrichtung auf ein spezifisches (Lebens-)Ziel hin und haben den Charakter eines (Lebens-)Entwurfs. Ihnen liegt ein konkretes Gestaltungsprinzip im sozialen Handeln zu Grunde, das normativ fundiert ist. Lebensstrategien können darüber hinaus auch als Resultat von individuellen und kollektiven Lernprozessen verstanden werden und sind selbst Gegenstand von Anpassungen und Veränderungen. Diese sind immer dann erforderlich, wenn die bestehenden Lebensstrategien nicht mehr dazu beitragen, Lösungen für persönliche oder soziale Veränderungen im Leben zu finden, die sich als Herausforderungen, Probleme oder Aufgaben krisenhaft manifestieren können. Lebensstrategien sind sowohl Resultat als auch Mittel zur Bearbeitung von Ambivalenzen, Brüchen und Widersprüchen, indem sie individuell und kollektiv dazu beitragen bezogen auf unterschiedliche Lebensbereiche Kohärenz und Zugehörigkeiten zu erhalten oder wieder neu herzustellen. Etablierte Lebensstrategien können dabei einerseits hilfreich sein, andererseits aber auch Lösungsmöglichkeiten versperren. Lebensstrategien sind daher nicht als feststehend und linear zu denken, vielmehr sind sie einer kontinuierlichen Überprüfung und gegebenenfalls auch der Anpassung und Veränderung unterworfen. Mit Hilfe des Konzepts der Lebensstrategien können daher die normativen, materiellen und handlungsbezogenen Bedingungen bestimmt werden, unter denen die Ausbildung und Umsetzung menschlicher Bedürfnisse erfolgt. Dabei zeigt sich, dass Lebensstrategien in spezifischen sozialen Kontexten ausgebildet werden und jeweils an konkreten Orten situiert sind. Sie können erfolgreich sein oder scheitern, an Gegebenheiten angepasst oder widerständig und eigensinnig aufrechterhalten werden, statisch sein oder flexibel. Im vorliegenden Beispiel war die Lebensstrategie konservativ ausgerichtet, es ging darum Familie unter „sich verändernden Bedingungen zu bewahren". Für den Kontext Migration ist dies von Bedeutung, da im Zusammenhang mit Lebensstrategien, Migration selbst als eine Handlungsstrategie verstanden wird, um spezifische Zielsetzungen, also konkrete, menschliche Bedürfnisse zu erreichen.

Für die Soziale Arbeit stellt das Konzept der Lebensstrategie ein analytisches Instrumentarium zur Verfügung, das zu einem besseren Verständnis von Familien im Kontext von Migration beitragen kann. So können beispielsweise Lebensbereiche identifiziert werden, in denen Handlungsstrategien brüchig werden und Einflüsse auf andere Handlungsstrategien und Lebensbereiche können identifiziert werden. Individuelles und soziales Leben kann mit Hilfe von Lebensstrategien auch daraufhin gefragt werden, welche Bedeutung sozialen und professionellen Unterstützungsprozessen in der Lebensgestaltung und in der Verfolgung konkreter Lebensziele zukommt. Mit Hilfe der Fokussierung auf Lebensstrategien, auf die Situierung von Handlungsstrategien in spezifischen Bereichen und Tätigkeitsfeldern, ist darüber hinaus auch eine Grundlage gelegt, das Verhältnis von individuellen und kollektiven Handlungsbezügen herauszuarbeiten. Dadurch können Grenzen subjektiver Handlungsfähigkeit sichtbar gemacht und nach Möglichkeiten ihrer Überwindung gefragt werden. Darüber hinaus leistet das Konzept der Lebensstrategien auch einen Beitrag zur subjektwissenschaftlichen Gegenstandsbestimmung von Sozialer Arbeit im Kontext von Migration, indem es von den konkreten Bedürfnissen ausgeht und sowohl nach den Möglichkeiten und Bedingungen ihrer Erfüllung als auch nach Gründen des Nicht-Gelingens und Scheiterns fragt, die den Lebensstrategien zu Grunde liegen. Dieser Erkenntniszusammenhang liefert daher wichtige Erkenntnisse und Grundlagen für professionelles Handeln von Sozialer Arbeit im Kontext von Migration.

Literatur

Apitzsch, U. (1999). Traditionsbildung im Zusammenhang gesellschaftlicher Migrations- und Umbruchprozesse. In U. Apitzsch (Hrsg.), *Migration und Traditionsbildung* (S. 7–20). Wiesbaden: Westdeutscher Verlag.
Apitzsch, U., & Schmidbaur, M. (Hrsg.). (2010). *Care und Migration. Die Ent-Sorgung menschlicher Reproduktionsarbeit entlang von Geschlechter- und Armutsgrenzen*. Opladen: Barbara Budrich.
Arendt, H. (1996). *Vita activa. Oder vom tätigen Leben*. München: Piper.
Bauman, Z. (2009). *Gemeinschaften*. Frankfurt a. M.: Suhrkamp.
Borjas, G. J. (1989). Economic theory and international migration. *International Migration Review, 23*(3), 457–485.
Boyd, M. (1989). Family and personal networks in international migration: Recent developments and new Agendas. *International Migration Review, 23*(3), 638–670.
Bryceson, D. F., & Vuorela, U. (2002). Transnational families in the twenty-first century. In D. F. Bryceson & U. Vuorela (Hrsg.), *The transnational family: New European frontiers and global networks* (S. 3–30). Oxford: Berg.
Certeau, M. d. (1988). *Kunst des Handelns*. Berlin: Merve.
Faist, T. (2004). Grenzen überschreiten – zum Konzept Transnationaler Sozialer Räume. *Migration und Soziale Arbeit, 26*, 83–97.
Fawcett, J. T. (1989). Networks, linkages, and migration systems. *International Migration Review, 23*, 671–680.
Geisen, T. (2003). Grenze und Ambivalenz. In T. Geisen (Hrsg.), *Grenze: Sozial – Politisch – Kulturell* (S. 99–126). Frankfurt a. M.: IKO Verlag.
Geisen, T. (2004). People on the move: The inclusion of migrants in „Labor Transfer Systems" – the European case. In T. Geisen, A. A. Hickey, & A. Karcher (Hrsg.), *Migration, mobilitiy and borders. Issues of theory and policy* (S. 35–80). Frankfurt a. M.: IKO Verlag.
Geisen, T. (2012). *Arbeit in der Moderne. Ein dialogue imaginaire zwischen Karl Marx and Hannah Arendt*. Wiesbaden: VS Verlag für Sozialwissenschaften.
Geisen, T. (2014a). Multilokale Existenzweisen von Familien im Kontext von Migration. Herausforderungen für Forschung und Theorieentwicklung. In T. Geisen, T. Studer, & E. Yildiz (Hrsg.), *Migaration, Famile und Gesellschaft. Beiträge zu Theorie, Kultur und Politik* (S. 27–58). Wiesbaden: Springer VS.
Geisen, T. (2014b). „Sie wollten nur das Beste für uns!" Intergenerationale Transmissionsprozesse in Migrationsfamilien mit Trennungserfahrungen von Eltern und Kindern. In H. Weiss, G. Ates, & P. Schnell (Hrsg.), *Zwischen den Generationen. Transmissionsprozesse in Familien mit Migrationshintergrund* (S. 167–192). Wiesbaden: Springer VS.
Geisen, T., & Jurt, L. (2013). *Wie Eltern sich entscheiden, auch ihre Kinder in die neue Heimat zu holen Forschungseinblicke* (S. 34–37). Windisch: Fachhochschule Nordwestschweiz.
Geisen, T., Jurt, L., & Roulin, C. (2013a). *Trennungssituationen von Eltern und Kindern in transnationalen Familien* (S. 73). Olten: Hochschule für Soziale Arbeit FHNW.
Geisen, T., Studer, T., & Yildiz, E. (Hrsg.). (2013b). *Migration, Familie und soziale Lage. Beiträge zu Bildung, Gende und Care*. Wiesbaden: Springer VS.
Geisen, T., Studer, T., & Yildiz, E. (Hrsg.). (2014). *Migration, Familie und Gesellschaft. Beiträge zu Theorie, Kultur und Politik*. Wiesbaden: Springer VS.

Glick Schiller, N., Basch, L., & Blanc-Szanton, C. (1992). Transnationalism: A new analytic framework for understanding migration. *Annals of the New York Academy of Sciences, 645*, 1–24.

Goulbourne, H., Reynolds, T., Solomos, J., & Zontini, E. (2010). *Transnational Families. Ethnicities, identities and social capital*. London: Routledge.

Han, P. (2000). *Soziologie der Migration*. Stuttgart: Lucius & Lucius.

Heller, A. (1978). *Das Alltagsleben. Versuch einer Erklärung der individuellen Reproduktion*. Frankfurt a. M.: Suhrkamp.

Hill, P. B. (2002). *Rational-Choice-Theorie*. Bielefeld: transkript.

Hoerder, D. (2002a). Migration als Ausgleichsprozess. Über die Zusammenhänge von Mobilität, Individuum und Gesellschaft. In T. Geisen (Hrsg.), *Mobilität und Mentalitäten* (S. 17–38). Frankfurt a. M.: IKO.

Hoerder, D. (2002b). *Cultures in contact. World migration in the second millenium*. Durham: Duke University Press.

Hoerder, D., Hébert, Y., & Schmitt, I. (Hrsg.). (2005). *Negotiating transcultural lives. Belongings and social capital among youth in comparative perspective*. Osnabrück: V & R unipress.

Husserl, E. (2003). *Arbeit an den Phänomenen. Ausgewählte Schriften*. München: Wilhelm Fink Verlag.

Jouhy, E. (1996). *Bleiche Herrschaft – Dunkle Kulturen*. Frankfurt a. M.: IKO-Verlag.

Jouhy, E. (1998). Die Psyche als Produktivkraft. Zum heutigen Verhältnis von entlohnter und nicht entlohnter Arbeit. In T. Geisen, K. Kraus, & V. Ziegelmayer (Hrsg.), *Zukunft ohne Arbeit? Beiträge zur Krise der Arbeitsgesellschaft* (S. 249–286). Frankfurt a. M.: IKO-Verlag.

Kunz, V. (2004). *Rational Choice*. Frankfurt a. M.: Campus.

Lefebvre, H. (1975). *Kritik des Alltagslebens*. Reinbek: Rohwohlt.

Lucassen, J., & Lucassen, L. (1997). Migration, migration history, history: Old paradigms and new perspectives. In J. Lucassen & L. Lucassen (Hrsg.), *Migration, migration history, history: Old paradigms and new perspectives* (S. 9–40). Bern: Peter Lang.

Marx, K. (1989). *Das Kapital*. Berlin: Dietz Verlag.

Massey, D. S. (2000). Einwanderungspolitik für ein neues Jahrhundert. In K. Husa, C. Parnreiter, & I. Stacher (Hrsg.), *Internationale Migration. Die globale Herausforderung des 21. Jahrhunderts?* Frankfurt a. M.: Brandes & Apsel/Südwind.

Mergner, G. (1999). *Lernfähigkeit der Subjekte und gesellschaftliche Anpassungsgewalt*. Hamburg: Argument Verlag.

Page Moch, L. (1997). Dividing Time: An Analytical Framework for Migration. In J. Lucassen & L. Lucassen (Hrsg.), *Migration, migration history, history* (S. 41–56). Bern: Peter Lang.

Parnreiter, C. (2000). Theorien und Forschungsansätze zu Migration. In K. Husa, C. Parnreiter, & I. Stacher (Hrsg.), *Internationale Migration* (S. 25–52). Frankfurt a. M.: Brandes & Apsel/Südwind.

Parreñas, R. (2005). *Children of global migration: Transnational families and gendered woes*. Standford: University Press.

Parreñas, R. (2008). Transnational fathering: Gendered conflicts, distant disciplining, and emotional gaps. *Journal of Ethnic and Migration Studies, 34*(7), 1057–1072.

Parreñas, R. (2013). Transnational Mothering a Source of Gender Conflict in the Family. In T. Geisen, T. Studer, & E. Yildiz (Hrsg.), *Migration, Familie und soziale Lage*. Wiesbaden: Springer VS.
Pries, L. (Hrsg.). (1997). *Transnationale Migration* (Vol. Soziale Welt, Sonderband 12). Baden-Baden: NOMOS.
Pries, L. (2008). *Die Transnationalisierung der sozialen Welt*. Frankfurt a. M.: Suhrkamp.
Pries, L. (2010). *Transnationalisierung. Theorie und Empirie grenzüberschreitender Vergesellschaftung*. Wiesbaden: VS Verlag für Sozialwissenschaften.
Sassen, S. (1988). *The mobility of labour and capital: a study in international investment and labor flow*. Cambridge: Cambridge University Press.
Sassen, S. (1999). *Guests and Aliens*. New York: The New Press.
Schütz, A. (1993). *Der sinnhafte Aufbau der sozialen Welt*. Frankfurt a. M.: Suhrkamp.
Schütz, A., & Luckmann, T. (2003). *Strukturen der Lebenswelt*. Konstanz: UVK.
Siouti, I. (2013). *Transnationale Biographien. Eine biographieanalytische Studie über Transmigrationsprozesse bei der Nachfolgegeneration griechischer Arbeitsmigranten*. Bielefeld: transcript Verlag.
Stark, O. (1995). *Altruism and beyond. An economic analysis of transfers and exchanges within families and groups*. Cambridge: Cambridge University Press.
Todaro, M. P. (1969). A model of labor migration and urban unemployment in less developed countries. *The American Economic Review, 59*(1), 138–148.
Vertovec, S. (2009). *Transnationalism*. London: Routledge.
Wallerstein, I. (1986). *Das moderne Weltsystem. Die Anfänge kapitalistischer Landwirtschaft und die europäische Weltökonomie im 16. Jahrhundert*. Frankfurt a. M.: Syndikat.
Weber, M. (1980). *Wirtschaft und Gesellschaft* (5. Aufl.). Tübingen: Mohr Siebeck.
Zontini, E. (2010). *Transnational families, migration and gender. Moroccan and Filipino women in Bologna and Barcelona*. New York: Berghahn Books.

Dr. Thomas Geisen ist Professor für Arbeitsintegration und Eingliederungsmanagement/ Disability Management an der Hochschule für Soziale Arbeit der Hochschule für Soziale Arbeit der Fachhochschule Nordwestschweiz. Seine Arbeitsschwerpunkte sind Arbeit und Migration. Aktuelle Veröffentlichungen: „Migration, Familie und Gesellschaft. Beiträge zu Theorie, Kultur und Politik" (2014, herausgegeben gemeinsam mit Tobias Studer und Erol Yildiz), „Soziale Arbeit und Demokratie" (2013, gemeinsam herausgegeben mit Fabian Kessl, Thomas Olk und Stefan Schnurr), „International Handbook of Migration, Minorities and Education. Understanding Cultural and Social Differences in processes of Learning" (2012, gemeinsam herausgegeben mit Zvi Bekerman), „Arbeit in der Moderne. Ein dialogue imaginaire zwischen Karl Marx und Hannah Arendt" (2012), „Disability Management and Workplace Integration" (2011, gemeinsam herausgegeben mit Henry Harder). Weitere Informationen: www.fhnw.ch/personen/thomas-geisen.

Teil II
Übergangsmanagement

Jugendliche mit Migrationshintergrund in Inklusionskontexten am Beispiel von Bildung, Ausbildung und Arbeit

Markus Ottersbach

1 Einleitung

Bildung, Ausbildung und Arbeit sind die zentralen Inklusionskontexte in modernen Gesellschaften. Auch Gesundheit, Freizeit und politische Partizipation spielen eine große Rolle; diese werden jedoch in der Regel wiederum von den vorher genannten Aspekten beeinflusst. Die Positionierung am Arbeitsmarkt hängt von erreichten Qualifikationen im Bildungs- bzw. Ausbildungssystem ab. Beide Aspekte, Bildung und Ausbildung, gelten aus soziologischer Sicht nicht nur als wesentliche Bestandteile der Lebenslage, sondern auch als die wichtigsten Ressourcen ihrer Veränderung. Dies gilt insbesondere für Jugendliche und Heranwachsende, da die Bildungs -bzw. Ausbildungsphase gemeinhin als Vorbereitung und Übergang zum Erwachsensein gewertet wird. Ob diese Phase zu einem Moratorium wird oder als Transition (vgl. Reinders 2003) bezeichnet werden kann, hängt davon ab, wie erfolgreich sie absolviert wird bzw. inwiefern die Inklusion in den Arbeitsmarkt gelingt. Seit der Bildungsexpansion in den 60er und 70er Jahren sind die erworbenen Qualifikationen nur noch eine Voraussetzung und kein Garant mehr für eine erfolgreiche gesellschaftliche Positionierung. Spätestens seit den PISA-Ergebnissen Anfang 2000 (Baumert et al. 2001) ist bekannt, dass Kinder und Jugendliche mit Migrationshintergrund im deutschen Bildungssystem benachteiligt werden. Insbesondere die frühe Selektion bereits nach vier Jahren Grundschule,

M. Ottersbach (✉)
Köln, Deutschland
E-Mail: Markus.Ottersbach@fh-koeln.de

© Springer Fachmedien Wiesbaden 2015
T. Geisen, M. Ottersbach (Hrsg.), *Arbeit, Migration und Soziale Arbeit*,
DOI 10.1007/978-3-658-07306-0_7

das Fehlen einer ganztägigen Bildung durch Schule und die Monolingualität des deutschen Schulsystems werden einer angemessenen Förderung der Jugendlichen mit Migrationshintergrund nicht gerecht (Maaz et al. 2010). Auch die vielmals glorifizierte soziale Mobilität des dreigliedrigen Schulsystems entspricht einem Mythos. Zudem erfolgt die Durchlässigkeit nach wie vor eher als Ab- denn als Aufstieg. Betrachtet man die Chancen der Jugendlichen mit Migrationshintergrund in der Ausbildung (vgl. Beicht 2011), so erkennt man auch hier, dass sowohl ihre Zugangsmöglichkeiten als auch ihre Abschlüsse im Vergleich zur Gruppe der Jugendlichen ohne Migrationshintergrund wesentlich schlechter sind. Auch wenn Menschen mit Migrationshintergrund inzwischen in allen Wirtschaftssektoren und in allen Berufsgruppen vom ungelernten Arbeiter bis hin zum Akademiker tätig sind, so bestehen hinsichtlich der Verteilung auf die Branchen und Berufsgruppen zwischen Menschen mit und ohne Migrationshintergrund, auch zwischen verschiedenen Zuwanderergruppen, erhebliche Unterschiede. Bemerkenswerten Fortschritten in Richtung einer Angleichung an die Verhältnisse der einheimischen Erwerbsbevölkerung steht eine sich verfestigende „Unterschichtung" des Ausbildungs- und Arbeitsmarktes durch Menschen mit Migrationshintergrund gegenüber. Die überdurchschnittlich hohe Arbeitslosigkeit, aber auch die Positionierung in Berufen mit wenig Reputation und Einkommen ist für den Einzelnen je individuell problematisch. Arbeitslosigkeit und die Ausübung niedrig qualifizierter Berufe stellen auch Probleme für die Gruppe der Menschen mit Migrationshintergrund dar, die mehrheitlich an das untere Arbeitsmarktsegment gebunden bleibt und dadurch stark von Segregation und Stigmatisierungsprozessen betroffen ist. Schließlich handelt es sich um ein Problem der Gesellschaft, die Einkommen im Wesentlichen über Erwerbsarbeit verteilt und beruflichen Erfolg zur Voraussetzung einer eigenständigen und selbstverantwortlichen Lebensführung macht. Ein dauerhafter Ausschluss vom Arbeitsmarkt bzw. eine dauerhafte Positionierung in prekären Beschäftigungsverhältnissen hat unweigerlich nachziehende soziale Marginalisierungseffekte zur Folge.

Um die Situation von Jugendlichen mit Migrationshintergrund in Schule, Ausbildung und auf dem Arbeitsmarkt zu beschreiben, wird meist auf quantitative Daten zurückgegriffen. Gültigkeit und Relevanz der „harten" Zahlen mussten lange Zeit eingeschränkt werden. Im Gegensatz zu Politik und Verwaltung kannte die Statistik die Kategorie der Menschen mit Migrationshintergrund nicht, sondern differenzierte nach der Staatsangehörigkeit in Deutsche und Ausländer. Diese Unterscheidung sagte wenig über Migration aus, da sich in beiden Gruppen sowohl Menschen mit als auch ohne Migrationshintergrund befanden, ohne dass dies ablesbar/erkennbar gewesen wäre. Die Folge war, dass Indikatoren wie Arbeitslosigkeit, berufliche Stellung, Einkommen etc. vermutlich günstiger ausgefallen wären, wenn sie nicht nur Daten der Ausländer(innen), sondern auch der Eingebürgerten berücksichtigt hätten. Denn es sind in der Regel die sozioökonomisch besser gestellten Zuwanderinnen und Zuwanderer, die einen deutschen Pass erwerben (vgl. hierzu Salentin und Wilkening 2003), so dass tatsächliche Integrationserfolge von Migrant(inn)en nicht dazu führten, dass sich der statistische Abstand zwischen Ausländer(inne)n und Deutschen verringerte. Im Gegenteil, er vergrößerte sich, da die erfolgreichen (eingebürgerten) Zuwanderinnen und Zuwanderer als Deutsche erfasst wurden. Reale Integrationserfolge wurden auf diese Weise statistisch „vernichtet". Und auf ein weiteres Problem muss hingewiesen werden: Spätaussiedler(innen) waren bei dieser Erfassung der „blinde Fleck" der amtlichen Daten. Wie sich ihre Integration vollzog, ob sie sich verbesserte, wie hoch ihre Arbeitslosenquote war, wie das Einkommen ausfiel etc. war weitgehend unbekannt, da sie statistisch als Deutsche betrachtet wurden. Seit 2005 erfasst das Bundesamt für Statistik mit dem Mikrozensus Personen mit und ohne Migrationshintergrund[1]. Zur Gruppe der Menschen mit Migrationshintergrund zählen neben Ausländer(inne)n auch Einwanderinnen und Einwanderer, die sich haben einbürgern lassen oder im Ausland geboren sind und sofort die deutsche Staatsangehörigkeit erwerben können.

Ziel dieses Beitrags ist es, zunächst einen Überblick über die Lebenssituation Jugendlicher mit Migrationshintergrund zu geben. Für die Jugendlichen sind die Institution Schule, die Ausbildung und die Einmündung in den Arbeitsmarkt von besonderer Relevanz. Im Anschluss an die Darstellung der Situation werde ich auf mögliche Ursachen der Benachteiligung Jugendlicher mit Migrationshintergrund in Schule, Ausbildung und Einmündung in den Arbeitsmarkt eingehen. Die Analyse möglicher Ursachen ist ein weiterer wichtiger Schritt, um Maßnahmen zur Unterstützung dieser Jugendlichen zu entwickeln. Dabei muss jedoch gleichzeitig auf die Notwendigkeit der Rekonstruktion der Biografieverläufe dieser Jugendlichen hingewiesen werden. Statistische Erhebungen und die Verfügbarkeit theoretischer Grundlagen reichen nicht aus, um wirksame Maßnahmen zur Verbesserung der Lebenssituation Jugendlicher mit Migrationshintergrund zu entfalten. Dafür müssen zudem die Aspekte des Migrationskontextes, der Migrationsbiografie und der konkreten Bildungsentscheidungen und -verläufe differenziert ermittelt bzw. rekonstruiert werden. Zum Schluss dieses Beitrags soll in einem Fazit die Interkulturelle Pädagogik als mögliches Konzept zur Verbesserung der Situation der Jugendlichen mit Migrationshintergrund andiskutiert werden.

---

[1] Hinweisen muss man jedoch darauf, dass bisher nicht alle Behörden und Bundesländer diese Regelung nachvollziehen. So differenziert z. B. die Bundesagentur für Arbeit immer noch nach Deutschen und Ausländer(inne)n.

2 Die Situation im Bildungs-, Ausbildungs- und Arbeitsmarktsystem

2.1 Die Situation in der Schule

Schulische Bildung ist sowohl eine zentrale ökonomische als auch eine wichtige soziale Ressource. Durch erworbene Bildungsgüter wird einerseits maßgeblich über die Positionierung am Arbeitsmarkt entschieden und andererseits erhöhen sich das Prestige und die Lebensperspektiven. Bildung beeinflusst nicht nur die Positionierung im Schichtengefüge, sondern die gesamte Lebenslage (Entfaltung der Persönlichkeit, Entwicklung der Identität, Teilhabe am sozialen, kulturellen und politischen Leben etc.).

Zu sozialer Mobilität tragen Auf- und Abstiegsprozesse bei, die maßgeblich durch schulische Bildung und durch schulisch vermittelte Qualifikationen beeinflusst werden. Besonders bedeutsam sind dabei zwei Übergänge: von der Grund- in die weiterführende Schule und von der Schule in die Ausbildung. Über die weitergehende Anschlussfähigkeit der Bildungsabschlüsse entscheidet schließlich die wirtschaftliche Konjunktur bzw. der Arbeitsmarkt.

Um die Situation der Schüler(innen) mit und ohne Migrationshintergrund in Deutschland zu analysieren, ist ein Blick auf die Bildungsexpansion erforderlich. Deren Anfang wird häufig auf den sog. Sputnik-Schock im Jahre 1957 datiert. Die Angst des Westens vor der damaligen Sowjetunion, ihr gegenüber im Wettlauf um geopolitische Erfolge ins Hintertreffen zu gelangen, führte dazu, dass die Investition in Bildung expandierte. Sowohl das Schul- als auch das Hochschulsystem wurden ausgebaut, es drängten mehr Schüler(innen) an höher qualifizierende Schulen, sie erlangten höher qualifizierte Schulabschlüsse und zudem schnellte die Zahl der Studierenden in die Höhe. Die zunächst durchaus positiv zu bewertende Entwicklung zeitigte jedoch auch paradoxe Effekte. Die Tatsache, dass immer mehr Schüler(innen) mittlere und höhere Schulabschlüsse erreichten, führte zu einer Bildungsinflation und somit zu einer Entwertung der Bildungsabschlüsse. Diese hat wiederum begünstigt, dass die ehemals hinreichenden Bedingungen des Bildungserwerbs bzw. des Erwerbs aussichtsreicher Positionen durch notwendige Bedingungen ersetzt wurden, die zudem nur den Minimalstandard repräsentieren und noch lange keinen sozialen Aufstieg sichern. D. h.: Ein hohes Bildungsniveau ist seitdem nur noch eine Voraussetzung, aber keine Garantie mehr für einen qualifizierten und sicheren Arbeitsplatz. Um diesen zu erhalten, wird immer öfter der Nachweis von Zusatzleistungen erforderlich. Die Bildungsexpansion hat zudem zwar die Ausbildungs- und Arbeitsmarktchancen für viele verbessert, die schichtspezifischen Ungleichheiten jedoch nicht beseitigt, sondern eher noch verschärft. D. h.: Trotz oder wegen der Steigerung des Bildungsniveaus haben die Chancen für Angehörige der unteren sozialen Schichten auf akzeptable Jobs abgenommen. Letztendlich hat die Bildungsexpansion vielen Angehörigen der Mittelschicht und auch vielen Frauen zum sozialen Aufstieg verholfen. Allerdings ist auch eine große Gruppe sog. Bildungsverlierer(innen) zu erwähnen: die Angehörigen der unteren sozialen Schichten, in denen Menschen mit Migrationshintergrund überproportional stark vertreten sind. Erste Studien wie die in den 90er-Jahren publizierte IGLU-Studie oder die im Jahr 2000 veröffentlichte PISA-Studie haben nachgewiesen, dass in Deutschland die Korrelation von sozialer Herkunft und Bildungserwerb am stärksten von allen an der Studie beteiligten Länder ist und dass das Ziel der Herstellung von Chancengleichheit durch die Schule sich einmal mehr als Illusion entpuppt hat. Zu Recht kann deshalb behauptet werden, dass die Schule in Deutschland ihrem staatlichen Auftrag nicht gerecht wird und das bestehende Schichtengefüge eher zementiert. Betrachtet man die Schulabschlüsse ausländischer Kinder und Jugendlicher zwischen 1983 und 2003 (vgl. Geißler 2006, S. 244, Tab. 11.5), wird deutlich, dass es in den ersten zehn Jahren zu einer deutlichen Verbesserung der Schulabschlüsse von Bildungsinländer(inne)n[2] gegenüber den deutschen Schüler(inne)n gekommen ist. In den darauf folgenden zehn Jahren konnte diese sukzessive Verbesserung jedoch nicht fortgesetzt werden, so dass ausländische Jugendliche weiterhin deutlich seltener eine der drei qualifizierten Abschlussformen Fachoberschulreife, Fachhochschulreife oder Hochschulreife erreichen. Zudem besuchen ausländische Schüler(innen) häufiger Haupt- und Förderschulen und verlassen die Schule öfter ohne Abschluss. Die aktuellen Schulabschlüsse deutscher und ausländischer Jugendlicher und Heranwachsender verdeutlichen, dass sich dieser Trend fortsetzt (vgl. DJI 2012). Zwar nehmen seit etwa 20 Jahren höherwertige Schulabschlüsse von ausländischen Schüler(inne)n zu, dennoch hat sich der Abstand zwischen deutschen und ausländischen Schüler(inne)n mit Hochschulreife vergrößert. Jugendliche aus der Unterschicht und insbesondere ausländische Jugendliche gelten demnach weiterhin als die Verlierer der Bildungsexpansion, d. h. sie leiden am stärksten unter der „Inflation" der Bildungsabschlüsse und deren Folgen (vgl. Geißler 2006, S. 274 ff.).

Die Schlechterstellung von Schüler(inne)n mit Migrationshintergrund endet jedoch nicht mit der Schule. Auch nach der allgemeinbildenden Schule haben sie

---

[2] Die Statistik differenziert bei Schüler(inne)n mit Migrationshintergrund zwischen Bildungsinländer(inne)n, die ihre Hochschulzugangsberechtigung im Inland erworben, und Bildungsausländer(inne)n, die diese im Ausland erlangt haben.

entscheidende Wettbewerbsnachteile bei der Konkurrenz um attraktive Ausbildungs-, Studien- und schließlich Arbeitsplätze.

2.2 Die Situation in der Ausbildung

Die Bildungsexpansion hat auch direkte Auswirkungen auf die Ausbildungssituation der Jugendlichen. Die mit der Bildungsexpansion verbundene Inflation der Bildungsabschlüsse bedeutet für den Ausbildungsmarkt, dass Jugendliche ohne Schulabschuss oder mit Hauptschulabschluss kaum noch Chancen auf einen Ausbildungsplatz haben. Während Banken oder Versicherungen früher Jugendlichen mit Hauptschulabschluss durchaus einen Ausbildungsplatz angeboten haben, zählt für diese Unternehmen heute nur noch das Abitur als Eintrittskarte für eine Ausbildung in ihrem Metier.

Hinzu kommt, dass im Wettbewerb um Ausbildungsplätze ausländische Jugendliche mit deutschen[3] um das seit 1995 knapper werdende Lehrstellenangebot konkurrieren (vgl. Geißler 2006, S. 246). War der Anteil der ausländischen Auszubildenden unter den berufsschulpflichtigen Jugendlichen zwischen 1980 und 1994 noch von 19 auf 44 % gestiegen, so betrug er 2001 nur noch 38 % und im Jahr 2005 nur noch 25 %. Zwar ist die Ausbildungsbeteiligungsquote deutscher Jugendlicher ebenfalls gesunken, jedoch nur um 11 % seit 1994. Damit liegt sie um fast 60 % höher als diejenige ausländischer Jugendlicher (vgl. Uhly und Granato 2006).

Bedeutsam ist, dass eine höhere Qualifikation für Jugendliche mit Migrationshintergrund nicht gleichbedeutend ist mit einer Zunahme ihrer Chancen auf einen Ausbildungsplatz. Die ansonsten gültige hohe Korrelation zwischen hoher Qualifikation und hohen Chancen auf einen Ausbildungsplatz gilt für diese Gruppe nur sehr eingeschränkt. Während 25 % der ausländischen Bewerber(innen) mit Hauptschulabschluss nur wenig seltener als deutsche (29 %) einen Ausbildungsplatz finden, steigt die Differenz bei Realabschlussabsolvent(inn)en bereits deutlich an. Hier erlangen immerhin 47 % der deutschen Bewerber(innen) einen Ausbildungsplatz, hingegen nur 34 % der ausländischen Absolvent(inn)en. Besonders deutlich ist der Unterschied bei denjenigen, die zudem auch noch eine gute Mathematiknote erreichen: Hier sind es 64 % der deutschen und nur 41 % der ausländischen Bewerber(innen), die eine Ausbildung beginnen können (vgl. zu den Zahlen Granato 2006). Auch neuere Studien (vgl. Beicht 2011), die nicht mehr den Status als Ausländer(in) oder Migrant(in) verwenden, sondern die Anzahl Auszubildender

---

[3] Auch die Berufsbildungsstatistik des Statistischen Bundesamtes erfasste bis 2004 nur die Staatsangehörigkeit, nicht den Migrationshintergrund.

mit bzw. ohne Migrationshintergrund berechnen, zeigen ähnliche Ergebnisse. Jugendliche mit Migrationshintergrund sind bei der Suche nach einem Ausbildungsplatz deutlich benachteiligt. Sie haben trotz intensiver Suche geringere Erfolgsaussichten als Jugendliche ohne Migrationshintergrund. So haben Ende 2010/Anfang 2011 42 % der Jugendlichen ohne Migrationshintergrund einen Ausbildungsplatz erhalten, während es bei den Jugendlichen mit Migrationshintergrund nur 28 % waren (vgl. BIBB 2011, S. 9). Auch zwischen den Migrationshintergründen gibt es erhebliche Unterschiede. Bei der Gruppe der Jugendlichen mit südeuropäischem Migrationshintergrund erhalten 34 % einen Platz, während es bei den Jugendlichen mit türkisch-arabischem Migrationshintergrund nur 20 % sind (BIBB 2011).

An dieser Stelle zeigt sich, dass die als Gatekeeper fungierenden Personalleiter(innen) in den Ausbildungsfirmen Jugendlichen mit Migrationshintergrund nicht dieselben Chancen einräumen wie den anderen. Mit anderen Worten: Selbst bei hoher Anstrengung und guten Leistungen bleibt vielen Jugendlichen mit Migrationshintergrund der soziale Aufstieg versperrt.

2.3 Die Situation auf dem Arbeitsmarkt

Jugendliche gehören in Deutschland – proportional betrachtet – zu den Gruppen, die besonders stark von Arbeitslosigkeit und Armut betroffen sind. Zwar beträgt die Jugendarbeitslosigkeit (15–24 Jahre) im April 2013 – dank des konjunkturellen Aufschwungs – nur 7,1 %, dennoch ist sie deutlich höher als der allgemeine Wert von 5,9 %. Zudem gibt es nach wie vor große Ost-West-Differenzen. Während die Arbeitslosenquote bei Jugendlichen unter 25 Jahre in Ost-Deutschland bei 9,7 % liegt, befindet sie sich in West-Deutschland bei 5,2 %, in bestimmten Regionen wie Berlin oder Mecklenburg-Vorpommern liegt sie deutlich über 10 %. Ausschlag gebender als die Arbeitslosenquote ist jedoch die Berechnung der Unterbeschäftigung. In sie fließen auch solche Personen ein, die sich in arbeitsmarktpolitischen Maßnahmen, wie z. B. Qualifizierungs- und berufsvorbereitende Maßnahmen oder Ein-Euro-Jobs, befinden oder zeitweise arbeitsunfähig sind. Auch der Bezug von Arbeitslosengeld II („Hartz IV") ist signifikanter[4]. Hinzu kommt, dass immer mehr

---

[4] Arbeitslosengeld I (ALG I) erhalten Menschen, die mehr als ein Jahr sozialversicherungspflichtig tätig waren. Der Bezug ist zeitlich begrenzt. Alternativ zu ALG I existiert das Arbeitslosengeld II (ALG II). Es kann beantragt werden, wenn nach der Bezugsdauer von ALG I kein Arbeitsplatz gefunden wird, kürzer als ein Jahr sozialversicherungspflichtig gearbeitet wurde oder der erhaltene Lohn unter der Armutsgrenze liegt. In diesem Fall kann „aufgestockt" werden. Allerdings spiegelt diese Berechnung die reale Armutsquote nur bedingt wider. Empirisch belegt ist, dass im Juli 2013 bis zu 44 % der Menschen, die die Anspruchs-

Menschen von ihrem Lohn nicht mehr leben können, sondern „aufstocken" müssen, also ALG II beziehen, obwohl sie sozialversicherungspflichtig tätig sind. Von dieser Regelung betroffen sind inzwischen 1,3 Mio. Menschen (2012), darunter indirekt (bei Familien, die ALG II beziehen) auch viele Kinder und Jugendliche. Der Anteil der Kinder, die in Berlin in 2011 von ALG II lebten, beträgt 33,7 %, in Gelsenkirchen sogar 34,2 %. Jugendliche unter 25 Jahren erhalten seit 2005 keine eigenständigen ALG-II-Bezüge mehr, es sei denn, sie haben ein eigenes Kind zu verpflegen. Sie können insofern keine eigene Wohnung anmieten, d. h. sie müssen gemeinsam mit ihren Eltern und Geschwistern in meist engen Wohnverhältnissen verharren[5].

Vor dem Hintergrund fehlender ökonomischer Möglichkeiten geraten Jugendliche häufig in das Dilemma, etwas konsumieren zu wollen, was sie sich nicht leisten können. Die Konfrontation mit solchen anomischen Strukturen, die eine Situation für die Jugendlichen widerspiegeln, in der die Gesellschaft einerseits eine hohe Konsumbereitschaft fordert und andererseits jedoch nicht die Mittel zur Verfügung stellt, diese zu realisieren, stellt für jeden Jugendlichen eine ernste Herausforderung dar, die häufig nicht bewältigt werden kann.

Problematisch sind zum Teil auch die Unterstützungsleistungen, die Jugendliche, die sich in prekären Ausbildungssituationen befinden, erhalten, um ihre Chancen auf Teilhabe zu verbessern. Bei vielen Angeboten für so genannte „sozial benachteiligte Jugendliche" kommt es durch spezielle (außer-)schulische und zielgruppenspezifische Angebote zu einer Stigmatisierung dieser Jugendlichen. Als Schüler(in) einer Förderschule oder als Mitglied einer außerschulischen Maßnahme fühlen sich Jugendliche schnell als Opfer, die exkludiert wurden und später mit aufwändigen Fördermaßnahmen wieder inkludiert werden sollen.

3 Mögliche Ursachen der Benachteiligung

Die Migrationsforschung benennt zahlreiche mögliche Gründe der Bildungs-, Ausbildungs- und Arbeitsmarktbenachteiligung von Jugendlichen und jungen Erwachsenen mit Migrationshintergrund. Die wichtigsten Gründe werden im Folgenden präsentiert.

---

voraussetzung für ALG II erfüllen, diesen Anspruch aus Scham, Unwissenheit oder anderen Gründen nicht geltend machen.

[5] Insbesondere bei extremen Problemlagen innerhalb der Familie ist dies ein häufig anzutreffender Grund für Unzufriedenheit und Gewaltbereitschaft (vgl. hierzu auch Schneekloth 2006, S. 111).

3.1 Differenzierung zwischen primären und sekundären Effekten beim Bildungserwerb

Die Unterscheidung zwischen primären und sekundären Effekten beim Bildungserwerb geht auf Boudon (1974) zurück. Bei ersteren wird auf die unterschiedlichen Voraussetzungen, Bedingungen und Chancen des Bildungserwerbs rekurriert. Hier geraten Aspekte wie Schicht, Geschlecht, regionale Herkunft und Migrationshintergrund in den Blick. Die mit diesen Aspekten verbundene, unterschiedliche Ausstattung mit Ressourcen wird für die Chancen in Bezug auf Bildung, Ausbildung und Arbeitsmarktpositionierung verantwortlich gemacht. Als sekundäre Effekte werden solche betrachtet, die gruppenspezifischen oder individuellen Entscheidungen zugrunde liegen. Diese Entscheidungen basieren z. B. auf rationalen Erwägungen oder auf einer Kosten-Nutzen-Analyse.

Empirische Anwendungen erfuhr das Konzept der sekundären Effekte z. B. für die Erklärung schulischer und beruflicher Karrieremuster von Jugendlichen mit Migrationshintergrund. Häufig wurden z. B. restriktive kulturelle, familiäre oder individuell bedingte Einstellungsmuster gegenüber einer beruflichen Karriere oder schulisches Versagen als Gründe die Ausformung solcher Karrieren genannt. Empirische Studien belegten jedoch, dass diese Faktoren schon in den neunziger Jahren nicht für diese fatale Entwicklung herangezogen werden konnten (vgl. Granato 2006). In neuerer Zeit wurden sekundäre Effekte u. a. durch Kristen und Dollmann (2010) für den Aspekt des Migrationshintergrunds und im Rahmen des Sammelbands von Hadjar (2011) für den Aspekt geschlechtsspezifischer Ungleichheiten untersucht. Als Gründe werden die hohe Bildungsaspiration von Mädchen, die starke Schulentfremdung von Jungen oder die geringere Konformität von Jungen genannt. Tatsächlich weisen einige empirische Studien aus Frankreich (vgl. Brinbaum und Cebolla-Boado 2007) oder den Niederlanden (vgl. von de Werfhorst und van Tubergen 2007) nach, dass z. B. Mädchen mit Migrationshintergrund trotz starker Nachteile und eventuell sogar Diskriminierungen eine hohe Bildungsaspiration zeigen. Die ausgeprägten Bildungsaspirationen können deshalb nicht nur auf strukturelle Voraussetzungen und Bedingungen zurückgeführt werden.

3.2 Schicht-, Geschlechts- und Regionalzugehörigkeit

Nach wie vor sind Bildungsabschlüsse in modernen Gesellschaften auch eine Folge sozialisatorischer Bedingungen. Schicht-, Geschlechts- und Regionalzugehörigkeit beeinflussen den Bildungserwerb maßgeblich. Die Prägung, die die Heranwachsenden durch den Status der Familie und auch durch die peer group erfahren, bestimmt über den Erfolg bzw. den Misserfolg der eigenen Karriere. Die Ergebnisse der schichtspezifischen Sozialisationsforschung legen nahe, dass insbesondere die familiären Sozialisationsprozesse schichtspezifisch geprägte Persönlichkeiten erzeugen. Die berufliche Stellung des Vaters und der Mutter haben einen enormen Einfluss auf das Bildungsverhalten der Kinder. Schichtspezifische Denk- und Handlungsmuster werden teils intendiert, teilweise auch unbewusst auf die Kinder übertragen. Schon Basil Bernstein (1959, S. 52 ff.) hat über die Differenzierung zwischen restringiertem und elaboriertem Code den Nachweis erbracht, dass die Kommunikation, die Art und Weise, wie über welche Themen im Elternhaus debattiert wird, den Schulerfolg der Kinder maßgeblich beeinflussen. Satzbau, Wortschatz und -wahl, Abstraktionsvermögen und Ausdrucksfähigkeit der Kinder werden erheblich durch die Kompetenzen und Kenntnisse der Eltern vermittelt. Zudem werden mit der Schichtzugehörigkeit typische Wertvorstellungen, Gesellschaftsbilder, Erziehungseinstellungen und auch -praktiken vermittelt. Vermutungen tendieren sogar dahin, dass Unterschichten gegenüber hoch qualifizierenden Bildungsinstitutionen wie Gymnasien oder Universitäten eine affektive Distanz hätten bzw. über geringere Informationen und Kenntnisse in bezug auf mögliche Bildungschancen in besser oder sogar hoch qualifizierten Berufen verfügen (vgl. Bolder 1978, S. 151 f.).

3.3 Statuserwerb, Mobilitätsprozesse und die Bedeutung sozialer Netzwerke

Im Gegensatz zur klassischen Sozialisationsforschung[6] tendiert die neuere soziologische Forschung dazu, sich nicht mehr so sehr mit der Entstehung von Bildungsprozessen zu beschäftigen, sondern mit den Auswirkungen der Bildung bzw. der Bildungsungleichheit[7]. Nicht mehr die Bildungsungleichheiten an sich, sondern die Frage, wie soziale Ungleichheit über Bildung reproduziert wird, steht nun im Vordergrund des wissenschaftlichen Interessens. In der neueren soziologischen Forschung wird die enge Verbindung von Statuserwerb, Mobilitätsprozessen und Netzwerken hervorgehoben. Soziale Herkunft, Bildungserfolg und erreichter beruflicher Status sind stark miteinander verflochten. Hohe Bildungsabschlüsse korrelieren mit dem Einstieg in hoch qualifizierte Berufsfelder und hohem sozialen

---

[6] Vgl. hierzu z. B. die Beiträge in dem von Heintz 1959 herausgegebenen Sonderheft der Kölner Zeitschrift für Soziologie und Sozialpsychologie.

[7] Vgl. zur Historie der Bildungsforschung in Deutschland Solga und Becker 2012, S. 8 ff. Die Autor(inn)en stellen pointiert fest (Solga und Becker 2012, S. 10), dass Bildung somit sowohl zum „Explanandum" als auch zum „Explanans" wird.

Status. Sie sind entscheidend für die spätere berufliche Platzierung und für das soziale Ansehen. Als besonders prägnant gilt auch weiterhin die „Weiterleitung" des Statuserwerbs der Eltern, insbesondere des Vaters, auf den Bildungs- bzw. den Statuserwerb der eigenen Kinder. Allerdings scheinen sowohl der Einfluss der Bildung auf den späteren Statuserwerb als auch der Einfluss der Herkunftsvariablen der Eltern auf die Statuskarriere der Kinder keinen determinierenden Einfluss mehr zu haben. Das Schichtgefüge ist inzwischen durchlässiger geworden, d. h. soziale Mobilität kann sowohl verstärkt von „oben nach unten" als auch von „unten nach oben" erfolgen[8]. Und sogar ein hohes Bildungsniveau ist keine absolute Garantie mehr für einen qualifizierten und sicheren Arbeitsplatz. Verstärkt wird die soziale Ungleichheit zwischen Kindern mit und ohne Migrationshintergrund in bezug auf Bildungserwerb noch durch die Tatsache, dass immer mehr deutsche Kinder einen höheren Schulabschluss erlangen und gleichzeitig die Schulabschlüsse entwertet werden. Die relative Entwertung der Bildungsqualifikationen hat dazu geführt, dass die ehemals hinreichenden Bedingungen des Bildungserwerbs bzw. des Erwerbs aussichtsreicher Positionen sich in notwendige Bedingungen verwandelt haben, die zudem nur den Minimalstandard repräsentieren und noch lange keine Garantie für sozialen Aufstieg bilden. Zwar holen Mädchen und junge Frauen mit Migrationshintergrund in bezug auf die erlangten Schulabschlüsse deutlich auf, dennoch fehlen ihnen zusätzlich erforderliche Kriterien, um die entsprechenden Ausbildungs- bzw. Arbeitsplätze zu bekommen.

Niedriger Statuserwerb und enge soziale Netzwerke der Eltern schränken einen angemessenen Informationsfluss über Bildungsmöglichkeiten ein. Die Folge ist, dass das Spektrum der Bildungs- und Berufswahlprozesse ebenfalls relativ gering ist. Eltern der Unterschicht und insbesondere Eltern mit Migrationshintergrund verfügen über wenig Macht bzw. Einfluss. Rechtlich und politisch der deutschen Bevölkerung nicht gleichgestellt, verfügen sie auch über geringe ökonomische Ressourcen. Hinzu kommen Sprach- und Kommunikationsbarrieren. Die zunehmende Polarisierung der Quartiere innerhalb der Städte verstärkt zudem die unfreiwillige Bildung isolierter, homogener Netzwerke.

Eine besondere Bedeutung erhalten die zur Verfügung stehenden sozialen Netzwerke nochmals bei der Ausbildungs- bzw. Arbeitsplatzsuche. Untersuchungen haben gezeigt (vgl. Bommes 1996, S. 44), dass die informellen Beziehungen mindestens so ausschlaggebend sind wie die öffentlich proklamierten und in einer Leistungsgesellschaft üblich geforderten Kompetenzen wie Qualifikation, Wissen, hohe Motivation, Flexibilität, Disziplin, hohe Kommunikationsfähigkeit etc.

---

[8] Diese Entwicklung spricht eindeutig für den exogenen Charakter des Statuserwerbs, der Mobilitätsprozesse und der Netzwerkbildung.

Verwandt- bzw. Bekanntschaftsverhältnisse haben offenbar auch Einfluss auf die Gestaltung und die Ergebnisse der Versuche, einen Ausbildungs- bzw. einen Arbeitsplatz zu bekommen.

3.4 Differenzierung der Karrierebedingungen: ökonomisches, kulturelles und soziales Kapital

Die Erweiterung des bisher auf ökonomische Kriterien beschränkten Kapitalbegriffs ist einerseits dem wirtschaftswissenschaftlichen Konzept der Humankapitaltheorie und andererseits den theoretischen Überlegungen Pierre Bourdieus zu verdanken. Während die Humankapitaltheorie jedoch lediglich eine Übertragung der Kapitaltheorie auf menschliche Ressourcen[9] vorsieht, also einer „kapitaltheoretischen Fassung der Arbeitskraft" (Krais 1983, S. 202) entspricht, und zudem Bildungsentscheidungen und -verläufe individualisiert, indem alle bildungssoziologischen Explananda als eine aggregierte Folge individuellen Handelns interpretiert werden (vgl. Solga und Becker 2012, S. 19 f.), differenziert die Theorie Bourdieus nach ökonomischem, sozialem und kulturellem Kapital, wobei diese verschiedenen Kapitalarten zunächst als unabhängige Variablen aufzufassen sind.

Neben Besitz, Vermögen und Einkommen als Formen des ökonomischen Kapitals sind auch Bildung als kulturelles Kapital und soziale Beziehungen als soziales Kapital für die soziale Schichtung entscheidend. Alle Kapitalarten sind prinzipiell gleichwertig, da jede der drei Arten in eine jeweils andere Kapitalart transferiert werden kann. Alle drei Arten werden im Übrigen auch in jeder sozialen Situation dazu benutzt, die eigene Position im sozialen Gefüge, das mehr oder weniger durch Hierarchie gekennzeichnet ist, zu markieren. Allerdings sind die Kapitalarten in gewissem Maße auch wieder ungleichwertig, weil sich sowohl das kulturelle als auch das soziale Kapital vom ökonomischen Kapital ableiten lässt, das ökonomische Kapital sozusagen dominiert. Besonders effektiv ist der gemeinsame Einsatz, also eine Ergänzung aller drei Kapitalarten. Mit anderen Worten: Wer nur über kulturelles Kapital wie z. B. einen hohen Bildungsgrad verfügt, dem ist eine attraktive Position noch lange nicht sicher. Erst wenn auch die „Beziehungen" stimmen und die Verfügung über gewisse materielle Güter vorhanden ist, also alle drei Kapitalarten „habitualisiert" sind, kann eine entsprechende Machtposition im sozialen Gefüge eingenommen werden und dies dann in der Regel auch ohne große Mühen.

---

[9] Bourdieu (1983, S. 185) kritisiert, dass die Humankapitaltheoretiker zwar andere als ökonomische Ressourcen anerkennen, diese aber nur an ökonomischen Kriterien messen. So werden z. B. schulische Investitionen nur auf der Basis ihres ökonomischen Gehalts, wie er z. B. bei Studiengebühren oder bei Büchergeld anfällt, berücksichtigt.

Ungleiche Bildungs- und Ausbildungsbeteiligung sind Bourdieu nach als Folge der endogenen Schichtzugehörigkeit, wie sie sich in der ungleichen Verteilung von ökonomischem, kulturellem, und sozialem Kapital ausdrückt, und der damit einhergehenden schichtspezifischen Sozialisationsprozesse zu interpretieren. So erschwert z. B. die relativ niedrige Ausstattung der Eltern aus unteren sozialen Schichten und mit Migrationshintergrund mit ökonomischem Kapital eine ausreichende Unterstützung der Kinder bei schlechten Schulleistungen. Zudem sind die verschiedenen Generationen mit geringerem sozialem Kapital ausgestattet. Ihre informellen Netzwerke sind wenig karrierefördernd, sie müssen große Hürden nehmen, um intensivere Beziehungen außerhalb ihrer Schichtzugehörigkeit, außerhalb ihrer kulturellen Herkunft und außerhalb ihres Wohnortes aufzubauen. Vor allem sind Jugendliche mit Migrationshintergrund aber in kultureller Hinsicht benachteiligt: Die Schule in Deutschland ist nach wie vor auf eine für Kinder und Jugendliche aus unteren sozialen Schichten und mit Migrationshintergrund nichtanschlussfähige Vermittlung von kulturellen Kapital ausgelegt. D. h. statt kulturelles Kapital in Form von Bildung zu vermitteln und darüber die erforderliche Anschlussfähigkeit bei Kindern und Jugendlichen aus unteren sozialen Schichten und mit Migrationshintergrund herzustellen, setzt die Schule eine bestimmte Art kulturellen Kapitals voraus, das im Kontext der Familie und anderer sozialisatorischer Instanzen vermittelt werden sollte, in Familien aus unteren sozialen Schichten und mit Migrationshintergrund jedoch häufig nicht vermitteln werden kann (vgl. hierzu auch Solga und Becker 2012, S. 24). So werden in solchen Familien Kinder und Jugendliche seltener oder auch gar nicht mit schulisch relevantem Wissen, mit modernen Lernmethoden und Technologien konfrontiert. Begrenzte Bildungskapazitäten bzw. -mobilität der Eltern schränken die Unterstützungsmöglichkeiten ein. Die Ausprägung und die Entfaltung eines spezifischen Habitus, der unmittelbar mit dem in der Schule gefragten Wissen verknüpft ist, wird Jugendlichen aus unteren sozialen Schichten und mit Migrationshintergrund erschwert[10]. Alle diese Beispiele zeigen, dass es nach wie vor Zugangsbarrieren in Form einer niedrigen oder geringen Ausstattung mit den drei genannten Kapitalarten sind, die Zugewanderten den Aufstieg zu machtvollen Positionen in unserer Gesellschaft erschweren bzw. diesen sogar verhindern.

Dem Konzept der unterschiedlichen Kapitalarten bedient sich in neuerer Zeit auch der intersektionale Ansatz. Um den Bildungschancen und -aspirationen der

---

[10] Pierre Bourdieu spricht angesichts der Bedeutung des kulturellen Kapitals auch von kultureller Kompetenz bzw. von einem spezifischen oder „angemessenen Code", den man besitzen und anwenden können muss, um bestimmte kulturelle Spielarten „lesen" oder verstehen zu können (vgl. Bourdieu 1987, S. 19). Dieser Code – so könnte man in Bezug auf unsere Thematik sagen – wird Jugendlichen mit Migrationshintergrund verwehrt.

Jugendlichen und jungen Erwachsenen ursächlich gerecht zu werden, müssen gleichzeitig mehrere Aspekte wie z. B. Geschlecht und Migrationshintergrund oder Geschlecht und soziale Herkunft empirisch betrachtet werden[11].

3.5 Formen institutioneller Diskriminierung

Die Bildungsforschung hat in Bezug auf die Institution der Schule nachgewiesen, dass diese mittelschichtorientiert ist, d. h. ihre Kriterien der Bewertung der Leistung, aber vor allem der informellen Bildungsinhalte entsprechen denjenigen der Mittelschicht. Kinder der Unterschicht sind dadurch per se benachteiligt, weil sie aufgrund der schichtspezifischen Sozialisation nicht dieselben Voraussetzungen mit in die Schule bringen können, wie die Kinder der Mittel- bzw. der Oberschicht.

Exogene schichtspezifische Gründe und die Reproduktion der Schichtzugehörigkeit durch die Schule können aber nicht als die einzigen Ursachen für ungleiche Bildungschancen gelten. Ein Problem ist zudem wie bereits erwähnt, dass die ätiologischen Theorien rein defizitorientiert sind und stigmatisierend wirken können. Gomolla und Radtke (2002) haben verdeutlicht, dass Schülerinnen und Schüler aus der Unterschicht und mit Migrationshintergrund einer institutionellen Diskriminierung unterworfen sind[12]. Diese liegt vor, wenn Prozessabläufe im Schulalltag systematisch zu einer Benachteiligung von Schülern mit Migrationshintergrund führen. Tatsächlich werden die Leistungen von Schülern aus der sozialen Unterschicht und mit Migrationshintergrund häufig schlechter bewertet als diejenigen von Jugendlichen aus besser angesehenen sozialen Kreisen bzw. ohne Migrationshintergrund. Die Begrenzung ihrer Bildungsmöglichkeiten erfolgt zudem durch eine überwiegende Zuweisung der Kinder mit Migrationshintergrund (nach Abschluss der Primarstufe) in niedrig qualifizierende weiterführende Schulen (Real- und Hauptschulen). Die überproportional hohen Sonderschuleinweisungen von Kindern mit Migrationshintergrund sind ebenfalls als ein Zeichen einer institutionellen Diskriminierung zu werten (vgl. Bommes und Radtke 1993, S. 483–497). Folglich sind auch ihre Schulabschlüsse niedriger und die Schulabbrecherquote ist

---

[11] Zum intersektionalen Ansatz liegen sowohl in der quantitativen (vgl. die Beiträge im Sammelband von Hadjar und Hupka-Brunner 2013; Gottburgsen und Gross 2012) als auch in der qualitativen Bildungsforschung (vgl. z. B. Hummrich 2002; Juhasz und Mey 2003) inzwischen zahlreiche Studien vor.

[12] Mit der Bezeichnung der institutionellen Diskriminierung wird das Augenmerk nicht mehr auf die Individuen, sondern auf die institutionalisierten Strukturen sozialer Prozesse gelegt. Die Ursachen von Diskriminierung werden dabei im organisatorischen, nicht mehr im individuellen Handeln gesehen.

immer noch überproportional hoch. Umstritten ist zwar, ob es sich bei den Jugendlichen mit Migrationshintergrund um erfahrene Nachteile oder um Benachteiligungen durch die Schule handelt (vgl. Becker und Beck 2013). Unbestritten sind die Nachteile dieser Jugendlichen im deutschen Bildungssystem vor dem Hintergrund meritokratischer Bewertungsmaßstäbe (vgl. Kalter 2005; Solga 2005; Diefenbach 2007). Der Einfluss des Migrationshintergrunds auf Notenvergabe, Bildungsempfehlungen und Bildungsübergängen scheint jedoch an Bedeutung zu verlieren, wenn man auch den sozio-ökonomischen Status der Eltern mit berücksichtigt (Becker und Schuchart 2010; DJI 2012). Zudem gibt es große Differenzen zwischen den Migrantengruppen, die in dem meisten Studien unberücksichtigt bleiben (vgl. Becker und Beck 2013, S. 141).

Ein besonderes Problem stellen zudem die besonderen Förderprogramme dar, die z. B. im Rahmen der Jugendhilfe etabliert werden, um die ungleiche Situation zwischen deutschen und nicht-deutschen Jugendlichen zu kompensieren. Der Nachteil dieser Programme ist, dass sie über den Charakter der besonderen Förderung die angesprochenen Zielgruppen stigmatisieren und somit das Problem einer institutionalisierten Diskriminierung „verlängern" (vgl. Bommes 1996, S. 44).

Eine weitere Form der institutionellen Diskriminierung kann in Bezug auf die Einstellungspraxis der Unternehmen angenommen werden (vgl. Beicht und Granato 2011). Ethnische oder gar rassistische Diskriminierungsformen werden sichtbar, wenn Unternehmen aufgrund der Befürchtung, dass Menschen mit Migrationshintergrund einen negativen Eindruck auf Kund(inn)en machen könnten, diese benachteiligen[13]. Zu einem ähnlichen Ergebnis gelangt Wenka Wentzel (2013, S. 11) in einer Studie zur Berufsorientierung von Mädchen mit Migrationshintergrund: „Es wird deutlich, dass es nicht die individuelle Orientierung der Jugendlichen hin zu spezifischen Berufen ist, die ihre Einmündungspraxis einschränkt, sondern die Ursachen an anderer Stelle zu suchen sind, und zwar in der Einstellungspraxis der Unternehmen, also in strukturellen Faktoren". Da viele Branchen jedoch großen Wert auf eine globale Orientierung legen und offen für die hohe Bedeutung

---

[13] Tarek Naguib (2008) beschreibt die rassendiskriminierende Einstellungspraxis am Beispiel eines Unternehmens wie folgt: „Am 28. April 2005 veröffentlichte die Zeitung De Standaard ein Interview mit Herrn Pascal Feryn, einem der Direktoren einer belgischen Firma, mit dem Titel «Die Kunden wollen keine Marokkaner». Herr Feryn soll gesagt haben, dass seine Firma keine Personen marokkanischer Herkunft einstelle: „Ausser diesen Marokkanern hat in vierzehn Tagen niemand anders auf unseren Aufruf reagiert (…). Marokkaner suchen wir aber nicht. Unsere Kunden wollen sie nicht. Sie müssen in Privatwohnungen, oft in Villen, Schwingtüren einbauen, und diese Kunden wollen sie nicht in ihren Wohnungen haben." Ähnliche Artikel erschienen in den Zeitungen Het Nieuwsblad und Het Volk."

interkultureller Kommunikation eintreten, ist es umso erstaunlicher, dass sogar gut qualifizierte Jugendliche mit Migrationshintergrund abgelehnt werden.

3.6 Institutionelle Indifferenz gegenüber interkulturellen Kompetenzen

Eine weitere Hypothese betrifft die Bedeutung interkultureller Kompetenzen wie Mehrsprachigkeit, Empathie, hohe kulturelle Mobilität etc. Solche Kompetenzen werden sowohl vom Schul- als auch vom Ausbildungssystem bisher zu wenig be- und geachtet. Gerade in Branchen mit einer hohen Anzahl Hochqualifizierter sind solche Kompetenzen jedoch ein enormer Vorteil. In diesen Branchen werden interkulturelle Kompetenzen häufig auch gefordert. Die Bedeutung der Mehrsprachigkeit, vor allem auch die Kenntnis von Minderheitensprachen, ist dort besonders hoch. Wichtige Bestandteile eines kompetenten Umgangs mit Kunden sind auch soziale und kommunikative Kompetenzen. Dazu gehört angesichts einer zunehmenden Pluralisierung der Lebenswelten auch die Kenntnis der sehr differenzierten Lebensstile inklusive ihrer spezifischen Konsumorientierungen. Interkulturelle Kompetenzen können dazu beitragen, die Kontaktsituationen mit der Kundschaft aus verschiedenen Perspektiven zu betrachten, eigene und fremde Deutungsmuster zu reflektieren und die Kommunikation konstruktiver und konfliktfreier zu gestalten.

Allerdings unterliegen auch diese Branchen denselben informellen Mechanismen der Inklusion bzw. der Exklusion, mit denen Jugendliche und junge Erwachsene mit Migrationshintergrund benachteiligt werden, so dass diese Kompetenzen bei Auswahlverfahren nur bedingt ins Gewicht fallen.

Zweifellos sind dies alles nur mögliche Gründe der Bildungsbenachteiligung. Inwiefern sie tatsächlich in den Karrieren der betroffenen Kinder und Jugendlichen zum Tragen kommen, ist nur über einen Einblick in deren konkrete Biografien herauszufinden.

4 Die Notwendigkeit der Rekonstruktion der Biografieverläufe

Die Vermutung, dass schichtspezifische Selektionsmechanismen, institutionelle Diskriminierung und die fehlende Anerkennung interkultureller Kompetenzen ein einseitiges Bildungsverhalten der Kinder und Jugendlichen mit Migrationshintergrund bewirken und diese sich in ihrer Berufswahl daher überwiegend an „einfachen" Berufen orientieren, entspricht einem deduktiven Automatismus, der empirisch nur bedingt haltbar ist. Denn trotz dieser strukturellen, institutionellen und kommunikativen Benachteiligungs- bzw. Diskriminierungsformen gelingt es doch einigen Kindern und Jugendlichen mit Migrationshintergrund immer wieder, die Leiter des Erfolgs empor zu klettern[14]. Quantitative Erhebungen reichen deshalb nicht aus, um Aspekte des Migrationskontextes, der Migrationsbiografie und der konkreten Bildungsentscheidungen und -verläufe differenziert zu ermitteln bzw. zu rekonstruieren. Dies kann nur mit qualitativen Methoden geschehen. Diese haben den Vorteil, dass soziale Prozesse wie der Berufswahlprozess detailliert rekonstruiert werden können, zweifellos nicht ohne ein gewisses Potenzial an Konstruktion. Biografien werden in der Tat *re*konstruiert, d. h. es entsteht eine subjektive, gefärbte, von bestimmten äußeren Umständen abhängige „Erfindung der eigenen Biografie". Dennoch haben qualitative Methoden den Vorteil, dass die Betroffenen, über die in der Regel immer nur berichtet und gesprochen wird oder auch Geschichten konstruiert werden, an dieser Stelle selbst zu Wort kommen können. Der biografischen Methode kommt deshalb eine ganz besondere Bedeutung zu: Ganz im Sinne der modernen Ethnographie geht es darum, „den Anderen" die Möglichkeit zu geben, „ihre Diskurse im eigenen zum Sprechen zu bringen" (Fuchs und Berg 1993, S. 93). Die Wissenschaft hat dementsprechend vor allem die Aufgabe, Räume zu öffnen, in denen sich „die Anderen" selbst zur Geltung bringen können, um der Gefahr vorzubeugen, „nicht mehr nur *über* und vor allem nicht mehr *für* die Anderen sprechen zu wollen" (Fuchs und Berg 1993, S. 72). Einer durch die gängigen klassischen und modernen Theorien der sozialen Ungleichheit immer wieder erneuerten Inszenierung der Repräsentation „der Anderen" könnte damit eine angemessene Perspektive entgegengesetzt werden. Ein weiterer Vorteil dieser Methode ist der während der (Re-) Konstruktion der eigenen Biografie einsetzende Reflexionsprozess, der es den Interviewpartner(inne)n ermöglicht, teils bereits beendete, teils sich noch im Prozess befindende Entwicklungen und Ereignisse zu reflektieren und ggf. neu zu bewerten. Neben den, im Rahmen der Bildungs- und Migrationsforschung entwickelten, allgemeinen Gründen der Benachteiligung ermöglichen biografische Interviews detailliertere Einblicke in die Lebenslagen und -welten der jungen Erwachsenen mit Migrationshintergrund. Empirische Studien, in denen deren Karriereverläufe mittels qualitativer Methoden erforscht wurden, liegen inzwischen zahlreiche vor (vgl. z. B. Sauter 2000; Hummrich 2002; Pott 2002; Koller et al. 2003; Schulze und Soja 2003; Weber 2003; Juhasz und Mey 2003; King und Koller 2006; Nohl 2006; Bukow et al. 2006). Die Jugendlichen mit

---

[14] Nur darüber sind z. B. die hohen Bildungsaspirationen vieler Jugendlicher mit Migrationshintergrund, insbesondere weiblicher Jugendlicher, zu erklären (vgl. Relikowski et al. 2012).

Migrationshintergrund unterscheiden sich nicht nur durch die verschiedenen Migrationskontexte bzw. -gründe. Auch die weitere Sozialisation bzw. die konkrete Behandlung und Förderung im Aufnahmeland sind von entscheidender Bedeutung bei der Entwicklung der Karrieremuster.

4.1 Der Umgang mit Unsicherheitserfahrungen und Sicherheitskonstruktionen

Biografieentwicklungen oder Karrieren werden heute maßgeblich durch den Umgang mit Unsicherheit und Risiken (Beck 1988, 2007) geprägt, sowohl äußerlicher als auch innerlicher Art. Tritt ein Risiko von außen auf, ist es nur so lange als objektiv zu bewerten, bis der, zwar strukturell geprägte, jedoch individuell entschiedene und vollzogene Umgang mit dem Risiko beginnt. Unsicherheitserfahrungen, wie z. B. die Nicht-Anerkennung eines im Herkunftsland erworbenen Zertifikats durch das Aufnahmeland, können auf sehr verschiedene Art und Weise bewältigt werden. Die eine Person resigniert und kehrt wieder in ihr Herkunftsland zurück, eine andere mag diese Erfahrung als Herausforderung interpretieren und versucht, den Abschluss im Aufnahmeland nachzuholen oder ggf. auch für dessen nachträgliche Anerkennung zu kämpfen. In beiden Fällen geht es jedoch darum, (wieder) biographische Sicherheit zu erlangen. Dafür bedient man sich sog. Sicherheitskonstruktionen, mit denen deutend bzw. Sinn gebend versucht wird, die Unsicherheitserfahrung zu bearbeiten. Die Wahl der Sinngebung bzw. des Deutungsmusters beeinflusst maßgeblich den Umgang mit dem Risiko und somit auch die Auswahl des Handwerkzeugs, mit dem man versucht, das Risiko abzustellen, es zu umgehen oder zu kompensieren.

Im Kontext einer eigenen empirischen Studie mit Auszubildenden mit Migrationshintergrund (vgl. hierzu Deimann und Ottersbach 2003) konnten eine ganze Reihe solcher Unsicherheitserfahrungen erkundigt, jedoch eine nur sehr geringe Anzahl an Sicherheitskonstruktionen in den Biografieverläufen offenbart werden. Die Auszubildenden waren einerseits mit allgemeinen, andererseits mit branchenspezifischen Unsicherheiterfahrungen konfrontiert. Zudem gab es Erfahrungen, die nur die zugewanderte Bevölkerung machen kann bzw. die bei der Vergleichsgruppe der Auszubildenden ohne Migrationshintergrund nicht auftraten. Das Verhältnis von Unsicherheitserfahrungen und Sicherheitskonstruktionen entscheidet schließlich über die Art und Weise der individuellen beruflichen Karriere.

5 Fazit: Interkulturelle Pädagogik als Heilmittel?

Sowohl die statistischen Ergebnisse als auch die bisherigen qualitativen Studien zeigen, dass vielen Jugendlichen mit Migrationshintergrund in der zweiten und auch noch in der dritten Generation der soziale Aufstieg in unserer Gesellschaft versperrt wird. Sie werden in allen zentralen gesellschaftlichen Bereichen, d. h. im Bildungs-, Ausbildungs- und auch im Arbeitsmarktsystem, in institutionalisierte Sackgassen geleitet (vgl. Ottersbach 2010). Gerade das Bildungssystem, dessen Aufgabe es ist, Aufstiege zu ermöglichen und für Chancengleichheit zu sorgen, offenbart sich als völlig dysfunktional. Insbesondere das dreigliedrige Schulsystem selektiert viel zu früh und gestattet kaum soziale Aufstiege. Statt dessen begünstigt es die Festigung des sozialen Status der Angehörigen der unteren sozialen Schichten. Die im Rahmen der Jugendhilfe, der Jugendsozialarbeit oder auch der Schulsozialarbeit angebotenen Unterstützungsleistungen sollen dieses Manko kompensieren. Eine eigens initiierte interkulturelle Pädagogik soll Pädagog(inn)en in die Lage versetzen, auf die Belange Jugendlicher mit Migrationshintergrund mit besonderer Sensibilität zu reagieren. Zielgruppenspezifische Maßnahmen haben jedoch häufig den negativen Effekt, dass sie die zu unterstützende Gruppe stigmatisieren (vgl. Hamburger 2009). Ob die „positive Diskriminierung" der interkulturellen Pädagogik tatsächlich als eine effektive Kompensation der sozialen Ungleichheit bzw. der Defizite der Selektion bewertet werden kann, ist umstritten. Auch so genannte „Maßnahmenkarrieren" haben häufig einen stark stigmatisierenden Charakter, der – ähnlich wie beim Wohnort – bei potenziellen Arbeitgeber(innen) häufig zur Ablehnung führt. Hamburger (2012) plädiert deshalb für eine „reflexive interkulturelle Pädagogik", bei der – in Anlehnung an das Konzept der „reflexiven Modernisierung" (Baumann 1992) – die nicht-intendierten Nebenfolgen der positiven Diskriminierung berücksichtigt, mitgedacht und möglicherweise vermieden werden. Aspekte dieses Konzepts sind nach Hamburger (2012, S. 133), dass Sonderformen von Erziehungsarrangement situativ begründet und nicht ontologisiert werden, Differenzen nicht routinemäßig hervorgehoben, sondern allgemeine Grundsätze (wie gleiche Rechte, Respekt gegenüber jeder Person) verstärkt werden, auf spezifische Benachteiligungen nur so lange eingegangen werden soll, wie sie tatsächlich bestehen, und das Recht auf Differenz durch die Verständigung auf einen allgemein anerkannten Verfassungsrahmen ermöglicht werden soll. Alle diese Grundsätze werten die Sinnhaftigkeit und Angemessenheit einer allgemeinen, am Individuum orientierten Pädagogik auf, bei der z. B. genderspezifische oder interkulturelle Aspekte nur situativ und vorübergehend eine Rolle spielen sollten.

Literatur

Baumann, Z. (1992). *Moderne und Ambivalenz. Das Ende der Eindeutigkeit.* Hamburg: Junius.
Baumert, J., Klieme, E., Neubrand, M., Prenzel, M., Schiefele, U., Schneider, W., Stanat, P., Tillmann, K.-J., & Weiß, M. (Hrsg.). (2001). *PISA 2000. Basiskompetenzen von Schülerinnen und Schülern im internationalen Vergleich.* Opladen: Leske + Budrich.
Beck, U. (1988). *Risikogesellschaft. Auf dem Weg in eine andere Moderne.* Frankfurt a. M.: Suhrkamp.
Beck, U. (2007). *Weltrisikogesellschaft. Auf der Suche nach der verlorenen Sicherheit.* Frankfurt a. M.: Suhrkamp.
Becker, R., & Beck, M. (2013). Herkunftseffekte oder statistische Diskriminierung von Migrantenkindern in der Primarstufe? In R. Becker & H. Solga (Hrsg.), Soziologische Bildungsforschung. *Sonderheft der Kölner Zeitschrift für Soziologie und Sozialpsychologie, 52,* 137–163.
Becker, R., & Schuchart, C. (2010). Verringerung sozialer Ungleichheiten von Bildungschancen durch Chancenausgleich? Ergebnisse einer Simulation bildungspolitischer Maßnahmen. In R. Becker & W. Lauterbach (Hrsg.), *Bildung als Privileg* (S. 413–436). Wiesbaden: VS Verlag für Sozialwissenschaften.
Beicht, U. (2011). Junge Menschen mit Migrationshintergrund: Trotz intensiver Ausbildungsstellensuche geringere Erfolgsaussichten. BIBB-Report Heft 16, 1–19.
Beicht, U., & Granato, M. (2011). Prekäre Übergänge vermeiden – Potenziale nutzen. Junge Frauen und Männer an der Schwelle von der Schule zur Ausbildung. Expertise im Auftrag des Gesprächskreises Migration und Integration der Friedrich-Ebert-Stiftung.
Bernstein, B. (1959). Sozio-kulturelle Determinanten des Lernens mit besonderer Berücksichtigung der Rolle der Sprache. In P. Heintz (Hrsg.), *Soziologie der Schule. Sonderheft der KZfSS* (Bd. 4, S. 52–79). Opladen: Westdeutscher Verlag (9. Auflage 1971)
Bolder, A. (1978). *Bildungsentscheidungen im Arbeitermilieu.* Frankfurt a. M.: Campus.
Bommes, M. (1996). Ausbildung in Großbetrieben. Einige Gründe, warum ausländische Jugendliche weniger Berücksichtigung finden. In K. Ralph, K. Doron & S. Sener (Hrsg.), Ausbilden statt Ausgrenzen. Jugendliche ausländischer Herkunft in Schule, Ausbildung und Beruf (S. 31–44). Frankfurt a. M.: Haag und Herchen.
Bommes, M., & Radtke, F.-O. (1993). Institutionelle Diskriminierung von Migrantenkindern. Die Herstellung ethnischer Differenz in der Schule. *Zeitschrift für Pädagogik, 39,* (3), 483–497.
Boudon, R. (1974). *Education, opportunity and social inequality.* New York: Wiley.
Bourdieu, P. (1983). Ökonomisches Kapital, kulturelles Kapital, soziales Kapital. In K. Reinhard (Hrsg.), (Soziale Ungleichheiten. Göttingen, Soziale Welt 2, S. 183–198).
Brinbaum, Y., & Cebolla-Boado. H. (2007). The school carrers of ethnic minority youth in France: Sucess or disillusion? *Ethncities* (7), 445–474.
Bukow, W.-D., Ottersbach, M., Tuider, E., & Yildiz, E. (Hrsg.). (2006). Biographische Konstruktionen im multikulturellen Bildungsprozess. *Individuelle Standortsicherung im globalisierten Alltag.* Wiesbaden: VS Verlag für Sozialwissenschaften.
Deimann, A., & Ottersbach, M. (2003). Die Unterrepräsentation von Migranten im IT-Sektor: theoretische Aspekte und praktische Lösungsstrategien. *IMIS-Beiträge, 23*(22), 65–80.

Deimann, A., & Ottersbach, M. (2007). Chancen und Barrieren eines beruflichen Arrangements. In B. Wolf-D, N. Claudia, S. Erika & Y. Erol (Hrsg.), *Was heißt hier Parallelgesellschaft? Zum Umgang mit Differenzen* (S. 229–243). Wiesbaden.

Diefenbach, H. (2007). *Kinder und Jugendliche aus Migrantenfamilien im deutschen Bildungssystem. Erklärungen und empirische Befunde.* Wiesbaden: VS Verlag für Sozialwissenschaften.

Deutsches Jugendinstitut (DJI). (2012). Schulische und außerschulische Bildungssituation von Jugendlichen mit Migrationshintergrund. Jugend-Migrationsreport. Ein Daten- und Forschungsüberblick. Bearbeitet von Monika Stürzer, Vicki Täubig, Mirjam Uchronski und Kirsten Bruhns.

Fuchs, M., & Berg, E. (1993). Phänomenologie der Differenz. Reflexionsstufen ethnographischer Repräsentation. In E. Berg, & M. Fuchs (Hrsg.), *Kultur, soziale Praxis, Text. Die Krise der ethnographischen Repräsentation.* Frankfurt a. M.: Suhrkamp.

Geißler, R. (2006). Die Sozialstruktur Deutschlands. Zur gesellschaftlichen Entwicklung mit einer Bilanz zur Vereinigung. Wiesbaden: VS Verlag für Sozialwissenschaften.

Gomolla, M., & Radtke, F.-O. (2002). *Institutionelle Diskriminierung – Die Herstellung ethnischer Differenz in der Schule.* Opladen: Leeske und Budrich.

Gottburgsen, A., & Gross, C. (2012). Welchen Beitrag leistet „Intersektionalität" zur Klärung von Kompetenzunterschieden bei Jugendlichen? R. Becker & H. Solga (Hrsg.), *Soziologische Bildungsforschung. Sonderheft der Kölner Zeitschrift für Soziologie und Sozialpsychologie*, (52), 86–110.

Granato, M. (2006). Ungleichheiten beim Zugang zu einer beruflichen Ausbildung: Entwicklungen und mangelnde Perspektiven für junge Menschen mit Migrationshintergrund. In M. Libbi, N. Bergmann und V. Califano (Hrsg.), *Berufliche Integration und plurale Gesellschaft. Zur Bildungssituation von Menschen mit italienischen Migrationshintergrund.* DGB-Bildungswerk, Bereich Bildung und Qualifizierung.

Hadjar, A. (Hrsg.). (2011). *Geschlechtsspezifische Bildungsungleichheiten.* Wiesbaden: VS Verlag für Sozialwissenschaften.

Hadjar, A., & Hupka-Brunner, S. (Hrsg.). (2013). *Geschlecht, Migrationshintergrund und Bildungserfolg.* Weinheim: Beltz Juventa.

Hamburger, F. (2009). *Abschied von der Interkulturellen Pädagogik. Plädoyer für einen Wandel sozialpädagogischer Konzepte.* Weinheim: Juventa.

Hamburger, F. (2012). *Abschied von der Interkulturellen Pädagogik. Plädoyer für einen Wandel sozialpädagogischer Konzepte.* (2. Aufl). Weinheim: Beltz Juventa.

Heintz, P. (Hrsg.). (1959). Soziologie der Schule. Sonderheft 4 der *Kölner Zeitschrift für Soziologie und Sozialpsychologie*. Opladen: Westdeutscher Verlag.

Hummrich, M. (2002). *Bildungserfolg und Migration. Biografien junger Frauen in der Einwanderungsgesellschaft.* Opladen: Leske & Budrich.

Juhasz, A., & Mey, E. (2003). *Die zweite Generation: Etablierte oder Aussenseiter? Biographien von Jugendlichen ausländischer Herkunft.* Opladen: Westdeutscher Verlag.

Kalter, F. (2005). Ethnische Ungleichheit auf dem Arbeitsmarkt. In M. Abraham & T. Hinz (Hrsg.), *Arbeitsmarktsoziologie.* Wiesbaden: VS Verlag für Sozialwissenschaften.

King, V., & Koller, H.-C. (Hrsg.). (2006). *Adoleszenz – Migration – Bildung. Bildungsprozesse Jugendlicher und junger Erwachsener mit Migrationshintergrund.* Wiesbaden: VS Verlag für Sozialwissenschaften.

Koller, H.-C., Kokemohr, R., & Richter, R. (Hrsg.). (2003). *„Ich habe Pläne, aber das ist verdammt hart." Eine Fallstudie zu biographischen Bildungsprozessen afrikanischer Migranten in Deutschland.* Münster: Waxmann.

Krais, B. (1983). Bildung als Kapital: Neue Perspektiven für die Analyse der Sozialstruktur? In K. Reinhard (Hrsg.), *Soziale Ungleichheiten*. Göttingen. *Soziale Welt* Sonderband *2*, S. 199–220.

Kristen, C., & Dollmann, J. (2010). Sekundäre Effekte der ethnischen Herkunft. Kinder aus türkischen Familien am ersten Bildungsübergang. In B. Becker & D. Reimer (Hrsg.), *Vom Kindergarten bis zur Hochschule. Die Generierung von ethnischen und sozialen Disparitäten in der Bildungsbiographie*. (S. 117–144). Wiesbaden: VS Verlag für Sozialwissenschaften.

Maaz, K., Baumert, J., Gresch, C., & McElvany, N. (Hrsg.). (2010). *Der Übergang von der Grundschule in die weiterführende Schule. Leistungsgerechtigkeit und regionale, soziale und ethnisch-kulturelle Disparitäten*. Bildungsforschungsband 34, Bonn/Berlin. (Hrsg.). vom Bundesministerium für Bildung und Forschung (BMBF)

Naguib, T. (2008). *Rassendiskriminierende Einstellungspraxis: Besprechung des ersten EuGH-Urteils zur Richtlinie 2000/43 mit Anmerkungen aus einer schweizerischen Perspektive*. AJP/PJA, Heft 10.

Nohl, A.-M. (2006). Bildung und Spontaneität – Phasen von Wandlungsprozessen in drei Lebensaltern. Empirische Rekonstruktionen und pragmatische Reflexionen. Opladen: Leske & Budrich.

Ottersbach, M. (2010). Bildung, Ausbildung und Arbeit: institutionalisierte Sackgassen für Jugendliche und junge Erwachsene mit Migrationshintergrund. In B. Wassilios, H. Franz, & M. Paul (Hrsg.), *Zwischen Praxis, Politik und Wissenschaft. Die vielfältigen Referenzen interkultureller Bildung* (S. 80–89). Berlin: verlag irena regener.

Pott, A. (2002). *Ethnizität und Raum im Aufstiegsprozess. Eine Untersuchung zum Bildungsaufstieg in der zweiten türkischen Migrantengeneration*. Opladen: Leske & Budrich.

Reinders, H. (2003). *Jugendtypen. Ansätze zu einer differentiellen Theorie der Adoleszenz*. Opladen: Leske & Budrich.

Relikowski, I., Yilmaz, E., & Blossfeld, H.-P. (2012). Wie lassen sich die hohen Bildungsaspirationen von Migranten erklären? Eine Mixed-Methods-Studie zur Rolle von strukturellen Aufstiegschancen und individueller Bildungserfahrung. In R. Becker & H. Solga (Hrsg.), *Soziologische Bildungsforschung. Sonderheft der Kölner Zeitschrift für Soziologie und Sozialpsychologie* 52, S. 111–133.

Salentin, K., & Wilkening, F. (2003). Ausländer, Eingebürgerte und das Problem einer realistischen Zuwanderungs-Integrationsbilanz. *Kölner Zeitschrift für Soziologie und Sozialpsychologie, 55*(2), 278–298.

Sauter, S. (2000). *Wir sind „Frankurter Türken". Adoleszente Ablösungsprzesse in der deutschen Einwanderergesellschaft*. Frankfurt a. M.: Brandes & Apsel.

Schneekloth, U. (2006). Politik und Gesellschaft: Einstellungen, Engagement, Bewältigungsprobleme. In Shell Deutschland Holding (Hrsg.), Jugend 2006. Eine pragmatische Generation unter Druck (S. 103–144.) Frankfurt a. M.: Fischer Taschenbuch Verlag.

Schulze, E., & Soja, E.-M. (2003). Verschlungene Bildungspfade. Über Bildungskarrieren von Jugendlichen mit Migrationshintergrund. In G. Auernheimer (Hrsg.), *Schieflagen im Bildungssystem. Die Benachteiligung der Migrantenkinder* (S. 197–210) Opladen: Leske & Budrich.

Solga, H. (2005). Meritokratie – die moderne Legitimation ungleicher Bildungschancen. In P. A. Berger & H Kahlert (Hrsg.), *Institutionalisierte Ungleichheiten? Stabilität und Wandel von Bildungschancen* (S. 19–38) Weinheim: Juventa.

Solga, H., & Becker, R. (2012). Soziologische Bildungsforschung – eine kritische Bestandsaufnahme. R. Becker, H. Solga (Hrsg.), *Soziologische Bildungsforschung. (Sonderheft der Kölner Zeitschrift für Soziologie und Sozialpsychologie*, (52), 7–43).
Uhly, A., & Granato, M. (2006). Werden ausländische Jugendliche aus dem dualen System der Berufsausbildung verdrängt? *Berufsbildung in Wissenschaft und Praxis, 35*(3), 51–55.
Von de Werfhorst, H. G., & van Tubergen, F. (2007). Ethnicity, schooling and merit in the Netherlands. *Ethnicities, 7,* 416–444.
Weber, M. (2003). *Heterogenität im Schulalltag. Konstruktion ethnischer und geschlechtlicher Unterschiede.* Opladen: Leske & Budrich.
Wentzel, W. (2013). *Wunsch und Wirklichkeit – Berufsfindung von Mädchen mit Migrationshintergrund.* (Hrsg.), vom Kompetenzzentrum Technik – Diversity – Chancengleichheit e. V., Forschungsreihe Girls'Day. Beiträge zur geschlechtssensiblen Berufsorientierung.

Dr. Markus Ottersbach ist Professor für Soziologie am Institut für interkulturelle Bildung und Entwicklung (INTERKULT) der Fakultät für Angewandte Sozialwissenschaften der Fachhochschule Köln. Aktuelle Veröffentlichungen: „Die Zukunft der Gemeinwesenarbeit. Von der Revolte zur Steuerung und zurück?" (Hg. zus. mit R. Blandow und J. Knabe), Wiesbaden 2012; „Partizipation in der Einwanderungsgesellschaft" (zus. mit W.-D. Bukow, B. Lösch und S. Preissing) Wiesbaden 2013; „Jugendkulturen. Lebensentwürfe von Jugendlichen mit Migrationshintergrund" (Hg. zus. mit U. Steuten), Oldenburg 2013; „Diversität und Partizipation. Deutsch-französische Perspektiven auf die Arbeit mit Jugendlichen aus marginalisierten Quartieren" (Hg. zus. mit A. Boubeker), Münster und New York 2014.

Jugendwohnen und Migration. Empirische Befunde zu einem ausbildungs- und arbeitsmarktbezogenen, sozialpädagogisch begleiteten Wohnangebot

Laura de Paz Martínez und Miriam Meuth

In einer erwerbsarbeitszentrierten Gesellschaft wird soziale Integration wesentlich durch Ausbildung und Erwerbstätigkeit vollzogen. Dies hat zur Folge, dass auch die Lebenslage Jugendlicher und junger Erwachsener stark durch das Prinzip Erwerbsarbeit strukturiert wird. Damit wird zugleich der Übergang von der Schule in Ausbildung und Beruf zu einer zentralen Schaltstelle der Inklusion bzw. Exklusion von jungen Frauen und Männern (vgl. Walther 2000). Vor diesem Hintergrund stellt sich die Lebensrealität für junge Frauen und Männer mit Migrationshintergrund in besonderer Weise dar. Sie sind nach wie vor von einer systematischen Schlechterstellung im (Aus-)Bildungsbereich betroffen (vgl. z. B. Autorengruppe Bildungsberichterstattung 2008; BMBF 2013). Die Unterstützung und Förderung von jungen Frauen und Männern mit Migrationshintergrund stellt somit eine zentrale bildungs-, aber auch gesellschaftspolitische Herausforderung dar. Diese Schlechterstellung ist jedoch nicht primär auf deren Migrationshintergrund, sondern vielmehr auf sozialstrukturelle Faktoren oder Mechanismen der institutionellen Diskriminierung zurückzuführen (vgl. Beauftragte 2010; Hamburger 2013; Gomolla und Radtke 2002).

L. de Paz Martínez (✉)
Mainz, Deutschland
E-Mail: laura.depaz@ism-mainz.de

M. Meuth
Frankfurt am Main, Deutschland
E-Mail: Meuth@em.uni-frankfurt.de

© Springer Fachmedien Wiesbaden 2015
T. Geisen, M. Ottersbach (Hrsg.), *Arbeit, Migration und Soziale Arbeit*,
DOI 10.1007/978-3-658-07306-0_8

Ausgehend von dieser zentralen Bedeutung des Ausbildungsbezuges und der Orientierung am Arbeitsmarkt wird mit dem vorliegenden Beitrag auf ein Angebot fokussiert, das seit vielen Jahrzehnten als Infrastrukturleistung (nicht nur) der Kinder- und Jugendhilfe zur Verfügung steht, bislang jedoch im fachlich-theoretischen Diskurs nur wenig Berücksichtigung gefunden hat.[1] Hierbei handelt es sich um das „Jugendwohnen", ein sozialpädagogisch begleitetes Wohnangebot auf der Basis von § 13.3 SGB VIII, das der Logik der Integration in den Arbeitsmarkt folgt und am Übergang von der Schule in den Beruf angesiedelt ist. In den Blick geraten dadurch sowohl der ausbildungs- und arbeitsmarktbezogene ‚Teilübergang' wie auch der wohnbezogene (vgl. Höblich und Meuth 2013). Im Folgenden wird das Angebot Jugendwohnen unter dem Fokus Migration genauer betrachtet. Dies bietet sich insbesondere an, da Jugendwohnen und die Geschichte der Lehrlingsheime in mehrfacher Hinsicht eng mit dem Thema Migration bzw. Mobilität verbunden sind: Erstens werden seit den 1950er Jahren dezidiert junge Menschen anderer ethnisch-nationaler Herkunft von den Wohnheimen angesprochen. Zweitens liegt ein zentraler Beitrag des Jugendwohnens in der innerdeutschen Mobilitätsförderung von Auszubildenden. Durch die ausbildungsbezogene Unterbringung wird immer auch eine Wanderung von strukturschwächeren Gebieten hin zu wirtschaftsstarken Zentren erleichtert. Drittens kann Jugendwohnen als ein sozialpädagogisches Angebot im Übergang von der Schule in den Beruf betrachtet werden, das zwar allen jungen Menschen zur Verfügung steht, sofern sie in Ausbildung sind bzw. an einer berufsvorbereitenden Maßnahme teilnehmen, das jedoch als Angebot der Jugendsozialarbeit auch explizit für sogenannte „sozial benachteiligte" Personengruppen zur Verfügung steht. Migrant_innen können demnach einerseits als Auszubildende für das Jugendwohnen angesprochen werden. Andererseits sind sie aufgrund ihrer überdurchschnittlichen Präsenz in berufsvorbereitenden Maßnahmen unter dem Aspekt der „Benachteiligten-Förderung" ebenso eine wichtige Zielgruppe für das Jugendwohnen, der jedoch aktuell wenig Beachtung geschenkt wird.

In diesem Beitrag wird zunächst kursorisch die (Aus-)Bildungssituation junger Frauen und Männer mit Migrationshintergrund skizziert, die auch aktuell von einer „Schieflage" (vgl. Auernheimer 2013) gekennzeichnet bleibt und Migrant_innen in die Nähe des Benachteiligtendiskurses rückt. Vor diesem Hintergrund wird zweitens das sozialpädagogisch begleitete Wohnangebot Jugendwohnen beschrieben, um darauf aufbauend den Bezug zur Migrationsthematik darzulegen (Kapitel 3). In einem vierten Schritt werden Forschungsergebnisse zweier Untersuchungen vorgestellt (VKH eV 2012; Meuth 2009), in denen dezidiert auf die Nutzungs-

---

[1] Im 14. Kinder- und Jugendbericht wird beispielsweise die uneinheitliche Datenbasis zum Handlungsfeld Jugendwohnen konstatiert (vgl. BMFSFJ 2013, S. 325).

und Zugangsbedingungen von Bewohner_innen mit Migrationshintergrund im Jugendwohnen sowie deren Perspektive auf das Angebot eingegangen wird. Geklärt werden soll, welche Rolle Bewohner_innen mit Migrationshintergrund im Jugendwohnen spielen, welche Unterstützung sie dort erfahren (quantitativ) und welche Bedeutung das Jugendwohnen aus Sicht der jungen Frauen und Männer für sie hat (qualitativ). Die Ergebnisse beider Studien zeigen die Notwendigkeit einer doppelten Analyserichtung, die sowohl die Bewohner_innen mit (aber auch ohne) Migrationshintergrund in den Blick nimmt, als auch die institutionellen Rahmenbedingungen – sowohl der Einrichtung als auch des weiteren gesellschaftlichen Kontextes. Abschließend soll diskutiert werden, inwiefern das Angebot Jugendwohnen als Unterstützungsstruktur im Übergang Schule-Beruf auch der als „benachteiligt" etikettierten Gruppe der Migrant_innen als Förder- und Unterstützungsstruktur dienen kann, ohne Gefahr zu laufen, Teil von Stigmatisierungs- bzw. ethno-kulturalisierenden Differenzierungsprozessen zu sein.

1 (Aus-)Bildungssituation Jugendlicher mit Migrationshintergrund

Angesichts der demographischen Entwicklung und des bevorstehenden Fachkräftemangels wird der Ruf lauter, möglichst alle jungen Menschen fit zu machen für den Ausbildungs- und Arbeitsmarkt. Doch Bildungsstudien zeigen, dass dies nur in begrenztem Maße gelingt (vgl. Autorengruppe Bildungsberichterstattung 2008), insbesondere für eine Gruppe junger Menschen, die im Diskurs als „Benachteiligte" bezeichnet werden. Soziale Arbeit kommt in diesem Zusammenhang ins Spiel, wenn eine Inklusion ins Ausbildungs- bzw. Erwerbssystem aus unterschiedlichen Gründen nicht gelingt. Unter dem Schlagwort „Übergangsmanagement" oder „Übergangssystem" haben sich Strukturen gebildet, die Übergänge Jugendlicher von der Schule ins Ausbildungs- und Erwerbssystem fördern und begleiten sollen (vgl. Bertelsmann Stiftung 2007; Lex 2006; Veröffentlichungen des DJI Forschungsschwerpunkts „Übergänge im Jugendalter"). „Benachteiligte" und „chancenarme Jugendliche" (mit und ohne Migrationshintergrund) werden hierbei zu Adressat_innen neuer Maßnahmen und Konzepte.

1.1 Wer ist benachteiligt?

Mit dem Etikett „Benachteiligung" werden Personen(gruppen) bezeichnet, denen aufgrund bestimmter Merkmale etwas als „fehlend" attestiert wird und in der Folge der Zugang zu bestimmten gesellschaftlichen Bereichen und Anerkennung verwehrt oder erschwert wird. Im Rahmen der Kinder- und Jugendhilfe ist Benachteiligung ein Schlüsselbergriff der Jugendsozialarbeit nach § 13 SGB VIII. Er spielt jedoch auch eine zentrale Rolle innerhalb der Aktivitäten der Arbeitsförderung (SGB III) und innerhalb der Grundsicherung für Arbeitssuchende (SGB II), kommt also mit unterschiedlicher Konnotation in verschiedenen Rechtsbereichen vor. *Soziale Benachteiligung* im Kontext der Jugendsozialarbeit akzentuiert dabei den Lebenskontext. In den Blick gerät erstens die erschwerte gleichberechtigte Teilhabe an der Gesellschaft aufgrund belastender Lebensumstände. Benachteiligung wird daneben auch als Ausdruck individueller Beeinträchtigungen betrachtet (psychische, physische und sonstige persönliche Beeinträchtigungen; vgl. Münder et al. 2006), die oftmals auch als Merkmale einer mangelnden Ausbildungsreife benannt werden (vgl. Eberhard und Ulrich 2005). Die Angebote der Jugendsozialarbeit richten sich damit an junge Menschen, die zum Ausgleich sozialer Benachteiligung oder zur Überwindung individueller Beeinträchtigung in erhöhtem Ausmaße auf Unterstützung angewiesen sind. Im Kontext der (Berufs)Bildungsforschung wird drittens von „Marktbenachteiligung" gesprochen. Ulrich (2002) betrachtet junge Menschen als marktbenachteiligt, wenn ihnen aus demographischen bzw. konjunkturellen oder (arbeitsmarkt-) strukturellen Gründen keine Ausbildungsplätze zur Verfügung stehen, so dass auch diese Personengruppe in Maßnahmen der Benachteiligtenförderung wiederzufinden ist (z. B. außerbetriebliche Ausbildungen) (vgl. Ulrich 2002; Beauftragte 2012, S. 108). Beide Gruppen – Benachteiligte im Sinne des § 13 SGB VII und Marktbenachteiligte – stellen eine potentielle Zielgruppe des Jugendwohnens dar, einerseits weil sie möglicherweise Unterstützung und Begleitung in der Ausbildung brauchen, andererseits weil sie Unterstützung in der Ermöglichung von Mobilität sowie bei der Bewältigung der Folgen dieser Mobilität benötigen (vgl. nächster Abschnitt).

Diese Ausführungen verdeutlichen, dass es den oder die „Benachteiligte" nur in einem relationalen Zusammenhang gibt: Benachteiligung entsteht im Konflikt zwischen den Anforderungen der Gesellschaft sowie der sie repräsentierenden Institutionen und der Ressourcenausstattung der Individuen (vgl. Hamburger 2012a). Die Festlegung einer bestimmten Zielgruppe als „benachteiligt" eröffnet einerseits Möglichkeiten individueller bzw. spezifischer Förderung von jungen Erwachsenen, die von Marginalisierung bedroht oder betroffen sind. Andererseits birgt sie immer auch die Gefahr der Stigmatisierung. Junge Menschen mit Migrationshintergrund sind in besonderer Weise von dieser Ambivalenz zwischen Förderung und Stigmatisierung betroffen.

1.2 Jugendliche und junge Erwachsene mit Migrationshintergrund auf dem Ausbildungsmarkt

Junge Frauen und Männer mit Migrationshintergrund gelten mittlerweile als typische Zielgruppe der Benachteiligtenförderung (vgl. BMBF 2013). Diese Zuordnung wird mit ihrer (Aus)Bildungssituation begründet, die nach wie vor von einer systematischen Schlechterstellung zeugt. Die neue DJI-Studie Jugend-Migrationsreport (vgl. DJI 2012) und der 9. Bericht der Beauftragten der Bundesregierung für Migration, Flüchtlinge und Integration über die Lage der Ausländerinnen und Ausländer in Deutschland (vgl. Beauftragte 2012) dokumentieren, was in Studien der vergangenen Jahre (vgl. z. B. Autorengruppe Bildungsberichterstattung 2006, 2008; Berufsbildungsberichte des BMBF; Beauftragte 2010) bereits festgestellt wurde: Nach wie vor verlassen ausländische Jugendliche doppelt so häufig die Schule ohne Abschluss wie deutsche Jugendliche, sie weisen insgesamt niedrigere Schulabschlüsse auf als die deutschen Altersgenoss_innen und sind auch in der Berufsausbildung stark unterrepräsentiert (vgl. BMBF 2013, S. 44;. DJI 2012; BAMF 2012). Ähnliches gilt für die erweiterte Gruppe der Jugendlichen mit Migrationshintergrund: „eine Trendwende auf dem Ausbildungsmarkt [ist] für Jugendliche mit Migrationshintergrund noch nicht erreicht" (Beauftragte 2012, S. 98). Die Übergänge (von Schule in Ausbildung und von Ausbildung in den Beruf) gestalten sich schwieriger und langwieriger und es gibt häufiger Altbewerber_innen unter ihnen. Zudem sind sie überproportional häufig im Übergangssystem anzutreffen und bleiben häufiger ausbildungs- und arbeitslos, was in einer erwerbsarbeitszentrierten Gesellschaft letztlich bedeutet, chancenlos zu sein (vgl. u. a. Autorengruppe Bildungsberichterstattung 2006; BMBF 2013; Beauftragte 2012; DJI 2012).

Gleichzeitig verweisen die Berichte ausdrücklich darauf, dass diese Schlechterstellung nicht primär auf das Merkmal „Migrationshintergrund" zurückzuführen ist, sondern auf den bekannten Zusammenhang zwischen schulischer Qualifikation und dem sozioökonomischen Status der Eltern (vgl. BMBF 2013, S. 44). So ist es die für Deutschland bekannte Persistenz schicht-/herkunftsspezifischer Ungleichheiten, die insbesondere junge Menschen mit Migrationshintergrund zu den Bildungsverlierer_innen macht, da sie überproportional häufig aus bildungsfernen bzw. sozial schwachen Elternhäusern stammen: die soziale Schichtzugehörigkeit wird vererbt (vgl. Hradil 2005). Hinzu kommen Selektionsprozesse (im Sinne der „institutionellen Diskriminierung"; vgl. Gomolla und Radtke 2002), z. B. der Ausbildungsbetriebe. So greifen Betriebe bei der Bewertung von Zuverlässigkeit und Passung der Bewerber_innen neben den Schulabschlüssen auch auf zuschreibende Merkmale oder „Signale" wie Migrationshintergrund zurück: „Ein niedriger Schulabschluss wird z. B. in Verbindung gebracht mit weniger Leistungsfähigkeit und Motivation. Problematisch ist, dass diese Eigenschaften dann der gesamten Gruppe der jungen

Frauen und Männer mit Migrationshintergrund zugeschrieben werden, da sie wesentlich häufiger über eine geringe schulische Qualifikation verfügen als diejenigen ohne Migrationshintergrund." (Beauftragte 2012, S. 100). Als weitere Zugangsbarriere wird das Nicht-Verfügen der Eltern über Netzwerke, die über Kolleg_innen und Betriebsräte den Zugang zu Ausbildungsplätzen erleichtern, diskutiert.

Die benannten Gründe für die Schlechterstellung verdeutlichen, dass die Besonderung junger Menschen mit Migrationshintergrund im Kontext von spezialisierten Angeboten der Benachteiligtenförderung strukturell ungeeignet ist, den zuvor aufgezeigten Zusammenhängen entgegenzuwirken. Aufgrund des Signals „Migrationshintergrund" werden Zuschreibungen und Stereotype heraufbeschworen und Bilder von Benachteiligung reproduziert. Vielmehr werden nicht-stigmatisierende Angebote gebraucht, die für alle jungen Menschen offen sind. Zielen diese darauf, schicht- bzw. herkunftsspezifische Ungleichheiten abzubauen, tragen sie zur Förderung und Unterstützung auch junger Migrant_innen bei, ohne das Merkmal Migrationshintergrund überzubewerten. Ein solches Angebot ist das Jugendwohnen, das im Folgenden vorgestellt wird.

2 Jugendwohnen: Ein ausbildungs- und arbeitsmarktbezogenes Wohnangebot

Jugendwohnen ist ein Wohnangebot für junge Frauen und Männer im Alter von 14 bis 27 Jahren, die ausbildungs- und arbeitsmarktbedingt sowie aus sonstigen Mobilitätsgründen die Familie verlassen und an einem anderen Ort ihren Alltag sowie Schule und Ausbildung gestalten. Neben der rechtlich-fachlichen Verankerung im § 13 Abs. 3 SGB VIII (Jugendsozialarbeit) spielen nicht zuletzt aufgrund der Finanzierung weitere Leistungsträger eine Rolle (SGB II, III, VIII, IX, XII, BAföG). Jugendwohnen bietet bezahlbaren Wohnraum am Ausbildungsort in Verbindung mit einer sozialpädagogischen Begleitung. Zentrales Ziel ist die Unterstützung junger Erwachsener im Übergang von der Schule in Ausbildung und Beruf (vgl. Schmutz und Höblich 2012; Fülbier und Schmandt 2001; Orlowski 1985). Neben den jungen Menschen, die mobilitätsbedingt im Jugendwohnen unterkommen, gibt es eine weitere Gruppe, die eher aufgrund ihrer sozialen oder persönlichen Situation darauf angewiesen ist, während ihrer Ausbildung außerhalb des Elternhauses zu wohnen. Jugendwohnen stellt für diese jungen Erwachsenen eine Unterstützungsstruktur zur Bewältigung individueller Beeinträchtigung und/oder sozialer Benachteiligung dar und lässt sich damit auch als ein Element des (regionalen) Übergangssystems verstehen, insofern diese jungen Menschen zwar im Wohnheim, aber weiterhin nah an ihrem eigentlichen Lebensmittelpunkt leben (vgl. Schmutz und Höblich 2012, S. 13).

Im Rahmen des Forschungs- und Praxisentwicklungsprojektes „leben.lernen. chancen nutzen" (Näheres zum Projekt vgl. VKH eV 2012) ließen sich verschiedene Nutzer_innengruppen identifizieren, die zugleich die unterschiedlichen Anlässe und Zugänge zum Jugendwohnen markieren: Neben der klassischen Gruppe der Auszubildenden, die an einer schulischen oder beruflichen Maßnahme teilnehmen und für die gesamte Dauer in einer Einrichtung des Jugendwohnens ihren Wohnort finden, gibt es eine größere Gruppe von Block-, Turnus-Schüler_innen. Diese als „Blockschüler_innen" bezeichneten jungen Menschen besuchen Kurse in überbetrieblicher Unterweisung oder Blockschulunterricht in länderübergreifenden Fachklassen fern des Ausbildungsortes im Rahmen ihrer dualen Ausbildung und kehren wiederholt über die Dauer ihrer Ausbildung für kurze Zeiträume ins Jugendwohnen zurück. Eine weitere relevante Gruppe sind junge Menschen mit Behinderungen, die das Jugendwohnen in Form von Wohnangeboten (Internaten, Wohnheimen) in Verbindung mit Maßnahmen der Rehabilitation wahrnehmen. Im Rahmen der Befragungen des Praxisforschungsprojektes kristallisierte sich zudem eine weitere (kleine) Gruppe junger Menschen heraus, die von sozialen Benachteiligungen, individuellen Beeinträchtigungen oder sonstigem erhöhten sozialpädagogischen Unterstützungsbedarf betroffen ist und aus sozialen Gründen nicht mehr in ihrer Herkunftsfamilie wohnen will/kann. Häufig absolvieren diese jungen Frauen und Männer eine Maßnahme des Übergangssystems (z. B. Berufsvorbereitungsjahr) und bedürfen besonderer Unterstützung bei der Bewältigung ihrer Lebens- und Ausbildungssituation (vgl. Schmutz und Höblich 2012, S. 14).

Die sozialpädagogische Begleitung ist konstitutiver Bestandteil des Jugendwohnens und unterscheidet es von anderen reinen Wohnangeboten (z. B. Jugendherberge, Student_innenwohnheim). Sie zielt in erster Linie auf ein gelingendes Zusammenleben und eine erfolgreiche Bewältigung der Ausbildung. Darüber hinaus stehen Fachkräfte den Bewohner_innen je nach individuellem Bedarf für Fragen und bei Schwierigkeiten als Ansprechpartner_innen zur Verfügung (vgl. Schmutz und Höblich 2012, S. 13). Zu den gängigen Elementen der pädagogischen Begleitung in den Jugendwohnheimen zählen u. a. freizeitpädagogische Angebote, regelmäßige Einzelgespräche, sozialpädagogisch ausgerichtete Gruppenarbeit, die Kooperation mit Bildungsinstitutionen/Ausbildungsbetrieben und die Zusammenarbeit mit den Eltern (vgl. ausführlicher Schmutz und de Paz Martínez 2012, S. 118 ff.). Die Potentiale der sozialpädagogischen Begleitung lassen sich auf verschiedenen Ebenen ansiedeln. Zunächst unterstützt Jugendwohnen als Mobilitätshilfe junge Menschen im Übergang am neuen Lebensort, insbesondere bei der Ablösung vom Elternhaus sowie der sozialen Integration in einem neuen Lebensumfeld. Darüber hinaus werden junge Menschen in der Bewältigung von inhaltlichen (z. B. Aufarbeiten von Wissenslücken), aber auch sozialen Anforderungen (z. B. Bewältigung von Konflikt- und Krisensituationen), die sich aus der konkreten (Aus)Bildungssituation ergeben, unterstützt. In diesem Sinne versteht sich das Jugendwohnheim als „Lebens-, Lern- und Bildungsort" (Orlowski 1985). Jugendliche und junge Erwachsene aus bildungsfernen und sozial benachteiligten Familien können über das Angebot im Erwerb von Schlüsselkompetenzen und in der Erweiterung ihrer Ausbildungsreife unterstützt werden (vgl. Schmutz und Höblich 2012, S. 16).

Im Rahmen der Befragungen des Forschungs- und Praxisentwicklungsprojektes „leben.lernen.chancen nutzen" ist deutlich geworden, dass das Jugendwohnen einem Großteil der jungen Menschen geholfen hat, ihre Ausbildung durchzuhalten und nicht abzubrechen (vgl. Schmutz und de Paz Martínez 2012, S. 21). Als zentraler Erfolgsfaktor zeigt sich, dass das Jugendwohnen (auch) für benachteiligte junge Menschen einen Raum zur (nachholenden) Bewältigung von Entwicklungsaufgaben und Unterstützung in der Bewältigung von individuellen Problemlagen bereitstellt, die sich aus dem familiären Kontext oder biographischen Erfahrungen ergeben haben, und damit wesentlich zur Entwicklung persönlicher und sozialer Kompetenzen und gleichzeitig zu gelingenden Bildungsprozessen und Ausbildungsverläufen beitragen kann (vgl. Schmutz und Höblich 2012, S. 21).

3 Migration und Jugendwohnen: Migrant_innen als Zielgruppe des Jugendwohnens

Neben der Unterstützung von jungen Erwachsenen im Alltag sowie in belasteten Lebenslagen ist Mobilitätsförderung, also die Unterstützung innerdeutscher Migration, ein zentraler Bestandteil des Jugendwohnens, so zum Beispiel die Land-Stadt- oder Ost-West-Bewegung. Neben der Binnenmigration spielt die internationale Migration für das Jugendwohnen – wie auch für die Jugendsozialarbeit insgesamt – eine ebenso wichtige Rolle:[2] Seit der Entstehung des Jugendwohnens sind (Spät-)Aussiedler_innen, die Kinder von Gastarbeiter_innen sowie unbegleitete Flüchtlinge als Nutzer_innen berücksichtigt worden (vgl. u. a. Breuer 1961, 2007; Mies-van Engelshoven 2002; Wenzler 2001). Eine enge Kooperation hat zwischen den Jugendwohnheimen und den offenen Jugendgemeinschaftswerken (heutige Jugendmigrationsdienste) (vgl. Breuer 1961, S. 227) bestanden. Die Sprachförderung mittels Intensivsprachkursen für junge Spätaussiedler_innen, die

---

[2] Für die begriffliche Auseinandersetzung mit Migration, Binnenmigration und Internationaler Migration sei auf folgende Autoren verwiesen: Hamburger 2005; Han 2010; Treibel 2008.

auf die schulische, berufliche und soziale Eingliederung abzielte, gehörte zu einem Aufgabenbereich innerhalb der Jugendwohnheime und ist über den vom BMFSFJ geförderten Garantiefonds finanziert worden (vgl. Mies-van Engelshoven 2002, S. 622; Breuer 2007, S. 158). Aktuell, das geht aus den weiter unten vorgestellten Studien hervor, stellen unbegleitete minderjährige Flüchtlinge (UMF) neben Jugendlichen und jungen Erwachsenen mit Migrationshintergrund, die größtenteils in Deutschland aufgewachsen sind, eine weitere (neue) Zielgruppe des Jugendwohnens dar. Diese erhalten jedoch meist über die Leistungen des Jugendwohnens hinausreichende Hilfeleistungen (z. B. Therapie oder Sprachkurse).

Migration, so könnte man sagen, ist dem Jugendwohnen nicht fremd. In der Zeit nach dem 2. Weltkrieg war das Jugendwohnen eines der wichtigsten Angebote der Jugendhilfe. Anfang der 1950er Jahre wurden 96 % der Zuweisungen des Bundes an die Länder aus dem Bundesjugendplan für Jugendwohnen für den Bau von Lehrlingsheimen getätigt. Der Bau und die Unterhaltung von Lehrwerkstätten und Werklehrlingsheimen waren die größten Ausgabeposten im Bundesjugendplan. Dies überrascht nicht angesichts der Tatsache, dass 1950 in Deutschland zwei Millionen Jugendliche ihre Heimat verloren hatten. Sie vagabundierten zu einem großen Teil durch Deutschland, waren Aussiedler_innen und heimatlos oder hatten ihre Familie verloren. Diese Formen der Migration und des Ungeschütztseins haben also die Entstehungszeit des Jugendwohnens geprägt (vgl. Jordan 2005, S. 53 ff.).

Eine Analyse der einschlägigen Literatur zeigt jedoch, dass in dem ohnehin wenig beforschten Bereich des Jugendwohnens auch bezüglich des Phänomens Migration ein Mangel an empirischer aber auch fachlich theoretischer Auseinandersetzung zu verzeichnen ist. Wenn der Faktor Migration berücksichtigt wird, wird auf migrationsspezifische Probleme fokussiert. Verallgemeinernde, vereinfachende und kulturalistische Erklärungen – in denen nur die Dimension Kultur als Argumentationsmuster verwendet wird, ebenso wie ein defizitorientierter Blick – sind dabei zu kritisieren. Zudem ist auffällig, dass in den genannten einschlägigen Publikationen primär auf Flüchtlinge, Spätaussiedler_innen und Aussiedler_innen eingegangen wird, nicht jedoch auf in Deutschland aufgewachsene Jugendliche und junge Erwachsene mit Migrationshintergrund (vgl. Breuer 1961, 2007; Mies-van Engelshoven 2002; Wenzler 2001). So fehlen eine Rezeption und Auseinandersetzung mit aktuellen migrationstheoretischen und pädagogischen Überlegungen in der Literatur zum Jugendwohnen gänzlich. Dass junge Frauen und Männer mit Migrationshintergrund schon immer Zielgruppe des Jugendwohnens sind, schlägt sich nicht ausreichend in der einschlägigen Literatur nieder, insbesondere fehlt ein reflexiver Umgang mit dieser Differenzkategorie.

Insofern besteht ein deutliches Forschungs- und Theoriedesiderat, dem inzwischen zwei Studien, die im Folgenden vorgestellt werden, erste Ansätze und Ergebnisse gegenüberstellen, um diese Forschungslücken zu schließen. Die eine

Untersuchung erfolgte im Kontext des Praxisforschungsprojekts „leben.lernen. chancen nutzen". Hier wurde das Handlungsfeld Jugendwohnen erstmals im Hinblick auf seinen Umfang, seine Zielgruppen und Leistungsmöglichkeiten sowie notwendigen Rahmenbedingungen evaluiert. Dazu wurden drei quantitative Befragungen durchgeführt (eine ausführliche Ergebnisdarstellung findet sich bei VKH eV 2012[3]). Im Rahmen der zweiten und dritten Befragung (Zielgruppenanalyse/ Fachkräftebefragung und Bewohner_innenbefragung) waren zentrale Fragestellungen und Ziele die Erstellung von Nutzer_innenprofile des Jugendwohnens, sowie eine Beschreibung der Wirkungsweise und der Erfolgsfaktoren des Angebots. Die beiden Erhebungen wurden als Tandem organisiert und durchgeführt. Bezogen auf den gleichen jungen Menschen erhielt der/die Bewohner_in, aber auch die zuständige Fachkraft, einen quantitativen Fragebogen („Zwillingsbogen"). Dieses Vorgehen bot den Vorteil, dass die sozialpädagogische Begleitung eines jungen Menschen im Jugendwohnen aus zwei Perspektiven (Fachkraft und Bewohner_in) erfolgen konnte. 260 Einrichtungen des Jugendwohnens wurden in das Sample aufgenommen, wobei 3000 Zwillingsbögen verschickt wurden, mit der Bitte an die Einrichtungsleitungen, die Bögen entsprechend der Zusammensetzung ihrer Nutzer_innengruppen und Angebotsformen im Haus an die jungen Menschen und die für sie zuständigen pädagogischen Fachkräfte zu verteilen. Insgesamt beteiligten sich 141 Einrichtungen, so dass sich die günstige Rücklaufquote von 54,2 % ergab. Damit lagen Informationen zu 1538 Bewohner_innen vor. Die Auswertung erfolgte unter Nutzung des Auswertungsprogramms SPSS (vgl. VKH eV 2012, S. 94 ff.)[4].

In einer zweiten Studie wurde mit einem qualitativen Forschungsdesign der subjektiven Bedeutung des Jugendwohnens aus Sicht der Bewohner_innen nachgegangen (vgl. Meuth 2009). Die offenen Leitfadeninterviews mit narrativem Eingangsstimulus wurden in Einrichtungen katholischer Trägerschaft sowie der der beruflichen Rehabilitation geführt. Es wurden neun Bewohner_innen im Alter von 16–22 Jahren interviewt (davon vier junge Frauen und fünf junge Männer; sechs der Interviewten hatten einen Migrationshintergrund). Die jungen Frauen und Männer der Berufsbildungswerke absolvieren eine Fachwerkerausbildung, die anderen machten eine schulische oder duale Berufsausbildung. Die Datenanalyse erfolgte mittels eines offenen Kodierprozesses, der in einer thematischen Verdichtung zentraler Aspekte mündete.

---

[3] Das Projekt wurde 2007 bis 2011 vom BMFSFJ gefördert.
[4] Das folgende Kapitel enthält gekürzte Passagen aus dem Kapitel „Migration und Jugendwohnen" des Abschlussberichts des Projekts leben.lernen.chancen nutzen, vgl. de Paz Martínez 2012, S. 139–150.

4 Empirische Ergebnisse zu Jugendwohnen und Migration

Welche Rolle spielt Migration aktuell im Handlungsfeld des Jugendwohnens, d. h. gibt es überhaupt eine nennenswerte Anzahl von Nutzer_innen mit Migrationshintergrund? Und welche Bedeutung messen junge Migrant_innen dem Angebot aus ihrer subjektiven Sicht bei? Diesen Fragen soll nun auf der Basis der beiden eingeführten Studien nachgegangen werden.

4.1 Quantitative Befunde

Hinsichtlich des Themenkomplexes Migration ging das Praxisforschungsprojekt der Frage nach, ob und wenn ja, welche Unterschiede sich bezüglich des Zugangs zum Jugendwohnen, der Bedarfe, der Leistungen und ihrer Bewertung im Jugendwohnen für junge Menschen mit bzw. ohne Migrationshintergrund ergeben. Die Ergebnisse werden nun entlang zentraler Thesen zusammengefasst: *Junge Menschen mit Migrationshintergrund sind im Jugendwohnen unterrepräsentiert.*

Unter der jungen Bevölkerung in Deutschland (15 bis 25 Jahre), an die sich das Angebot Jugendwohnen richtet, hat ca. jede/r vierte einen Migrationshintergrund[5]. Entsprechend hoch müsste auch der Anteil der jungen Menschen mit Migrationshintergrund im Jugendwohnen sein: Dies ist jedoch nicht der Fall. In der Stichprobe der Zielgruppenanalyse/Bewohner_innenbefragung weisen lediglich etwa 15 % einen Migrationshintergrund auf, somit ist diese Gruppe im Jugendwohnen deutlich unterrepräsentiert. Hinweise, weshalb junge Migrant_innen Jugendwohnen nicht entsprechend ihres Anteils an der Gesamtbevölkerung nutzen, lassen sich mit einem Blick auf die Daten zur Ausbildungsbeteiligung junger Migrant_innen finden: ihre Ausbildungsbeteiligungsquote (Anteil Jugendlicher mit neu abgeschlossenem Ausbildungsvertrag an allen Jugendlichen im entsprechenden Alter) liegt deutlich niedriger als bei den Personen ohne Migrationshintergrund (vgl. DJI 2012, S. 75). Die Teilnahme an einer schulischen oder beruflichen Maßnahme stellt jedoch eine Voraussetzung für die Inanspruchnahme des Jugendwohnens dar. Im Übergangssystem sind junge Migrant_innen hingegen überrepräsentiert (vgl. Beauftragte 2012, S. 100). Hier gilt es zu fragen, ob und wenn ja, wie das Jugendwohnen bereits vor dem geglückten Zugang zu Ausbildung eine unterstützende Funktion haben könnte, um den Zugang zu Ausbildung evtl. erst zu ermöglichen. Nur vereinzelt bieten die Jugendwohnheime auch jenen jungen Erwachsenen Unterkunft, die eine Maßnahme des Übergangssystems absolvieren (z. B. Berufsvorbereiten-

---

[5] Entsprechend der Definition des Mikrozensus.

des Jahr). So gehören Migrantenjugendliche im Jugendwohnen auch häufiger der Gruppe junger Menschen in Reha-Ausbildung an sowie der kleineren Gruppe junger Menschen, die nicht in vollqualifizierenden Ausbildungsgängen zu finden sind.

Junge Migrant_innen im Jugendwohnen befinden sich häufiger in problembelasteten Lebenssituationen
Ein Blick auf die sozialen und biographischen Merkmale der Bewohner_innen mit Migrationshintergrund offenbart eine insgesamt höhere Problembelastung: Knapp ein Drittel weist laut der Fachkräfte eine „Benachteiligung aufgrund familiärer Rahmenbedingungen" auf (zehn Prozentpunkte häufiger als die Vergleichsgruppe ohne Migrationshintergrund). „Mangelnde deutsche Sprachkenntnisse" und eine „Benachteiligung durch ethnischen/kulturellen Hintergrund" stechen ebenfalls hervor. Es zeigt sich jedoch insgesamt, dass familiäre Belastungen einen höheren Stellenwert als ethnische/kulturelle Aspekte haben. Einzig die Sprache erscheint als migrationsspezifisches Thema. Vorsicht ist jedoch auch hier geboten in Bezug auf mögliche Zuschreibungen der Fachkräfte beim Ausfüllen der Fragebögen: Möglicherweise werden Auffälligkeiten durch eine „Kulturbrille" wahrgenommen und interpretiert, obwohl sie vielleicht jugend- oder schichtspezifisch sind, was sich im Antwortverhalten zu den Bedarfen der jungen Menschen niederschlagen kann. Insgesamt zeigt sich, dass junge Migrant_innen überproportional von Benachteiligungsmerkmalen betroffen sind, die jedoch nicht auf ihren Migrationshintergrund zurückgeführt werden können, sondern von einer insgesamt prekären sozioökonomischen Lage der Familien zeugen.

Zugänge zum Jugendwohnen erfolgen bei jungen Erwachsenen mit Migrationshintergrund insbesondere über Institutionen
Welche Gründe haben junge Migrant_innen ins Jugendwohnen geführt? Der Zugang Jugendlicher ohne Migrationshintergrund ist häufiger mobilitätsbedingt. Bei Migrantenjugendlichen sind andere Gründe für den Zugang bedeutsamer, z. B. Zugänge über Institutionen („ich wurde geschickt" von der Arbeitsagentur bei knapp einem Drittel, vom Jugendamt bei 7%) und familiäre Gründe (Stress zu Hause bei 15%; Befürchtungen der Eltern, das Kind alleine wohnen zu lassen bei 8%).

Ein weiterer Grund für die Inanspruchnahme des Jugendwohnens sind mangelnde Alternativen: Der Aussage „Sonst hätte ich keinen Ausbildungsplatz bekommen" stimmen junge Menschen mit Migrationshintergrund häufiger zu (21% gegenüber 15%). Zudem antworten auf die Frage „Hätten Sie Ihren aktuellen Schul- bzw. Ausbildungsplatz auch ohne den Platz im Jugendwohnen angenommen bzw. annehmen können?" 54% der Migrant_innen „nein" (seltener bei jungen Erwachsenen ohne Migrationshintergrund). 56% hatten keine anderen schulischen oder beruflichen Ausbildungsmöglichkeiten zur Auswahl (gegenüber 47% bei Nicht-Migrant_innen). An den Daten wird deutlich, dass Jugendliche mit Migrationshintergrund insgesamt seltener über Alternativen mit Blick auf Ausbildungsmöglichkeiten verfügen.

Als Zwischenfazit lässt sich die These aufstellen, dass Jugendwohnen für die jungen Erwachsenen mit Migrationshintergrund aktuell eine Unterstützungsstruktur „in begrenzten Möglichkeiten" darstellt, um zum einen Zugang zu Ausbildung zu finden (Jugendwohnen als Bedingung für Aufnahme der Ausbildung), und zum anderen, um die Anforderungen der Ausbildung zu *bewältigen*, wenn der Einstieg in Ausbildung bereits gelungen ist (Jugendwohnen als flankierendes, unterstützendes Angebot zur erfolgreichen Absolvierung der Ausbildung vor dem Hintergrund ungünstiger sozialer und biographischer Merkmale). Damit das Jugendwohnen diese Funktionen erfüllen kann, ist es wichtig, „Zugangsorte" wie Schulen und Betriebe mit dem Angebot Jugendwohnen vertraut zu machen (beispielsweise die Berufsberatung in der Schule etc.) und gleichzeitig in den Betrieben für das Jugendwohnen als ausbildungsbegleitende niedrigschwellige Unterstützungsstruktur zu werben. Bei den jungen Menschen mit Migrationshintergrund ist das Jugendwohnen als Ermöglichungsstruktur für Mobilität auch relevant, aber deutlich seltener.

Sozialpädagogische Begleitung: Bedarfe unterscheiden sich bei jungen Menschen mit und ohne Migrationshintergrund, die Ausbildungsreife der jungen Menschen mit Migrationshintergrund wird durchweg schlechter eingeschätzt. Ein vordergründiger Bedarf ist die Unterstützung bei Fragen/Schwierigkeiten in Schule und Beruf
Im Rahmen der Evaluationen lassen sich ebenfalls Aussagen zu den Bedarfslagen der jungen Erwachsenen mit bzw. ohne Migrationshintergrund treffen. Vordringliche Unterstützungsbedarfe der jungen Erwachsenen mit Migrationshintergrund aus Sicht der Fachkräfte sind günstiger Wohnraum (bei 67% der Bewohner_innen mit Migrationshintergrund), die Sicherstellung der regelmäßigen Teilnahme an der Maßnahme (55%), die Entwicklung von Schlüsselkompetenzen (52%), die Entwicklung sozialer Kompetenzen (50,3%), die Verselbständigung (48%), die Bewältigung inhaltlicher Anforderungen der Ausbildung (48%), die Bewältigung von Krisen/Konfliktfällen in der Maßnahme (47%) sowie die Bewältigung persönlicher Schwierigkeiten (46%).

Es zeigt sich, dass bei jugend- und altersspezifischen Themen (Verselbständigung, Schlüsselkompetenzen, Freizeit) und Mobilität bei beiden Gruppen ähnliche Werte vorliegen. Auffällig ist, dass die Bedarfe bei den jungen Menschen mit Migrationshintergrund in vielen Bereichen erhöht sind, worin sich wieder eine verdichtete Bedarfslage spiegelt. Junge Menschen mit Migrationshintergrund müssen aus

Sicht der Fachkräfte häufiger in der Gewährleistung einer regelmäßigen Teilnahme an der Maßnahme unterstützt werden und weisen vergleichsweise höhere Bedarfe bei der Bewältigung inhaltlicher Anforderungen der beruflichen/schulischen Maßnahme bzw. persönlicher Schwierigkeiten auf.

Die Fachkräfte konnten im Rahmen der Evaluation Einschätzungen zur Ausbildungsreife der jungen Menschen abgeben: dabei wurde die Ausbildungsreife bei den jungen Erwachsenen mit Migrationshintergrund in allen Bereichen (Selbstorganisationskompetenz, Belastbarkeit, Lernbereitschaft, Konfliktfähigkeit, Leistungsbereitschaft und Motivation, soziale Kompetenzen und schulische Grundqualifikationen) schlechter eingeschätzt als bei den jungen Menschen ohne Migrationshintergrund. So überrascht es auch nicht, dass die jungen Menschen mit Migrationshintergrund selbst (Bewohner_innenbefragung) sich neben einem Ansprechpartner für Fragen und Schwierigkeiten im Alltag (71 %) insbesondere Unterstützung bei Fragen/Schwierigkeiten in Schule/Beruf (67 %) wünschen.

Die Daten zeigen, dass das Jugendwohnen für Migrantenjugendliche im Blick auf Ausbildungsbewältigung überdurchschnittlich wichtig ist. Dieses Ergebnis muss jedoch nicht unbedingt migrationsspezifisch interpretiert werden, denn Bildungsferne der Eltern – die bei jungen Menschen mit Migrationshintergrund verstärkt vorliegt – macht auch bei jungen Menschen ohne Migrationshintergrund eine externe Bildungsberatung und unterstützung, wie die sozialpädagogische Begleitung im Jugendwohnen sie bietet, notwendig. Das Angebot Jugendwohnen kann diesen explizierten Bedarfen entsprechen, indem es Chancen erweitert und den jungen Menschen Unterstützung dabei gibt, ihre Potentiale zu entfalten. Auf diese Weise können die jungen Menschen „ihren Platz zu finden". Jugendwohnen entfaltet also gerade bei jungen Menschen mit Migrationshintergrund seinen eigentlichen Beitrag und seine Stärke, nämlich junge Menschen aus bildungsfernen Schichten bei Fragen und Schwierigkeiten in Ausbildung und Beruf zu unterstützen und damit im wahrsten Sinne des Wortes zu „integrieren".

Sozialpädagogische Begleitung: Das Jugendwohnen bietet eine breite Palette an Angeboten, die junge Menschen in allen Lebensbereichen bei der Bewältigung der Ausbildung unterstützen

Ein Blick auf die Angebote, die für junge Menschen mit Migrationshintergrund im Jugendwohnen zur Verfügung stehen, verdeutlicht, dass auf die erhöhte Bedarfslage auch durch eine erhöhte Bereitstellung aller Angebote reagiert wird: Die gängigen Angebote (freizeitpädagogische Angebote, regelmäßige Einzelgespräche, die Zusammenarbeit mit Bildungsinstitutionen/Ausbildungsbetrieben, individuelle Hilfen bei persönlichen Problemlagen, sozialpädagogisch ausgerichtete Gruppenarbeit, die Dokumentation der pädagogischen Begleitung sowie individuelle Fördermaßnahmen im Bereich Schule, Ausbildung, Beruf) werden für Migrant_innen überproportional häufig zur Verfügung gestellt. Zudem antworten sie inhaltlich konsequent auf die Bedarfe (z. B. Zusammenarbeit mit Bildungsinstitutionen). Auf erhöhte individuelle Bedarfe wird mit individuell ausgerichteten Angeboten reagiert (z. B. individuelle Hilfen bei persönlichen Problemlagen, Dokumentation, individuelle Fördermaßnahmen im Bereich Schule, Ausbildung, Beruf).

Potentiale des Jugendwohnens: das Jugendwohnen hat bei Migrantenjugendlichen insbesondere in ausbildungsrelevanten Bereichen zu Verbesserungen geführt

Die Fachkräfte konnten angeben, welche Veränderungen (sowohl Verbesserungen als auch Verschlechterungen) durch das Jugendwohnen mit Bezug zu verschiedenen Bereichen ausgelöst wurden („Inwieweit hat das Jugendwohnen zu Veränderungen geführt in folgenden Bereichen?"). Für die Migrantenjugendlichen lassen sich vor allem bei ausbildungsbezogenen Items Verbesserungen feststellen: so zeigen sich Verbesserungen insbesondere in der Bewältigung der schulischen und beruflichen Anforderungen (bei 35 %), der Stärkung und Entwicklung von angemessenen Konfliktlösestrategien (35 %) sowie der Stärkung und Entwicklung von sprachlichen Kompetenzen (24 %). Damit konnten bei über einem Drittel bzw. einem Viertel der jungen Menschen deutliche Verbesserungen in den ausbildungsrelevanten Bereichen erzielt werden. Die Daten verdeutlichen, dass das Angebot Jugendwohnen den Auftrag der Verbesserung der Chancen auf berufliche Integration für die jungen Menschen mit Migrationshintergrund teilweise erfüllen kann: Gerade ausbildungsbezogen sind deutliche Verbesserungen möglich. Auf die Frage, was das Jugendwohnen ihnen gebracht hat, antworten z. B. zwei Drittel der Bewohner_innen mit Migrationshintergrund, dass ihnen das Jugendwohnen für ein gutes Vorankommen in der Ausbildung (sehr) viel gebracht habe. Auch die Fähigkeit, Lösungen für schwierige Situationen zu finden, konnten knapp 60 % der jungen Menschen in ihrer Selbstwahrnehmung durch das Jugendwohnen schulen.

Bei einer abschließenden Frage zur Erfolgseinschätzung konnten die jungen Menschen mit Migrationshintergrund zentrale Aussagen überdurchschnittlich häufig bejahen: Der Aussage „Über das Jugendwohnen habe ich viel dazugelernt, was mir in Schule und Beruf weiterhilft" wurde von knapp der Hälfte (voll und ganz) zugestimmt, der Aussage „Ohne das Jugendwohnen hätte ich meine Ausbildung längst abgebrochen" von einem Drittel. Diese Daten geben Hinweise auf die Wirksamkeit des Jugendwohnens für die jungen Erwachsenen und für einen (erfolgreichen) Ausbildungsverlauf.

4.2 Qualitative Befunde

In der oben eingeführten qualitativen Interviewstudie mit dem Titel ‚Junge Menschen mit Migrationshintergrund im Jugendwohnen' (Meuth 2009) werden wie erwähnt zwei Themen näher analysiert. Erstens wird nach der Bedeutung des Jugendwohnens für die Bewohner_innen gefragt (mit und ohne Migrationshintergrund) und zweitens wird untersucht, inwieweit migrationsspezifische Unterschiede in der Bedeutungswahrnehmung zu beobachten sind.

Bereits der Zugang zu den Interviewpartner_innen generierte erste Erkenntnisse zum Umgang mit dem Thema Migration im Jugendwohnen: Insgesamt wurden 20 Einrichtungen kontaktiert. Die Bereitschaft seitens der Leitungen, den Kontakt zu den Bewohner_innen herzustellen, war gegeben, jedoch stellte sich heraus, dass in den meisten kontaktierten Einrichtungen keine oder nur sehr wenige junge Menschen mit Migrationshintergrund permanent im Jugendwohnen wohnhaft waren und nicht nur phasenweise während des Blockschulunterrichtes. Der Zugang zu Interviewten aus Berufsbildungswerken gestaltete sich einfacher. Interessant sind die in diesem Zusammenhang entstandenen Informationen in Gesprächen mit den Einrichtungsleitungen, die um eine Erklärung für den niedrigen Anteil junger Frauen und Männer mit Migrationshintergrund in der Jugendwohneinrichtung gebeten wurden. Einige schienen erst durch das Nachfragen festzustellen, dass es in ihrer Einrichtung wenige oder keine jungen Menschen mit Migrationshintergrund gibt. Die Erklärungen reichten von strukturellen Gründen (weil junge Migrant_innen generell über eine geringere Schulbildung und demzufolge eine niedrigere Ausbildungsbeteiligung verfügten) über die Annahme, dass diese jungen Menschen schlechter über das Wohnangebot informiert seien, bis hin zur generellen Unterstellung mangelnder Sprachkenntnisse und geringerer intellektueller Fähigkeiten. Insgesamt entstand in den Telefonaten, aber auch vor Ort in den Einrichtungen der Eindruck, dass die pädagogischen Fachkräfte überwiegend wenig Bezug zum Thema Migration hatten. Dies deutet darauf hin, dass nicht nur in der Literatur zum Jugendwohnen, sondern auch in der Praxis ein Informations- und Entwicklungsbedarf bezüglich eines reflexiven Umgangs mit dieser Differenzdimension besteht.

An dieser Stelle kann ein weiteres zentrales Ergebnis der Studie vorweggenommen werden: Bezüglich der subjektiven Bedeutung des Jugendwohnens sind keine Unterschiede zwischen Bewohner_innen mit und ohne Migrationshintergrund festzustellen. Deutlich wird, wie das Jugendwohnen aus ihrer Sicht primär *situations-, alters- und entwicklungsbedingt* wahrgenommen wird. Beispielsweise die Thematisierung des Wohnens innerhalb eines Doppelzimmers, zeigt den situationsspezifischen Umgang mit dem Mangel an Privatsphäre: „*Oa Einzelzimmer wären eigentlich voll gut aber das muss nicht sein, weil jetzt so ein Doppelzim-*

mer bei *[Name der Zimmermitbewohnerin] und mir das passt auch super, ja man bräuchte aber trotzdem was wo man sich so richtig schön zurück ziehen kann"* (17-jährige Frau, Schulische Berufsausbildung). Diese junge Frau weist ebenso auf die altersbezogene Schwierigkeit hin, als Minderjährige eine Wohnung bzw. ein Zimmer mieten zu können: *„Da ich ja noch minderjährig bin und zu der Zeit auch noch ähm 16 war und hab ich halt ja es ist bisschen schwer eine eigene Wohnung zu bekommen"*. Überlegungen dahingehend, dass es als angenehm erachtet wird zu wissen, dass bei Bedarf eine Sozialpädagogin oder ein Sozialpädagoge vor Ort sind, die helfen könnten, wird ebenso als wichtig erachtet: *„Ich krieg jetzt zum Beispiel noch mal Nachhilfe in Mathe und so was so Sachen und Organisatorisches da hilft er [der Sozialpädagoge, MM] mir auch, dass ich das hier finde und wo ich mich wo hinwenden muss, mit den Ämtern zum Beispiel, dass ich jetzt gemeldet werde"* (17-jährige Frau, Schule).

Bei der Beurteilung des Jugendwohnens durch die jungen Erwachsenen mit und ohne Migrationshintergrund wird nicht entlang der Kategorie ‚Migration' ein Unterschied in der Wahrnehmung des Jugendwohnens deutlich, sondern entlang der der ‚Nutzer_innengruppe'. Jugendliche in Einrichtungen der Rehabilitation betonen andere Aspekte als Auszubildende in einem weniger engmaschigen Betreuungssetting innerhalb des Jugendwohnens. In den Interviews kommt jedoch auch zum Ausdruck, dass der Migrationshintergrund für die jungen Erwachsenen in bestimmten Situationen, die Jugendwohnen-unspezifisch sind, relevant wird. Es werden alltägliche Erfahrungen mit Ethnisierung, Diskriminierung oder wahrgenommener Schlechterstellung geschildert, die in der pädagogischen Interaktion nicht unberücksichtigt bleiben können. Es geht also um Situationen, in denen die jungen Frauen und Männer mit ihrem ‚Hintergrund' konfrontiert werden und dieser damit für sie in den Vordergrund rückt. Die Ergebnisse können demnach auf zwei Ebenen angesiedelt werden: erstens allgemein die Bedeutung des Jugendwohnens für die Bewohner_innen betreffend und zweitens Ergebnisse zu spezifischen Erfahrungen der Jugendlichen mit Migrationshintergrund.

Zur Bedeutung des Jugendwohnens aus Sicht der Bewohner_innen

Jugendwohnen als Verselbständigungsmöglichkeit im Übergang ins Erwachsenenalter kann als das zentrale übergeordnete Thema aus den Interviews herausgearbeitet werden. Dabei kann Jugendwohnen als ein Unterstützungsangebot betrachtet werden, in dem hinsichtlich unterschiedlicher Teilübergänge Hilfestellungen geleistet werden. In den Interviews werden neben dem Teilübergang *Wohnen* der Teilübergang *Schule-Ausbildung-Beruf* sowie die Umstrukturierung bestehender

Freundschaften und die Entstehung neuer angesprochen.[6] Für den Themenbereich Wohnen drückt sich eine 17-jährige Frau, die eine Fachwerkerausbildung macht, wie folgt aus: „dann kann man sich schon besser aufs spätere leben so einstellen so halt alleine zu wohnen". Die Thematik der Selbständigkeit bzw. des Prozesses der Verselbständigung muss im Jugendwohnen vor dem Hintergrund des institutionellen und pädagogischen Kontextes gesehen werden, durch den keine gänzliche Selbständigkeit gewährt ist, weshalb besser von relativer Selbständigkeit die Rede sein sollte (siehe näher Rosenbauer 2008; Meuth 2013). Bezüglich der pädagogischen Begleitung zeigt sich, dass diese von den Interviewten größtenteils im Sinne einer Kommstruktur wahrgenommen wird: „Wenn ich Hilfe brauche, die wird mir nicht aufgedrängt, wenn ich ein Problem hab, dann komm ich" (17-jährige Frau, Schule). Zudem wird Jugendwohnen als Lebensraum während der Ausbildung betrachtet; der wohn- und ausbildungsbezogene Übergang ins Erwachsenenalter wird hier demnach aneinander gekoppelt wahrgenommen.

Folgende Themen stellen sich für die Bewohner_innen als besonders wichtig heraus: Das Miteinander-Leben beispielsweise hat den Vorteil, schnell und einfach soziale Kontakte in der fremden Stadt knüpfen zu können; der Nachteil liegt jedoch in dem Mangel an Privatsphäre dieser Wohnform. Jugendwohnen ermöglicht außerdem relativ bezahlbares Wohnen außerhalb des Elternhauses. Zudem entstehen neue Freundschaften bzw. die alten werden aufgrund der Entfernung zum bisherigen Wohnort anders gelebt.

Wenn der Hintergrund in den Vordergrund rückt
An anderen Stellen in den Interviews wird deutlich, dass der Migrationshintergrund für die Bewohner_innen in bestimmten Situationen sehr zentral wird, beispielsweise wenn die strukturelle Benachteiligung aufgrund einer nicht-deutschen Staatsangehörigkeit spürbar wird. Ein 22-jähriger Mann schildert beispielsweise die strukturellen Nachteile und Ungleichbehandlung, die er aufgrund einer anderen Staatsangehörigkeit erfahren hat:

> Interviewerin: und was spielt das für dich für ne Rolle hier in deinem Alltag dass du aus [Land] kommst
> Interviewter: (…) hm gute Frage auf Alltag eigentlich nicht, doch manchmal, wenn ich zum Amt geh und so merk ich das so, dass es doch Nachteile hat, als wenn man als Deutscher oder mit deutschem Pass da ist, das ist manchmal viel leichter, als man Ausländer mit ausländischem Pass.

---

[6] Für eine dezidiert übergangsbezogene Auseinandersetzung mit Wohnen im jungen Erwachsenenalter sowie dem Jugendwohnen siehe Höblich und Meuth 2013. Die Themen, die von den jungen Erwachsenen in den Interviews angesprochen werden und in diesem Zusammenhang als Teilübergänge konzeptionalisiert werden, gleichen zudem denen, die auch im Konzept der Entwicklungsaufgaben herausgearbeitet wurden (vgl. Göppel 2005; Fend 2003; Havighurst (1971 [1948])).

Die Interviewerin fragt ganz allgemein, welche Rolle es im Alltag spiele, dass der Interviewte aus einem anderen Land kommt. Die Antwort darauf ist zunächst sehr generell gehalten. Dann fügt der Interviewte nach und nach Beispiele hinzu, mit denen er verdeutlicht, wie die nicht-deutsche Herkunft für ihn doch von Bedeutung ist. Man ist im Nachteil gegenüber Deutschen oder Menschen „mit deutschem Pass"; es geht ihm hier also darum, dass an die Staatsbürgerschaft bestimmte Rechte gekoppelt sind und nicht primär um die Erfahrungen, als Migrant behandelt zu werden.

An anderer Stelle beschreibt er, wie er in Interaktionen mit rassistischen Vorstellungen aufgrund seiner Hautfarbe konfrontiert wird. Er beschreibt das Bild, das andere Leute von dunkelhäutigen Menschen seiner Ansicht nach haben: Schwarze, um seinen Terminus aufzugreifen, seien nicht nur blöd, sondern auch Diebe, sie hätten nichts zu tun und seien arbeitslos. Diese Bilder bzw. Kategorisierungen durch andere Menschen sind für ihn sehr präsent und es stört ihn, dass die Menschen überrascht sind und es für sie außergewöhnlich ist, wenn ein Dunkelhäutiger studiere oder arbeite. Weiter sagt er: „wir werden halt mehr aufgefallen wenn wir halt was schlechtes machen als was gutes", womit er erneut auf die einseitige Wahrnehmung durch die Mehrheitsgesellschaft aufmerksam macht. Damit bezieht er sich zwar nicht explizit auf den Kontext Jugendwohnen, verdeutlicht aber die biographische Bedeutung dieser Differenzerfahrung, die dann wiederum auch für die pädagogische Arbeit im Jugendwohnen relevant werden kann.

Folgerungen für einen reflexiven Umgang mit der Kategorie Migration innerhalb der Praxis des Jugendwohnens
Diese Beispiele zeigen, dass eine Auseinandersetzung mit dem Faktor Migration in der pädagogischen Arbeit wichtig ist, da es Situationen gibt, in denen der Migrationshintergrund für die Bewohner_innen subjektiv relevant wird. *Reflexivität und ein mehrdimensionaler Blick* im Umgang mit Migration können daher für die pädagogische Arbeit im Jugendwohnen als zentral angesehen werden. Dabei wird davon ausgegangen, dass für die Arbeit mit jungen Menschen mit Migrationshintergrund die Auseinandersetzung mit eigenen Vorstellungen über Kulturen oder Urteile über andere Menschen zentral sind. Die Bilder der Selbst- und Fremdzuschreibungen (der Fachkräfte oder der jungen Menschen), die sich in alltäglichen Interaktionen aktualisieren und verfestigen, gilt es kritisch zu hinterfragen. Als Werkzeug zur Interpretation und Reflexion von alltäglichen und insbesondere von pädagogischen Situationen können ein „mehrdimensionaler Vergleich" (Nohl 2006, S. 152) oder ein „mehrdimensionaler Blick" (Meuth 2010) hilfreich sein. Die Grundidee dieses mehrdimensionalen Blicks (bekannt als Intersektionalitätsansatz, vgl. u. a. Hormel 2012; von Langsdorff 2012; Winker 2012) besteht darin,

dass nicht nur Ethnizität als Differenzlinie betrachtet wird, sondern auch andere Dimensionen der Zugehörigkeit berücksichtigt werden müssen und an angemessener Stelle als Erklärungsschablone variabel herangezogen werden sollten. Diese sind beispielsweise die Dimensionen Geschlecht, Alter, Schicht, Bildungsstand oder Generation. Auf diese Weise können Situationen, die vereinfachend als „migrationstypisch" oder „kulturell" beurteilt werden, als Verkürzung entlarvt werden, was mit folgendem Beispiel illustriert werden kann: Eine junge Frau schildert, wie sich ihre Einstellungen bezüglich Männern und Beziehungsleben von denen ihrer Klassenkameradinnen unterscheiden. Dies führt sie zunächst auf den (national) kulturellen Unterschied zurück. Bei einer genaueren Prüfung und Berücksichtigung anderer Dimensionen wird jedoch deutlich, dass nicht der Migrationskontext diese Einstellungen prägt, sondern beispielsweise das Milieu und der konservative Erziehungsstil der Herkunftsfamilie. Dies wird auch von der Interviewten erkannt:

> Also ich merks ja von der Kultur her schon und von der Moral, also das fing schon damals an so mit zehn elf, dass ich der Outsider war sag ich mal, in einem der Schulen in [Name der Herkunftsstadt] weil die, das fing so mit einem pubertären Kram an, dass die Mädels da ein Freund hatten und noch einen und noch einen und noch einen und ich so was nie wollte und die hatten äh Geschlechtsverkehr mit 12 Jahren und so was und da hat man gedacht man könnte mich ärgern wenn man sagt [Name] die eiserne Jungfrau und so Sachen und ich war da immer stolz drauf, weil ich weiß nicht, bei uns ist das nicht so typisch, dass man zehn zwölf Jahren da so abgeht das ist allein noch mal so ne Sache von der Erziehung und vielleicht auch ein bisschen konservativer irgendwo denk ich mal. (17-jährige Frau, Schule)

Eine Begründung der Einstellungen der jungen Frau in kulturellen Unterschieden zu suchen, wäre problematisch. Zu vermeiden ist also, dass in der pädagogischen Arbeit der Migrationshintergrund unnötig in den Vordergrund gerückt wird. Sonst besteht die Gefahr, dass man der Person oder der Situation nicht gerecht wird, es zu Verkürzungen, Stigmatisierungen kommt oder eine eigentlich strukturell verursachte Benachteiligung übersehen bzw. umgedeutet wird, indem sie als individuelles Problem ausgelegt wird.

5 Fazit

Für das Handlungsfeld des Jugendwohnens lässt sich zusammenfassend ein deutlicher Informations- und Entwicklungsbedarf bezüglich der Migrationsthematik und dem pädagogischen Umgang mit Bewohner_innen mit Migrationshintergrund festhalten.

Der breit gefächerte Unterstützungskanon innerhalb des Jugendwohnens, der je nach der individuellen Bedarfslage der jungen Erwachsenen angepasst werden kann, steht allen jungen Frauen und Männern, sofern der Arbeitsmarktbezug gegeben ist, zur Verfügung. Demnach kann das Jugendwohnen als ein relativ niedrigschwelliges und wenig stigmatisierendes Angebot betrachtet werden. Jugendwohnen richtet sich jedoch auch explizit an Personen, die aufgrund ihrer sozialen Herkunft als sogenannte „benachteiligte" Menschen adressiert werden. Für junge Frauen und Männer mit Migrationshintergrund bietet das Jugendwohnen gerade in dieser Hinsicht einen wichtigen Anker, nämlich Unterstützung bei der Bewältigung von sozialer Benachteiligung zu erhalten, die nicht auf den Migrationshintergrund eng geführt werden kann. Vermieden wird so eine ‚Besonderung' von Personen mit Migrationshintergrund, da sie nicht dezidiert qua Migrationskontext als Zielgruppe angesprochen werden.

Die Ergebnisse der quantitativen Untersuchung machen deutlich, dass das Jugendwohnen eine sinnvolle ganzheitliche Unterstützung (auch) für Jugendliche und junge Menschen mit Migrationshintergrund im Übergang sein kann. Jedoch müssen einige Rahmenbedingungen dafür gegeben sein: Auf struktureller Ebene kann eine stärkere Information der zuweisenden Institutionen (Betriebe/Berufsberater_innen) den Zugang von jungen Erwachsenen mit Migrationshintergrund zum Jugendwohnen stärken. Zudem greift das Jugendwohnen zu kurz, wenn es sich nur als Mobilitätshilfe versteht; junge Menschen mit verdichteten Bedarfslagen (auch, aber nicht nur Migrant_innen) profitieren von einem niedrigschwelligen Angebot, das bedarfsorientiert fördert ohne stigmatisierende Effekte nach sich zu ziehen. Am Beispiel dieser Gruppe wird noch einmal deutlich, welches Potential das Jugendwohnen als ganzheitliche Hilfe im Kontext Übergang hat: gerade jungen Erwachsenen mit schlechteren Startbedingungen (schulisch, beruflich, sprachlich...) kann das Jugendwohnen integriert Wohnen, ausbildungsbegleitende Unterstützung und Alltagsbegleitung anbieten. Darüber hinaus bietet Jugendwohnen einen Rahmen, in dem junge Frauen und Männer unterschiedlicher Herkunft und biographischer Prägung zusammenleben können und gemeinsam mit Gleichaltrigen voneinander lernen. Zudem zeigt sich, dass Jugendliche und junge Erwachsene mit Migrationshintergrund in erster Linie auch altersspezifische Aufgaben und Fragen bewältigen müssen. Das Jugendwohnen kann diese Bedarfe auffangen (vgl. de Paz Martínez 2012, S. 148). Verdichtete Bedarfslagen haben nicht nur mit dem „Migrationshintergrund" zu tun, sondern mit alters- und schichtspezifischen oder auch geschlechtsspezifischen Themen. Eine Reduktion auf die kulturelle Dimension mit allen negativen und stigmatisierenden Effekten kann im Angebot Jugendwohnen vermieden werden. Daher birgt es gerade für junge Menschen mit Migrationshintergrund ein großes Potential für eine tatsächliche „Integration" in die zentralen gesellschaftlichen Bereiche, ohne sie dabei auf ihren „Hintergrund" zu reduzieren. Gerade mit Blick auf die eingangs skizzierten gesellschaftlichen Entwicklungen und Rahmenbedingungen und die Befunde aus dem benannten Praxisforschungsprojekt sind alle im Handlungsfeld des Jugendwohnens beteiligten Akteur_innen gefragt, das Jugendwohnen so zu profilieren, dass junge Erwachsene mit schlechten Startchancen unabhängig vom Migrationshintergrund stärker als bisher von diesem Angebot profitieren können (vgl. de Paz Martínez 2012, S. 148/149). Die Unterrepräsentation der jungen Frauen und Männer mit Migrationshintergrund zeigt die institutionelle Selektivität der Jugendhilfe auch in diesem Bereich auf. Die Mechanismen des Systems können insofern nicht in eine Defizitzuschreibung bei den Adressat_innen umgedeutet werden.

Anhand der qualitativen Befunde konnte gezeigt werden, wie zentral ein reflexiver Umgang mit der Kategorie „Migration", mit Fremdzuschreibungen und der Betonung der kulturellen Differenz ist, um stereotypes Denken in der pädagogischen Arbeit im Jugendwohnen offen legen und minimieren zu können. Deutlich wurde, wie wichtig es ist zu differenzieren, wann der Faktor Migration relevant ist und wann nicht (mehrdimensionaler Blick/intersektioneller Zugang). Deutlich wurde jedoch auch, dass eine Nicht-Thematisierung oder Vernachlässigung der Dimension Ethnizität in der pädagogischen Praxis Gefahr läuft, (unbewusste) Stigmatisierungen und Defizitzuschreibungen zu (re)produzieren.

Für das konkrete pädagogische Handeln innerhalb des Jugendwohnens erscheint es vor diesem Hintergrund sinnvoll, den Umgang mit Differenz und Heterogenität als Querschnittsaufgabe zu betrachten, die sich insbesondere über den situationsadäquaten Wechsel zwischen Thematisierung und De-Thematisierung profiliert. Konkret bedeutet dies, dass die jungen Frauen und Männer als Migrant_innen angesprochen werden, wenn dies dem aktuell relevanten Thema entspricht. Dies ist beispielsweise der Fall, wenn sich aus den Logiken des Ausländer-, Asyl- und des Kinder- und Jugendhilferechts spezielle Regelungen ergeben und dann, wenn der Hintergrund für sie persönlich wichtig ist oder wenn er Gegenstand rassistischer Ablehnung wird (vgl. Kunkel 2009; Wenzler 2001). In anderen Momenten sind sie jedoch als Auszubildende oder Frauen bzw. Männer zu adressieren – wie andere Adressat_innen auch.

Generell kann konstatiert werden: „Das Besondere der Sozialen Arbeit mit Migrantinnen und Migranten besteht vor allem darin, das Allgemeine besonders gut zu können" (Hamburger 2002, S. 42; Hamburger 2012b). Dabei bezieht sich das „Allgemeine" auf sozialarbeiterische Basiskompetenzen wie die Fähigkeit zur Selbstreflexion, kommunikative Kompetenz, Einfühlungsvermögen oder die Fähigkeit zum Umgang mit Mehrdeutigkeiten (Ambiguitätstoleranz), die zielgruppenunabhängig sind. Sind diese Merkmale professionellen sozialpädagogischen Handelns den Fachkräften vertraut, ist in der Arbeit mit jungen Frauen und Männern mit Migrationshintergrund „interkulturell kompetente" Unterstützung möglich. Für die direkte Interaktion wird zunächst kein migrationsspezifisches Wissen benötigt. Stattdessen ist die Unterstützung, die am Individuum ansetzt, zentral. Erst wenn offensichtlich wird, dass es sich um strukturelle, z. B. rechtliche Benachteiligungen aufgrund des Status als Ausländer_in handelt, wird auch (rechtliches) migrationsspezifisches Wissen benötigt. Das Kennen von Institutionen und Angeboten, die sich näher mit spezifischen Fragen beschäftigen, wird dann relevant. Werden junge Menschen mit kulturalisierenden und diskriminierenden Zuschreibungen konfrontiert, wird Wissen über die Struktur von Vorurteilen und deren Wirkung sowie Stigmatisierungsprozessen notwendig (vgl. Hamburger 2012b).

Diese Erkenntnisse führen zu dem Schluss, dass Jugendwohnen keiner migrationsspezifischen Ausgestaltung bedarf. Im Gegenteil: eine explizite Adressierung junger Menschen mit Migrationshintergrund hätte eine unnötige Engführung zur Folge. Vielmehr kommt es darauf an, das Jugendwohnen weiterhin als umfassendes Angebot auszugestalten, das neben der klassischen Zielgruppe der Auszubildenden in regulären Ausbildungsgängen auch jene jungen Erwachsenen in den Blick nimmt, die mit schlechteren Startchancen in die Ausbildung kommen. Der Migrant_innenstatus ist für sich genommen kein Grund für eine besondere Förderung, sondern das Schicksal, wie andere junge Erwachsene benachteiligt zu sein.

Literatur

Auernheimer, G. (2013). *Schieflagen im Bildungssystem. Die Benachteiligung der Migrantenkinder* (5. Aufl.). Wiesbaden: Springer.
Autorengruppe Bildungsberichterstattung. (2006). *Bildung in Deutschland. Ein indikatorengestützter Bericht mit einer Analyse zu Bildung und Migration* (S. 137–160). Bielefeld: W. Bertelsmann Verlag GmbH & Co Kg.
Autorengruppe Bildungsberichterstattung. (2008). *Bildung in Deutschland 2008. Ein indikatorengestützter Bericht mit einer Analyse zu Übergängen im Anschluss an den Sekundarbereich I*. Bielefeld.
Beauftragte der Bundesregierung für Migration, Flüchtlinge und Integration. (Hrsg.). (2010). 8. Bericht über die Lage der Ausländerinnen und Ausländer in Deutschland, Berlin.
Beauftragte der Bundesregierung für Migration, Flüchtlinge und Integration. (Hrsg.). (2012). *9. Bericht der Beauftragten der Bundesregierung für Migration, Flüchtlinge und Integration über die Lage der Ausländerinnen und Ausländer in Deutschland*. Berlin: Besscom AG.
Bertelsmann Stiftung. (Hrsg.). (2007). Leitfaden lokales Übergangsmanagement. *Von der Problemdiagnose zur praktischen Umsetzung*. Gütersloh: Bertelsmann Stiftung.
Breuer, K. H. (1961). *Jugendsozialarbeit*. Köln: Die Heimstatt.

Breuer, K. H. (2007). *Beiträge zur Geschichte katholischer Jugendsozialarbeit*. Norderstedt: Books on Demand.
Bundesamt für Migration und Flüchtlinge (BAMF). (Hrsg.). (2012). *Migrationsbericht 2010. Migrationsbericht des Bundesamtes für Migration und Flüchtlinge im Auftrag der Bundesregierung*. Berlin: Bonifatius GmbH, Druck – Buch – Verlag.
Bundesministerium für Bildung und Forschung (BMBF). (2013). Berufsbildungsbericht 2013. Bonn, Berlin.
Bundesministerium für Familie, Senioren Frauen und Jugend. (Hrsg.). (2013). 14. Kinder- und Jugendbericht. Bericht über die Lebenssituation junger Menschen und die Leistungen der Kinder- und Jugendhilfe in Deutschland, Deutscher Bundestag – 17. Wahlperiode, Drucksache 17/12200, Berlin.
Deutsches Jugendinstitut (DJI). (Hrsg.). (2012). *Schulische und außerschulische Bildungssituation von Jugendlichen mit Migrationshintergrund*. Jugend-Migrationsreport. Ein Daten- und Forschungsüberblick, München.
Eberhard, V., & Ulrich, J. G. (2005). Schulische Vorbereitung und Ausbildungsreife. In V. Eberhard, et al. (Hrsg.), *Mangelware Lehrstelle. Zur aktuellen Lage der Ausbildungsplatzbewerber in Deutschland* (S. 35–56). Bonn: BiBB.
Fend, H. (2003). Entwicklungspsychologie des Jugendalters. *Ein Lehrbuch für pädagogische und psychologische Berufe*. Opladen: Leske + Budrich.
Fülbier, P., & Schmandt, R. (2001). Jugendwohnen – Leben, Arbeiten, Wohnen. In P. Fülbier & R. Münchmeier (Hrsg.), *Handbuch Jugendsozialarbeit* (Bd. 1, S. 571–580). Münster: Votum.
Gomolla, M., & Radtke, F.-O. (2002). Institutionelle Diskriminierung. *Die Herstellung ethnischer Differenz in der Schule*. Wiesbaden: Springer.
Göppel, R. (2005). *Das Jugendalter. Entwicklungsaufgaben, Entwicklungskrisen, Bewältigungsformen*. Stuttgart: Kohlhammer.
Hamburger, F. (2002). Migration und Jugendhilfe. In Sozialpädagogisches Institut im SOS-Kinderdorf e. V. (Hrsg.), *Migrantenkinder in der Jugendhilfe* (S. 6–46). München: Frühmorgen und Holzmann.
Hamburger, F. (2005). Migration. In H.-U. Otto & H. Thiersch (Hrsg.), *Handbuch Sozialarbeit, Sozialpädagogik* (S. 1211–1222). München: Reinhardt.
Hamburger, F. (2012a). *Einführung in die Sozialpädagogik* (3. Aufl.). Stuttgart: Kohlhammer.
Hamburger, F. (2012b). *Abschied von der Interkulturellen Pädagogik* (2. Aufl.). München: Juventa.
Hamburger, F. (2013). Bildung und Ungleichheit oder Wie die Klassenstruktur im Migrationshintergrund verschwindet. In R. Braches-Chyrek, et al. (Hrsg.), *Bildung, Gesellschaftstheorie und Soziale Arbeit* (S. 143–154). Berlin: Opladen.
Han, P. (2010). *Soziologie der Migration. Erklärungsmodelle, Fakten, politische Konsequenzen, Perspektiven*. Stuttgart: Lucius & Lucius.
Havighurst, R. J. (1971 [1948]). Developmental tasks and education, New York McKay.
Höblich, D., & Meuth, M. (2013). Wohnen im Übergang ins Erwachsenenalter. In W. Schröer, B. Stauber, A. Walther, L. Böhnisch, & K. Lenz (Hrsg.), *Handbuch Übergänge* (S. 291–310). Weinheim und Basel: Juventa.
Hormel, U. (2012). Intersektionalität als forschungsleitende Beobachtungsperspektive. In U. Bauer, U. H. Bittlingmayer, & A. Scherr (Hrsg.), *Handbuch Bildungs- und Erziehungssoziologie* (S. 491–506). Wiesbaden: Springer.

Hradil, S. (2005). Soziale Ungleichheit in Deutschland. 8. Aufl., Nachdr. Wiesbaden: VS Verlag für Sozialwissenschaften.
Jordan, E. (2005). Kinder- und Jugendhilfe. Weinheim: Juventa.
Kunkel, P.-Ch. (2009). Jugendhilferecht versus Ausländerrecht? *Jugendhilfe, 47/2*, 116–130.
Langsdorff, N. von. (2012). Intersektionalitätsanalytischer Ansatz im Kontext von Jugendhilfe. *Widersprüche, 32/126*, 71–90.
Lex, T. (2006). Übergangsmanagement – Jugendliche von der Schule ins Arbeitsleben lotsen. *Ein Handbuch aus dem Modellprogramm „Kompetenzagenturen"*. München: Verl. Dt. Jugendinstitut.
Meuth, M. (2009). *Junge Menschen mit Migrationshintergrund im Jugendwohnen*. Mainz: Johannes Gutenberg-Universität.
Meuth, M. (2010). Gleichbehandlung und Migration. Die Notwendigkeit eines mehrdimensionalen Blicks. *Migration und Soziale Arbeit, 32/3/4*, 246–251.
Meuth, M. (2013). Wohn-Ort als Pädagogischer Ort: Raumsoziologische Überlegungen zu ‚Wohnen' innerhalb des sozialpädagogisch begleiteten Jugendwohnens. *Widersprüche, 33*(128), 131–147.
Mies-van Engelshoven, B. (2002). Jugendsozialarbeit mit zugewanderten jungen Menschen. In P. Fülbier & R. Münchmeier (Hrsg.), *Handbuch Jugendsozialarbeit. Geschichte, Grundlagen, Konzepte, Handlungsfelder, Organisation* (S. 613–630). Münster: Votum.
Münder, J., et al. (Hrsg.). (2006). *Frankfurter Kommentar zum SGB VIII: Kinder- und Jugendhilfe*. Weinheim: Juventa.
Nohl, A.-M. (2006). *Konzepte interkultureller Pädagogik. Eine systematische Einführung*. Bad Heilbrunn: Klinkhardt.
Orlowski, E. (1985). *Das Jugendwohnheim – eine Wohn-, Freizeit- und Bildungsstätte*. Frankfurt a. M.: Diesterweg
de Paz Martínez, L. (2012). Migration und Jugendwohnen. In Verband der Kolpinghäuser e. V. (Hrsg.), *Jugendwohnen in Deutschland. Ergebnisse des Forschungs- und Praxisentwicklungsprojektes „leben. lernen. chancen nutzen"* (S. 139–149). Mainz. http://www.jugendsozialarbeit.de/media/raw/Jugendwohnen_in_Deutschland_Ergebnisse.pdf. Zugegriffen: 5. Jan. 2012.
Rosenbauer, N. (2008). Unvollendete Selbständigkeit – Junge Volljährige in den Erziehungshilfen. In T. Rietzke & M. Galuske (Hrsg.), *Lebensalter und Soziale Arbeit B and 4: Junges Erwachsenenalter* (S. 150–173). Baltmannsweiler: Schneider Verlag Hohengehren.
Schmutz, E., & Höblich, D. (2012). Jugendwohnen – fachliche Einordnung und gesellschaftliche Bedeutung. Verband der Kolpinghäuser e. V. (Hrsg.), *Jugendwohnen in Deutschland. Ergebnisse des Forschungs- und Praxisentwicklungsprojektes „leben. lernen. chancen nutzen"* (S. 13–22). Mainz. http://www.jugendsozialarbeit.de/media/raw/Jugendwohnen_in_Deutschland_Ergebnisse.pdf. Zugegriffen: 5. Jan. 2012.
Schmutz, E., & de Paz Martínez, L. (2012). Zielgruppenanalyse und BewohnerInnenbefragung. Verband der Kolpinghäuser e. V. (Hrsg.), *Migration und Jugendwohnen in Deutschland. Ergebnisse des Forschungs- und Praxisentwicklungsprojektes „leben. lernen. chancen nutzen"* (S. 94–138). Mainz. http://www.jugendsozialarbeit.de/media/raw/Jugendwohnen_in_Deutschland_Ergebnisse.pdf. Zugegriffen: 5. Jan. 2012.
Treibel, A. (2008). *Migration in modernen Gesellschaften. Soziale Folgen von Einwanderung, Gastarbeit und Flucht*. Weinheim: Juventa.
Ulrich, J. G. (2002). Benachteiligung – ein schillernder Begriff? Stigmatisierung im Bereich der außerbetrieblichen Lehrlingsausbildung. In BIBB (Hrsg.), *Benachteiligte durch*

Qualifizierung fördern! Ergebnisse, Veröffentlichungen und Materialien aus dem BIBB. Februar 2002.

Verband der Kolpinghäuser eV. (Hrsg.). (2012). Jugendwohnen in Deutschland. Ergebnisse des Forschungs- und Praxisentwicklungsprojektes „leben. lernen. chancen nutzen." http://www.kolpingmeran.it/baukasten/vkh/kolpinghaeuser/vkh-projekte/projekt-jugendwohnen.html. Zugegriffen: 21. Mai 2013.

Walther, A. (2000). *Spielräume im Übergang in die Arbeit. Junge Erwachsene im Wandel der Arbeitsgesellschaft in Deutschland, Italien und Großbritannien.* Weinheim: Juventa.

Wenzler, T. (2001). *§ 13 KJHG. Chance oder Risiko für die Jugendsozialarbeit am Beispiel Jugendwohnen?* Münster: Lit.

Winker, G. (2012). Intersektionalität als Gesellschaftskritik. *Widersprüche, 32/126,* 13–26.

Laura de Paz Martínez Diplom-Soziologin, ist wissenschaftliche Mitarbeiterin am Institut für Sozialpädagogische Forschung Mainz (ism) e.V. und war mehrere Jahre am Institut für Erziehungswissenschaft der Johannes Gutenberg-Universität Mainz in der AG Sozialpädagogik in Lehre und Forschung tätig. Ihre Arbeitsschwerpunkte sind Migrationsforschung, Migration und Soziale Arbeit, Soziale Ungleichheit, Jugend und Familie, Kinder- und Jugendhilfe, qualitative und quantitative Forschungsmethoden, Evaluation. Sie ist Alumna der Studienstiftung des deutschen Volkes und promoviert bei Prof. Dr. Franz Hamburger im Themenfeld Migration.

Miriam Meuth Dipl. Päd. studierte Erziehungswissenschaft mit dem Schwerpunkt Sozialpädagogik und dem Zusatzstudium „Europäische Migration" an der Johannes Gutenberg-Universität Mainz. Seit 2010 ist sie wissenschaftliche Mitarbeiterin an der Goethe-Universität Frankfurt am Main/Sozialpädagogische Forschungsstelle „Bildung und Bewältigung im Lebenslauf". Ihre Arbeitsschwerpunkte sind Übergänge junger Erwachsener mit einem Fokus auf den Wohnübergang; Jugendsozialarbeit/Jugendwohnen; Gender- und Migrationsforschung; qualitative Forschungsmethoden und internationaler Vergleich.

Jugendliche ohne Schulabschluss als Thema von Bildungspolitik und Sozialer Arbeit. Kritische Analyse von Zielstellungen, Daten und Begrifflichkeiten

Martina Hörmann

1 Einleitung

Die Gruppe der Jugendlichen ohne Schulabschluss[1] ist sehr heterogen, was jedoch auffällt ist der überproportional hohe Anteil von jungen Menschen mit Migrationshintergrund[2]. Laut Bildungsbericht 2012 zeigt sich in Deutschland eine weitgehende „Konstanz der Disparitäten", da sich zwar „der insgesamt positive Trend in den erreichten Abschlüssen sowohl bei ausländischen als auch bei deutschen Jugendlichen (zeigt). Eine Annäherung zwischen den Abschlusskonstellationen der ausländischen und deutschen Jugendlichen ist damit allerdings nicht gegeben.

---

[1] Wenn von „Jugendlichen ohne Schulabschluss" die Rede ist, sind zumeist Jugendliche ohne Hauptschulabschluss gemeint. Auf diese unpräzise Begriffsverwendung und deren Folgen wird an späterer Stelle näher eingegangen.

[2] „Personen mit Migrationshintergrund sind jene, die selbst oder deren Eltern nach 1949 nach Deutschland zugewandert sind, ungeachtet ihrer gegenwärtigen Staatsangehörigkeit. Damit wird ein weites Migrationsverständnis zugrunde gelegt, welches neben dem rechtlichen Status der Personen (Deutsche/Ausländer) auch die Zuwanderungskonstellation nach der individuellen (1. Generation) und familialen Migrationserfahrung (2. Generation) berücksichtigt. Da die meisten Datenquellen des Bildungsberichts eine Aufgliederung nach diesem Konzept nicht gestatten, werden abweichende Operationalisierungen (sic) an den entsprechenden Stellen erläutert." (Bildungsbericht 2012, S. IX).

M. Hörmann (✉)
Olten, Schweiz
E-Mail: martina.hoermann@fhnw.ch

© Springer Fachmedien Wiesbaden 2015
T. Geisen, M. Ottersbach (Hrsg.), *Arbeit, Migration und Soziale Arbeit*,
DOI 10.1007/978-3-658-07306-0_9

Unter den Jugendlichen ohne Hauptschulabschluss sind Ausländerinnen und Ausländer[3] über den gesamten Zeitraum um das 2,5-fache überrepräsentiert, während eine nach wie vor fast dreimal geringere Chance gegenüber Deutschen besteht, die allgemeine Hochschulreife zu erreichen" (Autorengruppe Bildungsberichterstattung 2012, S. 96). Betrachtet man dies geschlechtsspezifisch so kann festgestellt werden, dass fast jeder siebte männliche Jugendliche mit Migrationshintergrund keinen Schulabschluss erwirbt, bei den jungen Frauen sind es etwa 11 % (vgl. Bildungsberichterstattung 2012, Tab. 7-4web).

Zugleich muss konstatiert werden, dass sowohl die Datenlage als auch bildungspolitische Zielformulierungen im fachpolitischen Diskurs unübersichtlich und uneinheitlich sind. So werden beispielsweise Anstrengungen im allgemeinbildenden Schulsystem, die darauf zielen mehr Jugendliche zu einem Abschluss zu führen, in den Zielformulierungen und den Ergebnisbetrachtungen häufig vermengt mit verschiedenen Maßnahmen des Übergangssystems, in denen in der Regel Professionelle der Sozialen Arbeit versuchen Jugendliche nach Verlassen des allgemeinbildenden Systems beim Übergang in eine Ausbildung und/oder beim Nachholen eines Schulabschlusses zu unterstützen.

Hinzu kommt eine uneinheitliche Begriffsverwendung im Fachdiskurs: so ist in den verschiedenen statistischen Auswertungen von Abgängern, Abbrechern oder Jugendlichen ohne Abschluss die Rede, was dazu führt, dass differenzierte und insbesondere vergleichende Aussagen über Bedarfe einerseits sowie über die Wirksamkeit verschiedener Angebote im Übergangssystem und über die Zielerreichung auf bildungspolitischer Ebene nur schwer gemacht werden können.

Der Beitrag will über eine Analyse bildungspolitischer Zielstellungen auf deutscher (und europäischer) Ebene bezogen auf Jugendliche ohne Schulabschluss sowie über eine Diskussion der Begrifflichkeiten im Fachdiskurs aufzeigen, dass eine Systematisierung der Zielebenen und die begriffliche Präzisierung notwendige Voraussetzung für valide Daten sind. Dies bildet die Basis verschiedene Angebote insbesondere im Übergangssystem miteinander zu vergleichen um auf diese Weise zu Erkenntnissen zu gelangen, welche Anstrengungen notwendig sind um die Zahl junger Menschen ohne Schulabschluss zu senken und so – gerade auch für junge Menschen mit Migrationshintergrund – verbesserte Voraussetzungen für einen gelingenden Übergang in Ausbildung und Beschäftigung zu schaffen.

---

[3] „Ausländerinnen und Ausländer: Personen, die nicht die deutsche Staatsangehörigkeit besitzen" (Bildungsbericht 2012, S. IX).

2 Jugendliche ohne (Haupt-) Schulabschluss als Thema von Bildungspolitik und Sozialer Arbeit

Auf die Tatsache, dass immer noch Jugendliche die Schule ohne Hauptschulabschluss (HSA) verlassen, reagieren die verschiedenen politischen Ebenen und zuständigen Gremien mit ähnlich lautenden Zielstellungen: zu nennen sind hier der Bildungsgipfel der deutschen Bundesregierung (vgl. BMBF 2008a, Klemm 2010), die Bundesministerien für Bildung und Forschung (BMBF) sowie für Arbeit und Soziales (BMAS), die Kultusministerkonferenz (vgl. KMK 2013), die Bundesagentur für Arbeit, die zuständigen Länderministerien und nicht zuletzt die EU. Scheinbar übereinstimmend wird dabei von der „Reduzierung der Quote der Schulabbrecher und Schulabbrecherinnen" und von der „Verringerung der Zahl der Jugendlichen ohne Abschluss" gesprochen, doch ähneln sich diese Zielsetzungen und die dabei verwendeten Begrifflichkeiten zumeist nur auf den ersten Blick. Deshalb erscheint es sinnvoll verwendete Begrifflichkeiten und Zielstellungen auf nationaler und europäischer Ebene daraufhin zu betrachten, welche Jugendlichen jeweils gemeint sind. „Das Ziel der Verringerung der Zahl der Jugendlichen ohne Abschluss verweist auf zwei mögliche bildungspolitische Konsequenzen: zum einen erfordert es Anstrengungen im allgemeinbildenden Schulsystem, um mehr Jugendliche innerhalb dieses Systems zum Abschluss zu führen. Zum anderen gibt es zahlreiche Maßnahmen im Übergangssystem, um Jugendliche nach Verlassen des allgemeinbildenden Systems zum HSA zu führen. Diese beiden Zielfokussierungen werden im Diskurs häufig miteinander vermischt" (Hörmann et al. 2010, S. 13).

Für die Soziale Arbeit ist eine Zieldifferenzierung von Bedeutung, da sie einen Teil der Maßnahmen im Übergangssystem durchführt und insbesondere im Hinblick auf die Finanzierung bzw. die Auftragserteilung an ihren Erfolgen und ihrer Wirksamkeit gemessen wird. Im Jahr 2010 wurden im Auftrag des BMAS sämtliche Angebote zum nachträglichen Erwerb des Hauptschulabschlusses im Hinblick auf ihre Erfolgsquoten untersucht (ebd.). Dabei zeigte sich, dass dieses Feld in besonderer Weise von uneindeutigen bildungspolitischen Zielstellungen und heterogenen Begrifflichkeiten geprägt ist, sodass nur schwer seriöse Aussagen über „Erfolge von Maßnahmen" gemacht werden können.

2.1 Analyse bildungspolitischer Zielstellungen zum Themenfeld Jugendliche ohne Schulabschluss

Um Licht in die thematische Komplexität und die damit einhergehende Datenlage zu bringen, gilt es zunächst zu differenzieren, ob eine bildungspolitische Zielstellung ausschließlich auf das allgemeinbildende System Bezug nimmt oder ob auch

Angebote des Übergangssystems integriert sind. Die in den Empfehlungen des Innovationskreises Berufliche Bildung (2007) enthaltene Zielformulierung „eine Halbierung der Zahl der Schulabgänger ohne Abschluss zu erreichen" (BMBF 2007, S. 14) war sehr öffentlichkeitswirksam formuliert. Dieses Ziel wurde im darauffolgenden Jahr im Rahmen des Dresdner Bildungsgipfels bekräftigt: „Jeder soll einen Schul- und Berufsabschluss schaffen können. Der Ausbildungserfolg aller Schülerinnen und Schüler in Bildungsgängen, die zu einem Hauptschulabschluss führen, soll sichergestellt werden. Der Bund und die Länder streben an, die Zahl der Schulabgänger ohne Abschluss (…) bis zum Jahr 2015 im Bundesdurchschnitt von 8 auf 4 % (…) zu halbieren. Jeder, der kann und will, muss auch nach Verlassen der Schule einen Schulabschluss nachholen können" (BMBF 2008a, S. 8).

Bei genauer Betrachtung fällt auf, dass in dieser Zielformulierung viele verschiedene, teils widersprüchliche Ebenen angesprochen werden: Der erste Satz bezieht sich ausnahmslos auf alle Personen („jeder"), wohingegen im zweiten Satz die Angebotsart präzisiert und eingegrenzt wird, nämlich auf Bildungsgänge, die zu einem Hauptschulabschluss führen. Dies impliziert, dass der überwiegende Teil der Bildungsgänge an Förderschulen hier *nicht* mitgemeint ist. Nachfolgend wird dann allerdings der Ausbildungserfolg und nicht der Schulabschluss fokussiert. Der nächste Satz erweitert die Zielgruppe wieder auf *alle* Schulabgänger und -abgängerinnen ohne Abschluss, versehen mit einer präzisen Quantifizierung des Ziels. Im letzten Satz wird der Zielbereich auf den *nachträglichen* Erwerb eines Schulabschlusses ausgeweitet. Damit werden in dieser Zielformulierung sowohl das allgemeinbildende als auch das Übergangssystem angesprochen.

Auf nationaler Ebene werden zudem bezogen auf junge Menschen mit Migrationshintergrund und ohne Schulabschluss Ziele formuliert (vgl. BBMFI 2007, BBMFI 2010): Die Länder haben im Nationalen Integrationsplan zugesagt „innerhalb der kommenden fünf Jahre die Abbrecher- und Wiederholerquoten deutlich zu senken und die Angleichung der Quoten von Kindern und Jugendlichen mit Migrationshintergrund an den Gesamtdurchschnitt aller Schülerinnen und Schüler zu erreichen" (BBMFI 2007, S. 26).

Auf europäischer Ebene wurden 2009 die bildungspolitischen Prioritäten 2020 formuliert und dazu auch fünf Benchmarks konkretisiert, darunter die Reduzierung der Zahl der jungen Menschen ohne bzw. mit niedrigem Schulabschluss. Im strategischen Rahmen für die allgemeine und berufliche Bildung der Europäischen Kommission lautet die Zielstellung wie folgt: „Der Anteil frühzeitiger Schul- und Ausbildungsabgänger soll weniger als 10 % betragen" (Nationale Agentur für Bildung in Europa/BMBF 2012, S. 20).

Das Ziel präzisiert zwar den Zeitraum sowie die Quantität, allerdings ist die genannte Bezugsgröße „Anteil frühzeitiger Schul- und Ausbildungsabgänger" im deutschen Fachdiskurs wenig gebräuchlich und wird in den nationalen Statistiken zumeist nicht ausgewiesen. Die EU versteht darunter „Personen zwischen 18 und 24 Jahren, die maximal über einen Schulabschluss der unteren Sekundarstufe verfügen" (http://epp.eurostat.ec.europa.eu/statistics_explained/index.php/Glossary:Early_leaver_from_education_and_training/de).

Die deutsche Kultusministerkonferenz (KMK) benennt in ihrem „Handlungsrahmen zur Reduzierung der Zahl der Schülerinnen und Schüler ohne Schulabschluss" insgesamt zehn Handlungsfelder, darunter das „Handlungsfeld: Hilfen zum Erreichen des Schulabschlusses für Schülerinnen und Schüler, deren Abschluss gefährdet ist, sowie zum nachträglichen Erwerb des Hauptschulabschlusses" (KMK 2007, S. 12). Hier zeigt sich eine differenzierte Formulierung, die im ersten Teil auf das allgemeinbildende System und im zweiten Teil auf das Übergangssystem Bezug nimmt.

2.2 Der Diskurs um die Zielerreichung

Die Relevanz dieser Zielanalyse für die Betrachtung von Erfolgen im Hinblick auf die Verringerung der Zahl der Personen ohne Schulabschluss im Rahmen der politischen Auseinandersetzung kann an einem Beispiel verdeutlicht werden. Der Deutsche Gewerkschaftsbund bilanziert im Vorwort einer Expertise zur Umsetzung der Ziele des Bildungsgipfels von 2008: „Bei den jungen Menschen ohne Schul- bzw. Berufsabschluss fehlen erstrecht signifikante Erfolge" (Klemm 2012, S. 5). Beklagt wird, dass sich die Zahl der Jugendlichen ohne Abschluss seit 2008 kaum verringert habe. Dies steht im Kontrast zur Aussage des Bildungsberichts, der konstatiert, dass es „immer weniger Jugendliche (…) [gibt], die ohne Hauptschulabschluss die Schule verlassen. Der Rückgang der Abgängerzahl ohne Hauptschulabschluss von 76.000 auf 53.000 seit 2006 entspricht einer Verringerung der Abgängerquote von 8,0 auf 6,5 % der gleichaltrigen Bevölkerung" (Bildungsbericht 2012, S. 95 f.).

In die „Bilanz" des Gewerkschaftsbundes (Klemm 2012) werden nur Abgänger und Abgängerinnen aus dem allgemeinbildenden System einbezogen und somit die Aktivitäten zum nachträglichen Erwerb eines Schulabschlusses außer Acht gelassen. Die Zielstellung der Qualifizierungsinitiative von 2008 wird in der Expertise verkürzt wiedergegeben, denn diese beinhaltete, wie oben ausgeführt, Aktivitäten in beiden Systemen.

Auch mit Blick auf die Bundesländer finden sich Beispiele, die die Folgen der unterschiedlichen Begrifflichkeiten verdeutlichen: „Da der EU-Benchmark ‚early school leavers' nicht auf Länderebene verfügbar ist, wird als Ersatzindikator die Quote der Absolventen ohne Hauptschulabschluss verwendet. Die ausgewiesenen Werte sind ca. 4–5 Prozent-Punkte geringer als der EU-Benchmark ‚early school leavers'" (SWAS 2007, S. 40). Es werden also zwei Indikatoren, die auf unterschiedliche Teilgruppen Bezug nehmen, miteinander verglichen und (in unzulässiger Weise) quantitativ zueinander in Bezug gesetzt, um einen Erfolg vermelden zu können.

Die bereits thematisierte Unschärfe im Hinblick auf die verwendeten Kategorien bezieht sich insbesondere auf die Gleichsetzung der Kategorie „Jugendliche ohne Hauptschulabschluss" mit der Kategorie „Jugendliche, die eine Hauptschule ohne Abschluss verlassen"[4]. Die Kultusministerkonferenz (KMK) subsumiert unter die Rubrik „ohne Hauptschulabschluss" auch die Teilgruppen „mit/ohne Abschluss der Förderschule mit Förderschwerpunkt Lernen" sowie „mit/ohne Abschluss der Förderschule mit Förderschwerpunkt Geistige Entwicklung". Die Daten zeigen eindrücklich, dass mehr als die Hälfte der Jugendlichen ohne Hauptschulabschluss aus Förderschulen kommen (vgl. Bildungsbericht 2012, S. 275), also aus Bildungsgängen, die den Erwerb dieses Abschlusses in der Regel nicht oder nur sehr eingeschränkt zum Ziel haben.

Bezieht man also das Ziel der Qualifizierungsinitiative „Halbierung der Anzahl der Jugendlichen ohne Abschluss" ausschließlich auf das allgemeinbildende System ohne Angebote des Übergangssystems, so hat dies zur Folge, dass rein rechnerisch alle Jugendlichen aus Hauptschulen einen Abschluss erreichen müssten, da Jugendliche aus Förderschulen mit einem Anteil von über 55 % die größte Teilgruppe bezogen auf alle Jugendlichen ohne HSA darstellen und Förderschulen im Hinblick auf die Erreichung des o. a. Ziels nur eine geringe Rolle zugemessen wird.

Nur manchmal findet sich in bildungspolitischen Verlautbarungen der Bundesländer eine entsprechende Differenzierung der Abschlussquoten, im Gesamtdiskurs wird dieses Problem jedoch noch kaum berücksichtigt und wenn, dann wird es kritisch hinterfragt: im Jahr 2009 fanden Überlegungen der KMK hinsichtlich einer zukünftig getrennten Ausweisung der Teilgruppen aus Haupt- und Förderschulen in der Kategorie „Jugendliche ohne Hauptschulabschluss" in der KMK-Statistik eher kritische Reaktionen in der Tagespresse und bei Verbänden, wenngleich diese Überlegungen aus fachlicher Sicht gleichwohl richtig sind. Erst eine differenziertere Betrachtung und daraus abgeleitet präzise Daten ermöglichen adäquate bildungspolitische Zielstellungen, wenngleich Befürchtungen existieren, dass dies auch dazu führen könnte, Hilfen zum Erreichen des Schulabschlusses bzw. zum nachträglichen Erwerb mit Verweis auf die vermeintlich bereits erreichte Zielmarke zurückzufahren.

Im Januar 2009 wurde im Zuge der Neuausrichtung der arbeitsmarktpolitischen Instrumente ein Rechtsanspruchs auf die Förderung der Vorbereitung auf

---

[4] siehe dazu auch Tabelle D7-3a (Bildungsbericht 2012, S. 275)

den nachträglichen Erwerb des Hauptschulabschlusses eingeführt, der in den berufsvorbereitenden Bildungsmaßnahmen der Bundesagentur für Arbeit realisiert werden kann (vgl. BMAS 2008; BA 2009). Erste Auswertungen zeigten, dass diese Form in quantitativer Hinsicht weniger bedeutsam ist als der nachträgliche Erwerb des Hauptschulabschlusses an berufsbildenden Schulen: so haben im Jahr 2008 in schulischen Bildungsgängen des Übergangssystems insgesamt 22.132 junge Menschen einen Hauptschulabschluss erworben, davon 15.699 im Berufsvorbereitungsjahr (BVJ), wohingegen in berufsvorbereitenden Bildungsmaßnahmen der Bundesagentur für Arbeit insgesamt 6.122 junge Menschen einen Hauptschulabschluss erworben haben (bezogen auf 2009) (vgl. Hörmann et al. 2010, S. 104).

3   Begrifflichkeiten im Fachdiskurs

Die von der deutschen Kultusministerkonferenz und dem nationalen Bildungsbericht verwendete Unterscheidung zwischen „Abgängern" und „Absolventen"[5] findet in den statistischen Auswertungen der Länder und im Fachdiskurs nur teilweise Berücksichtigung. Der Begriff „Abgänger"[6] benennt Personen mit fehlendem (Haupt-)Schulabschluss, „Absolventen" sind Personen mit Abschluss (vgl. BMBF 2012, KMK 2012b). Einige Bundesländer orientieren sich an diesen Begriffen, wohingegen andere wie z. B. Hamburg in seinem Bildungsbericht (vgl. Behörde für Schule und Berufsbildung/Institut für Bildungsmonitoring 2009) auf eine abweichende Begriffsverwendung hinweisen. Auch eine Studie des Bundesinstitutes für Berufsbildung (BIBB) verwendet eine weite Definition des Begriffs „Abgänger": Unter Schulabgängern aus allgemeinbildenden Schulen werden „alle Personen verstanden, die die Schule innerhalb des jeweiligen Berichtsschuljahres *mit oder ohne Schulabschluss* (Hervorheb. M.H.) verlassen haben." (BIBB 2011, S. 8)

In den Statistiken der Bundesagentur für Arbeit werden neben „Eintritten" und „Austritten" aus BA-Maßnahmen auch die „Abgänge" statistisch ausgewertet. Im Hinblick auf die Ergebnisse zum nachträglichen Erwerb des Hauptschulabschlusses (HSA) werden bei den „Abgängen" in der Regel die Rubriken „HSA nicht angestrebt" „HSA erworben", „HSA angestrebt, aber nicht erworben" unterschieden. Der

---

[5] Absolvent/inn/en: „Im allgemeinbildenden Schulsystem werden Personen, die die Schule mit mindestens Hauptschulabschluss verlassen, als Absolventen bezeichnet" (Bildungsbericht 2012, S. VII).

[6] Abgänger/innen sind „Personen, die die allgemeinbildende Schule nach Vollendung der Vollzeitschulpflicht ohne zumindest den Hauptschulabschluss verlassen. Die schließt auch Jugendliche ein, die einen spezifischen Abschluss der Förderschule erreicht haben." (Bildungsbericht 2012, S. VII).

Begriff „Abgänge" sagt hier, im Unterschied zum KMK-Begriff „Abgänger", also zunächst noch nichts über den Erfolg der Maßnahme aus (vgl. Hörmann et al. 2010).

„Schulabbrecher"[7] ist ein weiterer häufig verwendeter Begriff im Diskurs über Jugendliche ohne Schulabschluss. Gemäß Bildungsbericht gelten als Schulabbrecher „Schülerinnen und Schüler, die *noch vor Vollendung der Vollzeitschulpflicht* (Hervorheb. M.H.) und ohne Schulabschluss die Schule verlassen" (vgl. Autorengruppe... 2010, S. XI). Allerdings ist festzustellen, dass entgegen dieser Definition – insbesondere in der öffentlichen Diskussion – mit diesem Begriff häufig junge Menschen bezeichnet werden, die keinen Hauptschulabschluss erreicht haben.

Auf europäischer Ebene umfasst der Begriff Schulabbruch „alle Formen des Ausscheidens aus der allgemeinen oder beruflichen Bildung vor Abschluss der Sekundarstufe II oder einer gleichwertigen Stufe in der beruflichen Aus- und Weiterbildung" (Europäische Kommission 2011, S. 2). Nach dieser Definition gelten demzufolge Jugendliche *mit Hauptschulabschluss* als Schulabbrecher.

Diese Beispiele verdeutlichen, dass eine begriffliche Präzisierung notwendig ist, um nicht letztendlich unterschiedliche Tatbestände miteinander zu vergleichen.

4 Junge Menschen ohne (Haupt-)Schulabschluss: Daten und Diskurs

Laut Bildungsbericht (2012) blieben im Jahr 2010 53.041 Schulabgänger und Schulabgängerinnen ohne Hauptschulabschluss. Dies waren 11.839 weniger als in 2008. Allerdings reduzierte sich im gleichen Zeitraum auch die Zahl der Absolventen und Absolventinnen, d. h. der Jugendlichen mit Hauptschulabschluss deutlich (vgl. Autorengruppe Bildungsberichterstattung 2012, S. 272, 2010, S. 269). In den Bildungsberichten der letzten Jahre wird dennoch auch unter Berücksichtigung der demografischen Entwicklung ein leichter Rückgang der Quote konstatiert, ein Trend der sich auch im Bildungsbericht 2012 zeigt (vgl. Tab. 1).

Ein Ansatz um Jugendlichen ohne Hauptschulabschluss zum nachträglichen Erwerb zu verhelfen, sind neben Angeboten der schulischen Berufsvorbereitung insbesondere die berufsvorbereitenden Bildungsmaßnahmen (BVB) der Bundesagentur für Arbeit, ein Feld, das zur Sozialen Arbeit gerechnet werden kann, zumal dort neben Lehrkräften insbesondere Professionelle aus der Sozialen Arbeit tätig sind. Ab 2009 wurde versucht über die Einführung des Rechtsanspruches auf

---

[7] Abbrecher/innen: „Wird ein Bildungsgang vorzeitig bzw. eine vollqualifizierende Ausbildung ohne Berufsabschluss verlassen, handelt es sich um Abbrecher. Diese können gleichwohl die Möglichkeit genutzt haben, einen allgemeinbildenden Schulabschluss nachzuholen" (Bildungsbericht 2012, S. VII).

Tab. 1 Abgänger aus allgemeinbildenden Schulen ohne Hauptschulabschluss (in% der gleichaltrigen Wohnbevölkerung). (eigene Darstellung in Anlehnung an Bildungsbericht 2012, S. 272, Tab.D7-1 A und Bildungsbericht 2010, S. 269)

2004		2006		2008		2010	
Anzahl	in %	Anzahl	in %	Anzahl	in %	Anzahl	in %
k.A.	8,5	76.249	8,0	64.880	7,4	53.041	6,5

Förderung der Vorbereitung die Zahl der Jugendlichen, welche im Rahmen einer BVB den Hauptschulabschluss nachholen, zu steigern (vgl. Hörmann et al. 2010).

Für die Durchführung und insbesondere für den Erfolg dieser berufsvorbereitenden Angebote ist die Zusammensetzung der Teilnehmenden ein wichtiger Faktor (vgl. DJI-Übergangspanel – BMBF 2008b; Bildungsbericht 2010):

- Es gibt regional große Unterschiede in der Zusammensetzung der Hauptschul-Population. „So stammten in Stuttgarter Hauptschulen im Jahr 2007 80 % der Schülerinnen und Schüler im 9. Schuljahr aus Zuwandererfamilien. Dahingegen übersteigt der Anteil der Jugendlichen mit Migrationshintergrund an den Hauptschülerinnen und Hauptschülern in Großstädten Ostdeutschlands kaum die Zehn-Prozent-Marke" (BMBF 2008b, S. 9),
- „Ohne Abschluss hatten das letzte Schuljahr zwölf Prozent der Mädchen, aber 21 % der Jungen beendet. Besonders hoch war der Anteil der Absolventinnen und Absolventen ohne Abschluss bei den Jugendlichen aus Aussiedlerfamilien (25 %) und hier wiederum insbesondere bei den Jungen (32 %)" (BMBF 2008b, S. 11).

Die DJI-Studie bilanziert, dass Verallgemeinerungen über „die Hauptschüler" fehl am Platz sind. Es sind vielmehr Konstellationen vorstellbar, die einen Einstieg in anschließende Bildungs- oder Ausbildungswege erschweren (BMBF 2008b, S. 13). Umgekehrt zeigt sich diese Heterogenität auch bezogen auf die Gruppe der Jugendlichen ohne Abschluss, eine Tatsache, die es bei der Konzeption von Angeboten zum nachträglichen Erwerb des HSA zu berücksichtigen gilt.

4.1 Die Situation in den Bundesländern

Im Jahr 2011 lag der Anteil der Schulabgängerinnen und Schulabgänger ohne Hauptschulabschluss bezogen auf die Gruppe der 15- bis unter 17-Jährigen aus allen Schularten zwischen 4,8 % im Saarland und 13,3 % in Mecklenburg-Vorpommern (vgl. KMK 2012a, S. 334) (vgl. Tab. 2).

Tab. 2 Quote der Abgänger und Abgängerinnen ohne Hauptschulabschluss (Anteile an gleichaltriger Wohnbevölkerung) 2002/2011. (KMK 2012a, S. 334)

Bundesland	2002	2011
Baden-Württemberg	7,7	5,1
Bayern	9,5	5,2
Berlin	11,9	9,7
Brandenburg	8,6	8,6
Bremen	9,9	8,0/7,1
Hamburg	11,6	6,9
Hessen	8,7	5,5
Mecklenburg-Vorpommern	10,5	13,3
Niedersachsen	9,9	5,8
Nordrhein-Westfalen	7,1	5,7
Rheinland-Pfalz	8,9	5,8
Saarland	8,9	4,8
Sachsen	10,4	9,3
Sachsen-Anhalt	13,7	12,1
Schleswig-Holstein	10,8	7,0
Thüringen	11,6	7,8
Bundesrepublik Deutschland	9,2	6,1

Bremen: 8 % incl. der integrativ beschulten Schüler/innen mit sonderpädagogischem Förderbedarf, 7.1 % wenn diese herausgerechnet werden

Im Vergleich der Daten aus den Jahren 2002 und 2011 hat sich in der KMK-Statistik die Quote im Bundesdurchschnitt von 9,2 auf 6,1 % verringert. Dabei lassen sich jedoch für die Bundesländer teilweise erhebliche Unterschiede in der Entwicklung des Anteils der Jugendlichen ohne Hauptschulabschluss feststellen. In fast allen Bundesländern hat sich die Quote – wenn auch unterschiedlich stark – verringert, wohingegen in Mecklenburg-Vorpommern ein Anstieg um 2,8 % zu verzeichnen ist.

Die Aussagekraft der absoluten Zahlen ist allerdings begrenzt, da Faktoren wie die demografische Entwicklung, sowie Veränderungen in einzelnen Teilgruppen, wie etwa den Abgängern und Abgängerinnen aus Förderschulen berücksichtigt werden müssen. So zeigt sich der demografische Effekt in den ostdeutschen Bundesländern am deutlichsten, denn die Zahl der Jugendlichen ohne Hauptschulabschluss reduzierte sich teilweise auf die Hälfte, die Quote der Jugendlichen ohne Hauptschulabschluss bezogen auf den Anteil der Jugendlichen an der gleichaltrigen Wohnbevölkerung blieb jedoch nahezu unverändert.

In einigen Bundesländern ist die deutliche Verringerung der Abgänger ohne Hauptschulabschluss weniger auf demografische Effekte zurückzuführen, da sich hier zugleich auch die Quote der Abgänger und Abgängerinnen ohne Hauptschulabschluss bezogen auf den Anteil der Jugendlichen an der gleichaltrigen Wohnbevölkerung deutlich reduziert hat

Allerdings sollte bei der Interpretation der Daten berücksichtigt werden, dass jedes Bundesland eigene bildungspolitische Zielstellungen zur Verringerung der Zahl der Jugendlichen ohne Abschluss formuliert und sich die landesspezifischen Regelungen zum Erwerb des Hauptschulabschlusses unterscheiden. Zudem variiert der Anteil junger Migrantinnen und Migranten in den Ländern, den Regionen und vor allem auch im Unterschied von städtischen und ländlichen Gebieten erheblich. So beträgt beispielsweise der Anteil in Berlin 14,1% und in Brandenburg 1,3% (Autorengruppe Regionale Bildungsberichterstattung Berlin-Brandenburg 2008, S.291).

4.2 Jugendliche aus Förderschulen

In der gesamten Diskussion wird häufig verschwiegen, dass der überwiegende Teil der Jugendlichen ohne Hauptschulabschluss aus Förderschulen stammt. An diesen Schulen kann ein Hauptschulabschluss zumeist nicht oder nur in Ausnahmefällen erworben werden. Teilweise verfügen diese Jugendlichen über einen Abschluss im jeweiligen Förderschwerpunkt (z. B. Förderschwerpunkt Lernen). In fünfzehn Bundesländern beträgt der *Anteil der Förderschülerinnen und -schüler an allen Jugendlichen ohne HSA zwischen 50 und 76%,* lediglich in Berlin ist diese Quote deutlich niedriger (vgl. Tab. 3).

Im Jahr 2005 besaßen nur 20,5% der Schulentlassenen aus (allen) Förderschulen einen Hauptschulabschluss, 77,5% blieben ohne Abschluss, 2% hatten andere Abschlüsse (vgl. KMK 2008, S. XV). In den meisten Bundesländern haben lediglich Schülerinnen und Schüler mit besonderem Förderbedarf, die integrativ gefördert werden oder eine Schule für Erziehungshilfe besuchen, überhaupt die Möglichkeit, einen Hauptschulabschluss zu erwerben. An Schulen mit dem Förderschwerpunkt Geistige Entwicklung ist ein Hauptschulabschluss grundsätzlich nicht vorgesehen, an Schulen mit dem Förderschwerpunkt Lernen gibt es nicht in allen Bundesländern diese Möglichkeit (vgl. Autorengruppe Bildungsberichterstattung 2008, S. 89).

Auch wenn die KMK für Schulen mit dem Förderschwerpunkt Lernen den Anspruch formuliert den Schülerinnen und Schülern den Erwerb des HSA zu ermöglichen, so ist dies nur in Berlin regulär möglich, wohingegen dies in mehreren Bundesländern überhaupt nicht und in den übrigen nur sehr eingeschränkt möglich ist. Häufig hängt die Möglichkeit zum Erwerb des HSA vom Engagement der Lehrkräfte ab, denn die Durchführung erfordert eine enge Zusammenarbeit mit den örtlichen Hauptschulen und ist zumeist als individuelle Lösung für leistungsstarke Förderschüler und -schülerinnen vorgesehen.

Tab. 3 Abgänger und Abgängerinnen von allgemeinbildenden Schulen ohne Hauptschulabschluss und Abgängeranteil aus Förderschulen. (eigene Darstellung mit Daten aus KMK 2012a, S. 333 f.)

Bundesland	ohne HSA insgesamt	aus Förderschule mit Förderschwerpunkt Lernen oder geistige Entwicklung ohne HSA	aus Förderschule ohne HSA	aus Förderschule ohne HSA gesamt	Anteil in %
Baden-Württemberg	5.922	3.497	320	3.817	64,45
Bayern	6.983	3.253	616	3.869	55,41
Berlin	2.487	624	91	715	28,75
Brandenburg	1.411	925	14	939	66,55
Bremen	482	181	115	296	61,41
Hamburg	1.020	531	73	604	59,22
Hessen	3.370	1.670	272	1.942	57,63
Mecklenburg-Vorpommern	1.345	976	50	1.026	76,28
Niedersachsen	5.085	2.510	332	2842	55,89
Nordrhein-Westfalen	11.114	5.337	943	6.280	56,51
Rheinland-Pfalz	2.469	1.406	48	1.454	58,89
Saarland	487	196	77	273	56,06
Sachsen	2.259	1.491	53	1.544	68,35
Sachsen-Anhalt	1.738	1.137	82	1.219	70,14
Schleswig-Holstein	2.143	987	90	1.077	50,25
Thüringen	1.157	563	171	734	63,44
Bundesrepublik Deutschland	49.472	25.284	3.347	28.631	57,87

Förderschule mit sonstigen Förderschwerpunkten

Nicht zuletzt unterscheiden sich die sonderpädagogischen Förderquoten in den Bundesländern erheblich: 2008/2009 variierte diese zwischen 4,3 % in Rheinland-Pfalz und 11,7 % in Mecklenburg-Vorpommern (vgl. Autorengruppe Bildungsberichterstattung 2010, S. 70).

Im bildungspolitischen Diskurs über Jugendliche ohne Schulabschluss muss dieser hohe Anteil von Jugendlichen aus Förderschulen berücksichtigt werden. Dies relativiert und/oder verunmöglicht zahlreiche Zielformulierungen, solange Förderschüler/innen – strukturell betrachtet – diesen Abschluss überhaupt nicht

Tab. 4 Deutsche und ausländische Abgängerinnen und Abgänger 2010. (eigene Darstellung in Anlehnung an Autorengruppe Bildungsberichterstattung 2012Tab. D7-4web)

	Deutsche		männlich		weiblich	
Ohne HSA	42.498	5,9 %	26.085	7,0 %	16.413	4,6 %
	Ausländerinnen und Ausländer		Männlich		Weiblich	
Ohne HSA	10.560	13,1 %	6.266	15,2 %	4.294	11,0 %

In der Statistik gibt es nur teilweise Angaben zu Jugendlichen mit Migrationshintergrund. Zahlreiche Daten liegen nur in der Differenzierung Deutsche/ Ausländer/innen vor. Die amtliche Schulstatistik weist Schülerinnen und Schüler bisher nicht nach Migrationshintergrund, sondern lediglich als deutsch oder nicht-deutsch aus. Die Kultusministerkonferenz hat die Erhebung des Migrationshintergrunds in der Schulstatistik im Jahr 2003 beschlossen, so dass hierzu teilweise Daten vorliegen

regulär im allgemeinbildenden System erwerben können. Inwieweit die intensiv geführte Diskussion um eine stärkere Inklusion daran etwas ändert, bleibt abzuwarten.

4.3 Jugendliche mit Migrationshintergrund

Junge Menschen mit Migrationshintergrund sind in der Gruppe der Abgänger bzw. Abgängerinnen ohne Hauptschulabschluss überproportional vertreten. Während die Quote bei deutschen Jugendlichen 5,9 % beträgt, bleiben 13,1 % der ausländischen Jugendlichen ohne Hauptschulabschluss. Bei den männlichen ausländischen Jugendlichen ist dies fast jeder Siebte, bei den weiblichen ausländischen Jugendlichen sind es 11 %. Bei den Deutschen betrifft dies 7 % der männlichen und 4,6 % der weiblichen Jugendlichen in der Altersgruppe der 15- bis 17-Jährigen (vgl. Autorengruppe Bildungsberichterstattung 2012: Tab. D7-4web) (vgl. Tab. 4).

Zwar sank der Anteil ausländischer Schulabgänger ohne Abschluss zwischen den Jahren 2003 und 2008 von 19,2 auf 15,2 % (vgl. BBMFI 2009, S. 95[8]). „Gleichwohl sind mit diesem Schuljahrgang über 13.000 ausländische Jugendliche ohne Abschluss aus der Sekundarstufe I ausgeschieden. Für sie ist der Übergang in eine berufliche Ausbildung zunächst deutlich erschwert (...)" (2009).

In den einzelnen Bundesländern und Regionen variiert der Anteil von Jugendlichen mit Migrationshintergrund teilweise erheblich, vor allem auch im Unterschied von städtischen und ländlichen Gebieten.

---

[8] Da ab dem Integrationsindikatorenbericht 2011 eine andere statistische Auswertung gewählt wurde, werden Daten aus dem Bericht 2009 herangezogen, die auf einer vergleichbaren statistischen Basis beruhen.

Bilanzierend kann festgehalten werden, dass – ähnlich wie bei Jugendlichen aus Förderschulen – auch der hohe Anteil von Jugendlichen mit Migrationshintergrund stärker als bisher im Fachdiskurs Berücksichtigung finden sollte. Zugleich stellen Jugendliche mit Migrationshintergrund keine homogene Gruppe dar, denn „(...) unterschiedliche Migrationsgeschichten aufseiten der Jugendlichen (sind) mit unterschiedlichen Präferenzen, Chancen, aber auch Risiken verbunden" (BMBF 2008b, S. 6) – eine Tatsache, der ebenfalls Rechnung getragen werden sollte. Der Integrationsindikatorenbericht konstatiert, dass „die soziale Herkunft der entscheidende Erklärungsfaktor für den Bildungsweg von Jugendlichen ist" (BBMFI 2011, S. 159). „Jugendliche mit Migrationshintergrund unterscheiden sich demnach in der besuchten Schulform nicht von Jugendlichen ohne Migrationshintergrund, wenn sie nach sozialer Herkunft vergleichbar sind, in Deutschland geboren wurden bzw. im Vorschulalter eingereist sind und in ihren Elternhäusern Deutsch die alltägliche Umgangssprache ist" (2011, S. 157).

Auch an den Daten zu Jugendlichen mit Migrationshintergrund ohne Schulabschluss kann die aktuell schwierige Situation im Hinblick auf die Datenbasis aufgezeigt werden. Vergleicht man zwei relevante Studien auf Bundesebene, den Bildungsbericht 2012 und den Zweiten Integrationsindikatorenbericht (2011) so zeigt sich, dass die publizierten Daten nicht miteinander verglichen werden können, da die herangezogenen Bezugsgrößen jeweils andere sind.

Zwar könnte man annehmen, dass der Integrationsindikatorenbericht die vorliegenden Zahlen aus den jährlichen Bildungsberichten des BMBF im Hinblick auf Personen mit Migrationshintergrund präzisiert und vertieft. Stattdessen werden völlig andere Bezugsgrößen verwendet, was es sehr schwierig und aufwändig macht die jeweiligen Daten zueinander in Bezug zu setzen:

Während der Bildungsbericht Absolventen und Abgänger allgemeinbildender und beruflicher Schulen in % der gleichaltrigen Bevölkerung ausweist, d. h. den Anteil der Jugendlichen ohne Schulabschluss mit 6,5 %[9] (für 2010) ausweist, weist der Integrationsindikatorenbericht (2011) den Anteil „der 18–25 jährigen, die nicht über einen Abschluss der Sekundarstufe 1 verfügen und sich nicht in Aus- oder Weiterbildung befinden" und ohne Schulabschluss sind mit 2,3 % aus. Für den Zeitraum 2005 bis 2010 wird ein Rückgang des Anteils von 2,5 auf 2,3 % festgestellt. So kommt der Bericht demzufolge zu dem Schluss, dass „der Anteil der jungen Menschen mit Migrationshintergrund, die keinen Schulabschluss haben, (ging) vom Jahr 2005 bis 2010 mit – 15 % stärker zurück als bei den Personen dieser Altersgruppe ohne Migrationshintergrund" (BBMFI 2011, S. 34).

---

[9] Im Bildungsbericht selbst variiert die angegebene Quote zwischen 6,5 und 6,6 %.

Diese Angaben werden dann weitergehend differenziert nach den Veränderungen im Fünfjahresvergleich sowie nach Unterschieden zwischen Personen mit Migrationshintergrund im Hinblick auf eigene Migrationserfahrung. Offen bleibt hier, welche Aussagekraft diese Daten besitzen, wenn die Bezugsgröße eine eher willkürlich gewählte ist und sich die Zahlen daher nicht mit anderen relevanten Ergebnissen in Bezug setzen lassen.

So ist es nur folgerichtig, dass aus diesen Daten mit unterschiedlichen Bezugsgrößen teilweise auch unterschiedliche Schlussfolgerungen gezogen werden: der Bildungsbericht (2012) kommt zu dem Schluss, dass „der Relative Risikoindex für ausländische Jugendliche (ist) im Zeitraum zwischen 2004 und 2010 nahezu unverändert hoch geblieben [ist]. So liegt das Risiko für Ausländer/innen in der Gruppe der Jugendlichen ohne Hauptschulabschluss zu sein um das 2,5fache höher als das der deutschen Jugendlichen." (Autorengruppe Bildungsberichterstattung 2012: Tab. D7-4web). Dahingegen konstatiert der Integrationsindikatorenbericht: „So nahm der Anteil der jungen Menschen ohne Schulabschluss ab. Dies gilt insbesondere für Jugendliche mit Migrationshintergrund." (BBMFI 2011, S. 42).

Gerade im Hinblick auf Jugendliche mit Migrationshintergrund wird deutlich, wie schwierig es ist, seriöse fachliche und politische Schlussfolgerungen zu ziehen. Folgt man dem Integrationsindikatorenbericht so könnte geschlussfolgert werden, dass die Kategorie Migrationshintergrund eventuell weniger relevant erscheint als der soziale Hintergrund und insofern entsprechende Maßnahmen und Angebote dies stärker als bisher berücksichtigen sollten. Folgt man jedoch eher den Daten des Bildungsberichtes so erscheint trotz leicht positiver Tendenzen im Hinblick auf die Schulabschlüsse, die grundsätzliche Berücksichtigung (und Aufrechterhaltung) der Kategorie „Jugendliche mit Migrationshintergrund" im Übergang an der ersten Schwelle zum Arbeitsmarkt mehr als gerechtfertigt, da die dort referierten Zahlen eine strukturelle Benachteiligung aufgrund des Migrationshintergrunds nahelegen.

4.4 Geschlechtsspezifische Aspekte

Die Quote der Jugendlichen ohne Hauptschulabschluss liegt bei jungen Männern bei 7,8 % (bezogen auf alle 15- bis unter 17-Jährigen) im Vergleich zu 5,3 % bei den jungen Frauen (vgl. Autorengruppe Bildungsberichterstattung 2012: Tab.7-4web). Dabei fällt auf, „dass die Mädchen aus den ostdeutschen Bundesländern am erfolgreichsten abschneiden, während die männlichen Jugendlichen aus Ostdeutschland zu über 1/8 gar keinen Schulabschluss erzielen" (BMBF 2008c, S. 11). Bereits in den sechziger Jahren betrug der Anteil junger Männer an den Jugendlichen ohne Hauptschulabschluss 55,7 %. Seither ist diese Zahl „stetig gestiegen und liegt seit 1992 bis heute relativ konstant auf dem hohen Niveau von ca. 64 %" (ebd.).

Die geschlechtsspezifische Verteilung weist insgesamt eine geringere Variationsbreite zwischen den Ländern auf als die Kriterien Abgang von einer Förderschule und Migrationshintergrund. Aufgrund der Überrepräsentanz junger Männer in allen Angeboten des Übergangssystems gilt es nichtsdestoweniger geschlechtsspezifische Aspekte im Fachdiskurs und insbesondere auch bei der Konzeption von Angeboten zum nachträglichen Erwerb eines Hauptschulabschlusses zu berücksichtigen.

Junge Menschen ohne Schulabschluss an der ersten Schwelle
Im Jahr 2008 fanden gut ein Fünftel der Jugendlichen ohne Hauptschulabschluss einen dualen Ausbildungsplatz (dies waren 6% mehr als 2006). „Umgekehrt heißt das auch, dass trotz eines vor allem demografisch bedingt etwas entspannteren Ausbildungsstellenmarktes die Hälfte der Jugendlichen mit Hauptschulabschluss und mehr als drei Viertel von denen ohne Hauptschulabschluss ins Übergangssystem gehen" (Autorengruppe Bildungsberichterstattung 2010, S. 99).

Dabei zeigte sich, dass bei den Jugendlichen ohne Schulabschluss, die direkt in die duale Ausbildung einmündeten, 87% zuvor ein betriebliches Praktikum absolviert hatten, sodass ein Betriebspraktikum „den Schlüssel für den Zugang zur betrieblichen Berufsausbildung" darstellt (BMBF 2008b, S. 15).

Die Ausbildungsbeteiligung der Jugendlichen ohne Schulabschluss stieg demnach (jeweils betrachtet im November 2004, 2005 und 2006) von 22% im Jahr 2004 bis auf 54% im Jahr 2006. Diese positiven Ergebnisse der Panelstudie dürfen nicht darüber hinwegtäuschen, dass ein Schulabschluss neben betrieblichen Vorerfahrungen den zentralen Indikator für einen erfolgreichen Übergang ins Ausbildungssystem darstellt. Zudem gab es bei den Jugendlichen ohne Schulabschluss nachweislich ein besonders hohes Risiko des Abbruchs (2008b, S. 24).

In der Gesamtbetrachtung münden ausländische Jugendliche ohne Schulabschluss mit einer Quote von 88% ins Übergangssystem ein, bei den deutschen Ausbildungsinteressierten ohne Abschluss waren es 75% (2008b, S. 9), zwei Zahlen, welche den politischen Handlungsdruck verdeutlichen (vgl. dazu auch Granato et al. 2010).

5 Ausblick

Im Bildungsbericht 2012 wird die große Bedeutung eines umfassenden Bildungsmonitoring als „Informationsquelle für bildungspolitisches Handeln" (Autorengruppe Bildungsberichterstattung 2012, S. 1) herausgestellt, um auf diesem Weg „kontinuierlich berichtbare, datengestützte Informationen über das Bildungswesen insgesamt bereitzustellen. Indem über Rahmenbedingungen, Verlaufsmerkmale sowie über Ergebnisse und auch über Erträge von Bildungsprozessen berichtet wird, werden vorhandene Informationen systematisch aufbereitet, um sie ihrerseits für politische Steuerung bereit zu halten" (2012). Auch die KMK hat eine „Gesamtstrategie zum Bildungsmonitoring" beschlossen, die eine „gemeinsame nationale Bildungsberichterstattung von Bund und Ländern" enthalten soll (2012). Dabei sind „wichtige Kriterien für die Indikatorenauswahl (sind) die national wie international verfolgten Ziele von Bildung (benchmarks), die Relevanz der jeweiligen Themen für bildungspolitische Steuerungsfragen, die vorliegenden Forschungsbefunde zu Bildungsverläufen und einzelnen Phasen des Bildungsprozesses sowie die Verfügbarkeit und Aussagefähigkeit von Daten[10]" (2012, S. 2). Sowohl hinsichtlich der bildungspolitischen Zielstellungen auf nationaler und europäischer Ebene als auch hinsichtlich der Aussagefähigkeit von Daten gibt es zahlreiche Optimierungsbedarfe, wie zuvor aufgezeigt wurde.

Sollen zukünftig mehr Jugendliche im allgemeinbildenden System einen Schulabschluss erreichen oder diesen im Übergangssystem nachträglich erwerben und dabei insbesondere auch Jugendliche mit Migrationshintergrund adäquat gefördert werden, so bedarf es einer präzisen Datenbasis. Eine im Hinblick auf die erfassten Indikatoren einheitliche Datengrundlage ermöglicht bildungs- und sozialpolitische Entscheidungen, welche gezielt an bereits vorliegenden Forschungsbefunden anknüpfen. Betrachtet man beispielsweise wie sich erreichte Schulabschlüsse einer Geburtskohorte über die Jahre kumulieren, so zeigt sich, dass sich der Anteil der Jugendlichen ohne Abschluss zwischen dem 18. und 25. Lebensjahr von 5 auf 3 % verringert. Einem Teil der Jugendlichen gelingt es also zumindest den Hauptschulabschluss nachzuholen. Diesen positiven Trend gilt es weiter auszubauen.

Der zweite Integrationsindikatorenbericht konstatiert, dass „Schülerinnen und Schüler mit Migrationshintergrund (…) als schulisch integriert gelten (können), wenn sich ihre Leistungen und Schulabschlüsse nicht mehr von denen ihrer Mitschüler und Mitschülerinnen ohne Migrationshintergrund unterscheiden" (BBMFI 2011, S. 34). Nimmt sich die Bildungspolitik dies als eines ihrer Ziele, so ist es zunächst notwendig die Datenlage zu verbessern und zu vereinheitlichen. Gerade

---

[10] Im Bildungsbericht 2012 werden Aktivitäten zur Verbesserung der Datenlage angeführt: „Bislang mussten Abschluss-/ Abgängerquoten als Quotient aus der Zahl der Absolventen/ Abgänger und dem Durchschnitt der Bevölkerungszahl jeweils typischer Altersjahrgänge berechnet werden, da das Geburtsjahr nur unzureichend erfasst wurde. Seit 2012 liegen in der Mehrzahl der Länder statistische Angaben zum Geburtsjahr vor, sodass exaktere Quoten in Bezug zu der altersgleichen Wohnbevölkerung berechnet werden können" (Bildungsbericht 2012, S. 98). Nach wie vor gibt es allerdings Datenungenauigkeiten, die der statistischen Erfassung geschuldet sind: zeitversetzte Doppelzählungen, wenn Personen Schulabschlüsse nachholen und so in mehreren Erhebungsjahren in die Berechnung eingehen (Bildungsbericht 2012, S. 98).

auch weil die Schülerschaft „in den kommenden Jahren von einem zunehmenden Anteil von Kindern mit Migrationshintergrund bestimmt sein wird" (Autorengruppe Bildungsberichterstattung 2012, S. 99) und junge Menschen mit Migrationshintergrund im Übergangssystem überproportional vertreten sind, sollten bildungs- und sozialpolitische Maßnahmen diese deutlicher als bisher berücksichtigen. Dies könnte dazu beitragen, dass nicht nur „immer weniger Jugendliche ohne Schulabschluss abgehen (…)" (2012, S. 100), sondern auch, dass dieser insgesamt positive Trend in den erreichten Abschlüssen zukünftig unabhängig von der Herkunft der Jugendlichen konstatiert werden kann.

Literatur

Autorengruppe Bildungsberichterstattung. (2008). *Bildung in Deutschland 2008*. Bielefeld: W. Bertelsmann Verlag.
Autorengruppe Bildungsberichterstattung. (2010). *Bildung in Deutschland 2010*. Bielefeld: W. Bertelsmann Verlag.
Autorengruppe Bildungsberichterstattung. (2012). Bildung in Deutschland 2012. Bielefeld: W. Bertelsmann Verlag. http://www.bildungsbericht.de. Zugegriffen: 20. Mai 2013.
Autorengruppe Regionale Bildungsberichterstattung Berlin-Brandenburg. (2008). Bildung in Berlin und Brandenburg 2008. Berlin. https://www.bildungsbericht-berlin-brandenburg.de/pdfs2008/bildungsbericht_2008.pdf. Zugegriffen: 20. Mai 2013.
BA – Bundesagentur für Arbeit. (2009). Fachkonzept für berufsvorbereitende Bildungsmaßnahmen nach §§ 61, 61a SGB III. HEGA-11-2009. Nürnberg.
BBMFI – Die Beauftragte der Bundesregierung für Migration, Flüchtlinge und Integration. (2007). Der Nationale Integrationsplan. Neue Wege – neue Chancen. Berlin. http://www.bundesregierung.de/Content/DE/Publikation/IB/nationaler-integrationsplan.html. Zugegriffen: 20. Mai 2013.
BBMFI – Die Beauftragte der Bundesregierung für Migration, Flüchtlinge und Integration. (2009). *Integration in Deutschland. Erster Integrationsindikatorenbericht: Erprobung des Indikatorensets und Bericht zum bundesweiten Integrationsmonitoring. Erstellt vom Institut für Sozialforschung und Gesellschaftspolitik und dem Wissenschaftszentrum Berlin für Sozialforschung gGmbH*. Berlin. http://www.bundesregierung.de/Content/DE/Publikation/IB/2009-07-07-indikatorenbericht.html. Zugegriffen: 20. Mai 2013.
BBMFI – Die Beauftragte der Bundesregierung für Migration, Flüchtlinge und Integration. (2010). *8. Bericht der Beauftragten der Bundesregierung für Migration, Flüchtlinge und Integration über die Lage der Ausländerinnen und Ausländer in Deutschland*. Berlin. http://www.bundesregierung.de/Content/Infomaterial/BPA/IB/2010-11-03-8-Lagebericht.pdf?_blob=publicationFile&v=7. Zugegriffen: 20. Mai 2013.
BBMFI – Die Beauftragte der Bundesregierung für Migration, Flüchtlinge und Integration. (2011). *Zweiter Integrationsindikatorenbericht*. Köln. http://www.bundesregierung.de/Content/DE/Artikel/IB/Artikel/Themen/2012-01-06-presseeinladung-indikatorenbericht.html. Zugegriffen: 20. Mai 2013.

Behörde für Schule und Berufsbildung/Institut für Bildungsmonitoring. (2009). Bildungsbericht Hamburg Hamburg: Institut für Bildungsmonitoring. http://www.hamburg.de/bsb/hamburger-bildungsbericht. Zugegriffen: 20. Mai 2013.

BIBB – Bundesinstitut für Berufsbildung. (2011). Reform des Übergangs von der Schule in die Berufsausbildung. Aktuelle Vorschläge im Urteil von Berufsbildungsexperten und Jugendlichen. Schriftenreihe des Bundesinstituts für Berufsbildung (Heft 122). Bonn. http://www.bibb.de/veroeffentlichungen/de/publication/show/id/6613. Zugegriffen: 20. Mai 2013.

BMAS – Bundesministerium für Arbeit und Soziales. (2008). *Auf einen Blick: Die Neuausrichtung der arbeitsmarktpolitischen Instrumente.* Berlin. (7.10.2008).

BMBF – Bundesministerium für Bildung und Forschung. (2007). *10 Leitlinien zur Modernisierung der beruflichen Bildung – Ergebnisse des Innovationskreises berufliche Bildung.* Bonn. http://www.bmbf.de/pub/IKBB-Broschuere-10_Leitlinien.pdf. Zugegriffen: 20. Mai 2013.

BMBF – Bundesministerium für Bildung und Forschung. (2008a). *Aufstieg durch Bildung. Die Qualifizierungsinitiative für Deutschland.* Dresden. http://www.bmbf.de/pub/beschluss_bildungsgipfel_dresden.pdf. Zugegriffen: 20. Mai 2013.

BMBF – Bundesministerium für Bildung und Forschung. (2008b). *Von der Hauptschule in Ausbildung und Erwerbsarbeit. Ergebnisse des DJI-Übergangspanels.* Bonn.

BMBF – Bundesministerium für Bildung und Forschung. (2008c). *Bildungs (miss) erfolge von Jungen und Berufswahlverhalten bei Jungen/männlichen Jugendlichen. Bildungsforschung Bd. 23.* http://www.bmbf.de/pubRD/Bildungsmisserfolg.pdf. Zugegriffen: 20. Mai 2013.

BMBF – Bundesministerium für Bildung und Forschung. (2012). Berufsbildungsbericht 2012. Bonn. http://www.bmbf.de/de/berufsbildungsbericht.php. Zugegriffen: 20. Mai 2013. Datenreport: http://www.bibb.de/datenreport.

Europäische Kommission. (2011). Mitteilungen der Kommission an das Europäische Parlament, den Rat, den Europäischen Wirtschafts- und Sozialausschuss und den Ausschuss der Regionen – Bekämpfung des Schulabbruchs – ein wichtiger Beitrag zur Agenda Europa 2020. http://ec.europa.eu/education/school-education/doc/earlycom_de.pdf. Zugegriffen: 20. Mai 2013.

Granato, M., Beicht, U., Eberhard, V., Friedrich, M., Schwerin, Ch., Ulrich, J. G., & Weiss, U. (2010). Ausbildungschancenvon Jugendlichen mit Migrationshintergrund. Zwischenbericht. Bonn. http://www2.bibb.de/tools/fodb/pdf/zw_24202.pdf. Zugegriffen: 20. Mai 2013.

Hörmann, M., Lenz, B., & Voigt, B. (2010). *„Erfolgreich bestanden" – Parameter für den nachträglichen Erwerb des Hauptschulabschlusses. Gutachten zur Ausgestaltung von vorbereitenden Kursen zum nachträglichen Erwerb des Hauptschulabschlusses im Auftrag des Bundesministeriums für Arbeit und Soziales.* Offenbach: INBAS.

Klemm, K. (2010). *Bildungsgipfel-Bilanz. Eine Expertise zur Umsetzung der Ziele des Dresdner Bildungsgipfels vom 22. Oktober 2008.* Berlin. http://www.gew-nrw.de/uploads/tx_files/Klemm_BiGi_2010_Z.pdf. Zugegriffen: 20. Mai 2013.

Klemm, K. (2012). Bildungsgipfel-Bilanz 2012. Die Umsetzung der Ziele des Dresdner Bildungsgipfels vom 22. Oktober 2008. Hrsg. DGB Bundesvorstand I Abteilung Bildungspolitik und Bildungsarbeit I. Berlin. Dezember 2012. http://www.dgb.de/themen/++co++78a02e48-4b55-11e2-afb5-00188b4dc422. Zugegriffen: 20. Mai 2013.

KMK – Kultusministerkonferenz. (2007). Handlungsrahmen zur Reduzierung der Schülerinnen und Schüler ohne Schulabschluss, Sicherung der Anschlüsse, Verringerung der Ausbildungsabbrecher. Beschluss der Kultusministerkonferenz vom 17/18.10.2007. Berlin. http://www.kmk.org/fileadmin/veroeffentlichungen_beschluesse/2007/2007_10_18-Handlungsrahmen-Schulabbrecher_01.pdf. Zugegriffen: 20. Mai 2013.
KMK – Kultusministerkonferenz. (2008). *Sonderpädagogische Förderung in Schulen 1997–2006. Statistische Veröffentlichungen der Kultusministerkonferenz Nr.185*. Berlin.
KMK – Kultusministerkonferenz. (2012a). *Schüler, Klassen, Lehrer und Absolventen der Schulen 2002 bis 2011*. Berlin. http://www.kmk.org/fileadmin/pdf/Statistik/Dokumentationen/Dok_198_SKL2011.pdf. Zugegriffen: 20. Mai 2013.
KMK – Kultusministerkonferenz. (2012b). Definitionenkatalog zur Schulstatistik. Berlin. http://www.kmk.org/fileadmin/pdf/Statistik/Defkat_2012.2_m_Anlagen.pdf. Zugegriffen: 20. Mai 2013.
KMK – Kultusministerkonferenz. (2013). Das Bildungswesen in der Bundesrepublik Deutschland 2011/2012. Bonn. http://www.kmk.org/fileadmin/doc/Dokumentation/Bildungswesen_pdfs/dossier_de_ebook.pdf. Zugegriffen: 20. Mai 2013.
Nationale Agentur für Bildung in Europa/BMBF – Bundesministerium für Bildung und Forschung. (2012). Monitor EU-Bildungspolitik. Europäische Umsetzung des Strategischen Rahmens Bildung und Ausbildung 2020. Stand: Februar 2012. http://www.eu-bildungspolitik.de/uploads/monitor/monitor_eu-bildungspol_2012_nr02.pdf. Zugegriffen: 20. Mai 2013.
SWAS – Staatsministerium für Wirtschaft und Arbeit Sachsen. (2007). ESF. Operationelles Programm 2007–2013. http://www.strukturfonds.sachsen.de/258.html. Zugegriffen: 20. Mai 2013.

Dr. Martina Hörmann ist Professorin für Beratung an der Hochschule für Soziale Arbeit der Hochschule für Soziale Arbeit der Fachhochschule Nordwestschweiz mit den Schwerpunkten Theorie und Praxis der Beratung in Handlungsfeldern der Sozialen Arbeit, Fragen der beruflichen und vorberuflichen Bildung insbesondere Übergangssysteme, Kompetenzentwicklung und -bilanzierung sowie Genderfragen in Beratung und Bildung. Sie hat als Projektleiterin beim Institut für berufliche Bildung, Arbeitsmarkt und Sozialpolitik (INBAS) zahlreiche Studien und wissenschaftliche Begleitungen von Modellprogrammen und -projekten sowie Praxisforschungsprojekte zu Fragen des Übergangssystems, der Benachteiligtenförderung und der beruflichen Bildung verantwortlich durchgeführt. Auftraggeber waren insbesondere deutsche Bundes- und Landesministerien sowie die Bundesagentur für Arbeit. Weitere Informationen: www.fhnw.ch/personen/martina-hoermann/profil1.

Berufliche Integration von jugendlichen Migrantinnen und Migranten. Biografische Herausforderung und Aufgabe der Sozialen Arbeit

Margit Stein

1 Einleitung

Unter anderem bedingt durch den demographischen Wandel und die damit verknüpfte Abnahme der in Arbeit eingebundenen Bevölkerungsgruppen zwischen 18 und 65 Jahren wird für die nächsten Jahre und Jahrzehnte in Deutschland ein eklatanter Fachkräftemangel erwartet. Es werden hierbei unterschiedliche Gegenmaßnahmen diskutiert, etwa der Zuzug von Arbeitnehmerinnen und -nehmer mit ausländischem Pass. Als Vorteile für die Wirtschaft werden im Zusammenhang damit die Kriterien Mehrsprachigkeit, hohe Mobilität im Bereich Bildung und Arbeit sowie transnationale Karrieren angeführt (Albers 2008; Granato et al. 2011). Migrantinnen und Migranten auf dem Arbeitsmarkt gelten dabei als Prototypen eines neuen, „idealen" Menschentyps, der sich flexibel und anforderungsadäquat den Herausforderungen einer globalisierten und sich weiter globalisierenden Gesellschaft stellt (Stummbaum 2012). Flexibilität wird gleichzeitig zur Kernwertkategorie der postmodernen, hoch vernetzten und interdependenten Gesellschaft. Neben dieser Strategie Migrant/innen neu anzuwerben, muss jedoch auch versucht werden, das bereits in Deutschland vorhandene Potential an Arbeitskräften – insbesondere mit Migrationshintergrund – auszuschöpfen. Neben den wirtschaftlichen Aspekten werden Migrantinnen und Migranten sowie die Art und Weise ihrer Auf-

---

M. Stein (✉)
Vechta, Deutschland
E-Mail: margit.stein@uni-vechta.de

© Springer Fachmedien Wiesbaden 2015
T. Geisen, M. Ottersbach (Hrsg.), *Arbeit, Migration und Soziale Arbeit*,
DOI 10.1007/978-3-658-07306-0_10

nahme in die Gesellschaft als Gradmesser für eine offene, moderne und tolerante Gesellschaft diskutiert.

Trotz der oftmals theoretisch geleisteten Hochstilisierung des „Migranten" als „Wanderer zwischen den Welten" und den Willkommensbeteuerungen der Arbeitsmärkte, sehen sich gerade junge Migrantinnen und Migranten in Deutschland mit vielfältigen Herausforderungen, Schwierigkeiten und Problemen in gesellschaftlichen Kontexten konfrontiert. Entgegen den Absichtserklärungen von Wirtschaft und Politik, *migrationsbedingte Disparitäten und Marginalisierungen* abbauen zu wollen, bestehen nach wie vor vielfältige Nachteile für Migrant/innen auf dem Arbeitsmarkt. Insbesondere jugendliche Migrant/innen haben geringere Einmündungsquoten in die Ausbildung als einheimisch- deutsche Jugendliche – selbst wenn die jungen Menschen mit Migrationshintergrund bereits der zweiten und dritten Generation angehören, also bereits in Deutschland geboren sind und nur mehr – zumindest eines – der Elternteile (zweite Generation) oder der Großeltern (dritte Generation) im Ausland geboren sind (Autorengruppe Bildungsberichterstattung 2012). Diese Schlechterstellung trifft auch dann zu, wenn sozioökonomische Faktoren wie Schulbildung und Berufsstatus der Eltern konstant gehalten werden, also nur mehr junge Menschen gleicher gesellschaftlicher Schichten und Herkunftsmilieus verglichen werden (Beicht und Granato 2010; Aybek 2013).

Die Tatsache, dass auch bei gleicher Kompetenz und ähnlicher Herkunft junge Menschen mit Migrationshintergrund ungleich größere Einmündungsschwierigkeiten haben, widerlegt, dass die *Ursachen für die Übergangsschwierigkeiten* jugendlicher Migrantinnen und Migranten einseitig den Jugendlichen selbst und ihren Familien zugesprochen werden können. Diese Sichtweise der Individualisierung von gesellschaftlichen Problemlagen ist hochgradig angreifbar. Sie ist zum einen wissenschaftlich nicht haltbar und des Weiteren auch in psychologischer Hinsicht verheerend, da Schwierigkeiten bei den Einmündungen als persönliches Versagen umgedeutet werden, das heißt internal stabil attribuiert werden. Dies führt zu einer weiteren Erhöhung des psychischen Drucks und einer Perpetuierung persönlicher Zuschreibungen. Vielmehr muss, anstatt einer monokausalen, eine stärker multikausale bzw. systemische Betrachtungsweise zur genannten Übergangsthematik eingenommen werden (Scharrer et al. 2012). Der Mythos des Aufstiegs durch Bildung greift nicht mehr, da sich anhand der Selektionskriterien Herkunft, Ethnie und Geschlecht (neue) soziale Ungleichheiten formieren, die sich etwa in Diskriminierungen von Seiten der Schule und Arbeitnehmer/innen zeigen. Junge Menschen mit Migrationshintergrund sind entsprechend häufig in Desintegrationssettings des Übergangssystems gefangen und überproportional häufig in berufs(ausbildungs)vorbereitende und -begleitende Maßnahmen eingebunden.

Ausgehend von diesen einseitig individuellen Ursachenzuschreibungen werden *Maßnahmen zur Übergangserleichterung* auf der Mikroebene konzipiert, welche versuchen, die Kompetenzen der jungen Menschen mit Migrationshintergrund aufzubauen. Diese Vorgehensweise allein greift jedoch zu kurz und vernachlässigt das zweite Ursachenbündel, nämlich diskriminierende und mangelhaft entwickelte Strukturen auf der Makroebene, etwa ein einseitig monokulturelles Schulsystem oder ein Wirtschaftssystem, das nur auf Problemkonstellationen schielt und nicht die Potenziale junger Menschen mit Migrationshintergrund berücksichtigt. In Anlehnung an die ökologische Systemtheorie von Bronfenbrenner systematisiert und beschreibt der Beitrag neben den Ursachen der Übergangsschwierigkeiten Hilfen der Sozialen Arbeit für den Übergang in die Ausbildung für Menschen mit Migrationshintergrund auf allen Systemebenen (Boos-Nünning 2009; Stein und Stummbaum 2010).

Im Rahmen des folgenden *Beitrags* wird zunächst ein Blick auf die gegenwärtige Situation für junge Menschen am Übergang von der Schule in die Beruflichkeit aus einer (inter)nationalen Perspektive geworfen. Bezüglich der Übergangssituation manifestieren sich nicht nur zwischen den einzelnen Ländern des EU-Raumes gewaltige Unterschiede, sondern auch Regionen spezifisch innerhalb Deutschlands (Abschn. 2). Jenseits einer geographischen Betrachtungsperspektive sind es insbesondere Personen aus sozioökonomisch oder soziokulturell marginalisierten Bevölkerungsgruppen, wie etwa junge Menschen mit Migrationshintergrund, welche mit besonderen Schwierigkeiten im Übergang konfrontiert sind (Abschn. 3). Die Ursachen für diese Schwierigkeiten werden oftmals einseitig individualisiert, wobei Studien zeigen, dass die Tatsache einen Migrationshintergrund zu haben, bereits wesentlich die (nicht) erfolgreiche Einmündung in die Beruflichkeit determiniert (Aybek 2013) (Abschn. 4). Hierfür sind weniger die mit dem Migrationshintergrund gekoppelte schlechtere Kompetenzentwicklung oder Sprachfertigkeit, sondern primär indirekte und direkte Benachteiligungsstrukturen verantwortlich. An den unterschiedlichen Ursachenbündeln der Schwierigkeiten der Einmündung setzen Angebote des systemischen Übergangsmanagements für junge Migrantinnen und Migranten an. Die Soziale Arbeit zur Übergangserleichterung ist dabei auf unterschiedlichen institutionellen Ebenen verortet, von der Schulsozialarbeit, die zum einen Hilfestellung bei der Berufsfindung, der Praktikums-, Ausbildungsplatz- und Stellensuche für die jugendlichen Migrantinnen und Migranten bietet, aber auch die Schule nach außen öffnet und etwa Kontakte zu Eltern, Migranten(selbsthilfe)organisationen oder potentiellen Ausbildungsplätzen herstellt. Neben diesen präventiven Angeboten arbeitet die Jugendberufshilfe mit jungen Menschen, welche die erste Schwelle des Übergangs in die Arbeitswelt nicht erfolgreich bewältigen konnten, etwa indem Angebote des sogenannten

Übergangssystems offeriert werden, die allerdings einer kritischen Prüfung unterzogen werden müssen (Abschn. 4.1). Zuletzt sind strukturelle Hilfen im Übergang zu nennen, wie etwa die Gemeinwesenarbeit, die u. a. auch unterschiedliche politische Strategien umfasst, um Hilfestellungen beim Übergang zu bieten und auf die strukturellen Übergangsschwierigkeiten abzielt (Abschn. 4.2). Der Beitrag wird von einem Fazit abgerundet, das Ausblicke auf ein gerade 2013 angelaufenes EU-Projekt zur regionalen Unterstützung des Übergangs in die Arbeitswelt bietet, welches konkret die Lebenswirklichkeit von jungen Menschen ländlicher Regionen am Übergang in die Ausbildung und Arbeitswelt nachzeichnet (Abschn. 5).

2 Die Übergangssituation Schule – Beruf aus internationaler und nationaler Perspektive

Die Auffaltung einer internationalen Vergleichsdimension bei der Betrachtung des Übergangs in Ausbildung und Arbeit von jungen Menschen (mit Migrationshintergrund) erscheint in einem zusammenwachsenden Europa und angesichts weltweiter Globalisierungsprozesse von stets größerer Bedeutsamkeit. Ziel ist dabei nicht nur ein rein deskriptiver Vergleich in Form einer additiven Gegenüberstellung unterschiedlicher Zahlen zum Übergang und damit verknüpfter Handlungsstrategien des Übergangsregimes von formaler (sozial)staatlicher, aber auch informeller Seite, etwa durch Familie und soziale Stützsysteme wie dem Freundeskreis. Wichtiger ist eine Analyse und systematische Betrachtung der Auswirkungen und Effekte unterschiedlicher Regimes auf die Berufseinmündung, welche die oftmals einseitige nationalstaatliche Perspektive der Sozialen Arbeit aufbricht (Walther 2011; Stummbaum 2012). Auch wenn zunehmend – gerade im Schulleistungsbereich – internationale Perspektiven eingenommen werden, sind diese im Berufs(bildungs)bereich noch unterentwickelt, etwa dadurch dass ein „Berufsbildungs-PISA" noch aussteht.

Die Beschäftigung mit der Frage, in welchen Ländern und Regionen welche Personengruppen ohne Arbeit verbleiben, ist gegenwärtig vor den Betrachtungsfolien des Fachkräftemangels angesichts demographischer Wandelprozesse einerseits und der Jugendarbeitslosigkeit andererseits von höchstem volkswirtschaftlichem Interesse. Eurostat liefert Daten zu den Arbeitslosenzahlen junger Menschen in der EU, welche als Jugendarbeitslosenquote in den Mitgliedsstaaten der Europäischen Union saisonbereinigt für das Altersegment der 15- bis unter 25-Jährigen ausgegeben werden (vgl. Abb. 1). Die Zahlen spannen einen range von 58,4 % in Griechenland und 55,7 % in Spanien bis hin zu 7,6 % in Österreich und Deutschland auf (Eurostat 2013a). Diese Datenlage gewinnt nur dann Aussagekraft für

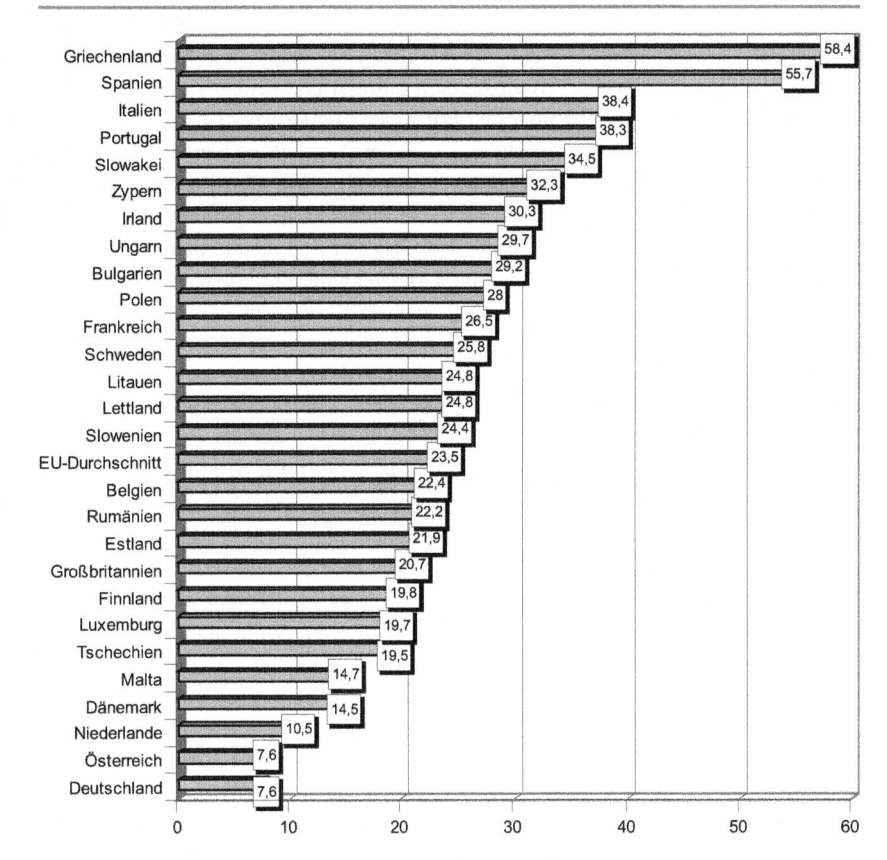

Berufliche Integration von jugendlichen Migrantinnen und Migranten 217

Land	%
Griechenland	58,4
Spanien	55,7
Italien	38,4
Portugal	38,3
Slowakei	34,5
Zypern	32,3
Irland	30,3
Ungarn	29,7
Bulgarien	29,2
Polen	28
Frankreich	26,5
Schweden	25,8
Litauen	24,8
Lettland	24,8
Slowenien	24,4
EU-Durchschnitt	23,5
Belgien	22,4
Rumänien	22,2
Estland	21,9
Großbritannien	20,7
Finnland	19,8
Luxemburg	19,7
Tschechien	19,5
Malta	14,7
Dänemark	14,5
Niederlande	10,5
Österreich	7,6
Deutschland	7,6

Abb. 1 Daten zur Jugendarbeitslosigkeit 15- bis 24-Jähriger in Europa in %. (Quelle: Eurostat 2013a)

die Analyse erfolgreicher oder missglückter Übergänge in Arbeit, wenn sie mit den in den unterschiedlichen Regionen Europas vorherrschenden auch staatlich legitimierten Übergangsregimes verknüpft wird. Während etwa in Ländern wie Griechenland und Italien kaum eine strukturelle oder institutionalisierte Förderung des Übergangs in Ausbildung und Arbeit für junge Menschen besteht und die Familie und inoffizielle Regimes diese Lücke aufzufüllen suchen, bieten Deutschland, Österreich und die Niederlande eine aktive Arbeitsmarktpolitik bezogen auf das jugendliche Alterssegment, das bei Übergangsschwierigkeiten unterstützende, wenn auch begrenzt gewährte Hilfestellungen bietet (Walther 2011). Walther (2011, S. 109) unterscheidet insgesamt vier Varianten der Aktivierung Jugendlicher für den Arbeitsmarkt: Von der „Unterstützten Lebensplanung", die umfassend und holistisch nicht nur den Arbeitsbereich umfasst und primär in den skandinavischen Ländern vorherrscht, über den britischen Sonderweg des „Workfare", der universell aber zeitlich und von seiner materiellen Ausstattung her begrenzt Unterstützungsleistungen für junge Arbeitslose bietet, über die offensive „Rekrutierung für Arbeitsmarktpolitik" in Österreich und Deutschland, die Maßnahmen des sogenannten Übergangssystems einschließt, bis hin zu einer Jugendarbeitsmarktpolitik „ohne strukturelle Basis", etwa in Italien, Griechenland, Bulgarien oder Rumänien.

Aktuell wurden innerhalb der EU die sogenannten EU-Garantien diskutiert, die für EU-Bürgerinnen und -Bürger unter 25 Jahre spätestens vier Monate nach Schulabschluss, also nach einer maximalen Arbeitslosigkeit von vier Monaten, eine Einmündung in den Beruf, eine Ausbildung oder Weiterbildungsmaßnahme staatlicherseits garantieren würden. Dieses konnte jedoch aufgrund der hohen damit verknüpften finanziellen Aufwendungen – bislang – nicht realisiert werden.

Bezogen auf die Jugendsituation des Übergangs schneidet Deutschland im Vergleich mit anderen EU-Staaten relativ gesehen gut ab. Innerhalb Deutschlands bestehen jedoch zum einen sehr große regionale als auch zum anderen soziokulturelle Unterschiede hinsichtlich der Einmündungsquote in Ausbildung und Beruf, etwa durch die besonderen Schwierigkeiten für junge Menschen in den östlichen Bundesländern und ausländischer Herkunft. Von den zehn Regionen, welche Eurostat (2013b) als Regionen mit der niedrigsten Jugendarbeitslosigkeit ausgibt, sind insgesamt sieben Regionen in Deutschland angegeben, etwa die Regionen um Tübingen, Karlsruhe, der Regierungsbezirk Oberbayern und der Bereich Weser-Ems. Besonders viele Schwierigkeiten des Übergangs in Ausbildung und Beruf zeigen sich Regionen spezifisch innerhalb Deutschlands in den östlichen Bundesländern, in den Stadtstaaten und spartenbezogen, wie etwa im Bereich der Medienberufe. Insgesamt ist auch die Rate von Jugendlichen in Deutschland zu hoch, die nicht adäquat in Ausbildungen einmünden, sondern im sogenannten Übergangssystem verbleiben. Gemäß dem Bildungsbericht 2012 traf dies auf etwa 28,6 % aller Ausbildungsplatzsuchenden zu (Autorengruppe Bildungsberichterstattung 2012) (vgl. Abb. 2). Erst durch die hoch subventionierten, aber oftmals ineffektiven Maßnahmen des Übergangssystems (Stein und Stummbaum 2010) gelingt es, die Jugendarbeitslosigkeit auf im EU-Vergleich – artifiziell niedrige – 7,6 % zu drücken.

Berufliche Integration von jugendlichen Migrantinnen und Migranten

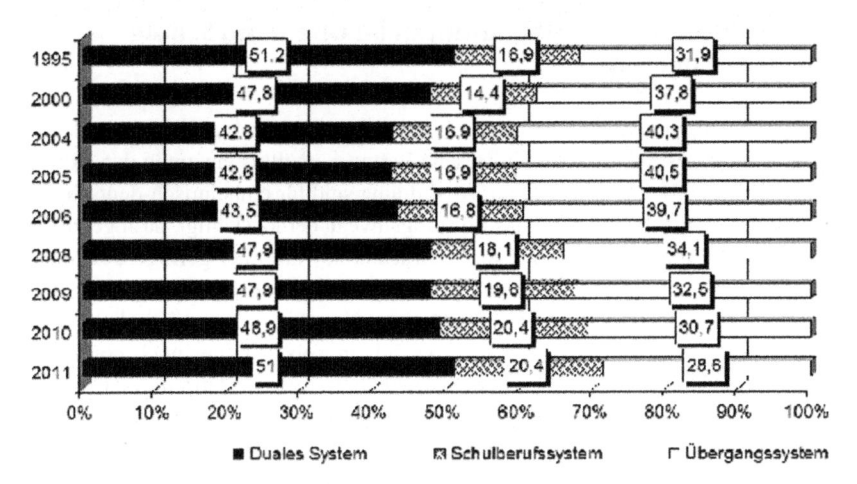

Jahr	Duales System	Schulberufssystem	Übergangssystem
1995	51,2	16,9	31,9
2000	47,8	14,4	37,8
2004	42,8	16,9	40,3
2005	42,6	16,9	40,5
2006	43,5	16,8	39,7
2008	47,9	18,1	34,1
2009	47,9	19,6	32,5
2010	48,9	20,4	30,7
2011	51	20,4	28,6

Abb. 2 Verteilung der Neuzugänge auf die drei Sektoren des beruflichen Ausbildungssystems in % 1995–2000–2005–2008–2009–2010–2011. (nach Autorengruppe Bildungsberichterstattung 2010, S. 96 und 2012, S. 102)

3 Biografische Herausforderungen des Übergangs für junge Menschen mit Migrationshintergrund

Was sich bereits in der PISA-Schulleistungsstudie zeigte, nämlich, dass Deutschland insbesondere ein Land großer Bildungsdisparitäten und ungleicher Chancenverteilungen zwischen Personen verschiedener Gruppen ist, etwa im Sinne einer Benachteiligung von Migrantinnen und Migranten, manifestiert sich auch bei den Übergangssituationen (Stein und Stummbaum 2011). Der Bildungsbericht 2012 (Autorengruppe Bildungsberichterstattung 2012) thematisiert, dass Menschen mit Migrationshintergrund auf allen Ebenen des Schul- und Bildungssystems ungleich schlechter eingebunden sind als einheimisch-deutsche Personen. Diese ungleich schlechtere Einbindung bildet sich auch an den Übergängen der ersten und der zweiten Schwelle zum Arbeitsmarkt ab, also an den Schnittstellen Schule – Ausbildung und Ausbildung – Berufseinmündung (Stein 2012a).

3.1 Migrantinnen und Migranten im Übergang Schule – Ausbildung

Kinder aus Migrantenfamilien haben wesentlich größere Probleme, in eine adäquate berufliche Ausbildung oder ein Beschäftigungsverhältnis einzumünden (Reißig et al. 2004, 2005). Die Chancen auf Ausbildung sind für einheimisch-deutsche Jugendliche fünfmal höher. Wird das Leistungsniveau berücksichtigt, da Jugendliche mit Migrationshintergrund insgesamt betrachtet sowohl über geringere Schulabschlüsse verfügen als auch bei Schulleistungsstudien wie IGLU und PISA stets schlechtere Kompetenzen aufweisen (Rückstand von bis zu einem Schuljahr), sind die Chancen Einheimischer auf einen Ausbildungsplatz immer noch doppelt so hoch (Lehmann et al. 2005; Färber et al. 2008; Beicht und Ulrich 2008; Granato 2009; Stein und Stummbaum 2010; Boos-Nünning 2011; Aybek 2013). Dies spricht für eine spezifische Diskriminierung von Jugendlichen mit Migrationshintergrund bei der Einmündung in Ausbildung und Arbeitsmarkt, insbesondere für junge Menschen aus dem türkischen und arabischen Kulturkreis (Bundesministerium für Bildung und Forschung 2012), da Jugendlichen muslimischen Glaubens besondere Vorurteile entgegen gebracht werden (vgl. Boos-Nünning 2011).

Die Wahrscheinlichkeit, dass eine Bewerbung Erfolg hat, liegt bei Menschen mit Migrationshintergrund und Hauptschulabschluss bei 25 %, während diese Quote bei Deutschen ohne Migrationshintergrund bei 29 % liegt. Die Quoten des Erfolgs bei einer Bewerbung liegen bei Migrant/innen mit Realschulabschluss bei 34 % und bei Deutschen ohne Migrationshintergrund und mit Realschulabschluss bei 47 % (Färber et al. 2008). Deutsche Jugendliche, die in eine Ausbildung streben, verbleiben zu etwa einem Drittel im Übergangssystem, während dies für die Hälfte der ausländischen jungen Menschen zutrifft (Autorengruppe Bildungsberichterstattung 2012, S. 122)[1]. Im Schnitt haben Personen mit Migrationshintergrund, die eine Ausbildung aufnahmen, 17 Monate Arbeitssuche aufgewandt, ehe sie einen Ausbildungsplatz im dualen Ausbildungssystem antreten konnten, verglichen mit drei Monaten, welche einheimisch-deutsche Mitbewerberinnen und Mitbewerber bis zur Ausbildungsplatzaufnahme brauchten (Granato 2003; Ulrich und Granato 2006; Autorengruppe Bildungsberichterstattung 2012):

---

[1] Leider kann teilweise nicht zwischen Migrant/innen und Einheimischen unterschieden werden, sondern nur zwischen Ausländer/innen und Deutschen. Hintergrund ist, dass oftmals in der Berichterstattung lediglich nach der Nationalität, nicht jedoch nach dem eigenen Geburtsland (1. Generation), dem Geburtsland der Eltern (2. Generation) oder Großeltern (3. Generation) gefragt wird.

Während Jugendliche ohne Migrationshintergrund [...] zu 35 % eine duale Ausbildung aufnahmen, waren es bei den Jugendlichen mit Migrationshintergrund nur 23 %. Im Vergleich zu 2006 hat sich die Einmündungsquote (29 %) wieder verringert, obwohl sich die Situation am Ausbildungsstellenmarkt gegenüber 2006 weiter entspannt hat. [...] Darüber hinaus schneiden Migranten/Migrantinnen im Hinblick auf die Erstqualifizierung insgesamt schlechter ab [...]. Denn sie münden in geringerem Maße in eine Schulberufs- oder Beamtenausbildung (9 vs. 11 %) oder ein Studium (10 vs. 12 %) ein. Stattdessen befinden sie sich viel häufiger in einer Berufsvorbereitung oder einer Schule, die nur eine berufliche Grundbildung vermittelt (17 vs. 10 %) und sind häufiger ohne Beschäftigung (7 vs. 3 %). (Bundesinstitut für Berufsbildung 2009, S. 75).

Noch stärker als zwischen Migrant/innen und einheimisch-deutschen Jugendlichen divergieren die Ausbildungsbeteiligungsquoten zwischen jungen Ausländerinnen und Ausländern und jungen Deutschen. 2010 waren mit 33,5 % jungen in Ausbildung eingebundenen Ausländer/innen nur etwa halb so viele in Ausbildungsverhältnisse eingebunden wie deutsche junge Menschen mit 65,4 % (Bundesministerium für Bildung und Forschung 2012, S. 45). Zur Benachteiligung von jungen Menschen ausländischer Herkunft tritt hinzu, dass Ausbildungsverträge zwischen ausländischen Auszubildenden und Arbeitnehmern häufiger aufgelöst (29,2 %) werden als bei deutschen Jugendlichen (22,6 %), insbesondere in den ersten zwölf Monaten der Ausbildung (Autorengruppe Bildungsberichterstattung 2012, S. 113; Bundesministerium für Bildung und Forschung 2012, S 44). Sie gelten deshalb als weniger employabel als einheimisch-deutsche Jugendliche (Stein 2013a).

Die Einmündungsquote jugendlicher Migrantinnen und Migranten wird durch verschiedene Faktoren überformt, wie die BA-BiBB-Übergangsstudie von 2004 illustriert. Jenseits von den zumeist schlechteren Schulabschlüssen und der oftmals prekäreren Arbeitsmarktsituation an den Wohnorten der Migrantinnen und Migranten bleiben bestimmte migrationsspezifische Nachteile bestehen, die nicht vollständig aufklärbar sind und spezifischen Diskriminierungen zugerechnet werden müssen, wie Tab. 1 illustriert.

Tab. 1 Übergangsverläufe von Einheimischen und Migrant/innen. (nach Ulrich und Granato 2006, S. 42/43)

	Einmündungsquote Einheimisch-Deutscher (%)	Einmündungsquote bei Migrant/innen (%)
Allgemein	40	29
+ mittlere Reife oder Fachhochschulabschluss	47	34
+ (sehr) gute Mathematiknote im Zeugnis	64	41
+ Arbeitslosenquote im Heimatort < 9 %	71	44

Somit schlussfolgert der Bildungsbericht 2012 (Autorengruppe Bildungsberichterstattung 2012, S. 105):

> Eine Betrachtung nach Staatsangehörigkeit zeigt, dass die Benachteiligung ausländischer Jugendlicher anhält und sich an den Ungleichheitsrelationen zu deutschen Jugendlichen auf den unterschiedlichen Vorbildungsniveaus kaum etwas verändert hat [...]. Besonders deutlich tritt dies bei den Jugendlichen mit maximal Hauptschulabschluss zu Tage, die zu über zwei Dritteln ins Übergangssystem einmünden [...]. Unter dem Gesichtspunkt der individuellen gesellschaftlichen Teilhabe wie auch mit Blick auf die Sicherung des Arbeitskräftepotentials im demografischen Wandel bleibt die anhaltende Disparität ein Problem.

3.2 Migrantinnen und Migranten im Übergang Ausbildung – Arbeitsmarkt

Auch bei denjenigen, die eine Ausbildung erfolgreich abgeschlossen haben, verbleiben mehr ausländische Personen als Deutsche ohne eine entsprechende Anschlussbeschäftigung. Insbesondere ausländische Männer haben gegenüber deutschen Männern mit abgeschlossener Ausbildung ein um 50 % erhöhtes Arbeitslosigkeitsrisiko (Burkert und Seibert 2007). Werden die Variablen Schulbildung, Ausbildungsberuf, Ausbildungsbetriebsgröße und Abschlussjahr kontrolliert, hinsichtlich derer sich deutsche und ausländische Männer unterscheiden, liegt das Arbeitslosigkeitsrisiko nach abgeschlossener Ausbildung bei ausländischen Männern weiterhin um den Faktor 1,3 höher (Burkert und Seibert 2007).

Entsprechend der Probleme an den beiden Übergangsschwellen gestaltet sich die Erwerbsbeteiligung von Menschen mit Migrationshintergrund gegenüber Einheimischen schwieriger. Während in Deutschland insgesamt 11,0 % der Personen aller Altersgruppen über *keinen beruflichen Abschluss* verfügen, trifft dies auf 39,0 % der Personen mit Migrationshintergrund zu (siehe auch Tab. 2; DGB Bereich Arbeitsmarktpolitik 2010; Fohgrub 2011). Hier zeigen sich deutliche differentielle Unterschiede: vor allem Personen aus den ehemaligen Anwerbestaaten für ArbeitsmigrantInnen (Türkei, ehemaliges Jugoslawien, Italien) schneiden sowohl bei Schulleistungsstudien als auch bei der Einmündung in den Arbeitsmarkt sehr schlecht ab. Dies trifft vor allem auf die Personen mit türkischem Migrationshintergrund zu, bei denen insbesondere Frauen eine sehr geringe *Erwerbsbeteiligung* von nur 30 % aufweisen (Färber et al. 2008). Dem entgegen liegt die Erwerbsbeteiligung der Frauen mit Aussiedlungshintergrund bei 50 % und damit sogar höher als bei den einheimisch-deutschen Frauen mit 43 %. Tabelle 2 stellt die Erwerbsbeteiligung der 30- bis 50-jährigen Personen mit und ohne Migrationshintergrund bezogen auf den Bildungsstand einander gegenüber.

Tab. 2 Erwerbsbeteiligung nach Migrationsstatus, Bildung, Geschlecht und Elternschaft (Kinder <18 Jahren, für die die Eltern verantwortlich sind). (Autorengruppe Bildungsberichterstattung 2010, S. 218)

Geschlecht	Eltern-schaft	Kein Migrationshintergrund			Migrationshintergrund		
		Bildungsstand					
		Niedrig (%)	Mittel (%)	Hoch (%)	Niedrig (%)	Mittel (%)	Hoch (%)
Männer	Mit Kindern	80,5	94,6	98,4	78,9	88,3	90,2
	Ohne Kinder	67,8	87,0	95,7	69,8	82,3	86,1
Frauen	Mit Kindern	55,5	73,6	82,3	42,9	62,5	59,1
	Ohne Kinder	69,0	86,3	94,1	60,0	79,9	79,6

Oftmals werden problematische Übergangskonstellationen junger Migrant/innen individualisiert und einseitig als individuelles Versagen in Form nur ungenügend entwickelter Kompetenzen angelastet. Die Schwierigkeiten gelten somit als biographische, also individuelle Herausforderungen, wobei die Ursachen als strukturelle Schwierigkeiten im Sinne von Versagen der Bildungsinstitutionen und als Vorurteilsstrukturen der Mehrheitsgesellschaft zu verorten sind.

4 Ursachen der schlechteren Arbeitsintegration von jungen Menschen mit Migrationshintergrund und Strategien der Sozialen Arbeit im Übergang

4.1 Individuelle Ursachen und mikrostrukturelle Hilfestellungen im Übergang

Ungenügende Bildungseinbindung und mangelnde Kompetenzentwicklung als Ansatzpunkt sozialpädagogischer Intervention Migrantinnen und Migranten sind auf allen Ebenen des Bildungssystems *weniger stark in Bildungsprozesse eingebunden* als Personen ohne Migrationshintergrund. Diese weniger starke Einbindung beginnt bereits im Elementarbereich, wo Kinder aus Migrationsfamilien zum einen später und zum anderen weniger häufig in die Kinderkrippe oder den Kindergarten gegeben werden: 2011 besuchten bei den unter Dreijährigen nur 14 % der Kinder mit Migrationshintergrund, aber 30 % der Kinder ohne Migrations-

Tab. 3 Probleme und Abhilfemaßnahmen im Übergang auf Personenebene. (nach Scharrer 2012; Stein 2012b)

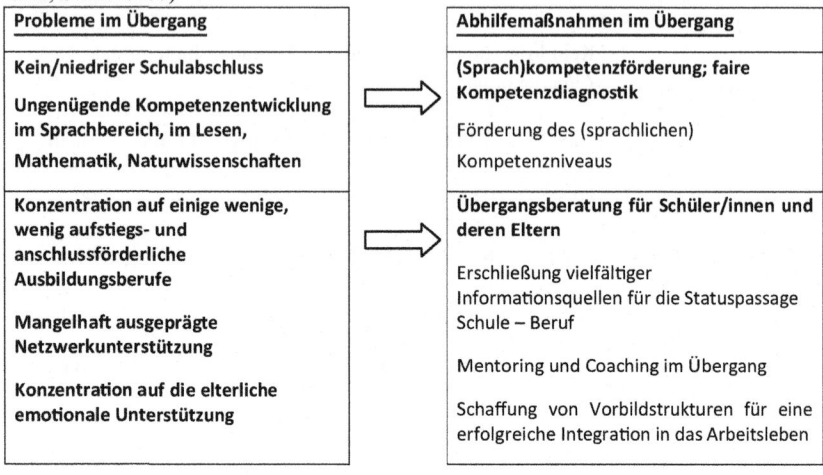

Probleme im Übergang	Abhilfemaßnahmen im Übergang
Kein/niedriger Schulabschluss Ungenügende Kompetenzentwicklung im Sprachbereich, im Lesen, Mathematik, Naturwissenschaften	(Sprach)kompetenzförderung; faire Kompetenzdiagnostik Förderung des (sprachlichen) Kompetenzniveaus
Konzentration auf einige wenige, wenig aufstiegs- und anschlussförderliche Ausbildungsberufe Mangelhaft ausgeprägte Netzwerkunterstützung Konzentration auf die elterliche emotionale Unterstützung	Übergangsberatung für Schüler/innen und deren Eltern Erschließung vielfältiger Informationsquellen für die Statuspassage Schule – Beruf Mentoring und Coaching im Übergang Schaffung von Vorbildstrukturen für eine erfolgreiche Integration in das Arbeitsleben

hintergrund externe Kindertageseinrichtungen. Bei den Drei- bis Sechsjährigen besuchten 85,7 % der Kinder mit Migrationshintergrund und 94,9 % der einheimisch-deutschen Kinder einen Kindergarten (Die Beauftragte der Bundesregierung für Migration, Flüchtlinge und Integration 2012, S. 149). Der Besuch externer Kinderbetreuungseinrichtungen wird jedoch nicht nur als bedeutsam für die Entwicklung sozialer Kompetenzen im Umgang mit Erwachsenen und Gleichaltrigen angesehen, sondern auch als wesentlich für das Erlernen der Sprache – insbesondere für Kinder bildungsferner Elternhäusern und anderssprachiger Familien. Auch für den Erwerb von Kompetenzen ist der Besuch einer Betreuungseinrichtung für Kinder (mit Migrationshinterund) zentral; so ergab etwa die PISA-Studie dass in diesem Bereich eine Kompetenzkluft zwischen Migrant/innen existiert, je nachdem, ob sie einen Kindergarten besucht hatten oder nicht (Becker 2006; Becker und Reimer 2010). Diese schlechtere Einbindung bleibt über die Schullaufbahn hinweg bestehen und manifestiert sich z. B. in einem höheren Hauptschul-, einem geringeren Gymnasialbesuch sowie später weniger hohen Schulabschlüssen. Zudem brechen Menschen mit Migrationshintergrund häufiger die Schule ohne Abschluss ab (siehe Tab. 3 und 4).

Ebenfalls geringer ausgeprägt als bei einheimisch-deutschen Kindern und Jugendlichen sind die *Kompetenzen, vor allem im Sprachbereich*. Bei der Sprachstandsfeststellung HAVAS 5 bei 5-Jährigen in Hamburg zeigten 20 % der Getesteten Defizite: Der Anteil derer, die einer Förderung dringend bedürfen, lag bei 4 % für einheimisch-deutsche und bei 51 % für Kinder mit Migrationshintergrund (Bundes-

Tab. 4 Schulbesuch Zehn- bis 20-Jähriger und Schulabschlüsse 18- bis 20-Jähriger. (nach DGB Bereich Arbeitsmarktpolitik 2010; Autorengruppe Bildungsberichterstattung 2010)

Besuchte Schulform (10–20 Jahre)	Einheimisch-Deutsche (%)	Migrant/innen (%)
Hauptschule	12	28
Realschule	25	26
Gymnasium	40	32
Sonstiges	11	14
Erworbener Schulabschluss (18–20 Jahre)		
Ohne Hauptschulabschluss	4	7
Mit Hauptschulabschluss	17	28
Mit Mittlerem Abschluss	35	26
Mit Fachhochschulreife	4	4
Mit allgemeiner Hochschulreife	15	9
Noch im Gymnasium	21	18
Noch in sonstiger allgemeinbildender Schule	3	7

amt für Migration und Flüchtlinge 2010). Durch das schlechtere Beherrschen der deutschen Sprache gelingt es Kindern auch später weniger gut, dem Unterricht, der auf hohem sprachlichem Abstraktionsniveau vermittelt wird, zu folgen. Darüber hinaus wird auch die Interaktion und Kommunikation mit Lehrkräften und später (potentiellen) Ausbilderinnen und Ausbildern erschwert (Stein und Stummbaum 2010). Auch bei den Schulleistungsstudien, etwa der bekannten PISA-Studie, waren die Leistungen Jugendlicher mit Migrationshintergrund im Bereich Leseverständnis, Mathematik und Naturwissenschaften geringer, was einem Rückstand von 1,5 Schuljahren entspricht (Scharrer 2012).

Insbesondere Menschen mit Migrationshintergrund profitieren in besonderer Weise von externen Betreuungs- und Bildungsangeboten ab der frühen Kindheit. Soziale Arbeit muss hier mithelfen Berührungsängste zwischen Eltern und Einrichtungen abzubauen, wie etwa im Projekt „Bildungsbrücken" der Otto-Benecke Stiftung umgesetzt (Stein 2013b). Eine ähnliche Beratung müsste für Lehrkräfte erfolgen, die oftmals auch bei gleichen Leistungen von Kindern mit Migrationshintergrund keine Gymnasialempfehlung aussprechen. Abhilfestrategien bezugnehmend auf die mangelnden Kompetenzen junger Menschen mit Migrationshintergrund müssen entsprechend früh greifen, um etwa von Anfang an durch ein adäquates Sprachniveau soziale Interaktionsprozesse und kognitive Aufbauprozesse zu gewährleisten. Hierzu gehört aber auf Seiten struktureller Bildungsanbieter auch das konsequente Drängen auf multisprachliche Bildungsangebote, die die Lebenswirklichkeit der Menschen in Deutschland abbilden (Stein 2012b).

Schwierigkeiten im Übergangsprozess und Übergangsbegleitung durch die Soziale Arbeit Häufig wird davon ausgegangen, dass Jugendliche mit Migrationshintergrund zum einen andere Berufe präferieren und des weiteren andere Strategien zur Anbahnung einer Ausbildung nutzen. Zudem stehen Migrantenjugendlichen oftmals nicht dieselben Netzwerke und Unterstützungsmöglichkeiten zur Verfügung wie einheimisch-deutschen Jugendlichen. Junge Migrantinnen und Migranten streben jedoch ebenso zielstrebig wie einheimisch-deutsche Jugendliche in Berufe des dualen Systems und formulieren ihre Ausbildungsziele klar (Bundesinstitut für Berufsbildung 2009; Beicht und Granato 2009; Friedrich 2009). Bezogen auf die Berufswahl konzentrieren sich gemäß den Studien des Bundesinstituts für Berufsbildung ausländische junge Menschen allerdings auf eine *weniger große Bandbreite möglicher Ausbildungsberufe*. Die Liste gewählter Ausbildungsberufe deutscher Auszubildender wurde 2006 vom Berufsbild des/r Kraftfahrzeugmechatroniker/in (4,8 %) angeführt, gefolgt vom Kaufmann/-frau im Einzelhandel (4,7 %) und dem Bürokaufmann/-frau (3,8 %). Bei den ausländischen Auszubildenden wird die Hitliste der Ausbildungsberufe hingegen von dem/r Friseur/in (7,4 %) angeführt, gefolgt vom Kaufmann/-frau im Einzelhandel (7,0 %) und dem/r medizinischen Fachangestellten (5,3 %) (Siegert 2009; Stein und Corleis 2012, 2013). 2010 entschieden sich 46,6 % der ausländischen Auszubildenden für die zehn beliebtesten Ausbildungsberufe, während dies nur für 32,9 % der deutschen Auszubildenden zutraf (Bundesinstitut für Berufsbildung 2011, S. 154). Diese Konzentration ist nicht nur motivationsbedingt, sondern auch der Tatsache geschuldet, dass junge Ausländer/innen bei der Berufswahl stärker externen Faktoren wie den Verdienstmöglichkeiten oder dem Elternwillen verhaftet bleiben. Die schlechteren Chancen auf einen Ausbildungsplatz bei Ausländer/innen und Migrant/innen ist – wie Studien zeigen – auch nicht durch ein geringeres Engagement in der Bewerbungsphase, etwa weniger versandten Bewerbungen, andere Suchstrategien nach einem Ausbildungsplatz, z. B. nur durch Bewerbungen auf Ausschreibungen in Printmedien, oder eine geringere Umzugsbereitschaft bedingt (Beicht und Granato 2009; Diehl et al. 2009; Granato 2007; Ulrich et al. 2006).

Problematisch stellt sich bei der Ausbildungsplatzsuche dar, dass Jugendliche sehr häufig *informelle Netzwerke* nutzen, um sich über Berufsmöglichkeiten, Arbeitssituationen und Ausbildungsplatzmöglichkeiten zu informieren. In erster Linie werden die Eltern als hauptsächliche emotionale Hilfegeber und informelle Informationsquelle genannt. Eltern mit Migrationshintergrund sind jedoch häufig selbst von brüchigen Berufsbiographien bedroht und weniger gut sozialstrukturell mit den Gegebenheiten des Arbeitsmarkts vertraut (Kalter 2006). Da die von den Jugendlichen – insbesondere von denen mit Migrationshintergrund – als Informationsquelle herangezogenen Hilfegeber oftmals selbst nur über unzureichende Hilfe- und Beratungsmöglichkeiten verfügen, ist es umso wichtiger, dass Schule und außerschulische Partner in diesem Bereich Übergangs-, Beratungs-, Coaching- und Mentoringprogramme anbieten. Die Rolle der Schule wird von jungen Menschen oftmals als wenig hilfreich angesehen. In einer Studie des Arbeitskreises Einstieg (2004) wurde vor allem angemahnt, dass die jeweils individuelle Situation des/r einzelnen Schülers/in zu berücksichtigen sei. Nur 16 % der Befragten erhielten Informationen über ihren speziellen Wunschberuf und nur 8 % meinten, dass der Unterricht auf ihre persönliche Situation bezogen war. Schule hat oftmals nicht die nötigen Kapazitäten, um die berufsbezogene Beratung individuell auf einzelne Schüler/innen zuzuschneiden. Hier ergeben sich wichtige Aufgaben für Schulsozialarbeiter/innen. Die Hilfe bei der Berufsorientierung wird von Braun und Wetzel (2006) als eine von fünf wichtigen Säulen der Schulsozialarbeit benannt. Hierzu gehört auch der dezidierte Einbezug von externen Partner/innen, welche Hilfestellung im Übergang in Form von Coaching und Mentoring bieten, zumeist auf ehrenamtlicher Basis. Die Rolle der Anbahnung der Mentoringgespanne zwischen Jugendlichen und Mentor/innen sowie die Begleitung und Schulung der Ehrenamtlichen ist dabei Aufgabe der Sozialen Arbeit. Explizit einbezogen werden sollten bei den Coaches oder Mentor/innen Personen, die selbst einen Migrationshintergrund haben und somit einer ähnlichen Lebenswirklichkeit wie die Jugendlichen entstammen (Stein 2013e).

4.2 Strukturelle Ursachen und makrostrukturelle Hilfestellungen im Übergang

Diskriminierende Rekrutierungsstrategien von Unternehmen als Ansatzpunkte sozialarbeiterischer Intervention Sehr viele Ausbildungsstellen werden nicht offiziell vergeben, sondern fokussieren auf informelle Netzwerke, welche Migrantenjugendliche häufig benachteiligen. Sehr viele Stellenbesetzungen erfolgen etwa nach dem Absolvieren von Praktika, welche zumeist auf Empfehlung hin vergeben werden. Die Besetzungen erfolgen dabei nicht nur nach Maßgabe von Kompetenzen und Qualifikationen, sondern umfassen auch antizipierte Problemkonstellationen mit einer bestimmten Personengruppe, etwa jungen Männern aus dem muslimisch-türkischen oder arabischen Kulturkreis, die vorschnell verallgemeinernd auf konkrete Bewerber übertragen werden, wie etwa in der Interviewstudie von Imdorf (2008) oder der Studie von Akman et al. (2005) gezeigt. In beiden Studien wurden muslimische Migranten besonders ungern als zukünftige Arbeitnehmer oder Praktikanten im Betrieb akzeptiert. Aybek (2013) weist in einer Sekundäranalyse der BiBB-Übergangsstudie nach, dass kein Faktor die Aussicht auf eine Arbeitsstelle so reduziert wie die Tatsache des Migrationshintergrundes.

Tab. 5 Probleme und Abhilfemaßnahmen im Übergang auf Strukturebene. (nach Scharrer 2012; Stein 2012b)

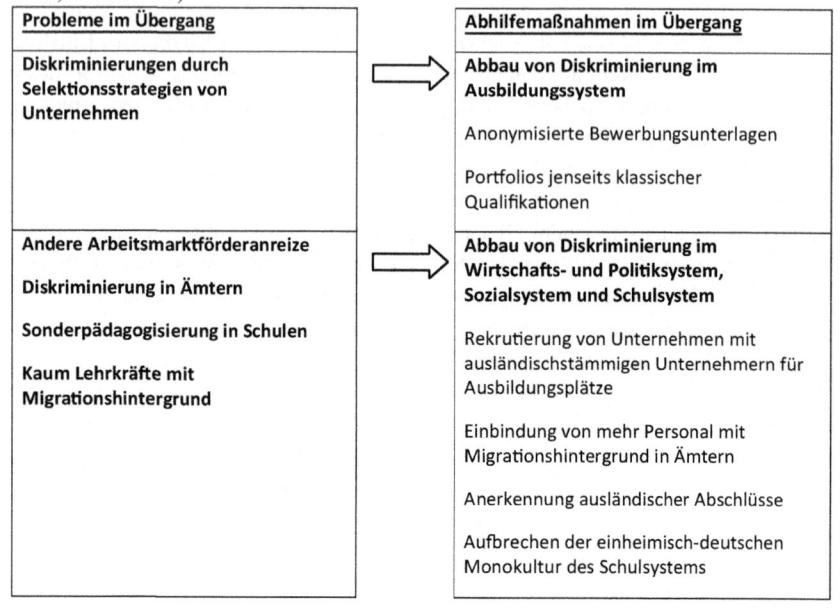

Probleme im Übergang	Abhilfemaßnahmen im Übergang
Diskriminierungen durch Selektionsstrategien von Unternehmen	Abbau von Diskriminierung im Ausbildungssystem
	Anonymisierte Bewerbungsunterlagen
	Portfolios jenseits klassischer Qualifikationen
Andere Arbeitsmarktförderanreize	Abbau von Diskriminierung im Wirtschafts- und Politiksystem, Sozialsystem und Schulsystem
Diskriminierung in Ämtern	
Sonderpädagogisierung in Schulen	Rekrutierung von Unternehmen mit ausländischstämmigen Unternehmern für Ausbildungsplätze
Kaum Lehrkräfte mit Migrationshintergrund	
	Einbindung von mehr Personal mit Migrationshintergrund in Ämtern
	Anerkennung ausländischer Abschlüsse
	Aufbrechen der einheimisch-deutschen Monokultur des Schulsystems

Als Abhilfestrategien werden zum einen anonymisierte Bewerbungsunterlagen ohne Hinweise auf Geschlecht, Nationalität und Migrationshintergrund diskutiert – etwa über einen ausländisch klingenden Namen – sowie Portfolios, welche auch solche Kompetenzen abbilden, die sich nicht in offiziellen Qualifikationen abbilden lassen (Stein 2012b) (vgl. Tab. 5).

Strukturelle Diskriminierung durch das Sozial- und Arbeitssystem und Abbau struktureller Gewalt durch die Soziale Arbeit Neben den diskriminierenden Selektionskriterien der Arbeitgeberinnen und -geber manifestieren sich auch auf makrosoziologischer Basis im Rahmen des schul-, bildungs-, wirtschafts-, arbeitsmarkt- und sozialpolitischen Systems diskriminierende Strukturen, die als strukturelle Gewalt – hier gegen Migrantinnen und Migranten – interpretiert werden können.

Schul- und Bildungssystem Schule diskriminiert junge Menschen mit Migrationshintergrund in dreifacher Weise. Erstens kommt es angesichts des starken Wunsches nach Leistungshomogenisierung und des darauf basierenden starren dreigliedrigen Schulsystems insbesondere zu einer „Sonderpädagogisierung von

Migrantenjugendlichen" (Thielen 2007, S. 297). Trotz der aktuellen Forderung einer inklusiven Schule für alle wird an der Dreigliedrigkeit, die vornehmlich auf Kompetenzen basieren soll, festgehalten. Junge Menschen mit Migrationshintergrund finden sich überproportional häufig in Förder- oder Hauptschulen und werden an den Gelenkstellen des Bildungssystems, etwa am Übergang in die Ausbildung, häufiger in berufsvorbereitende Maßnahmen eingebunden, die sich oftmals nicht als förderlich, sondern als weiter dequalifizierend erweisen (Stein und Stummbaum 2010). Zweitens konzentriert sich der Bildungskanon des Schulsystems einseitig auf die einheimisch-deutsche Kultur und lässt die spezifischen Erfahrungshintergründe junger Menschen mit Migrationshintergrund unberücksichtigt. Drittens haben nur sehr wenige Lehrkräfte selbst einen Migrationshintergrund und dienen somit kaum als Rollenvorbild für Schüler/innen mit Migrationshintergrund (Stein 2012b).

Wirtschaftssystem Eine zunehmende Zahl von Unternehmen wird von Menschen mit Migrationshintergrund geleitet. In von Migrant/innen geleiteten Unternehmen wird jedoch seltener ausgebildet – auch bezogen auf die Unternehmensgröße – als in Unternehmen einheimisch-deutscher Personen. Neben dieser Öffnung von Unternehmen mit Besitzer/innen ausländischer Herkunft wird zudem angemahnt, dass Unternehmen insgesamt stärker als bisher sich interkulturell öffnen sollten. Neben den handfesten Vorteilen für das Unternehmen – Mehrsprachigkeit, Mobilität im Bildungs- und Arbeitsbereich – haben Studien ergeben, dass sich Auszubildende eher in interkulturellen Ausbildungsgruppen als zufrieden erleben als in einseitig monokulturellen Gruppen (Bednarz-Braun und Bischoff 2006).

Sozialsystem Was für das Schul- und Bildungssystem gesagt wurde, gilt in ähnlicher Weise für das Sozialsystem: Auch hier sind zu wenige Beschäftigte mit Migrationshintergrund angestellt, selbst wenn die Klientel etwa von jungen Hartz-IV-Empfänger/innen zwischen 15 und 24 Jahren im Bereich der Migrantinnen und Migranten mit 33 % weit über den 9 % der einheimisch-deutschen Empfänger/innen liegt (DGB Bereich Arbeitsmarktpolitik 2010). Arbeitslose türkischstämmige Migrantinnen und Migranten werden seltener als Einheimisch-deutsche in Ausbildungen vermittelt, dafür öfters in 1-Euro-Job-Arbeitsgelegenheiten, was einer weiteren Dequalifizierung Vorschub leistet. Hinzu tritt, dass gerade bei Menschen der ersten Generation, die noch im Ausland geboren sind und dort ihre schulischen und beruflichen Abschlüsse erwarben, ausländische Abschlüsse häufig nicht anerkannt werden. Erleichterung schafft hier seit 2012 allerdings folgendes Gesetz (Bundesministerium für Bildung und Forschung 2012, S. 46): „Das ‚Gesetz zur Verbesserung der Feststellung und Anerkennung im Ausland erworbener Berufsqualifikationen' ist am 12. Dezember 2011 im Bundesgesetzblatt verkündet worden und tritt am 1. April 2012 in Kraft. Das Anerkennungsgesetz erweitert den gesetzlichen Rechtsanspruch auf ein Bewertungsverfahren der ausländischen beruflichen Qualifikationen. In einer ganzen Reihe von Berufen wird außerdem die Kopplung des Berufszugangs an die deutsche Staatsangehörigkeit aufgehoben. Das Gesetz gilt für rund 500 Berufe, für die der Abschluss auf Bundesebene geregelt ist. Hierunter fallen zum Beispiel Ärzte, Krankenpflegepersonal, Handwerksmeister und alle Abschlüsse der 350 deutschen Ausbildungsberufe im dualen System. Die Länder planen, für die Berufe in ihrem Zuständigkeitsbereich ebenfalls adäquate Anrechnungsmöglichkeiten einzuführen."

5 Fazit und Ausblick

Gerade angesichts dieser diskriminierenden Strukturen darf sich Soziale Arbeit nicht auf die Feuerwehrfunktion beschränken oder in diese drängen lassen, welche junge Menschen, die Schwierigkeiten im Übergang haben, einseitig hierfür verantwortlich macht. Vielmehr muss Soziale Arbeit engagiert Partei ergreifen für eine Bildungs-, Wirtschafts-, Arbeitsmarkt- und Sozialpolitik, welche nicht einseitig auf dem Rücken junger Menschen, insbesondere solcher mit Migrationshintergrund, ausgetragen wird. Die Berücksichtigung der Belange wird erst dann vollständig erfolgen, wenn auch Migrantinnen und Migranten entsprechend auf allen Ebenen des schul-, bildungs-, wirtschafts-, arbeitsmarkt- und sozialpolitischen Systems vertreten sind, auch mit türkischem und arabischem Hintergrund. Des Weiteren muss sich neben einer Berücksichtigung von Menschen mit ausländischen Wurzeln die Realität mehrkultureller Systeme insbesondere auch im Fächer- und Inhaltskanon von Schule abbilden und somit ihre einseitige monokulturelle Ausrichtung aufbrechen.

Bei der Betrachtung der Hilfestellungen im Übergangsmanagement werden wie der Beitrag aufzeigt, differentielle Unterschiedlichkeiten wie Geschlecht oder ethnische Herkunft nur mangelhaft berücksichtigt. Aber auch wenn das Übergangsmanagement speziell für junge Migrantinnen und Migranten in den Fokus rückt, müssen weitere differentielle Linien, wie der konkrete ethnische Hintergrund, die Religionszugehörigkeit oder aber die Region – sei sie städtisch oder ländlich geprägt berücksichtigt werden. Fernab der Unterentwicklung adäquater politischer Maßnahmen des Übergangsmanagements findet entsprechend bisher nur eine mangelnde Berücksichtigung spezifischer regionaler Besonderheiten bei der Übergangsunterstützung junger Menschen mit Migrationshintergrund statt. Diese sozialräumliche Perspektive ist oftmals mit anderen Perspektiven, etwa der soziokulturellen verquickt (Stein 2013c, d).

Literatur

Akman, S., Gülpinar, M., Huesmann, M., & Krell, G. (2005). Auswahl von Fach- und Führungskräften: Migrationshintergrund und Geschlecht bei Bewerbungen. *Personalführung, 10*, 72–75.

Albers, J. (2008). *Bikulturell geprägte Mitarbeiter als Humankapital: Wege zur beruflichen Integration*. Taunusstein: Driesen.

Arbeitskreis Einstieg. (2004). *Berufswahl in Hamburg 2004. Eine Umfrage unter Hamburger Schülerinnen und Schülern*. http://www.einstieg.com/extern/BerufswahlHH2004.pdf. Zugegriffen: 28. Mai 2013.

Autorengruppe Bildungsberichterstattung. (2010). *Bildung in Deutschland 2010. Ein indikatorengestützter Bericht mit einer Analyse zu Auswirkungen der demographischen Entwicklung auf das Bildungswesen*. Bielefeld: Bertelsmann.

Autorengruppe Bildungsberichterstattung. (2012). *Bildung in Deutschland 2012. Ein indikatorengestützter Bericht mit einer Analyse zur kulturellen Bildung im Lebenslauf*. Bielefeld: Bertelsmann.

Aybek, C. M. (2013). Immigrants in the German vocational training system: A closer look at young people with low educational credentials. In M. Windzio (Hrsg.), *Integration and inequality in educational institutions* (im Erscheinen). Dordrecht: Springer.

Becker, B. (2006). Der Einfluss des Kindergartens als Kontext zum Erwerb der deutschen Sprache bei Migrantenkindern. *Zeitschrift für Soziologie, 35*(6), 449–464.

Becker, B., & Reimer, D. (Hrsg.). (2010). *Vom Kindergarten bis zur Hochschule. Die Generierung von ethnischen und sozialen Disparitäten in der Bildungsbiographie*. Wiesbaden: VS Verlag für Sozialwissenschaften.

Bednarz-Braun, I., & Bischoff, U. (2006). *Interkulturalität unter Auszubildenden im Betrieb*. Deutsches Jugendinstitut (DJI). Ergebnisbericht Xenos-Programm. München: DJI.

Beicht, U., & Granato, M. (2009). Übergänge in eine berufliche Ausbildung. Geringere Chancen und schwierige Wege für junge Menschen mit Migrationshintergrund (Friedrich-Ebert-Stiftung: WISO Diskurs). Bonn. http://www.bibb.de/de/52287.htm. Zugegriffen: 13. Mai 2013.

Beicht, U., & Granato, M. (2010). *Ausbildungsplatzsuche: Geringere Chancen für junge Frauen und Männer mit Migrationshintergrund. BIBB-Analyse zum Einfluss der sozialen Herkunft beim Übergang in die Ausbildung unter Berücksichtigung von Geschlecht und Migrationsstatus*. Bielefeld: Bertelsmann.

Beicht, U., & Ulrich, J. G. (2008) *Welche Jugendlichen bleiben ohne Berufsausbildung? Analyse wichtiger Einflussfaktoren unter besonderer Berücksichtigung der Bildungsbiografie*. Bonn. http://www.bibb.de/de/49930.htm. Zugegriffen: 20. Mai 2013.

Boos-Nünning, U. (2009). Kinder und Jugendliche mit Migrationshintergrund im Post-Wohlfahrtsstaat. In F. Kessl & H.-U. Otto (Hrsg.), *Soziale Arbeit ohne Wohlfahrtsstaat? Zeitdiagnosen, Problematisierungen und Perspektiven* (S. 121–132). Weinheim: Juventa.

Boos-Nünning, U. (2011). Blinde Flecken? Bedarf von Forschung und Praxis vor dem Spiegel der Migrationsforschung. In M. Granato, D. Münk, & R. Weiß, (Hrsg.), *Migration als Chance. Ein Beitrag der beruflichen Bildung* (S. 239–258). Bielefeld: Bertelsmann.

Braun, K.-H., & Wetzel, K. (2006). *Soziale Arbeit in der Schule*. München: Ernst Reinhardt.

Bundesamt für Migration und Flüchtlinge. (2010). *Migrationsbericht des Bundesamtes für Migration und Flüchtlinge im Auftrag der Bundesregierung*. Migrationsbericht 2008. Berlin: BAMF.

Bundesinstitut für Berufsbildung. (2009). *Datenreport zum Berufsbildungsbericht 2009. Informationen und Analysen zur Entwicklung der beruflichen Bildung*. Bonn: BiBB.
Bundesinstitut für Berufsbildung. (2011). *Datenreport zum Berufsbildungsbericht 2011*. Bonn: BiBB.
Bundesministerium für Bildung und Forschung. (2012). *Berufsbildungsbericht 2012*. Bonn: BMBF.
Burkert, C., & Seibert, H. (2007). *Labour market outcomes after vocational training in Germany – equal opportunities for migrants and natives?* IAB Discussion Paper 31/2007.
DGB Bereich Arbeitsmarktpolitik. (2010). Jugendliche mit Migrationshintergrund: Am Arbeitsmarkt doppelt benachteiligt. *Arbeitsmarktaktuell, 6,* 1–13.
Die Beauftragte der Bundesregierung für Migration, Flüchtlinge und Integration. (2011). *Zweiter Integrationsindikatorenbericht erstellt für die Beauftragte der Bundesregierung für Migration, Flüchtlinge und Integration*. Berlin: Die Beauftragte der Bundesregierung für Migration, Flüchtlinge und Integration.
Die Beauftragte der Bundesregierung für Migration, Flüchtlinge und Integration. (2012). *9. Bericht der Beauftragten der Bundesregierung für Migration, Flüchtlinge und Integration über die Lage der Ausländerinnen und Ausländer in Deutschland*. Berlin.
Diehl, C., Friedrich, M., & Hall, A. (2009). Jugendliche ausländischer Herkunft beim Übergang in die Berufsausbildung: Vom Wollen, Können und Dürfen. *Zeitschrift für Soziologie, 38*(1), 48–67.
Eurostat (2013a). *Jugendarbeitslosigkeit in Europa*. http://de.statista.com/statistik/daten/studie/74795/umfrage/jugendarbeitslosigkeit-in-europa/.
Eurostat (2013b). *Regionen mit der geringsten Jugendarbeitslosigkeit in Europa*. http://de.statista.com/statistik/daten/studie/240450/umfrage/regionen-mit-der-niedrigsten-jugendarbeitslosenquote-in-der-eu/. Zugegriffen: 20. Mai 2013.
Färber, C., Arslan, N., Köhnen, M., & Parlar, R. (2008). *Migration, Geschlecht und Arbeit. Probleme und Potentiale von Migrantinnen auf dem Arbeitsmarkt*. Opladen: Budrich UniPress.
Fohgrub, S. (2011). Integration messbar machen: Erster Integrationsindikatorenbericht der Bundesregierung. In M. Granato, D. Münk, & R. Weiß (Hrsg.), *Migration als Chance. Ein Beitrag der beruflichen Bildung* (S. 259–266). Bielefeld: Bertelsmann.
Friedrich, M. (2006). Jugendliche in Ausbildung: Wunsch und Wirklichkeit. *Berufsbildung in Wissenschaft und Praxis, 3,* 7–11.
Friedrich, M. (2009). *Berufliche Pläne und realisierte Bildungs- und Berufswege nach Verlassen der Schule*. Bielefeld: Bertelsmann.
Granato, M. (2003). Jugendliche mit Migrationshintergrund in der beruflichen Bildung. *WSI Mitteilungen, 8,* 474–482.
Granato, M. (2007). *„Erfolgreiche" Strategien und Wege von Jugendlichen mit Migrationshintergrund im Übergang Schule – Ausbildung*. Berlin. http://www.migration-boell.de/web/integration/47-1126.asp. Zugegriffen: 20. Mai 2013.
Granato, M. (2009). Perspektiven und Potenziale: Junge Menschen mit Migrationshintergrund in der beruflichen Ausbildung, In N. Kimmelmann (Hrsg.), *Berufliche Bildung in der Einwanderungsgesellschaft* (S. 17–35). Erlangen: Shaker.
Granato, M., & Beicht, U. (2010). Risiken am Übergang Schule – Ausbildung: Verlieren junge Frauen hier ihre Bildungsvorteile? Und verschärfen sich die Nachteile für Jugendliche mit Migrationshintergrund? In M. Icking (Hrsg.), *Die Zukunft der Beruflichen Bildung*. Berlin: BiBB.
Granato, M., Münk, D., & Weiß, R. (Hrsg.). (2011). *Migration als Chance. Ein Beitrag der beruflichen Bildung*. Bielefeld: Bertelsmann.

Imdorf, C. (2005). *Schulqualifikation und Berufsfindung. Wie Geschlecht und nationale Herkunft den Übergang in die Berufsausbildung strukturieren*. Wiesbaden: VS Verlag für Sozialwissenschaften.

Kalter, F. (2006). Auf der Suche nach einer Erklärung für die spezifischen Arbeitsmarktnachteile von Jugendlichen türkischer Herkunft. Zugleich eine Replik auf den Beitrag von Holger Seibert und Heike Solga: „Gleiche Chancen dank einer abgeschlossenen Ausbildung?" *Zeitschrift für Soziologie, 35*(2), 144–160.

Lehmann, R. H., Ivanov, S., Hunger, S., & Gänsfuß, R. (2005). ULME I – Untersuchungen der Leistungen, Motivation und Einstellungen zu Beginn der beruflichen Ausbildung. http://www.hamburger-bildungsserver.de/baw/ba/ULME_1_Bericht.pdf. Zugegriffen: 20. Mai 2013.

Reißig, B., Gaupp, N., & Lex, T. (2004). Hoffnungen und Ängste – Jugendliche aus Zuwandererfamilien an der Schwelle zur Arbeitswelt. Längsschnittstudie zum Übergang Schule – Beruf. *DJI Bulletin, 69,* 4–7.

Reißig, B., Gaupp, N., & Lex, T. (2005). Sie wollen Bildung und haben wenig Chancen. DJI-Studie: junge Migranten. *Erziehung und Wissenschaft, 57*(2), 20–22.

Scharrer, K. (2012). Ursachen für die Einmündungsschwierigkeiten junger Menschen mit Migrationshintergrund in eine berufliche Ausbildung. In K. Scharrer, S. Schneider, & M. Stein (Hrsg.), *Übergänge von der Schule in Ausbildung und Beruf bei jugendlichen Migrantinnen und Migranten – Herausforderungen und Chancen* (S. 102–120). Bad Heilbrunn: Klinkhardt.

Scharrer, K., Schneider, S., & Stein, M. (Hrsg.). (2012). *Übergänge von der Schule in Ausbildung und Beruf bei jugendlichen Migrantinnen und Migranten – Herausforderungen und Chancen*. Bad Heilbrunn: Klinkhardt.

Siegert, M. (2009). *Berufliche und akademische Ausbildung von Migranten in Deutschland. Integrationsreport* Teil 5. Bundesamt für Migration und Flüchtlinge. Nürnberg: BAMF.

Stein, M. (2010). Probleme der Integration im deutschen Schulwesen – die Außenseiterstellung von Personen aus bildungsfernen Schichten und mit Migrationshintergrund. In B. Birgmeier, E. Mührel, & H.-L. Schmidt (Hrsg.), *Sozialpädagogik und Integration. Beiträge zu theoretischen Grundlagen, Handlungskonzepten und Arbeitsfeldern* (S. 279–297). Essen: Die blaue Eule.

Stein, M. (2012a). Die Bildungs- und Ausbildungsbeteiligung von jungen Menschen mit Migrationshintergrund: Daten und Fakten. In K. Scharrer, S. Schneider & M. Stein (Hrsg.), *Übergänge von der Schule in Ausbildung und Beruf bei jugendlichen Migrantinnen und Migranten – Herausforderungen und Chancen* (S. 35–56). Bad Heilbrunn: Klinkhardt.

Stein, M. (2012b). Systematisierungen der Gestaltungs- und Hilfemöglichkeiten für junge Menschen mit Migrationshintergrund am Übergang in die Ausbildung: Makro- und Mikrostrukturelle Ansätze. In K. Scharrer, S. Schneider, & M. Stein (Hrsg.), *Übergänge von der Schule in Ausbildung und Beruf bei jugendlichen Migrantinnen und Migranten – Herausforderungen und Chancen* (S. 113–137). Bad Heilbrunn: Klinkhardt.

Stein, M. (2013a). Employability. In N. Oelkers & M Richter (Hrsg.), *Aktuelle Themen und Theoriediskurse der Sozialen Arbeit* (S. 75–92). Frankfurt a. M.: Peter Lang.

Stein, M. (2013b). Erziehen und bilden: Aufgaben der Bildungseinrichtungen – Aufgaben der Eltern. Beitrag im Rahmen von Modul 3: Der Umgang mit den Bildungseinrichtungen. In Otto-Benecke-Stiftung (Hrsg.), *Handbuch Weiterbildung von Migrationsfamilien*. Bonn: Otto- Benecke- Stiftung.

Stein, M. (2013c). *Jugend in ländlichen Räumen: Die Landjugendstudie 2010*. Bad Heilbrunn: Klinkhardt.

Stein, M. (2013d). Lebenslagen und Lebenswelten Jugendlicher in ländlichen Räumen – erste Ergebnisse der Landjugendstudie 2010. Deutsche Jugend. *Zeitschrift für Jugendarbeit, 61*(2), 75–83.
Stein, M. (2013e). Von Paten und Lotsen – Coaching- und Mentorenprogramme in der Studien- und Berufsorientierung. In S. Rahn & T. Brüggemann (Hrsg.), *Berufsorientierung: Ein Lehr- und Arbeitsbuch.* (S. 243–252). Münster: Waxmann.
Stein, M., & Corleis, C. (2012). Berufswahlentscheidungen von Jugendlichen mit und ohne Migrationshintergrund. In K. Scharrer, S. Schneider, & M. Stein (Hrsg.), *Übergänge von der Schule in Ausbildung und Beruf bei jugendlichen Migrantinnen und Migranten – Herausforderungen und Chancen* (S. 92–101). Bad Heilbrunn: Klinkhardt.
Stein, M., & Corleis, C. (2013). Wer wählt warum welchen Beruf? *Wirtschaft und Berufserziehung W & B, 65*(1), 59–62.
Stein, M., & Stummbaum, M. (2010). Maßnahmen zur integrativen Unterstützung von Schulabsolventen/innen mit Migrationshintergrund bei der Berufseinmündung. In M. Köck & M. Stein (Hrsg.), *Übergänge von der Schule in Ausbildung, Studium und Beruf. Voraussetzungen und Hilfestellungen* (S. 226–254). Bad Heilbrunn: Klinkhardt.
Stein, M., & Stummbaum, M. (2011). *Kindheit und Jugend im Fokus aktueller Studien.* Bad Heilbrunn: Klinkhardt.
Stummbaum, M. (2012). Übergänge in wandelnden Zeiten im Kontext von Biographie und Lebenslauf. In K. Scharrer, S. Schneider, & M. Stein (Hrsg.), *Übergänge von der Schule in Ausbildung und Beruf bei jugendlichen Migrantinnen und Migranten – Herausforderungen und Chancen* (S. 26–34). Bad Heilbrunn: Klinkhardt.
Thielen, M. (2007). Ausbildungsunreif und integrationsunwillig? – Zur Sonderpädagogisierung von Migrantenjugendlichen am Übergang von der Schule in die Arbeitswelt. *Zeitschrift für Heilpädagogik, 8,* 297–303.
Ulrich, J. G., & Granato, M. (2006). „Also, was soll ich noch machen, damit die mich nehmen?" Jugendliche mit Migrationshintergrund und ihre Ausbildungschancen. In Friedrich-Ebert-Stiftung, Bundesinstitut für Berufsbildung (Hrsg.), *Kompetenzen stärken, Qualifikationen verbessern, Potenziale nutzen. Berufliche Bildung von Jugendlichen und Erwachsenen mit Migrationshintergrund.* Bonn: BiBB.
Ulrich, J. G., Eberhard, V., Granato, M., & Krewerth, A. (2006). Bewerber mit Migrationshintergrund: Bewerbungserfolg und Suchstrategien. In V. Eberhard, A. Krewerth, & J. G. Ulrich (Hrsg.), *Mangelware Lehrstelle. Zur aktuellen Lage der Ausbildungsplatzbewerber in Deutschland* (S. 197–211). Bonn: BiBB.
Walther, A. (2011). *Regimes der Unterstützung im Lebenslauf. Ein Beitrag zum internationalen Vergleich in der Sozialpädagogik.* Opladen: Barbara Budrich.

Dr. Margit Stein ist Professorin am Institut für Soziale Arbeit, Bildungs- und Sportwissenschaften ISBS der Universität Vechta; stellv. Direktorin des Zentrums für Lehrerinnen- und Lehrerbildung ZfLB. Sie studierte Diplom-Psychologie und Diplom-Pädagogik, Promotion in Sozialpädagogik über die Förderung von Auszubildenden, Habilitation in Pädagogik zum Bereich Werteerziehung. Ihre Arbeitsschwerpunkte sind Übergänge von der Schule in die Arbeitswelt, insbesondere für Migrantinnen und Migranten, sowie Werteentwicklung und Werteförderung. Zuletzt erschienen: Scharrer, K., Schneider, S. & Stein, M. (Hrsg.). (2012). Übergänge von der Schule in Ausbildung und Beruf bei jugendlichen Migrantinnen und Migranten – Herausforderungen und Chancen. Bad Heilbrunn: Klinkhardt.

Wege in die Arbeitswelt – dorthin, wo noch Platz ist

Mechanismen und Bedeutung stark fremdbestimmter Berufswahl bei jungen Menschen mit Migrationshintergrund

Eva Mey

1 Einleitung

Der Zugang zur Arbeitswelt ist besonders für Jugendliche von Unsicherheit geprägt. Auch in der Schweiz, die im internationalen Vergleich bezüglich Jugendarbeitslosigkeit relativ gut da steht, schaffen insbesondere junge Menschen mit geringer schulischer Qualifikation den Eintritt ins Berufsleben gar nicht oder nur mit erheblichen Umwegen über Brückenangebote und Zwischenlösungen. Vielen ist es nicht möglich, sich für einen Beruf ausbilden zu lassen, der ihren Vorstellungen entspricht (Annen et al. 2010; Meyer et al. 2011; Lehrstellenbarometer 2009, 2012). Den Unsicherheiten und Problemen beim Zugang zur Arbeitswelt steht die nach wie vor zentrale Bedeutung gegenüber, die der Erwerbsarbeit in der Gesellschaft zukommt. Studien belegen regelmässig, dass gerade auch junge Menschen Beruf und Erwerbsarbeit nach wie vor als zentrale Dimension der Lebensführung betrachten (Quenzel et al. 2012). Dies gilt auch für Jugendliche, deren Chancen auf dem Arbeitsmarkt eingeschränkt sind. Und auch für sie stellt die Arbeit nicht nur ein Mittel zur Existenzsicherung, sondern im Sinne eines subjektivierten Arbeitskonzepts (Baetghe 1991) auch ein Ort der Selbstverwirklichung und der Selbstentfaltung dar (Sammet und Weissmann 2012; Scherr 2012).

Die Schwierigkeiten beim Zugang zur Berufs- und Arbeitswelt sind sozial ungleich verteilt und reproduzieren sich tendenziell über die Generationen hinweg.

E. Mey (✉)
Luzern, Schweiz
E-Mail: eva.mey@zhaw.ch

Dabei verknüpfen sich in Migrationsgesellschaften klassen- und herkunftsspezifische Ungleichheitsdynamiken (Juhasz und Mey 2003a, b): Arbeitsmigrantinnen und Arbeitsmigranten verfügen in der Aufnahmegesellschaft über geringe materielle und symbolische Ressourcen und werden in die wenig privilegierten Branchen und Positionen im Arbeitsmarkt zugewiesen. Über Mechanismen von Diskriminierung und Stigmatisierung in der machtungleichen Figuration von (einheimischen) „Etablierten" und (zugewanderten) „Aussenseitern" (Elias und Scotson 1990) wird ihr Kampf um bessere Positionen und den Zugang zu mehr Ressourcen behindert.[1] Das Bildungssystem als tragende gesellschaftliche Institution ist selbst Teil dieser Konstellation und tut sich trotz anders lautenden Versprechen nicht nur schwer, Chancengleichheit zu garantieren und die Reproduktion sozialer Ungleichheit zu überwinden, sondern trägt über verschiedene Mechanismen und Selektionsverfahren seinerseits zur Stabilisierung und Reproduktion der Ungleichheitsverhältnisse bei (Solga 2005; Bourdieu und Passeron 1971). Folge und Ausdruck dieser gesellschaftlichen Konstellation ist eine Schlechterstellung von Arbeitsmigrantinnen und Arbeitsmigranten und ihren Kindern im Bildungssystem und auf dem Arbeitsmarkt, wie sie auch für die Schweiz regelmässig nachgewiesen werden (Mey et al. 2005, Annen et al. 2010). und eine Persistenz herkunftsbedingter Ungleichheit, die im europäischen Vergleich in Deutschland und in der Schweiz besonders ausgeprägt ist (Becker und Zangger 2013; Kronig 2013; Meyer 2004; Pfeffer 2008).

Der vorliegende Beitrag setzt dort an, wo Jugendlichen aus Familien mit einem (Arbeits-) Migrationshintergrund der Übergang in die Berufs- und Arbeitswelt zwar gelingt, dieser angesichts der wenig privilegierten Ausgangslage jedoch starke Momente der Fremdbestimmung enthält. Ziel ist, anhand von Fallbeispielen die Mechanismen herauszuarbeiten, über die sich die Passung zwischen eigenen Zielen und Wünschen einerseits und der Nachfrage des Arbeitsmarktes andererseits vollzieht, und die Bedeutung solch primär fremdbestimmter Übergänge im biographischen und gesellschaftlichen Kontext zu diskutieren. Dabei soll auch thematisiert werden, dass fremdbestimmten Übergängen bei Jugendlichen mit Migrationshintergrund insofern eine besondere Bedeutung zukommt, als diese den Übergang – anders als „einheimische" Jugendliche – im Kontext prekärer Zugehörigkeit (Mecheril 2003; Geisen 2007) vollziehen.

Im Folgenden werden zunächst im Rahmen eines kurzen Kapitels Interessen, Daten und methodisches Vorgehen der Emmener Studie erläutert, auf deren Befunde sich der Beitrag bezieht (*Kap. 2*). Im Anschluss daran richten wir in *Kap. 3* den Blick auf den Widerspruch zwischen meritokratischem Versprechen und sozi-

---

[1] Die faktische Diskriminierung etwa bei der Lehrstellenvergabe alleine aufgrund des ausländischen Namens konnten Fibbi et al. (2003) mithilfe fiktiver Bewerbungsschreiben nachweisen.

aler Ungleichheit, der als Ausgangslage für die Berufswahl seinen deutlichen Niederschlag in den biographischen Erzählungen der Jugendlichen findet. *Kapitel 4* präsentiert drei Fallbeispiele, in denen der Wunsch der Jugendlichen nach eigenständigen Lebensentwürfen durch das Zusammenwirken von wenig privilegierter Ausgangslage und forcierter beruflicher Platzierung immer wieder in Bedrängnis gerät und kaum realisierbar ist. Anhand dieser Beispiele werden in *Kap. 5* wichtige Mechanismen solcher Übergänge herausgearbeitet und es wird thematisiert, welche Bedeutung den Erfahrungen von Fremdbestimmung und dem Kampf um Eigengestaltung im biographischen und gesellschaftlichen Kontext zukommt. Der Beitrag schliesst in *Kap. 6* damit, mit Blick auf die präsentierten Befunde einige Überlegungen zum sozialstaatlichen und sozialarbeiterischen Umgang mit erschwerten Übergängen in die Arbeitswelt bei jungen Menschen mit Migrationshintergrund zu formulieren.

2 Die Emmener Studie

Die Emmener Studie[2] war als biographische Forschung angelegt und von der Frage geleitet, wie junge Frauen und Männer aus Familien mit Migrationsgeschichte den Übergang von der Schule in den Beruf und ins Erwachsenenalter erfahren und gestalten (Mey und Rorato 2010). In Anlehnung an frühere Arbeiten (Juhasz und Mey 2003a, 2006) wurde eine adoleszenz- und ungleichheitstheoretische Perspektive auf die erzählten Lebensgeschichten von Jugendlichen gewählt. Adoleszenz wird nach Vera King (King 2004, King und Koller 2006) als ein Raum von Möglichkeiten verstanden, in dem in Auseinandersetzung mit dem bisherigen Leben und familiären Lebensentwürfen potentiell Neues entstehen kann. Dieser Raum ist durch Verhältnisse sozialer Ungleichheit vorstrukturiert und je nach sozialer Position unterschiedlich stark begrenzt. Damit kommt der Adoleszenz eine besondere Bedeutung für die Reproduktion sozialer (Ungleichheits-) Verhältnisse – oder deren Überwindung – zu. Die spezifische Stellung und Chancenstruktur von Menschen mit einem (Arbeits-) Migrationshintergrund wurde wie bereits oben kurz skizziert gefasst als Ausdruck einer Verschränkung von klassen- und herkunftsspezifischer Ungleichheit: Arbeitsmigrantinnen und Arbeitsmigranten sind im Kontext einer Aussenseiter-Etablierten-Figuration (Elias und Scotson 1990) infolge ihrer vergleichsweise geringen bzw. entwerteten Kapitalausstattung (Bourdieu 1983) sowie aufgrund von Mechanismen von Diskriminierung und Stigmatisierung benachteiligt (Juhasz und Mey 2003a).

---

[2] Die Studie wurde finanziert vom Schweizerischen Nationalfonds und dem Bundesamt für Migration.

Zum methodischen Vorgehen: In den Jahren 2006 bis 2009 sind rund 35 junge Frauen und Männer, deren Eltern meist schon vor langer Zeit als Arbeitsmigrantinnen und Arbeitsmigranten aus süd- und südosteuropäischen Ländern Europas in die Schweiz eingewandert waren, zu zwei Zeitpunkten biographisch-narrativ befragt worden: das erste Mal im letzten Jahr der obligatorischen Schulzeit (in der Regel im Alter von 16 oder 17 Jahren), das zweite Mal rund zwei Jahre später, als sich die jungen Erwachsenen in einer Berufslehre, einer weiterführenden Schule oder nach wie vor in einer Zwischenlösung befanden oder nach einem Direkteinstieg in den Arbeitsmarkt bereits erwerbstätig waren. Interessiert an den subjektiven Sinn- und Handlungsperspektiven der Jugendlichen und der Frage, wie gesellschaftliche Verhältnisse in biographischen Erfahrungen, Selbstpositionierungen und biographischen Entwürfen eingelagert sind, orientierten wir uns in den Analysen am fallrekonstruktiven Verfahren nach Schütze (1981) und Rosenthal (1995, 2005). Dass zwei biographische Erzählungen vor und nach Abschluss der Volksschule erhoben worden sind, stellte sich in den Analysen insofern als besonderer Gewinn dar, als mit dem Wechsel (oder Verlust) der institutionellen Einbindung relevante Veränderungen im sozialen Beziehungsnetz und der Selbstpositionierung der jungen Menschen einhergingen, die sich auf diese Weise besonders gut einfangen und rekonstruieren liessen (Mey 2014).

Die Studie wurde in der Gemeinde Emmen durchgeführt, deren Bevölkerung zum grössten Teil in Emmenbrücke lebt, einer Stadt mit gut 30.000 Einwohnerinnen und Einwohnern (Zeitpunkt Datenerhebung), mit blühender Industrievergangenheit und einem darauf zurückgehenden vergleichsweise hohen Anteil ausländischer Wohnbevölkerung. Das schweizerische Ausbildungssystem ist mit seiner frühen ersten schulischen Selektion im Alter zwischen 10 und 12 Jahren und einem dualen Bildungssystem (Berufslehre oder schulische Ausbildung) in wesentlichen Punkten mit jenem in Deutschland oder auch Österreich vergleichbar.

3 Die Ausgangskonstellation: Zwischen meritokratischem Versprechen und ungleichen Chancen

In den Erzählungen der jungen Frauen und Männer aus Emmen, die sie uns gegen Ende ihrer Schulzeit präsentiert haben, wird zweierlei deutlich: Zum einen, wie hoch präsent – und oft weitgehend internalisiert – das meritokratische Versprechen ist, mit Leistung zu Erfolg, Anerkennung und Teilhabe zu gelangen. Zum anderen, wie allgegenwärtig für die Jugendlichen gleichzeitig Erfahrungen von sozialer Zurückweisung und Abwertung sind: es sind widersprüchliche Signale und ambivalente, unvollständige Angebote zu gesellschaftlicher Teilhabe, denen sich die jungen Menschen gegenüber sehen (Mey 2010). Der Schule kommt in dieser Ambivalenz eine zentrale Stellung zu. Dem Ideal nach *das* gesellschaftliche Angebot des gleichberechtigten Zugangs aller zu gesellschaftlichen Positionen ist sie in der Lage, zumindest symbolische Gleichheit und Zugehörigkeit zu vermitteln. Gleichzeitig lässt sich empirisch nachweisen, wie in der Schule Prozesse von Ausdifferenzierung und Hierarchisierung wirksam werden, die auch die gesamte Gesellschaft kennzeichnen und Chancen entlang bestimmter Kriterien (Schicht, Klasse, Geschlecht) ungleich verteilen (Becker und Solga 2012; Kronig et al. 2000; Kronig 2013). Die Doppelfunktion der Schule von Sozialisation und Selektion gerät also vor allem dort in eine Widersprüchlichkeit, wo die im Rahmen der Sozialisation vermittelten Werte von Gleichheit und Gerechtigkeit kontrastieren mit realen Verhältnissen sozialer Ungleichheit, die auch, aber längst nicht nur über die Schule reproduziert werden (Solga 2005).

Diese Konstellation findet ihren deutlichen Niederschlag in den Erzählungen der Jugendlichen. So werden mit dem Zusammenleben in der Volksschule in der Regel sehr positive Erfahrungen verbunden und die Jugendlichen schätzen insbesondere, wenn Lehrkräfte universalistische Werthaltungen vertreten und zumindest im Klassenverband auch umzusetzen wissen. In sehr dichten Passagen berichten sie von entsprechenden Erfahrungen und positiv erlebten Interventionen ihrer Lehrkräfte. Gleichzeitig nehmen die jungen Frauen und Männer ihre gesellschaftliche Stellung im sozialen Gefüge der Schweiz gerade auch in der Schule schon früh wahr. Spätestens im Zusammenhang mit der ersten schulischen Selektion im Alter von 12 Jahren wird für sie erfahrbar, dass sie als Ausländerinnen bzw. Ausländer einer gesellschaftlichen Gruppe angehören, deren (Lebens-) Chancen potentiell schlechter sind als jene der gleichaltrigen Einheimischen. In den Erzählungen kommt zum Ausdruck, wie die Jugendlichen wahrnehmen und untereinander diskutieren, dass die Realschule[3] mit ausländischen, die Sekundarschule[4] jedoch mit Schweizer Kindern „gefüllt" ist, und dass Lehrkräfte fast durchwegs schweizerischer Herkunft sind. Diese Beobachtungen verbinden sich mit alltäglichen Erfahrungen von prekärer Zugehörigkeit, Stigmatisierung und Fremdenfeindlichkeit, die die Jugendlichen ausserhalb der Schule machen, sei dies im Rahmen von Begegnungen im öffentlichen Raum oder fremdenfeindlicher und häufig medial vermittelter Diskurse, etwa anlässlich wiederkehrender Debatten um erleichterte oder verschärfte Einbürgerungsbestimmungen von Jugendlichen zweiter Generation;

---

[3] Die Realschule ist Teil der Volksschule und schliesst sich nach der ersten schulischen Selektion (in Emmenbrücke im Alter von ca. 12 Jahren) an die Primarschule an. Sie ist neben der Sekundarschule der Zweig mit dem nierigeren Qualifikationsniveau, vergleichbar mit der Hauptschule in Deutschland.

[4] Vgl. obige Fussnote.

auch die zum Zeitpunkt der Befragungen aktuelle Debatte um erhöhte Gebühren der Unfallversicherung für ausländische Personen wird in den Interviews wiederholt erwähnt. Es wird von Erlebnissen erzählt, in denen man sich aufgrund eines Andersseins, aufgrund der eigenen, zur Mehrheitsgesellschaft differenten Herkunft nicht zugehörig, ausgeschlossen oder ungerecht behandelt fühlte: Differenzsetzungen entlang natioethnischer Kriterien werden in ihrer Realität und Wirksamkeit täglich vorgeführt und zur Übernahme angeboten. In dieser Grundkonstellation beginnt gegen Ende der Volksschule die Vorbereitung auf die Suche nach einem nachobligatorischen Ausbildungsplatz, und dem Zugang zu einer schulischen oder beruflichen Ausbildung kommt in der Biographie eine besondere Bedeutung zu: Er stellt nicht nur für die jungen Menschen gewissermassen eine „Bewährungsprobe" dar, sondern auch für die Gesellschaft, die zu beweisen hat, ob und inwieweit sie in der Lage und willens ist, den jungen Menschen einen Platz zu bieten, der ihnen entspricht. Auch wenn dies ganz grundsätzlich für alle Jugendlichen gilt, so akzentuiert sich die Bedeutung des Übergangs in die nachobligatorische Ausbildung für Jugendliche mit Migrationshintergrund vor dem Hintergrund der geschilderten Grundkonstellation zusätzlich.

4 Der Weg in nicht gewollte Berufe: Fallbeispiele

In den analysierten Biographien findet sich ein breites Spektrum möglicher Antworten auf die beschriebene Grundkonstellation, in der das vermittelte meritokratische Versprechen auf die Wahrnehmung von sozialen Differenzsetzungen und ungleichen Chancen trifft. Je nach bisherigen Erfahrungen und damit verbundenen Selbstpositionierungen und Lebensentwürfen, je nach Ressourcenaustattung und aktuellen Gelegenheiten werden andere Akzente in der Wahrnehmung und Deutung der ambivalenten Angebote zu gesellschaftlicher Teilhabe gesetzt und sind andere biographische Verläufe beobachtbar.

Thema des vorliegenden Beitrages sind jene Übergänge von der Schule in die Arbeitswelt, in denen der Zugang zu einer Berufsausbildung nur durch eine starke Anpassungsleistung der Jugendlichen an die Bedürfnisse des Arbeits- bzw. Lehrstellenmarktes gelingt. Anhand ausgesuchter Beispiele wird es darum gehen, die Mechanismen solcher Übergangsprozesse aufzuzeigen und in ihren Folgen für die weitere Biographie zu diskutieren. Im Rahmen dieses Beitrages werden wir also weder auf jene in unserem Sample ebenfalls vorkommenden Biographien eines ausgeprägten sozialen Aufstiegs noch auf solche eingehen, in denen der Zugang zur Berufs- und Arbeitswelt überhaupt nicht gelingt. Die Auswahl der präsentierten Beispiele richtet sich danach, dass sich an ihnen verschiedene Mechanismen und

Phänomene aufzeigen lassen, die uns nicht zuletzt im Hinblick auf den sozialstaatlichen bzw. sozialarbeiterischen Umgang mit Übergangsprozessen unter erschwerten Bedingungen bedeutungsvoll erscheinen.[5]

4.1 Paolo – der Sohn des Bauarbeiters

Paolo ist das älteste Kind einer Familie, deren Eltern selber schon als Jugendliche in die Schweiz eingewandert sind, um hier Arbeit zu finden. Die Familie hat nur ganz wenige Verwandte in der Schweiz, zu denen die Beziehung lose ist. Der Vater arbeitet seit jungen Jahren auf der Baustelle, die Mutter im Detailhandel; seit einem Arbeitsunfall ist der Vater teilinvalid. Paolo hütet als ältestes Kind oft seine jüngeren Geschwister, da seine Eltern arbeiten müssen. Paolo erzählt, wie sein Vater jeden Abend erschöpft und mit Schmerzen von der Arbeit heimkommt. Schon seit früher Kindheit ist er mit den Erfordernissen und Bedingungen eines harten Arbeitslebens konfrontiert. Er hütet oft die kleinen Geschwister, da beide Eltern arbeiten müssen, und nimmt wahr, dass das Geld trotzdem immer knapp ist. Gleichzeitig fühlt sich Paolo seinen Eltern sehr verbunden, mit Stolz erzählt er von ihrem Einsatz und darüber, wie sie auch unter den schwierigen Bedingungen immer durchgehalten hätten.

Ausserhalb der Familie findet Paolo in seiner Nachbarschaft schon als Kind jene guten Kollegen, die ihm seither über all die Jahre wichtige Bezugspersonen bleiben sollten. Die Kinder sind wie er Söhne von Arbeitsmigrantinnen und Arbeitsmigranten, Schweizer Kinder sind keine dabei. Mit einigen von ihnen spielt er regelmässig Fussball, zunächst draussen auf dem Hof, später auch in einem Verein. Paolo betont, dass er ein „normaler Typ" sei, der „keine Probleme suche": es ist dies ein Ausdruck und ein Massstab, der vor dem Hintergrund zu deuten ist, dass er in seinem weiteren Umfeld auch Jugendliche kennt, die zumindest vorübergehend durchaus auf deviante und konfrontative Strategien setzen (Mey und Rorato 2010, bei Keller et al. 2012). Mit den ersten Schuljahren verbindet Paolo wenig relevante Erfahrungen; er ist ein Schüler, der weder durch sein Verhalten noch durch besonders schlechte oder besonders gute Leistungen auffällt. Bei der ersten schulischen Selektion wird er wie fast all seine Kollegen der Realschule zugewiesen – ein Umstand, der seinen impliziten Erwartungen und der bisherigen Selbstpositionierung nicht widerspricht. Doch beginnt Paolo kurz nach dem Übertritt wahrzunehmen, wie schwierig es insbesondere für Realschüler ist, eine

---

[5] Aus Gründen des Persönlichkeitsschutes wurden Pseudonyme verwendet und weitere Angaben soweit verfremdet, dass die Anonymität gewährleistet ist.

Lehrstelle zu finden. Gleichzeitig weiss er um die hohe Bedeutung einer beruflichen Ausbildung: „Weil in der Schweiz, da ist man nichts ohne irgend ein Diplom oder irgend ein Zettelchen in der Hand", sagt er – und bringt damit zum Ausdruck, wie er die gesellschaftliche Stellung seiner Eltern, die über keine formale Ausbildung verfügen, deutet. Die Verbundenheit zu seiner Familie, die Wahrnehmung des harten Lebens einer Arbeiterfamilie und das gleichzeitige Wissen um die minderwertige gesellschaftliche Stellung der Eltern bilden den Kontext, in dem sich Paolo der Berufswahl nähert. Er wünscht sich, einen Beruf im Bereich Verkauf bzw. Detailhandel zu erlernen. Damit sucht er sich ein Berufsziel aus, das zum einen seinen Möglichkeiten angepasst ist und realisierbar scheint (Lehren im Bereich Verkauf richten sich explizit auch an Realschüler), zum anderen aber auch die Möglichkeit eröffnet, anders als sein Vater und viele männliche Bekannte eine berufliche Zukunft jenseits der Baustelle zu finden: ein Entwurf für eine berufliche Zukunft, in dem sich innerhalb enger Möglichkeitsräume der Wunsch nach Neuem ausdrückt. Paolo ist froh, dass er sich in der Schule nie verweigert hat und solide Schulnoten vorweisen kann, die ihn im Hinblick auf die Lehrstellensuche zuversichtlich stimmen. Doch als es soweit ist, gestaltet sich diese schwierig. Paolo erhält immer wieder Absagen auf seine Bewerbungen, während er zusehen muss, wie die Klassenkameraden Lehrverträge erhalten. „Ja da fragt man sich schon was man falsch macht, was falsch ist an einem", fasst Paolo seine Empfindungen in Worte und lässt damit erkennen, wie die vielen Misserfolge auch das Selbstwertgefühl bedrohen. Die anfängliche Motivation und Zuversicht weichen zunehmender Resignation, und als die Schule zu Ende ist, steht Paolo ohne Anschlusslösung da. Es folgt eine krisenhafte Zeit, in der er mit seinen Selbstzweifeln, dem Alleinsein und seiner drohenden Resignation ebenso zurecht kommen muss wie mit den Vorwürfen der Eltern, zuwenig getan zu haben. Schliesslich wird auch das Geld knapp, Paolo kann sich den Ausgang mit den Kollegen nicht leisten und wagt nicht, seine Eltern um Unterstützung zu bitten. Als sein Vater ihn darauf hinweist, dass man auf der Baustelle immer Leute brauche, bewirbt sich Paolo und findet eine Hilfsarbeit als Maurer. Parallel bewirbt er sich für ein Brückenangebot für Jugendliche ohne Lehrstelle[6] und kann nach einem halben Jahr dort einsteigen. Im Brückenangebot greift man – aus dessen Perspektive naheliegenderweise – auf das zurück, was Paolo schon mitbringt: seine Erfahrungen auf dem Bau. Paolo wird erfolgreich in ein Praktikum als Maurer vermittelt, wo er gute Arbeit leistet und dank dem entsprechend positiven Zeugnis schliesslich auch eine Lehrstelle als Maurer findet. Die Reproduktion sozialer Ungleichheit lässt sich im verengten Möglichkeitsraum

---

[6] Es handelt sich um ein Brückenangebot mit einer Kombination aus schulischen Inhalten und Berufspraktika.

Paolos als mittelmässiger Realschüler und Sohn einer Arbeiterfamilie mit Migrationshintergrund gleichsam wie durch ein Brennglas beobachten: es sind schliesslich die wenigen berufsspezifischen familiären Ressourcen, die Paolo als Sohn eines Bauarbeiters mitbringt, auf die im Brückenangebot zurückgegriffen wird, um doch noch Zugang zum Arbeitsmarkt zu finden. „Dann haben sie mich darauf hin gewiesen, dass ich flexibel sein muss heutzutage, weil sonst wird es schwieriger eine Stelle zu finden. Und dann bin ich halt auf den Bauberuf gegangen", erzählt Paolo. Auch wenn ihm mit dem Begriff der „Flexibilität" eine Deutung nahegelegt wird, nach der er – als moderner, flexibler Mensch – seine Zukunft selber gestaltet: Er findet sich am (vorläufigen) Ende des Platzierungsprozesses dort wieder, wo er nie hinwollte. Und dies, wäre mit Blick auf die Befunde von Willis[7] zu betonen, obwohl er sich dem Leistungsprinzip nie verweigert und sich bewusst von devianten Anpassungsmustern abgegrenzt hat: die Kräfte der Reproduktion sozialer Ungleichheit haben sich durchgesetzt. Gleichwohl sieht Paolo durchaus auch Positives in seiner Berufslehre. Er ist zufrieden mit dem Betrieb, in dem er arbeitet, die Leute, allesamt Italiener, seien sehr nett. Er freut sich über die Anerkennung, die ihm sein Chef für die geleistete Arbeit entgegenbringt, und es gefällt ihm, abends zu sehen, was er erschaffen hat. Dass Paolo vergleichsweise ausführlich und dicht über diese positiven Aspekte seines Berufs erzählt, lässt erkennen, wie empfänglich er für Erfahrungen von Selbstwirksamkeit und Anerkennung ist, und wie er diese nach wie vor auch im Beruf zu hoffen findet. Schwerer als der praktische Teil der Ausbildung fällt ihm die Berufsschule, wo ihm wieder seine vergleichsweise geringen Bildungsressourcen zu schaffen machen und er mit dem Stoff kämpft. Verunsichert nach den Erfahrungen der krisenhaften Lehrstellensuche macht ihm zum Zeitpunkt des zweiten Interviews die bevorstehende Lehrabschlussprüfung grosse Sorgen.

Jenseits der Arbeit bleiben für Paolo der Fussball und das Zusammensein mit seinen langjährigen Kollegen wichtig. Mit diesen teilt und verarbeitet er auch die Erfahrungen von gesellschaftlicher Ausgrenzung und verweigerter Teilhabe, die die jungen Männer unter anderem im öffentlichen Raum und insbesondere dann erleben, wenn sie in bestimmte Lokale oder Clubs keinen Einlass erhalten – ohne offiziellen Grund bzw. „immer nur wegen dem Namen", wie Paolo erzählt.[8] Sie

---

[7] Und dies, wäre mit Blick auf die Befunde von Willis (1979) zum Zusammenhang von Widerstand und Reproduktion sozialer Ungleichheit zu betonen, obwohl er sich dem Leistungsprinzip nie verweigert und sich bewusst von devianten Anpassungsmusern abgegrenzt hat.

[8] Er bezieht sich hier auf die damals übliche (und später aufgrund einer Intervention der Fachstelle für Gesellschaftsfragen wieder aufgeweichte) Praxis verschiedener Ausgehlokale und Clubs in Luzern, Personen mit ausländischem Namen oder Aussehen gewissermassen präventiv den Zutritt zu verweigern (Mey und Rorato 2010).

würden dann auf andere, meist portugiesische Lokale ausweichen: Es sind Mechanismen der wechselseitigen Fremd- und Selbstausgrenzung, die hinter dem teilweise segregierten Freizeitverhalten stehen. Sie verbinden sich bei Paolo mit der Erfahrung, bei der beruflichen Integration in eine Branche zugewiesen worden zu sein, in der vorwiegend ausländische Personen arbeiten. „Also in der Schweiz, da ist man als Ausländer ja nicht so willkommen", stellt er im zweiten Interview einmal eher nebenbei fest und bringt damit nicht nur die Wahrnehmung seiner Nicht-Zugehörigkeit zur Schweiz, sondern auch seine selbstverständliche Selbstdefinition und Selbstpositionierung als „Ausländer" zum Ausdruck. Angesprochen auf seine Zukunft sagt Paolo, dass er vielleicht irgendwann nach Portugal zurückkehren werde: ein Plan, in welchem nicht nur die wahrgenommene Nicht-Zugehörigkeit zur Schweiz zum Ausdruck kommt, sondern auch der Wunsch und die Hoffnung, im Rückgriff auf seine migrationsspezifischen Ressourcen alternative Lebensentwürfe realisieren zu können.

4.2 Ardita – auf der Suche nach Eigenem

Arditas Familie migriert in mehreren Phasen aus dem Kosovo in die Schweiz. Dem Vater, der zuerst hier lebt, folgt nach einigen Jahren die Mutter mit den zwei kleinen Kindern, ein drittes Kind wird in der Schweiz geboren. Ardita ist das mittlere Kind. Der Vater arbeitet auf der Baustelle, die Mutter findet Arbeit in der Reinigungsbranche. Im Unterschied zu Paolos Situation leben mehrere nahe Verwandte der Familie in derselben Gemeinde, die Beziehungen sind gut und vertraut und Ardita fühlt sich in der verwandtschaftlich geprägten Community, der auch Gleichaltrige angehören, sehr wohl. Als sie in die Schule kommt, kann sie auf ihre Ressourcen als lebhaftes und fröhliches Kind zurückgreifen und findet rasch Kontakt zu den anderen Kindern. In der Oberstufe gehört sie einer grösseren Mädchengruppe an, die sich über einen bestimmten Kleidungsstil definiert: es sind jugend- und genderspezifische Zugehörigkeiten, die zu diesem Zeitpunkt ihre Selbstdefinition und Selbstpositionierung prägen. Einmal wird sie als Vertreterin ihrer Klasse in den Schülerrat gewählt, was sie sehr freut.

Nach den ersten sechs Schuljahren wird Ardita wie Paolo und die meisten ihrer Kolleginnen der Realschule zugeteilt. Der neue Lehrer sieht rasch, dass die aufgeweckte Schülerin das Niveau der Sekundarschule erreichen könnte, und schlägt ihr einen Wechsel vor. Ardita zögert lange, da sie dann ihre Kolleginnen verlassen muss. Doch schliesslich entscheidet sie sich für den Übertritt und „für die Zukunft", wie sie sich erinnert. Denn die Ermunterung des Lehrers trifft sie in einer Zeit, in der sie angefangen hat, sich mit ihren Lebensperspektiven und

Ausbildungschancen auseinander zu setzen: „Und ich habe gemerkt ich habe (in der Sekundarschule) mehr Lehrstellen zur Verfügung als die Realschüler. Ich habe immer gedacht es ist gleich, aber ich habe den Unterschied gesehen. Weil in der ersten habe ich mich ein bisschen interessiert zu schauen was ich so machen kann. Da habe ich gemerkt ich kann nur Verkauf und, Coiffeur und solches Zeug. Das hat mich eigentlich nicht so interessiert." Ardita folgt dem Rat des Lehrers und setzt damit auf das Leistungsprinzip: Sie muss und will arbeiten, sie muss „für die Zukunft" denken, wenn sie etwas erreichen will. Ihre sich entwickelnde Bildungsorientierung ist allerdings nicht alleine eine Reaktion auf die vorläufige Zurücksetzung und die Ermunterung des Lehrers, sondern auch verankert in ihrem spezifischen familiären und migrationsspezifischen Kontext und verbunden mit ihrer Rolle als Frau[9]: Anlässlich ihrer gelegentlichen Besuche bei den Verwandten im Kosovo hat sie realisiert, wie sehr sie schätzt, sich den geschlechtsspezifischen Rollenerwartungen in ihrem Herkunftsland entziehen zu können: „Wenn dort zum Beispiel ein Mädchen, das zwanzig ist, sie muss heiraten. Sonst geht das nicht und so. Aber hier ein Mädchen das zwanzig ist macht immer noch eine Lehre oder sie studiert und alles. Und darum finde ich es hier eigentlich besser. Weil man hier ein Leben für sich organisieren und planen kann und alles." Sein Leben selber organisieren und planen: das ist es, was Ardita will. Sie möchte einen Beruf erlernen, der ihr die Möglichkeit gibt, ein eigenständiges Leben zu führen.

Ardita investiert in der Folge konsequent für ihre Ausbildungschancen. Den Koranunterricht bricht sie im Einverständnis mit den Eltern ab, um sich noch mehr auf die Schule konzentrieren zu können, und auch ihr gelegentliches Mitmachen in Sportvereinen sistiert sie im Hinblick auf die bevorstehende Berufsfindung: ausserschulische Aktivitäten und jugendspezifische Bedürfnisse werden der Bildungslaufbahn untergeordnet. Als die eigentliche Lehrstellensuche beginnt, steigt Ardita mit dem Wunsch ein, den Beruf der medizinischen Praxisassistentin zu erlernen. Wie bei Paolo sind auch bei ihr unterschiedliche Bedürfnisse und Strategien erkennbar, die hinter ihrem Berufsziel stehen: da ist zum einen Arditas Interesse an Medizin, das sie schon immer hatte. Diesem Interesse folgt sie aber nicht „bedingungslos" oder „unrealistisch" – sie spricht nie von einem Medizinstudium – sondern sie wählt jenes Berufsbild, das ihr mit ihrem schulischen Abschluss auch erreichbar scheint. Dabei orientiert sie sich zum einen am Informationsmaterial der Berufsberatung und zum anderen an der Schwester einer Kollegin, die den gleichen Beruf erlernt. Das feminisierte Berufsbild ist damit das Resultat einer

---

[9] Apitzsch (2003) hat aufgezeigt, dass gerade die Nähe zur Familie die Bildung eigener Lebensperspektiven fördern kann, da eine intensivere Auseinandersetzung mit vorgegebenen Rollen stattfindet, und spricht in diesem Zusammenhang von einer „dialektischen Familienorientierung", die vor allem bei jungen Frauen vorkomme.

Strategie, sich bei der Verfolgung eigener Interessen auf das Realisierbare zu konzentrieren, wobei das als realisierbar gilt, was man bei anderen in vergleichbaren Positionen schon gesehen hat.[10]

Doch obwohl sich Ardita sorgfältig vorbereitet und sich mit dem Wechsel in die Sekundarschule eine bessere Ausgangslage geschaffen hat, findet sie keine Lehrstelle im anvisierten Beruf.[11] Sie wird in ein Brückenangebot[12] aufgenommen, wo sie in ein Praktikum im Pflegebereich vermittelt wird: als Praktikantin für Fachangestellte Gesundheit in einem Altersheim für demenzkranke Personen. Gleich zu Beginn wird sie mit der anspruchsvollen Pflege einer hochbetagten, schwer dementen Frau betraut, sie leidet, kommt abends oft weinend nach Hause, möchte das Praktikum am liebsten abbrechen. Doch sie hält durch: „Ja ich habe mich irgendwie, abgefunden in dem wo ich drin war. Ich habe einfach gedacht, ja, jetzt... und dann hat es auf einmal geklappt." Arditas Worte zeugen davon, wie sie eine neue Strategie suchen und finden musste, nachdem die Leistung alleine nicht ausgereicht hatte: sich ins Unausweichliche zu fügen – und sich gleichzeitig weiterhin einzusetzen. Es folgt der identische Mechanismus wie bei Paolo: Als das Praktikum zu Ende ist, wird Ardita aufgrund ihrer guten Leistungen eine Lehrstelle im Altersheim angeboten. Ardita: „Ich habe gedacht, was soll ich machen. Es ist nicht gerade mein Wunschberuf gewesen." Sie entscheidet auch diesmal wieder sorgfältig, sie bespricht sich mit ihrem früheren Lehrer und ihren Eltern, und alle raten ihr, die Chance zu ergreifen. Ardita unterschreibt den Lehrvertrag.

In ihrer Lehre im Altersheim setzt Ardita weiterhin auf ihre Leistungsbereitschaft, ihre Lehrbegleitung unterstützt und motiviert sie. Ardita wird geschätzt und freut sich über die Anerkennung, die sie erhält. Doch die positiven Aspekte können nicht darüber hinwegtäuschen, dass Ardita in der beruflichen Platzierung eine Enttäuschung erlebt hat. Die trotz hohen Investitionen nur über Umwege gelingende berufliche Integration hat sie in eine körperlich und seelisch anspruchsvolle Arbeit geführt, die weniger ihren eigenen und eher den Bedürfnissen eines geschlechts-

---

[10] Vgl. auch Schittenhelm (2005), die die Orientierung an geschlechts- und ethniespezifischen Berufsbilder ebenfalls als wichtiges Muster bei der Reduktion und Anpassung von Berufswünschen identifiziert und diese in Anlehnung an Bourdieu (1987) als symbolische Gewalt fasst.

[11] Möglich, dass nebst Schulnoten und ausländischer Herkunft auch jene Schliessungsprozesse eine Rolle gespielt haben, die Imdorf (2007) für kleinere Betriebe beobachtet, insofern, als die von Ardita anvisierte medizinische Praxis u. a. mit dem kleineren, stärker persönlich geprägten sozialen Kontext einige Gemeinsamkeiten mit den Merkmalen kleiner Betriebe aufweist.

[12] Es handelt sich wie bei Paolo um ein Brückenangebot, das schulische Inhalte mit Praktika verbindet.

und tendenziell ethniespezifisch segregierten Arbeitsmarktes entspricht.[13] Der Beruf wird für Ardita unter diesen Bedingungen nicht zu einem zentralen Ort subjektiv relevanter Erfahrungen – und auch (zumindest vorerst) nicht zu einem Ort, an dem neue subjektiv relevante soziale Beziehungen entstehen. Ardita versteht sich zwar, wie sie erzählt, ganz gut mit ihren Arbeitskolleginnen und Arbeitskollegen, doch trifft sie sich mit ihnen nie privat. Ihre Freizeit verbringt sie lieber und vorwiegend mit Gleichaltrigen aus ihrem verwandtschaftlich und herkunftsspezifisch geprägten sozialen Umfeld. Zu jenen ehemaligen Klassenkameradinnen und -kameraden, die nicht diesem Umfeld angehören, hat Ardita keinen Kontakt mehr, was sie sehr bedauert.

Zum Zeitpunkt des zweiten Interviews ist Ardita nach den sehr durchzogenen Erfahrungen auf ihrem Weg in die Arbeitswelt unsicher, wie es weitergehen soll: Nebst dem ursprünglichen Plan, nach der Lehre eine Weiterbildung im medizinischen Bereich zu machen, wird für sie jetzt zunehmend auch die Option einer frühen Familiengründung attraktiv. Ihre Erzählungen über die Beziehung zu ihrem Freund und die vielen gemeinsamen Projekte machen deutlich, welchen Stellenwert die frühe Mutterschaft in ihrem Leben einnehmen würde: Sie sähe darin eine neue Möglichkeit, etwas Eigenes zu schaffen: „Das ist eigentlich schon das erste, dass ich SELBER einmal, ja etwas für mich machen will und… Ich meine die Schule mache ich auch für mich aber es ist einfach… Ja ich habe jetzt, genug Schule. Also genug. Genug ist nie aber… Ja es ist ein bisschen viel gewesen." Die Enttäuschung, die Erfahrung, dass sich in der Berufs- und Arbeitswelt auch mit hohem Einsatz nur bedingt eigene Neigungen und Interessen einbringen lassen, lässt Ardita zweifeln, ob sie weiterhin auf diese Karte setzen soll. Es ist nicht einfach Passivität, und es sind auch nicht „albanische Traditionen" oder elterlicher Druck, die hinter dem Plan einer frühen Familiengründung stehen: Viel eher sucht Ardita darin weiterhin nach einem Weg, um sich zwischen den begrenzten Möglichkeiten des Arbeitsmarktes und ihrer Community etwas Eigenes aufzubauen: sich das Leben „für sich selber organisieren und planen", wie sie es bereits in der Schule formuliert hatte.

4.3 Raquel – verzichten und kämpfen

Schliesslich soll noch – etwas knapper – die Übergangsgeschichte von Raquel beschrieben werden, in der sich der Prozess der „Passung" in den Arbeitsmarkt nochmals etwas anders gestaltet als bei Paolo und Ardita. Wie Paolos sind auch

---

[13] Auch in der Schweiz herrscht in der Folge demografischen Wandels ein akuter Mangel an ausgebildetem Personal im Pflegebereich und speziell bei der Pflege älterer Menschen.

Raquels Eltern aus Portugal in die Schweiz eingewandert, sie hat vier Brüder, und auch ihre Eltern arbeiten als ungelernte Hilfskräfte, der Vater auf dem Bau, die Mutter als Putzfrau. Raquel hat eine enge Beziehung zu ihrer Mutter, die sie als ihre „beste Kollegin" bezeichnet, doch die familiären Verhältnisse sind seit Jahren sehr belastet durch einen stark kontrollierenden Vater und teilweise eskalierende Konflikte zwischen Vater und Bruder, in denen Raquel immer wieder zu vermitteln versucht. Diese Situation führt dazu, dass Raquel schon während der Schulzeit kaum Zeit findet und Gelegenheit hat, jugendspezifische Bedürfnisse auszuleben, und nur wenig Energie und Freiräume für Gleichaltrigenkontakte findet – was sie eher noch darin bestärkt, für die Schule zu lernen, um mithalten zu können: Der Druck, einen Beruf zu erlernen und sich eine eigene und eigenbestimmte Existenz aufbauen zu können, ist in ihrer Situation besonders gross. Als die Lehrstellensuche vor der Tür steht, meldet sich Raquel in einem Mentorprojekt an, das „extra für Ausländer" sei, wie sie erklärt, und bringt darin ihre Selbstpositionierung als Angehörige einer wenig privilegierten Gruppe zum Ausdruck. Sie will die ihr zur Verfügung stehenden Möglichkeiten optimal nutzen, um den Anschluss auch als Realschülerin zu schaffen. Raquel, künstlerisch begabt, hätte eigentlich einen Traumberuf: seit ihrer Kindheit möchte sie Fotografin werden. Doch sie weiss, dass sie dafür keine guten Voraussetzungen mitbringt; als Alternative im Sinne einer besser zugänglichen Möglichkeit hat sie deshalb auch schon an eine Ausbildung als Angestellte in einem Fotofachgeschäft gedacht. Im Lauf des beruflichen Orientierungsprozesses, in welchem sie sich auch Rat bei ihrer Lehrerin holt, einigt sie sich zusammen mit ihrem Mentor schliesslich darauf, einen Beruf als Fachfrau Gesundheit zu suchen. Wie dieser drastische Umorientierungs-Prozess von einem eher kreativen hin zu einem feminisierten und tendenziell ethnisierten Berufsbild genau verlaufen ist, ist nicht bekannt, es muss jedoch davon ausgegangen werden, dass er von ihren Ratgebern wenn nicht aktiv gefördert, so zumindest aktiv unterstützt worden ist.

Trotz dieser frühen und ausgeprägten Konzession in ihren Berufswünschen findet auch Raquel nicht auf Anhieb eine Lehrstelle. Auch sie tritt in ein Brückenangebot ein, wo sie nach der nochmaligen Anpassung bzw. Reduktion ihres Berufswunsches (Fachfrau Pflege statt Fachfrau Gesundheit) und ebenfalls nach einem Praktikum schliesslich Erfolg hat: Auch sie erhält eine Lehrstelle in einem Altersheim. Raquel betont, wie froh sie um die Möglichkeit des Praktikums war und denkt, dass sie es sonst niemals geschafft hätte: nach den vielen Absagen bei der Bewerbung bot es ihr endlich die Möglichkeit, sich persönlich zu präsentieren und ihre Fähigkeiten und ihren Fleiss unter Beweis zu stellen. Erst hier konnte das in der Schule vermittelte und internalisierte Prinzip, wonach Leistung zum Erfolg führt, wieder greifen – bis zu diesem Zeitpunkt war es durch versperrte Zugänge gewissermassen ausser Kraft gesetzt worden.

Raquel arbeitet auch in der Lehre hart und erhält hier eine gewisse Anerkennung, nicht zuletzt im Rahmen der Kontakte zu den Patientinnen und Patienten. Die Beziehungen zu anderen Mitarbeitenden sind eher lose. Auch zu Gleichaltrigen ausserhalb des Berufs hat Raquel zum zweiten Interviewzeitpunkt wenig Kontakt, nachdem sich auch ihre Beziehungen zu den ehemaligen Klassenkameradinnen alle verloren haben. Seit Kurzem hat sie nun aber angefangen, portugiesische Folklore zu tanzen – etwas, das sie sehr begeistert und wo sie sich auch erhofft, neue ihr wichtige Beziehungen aufbauen zu können. Anders als Paolo und Ardita ist Raquel dank ihrem frühzeitigen Einlenken auf ein stark nachgefragtes Berufsbild die ausgeprägte Erfahrung der Fremdbestimmung im Moment der faktischen Platzierung erspart geblieben, die die beiden im Brückenangebot gemacht hatten. Dennoch: Der gesamte Platzierungsprozess war bestimmt von dem Druck, sich durch eine Ausbildung eine eigene Existenz aufbauen zu können, hat ihr Leben über Jahre bestimmt und ihr nicht viele Möglichkeiten gelassen, sich als eigenbestimmt Handelnde zu erfahren. Seit der Schule war es ihr nicht möglich, Gleichaltrigenkontakte zu pflegen und jugendspezifische Bedürfnisse auszuleben. Dies hat auch bei ihr Spuren hinterlassen. Sie äussert ein Bedürfnis nach Ruhe und möchte, dass sich „nicht mehr so vieles ändert in nächster Zeit".

Es sind verschiedene Optionen, die Raquel zum zweiten Interviewzeitpunkt erwägt. Trotz dem Bedürfnis nach Ruhe will sie vorerst weiterhin versuchen, in der Arbeitswelt einen Ort zu finden, der ihr nebst materieller Sicherheit auch Entwicklungsmöglichkeiten und Selbstentfaltung bietet. Angesprochen darauf, was sie sich für die Zukunft wünsche, äussert sie explizit den Wunsch, dass sie „einfach das finde, das mir nachher wirklich gefällt". So hat sie sich neulich nicht nur intensiv über ihre Weiterbildungsmöglichkeiten im medizinisch-pflegerischen Bereich informiert, sondern auch versucht herauszufinden, ob sie nicht doch noch eine Ausbildung im fotografischen Bereich absolvieren könnte: denn „irgendwie ist mir dieser Beruf schon ein wenig hängengeblieben", sagt sie. Darüber hinaus gibt es auch bei Raquel eine Perspektive, die über ihr aktuelles Berufsleben hinausweist: So spielt sie manchmal mit dem Gedanken, zu ihren Verwandten nach Frankreich auszuwandern; dorthin, wo auch sie mehr familiäre soziale Ressourcen hätte.

5 Berufswahl im Kontext sozialer Ungleichheitsverhältnisse

Paolo, Ardita und Raquel: Ihre Biographien weisen nicht zuletzt in Folge genderspezifischer Faktoren einige Unterschiede auf in Bezug auf Ressourcen, Gelegenheiten und gewählter Strategie. Alle drei stehen jedoch für junge Menschen, die sich schon im Vornherein der Schwierigkeit des Zugangs zu einer Berufslehre bewusst waren, die sich ohne Erfolg um eine Lehrstelle bemüht hatten und dann über verschiedene Mechanismen in Berufe zugewiesen worden sind, die weniger ihren eigenen Neigungen entsprechen als der Nachfrage des Arbeitsmarktes. Im Folgenden wollen wir ausgehend von den präsentierten Fallbeispielen zwei Aspekte solcher Übergangsbiographien näher herausarbeiten: *Erstens* die Mechanismen und die biographische Bedeutung einer Berufswahl, bei der sich der Wunsch nach Eigengestaltung kaum gegen die starken Momente von Fremdbestimmung durchsetzen kann, und *zweitens* die Veränderungen der sozialen Selbstpositionierung im Übergang von der Schule in den Beruf.

5.1 Der Kampf ums Handeln im verengten Möglichkeitsraum

Die Adoleszenz kann mit Vera King gefasst werden als Raum, in dem in Auseinandersetzung mit dem bisherigen Leben potentiell Neues entstehen kann (King 2004; King und Koller 2006). Die Möglichkeitsräume für Neues sind jedoch durch Verhältnisse sozialer Ungleichheit vorstrukturiert. Die Adoleszenz wird damit auch zu einer Lebensphase, in der die Kräfte der Reproduktion bestehender Ungleichheitsverhältnisse ihre Wirkung besonders gut entfalten können. Dem Zugang zu einer Berufsausbildung kommt eine besondere Bedeutung zu: der Beruf gilt den Jugendlichen nicht nur als Garant für ein materiell abgesichertes Leben, sondern es ist auch der berufliche Bereich, über den die jungen Menschen eigenständige Lebensentwürfe zu realisieren hoffen und in dem sie Erfahrungen von Selbstwirksamkeit suchen. In den dargestellten Biographien zeigt sich, was es bedeutet, wenn dieser Wunsch nach Eigengestaltung, nach autonomen Lebensentwürfen, auf nur minimale Möglichkeitsräume trifft. Die Jugendlichen müssen realisieren, wie das internalisierte meritokratische Prinzip im Kontext sozialer Ungleichheitsverhältnisse – und dies bedeutet für sie: angesichts ihrer wenig privilegierten Ausgangslage und diskriminierender Praxen – ausgehebelt wird und ihre Anstrengungen zur Realisierung eigengesetzter Ziele ins Leere zu laufen drohen.

Die zentrale Strategie, mit der die drei portraitierten Jugendlichen auf diese Situation reagieren, liesse sich am ehesten als eine – je unterschiedlich akzentuierte – Mischung aus Anpassung und Anstrengung bezeichnen: ein nach aussen hin letztlich „leises", unspektakuläres Anpassungsmuster, das sich sowohl von einer kompromisslosen Aufstiegsorientierung als auch von konfrontativen Strategien unterscheidet, die mit einer (vorübergehenden) Verweigerung beruflicher Ziele einhergehen. Diese Strategie kommt bereits zum Zeitpunkt der Entwicklung von Berufswünschen zu tragen und lässt sich hier besonders gut beobachten: Die Jugendlichen formulieren ihre Berufsziele im Wissen um ihren begrenzten Möglichkeitsraum und im Bestreben, durch Kompromisse die Realisierbarkeit der eigenen

Ziele sicher zu stellen (Juhasz und Mey 2003a, S. 205 ff.): Es handelt sich um einen Balanceakt, der zwischen internalisiertem meritokratischem Prinzip und der Wahrnehmung eingeschränkter Chancen zu vermitteln versucht.

Die in Anlehnung an einen Begriff bei Goffman (1952) auch *cooling out* genannte Reduktion oder „Abkühlung" von Berufswünschen erfolgt in den analysierten Biographien also bereits präventiv, um erwartbare Misserfolge zu verhindern. Dabei erschöpft sie sich nicht in einem passiven Sich-Fügen, sondern beinhaltet auch aktive Anpassung- und Verzichtsleistungen. Raquel ist hier ein ausgeprägtes Beispiel: Sehr bewusst verzichtet sie auf ihren Wunschberuf, um schon früh auf ein feminisiertes und tendenziell ethnisiertes Berufsziel in einer ausländerspezifischen Branche einzulenken.

Die frühe Reduktion der Berufswünsche als weitgehend eigenbestimmt erfahrener Akt erweist sich bei den drei Jugendlichen jedoch nicht als ausreichend. Viel eher werden Paolo und Ardita nach ihrer erfolglosen Lehrstellensuche zu einer nochmaligen, für sie drastischen „Korrektur" ihrer Berufsziele gezwungen. Raquel, die schon in der ersten Phase eingelenkt hat, muss bei der definitiven Platzierung immerhin nur noch kleinere „Anpassungen" ihres Zieles vornehmen, bis es klappt. Bei Paolo und Ardita erfolgt die erzwungene Korrektur zu einem Zeitpunkt, zu dem sich ihr Möglichkeitsraum unter dem Druck, endlich eine Lehrstelle zu finden, bereits maximal verengt. Die Aufforderung zur „Flexibilität", mit der sich Paolo konfrontiert sieht, wirkt in ihrem Suggerieren von eigenbestimmtem Handeln geradezu zynisch und verschleiert, dass in Wahrheit keine Wahl bleibt.

Bemerkenswert ist die Rolle, die in diesem Prozess die Erwachsenen spielen, bei denen die Jugendlichen Rat und Unterstützung suchen, seien es Familienmitglieder, Raquels Mentor oder professionelle Akteure des Ausbildungs- und Übergangssystems wie Lehrkräfte in Schule und Brückenangebot: Sie alle ermuntern oder drängen die jungen Frauen und Männer, in die ungeliebten beruflichen Wege einzulenken – im Bemühen und in der Hoffnung, sie damit vor drohender Ausbildungslosigkeit und Prekarität zu schützen. Auch den Berufspraktika, die die jungen Frauen und Männer im Rahmen der Brückenangebote besuchen, kommt eine besondere und letztlich sehr ambivalente Rolle zu. So erwähnen auf der einen Seite verschiedene Jugendliche in unserer Studie wie Raquel explizit, wie froh sie um die Möglichkeit des Praktikums gewesen seien. Nach den vielfachen Erfahrungen gänzlich versperrter Zugänge während der erfolglosen Lehrstellensuche bietet das Praktikum ihnen die Möglichkeit, sich endlich persönlich zu präsentieren und die Einsatzbereitschaft unter Beweis zu stellen: das Praktikum als willkommener und dringend notwendiger Ort innerhalb des eingeschränkten Möglichkeitsraumes, an dem das meritokratische Prinzip endlich doch einmal zum Tragen kommt. Zum anderen funktioniert aber gerade das Praktikum in den drei präsentierten Fällen als eine Art Trichter, der die Jugendlichen in jene Lehrstellen leitet, die als tendenziell unbeliebte Berufe noch nicht besetzt werden konnten.[14]

Trotz ausgeprägten Momenten der Fremdbestimmung ist erkennbar, wie die jungen Menschen über den gesamten Platzierungsprozess hinweg versuchen, ihre Handlungsfähigkeit aufrecht zu erhalten und den Kampf um Selbständigkeit und Eigenbestimmung weiterzuführen. Auch dort, wo sie die Welt der Arbeit am Beispiel ihrer Eltern als Welt von Zwang, körperlichen Beschwerden und geringer Entlöhnung erleben, haben sie den zentralen Stellenwert einer Berufsausbildung internalisiert und versuchen sie, in der Erwerbsarbeit nicht nur finanzielle Sicherheit, sondern nach Möglichkeit auch Sinn und Anerkennung zu finden. Die oft zitierten ausgeprägten Weiterbildungswünsche von jungen Frauen und Männern sind vor diesem Hintergrund keineswegs „nur" Ausdruck eines gewissermassen inhaltslosen Aufstiegsprojektes, sondern mit ihnen wird auch die Hoffnung verbunden, über die Erwerbsarbeit eigenständige Lebensentwürfe realisieren und zumindest später einmal eigene Neigungen, Interessen und Fähigkeiten einbringen, ausleben und weiterentwickeln zu können.

Allerdings ist auch erkennbar, wie die Fremdbestimmung und der anhaltende Leistungsdruck ihre Spuren hinterlassen; Raquels Bedürfnis nach Ruhe, Arditas Worte, sie traue sich „nicht mehr so viele Pläne zu machen", sowie Paolos verunsicherte Haltung im Hinblick auf die Lehrabschlussprüfung sind Ausdruck davon, wie der Glaube an die Gestaltbarkeit des eigenen Lebens auf die Probe gestellt und zumindest vorübergehend gehemmt wird. Auch zeigt sich, wie Bereiche und Optionen jenseits der Erwerbsarbeit an Bedeutung gewinnen: hier erschliessen sich die Jugendlichen weitere Räume, in denen sie die für sie so wichtigen Erfahrungen von Selbstwirksamkeit und Anerkennung machen können. Ob diese Räume als die berufliche Sphäre ergänzend gelebt werden (Fussball bei Paolo, Folkloretanz bei Raquel) oder ob sie auch als alternative Lebensperspektiven jenseits des zugewiesenen Berufes erwägt werden (Familiengründung bei Ardita, Umzug zu den Verwandten in Frankreich bei Raquel, Leben in Portugal bei Paolo), hängt nicht nur davon ab, wie sehr der Beruf als Ort eigenbestimmten Handelns wahrgenommen wird, sondern auch von Ressourcen und Gelegenheiten, die solche alternativen Perspektiven überhaupt möglich erscheinen lassen. Umorientierungen auf ausserberufliche Bereiche, wie sie Ardita erwägt, erwiesen sich in unserem Sample denn auch weder als besonders abrupt noch als endgültig, viel eher zeigte sich immer wieder, wie die jungen Frauen und Männer sich zumindest über eine bestimmte Zeit beide Optionen offenzuhalten versuchen. Ob als Ergänzung oder Alternative

---

[14] Zu weiteren Kritikpunkten an Brückenangeboten, zu denen auch die Gefahr zusätzlicher Stigmatisierung gehört, (Pohl 2011; Solga 2002; Boos- Nünning und Granato 2008).

zum Beruf: Perspektiven und Engagement in diesen ausserberuflichen Bereichen wären nicht angemessen interpretiert, wenn darin vor allem ein passiver Rückzug gesehen würde, sondern sie haben mit dem Bedürfnis und aktivem Bemühen darum zu tun, sich als Subjekte in soziale Kontexte einbringen und als selbstwirksam erfahren zu können.

5.2 Der Weg in die Arbeitswelt und gesellschaftliche Selbstpositionierung

Übergänge von der Schule in die Arbeitswelt lassen sich auch als Statusübergänge fassen und sind eng mit sozialen Selbstpositionierungen verbunden (Schittenhelm 2005; Pohl 2011; Riegel 2004). In den subjektiven Sinn- und Handlungsperspektiven der jungen Menschen, in den Strategien, die sie im Hinblick auf die Berufsfindung anwenden und in den Zielen, die sie sich setzen, kommen Wahrnehmungen und Deutungen der eigenen Stellung im sozialen Raum zum Ausdruck: der „Sinn für die eigene soziale Stellung als Gespür dafür, was man ‚sich erlauben' darf und was nicht, schliesst ein das stillschweigende Akzeptieren der Stellung, einen Sinn für Grenzen" (Bourdieu 1985, S. 17 f.). Die gesellschaftlichen Ungleichheitsverhältnisse, in denen Paolo, Ardita und Raquel aufwachsen, waren für sie über die finanziell engen Verhältnisse in der Familie, über den harten Arbeitsalltag ihrer Eltern, ihre geringeren Chancen bei schulischen Selektionen erfahrbar. Diese Erfahrungen verbinden sich im Kontext der Etablierten-Aussenseiter-Figuration mit der Wahrnehmung von vorenthaltener und prekärer Zugehörigkeit zur Aufnahmegesellschaft. In den Analysen zeigte sich, wie in den Selbstpositionierungen der jungen Menschen immer auch die Differenzsetzung zwischen Schweizerinnen und Schweizern einerseits und Ausländerinnen und Ausländern andererseits eingelagert war.[15]

Die biographischen Analysen zeigten, über welche Erfahrungen im Übergang von der Volksschule in den Beruf sich die Selbstpositionierungen der jungen Menschen veränderten oder vertieften. Die Grenzziehung zwischen Schweizerinnen und Schweizern und Ausländerinnen und Ausländern gewann besonders dort an Relevanz, wo der Zugang zur Berufs- und Arbeitswelt als sehr schwierig erlebt wurde und mit vielerlei Rückschlägen verbunden war. Erkennbar war aber auch, dass die Erfahrungen im Rahmen der beruflichen Platzierung nicht alleine aus-

---

[15] An anderer Stelle haben wir diesbezüglich drei unterschiedliche Muster identifiziert (Mey 2010, S. 50 f.). Andere in den Selbstverortungen eingelagerte Grenzziehungen bezogen sich nebst dem Geschlecht auf jugendkulturelle Gruppierungen und die Kategorie der Jugend in Abgrenzung von den Erwachsenen (Mey und Rorato 2006, 2010).

schlaggebend sind für gewandelte Selbstpositionierungen, sondern dass auch Veränderungen im sozialen Umfeld der Jugendlichen eine Rolle spielten, die im Übergang nebst der beruflichen Platzierung und verbunden mit dieser stattfanden. Wir wollen hier zusammenfassend und ergänzend nochmals auf einige Punkte eingehen, die im Zusammenhang mit den Selbstpositionierungen und Selbstdefinitionen im Übergangsprozess beobachtet werden konnten:

- Bei Raquel liess sich besonders deutlich erkennen, wie sich eine bestimmte Selbsverortung alleine *durch den faktischen Zutritt zum Arbeitsmarkt verfestigen* kann: Sie nimmt bei der Formulierung ihres Berufszieles ein Unterstützungsangebot wahr und an, das „extra für Ausländer" ist. Schon zu Beginn des Übergangs ist ihrem Berufsziel also eine Selbstpositionierung als Angehörige einer wenig privilegierten Gruppe und eine Selbstdefinition als Ausländer(in) inhärent. Diese erfährt ihre Bestätigung beim faktischen Besetzen jener Position, die sie als für sich realistisch angesehen hat: der sich in Auseinandersetzung mit der realen Welt und ihren Möglichkeiten entwickelte *sense of one's place* (Goffman) wird bestätigt, indem dieser „one's place" tatsächlich besetzt wird. Noch verstärkt wird dieser Mechanismus dort, wo nach dem Eintritt in die Arbeitswelt realisiert wird, dass man an bestimmten Positionen in einem (ethnisch) segregierten Raum gelandet ist. (Besonders explizit brachte diese Wahrnehmung ein junger Portugiese mit den Worten zum Ausdruck: „also die Baustellen, die sind ja voll von Ausländern".)
- Begleitet und unterstützt werden diese Selbstpositionierungsprozesse durch den parallel verlaufenden *Verlust des Status des Volksschülers bzw. der Volksschülerin*, der mit dem Abschluss der obligatorischen Schule einhergeht. Jugendliche bedauern in ihren Erzählungen immer wieder zutiefst den Verlust der früheren Klassenkameradinnen und Klassenkameraden.[16] Das Eingebundensein in einen Klassenverband und der Status des Volksschülers hat ihnen – allen innerschulischen Selektionserfahrungen zum Trotz – ein für sie bedeutsames Gefühl von selbstverständlicher Zugehörigkeit und zumindest symbolischer Gleichheit vermittelt. Dieser Rahmen fehlt jetzt, und der Übergang von der Schule in die Arbeitswelt kommt damit im Erleben der Schülerinnen und Schüler auch die

---

[16] Als durchgehendes Muster in den Interviews zeigte sich, dass nur jene Beziehungen Bestand hatten, die nebst der Schule auch noch in einem anderen Kontext (Nachbarschaft, Verwandtschaft) verankert waren, vgl. die entsprechenden Ausführungen bei Paolo. Insofern, als die Verwandtschaft und manchmal, wie im Fall von Paolo, auch die Nachbarschaft vorwiegend herkunftsspezifisch geprägt ist, kann aufgrund dieses Muster in Bezug auf die Nachhaltigkeit sozialer Kontakte auch eine Abnahme der Beziehungen zu Schweizer Jugendlichen nach dem Ende der Volksschule stattfinden.

Bedeutung eines Überganges in einen sozial stärker (ungleich) strukturierten Raum zu. In unseren Analysen zeigte sich überdies, dass der berufliche Bereich dort, wo er subjektiv als wenig befriedigend erlebt wird, auch nicht zum Ausgangspunkt von neuen subjektiv relevanten sozialen Einbindungen und Vernetzungen geworden ist: eine ähnlich starke soziale Integrationskraft, wie sie der Volksschule noch eigen war, vermag die institutionelle Einbindung über die Lehr- oder erste Arbeitsstelle unter diesen Bedingungen und mindestens bis zu diesem Zeitpunkt der beruflichen Laufbahn also noch nicht zu entfalten.[17]

- Es ist bestimmt kein „migrationsspezifisches" Phänomen, wenn Jugendliche sich jenseits des Berufes *alternative Lebensräume* suchen, in denen sie jene Erfahrungen von Sinn und Selbstwirksamkeit finden, die ihnen in der Arbeitswelt versagt bleiben. Migrationsspezifisch aber ist, dass Jugendliche mit Migrationshintergrund solche alternativen Räume naheliegenderweise oft in ihrem Herkunftskontext oder auch im Rahmen transnational gelebter Beziehungen finden und damit ihre migrationsspezifischen Ressourcen nutzen. In Kombination mit den veränderten sozialen Beziehungen in Folge Verlust früherer Klassenkameradinnen und Klassenkameraden sowie teilweise versperrten Zugängen im Freizeitbereich für ausländische Jugendliche kann sich auf diese Weise im Verlauf des Übergangs von der Schule in die Berufswelt eine Veränderung des sozialen Umfelds ergeben, die die selbstverständliche Selbstdefinition als Ausländer bzw. Ausländerin stützen und verfestigen.

- Zu erwähnen ist schliesslich, dass Ardita, Paolo und Raquel beim ersten Interview angegeben hatten, sich später in die Schweiz einbürgern lassen zu wollen. Ardita hatte sich auf der Gemeinde bereits die entsprechenden Papiere besorgt, Paolo berichtete, wie sehr die geplante Einbürgerung auch dem Wunsch seiner Eltern entspreche. Zum zweiten Interviewzeitpunkt hatten die drei – wie übrigens viele andere der von uns interviewten Jugendlichen – ihr Vorhaben fallen gelassen. Es wäre verkürzt, diese Umkehr in Bezug auf die Einbürgerung alleine auf die Erfahrungen im Rahmen der beruflichen Platzierung zurück zu führen. Ein verändertes Verhältnis zu den Eltern und aggressiv geführte öffentliche und mediale Diskurse zur Zugehörigkeit oder Nicht- Zugehörigkeit von Personen ausländischer Herkunft und Jugendlichen der zweiten Generation spielen hier ebenfalls eine Rolle. Zumindest aber ist festzuhalten, dass die als schwierig und teilweise enttäuschend erlebte berufliche Integration nicht dazu beigetragen hat,

---

[17] Aufgrund wiederkehrender Äusserungen in unseren Interviews ist auch davon auszugehen, dass sich im Rahmen der Berufsschule Mechanismen der Selbst- und Fremdausgrenzung entlang natioethnischer Grenzen ungebremster durchsetzen können als dies in der Volksschule noch der Fall war – ein Punkt, dem sicherlich vermehrt Beachtung zu schenken wäre.

die Einbürgerungspläne der Jugendlichen aufrecht zu erhalten und zu stärken.[18] Jenseits der sehr unterschiedlichen subjektiven Bedeutungen, die die Jugendlichen mit einer Einbürgerung verbinden, bedeutet eine Nicht-Einbürgerung die Fortsetzung des prekären Rechtsstaats der Eltern in der Schweiz und damit eine Reproduktion des wenig privilegierten Status auch über die politische Sphäre.

6 Schluss

Ziel dieses abschliessenden Kapitels ist es, mit Blick auf die präsentierten Befunde einige Überlegungen zum sozialstaatlichen bzw. sozialarbeiterischen Umgang mit Schwierigkeiten im Übergang von der Schule in den Beruf bei Jugendlichen mit Migrationshintergrund zu formulieren.

Paolo, Ardita und Raquel: Sie haben den Weg in die Arbeitswelt gefunden. Dank der Leistungs- und Anpassungsbereitschaft der jungen Menschen und der Unterstützung nicht zuletzt von professioneller Seite ist es auch unter erschwerten Bedingungen gelungen, die drohende Ausbildungslosigkeit und damit ein absehbares Leben am Rande der Prekarität zu verhindern. Nicht nur die Professionellen, auch die Jugendlichen selber sind entsprechend froh um die erfolgte Platzierung. In der Lehre sind sie bemüht, die ihnen zugewiesene Position bzw. Rolle in der Arbeitswelt bestmöglich auszufüllen. Einige von ihnen formulieren Weiterbildungspläne, und dort, wo ihnen im Beruf Perspektiven auf Selbstentfaltung und Erfahrungen von Zugehörigkeit und Anerkennung fehlen, suchen und finden sie solche in alternativen Lebensräumen jenseits der Arbeit, nicht zuletzt indem sie ihre migrationsspezifischen und transnationalen Ressourcen nutzen.

Gelungene Übergänge also? Da ist auch die andere Seite: Der Übergang in die Arbeitswelt hat die Jugendlichen in Branchen und Berufe geführt, die ihren eigenen Neigungen und Interessen wenig entsprechen und über die sich – trotz anderer Intention – die wenig privilegierte Stellung ihrer Eltern im Arbeitsmarkt tendenziell reproduziert. Der lange, über Umwege vollzogene Positionierungsprozess hat an den Kräften gezehrt, und der als fremdbestimmt erfahrene Eintritt in die Arbeits-

---

[18] Gestützt wird diese Feststellung durch die Beobachtung, dass in unserer Untersuchung jene Jugendlichen, die sich zum Zeitpunkt des zweiten Interviews bereits eingebürgert oder noch nicht von diesem Vorhaben abgelassen hatten, ihren Zugang zur Berufswelt als hoch befriedigend und eigenbestimmt erlebt hatten. Die Zusammenhänge zwischen beruflicher Integration und Einbürgerungsvorhaben sind vielschichtig und erforderten weiterer Analyse – und die Beobachtung auch über einen weiteren Zeitraum bzw. den weiteren Verlauf der beruflichen Karriere hinaus. Für quantitative Befunde zur Thematik auf der Grundlage der Schweizer Volkszählungsdaten 2000 siehe auch Mey et al. 2005.

welt trägt wenig dazu bei, sich als gleichberechtigtes Subjekt in der Gesellschaft wahrgenommen und anerkannt zu fühlen – und dies in einem gesellschaftlichen Kontext, in dem die selbstverständliche Zugehörigkeit ohnehin immer wieder in Frage gestellt wird. Der innere Widerspruch einer Gesellschaft, die ihre Ideale von Gleichheit und Gerechtigkeit mit dem Leistungsprinzip verknüpft und sich gleichzeitig schwer tut, Chancengleichheit zu realisieren, tritt in den Biographien von Jugendlichen der so genannt zweiten Generation besonders deutlich zu Tage: Im hiesigen Bildungssystem sozialisiert und das meritokratische Prinzip internalisiert, treffen sie in ihrem Anspruch und ihren Bemühungen, ein eigenbestimmtes Leben zu führen, auf Mechanismen struktureller Ungleichheit und Diskriminierung, die das meritokratische Prinzip aushebeln und als unerfüllbares Versprechen offenbaren. In den engen Möglichkeitsräumen setzen sich die Kräfte der Reproduktion sozialer Ungleichheit durch, am Ende bleibt die Alternative, sich der Fremdbestimmung zu fügen oder die Prekarität zu riskieren.

Betrachten wir vor diesem Hintergrund die Angebote und Bemühungen Sozialer Arbeit im Zusammenhang mit erschwerten Übergängen in den Beruf, scheinen uns folgende zwei Punkte wichtig festzuhalten:

1. In der widersprüchlichen Situation, die sich zwischen meritokratischem Versprechen und Verhältnissen sozialer Ungleichheit und sozialen Ausschlusses ergibt und die die Biographien der Jugendlichen wie ausgeführt in vielfältiger Weise prägt, setzt die Soziale Arbeit mit ihren Massnahmen einseitig auf eine Stärkung des meritokratischen Prinzips. In den vielfältigen Angeboten zur Früh- und Nachförderung geraten primär die individuellen Leistungen und zunehmend auch „Kompetenzen" der Kinder und Jugendlichen in den Blick, ohne dass die ungleiche Verteilung von Macht, Anerkennung und Chancen auch nur thematisiert würde (nur in Klammern sei an dieser Stelle bemerkt, dass sich diese Schlagseite in der Bildungsforschung wiederfindet, vgl. Becker und Solga 2012). In Fördermassnahmen werden letztlich strukturelle und politische Probleme und Ungleichgewichte individuell bearbeitet und auf diese Weise individualisiert (Sammet und Weissmann 2012, S. 176). Darauf immer wieder hinzuweisen und sich dessen bewusst zu sein, ist elementar, um individuellen Schuldzuschreibungen in und über Fördermassnahmen entgegenzuwirken. Es gibt ausserdem durchaus Initiativen und Projekte Sozialer Arbeit, die nicht bei der Leistungssteigerung, sondern gewissermassen auf der anderen Seite des Widerspruchs zwischen meritokratischem Versprechen und Erfahrungen von Zurückweisung und Abwertung ansetzen. Sie zielen darauf, diskriminierende Praxen aufzudecken und abzubauen, etwa im Rahmen des Aufbaus niederschwelliger Anlaufstellen bei Rassismuserfahrungen, im Rahmen von Pro-

jekten an Schulen zur Thematisierung sozialer Ausgrenzung oder im Rahmen von Projekten und Aufklärungsarbeit bei Arbeitgebenden im Hinblick auf den Abbau von Diskriminierung bei der Lehrstellenvergabe. Es wäre wohl schon einiges gewonnen, wenn nur ein Teil der Mittel und Energien aus dem riesigen Feld von Fördermassnahmen in solche und ähnliche Projekte umgelenkt würde.
2. Was sind gelungene Übergänge, gelungene Wege in die Arbeitswelt? Es wäre wichtig, vermehrt über die Massstäbe nachzudenken, nach denen Übergänge von der Schule in den Beruf beurteilt werden und nach denen die Soziale Arbeit und deren Akteure ihr Handeln ausrichten und Angebote konzipieren. In den präsentierten Biographien wurde sichtbar, dass eine forcierte berufliche Platzierung als einzige Antwort auf verengte Möglichkeitsräume nicht befriedigen kann. Dies gilt ganz allgemein, aber in besonderem Masse bei jungen Menschen in der Adoleszenz, die daran sind, eigenständige Lebensperspektiven zu entwickeln. Hier ist ein Verständnis von Autonomie, das diese auf die berufliche Platzierung reduziert, so wie dies im heutigen Aktivierungsdiskurs üblich ist, besonders unangemessen (Sammet und Weissmann 2012, S. 188). Stattdessen gilt es, den Kampf der Jugendlichen um eigenbestimmtes Handeln anzuerkennen und sie darin zu stützen. Junge Menschen sollten in den entsprechenden Angeboten nicht vor die Alternative zwischen Fremdbestimmung oder Prekärität gestellt, sondern von beidem geschützt werden. Die eigenbestimmte Überwindung verengter Möglichkeitsräume braucht Zeit, die in möglichst rasch vollzogenen Zuweisungen in den Arbeitsmarkt nicht zur Verfügung steht. Wichtig wäre in diesem Zusammenhang auch, dass Angebote zur Unterstützung nicht nur im „klassischen" Moment des Übergangs von der Schule in den Beruf, sondern auch zu einem späteren Zeitpunkt zugänglich sein sollten – nach erzwungenen Umwegen oder auch nach Krisen und Phasen, in denen junge Frauen und Männer sich auf ihrer Suche nach eigenbestimmtem Handeln von beruflich geprägten Lebensperspektiven abgewendet hatten.

Literatur

Annen, L., Cattaneo, M. A., Denzler, S., Diem, A., Grossenbacher, S., Hof, S., Kull, M., Vögeli-Mantovani, U., & Wolter, S. C. (2010). *Bildungsbericht Schweiz 2010*. Aarau: Schweizerische Koordinationsstelle für Bildungsforschung.
Apitzsch, U. (2003). Zur Dialektik der Familienbeziehungen und zu Gender-Differenzen innerhalb der Zweiten Generation. *Psychosozial, 26*(H III, Nr. 93), 67–80.
Baethge, M. (1991). Arbeit, Vergesellschaftung, Identität. Zur zunehmenden normativen Subjektivierung der Arbeit. *Soziale Welt, 42*(1), 6–19.
Becker, R., & Solga, H. (2012). Soziologische Bildungsforschung – eine kritische Bestandesaufnahme. In R. Becker & H. Solga (Hrsg.), *Soziologische Bildungsforschung. Köl-*

ner *Zeitschrift für Soziologie und Sozialpsychologie* (*Sonderheft* 52, S. 7–43). Wiesbaden: Springer.

Becker, R., & Zangger, Ch. (2013). Die Bildungsexpansion in der Schweiz und ihre Folgen. Eine empirische Analyse des Wandels der Bildungsbeteiligung und Bildungsungleichheiten mit den Daten der Schweizer Volkszählungen 1970, 1980, 1990 und 2000.

Boos-Nünning, U., & Granato, M. (2008). Integration junger Menschen mit Migrationshintergrund. Ausbildungschancen und Ausbildungsorientierung. Forschungsergebnisse und offene Fragen. In IMIS (Hrsg.), *Nachholende Integrationspolitik. Problemfelder und Forschungsfragen*. IMIS-Beiträge 34, Osnabrück, S. 57–89.

Bourdieu, P. (1983). Ökonomisches Kapital, kulturelles Kapital, soziales Kapital. In R. Kreckel (Hrsg.), *Soziale Ungleichheiten* (S. 183–198). Göttingen: Schwartz.

Bourdieu, P. (1985). *Sozialer Raum und „Klassen"; Leçon sur la leçon*. Frankfurt a. M.: Suhrkamp.

Bourdieu, P., & Passeron, J.-C. (1971). *Die Illusion der Chancengleichheit. Untersuchungen zur Soziologie des Bildungswesens am Beispiel Frankreichs*. Stuttgart: Klett.

Bundesamt für Berufsbildung und Technologie. (Hrsg.). (2009). Lehrstellenbarometer August 2009. Detaillierter Ergebnisbericht. Bern.

Bundesamt für Berufsbildung und Technologie. (Hrsg.). (2012). Lehrstellenbarometer August 2012. Detaillierter Ergebnisbericht. Bern.

Elias, N., & Scotson, J. L. (1990). *Etablierte und Aussenseiter. Zur Theorie von Etablierten-Aussenseiter-Beziehungen*. Frankfurt a. M.: Suhrkamp.

Goffman, E. (1952). On cooling the mark out. Some aspects of adaption to failure. *Psychiatry, 15*(4), 451–467.

Fibbi, R., Bülent, K., & Piguet, E. (2003). *Le passeport ou le diplôme? Etudes des discriminations Ã l'embauche des jeunes issus de la migration*. Rapport der recherche 31 du Forum suisse pour l'ètude des migrations et de la population. Neuchâtel: SFM.

Geisen, Th. (2007). Gesellschaft als unsicherer Ort. Jugendliche MigrantInnen und Adoleszenz. In T. Geisen & C. Riegel (Hrsg.), *Jugend, Partizipation und Migration. Orientierungen im Kontext von Integration und Ausgrenzung* (S. 29–50). Wiesbaden: VS Verlag für Sozialwissenschaften.

Hadjar, A., & Berger, J. (2010). Dauerhafte Bildungsungleichheiten in Westdeutschland, Ostdeutschland und der Schweiz: Eine Kohortenbetrachtung der Ungleichheitsdimensionen soziale Herkunft und Geschlecht. *Zeitschrift für Soziologie, 39*(3), 182–201.

Imdorf, Ch. (2007). Die relative Bedeutsamkeit von Schulqualifikationen bei der Lehrstellenvergabe in kleineren Betrieben. In T. Eckert (Hrsg.), *Übergänge im Bildungswesen* (S. 183–197). Münster: Waxman.

Juhasz, A., & Mey, E. (2003a). *Die zweite Generation: Etablierte oder Aussenseiter? Biographien von Jugendlichen ausländischer Herkunft*. Wiesbaden: Westdeutscher Verlag.

Juhasz, A., & Mey, E. (2003b). „Desintegration" oder „gelungene Integration" der Zweiten Generation? *Schweizerische Zeitschrift für Soziologie, 29*(1), 115–139.

Juhasz, A., & Mey, E. (2006). Adoleszenz zwischen sozialem Aufstieg und sozialem Ausschluss. In V. King & H. C. Koller (Hrsg.), *Adoleszenz – Migration – Bildung. Bildungsprozesse Jugendlicher und junger Erwachsener mit Migrationshintergrund* (S. 67–84). Wiesbaden: Verlag für Sozialwissenschaften.

Keller, C., Tucci, I., Jossin, A., & Groh-Samberg, O. (2012). Prekäre Verläufe von Jugendlichen mit Migrationshintergrund in Deutschland und Frankreich. In J. Mansel & K. Speck (Hrsg.), *Jugend und Arbeit. Eine Bestandesaufnahme und Analysen* (S. 135–156). Weinheim: Juventa.

King, V. (2004). *Die Entstehung des Neuen in der Adoleszenz: Individuation, Generativität und Geschlecht in modernisierten Gesellschaften.* Wiesbaden: VS Verlag für Sozialwissenschaften.

King, V., & Koller, H.-Ch. (2006). Adoleszenz als Möglichkeitsraum für Bildungsprozesse unter Migrationsbedingungen. In V. King & H.-Ch. Koller (Hrsg.), *Adoleszenz – Migration – Bildung. Bildungsprozesse Jugendlicher und junger Erwachsener mit Migrationshintegrund* (S. 9–26). Wiesbaden: Verlag für Sozialwissenschaften.

Kronig, W. (2013). Die faktische Definition schulischen Scheiterns. In A. Hadjar & S. Hupka-Brunner (Hrsg.), *Geschlecht, Migrationshintergrund und Bildungserfolg* (S. 36–51). Weinheim: Juventa.

Kronig, W., Haeberlin, U., & Eckhart, M. (2000). *Immigrantenkinder und schulische Selektion. Pädagogische Visionen, theoretische Erklärungen und empirische Untersuchungen zur Wirkung integrierender und separierender Schulformen in den Grundschuljahren.* Bern: Haupt.

Mecheril, P. (2003). *Prekäre Verhältnisse. Über natio-ethno-kulturelle (Mehrfach-)Zugehörigkeit.* Münster: Waxmann.

Mey, E. (2010). Blockierte Secondas und Secondos. Biographische Studien zur Integration von Jugendlichen in der Schweiz. *Widerspruch, 59*(10), 45–54.

Mey, E. (2014, forthcoming). The biographical approach in school-to-work transitions of youths of immigrant background. A case study in Switzerland. In C. Bolzman, L. Bernardi, & J. M. Le Goff (Hrsg.), *Second Generation transition to adulthood and intergenerational relations. Exploring methodological issues and innovations.* New York: Springer.

Mey, E., & Rorato, M. (2006). *Soziale Vernetzung von Jugendlichen mit Migrationshintergrund. Eine qualitativ-empirische Studie in der Gemeinde Emmen. Schlussbericht zuhanden der Eidgenössischen Ausländerkommission.* Luzern.

Mey, E., & Rorato, M., (2010). *Jugendliche mit Migrationshintergrund im Übergang ins Erwachsenenalter. Schlussbericht zuhanden des Praxispartners Bundesamt für Migration.* Luzern.

Mey, E., Rorato, M., & Voll, P. (2005). Die soziale Stellung der zweiten Generation. Analysen zur schulischen und beruflichen Integration der zweiten Ausländergeneration. In *Eidgenössische Volkszählung 2000* (S. 61–152). Neuchâtel: Bundesamt für Statistik.

Meyer, Th. (2004). Wer hat, dem wird gegeben: Bildungsungleichheit in der Schweiz. In M. M. Bergman et al. (Hrsg.), *Bildung – Arbeit – Erwachsenwerden. Ein interdisziplinärer Blick auf die Transition im Jugend- und jungen Erwachsenenalter* (S. 40–65). Wiesbaden: VS Verlag für Sozialwissenschaften.

Meyer, T., Hupka-Brunner, S., & Keller, A. (2011). Ausbildungs- und Erwerbsverläufe der PISA 2000/TREE-Kohorte: Synopsis 2000-2007. In M. M. Berman, S. Hupka-Brunner, A. Keller, T. Meyer, & B. E. Stalder (Hrsg.), *Transitionen im Jugendalter. Ergebnisse der Schweizer Längsschnittstudie TREE.* (S. 86–91). Zürich: Seismo Verlag.

Pfeffer, F. T. (2008). Persistent inequality in educational attainment and its institutional context. *European Sociological Review, 24*(5), 534–565.

Pohl, A. (2011). Übergänge in die Arbeit in der Migrationsgesellschaft. Von Dritten Stühlen auf Schiefem Grund. In A. Pohl, B. Stauber, & A. Walther (Hrsg.), *Jugend als Akteurin sozialen Wandels* (S. 133–162). Weinheim: Juventa.

Quenzel, G., Leven, I., Hurrelmann, K., & Albert, M. (2012). Lebenssituation, biographische Perspektive und die Bedeutung von Schule und Arbeit. In J Mansel & K Speck (Hrsg.), *Jugend und Arbeit. Eine Bestandsaufnahme und Analysen* (S. 29–46). Weinheim: Juventa.

Riegel, Ch. (2004). *Im Kampf um Zugehörigkeit und Anerkennung. Orientierungen und Handlungsformen von jungen Migrantinnen. Eine sozio-biografische Untersuchung.* Frankfurt a. M.: IKO-Verlag.
Rosenthal, G. (1995). *Erlebte und erzählte Lebensgeschichte. Gestalt und Struktur biographischen Selbstbeschreibungen.* Frankfurt a. M.: Campus Verlag.
Rosenthal, G. (2005). *Interpretative Sozialforschung.* Weinheim: Juventa.
Sammet, K., & Weissman, M. (2012). Autonomiepotenziale, Erwerbsorientierungen und Zukunftsentwürfe von „benachteiligten" Jugendlichen. In J. Mansel & K. Speck (Hrsg.), *Jugend und Arbeit. Empirische Bestandsaufnahme und Analysen* (S. 175–192). Weinheim und Basel: Beltz Juventa.
Scherr, A. (2012). Hauptsache irgendeine Arbeit? Die Bedeutung von Ausbildung und Erwerbsarbeit für bildungsbenachteiligte Jugendliche. In J. Mansel & K. Speck (Hrsg.), *Jugend und Arbeit. Eine Bestandesaufnahme und Anaysen* (S. 63–78). Weinheim: Juventa.
Schittenhelm, K. (2005). *Soziale Lagen im Übergang. Junge Migrantinnen und Einheimische zwischen Schule und Berufsausbildung.* Wiesbaden: VS Verlag für Sozialwissenschaften.
Schütze, F. (1981). Prozessstrukturen des Lebensablaufes. In J. Matthes, A. Pfeifenberger, & M. Stosberg (Hrsg.), *Biographie in handlungswissenschaftlicher Perspektive.* Erlangen.
Solga, H. (2002). „Ausbildungslosigkeit" als soziales Stigma in Bildungsgesellschaften. *Kölner Zeitschrift für Soziologie und Sozialpsychologie, 54,* 76–505.
Solga, H. (2005). Meritokratie – die moderne Legitimation ungleicher Bildungschancen. In P. A. Berger & H. Kahlert (Hrsg.), *Institutionalisierte Ungleichheiten?* (S. 19–38). Weinheim: Juventa.
Willis, P. (1979). *Spass am Widerstand. Gegenkultur in der Arbeiterschule.* Frankfurt a. M.: Syndikat.

Dr. Eva Mey ist Soziologin und Dozentin am Departement Soziale Arbeit der Zürcher Hochschule für Angewandte Wissenschaften ZHAW. Sie forscht in den Bereichen Migration, Soziale Ungleichheit, Sozialstaat und Biographie.

„Mein grösster Wunsch ist es, eine Lehrstelle zu finden". Jugendliche mit Migrationshintergrund beim Übergang ins duale Berufsbildungssystem

Monika Müller

1 Einleitung

Die Integrationspolitik der Schweiz ist föderalistisch organisiert, das heisst die Integrationsmassnahmen werden dezentral vor allem auf kantonaler und lokaler Ebene umgesetzt. Mit Ausnahme von Sprachkursen gibt es bis jetzt kaum Integrationsbemühungen auf nationaler Ebene (Liebig et al. 2012). Stattdessen vertraut der Staat auf den Arbeitsmarkt als wichtigsten Inkorporationsmechanismus. Anders als in Schweden und den Niederlanden, wo Zugewanderte als ethnische Minderheiten wahrgenommen werden, zielt die schweizerische Integrationspolitik auf Individuen (Soysal 1994). Personen mit Migrationshintergrund müssen in der Schweiz über ihre individuellen Leistungen in der Arbeitswelt zeigen, dass sie es verdienen, in der Schweiz arbeiten und leben zu dürfen. Noch mehr als von anderen Gesellschaftsmitgliedern wird von ihnen erwartet, dass sie mit Hilfe ihrer persönlichen Fähigkeiten zum Wohlstand und Erfolg der schweizerischen Gesellschaft beitragen (Pfaff-Czarnecka 2009). Das Berufssystem ist dabei eng mit dem Bildungssystem verknüpft: Westliche Gesellschaften legitimieren ihr Gesellschaftssystem über Bildung, wobei von einer scheinbaren Gleichheit bei der Einschulung der Kinder ausgegangen wird (Bornschier 2002). Gemäss dem meritokratischen Prinzip entscheidet die individuelle Leistung über die gesellschaftliche Position ein jeder Person. Schulische Titel werden in berufliche Positionen transferiert, wobei

M. Müller (✉)
Winterthur, Schweiz
E-Mail: monika.mueller.petrinec@gmail.com

© Springer Fachmedien Wiesbaden 2015
T. Geisen, M. Ottersbach (Hrsg.), *Arbeit, Migration und Soziale Arbeit*,
DOI 10.1007/978-3-658-07306-0_12

„geglaubt wird, dass die schulischen Titel das schulisch erworbene Wissen adäquat wiedergeben" (Imdorf 2005, S. 351). In der Schule lernen die Schülerinnen und Schüler, den Wettbewerb als legitim hinzunehmen. Dadurch wird der Wert der Chancengleichheit verinnerlicht und gesellschaftliche Ungleichheiten legitimiert (Hurrelmann 2006).

Diesen Mythos der Chancengleichheit widerlegen empirische Studien immer wieder aufs Neue. In der Schweiz lassen sich auf allen Bildungsstufen Ungleichheiten aufgrund der sozialen Herkunft, des Geschlechts oder des Migrationshintergrunds nachweisen (Schweizerische Koordinationsstelle für Bildungsforschung 2010). Diese Benachteiligungen scheinen sich für Jugendliche mit Migrationshintergrund beim Übergang von der Schule in die berufliche Ausbildung zu akzentuieren.

Vor diesem Hintergrund beleuchtet der vorliegende Beitrag den komplexen Zusammenhang zwischen Arbeit, Bildung und Migration aus der Perspektive der Jugendlichen selbst. Im Zentrum stehen männliche albanische, bosnische und tamilische Jugendliche, die kurz vor oder nach dem Übergang vom Ausbildungs- ins Berufssystem stehen. Der Beitrag geht der Frage nach, wie die Jugendlichen mit dieser Situation umgehen und welche Bedeutung die Lehrstellensuche in der jugendlichen Lebenswelt einnimmt. Zunächst wird die Situation von Jugendlichen mit Migrationshintergrund im Bildungs- und Berufssystem der Schweiz dargestellt (2). Weitere Abschnitte beschäftigen sich mit theoretischen Überlegungen zu Migration, sozialer Ungleichheit und Zugehörigkeit sowie mit dem Forschungsdesign (4). Im Anschluss daran werden die empirischen Daten vorgestellt, nämlich die Fallbeispiele von Valon (5.1), Florentin (5.2) und Aaranen (5.3). Im Rückgriff auf weitere Fallbeispiele werden zudem die Bedeutung der Lehrstellensuche für die Jugendlichen (5.4) sowie Strategien im Umgang mit Diskriminierungserfahrungen erörtert (5.5). Im Fazit (6) wird schliesslich darauf verwiesen, dass Bildung aus individueller Perspektive einen Möglichkeitsraum schafft, der jedoch gleichzeitig durch die gesellschaftlichen Funktionen des Bildungssystems eingeschränkt wird.

2 Jugendliche mit Migrationshintergrund im Bildungs- und Berufssystem

Es kann geschätzt werden, dass in der Schweiz rund jede(r) dritte Jugendliche in einer Familie lebt, in der mindestens ein Elternteil nicht in der Schweiz geboren wurde (BFS 2003, S. 112). Von den Jugendlichen selbst ist jedoch nur rund jede(r) siebte nicht in der Schweiz geboren und nur rund jede(r) vierzehnte hat nicht seine/ihre gesamte Schulkarriere in der Schweiz absolviert. Dies bedeutet mit anderen Worten, dass die überwiegende Mehrheit der Jugendlichen mit Migrationshintergrund in der Schweiz aufgewachsen und hier heimisch ist.

In den letzten Jahren fand in Bezug auf die Herkunftsländer ausländischer Jugendlicher ein Wandel statt: Während Anfang der 1990er-Jahre italienische Kinder die grösste Gruppe waren, wuchs seit Ende der 1980er-Jahre der Anteil junger Personen aus den Nachfolgestaaten des ehemaligen Jugoslawien (Haug et al. 2007, S. 7). Gemäss der Volkszählung von 2000[1] bildeten bei den 10- bis 19-jährigen Zweitgenerationsangehörigen[2] Personen italienischer Nationalität mit einem Anteil von knapp einem Drittel die grösste Gruppe, bei den 0- bis 9-Jährigen waren es Kinder mit jugoslawischer[3] Nationalität (20.2 %). Fasst man Kinder jugoslawischer, kroatischer (4.1 %), bosnischer (4.3 %) und mazedonischer Nationalität (4.7 %) zusammen, machten sie bei den 0- bis 9-Jährigen insgesamt ein Drittel aller Zweitgenerationsangehörigen aus. Im Gegensatz dazu bilden Kinder srilankischer Nationalität mit einem Anteil von 4.5 % eine kleine Gruppe.

Verschiedene Studien zeigen, dass Kinder und Jugendliche mit Migrationshintergrund in den niedrigen Bildungsstufen überrepräsentiert und in den höheren Bildungsstufen unterrepräsentiert sind (u. a. BFS 1997; Hämmig und Stolz 2001; Haug et al. 2007). Allerdings lässt sich bei genauerer Betrachtung feststellen, dass diese Ergebnisse aus verschiedenen Gründen relativiert werden müssen: Erstens bilden Jugendliche mit Migrationshintergrund keine homogene Gruppe. So sind eingebürgerte Jugendliche, die in älteren Studien meist der Kategorie der Einheimischen zugerechnet wurden und dadurch die Ergebnisse verschleierten (Hunger und Tränhardt 2004), bezüglich der Anteile an der Tertiärbildung sogar noch erfolgreicher als Einheimische (Mey et al. 2005, S. 96). Zudem kann zwischen der Gruppe aus dem „nicht-südlichen Europa", die im Durschnitt sozial sogar noch besser positioniert ist als die Einheimischen, den inzwischen teilweise aufgestiegenen Nachkommen der frühen Einwanderungsgruppen (v. a. Italien und Spanien) und den jüngsten Einwanderungsländern (v. a. Balkan, Türkei, Portugal) mit tiefer sozialer Stellung unterschieden werden (BFS 2003, S. 117 f.; Meyer 2009).

Zweitens zeigen empirische Studien, dass die soziale Herkunft „vererbt" wird, wobei in der Schweiz im Vergleich zu anderen OECD-Ländern der Einfluss der sozialen Herkunft der Eltern auf das Ausbildungsniveau der Kinder relativ hoch ist (BFS 2003). Kinder, deren Eltern aus der Türkei, dem ehemaligen Jugoslawien, Spanien, Italien und Portugal immigriert sind, weisen demnach aufgrund

---

[1] Quelle: Bundesamt für Statistik. Die Zahlen beruhen auf eigenen Berechnungen. Die aktuellen Zahlen der Strukturerhebung von 2010 berücksichtigen erst Personen ab 15 Jahren.

[2] Zur Kategorie der zweiten Generation gehören Personen, die zum Zeitpunkt der Geburt einen ausländischen Pass besassen – unabhängig von der Möglichkeit einer späteren Einbürgerung.

[3] Das damalige Jugoslawien bestand aus den heutigen Staaten Serbien, Montenegro und dem Kosovo.

des niedrigen sozio-ökonomischen Status schlechte Startbedingungen auf (Liebig et al. 2012, S. 55). Vergleicht man nun Jugendliche mit Migrationshintergrund mit einheimischen Jugendlichen aus ähnlichen Schichten, lässt sich festhalten, dass erstere ähnlich erfolgreich (Bolzmann et al. 2003a, b) oder sogar noch erfolgreicher sind als letztere (Mey et al. 2005). Allerdings weisen Jugendliche mit Migrationshintergrund auch ein grösseres Risiko auf, in unteren Ausbildungsgängen zu verbleiben.

Der Übergang vom Ausbildungs- ins Berufssystem gestaltet sich insbesondere für Jugendliche mit Migrationshintergrund aus tiefen sozio-ökonomischen Schichten und mit einer niedrigen Schulqualifikation als schwierig. Gemäss einer aktuellen OECD-Studie (Liebig et al. 2012) ist die Wahrscheinlichkeit grösser, dass sie das Ausbildungssystem bereits nach der obligatorischen Schulzeit verlassen und sieben Jahre nach Ende der Schulzeit weder in einer Ausbildung noch in einer Anstellung sind (20 % im Vergleich zu 5 % der Einheimischen). Haug et al. (2007, S. 31) halten fest, dass ausländische 16- bis 19-Jährige im Vergleich zu den schweizerischen Gleichaltrigen überdurchschnittlich häufig ein Brückenangebot besuchen und stärker von Arbeitslosigkeit betroffen sind (15.5 % im Vergleich zu 5.5 %). Bei ausländischen Jugendlichen beträgt der Anteil von Schüler/-innen in Brückenangeboten 36 % im Vergleich zu 20 % der gesamten Kohorte (Schweizerische Koordinationsstelle für Bildungsforschung 2010, S. 117). Vor allem Jugendliche aus dem ehemaligen Jugoslawien, aus der Türkei und Portugal sind bei diesen Zwischenlösungen übervertreten (BFS 2003, S. 114).

Vor diesem Hintergrund drängt sich die Frage auf, ob die Benachteiligungen von Jugendlichen mit Migrationshintergrund beim Übergang ins Berufssystem auch auf soziale Ausschlussmechanismen zurückzuführen sind. Gerade der Übergang ins duale Ausbildungssystem birgt gemäss Imdorf (2005, S. 352) Risiken für eine Selektion nach leistungsunabhängigen Kriterien, da eine Kluft zwischen den schulisch vermittelten Kompetenzen einerseits und den Anforderungen des Berufsbildungssystems andererseits besteht. Während sich das Berufsbildungssystem an den Bedürfnissen des Arbeitsmarktes orientiert, richtet sich die Volksschulbildung weniger stark an den Erfordernissen des Lehrstellenmarkts aus. Insgesamt tragen verschiedene Faktoren wie eine unterdurchschnittliche schulische Formalqualifikation, ein fehlendes soziales Netzwerk, Vorbehalte in der Bevölkerung und sprachliche Stigmatisierungen zum schlechten Zugang in den dualen Berufsbildungsmarkt bei (Imdorf 2005, S. 263) – zumal es seitens der Betriebe gilt, potentielles „Störpotenzial", das Lernende in den Betrieb einbringen könnten, frühzeitig zu erkennen und zu beseitigen (Imdorf 2008, S. 124).

Verschiedene Studien können diese Annahmen bestätigen und zeigen, dass ausländische Jugendliche unter vergleichbaren Bedingungen bessere Zeugnisse vorweisen müssen als Einheimische und deutlich reduzierte Chancen auf einen betrieblichen Arbeitsplatz haben (BFS 2003; Imdorf 2005, 2008). Mey et al. (2005, S. 119 f.) verweisen auf die schlechte Positionierung von Personen türkischer, portugiesischer und insbesondere jugoslawischer Herkunft auf dem Arbeitsmarkt, die kaum ohne den Einfluss von Ausschlussmechanismen zu erklären sei. Eine in der französisch- und deutschsprachigen Schweiz durchgeführte Studie von Fibbi et al. (2003) kommt zum Ergebnis, dass türkische und albanisch-sprachige Jugendliche insbesondere in der Deutschschweiz im Vergleich zu schweizerischen Jugendlichen mit ähnlichen Qualifikationen im Bewerbungsprozess diskriminiert werden. Vom Ausschluss aus dem Arbeitsmarkt sind also vor allem diejenigen Gruppen betroffen, die in der Öffentlichkeit als „fremd" gelten, wobei dies in der Schweiz insbesondere Personen aus dem ehemaligen Jugoslawien (v. a. Albaner), Muslime oder Personen aus dem Asylbereich sind (siehe auch Stolz 2001).

Während im Allgemeinen geschlechter- und herkunftsspezifische Benachteiligungen kumulieren und demzufolge zugewanderte Frauen mit niedriger Bildung bei der Lehrstellensuche benachteiligt sind, hält Imdorf (2005) fest, dass auch männliche Jugendliche aus den Nachfolgestaaten Jugoslawiens aufgrund ihres schlechten Rufs verminderte Chancen bei der Lehrlingsselektion aufweisen. Zusammenfassend kann gemäss Bundesamt für Statistik (BFS 2003, S. 118) auf folgende paradoxe Situation hingewiesen werden: Für Jugendliche mit tiefem Ausbildungsniveau, insbesondere aus dem ehemaligen Jugoslawien, aus der Türkei und Portugal, kommen tendenziell Berufsbildungen mit tiefem bis mittlerem Anforderungsniveau in Frage. Gerade aber in diesem Ausbildungssegment scheinen „Fremde" gegenüber „Einheimischen" besonders grosse Nachteile zu haben.

3 Migration, soziale Ungleichheit und Zugehörigkeit: Theoretische Überlegungen

Die Migrationsmotive von Personen, die aus wirtschaftlichen Gründen auswandern, sind oft an Hoffnungen an einen sozialen Aufstieg geknüpft. Die Investition in die berufliche Karriere der Kinder scheint die sicherste Investition in eine bessere Zukunft zu sein (Bader und Fibbi 2012). Juhasz und Mey (2003, S. 313 f.) sprechen in diesem Zusammenhang von einem „Familienprojekt der Mobilität", das bereits mit der Migration beginnt und von den Eltern auf die Kinder übertragen wird. Dieses „Familienprojekt" führt zu einer hohen Bildungsaspiration, die von den Kindern verinnerlicht wird. Im besten Fall vermindert die Bildungsaspiration den Einfluss der sozialen Herkunft auf Bildungsabschlüsse (Bader und Fibbi 2012), im schlechtesten Fall aber kann sie zu unrealistischen Bildungszielen oder zu einem hohen Druck seitens der Eltern führen (Hämmig und Stolz 2001; Allenbach et al. 2010).

Ein theoretischer Ansatz, der Fragen rund um Migration, Anerkennung und soziale Ungleichheit bündelt, ist das Konzept der Zugehörigkeit. Zugehörigkeit bedeutet zunächst einmal, als vollwertiges Mitglied einer Gemeinschaft anerkannt zu sein. Fragen der Zugehörigkeit tauchen jedoch oft im Zusammenhang mit dem Gefühl auf, nicht zu einem sozialen oder geographischen Ort zu gehören. Zugehörigkeit ist also immer dann prekär, wenn die Mitgliedschaft eines Individuums zu einer Gruppe nicht eindeutig bestimmt ist (Crowley 1999; Mecheril 2003). Das Konzept beinhaltet jedoch nicht nur Prozesse der Zuschreibung, wie sie in rassistischen oder diskriminierenden Handlungen auftreten, sondern auch Prozesse der Identifikation. Mit anderen Worten sind Zugehörigkeiten komplexe und ambivalente Prozesse im Schnittpunkt von Selbst- und Fremdwahrnehmung sowie von Ein- und Ausschlussmechanismen.

Ein in diesem Zusammenhang besonders fruchtbarer Ansatz stammt von Anthias (2003, 2006), die sowohl soziale Ungleichheit als auch die Handlungsfähigkeit der Akteure berücksichtigt. Sie unterscheidet auf der einen Seite zwischen der sozialen Position von Individuen als einem Resultat von Ausschlussprozessen. Diese Position wird – in Anlehnung an den Gedanken der Intersektionalität – durch unterschiedliche Differenzfaktoren wie Geschlecht, soziale Herkunft oder Ethnizität bestimmt (siehe auch Lutz 2001; Cole und Durham 2007). Auf der anderen Seite verweist sie auf Prozesse der sozialen Positionierung, die als Set von Praktiken, Handlungen und Bedeutungen zu verstehen sind und von den Individuen aktiv mitgestaltet werden.

Im Gegensatz zur vorherrschenden gesellschaftlichen Sichtweise ist es für die Jugendlichen mit Migrationshintergrund selbst kein Widerspruch, sich gleichzeitig als schweizerisch *und* tamilisch oder als muslimisch *und* Mitglied des jugendlichen Mainstreams zu fühlen. Im Gegensatz zur vorherrschenden Sichtweise haben sie ein vielschichtigeres – oder mit anderen Worten ein multikulturelles – Verständnis davon, was es bedeutet, ein „Schweizer" zu sein. Um diese Ambivalenz zwischen Fremd- und Eigenwahrnehmung zu verstehen, ist es wichtig, zwei Ebenen der Zugehörigkeit zu unterscheiden (Müller 2013): Auf der einen Seite geht es um emotionale Bindungen, welche die Jugendlichen zu ethnischen, nationalen oder religiösen Gruppen innehaben (z. B. „in mir drin brennt das Bosnische"). Auf der anderen Seite stehen oft rational begründete oder alltägliche Zugehörigkeiten zur Gesellschaft, in welcher sie ihren vergangenen, gegenwärtigen oder zukünftigen Lebensmittelpunkt haben, im Vordergrund, die sich auf folgende Faktoren beziehen: Sie haben das schweizerische Schulsystem durchlaufen, sind mit den gesellschaftlichen Strukturen vertraut („ich verstehe die Schweiz besser als den Kosovo"), haben hier ein Freundesnetz aufgebaut („meine Freunde sind hier, ich möchte sie nicht verlassen") und verfügen in der Regel über bessere berufliche Perspektiven als in den Herkunftsländern ihrer Eltern. Da es bei diesen Aspekten um die gesellschaftliche Partizipation als Bürger oder um das Gefühl im Zusammenhang mit dieser Partizipation geht, kann diese Ebene als zivilgesellschaftliche Ebene verstanden werden. In ähnlicher Weise unterscheiden Levitt und Glick Schiller (2004) zwischen „ways of being" und „ways of belonging". Erstere umfassen Beziehungen und Praktiken, in die Individuen involviert sind, letztere Bindungen zum Herkunftsland, die mit Hilfe von Erinnerungen, nostalgischen Gefühlen oder Vorstellungen aufrecht erhalten werden. Bevor in Abschn. 5 die Ergebnisse des Forschungsprojektes „Erzählungen über Zugehörigkeit: Junge Männer aus Südasien und Südosteuropa in der Schweiz" im Hinblick auf Zugehörigkeiten im Kontext von Arbeit, Bildung und Migration diskutiert werden, beschäftigt sich der nächste Abschnitt mit dem Forschungsdesign.

4 Forschungsdesign

Das Forschungsprojekt „Erzählungen über Zugehörigkeit: Junge Männer aus Südasien und Südosteuropa in der Schweiz" [4] nahm männliche Jugendliche, deren Eltern aus Bosnien-Herzegowina, dem Kosovo, Mazedonien und Sri Lanka in die Schweiz eingewandert waren und die der muslimischen beziehungsweise der hinduistischen Glaubensgemeinschaft angehören, in den Blick.[5] Der Fokus auf junge Männer ergab sich aufgrund der aktuellen Forschungslage: Das Themenfeld Migration und Männlichkeit beziehungsweise Migration, Religion und Männlichkeit wird hauptsächlich aus einer problematisierenden Perspektive beleuchtet. Insbesondere bei Forschungen zu muslimischen Männern steht der Fokus auf patriarchalische Eigenschaften, Gewalttätigkeit oder Ehre im Vordergrund (u. a. Tertilt 1996; Heitmeyer et al. 1997; Bohnsack 2001). Ausnahmen hiervon sind zum Beispiel die Arbeiten von Tietze (u. a. 2001) und Scheibelhofer (u. a. 2007), welche auf die Komplexität muslimischer Männlichkeiten hinweisen.

Ziel des Forschungsprojektes war es also einerseits, das Themenfeld Migration, Religion und Männlichkeit aus einer differenzierten Perspektive zu beleuchten. Andererseits sollte mit dem Fokus auf hinduistische und muslimische Jugendliche zwei religiöse Gruppen in den Vordergrund gerückt werden, die in der Öffentlichkeit unterschiedlich wahrgenommen werden. Während „der Islam" meist dem „abendländischen Westen" als konträr gegenübergestellt wird und Muslime mit

---

[4] Das Forschungsprojekt war in das Nationale Forschungsprogramm NFP 58 „Religionsgemeinschaften, Staat und Gesellschaft" eingebettet. Siehe u. a. Allenbach et al. 2010; Allenbach 2011; Herzig 2011; Müller in Vorbereitung.

[5] Die befragten Jugendlichen sind also Angehörige der „zweiten Migrationsgeneration", wobei dieser Begriff als analytische Kategorie verstanden wurde, um Personen in einer ähnlichen Lebenslage miteinander vergleichen zu können.

Frauenunterdrückung, Gewalt und Terrorismus assoziiert werden (Imhof und Ettinger 2007; Rostock und Berghahn 2009), bleibt der Hinduismus im Zusammenhang mit der tamilischen Migration meist unsichtbar. Parallel zur Aufmerksamkeit in der Öffentlichkeit erhalten Muslime auch in der Forschung die grössere Aufmerksamkeit (z. B. Escudier 2003; Modood 2006).

Insgesamt fanden zwischen Juni 2008 und April 2010 vierzehn Interviews und vier Gruppendiskussionen mit männlichen Jugendlichen aus Südosteuropa sowie zehn Interviews und vier Gruppendiskussionen mit männlichen Jugendlichen aus Sri Lanka statt. Die Jugendlichen waren mehrheitlich zwischen 16 und 20 Jahre alt. Ergänzend zu den Interviews und Gruppendiskussionen dienten informelle Gespräche mit Erwachsenen (u. a. Vertreter von religiösen Immigrantenvereinen, Lehrpersonen) sowie die Methode der teilnehmenden Beobachtung (u. a. an religiösen Zeremonien, kulturellen/religiösen Festen oder öffentlichen Informationsveranstaltungen) dazu, die Situation der Jugendlichen aus verschiedenen Blickwinkeln zu beleuchten.

Sowohl bei der Datenerhebung als auch der Datenauswertung wurde ein offenes und induktives Vorgehen angewendet, das an die von Barney Glaser und Anselm Strauss (u. a. 1967; Strauss 1994) entwickelte Methode der *Grounded Theory* angelehnt war. Narrative Interviews und Gruppendiskussionen sollten es ermöglichen, die Jugendlichen zum Erzählen aufzufordern und ihnen Raum für die Entfaltung der eigenen Perspektiven zu geben. Dabei standen nicht nur Fragen nach Zugehörigkeiten zu verschiedenen Kontexten im Vordergrund, sondern auch Themen wie Freizeitbeschäftigungen oder Schule.

5 Die Perspektive der Jugendlichen: Hoffnung auf finanzielle Sicherheit und soziale Anerkennung durch eine Lehrstelle

5.1 Valon: Die erfolglose Lehrstellensuche als alltägliche Belastung

Der Vater von Valon arbeitete als Gastarbeiter in der Schweiz und holte, nachdem der Krieg im Kosovo ausgebrochen war, seine Frau, Valon und die beiden jüngeren Töchter hierher. Damals war Valon sieben Jahre alt. Nach der Primarschule wurde er in eine Sekundarschule mit grundlegenden Anforderungen[6] eingeteilt. Zum

---

[6] Je nach Kanton gliedert sich die Sekundarstufe I in zwei bis vier Schultypen. Generell kann zwischen Typen mit „Grundanforderungen" und „erweiterten Anforderungen" unterschieden werden.

Zeitpunkt des Interviews besuchte er das 10. Schuljahr[7], war 17 Jahre alt und noch nicht eingebürgert. Mit dem Kosovo verbinden ihn die Verwandtschaft, die alljährlichen Ferien, das sich im Besitz seiner Familie befindende Haus sowie seine Geburt als Symbol für die Vergangenheit. Gleichzeitig spürt er, dass er dort „wie ein Ausländer" betrachtet wird. Im Gegensatz dazu fühlt er sich in der Schweiz wohl:

Interviewerin	Und hatte es [als Kind] irgendwelche Vorteile, dass (…) Ihre Mutter aus dem Kosovo ist?
Valon	Vorteile hat es nicht unbedingt, aber ich weiss, dass ich eben auch noch ein anderes Heimatland habe. Ich fühle mich eigentlich, ehrlich gesagt, hier sehr viel wohler als dort. (…) Seit zehn Jahren lebe ich hier und verstehe die Schweiz viel, viel besser als zum Beispiel den Kosovo. Und ich finde es auch viel besser. Der Vorteil ist eigentlich, dass ich Glück hatte, dass ich hierhin gekommen bin. (…) Zum Beispiel (…) fühle ich mich, wie wenn ich ins Militär würde, wie wenn die Schweiz mein eigenes Heimatland wäre. Ich fühle mich sehr wohl hier, viel mehr als eben im Kosovo, obwohl es ja (lacht) mein Heimatland ist.

In seiner Freizeit trifft er sich mit seinen Freunden, „hängt mit ihnen herum", spielt Basketball, geht ins Fitness-Studio, ins Schwimmbad oder shoppen – kurzum, er unternimmt „nichts Besonderes, was eigentlich Jugendliche so machen", wie er selbst sagt.

Einen Teil seiner Freizeit verbrachte er zum Zeitpunkt des Interviews mit der Lehrstellensuche, wobei er bemüht war, die Bewerbungen am Sonntagmorgen zu schreiben, um danach Zeit mit seinen Freunden verbringen zu können. Das ganze Wochenende für die Schule zu arbeiten, wie dies seine Schwestern machen, fände er zu langweilig. Das Schreiben der Bewerbungen gehe „eigentlich schnell", man konzentriere sich auf seinen Beruf, informiere sich über die Firma und passe das Bewerbungsschreiben je nach Bedarf an, um es am Montag in die Schule mitnehmen zu können. Während er zu Beginn des Bewerbungsprozesses eine Lehrstelle im Detailhandel oder als Automechaniker anstrebte, fokussiert er nun auf die Ausbildung zum Logistiker. Auf diesen Beruf kam er, weil sich die Schüler/-innen des 10. Schuljahres im Profil „Verkauf" mit Bereichen wie Buchhaltung und Logistik beschäftigen.

---

[7] Das 10. Schuljahr ist ein freiwilliges Brückenangebot nach der obligatorischen Schulzeit und dient als Übergangslösung für Jugendliche, die nicht direkt in eine berufliche Grundbildung oder eine weiterführende Schule auf der Sekundarstufe II eintreten. Vgl. http://www.berufsberatung.ch/dyn/1293.aspx. (besucht am 11. Nov. 2013).

Der Eindruck des Bewerbungsprozesses als einer reinen Routine-Arbeit – wie er durch die Erzählung Valons entstehen könnte – täuscht. Die bisherigen Absagen hinterlassen zweifelsohne ihre Spuren:

> Es ist sehr deprimierend, vor allem wenn man ganz so, wie sage ich? (…) Wenn in der Endrunde nur noch zwei sind oder so und du nachher trotzdem noch eine Absage bekommst, und das ist am schlimmsten. Sonst die anderen Absagen, die sind… Ja egal, so. Absagen sind schon ein bisschen schwer zu verdauen.

Für ihn ist es deshalb schwierig zu verstehen, wenn seine Freunde meinen, er habe Glück, noch in der Schule zu sein, wo es weniger anstrengend sei. In solchen Situationen denkt Valon: „Du hast Glück, dass du jetzt eine Lehre hast." Dennoch glaubt Valon nicht, dass die Absagen mit seiner Herkunft aus dem Kosovo oder seiner Zugehörigkeit zur muslimischen Glaubensgemeinschaft zusammenhängen könnten. Den einzigen Nachteil, den er explizit erwähnt, sieht er in seinem Sprachdefizit: „Man merkt es, dass ich Mühe hatte, oder immer noch Mühe habe mit der Sprache. (Lacht.) (…) Sonst (…) war es eigentlich normal."

Die Lehrstellensuche ist für Valon ein äusserst dringliches, vielleicht sogar existentielles Problem, das seinen Alltag strukturiert. Dies zeigt auch folgende Interviewpassage:

Interviewerin	Und was ist zurzeit Ihr grösster Wunsch?
Valon	Einmal eine Lehrstelle zu finden, einmal eine Lehre fertig zu machen und zu arbeiten.
Interviewerin	H = hm. Und das grösste Problem?
Valon	Eben, das grösste Problem, das ich im Moment habe, ist einfach wieder einmal die Lehre, eine Lehre zu finden ist wirklich das grösste Problem bis jetzt (…), sonst nichts.

Seine Zukunft stellt sich Valon „normal" vor, nämlich „dass ich sicher arbeiten werde, hoffentlich. Und dass ich (…) nicht arbeitslos sein werde, hoffentlich." Die Betonung der Normalität („normale Hobbies", „normal religiös", „normale Zukunft"), die sich wie ein roter Faden durch Valons Selbstpräsentation zieht, kann als Ausdruck von Valons prekärer Situation verstanden werden. Vor dem Hintergrund seiner Schwierigkeiten bei der Lehrstellensuche kann die Betonung der Normalität als – vielleicht gar nicht so bescheidener – Wunsch nach Sicherheit und sozialer Anerkennung gewertet werden.

5.2 Florentin: Unterordnung unter die gesellschaftlichen Regeln

Florentins Vater kam als Gastarbeiter in die Schweiz und arbeitete hier als Gipser. Florentin, seine zwei Brüder und seine Mutter wohnten vorerst im Kosovo. Nachdem der Krieg ausgebrochen war, entschied die Mutter, ihrem Ehemann in die Schweiz zu folgen. Zum Zeitpunkt des Interviews war Florentin 16 Jahre alt und die ganze Familie besass seit ein paar Monaten den Schweizer Pass.

In seiner Freizeit trifft sich Florentin mit seinen Freunden, geht mit ihnen in den „Ausgang"[8] oder betreibt verschiedene Sportarten wie Fitness oder Breakdance. Florentin möchte seinen Kindern gerne einmal die albanische Sprache weitergeben, ihnen zeigen, wie es im Kosovo ist, und mit den Verwandten dort den Kontakt aufrecht erhalten. Wichtig ist ihm auch seine Religionszugehörigkeit zum Islam. Er versucht, gewisse Regeln einzuhalten (z. B. Verzicht auf Alkohol), sieht sich aber nicht als strenggläubigen Muslim. Zudem fühlt er sich als „eine Art Schweizer", da er den Schweizer Pass besitzt und vor allem wegen des höheren Lebensstandards in der Schweiz bleiben möchte:

> Also wir [Freunde] haben uns das auch schon gefragt, ob wir dort [im Kosovo] irgendwann einmal leben werden, aber ich könnte es mir nicht vorstellen, es ist eigentlich… Also mir gefällt es schon dort, aber es ist einfach nicht gerade so… Zum Leben ist es eigentlich nicht gut.

Nach der Primarschule wurde Florentin in eine Sekundarschule mit Grundanforderungen eingeteilt. Er erzählte, dass die Lehrperson sie zwar im Schreiben von Bewerbungen instruiert habe, sich danach aber kaum mehr für diese interessiert habe:

> Also es war eigentlich schon schwer, etwas zu finden, weil (…) ich bin nicht so gut gefördert worden, also ich meine, zum Beispiel bei den Bewerbungen oder so ist es nicht so gut gelaufen. (…) Ich habe manchmal vielleicht auch Fehler drin gehabt (…). Und auch, also die Noten waren eben schon gut und alles, aber eben ja, es war halt das.

Dies änderte sich, als er nach der obligatorischen Schulzeit ins 10. Schuljahr wechselte, wo er viel mehr Zeit hat, um Bewerbungen zu schreiben, und die Lehrpersonen ihn beim Bewerbungsprozess unterstützen. Ursprünglich strebte Florentin eine

---

[8] Mit „Ausgang" sind umgangssprachlich abendliche und meistens aufs Wochenende beschränkte Aktivitäten gemeint, typischerweise Disco- oder Barbesuche.

Lehrstelle als Kaufmann an. Da er aufgrund seiner Einteilung in eine Sekundarschule mit Grundanforderung nicht als guter Schüler galt, riet ihm die Lehrperson von seinem Berufswunsch ab. Aufgrund einer befriedigenden und erfolgreichen Schnupperlehre[9] im Detailhandel suchte er auf diesem Bereich weiter und erhielt schliesslich kurz vor dem Interview eine Zusage für eine Lehrstelle als Detailhandelsfachmann.

Auf die Frage, ob der Migrationshintergrund beim Bewerbungsprozess möglicherweise eine Rolle gespielt habe, meinte Florentin, dass dies durchaus sein könne. Er habe die Lehrstelle erst zum Zeitpunkt erhalten, als er bereits eingebürgert worden war. Unabhängig vom Bewerbungsprozess machte Florentin auch schon die Erfahrungen, dass ihn jemand als Ausländer oder Muslim beschimpfte oder zu ihm sagte „geh zurück in dein Land". Kritik möchte er an der schweizerischen Gesellschaft aber deshalb nicht ausüben: Es sei schon alles gerecht, meinte er, und äusserte sich im Zusammenhang mit der Minarettinitiative wie folgt: „Es ist halt auch ihr Land, also wir müssen uns schon anpassen."

Dass die Lehrstellensuche eine schwierige und belastende Zeit war, wird in folgender Passage deutlich:

Florentin	Also ich kann mich jetzt nicht gerade beschweren, ich habe eigentlich gar keine Probleme. (…) Ich habe einfach Probleme gehabt bis kürzlich mit der Lehrstelle, aber jetzt habe ich eine gefunden. Und seitdem habe ich eigentlich keinen Stress mehr.
Interviewerin	Und was ist zurzeit dein grösster Wunsch?
Florentin	Mein grösster Wunsch… Also mein Wunsch hat sich eigentlich schon erfüllt, eben dass ich schon eine Lehrstelle gefunden habe. Und ja, eigentlich habe ich sonst keine Wünsche mehr.

Für seine Zukunft wünscht er sich abgesehen von einer eigenen Familie und einem Haus, dass er bei der Arbeit erfolgreich ist und wenn möglich aufsteigt, zum Beispiel zum Filialleiter.

5.3 Aaranen: Abschied vom Traumberuf

Aaranens Eltern flüchteten Anfang der 1990er-Jahre im Zusammenhang mit dem Bürgerkrieg in Sri Lanka in die Schweiz. Er und seine Schwester sind in der

---

[9] Während einer „Schnupperlehre" erhalten Jugendliche die Möglichkeit, einen Betrieb zu besuchen. Die Schnupperlehre dauert in der Regel zwischen zwei und fünf Tagen. Siehe http://www.berufsberatung.ch/dyn/1254.aspx, 25.05.2013.

Schweiz geboren und aufgewachsen. Aaranens Vater arbeitete als Hilfskoch, seine Mutter als HSK-Lehrerin[10] für die tamilische Sprache und Kultur. Zum Zeitpunkt des Interviews besass die ganze Familie den schweizerischen Pass und Aaranen war 17 Jahre alt. In seiner Freizeit trifft er sich mit seinen Freunden, „hängt mit ihnen herum", spielt Fussball oder trainiert Thaiboxen.

Mit seiner tamilischen Herkunft verbindet Aaranen insbesondere die tamilische Sprache und seine Religion, der Hinduismus. Er sagt von sich, dass er mit zunehmendem Alter immer „gläubiger, gläubiger und gläubiger" geworden sei. Aaranen betont die Differenz zwischen den Tamilen einerseits und den Einheimischen andererseits. „Wir leben anders", meinte er, und bezog sich insbesondere auf die Praxis der arrangierten Heirat oder auf den Ausgang, den ihm seine Eltern nur ausnahmsweise erlauben. Auch wenn Aaranens Ausführungen zeigen, dass diese klar gezogene Linie zwischen den Tamilen und den Einheimischen in der Praxis flexibel gehandhabt wird[11], so kommt dadurch dennoch die starke Orientierung an der tamilischen Gemeinschaft zum Ausdruck. Nach Sri Lanka zurückkehren möchte er trotzdem nicht:

> Wenn ich es ehrlich und offen sagen würde: Es geht nicht. Es ist ganz schwierig. Also ich bin da aufgewachsen, es ist ganz schwierig.

Während seiner Schulzeit in einer Sekundarschule mit erweiterten Anforderungen strebte Aaranen eine Lehrstelle als Informatiker an. Da er nach der obligatorischen Schulzeit ohne Lehrstelle verblieb, begann er mit einem Motivationssemester für Jugendliche. In diesem Rahmen arbeitete er in einer Firma, die ihm nach ein paar Wochen eine Lehrstelle als Automatikmonteur anbot, die zwischenzeitlich wieder frei geworden war. Aaranen sagte zu, da es ihm wichtiger war, keine Zeit zu verlieren, als seinen Traumberuf zu verwirklichen.

Aaranen hat das Gefühl, aufgrund seiner Herkunft bei der Lehrstellensuche benachteiligt gewesen zu sein:

> Ich habe hier keine Probleme [als „Ausländer"]. Vielleicht bei der Lehrstellensuche ist das so gewesen. (…) Also ich bin Sek A-Schüler [mit erweiterten Anforderungen] gewesen (…), also eigentlich bin ich ein guter Schüler gewesen, gute Noten gehabt und trotzdem nichts gefunden. (…) Also ich habe keine Probleme. Ich sage, das ist

---

[10] Unterricht der Heimatlichen Sprache und Kultur.
[11] Aaranens Schwester beispielsweise konnte ihre heimliche Beziehung zu ihrem Freund legitimisieren, indem sie sich mit diesem verlobte. Dies kann als Kompromiss zwischen einer arrangierten Heirat und einer vorehelichen Liebesbeziehung betrachtet werden. Siehe auch Müller im Druck.

nicht so tragisch wie in anderen Ländern zum Beispiel. (...) Meine Lehrerin, sie ist selber Schweizerin, also sie hat mir (...), als ich einmal ein Praktikum gemacht habe, immer gesagt, es könnte wahrscheinlich wegen dem Namen sein. Von dem her könnte es so gewesen sein, aber ich kann das nicht sagen. Ich kann eben keine Vorwürfe da machen.

Auch wenn Aaranen eine mögliche Benachteiligung beim Bewerbungsprozess in Betracht zieht, möchte er dieses Gefühl nicht überbewerten, sondern schwächt seine Aussage im Gegenteil ab. Schliesslich gebe es keine Beweise, da „in der Absage immer das Gleiche" stehe. Aaranen möchte sich also nicht als Opfer präsentieren. Viel wichtiger scheint die Tatsache zu sein, dass er momentan im Arbeitsmarkt untergebracht ist. Sein grösster Wunsch ist es, einen guten Abschluss zu machen und sich nach der Lehre beruflich weiterzuentwickeln.

5.4 Die subjektive Bedeutung der Lehrstellensuche und der Berufswahl

Die Interviews mit den jungen Männern endeten jeweils mit der Frage, was denn ihr grösster Wunsch beziehungsweise ihr grösstes Problem sei. Auffällig oft erwähnten die Jugendlichen Probleme in der Schule beziehungsweise bei der Lehrstellensuche. Sie setzen sich zum Ziel, sich schulisch zu verbessern oder sich mehr anzustrengen, um nicht repetieren zu müssen. Bei den Jugendlichen, die sich im 10. Schuljahr befanden, bezog sich das grösste Problem beziehungsweise der grösste Wunsch fast ausnahmslos darauf, eine Lehrstelle zu finden – wie bereits bei Valon und Florentin deutlich wurde. Weitere Jugendliche wünschten sich für die Zukunft eine abgeschlossene Lehre, einen guten Abschluss oder eine feste Anstellung. Ein Jugendlicher verwies auf die Frustrationen während des Bewerbungsprozesses: Sein grösstes Problem sei, dass er so viele Absagen erhalte und immer deprimierter werde.

Eine erfolglose Lehrstellensuche ist für die Jugendlichen also ein äusserst belastendes und dringliches Problem. Wie Mey und Rorato (2010, S. 56) zutreffend beschreiben, scheint der Übergang vom Ausbildungs- ins Berufssystem von den Jugendlichen als „Nadelöhr" betrachtet zu werden, das passiert werden muss. Ist kein Ausbildungsplatz in Sicht, scheint dies die Perspektive auf eine finanziell gesicherte Zukunft zu gefährden. Zudem müssen Jugendliche mit Migrationshintergrund, deren Zugehörigkeit nicht fraglos gegeben ist, in besonderer Weise zeigen, dass sie der Gesellschaft einen Nutzen bringen. Die Integration in den Arbeitsmarkt, die aus migrationspolitischer Sicht als wichtige Bedingung für eine erfolgreiche Integration gilt (Schweizerische Eidgenossenschaft 2013), kann also als Grundpfeiler für soziale Anerkennung betrachtet werden.

Darüber hinaus ist der Traum vom sozialen Aufstieg, wie er in Migrantenfamilien häufig anzutreffen ist, an Vorstellungen über eine erfolgreiche Bildungs- und Berufskarriere geknüpft. Auch die befragten Jugendlichen zeigen im Allgemeinen eine hohe Bildungsaspiration, indem sie statushohe Berufe, spätere Weiterbildungen oder eine Karriere im Betrieb anstreben. Die meistgenannten Traumberufe der befragten Jugendlichen waren Arzt, Informatiker, Ingenieur, Pilot, Kaufmann und Polymechaniker. Die Orientierung an statushohen Berufen zeigt, dass die Berufsausbildung auch als „Projekt der sozialen Anerkennung" (Mey und Rorato 2010, S. 5) interpretiert werden kann, bei dem versucht wird, durch besondere Anstrengungen einen Platz „oben" zu erkämpfen.

Häufig muss jedoch von den ursprünglichen Idealvorstellungen hinsichtlich der Berufswahl abgerückt werden. Lehrpersonen raten ihren Schülern und Schülerinnen dazu, das Spektrum an möglichen Berufen auszuweiten, um die Chancen auf dem Arbeitsmarkt zu erhöhen (siehe auch Mey et al. 2005). Mey und Rorato (2010) halten fest, dass Jugendliche in Brückenangeboten oft in diejenigen Stellen „geschleust" werden, die der Arbeitsmarkt noch zur Verfügung hat. Spätestens zu diesem Zeitpunkt kommt es zu einer Annäherung zwischen der ursprünglich angestrebten und der realistischerweise erreichbaren beruflichen Position – und dem zumindest vorläufigen Ende des Traums eines statushohen Berufs.

5.5 Umgang mit Diskriminierungserfahrungen im Bewerbungsprozess

Die befragten Jugendlichen nehmen die Bedeutung des Migrationshintergrundes beim Bewerbungsprozess äusserst unterschiedlich wahr. Einige Jugendliche glauben wie Aaranen, dass sie aufgrund ihres Migrationshintergrundes beim Bewerbungsprozess benachteiligt gewesen seien. Jugendliche aus Nachfolgestaaten des ehemaligen Jugoslawien verweisen auf die Endung „-ic" im Nachnamen, die sie eindeutig als Angehörige einer in der Schweiz als unsympathisch geltenden Ausländergruppe kennzeichnet (siehe dazu auch Allenbach 2011). Andere Jugendliche glauben wie Valon, der Migrationshintergrund spiele keine Rolle. Ein tamilischer Jugendlicher beispielsweise ist überzeugt davon, dass die Leistung mehr zähle als die Tatsache, dass er Tamile sei. Eine ähnliche Überzeugung teilt auch Fatmir, der bereit ist, für die Lehrstelle mehr zu leisten und bessere Noten zu erzielen:

> Zuerst habe ich als Maler gesucht und dann hat keiner eine Zusage geschickt. Und ich habe eben einen Cousin (…) und der arbeitet bei einer Firma. Und nachher hat er gesagt: „Schreib mal eine Bewerbung, vielleicht bekommst du etwas." Dann habe ich eine Bewerbung geschrieben und nachher haben sie mich angerufen und haben

gesagt, ich könne schnuppern kommen. (…) Und dann haben sie gesagt: „Du kriegst sie [die Lehrstelle als Maurer]." (…) In der Zusage stand, dass das Zeugnis der dritten Oberstufe besser sein müsse als das der zweiten. Und das war es dann, es ist besser. Und dann habe ich den Chef angerufen und er hat gesagt: „Den Vertrag schicken wir dir Ende Februar."

Auch Jugendliche, die auf mögliche Diskriminierungen bei der Stellensuche hinwiesen, möchten diese Beobachtung nicht überbewerten. Ein Beispiel dafür ist Aaranen, der seine Beobachtung – kaum war sie ausgesprochen – gleich wieder relativierte: „Von dem her könnte es so gewesen sein, aber ich kann das nicht sagen." Ein albanischer Jugendlicher rechtfertigte sogar die ungleiche Behandlung bei der Lehrstellensuche, indem er scherzte:

> Hätte ich einen eigenen Betrieb, würde ich auch lieber einen Schweizer nehmen als einen Albaner. (Lacht.) Ist so, nein wirklich. (…) die Schweizer haben einen guten Ruf und die Albaner eben nicht.

Vor dem Hintergrund aktueller empirischer Ergebnisse, die für ethnische Diskriminierungsprozesse beim Übergang ins Berufsleben sprechen, sind die Aussagen der Jugendlichen auf den ersten Blick überraschend. Ihre vorsichtigen Äußerungen können so gedeutet werden, dass Mechanismen der Diskriminierung kaum spür- oder nachweisbar sind. Zudem konnte die Strategie, Diskriminierungserfahrungen zu verneinen, stark abzuschwächen oder mit anderen Worten zu „neutralisieren" (Kappus 2008, S. 31), auch unabhängig vom Bewerbungsprozess vorgefunden werden. Sie verweist auf den Wunsch, jenseits von Migrationshintergrund, Religionszugehörigkeit oder Hautfarbe zur Norm zu gehören. Andere beobachtete Strategien im Umgang mit Etikettierungserfahrungen wie die Distanzierung von einer stark stigmatisierten Gruppe (z. B. die Distanzierung von „den Ausländern", „den Muslimen"), die verstärkte Zuschreibung zur Gruppe der Anderen (z. B. die Orientierung an der tamilischen Diaspora) oder die Kritik an Kategorisierungen im Allgemeinen konnten im Zusammenhang mit der Lehrstellensuche hingegen nicht beobachtet werden (siehe Müller 2013). Dies liegt möglicherweise daran, dass es bei der Lehrstellensuche nicht um emotionale Aspekte der Zugehörigkeit geht, sondern um die Teilhabe am gesellschaftlichen (Arbeits-)Leben.

Der ungebrochene Glaube an die Chancengleichheit und an das meritokratische Prinzip kann als Ausdruck der marginalen Position der Jugendlichen gedeutet werden: Die Unterordnung unter das vorherrschende gesellschaftliche System deutet auf die Strategie hin, unauffällig zu bleiben und das „Gastrecht" als Person mit Migrationshintergrund nicht herauszufordern. Eine gesellschaftliche Kritik wagen nur Jugendliche wie beispielsweise Liridon, der als 21-jähriger Student an einer Hochschule auf gutem Weg ist, den sozialen Aufstieg zu verwirklichen:

> Ich stelle mir meine Zukunft so vor, dass ich hier eine Familie haben werde und hoffe, dass es nie dazu kommen wird, dass wir uns fragen müssen, ob wir Bürger der Schweiz sind oder nicht. (...) Wir sollten einen Menschen nicht danach beurteilen, woran er glaubt. Niemand kann zu mir kommen und sagen, ich sei kein Schweizer, denn ich habe genau die gleichen Werte, da ich hier aufgewachsen bin, also fertig Schluss, ich bin ein Schweizer! Ich fühle mich pudelwohl und ich würde nie auf die Idee kommen, von hier wegzuziehen. Ich weiss, dass ich ein Teil dieser Gesellschaft bin und dass ich dazu beitrage, dass es dieser Gesellschaft gut geht! Punkt. Also bin ich ein Schweizer, aber kein Eidgenosse.

Es scheint, als ob eine höhere Bildung – und möglicherweise auch ein höheres Alter – zum Selbstbewusstsein beitragen, gesellschaftliche Kritik äussern zu dürfen. Schülerinnen und Schüler, die das Gymnasium besuchen, sind im Gegensatz zu Jugendlichen aus niedrigeren Bildungsgängen privilegiert, da der Übergang ins Berufssystem später erfolgt und sie erst dann mit der Unerbittlichkeit und Härte des Arbeitsmarkts konfrontiert werden. Jugendliche mit höherer Ausbildung verweilen also länger im Moratorium Jugend, während umgekehrt bei Jugendlichen mit einer niedrigen Ausbildung von einer „verkürzten Adoleszenz" (Geisen 2007) gesprochen werden kann.

6 Fazit

Zusammenfassend kann gesagt werden, dass die Lehrstellensuche für die befragten männlichen Jugendlichen ein dringliches, ja vielleicht sogar existentielles Problem darstellt. Sie scheinen den Ausbildungsplatz im dualen Ausbildungssystem als eine wichtige Voraussetzung für eine Zukunft zu sehen, die nicht nur finanzielle Sicherheit, sondern auch Anerkennung gewährleistet. In diesem Sinne ist die Lehrstellensuche ein Problem, das die Jugendlichen im Alltag beschäftigt und für das sie bereit sind, Zeit oder zusätzliche Anstrengungen zu investieren. Das 10. Schuljahr ist ein Gefäss, das den Jugendlichen die notwendige Unterstützung entgegenbringt, diese jedoch auch in bestimmte Berufsausbildungen drängt, wie die hier präsentierten Fallbeispiele zeigen (siehe auch Mey und Rorato 2010). Dieser Prozess bedeutet für die Jugendlichen oft, vom ursprünglich angestrebten Traumberuf abzurücken, das Spektrum auszuweiten und Berufe anzustreben, die aufgrund der Situation auf dem Arbeitsmarkt für sie realistischerweise in Frage kommen. Die Berufswahl hängt also nicht nur von persönlichen Ressourcen ab, sondern wird durch den Arbeitsmarkt und mächtigere Akteure wie Lehrpersonen oder Verantwortliche in Betrieben gesteuert, die als *Gatekeeper* den Zugang zu einer Lehrstelle regulieren.

Aufgrund der Kluft zwischen den schulisch vermittelten Kompetenzen und den Anforderungen des Berufsausbildungssystems ist der Übergang vom Ausbildungs- ins Berufssystem besonders anfällig für die Selektion nach leistungsunabhängigen Kriterien (Imdorf 2005). Verschiedene aktuelle Studien zeigen, dass insbesondere Jugendliche, deren Eltern aus Nachfolgestaaten des ehemaligen Jugoslawiens in die Schweiz eingewandert sind, von Ausschlussmechanismen bei der Lehrlings- selektion betroffen sind (u. a. Fibbi et al. 2003; Mey et al. 2005). Interessant wäre an dieser Stelle die Frage, ob auch die Religionszugehörigkeit – Muslime gelten heutzutage als *die* Fremden par excellence – eine Rolle bei der Lehrlingsselektion spielt. In der Studie von Granato und Skrobanek (2007) aus Deutschland kann nicht abschliessend geklärt werden, ob die Zugehörigkeit zum Islam oder zu be- stimmten Herkunftsländern (Türkei, arabische Länder) die geringeren Chancen zu erklären vermögen.

Der Übergang ins berufliche Ausbildungssystem stellt für die Jugendlichen eine biographische Übergangsphase dar, während der sie die Widersprüchlichkeit des Bildungssystems besonders deutlich zu spüren bekommen. Auf der einen Seite kann Bildung ein individuelles Projekt der Autonomie, Emanzipation, Anerken- nung oder des sozialen Aufstiegs sein. Wie verschiedene Studien zeigen, verfügen Jugendliche mit Migrationshintergrund oft über eine hohe Bildungsaspiration und die Hoffnung, über Bildungsabschlüsse oder eine betriebsinterne Karriere den so- zialen Aufstieg zu verwirklichen und dadurch soziale Anerkennung zu erlangen (z. B. Hämmig und Stolz 2001; Juhasz und Mey 2003; Bader und Fibbi 2012). Dies kann als Reaktion auf das schweizerische Inkorporationsregime gewertet werden, das Individuen in den Fokus rückt, den Arbeitsmarkt als wichtigsten Inkorporati- onsmechanismus betrachtet und von Personen mit Migrationhintergrund verlangt, über individuelle Leistungen zum Wohlergehen der Gesellschaft beizutragen.

Bildung als Mittel zum sozialen Aufstieg und zur sozialen Anerkennung schafft also einerseits einen Möglichkeitsraum für die Individuen, der jedoch andererseits durch die gesellschaftlichen Funktionen des Bildungssystems eingeschränkt wird. So stehen Projekte des sozialen Aufstiegs in direktem Widerspruch zur Selekti- onsfunktion, gemäss der Individuen je nach vollbrachter schulischer Leistung hi- erarchisch ins Berufssystem eingestuft werden. Diskriminierungsprozesse beim Übergang ins Berufssystem, die nach leistungsunabhängigen Kriterien erfolgen, stellen nun aber die Selektionsfunktion und mit ihr die Legitimationsfunktion des Bildungssystems in Frage.

Vor diesem Hintergrund sind die Sichtweisen der männlichen albanischen, bosnischen und tamilischen Jugendlichen interessant: Einige Jugendliche sind der Meinung, dass nur Leistung zähle, andere wiederum glauben, die ausländische Herkunft, die Hautfarbe oder die Religionszugehörigkeit habe sie beim Bewer- bungsprozess benachteiligt. Gleichzeitig versuchen sie, diese Diskriminierungserfahrungen zu „neutralisieren", das heisst abzuschwächen oder gar zu verneinen. Daraus lassen sich zwei Schlussfolgerungen ziehen: Erstens scheint der Glaube an die Leistungsgesellschaft und das meritokratische Prinzip ungebrochen. Dies kann dazu führen, dass die eigenen Handlungsmöglichkeiten über- und die sozialen Faktoren unterschätzt werden. Zweitens sind solche Strategien der Neutralisierung ein Ausdruck der marginalen Position der männlichen Jugendlichen mit Migrationshintergrund: Sie möchten zur Norm gehören, unauffällig bleiben, keine Kritik am gesellschaftlichen System ausüben und dadurch ihr „Gastrecht" als Personen mit Migrationshintergrund nicht strapazieren. Der Glaube an die Leistungsgesellschaft erscheint in diesem Sinne als Strategie, sich mit den gesellschaftlichen Bedingungen zu arrangieren. Lediglich Jugendliche, die sich aufgrund ihrer Ausbildung in „gefestigteren" Positionen befinden und wissen, dass sie einen Beitrag zum Wohlergehen der schweizerischen Gesellschaft leisten, scheinen Kritik äussern zu wollen oder zu dürfen. Dies zeigt, dass männliche Jugendliche nicht automatisch von ihrem Status als Mann und von der „patriarchalischen Dividende" (Connell 1999) profitieren, sondern dass ihre Position vom komplexen Wechselspiel verschiedener gesellschaftlicher Faktoren wie Geschlecht, Alter, Ethnizität, Religionszugehörigkeit oder Bildung abhängt. Zudem bilden auch Jugendliche mit Migrationshintergrund keine einheitliche Gruppe, sondern es lassen sich Schichtunterschiede aufweisen, die sich beispielsweise auf die Länge des Moratoriums Jugend auswirken.

Die marginale Position der Jugendlichen ist auch als Ausdruck ihrer prekären Zugehörigkeiten als Migrationsangehörige zu werten: Sie werden in einer Gesellschaft als fremd etikettiert, in der sie sich eigentlich heimisch fühlen. Die befragten Jugendlichen betrachten die Schweiz als ihren vergangenen, gegenwärtigen und zukünftigen Lebensmittelpunkt. Diese Zugehörigkeit auf der gesellschaftlichen Ebene steht nicht in Widerspruch zur Tatsache, dass sie sich auf einer emotionalen Ebene mit ihrer ethnischen oder religiösen Gruppe identifizieren. Vor diesem Hintergrund stellt sich die Frage, welche Auswirkungen Ausschlussmechanismen im Ausbildungs- und Berufssystem, also in einem Bereich, der für die soziale Anerkennung zentral ist, für die Zugehörigkeiten der Jugendlichen haben.

Literatur

Allenbach, B. (2011). Made in Switzerland: Erzählungen über Religion und Zugehörigkeit von Secondos/Secondas aus Südosteuropa. In B. Allenbach, U. Goel, M. Hummrich, & C. Weisskoppel (Hrsg.), *Jugend, Migration und Religion: interdisziplinäre Perspektippven* (S. 199–224). Baden: Pano/Nomos.

Allenbach, B., Herzig, P., & Müller, M. (2010). Schlussbericht Migration und Religion: Perspektiven von Kindern und Jugendlichen in der Schweiz. Bern: Nationales Forschungsprogramm NFP 58. http://www.nfp58.ch/files/downloads/Schlussbericht_Giordano.pdf. Zugegriffen: 8. Aug. 2011.

Anthias, F. (2003). Erzählungen über Zugehörigkeit. In U Apitzsch & M. M. Jansen (Hrsg.), *Migration, Biographie und Geschlechterverhältnisse* (S. 20–37). Münster: Westfälisches Dampfboot.

Anthias, F. (2006). Belongings in a globalising and unequal world: Rethinking translocations. In N. Yuval-Davis, K. Kannabirān, & U. Vieten (Hrsg.), *Situating contemporary politics of belonging* (S. 17–31). London: Sage.

Bader, D., & Fibbi, R. (2012). *Kinder mit Migrationshintergrund: ein grosses Potenzial.* Swiss Forum for Migration and Population Studies. https://www2.unine.ch/files/content/sites/sfm/files/projets%20de%20recherche/secondo_pot/Bericht_EDK_2012_d.pdf. Zugegriffen: 29. April 2013.

BFS (Bundesamt für Statistik). (Hrsg.). (1997). *Integration – (k)eine Erfolgsgeschichte. Ausländische Kinder und Jugendliche im schweizerischen Bildungssystem.* Bern: Bundesamt für Statistik.

BFS (Bundesamt für Statistik). (Hrsg.). (2003). *Wege in die nachobligatorische Ausbildung. Die ersten zwei Jahre nach Austritt aus der obligatorischen Schule. Zwischenergebnisse des Jugendlängsschnitts TREE.* Neuchâtel: Bundesamt für Statistik.

Bohnsack, R. (2001). Der Habitus der "Ehre des Mannes". Geschlechtsspezifische Erfahrungsräume bei Jugendlichen türkischer Herkunft. In P. Döge & M. Meuser (Hrsg.), *Männlichkeit und soziale Ordnung: Neuere Beiträge zur Geschlechterforschung* (S. 49–72). Opladen: Leske + Budrich.

Bolzmann, C., Fibbi, R., & Vial, M. (2003a). *Secondas – Secondos. Le processus d'intégration des jeunes adultes issus de la migration espagnole et italienne en Suisse.* Zürich: Seismo.

Bolzmann, C., Fibbi, R. & Vial, M. (2003b). Was ist aus ihnen geworden? Der Integrationsprozess der jungen Erwachsenen mit Migrationshintergrund. In H.-R. Wicker, R. Fibbi, & W. Haug (Hrsg.), *Migration und die Schweiz. Ergebnisse des Nationalen Forschungsprogramms „Migration und interkulturelle Beziehungen"* (S. 453–480). Zürich: Seismo.

Bornschier, V. (2002). *Weltgesellschaft. Grundlegende soziale Wandlungen.* Zürich: Loreto.

Cole, J., Durham, D. (2007). Introduction: Age, regeneration, and the intimate politics of globalization. In J. Cole & D. Durham (Hrsg.), *Generations and globalization. Youth, age, and familiy in the new world exonomy* (S. 1–28). Bloomington: Indiana University Press.

Connell, R. W. (1999). *Der gemachte Mann: Konstruktion und Krise von Männlichkeiten.* Opladen: Leske + Budrich.

Crowley, J. (1999). The politics of belonging: Some theoretical considerations. In A. Geddes & A. Favell (Hrsg.), *The politics of belonging: Migrants and minorities in contemporary Europe* (S. 15–39). Aldershot: Ashgate.

Escudier, A. (Hrsg.). (2003). *Der Islam in Europa: Der Umgang mit dem Islam in Frankreich und Deutschland.* Göttingen: Wallstein.

Fibbi, R., Kaya, B., & Piguet, E. (2003). *Nomen est omen: Quand s'appeler Pierre, Afrim ou Mehmet fait la différence. NFPNR 43.* Bern/Aarau: Schweizerischer Nationalfonds.

Geisen, T. (2007). Gesellschaft als unsicherer Ort. Jugendliche MigrantInnen und Adoleszenz. In T. Geisen, C. Riegel (Hrsg.), *Jugend, Partizipation und Migration. Orientierungen im Kontext von Integration und Ausgrenzung* (S. 29–50). Wiesbaden: VS Verlag für Sozialwissenschaften.

Glaser, B.G., & Strauss, A. L. (1967). *The discovery of grounded theory. Strategies for qualitative research.* New York: de Gruyter.

Granato, M., & Skrobanek, J. (2007). Junge Muslime auf dem Weg in eine berufliche Ausbildung – Chancen und Risiken. In H.-J. von Wensierski, & C. Lübcke (Hrsg.), *Junge Muslime in Deutschland. Lebenslagen, Aufwachsprozesse und Jugendkulturen* (S. 331–349). Opladen: Barbara Budrich.

Hämmig, O., & Stolz, J. (2001). Strukturelle (Des-)Integration, Anomie und Adaptionsformen bei der Zweiten Generation. In H-J. Hoffmann-Nowotny (Hrsg.), *Das Fremde in der Schweiz* (S. 163–196). Zürich: Seismo.

Haug, W., Heiniger, M., & Rochat, S. (2007). *Kinder und Jugendliche mit ausländischem Pass in der Schweiz*. Neuchâtel: Bundesamt für Statistik.

Heitmeyer, W., Müller, J., & Schröder, H. (1997). *Verlockender Fundamentalismus*. Frankfurt a. M.: Edition Suhrkamp.

Herzig, P. (2011). Religion in der Diaspora: Perspektiven von südasiatischen Kindern und Jugendlichen in der Schweiz. In B. Allenbach, U. Goel, M Hummrich, & C. Weissköppel (Hrsg.), *Jugend, Migration und Religion. Interdisziplinäre Perspektiven* (S. 249–269). Zürich: Pano/Nomos.

Hunger, U., & Tränhardt, D. (2004). Migration und Bildungserfolg: Wo stehen wir? *IMIS-Beiträge, 23*, 179–199.

Hurrelmann, K. (2006). *Einführung in die Sozialisationstheorie*. (9. Aufl.). Weinheim: Beltz.

Imdorf, C. (2005). *Schulqualifikation und Berufsfindung. Wie Geschlecht und nationale Herkunft den Übergang in die Berufsbildung strukturieren*. Wiesbaden: VS Verlag für Sozialwissenschaften.

Imdorf, C. (2008). Migrantenjugendliche in der betrieblichen Ausbildungsplatzvergabe? Auch ein Problem für Kommunen. In M. Bommes & M. Krüger-Potratz (Hrsg.), *Migrationsreport 2008. Fakten – Analysen – Perspektiven* (S. 113–158). Frankfurt a. M.: Campus.

Imhof, K., & Ettinger, P. (2007). Religionen in der medienvermittelten Öffentlichkeit der Schweiz. In M. Baumann & J. Stolz (Hrsg.), *Eine Schweiz – viele Religionen* (S. 285–300). Bielefeld: Transcript.

Juhasz, A., & Mey, E. (2003). *Die zweite Generation: Etablierte oder Aussenseiter? Biographien von Jugendlichen ausländischer Herkunft*. Wiesbaden: Westdeutscher Verlag.

Kappus, E.-N. (2008). Zur diskursiven Herstellung von Gleichheit und Ungleichheit. In K. Oester, U. Fiechter, & E-N. Kappus (Hrsg.), *Schulen in transnationalen Lebenswelten. Integrations- und Segregationsprozesse am Beispiel von Bern West* (S. 69–117). Zürich: Seismo.

Levitt, P., & Glick Schiller, N. (2004). Conceptualizing simultaneity: A transnational social field perspective on society. *International Migration Review, 38*(3), 1002–1039.

Liebig, Th., Kohls, S., & Krause, K. (2012). *The labour market integration of immigrants and their children in Switzerland. OECD social, employment and migration working papers, No. 128*. Directorate for employment, labour and social affairs, OECD publishing. http://www.oecd.org/switzerland/49654710.pdf. Zugegriffen: 11 Okt. 2012.

Lutz, H. (2001). Differenz als Rechenaufgabe: Über die Relevanz der Kategorie Race, Class and Gender. In H. Lutz & N. Wenning (Hrsg.), *Unterschiedlich verschieden. Differenz in der Erziehungswissenschaft* (S. 214–230). Opladen: Leske + Budrich

Mecheril, P. (2003). *Prekäre Verhältnisse. Über natio-ethno-kulturelle (Mehrfach†') Zugehörigkeit*. Münster: Waxmann.

Mey, E., & Rorato, M. (2010). *Jugendliche mit Migrationshintergrund im Übergang ins Erwachsenenalter – Eine biographische Längsschnittstudie*. Luzern: DORE-Forschungsprojekt Nr. 13DPD3-120439/1. http://www.snf.ch/SiteCollectionDocuments/medienmitteilungen/mm_100608/Secondos_Schlussbericht.pdf. Zugegriffen: 5. Aug. 2011.

Mey, E., Rorato, M., & Voll, P. (2005). *Die soziale Stellung der zweiten Generation. Analysen zur schulischen und beruflichen Integration der zweiten Ausländergeneration.* Neuchâtel: Bundesamt für Statistik.

Meyer, T. (2009). Wer hat, dem wird gegeben: Bildungsungleichheit in der Schweiz. In C. Suter, S. Perrenoud, R. Levy, U. Kuhn, D. & Joye, & P. Gazareth (Hrsg.), *Sozialbericht 2008: Die Schweiz vermessen und vergleichen* (S. 60–81). Zürich: Seismo.

Modood, T. (2006). British muslims and the politics of multiculturalism. In T. Modood, A. Triandafyllidou, & R. Zapata-Barrero (Hrsg.), *Multiculturalism, muslims and citizenship. A European approach* (S. 37–56) London: Routledge.

Müller, M. (2013). *Migration und Religion: Junge hinduistische und muslimische Männer in der Schweiz.* Wiesbaden: VS Springer.

Müller, M. (in Vorbereitung). On „bricoleurs" and „workers": Young second-generation men in Switzerland. *Journal of Intercultural Studies*.

Pfaff-Czarnecka, J. (2009). Chapter 9: Accomodating religious diversity in Switzerland. In P. Bramadat & M. Koenig (Hrsg.), *International migration and the governance of religious diversity* (S. 225–257). Montreal: McGill-Queen's University Press.

Rostock, P., & Berghahn, S. (2009). Einleitung: Der Stoff, aus dem die Kopftuch-Konflikte sind. In S. Berghahn & P. Rostock (Hrsg.), *Der Stoff, aus dem Konflikte sind. Debatten um das Kopftuch in Deutschland, Österreich und der Schweiz* (S. 9–29). Bielefeld: Transcript.

Scheibelhofer, P. (2007). A question of honour? Masculinities and positionalities of boys with Turkish background in Vienna. In C. Riegel & T. Geisen (Hrsg.), *Jugend, Zugehörigkeit und Migration. Subjektpositionierungen im Kontext von Jugendkultur, Ethnizitäts- und Geschlechterkulturen* (S. 273–288). Wiesbaden: VS Verlag für Sozialwissenschaften.

Schweizerische Eidgenossenschaft. (2013). *Integration*. http://www.bfm.admin.ch/content/dam/data/migration/rechtsgrundlagen/weisungen_und_kreisschreiben/weisungen_integration/weisungen-integration-d.pdf. Zugegriffen: 29. Mai 2013.

Schweizerische Koordinationsstelle für Bildungsforschung. (2010). *Bildungsbericht Schweiz 2010*. Aarau: Schweizerische Koordinationsstelle für Bildungsforschung. http://www.skbf-csre.ch/fileadmin/files/pdf/bildungsmonitoring/epaper-bildungsbericht2010de/index.html. Zugegriffen: 06. Juli 2011.

Soysal, Y. N. (1994). *Limits of citizenship. Migrants and postnational membership in Europe.* Chicago: The University of Chicago Press.

Stolz, J. (2001). Einstellungen zu Ausländern und Ausländerinnen 1969 und 1995: Eine Replikationsstudie. In H.-J. Hoffmann-Nowotny (Hrsg.), *Das Fremde in der Schweiz* (S. 33–71). Zürich: Seismo.

Strauss, A. L. (1994). *Grundlagen qualitativer Sozialforschung. Datenanalyse und Theoriebildung in der empirischen soziologischen Forschung.* München: Wilhelm Fink.

Tertilt, H. (1996). *Turkish Power Boys: Ethnographie einer Jugendbande.* Frankfurt a. M.: Suhrkamp.

Tietze, N. (2001). *Islamische Identitäten. Formen muslimischer Religiosität junger Männer in Deutschland und Frankreich.* Hamburg: Hamburger Edition.

Dr. Monika Müller studierte Sozialpädagogik an der Universität Zürich und promovierte in Sozialanthropologie an der Universität Freiburg (CH). Ihre Forschungsschwerpunkte sind: Migration, Religion, Jugend und Geschlecht. Aktuelle Veröffentlichungen: „On Bricoleurs and Workers: Young Second-generation Men in Switzerland" (Journal of Intercultural Studies, 2014), „Migration und Religion. Junge hinduistische und muslimische Männer in der Schweiz" (2013).

Erfolgs- und Misserfolgsfaktoren von Berufsintegrationsprojekten für Personen mit Migrationshintergrund

Erkenntnisse aus drei Evaluationsstudien im Vergleich

Sylvie Kobi, Christina Dietrich, Esther Forrer Kasteel und Milena Gehrig

1 Einleitung

Es gibt in der Schweiz zahlreiche Angebote im Bereich der beruflichen Integration von Migrantinnen und Migranten. Diese sind unterschiedlich ausgestaltet, beispielsweise richten sie sich an spezifische Zielgruppen, fokussieren verschiedene Phasen des Berufsintegrationsprozesses, werden von diversen Trägerschaften durchgeführt sowie finanziert und haben eine unterschiedlich lange Dauer.

Dieser Beitrag basiert auf der Diskussion von Studienergebnissen zu Angeboten im Bereich der beruflichen Integration von Personen mit Migrationshintergrund sowie auf einem Vergleich von drei Evaluationsstudien zu aktuellen Berufsinte-

---

S. Kobi (✉) · C. Dietrich · E. Forrer Kasteel · M. Gehrig
Zürich, Schweiz
E-Mail: sylvie.johner-kobi@zhaw.ch

C. Dietrich
E-Mail: christina.dietrich@gmail.com

E. Forrer Kasteel
E-Mail: esther.forrer@zhaw.ch

M. Gehrig
E-Mail: milena.gehrig@zhaw.ch

© Springer Fachmedien Wiesbaden 2015
T. Geisen, M. Ottersbach (Hrsg.), *Arbeit, Migration und Soziale Arbeit*,
DOI 10.1007/978-3-658-07306-0_13

grationsprojekten im Kanton Zürich (JugMig, CaseMig und StartInt[1]). Im Fokus des Interesses steht die Frage der „promising practices" (siehe Erläuterungen in Kap. 3), d. h. der erfolgsversprechenden Faktoren der drei Berufsintegrationsprojekte im Speziellen sowie der Erfolgs- bzw. Misserfolgsfaktoren von Berufsintegrationsprojekten im Allgemeinen. Bei zwei der evaluierten Programme sind Personen mit Migrationshintergrund die einzige Zielgruppe, bei einem stellen sie die grösste Nutzerinnen- und Nutzergruppe dar. Bei den beiden erst genannten Angeboten werden zudem primär Flüchtlinge und vorläufig aufgenommene Personen gecoacht. Insbesondere bei diesen Gruppen potenzieren sich die Herausforderungen einer beruflichen Integration, was in den tieferen Erwerbsquoten von Flüchtlingen und vorläufig aufgenommenen Personen im Vergleich zu übrigen Personen mit Migrationshintergrund abzulesen ist (Bundesamt für Migration 2008).

Im Rahmen der drei Angebote sind Sozialarbeitende auf der einen Seite bei der Generierung und dem Erhalt der Beschäftigungsfähigkeit seitens der Klientinnen und Klienten beteiligt und damit zuweilen dem Vorwurf der Individualisierung von Problemlagen ausgesetzt (vgl. Heuer 2012b, S. 22). Auf der anderen Seite intervenieren sie am Arbeitsmarkt, um arbeitsbezogenen Marginalisierungen entgegen zu wirken.

In diesem Artikel wird anhand von Studienergebnissen im deutschsprachigen Raum sowie am Beispiel der drei Evaluationsprojekte aufgezeigt, wie Interventionen der beruflichen Integration von Personen mit Migrationshintergrund gestaltet sind und welche Elemente einer Intervention „Erfolg" versprechen könnten. Zudem wird diskutiert, was als „Erfolg" zu werten ist und wie dieser gemessen werden kann. Insbesondere die drei Evaluationsstudien zu aktuellen Berufsintegrationsprojekten können aufgrund der mehrdimensionalen Messung von Erfolg und dem Einbezug von verschiedenen Perspektiven einen Beitrag zu „promising practices" von Berufsintegrationsangeboten für Personen mit Migrationshintergrund leisten.

Dieser Beitrag gliedert sich in fünf Teile: In Kap. 2 wird der fachliche Diskurs der Sozialen Arbeit zu beruflicher Integration dargestellt. Im dritten Kapitel werden „promising practices" der beruflichen Integration von Migrantinnen und Migranten diskutiert. Hierbei stehen sowohl empirische Erkenntnisse als auch konkrete Angebote im Fokus der Ausführungen. Im vierten Kapitel werden die drei Evaluationsstudien präsentiert und anschliessend in Kap. 5 miteinander verglichen. Im sechsten und letzten Teil werden die Erkenntnisse aus den drei Programmen mit dem aktuellen Theorie- und Forschungsstand verknüpft.

---

[1] Es handelt sich um fiktive Namen.

2 Soziale Arbeit, berufliche Integration und Migration

Die berufliche Integration von Personen mit Migrationshintergrund beinhaltet zwei verschiedene Arbeitsfelder: Arbeitsintegration und Migration. In beiden Themenfeldern ist nicht nur ausschliesslich die Soziale Arbeit als Profession zuständig.

In der Schweiz gibt es zahlreiche private und öffentliche Organisationen, die im Bereich der *Arbeitsintegration* tätig sind. Schaufelberger und Mey (2010, S. 16) erstellten zur besseren Übersicht eine Typologie der Arbeitsmassnahmen mit den Dimensionen „Funktion der Massnahme"[2] sowie dem „Fokus der Massnahme" (Individuum, Umfeld, Individuum und Umfeld). Die bestehende Vielfalt an Angeboten bewirkt gemäss Schaufelberger und Mey (2010, S. 15) beispielsweise, dass eine Zuweisung zum passenden Projekt bzw. Programm schwierig ist und Überschneidungen zwischen den Angeboten bestehen. Auf Seite der Teilnehmenden kann dies dazu führen, dass soziale Integration durch den Besuch verschiedener schlecht koordinierter Massnahmen erschwert wird.

Eine verstärkte Kooperation zwischen den Angebotsträgern, die bezogen auf einen Fall involviert sind, wird als möglicher Lösungsansatz für die zunehmende Spezialisierung und Vielfalt angesehen. Kessl (2011) spricht sogar generell von einer „Omnipräsenz der Kooperationsforderung in der Sozialen Arbeit". Diese Forderung zeigt sich verstärkt im Bereich der beruflichen Integration (siehe z. B. Überlegungen zur institutionellen Zusammenarbeit IIZ[3] zwischen Arbeitslosenversicherung, Invalidenversicherung und Sozialhilfe), um der Komplexität der Lebenssituationen und Problemlagen der Klientinnen und Klienten gerecht zu werden, die mit nur einem Hilfesystem nicht abgedeckt werden kann. Kooperationen mit anderen Organisationen und Angeboten (z. B. der Sozialhilfe) spielen auch bei den drei vorgestellten Projekten eine wichtige Rolle. In Bezug auf Kooperation in der Sozialen Arbeit zeigt sich, dass der Aspekt des Vertrauens für organisationsübergreifende Beziehungen und Kooperationen von zentraler Bedeutung ist (van Santen und Seckinger 2011). Dieses Vertrauen wird in Angeboten der Sozialen Arbeit mehrheitlich über individuelle Beziehungen zu Kooperationspartnern generiert, was dazu führt, dass solche Netzwerke auf struktureller Ebene nicht stabil sind und durch den Wechsel von Mitarbeitenden Kooperationsbeziehungen abbrechen können (van Santen und Seckinger 2011, S. 401).

---

[2] Folgende vier Funktionen werden erwähnt: 1.) Vorbereitung, 2.) Zugangssicherung, 3.) Erhaltung einer Anstellung im ersten Arbeitsmarkt; 4.) Anstellung im ersten Arbeitsmarkt steht nicht im Vordergrund.

[3] Siehe z. B. die Untersuchung von Nadai et al. (2010) zum Thema der institutionellen Zusammenarbeit.

Neben der zunehmenden Forderung nach Kooperation ist aber auch ein Aushandlungsprozess der Zuständigkeiten sichtbar (Nadai und Canonica 2012, S. 24). Es sind nicht nur die Sozialarbeitenden an beruflicher Integration beteiligt. Die neuen „Arbeitsintegrationsspezialistinnen und -spezialisten" einer „aktivierenden Arbeits- und Sozialpolitik" kombinieren Methoden der Sozialen Arbeit (Case Management) mit betriebswirtschaftlichen Handlungsmethoden (Assessment, Coaching) (Nadai und Canonica 2012, S. 29).

Die Berufshilfe steht häufig in der Kritik, Probleme zu individualisieren (vgl. Heuer 2012b, S. 22) und die Autonomie der Adressatinnen und Adressaten zu vernachlässigen (siehe hierzu z. B. die Kritik zur aktivierenden Sozialpolitik von Ullrich 2004, S. 145). Ausserdem wird den Massnahmenverantwortlichen vorgeworfen, zu stark arbeitsmarktfixiert zu sein (Heuer 2012a, S. 11) und sich zu wenig an sozialer Teilhabe[4] zu orientieren, d. h. Integration zu wenig ganzheitlich anzugehen, was wiederum in Bezug zur starken Spezialisierung in diesem Bereich steht.

Soziale Arbeit im Migrationskontext hat zahlreiche Paradigmenwechsel hinter sich, angefangen bei der „Ausländerarbeit" bis hin zu „Diversity Management" und „Intersektionalität". Die professionelle Tätigkeit wird in Abhängigkeit vom jeweils aktuellen Diskurs als interkulturelle (Auernheimer 2011a), transkulturelle (Domenig 2007), reflexiv interkulturelle (Hamburger 1999), kultursensible (Forum für eine kultursensible Altenhilfe 2009), differenzsensible (Lamp 2010, S. 201), diversitätsbewusste (Leiprecht 2011) oder Intersektionalität berücksichtigende (Auernheimer 2011b) Soziale Arbeit gefasst.

Zunehmend im Fokus stehen Fragen der Intersektionalität, d. h. des Zusammenspiels zwischen verschiedenen Faktoren wie z. B. soziale Herkunft, Migrationshintergrund, Geschlecht und Behinderung. Die Soziale Arbeit ist deshalb gefordert, in allen Tätigkeitsbereichen neue Ansätze und Konzepte zu entwickeln, welche Diversität in den Blick nehmen (Jurt 2011, S. 18) und Stigmatisierungs- sowie Kulturalisierungstendenzen vermeiden. Gemäss Leiprecht (2011, S. 40) umfasst eine „diversitätsbewusste Sozialpädagogik/Sozialarbeit" die Perspektiven der Intersektionalität, der „Antidiskriminierung" sowie der „Subjektorientierung". Es geht gerade bei Leiprecht deshalb zentral darum, gesellschaftliche Aspekte von Problemen nicht zu vernachlässigen. Aufbauend auf diesem Ansatz ist bei den diskutierten Angeboten deshalb zu klären, inwiefern es gelingt, Probleme beruflicher Integration nicht zu individualisieren.

---

[4] Auch in der Typologie der Arbeitsintegrationsmassnahmen von Schaufelberger und Mey (2010, S. 16) ist diese vorrangige Arbeitsmarktfixierung sichtbar, da sich drei von vier Massnahmetypen auf berufliche Integration beziehen (Erhalten einer Anstellung im regulären Arbeitsmarkt, Zugang zu einer Anstellung im regulären Arbeitsmarkt, Vorbereitung auf eine Anstellung im regulären Arbeitsmarkt). Nur in einem Massnahmetypus steht eine Anstellung im regulären Arbeitsmarkt nicht im Vordergrund, sondern eher die soziale Teilhabe.

Integrationspolitisch sieht die Schweiz primär eine Integrationsförderung in Regelstrukturen vor, formuliert aber eine „spezifische Integrationsförderung" komplementär zum ersten Grundsatz. Hierbei geht es zum einen darum, ergänzende Projekte für spezifische Gruppen (z. B. Sprachkurse für Flüchtlinge) anzubieten, zum anderen Regelstruktur-Organisationen bei ihren Integrationsbemühungen zu unterstützen (Bundesamt für Migration 2011b, S. 2, 3). In Bezug auf berufliche Integration ist vorgesehen, dass für Migrantinnen und Migranten, die keinen Zugang zu den Regelstrukturen finden, „ein Förderangebot [zur Verfügung steht], das ihre Arbeitsmarktfähigkeit verbessert" (Bundesamt für Migration 2011b, S. 4). Aktuell leitend ist hierbei der Grundsatz des Förderns und Forderns (siehe hierzu auch das Bundesgesetz über Ausländerinnen und Ausländer vom 17. Dezember 2005, SR 142.20).

Neben *Angeboten*, die sich spezifisch auf die Zielgruppe der Migrantinnen und Migranten ausrichten (z. B. JugMig und CaseMig), gibt es auch Massnahmen und Projekte, die sich nicht spezifisch an Personen mit Migrationshintergrund wenden, sondern für eine breite Zielgruppe zugänglich sind (z. B. StartInt). Der Trend zielt in Deutschland und auch in der Schweiz eher auf eine Ausrichtung auf eine breite Zielgruppe.

3 Promising practices der beruflichen Integration von Migrantinnen und Migranten

Die Diskussion von Erfolgsfaktoren in diesem Artikel lehnt sich an der Logik der „promising practice" an, in Abgrenzung zum Konzept der „evidence based practice", welches eine strengere Evidenzbasierung beinhaltet. Der Begriff der „promising practice" wird in diesem Artikel in Anlehnung an die ersten beiden Punkte des „Guide for Child Welfare Administrators on Evidence Based Practice" (National Association of Public Child Welfare Administrators (NAPCWA) 2009) verstanden, als ein Programm, bei welchem noch keine negativen Wirkungen bekannt sind und dem ein Konzept zugrunde liegt. Neben diesen zwei Kriterien ist „promising practice" noch durch weitere Kriterien charakterisiert (es gibt mindestens eine Studie über das Projekt, in welcher mit einer Kontrollgruppe gearbeitet wurde; reliable und valide Wirkungsmessinstrumente wurden eingesetzt u. a.), auf welche jedoch im Rahmen dieser Publikation nicht explizit Bezug genommen wird.

3.1 Berufliche Integration messen

Der Erfolg von Berufsintegrationsprogrammen wird meist anhand des Prozentanteils von Personen, die den Erwerbseinstieg geschafft haben, gemessen. In diesem Zusammenhang ist der Vergleich mit Zahlen zu Erwerbsquoten der gesamten Bevölkerung interessant. Die Daten des Bundesamtes für Statistik für das Jahr 2008 zeigen, dass Personen mit Migrationshintergrund eine etwas höhere Erwerbsquote (berechnet nach Vollzeitäquivalenten)[5] aufweisen als Personen ohne Migrationshintergrund: Im Jahr 2008 sind dies ca. 62 % der Bevölkerung mit Migrationshintergrund (1. Generation: 61 %, 2. Generation: 68.5 %) und 56.5 % der Bevölkerung ohne Migrationshintergrund, die erwerbstätig sind (Bundesamt für Statistik 2008)[6].

Die Erwerbsquoten von Flüchtlingen und vorläufig aufgenommenen Personen sind hingegen deutlich tiefer als die Quoten der gesamten Bevölkerung mit Migrationshintergrund. Im Jahr 2010 beträgt diese bei vorläufig aufgenommenen Personen mit einem Aufenthalt bis 7 Jahre 31.2 %, für anerkannte Flüchtlinge sogar nur 16.5 % (Bundesamt für Migration 2011a, S. 42).

Eine Gesamtauswertung von 31 *Berufsintegrationsprogrammen für Flüchtlinge* und vorläufig aufgenommene Personen, die vom Bundesamt für Migration finanziert wurden, zeigt, dass 49 % der Teilnehmenden solcher Programme bis drei Monate nach Abschluss der Projekte im Arbeitsmarkt integriert waren (unabhängig von der Art des Beschäftigungsverhältnisses) (Gutmann et al. 2008, S. 2).

In einer Bestandesaufnahme von Angeboten zur Förderung der beruflichen Integration im Bereich der *Sozialhilfe* im Kanton Zürich (Riedweg et al. 2011, S. 7) weist die evaluierende Hochschule Luzern darauf hin, dass quantitative Aussagen zu Anschlusslösungen schwierig sind, da vielfach keine genauen Zahlen vorliegen. Für denselben Bereich (Sozialhilfe) kommen Aeppli und Ragni (2009, S. 8) zum Ergebnis, dass Personen, die eine Berufsintegrationsmassnahme absolvierten, weniger häufig (nur zu 45 %) eine Stelle fanden als Personen, die nicht an einer Massnahme teilnahmen (55 % unter ihnen fanden eine neue Stelle). Dieses Resultat ist auf den ersten Blick erschreckend, muss aber im Blick auf die selektive Zuweisung zu Massnahmen (nur bestimmte Personen werden überhaupt den entsprechenden Angeboten zugewiesen) betrachtet werden. Ausserdem zeigt die Studie auf, dass ein alleiniger Fokus auf Integrationsquoten weitere Wirkungen von Angeboten – so etwa die Steigerung von Kommunikations- und Kooperationsfähigkeiten (siehe z. B. Bleck 2011, S. 322) – ausser Acht lässt.

---

[5] Anteil der Erwerbspersonen am Gesamt der erwerbsfähigen Bevölkerung (d. h. Bevölkerung ab 15 Jahren).

[6] Neuere Daten, die Erwerbsquoten nicht nur nach Nationalität, sondern nach „Migrationshintergrund" auflisten, sind zum Zeitpunkt des Abschlusses des vorliegenden Textes (April 2014) leider noch nicht verfügbar.

Neben „Erwerbsquoten" können und sollten aber zusätzlich weitere Indikatoren für den Erfolg einer Massnahme herangezogen werden. Im Gespräch sind z. B. das Kriterium „Ausbildungsreife" bzw. Beschäftigungsfähigkeit" (Bleck 2011, S. 326–327). Eine ausführliche Übersicht weiterer Effektivitätskriterien der beruflichen Integrationsförderung für Jugendliche und in Bezug auf die Soziale Arbeit findet sich in derselben Publikation (Bleck 2011, S. 322–323), in welcher zwischen statusbezogenen, entwicklungsbezogenen, situationsbezogenen und umweltbezogenen „Effektbereichen" unterschieden wird. Die Aufnahme einer Erwerbstätigkeit stellt in dieser Zusammenstellung nur einen Aspekt unter ca. 40 genannten Effektivitätskriterien dar.

Zusammengefasst lässt sich aus diesen Ergebnissen folgern, dass für die Gruppe der Flüchtlinge und der vorläufig aufgenommenen Personen in Bezug auf berufliche Integration durchaus ein Erfolg durch Berufsintegrationsprogramme festzustellen ist. Ausserdem ist insbesondere im Feld der beruflichen Integration zu berücksichtigen, dass der Erfolg einer Massnahme nicht ausschliesslich von programminternen Faktoren bestimmt wird, sondern zusätzlich von anderen Akteurinnen und Akteuren und Arbeitsmarktentwicklungen abhängig ist (Bleck 2011, S. 338). Weitere Schwierigkeiten bei der Erfolgsmessung sieht Bleck beispielsweise in einer zu kurzen Dauer der Massnahmen, zu starker Standardisierung der Programme (Verzicht auf individualisierte Förderung), in der Heterogenität der Zielgruppe (die individuelle Effektivitätsüberprüfungen einfordern würde) sowie unterschiedlichen Zeitpunkten der Zielerreichung (regulär am Ende der Massnahme oder später).

Die drei Evaluationsforschungsprojekte, die anschliessend vorgestellt werden, haben ähnlich wie Bleck den Anspruch, „Erfolg" mehrdimensional zu erfassen sowie individuelle Verläufe der Programmteilnehmenden aufzuzeigen.

3.2 Promising practices in Bezug auf Arbeitsintegrationsprogramme für Flüchtlinge und vorläufig aufgenommene Personen

Nachfolgend werden in erster Linie Arbeitsintegrationsprogramme für Flüchtlinge und vorläufig aufgenommene Personen in den Blick genommen, da zwei der vorgestellten Programme spezifisch auf diese Zielgruppe ausgerichtet sind. Das Kapitel wird mit einer generellen Überlegung zur Forschungsentwicklung in Bezug auf Personen mit Migrationshintergrund abgeschlossen.

Zur Arbeitsintegration von Flüchtlingen und vorläufig aufgenommenen Personen gibt es bezogen auf die Schweiz einige Evaluationsstudien (siehe Bundesamt für Migration 2008, 2009, 2011a; Ganter und von Glutz 2008; Gutmann et al.

2007, 2008; Lindenmeyer et al. 2008). Zu den Erfolgsfaktoren auf Seiten der Berufsintegrationsprogramme zählen gemäss den Ergebnissen dieser Untersuchungen die nachfolgend genannten Aspekte. Sie sind mehrheitlich auch auf andere Zielgruppen übertragbar:

- *Konstante Beziehungen* zwischen Betreuungsperson und Teilnehmerin/Teilnehmer eines Programms sind wichtig für den Erfolg einer Massnahme. Schnittstellen sollten deshalb wenn möglich vermieden werden, auch wenn eine Aufgabenteilung zwischen einer eher „sozialen Betreuung" und „Arbeitsmarktintegration" möglich ist (Lindenmeyer et al. 2008, S. 45–46).
- Flüchtlinge sind eine heterogene Gruppe, weshalb eine *gute Abklärung* und adäquate Zuweisung zu einer geeigneten Massnahme eine hohe Bedeutung haben (Ganter und von Glutz 2008, S. 7).
- Teilnehmende einer Massnahme müssen im Detail über die Massnahme (Verlauf, Zielsetzung u. a.) *informiert* werden, damit keine falschen Vorstellungen entstehen (Ganter und von Glutz 2008, S. 7).
- Massnahmen, die zu *Zertifikaten* führen, wirken motivierend und erhöhen die Chancen auf dem Arbeitsmarkt (Ganter und von Glutz 2008, S. 8).
- Vorgängige oder begleitende *Sprachkurse* sind nötig, um den Erfolg weiterer berufsintegrierender Massnahmen zu gewährleisten (Ganter und von Glutz 2008, S. 8) bzw. Kompetenz in der Sprache am Wohnort ist ein wichtiger Erfolgsfaktor für die berufliche Eingliederung (Aeppli und Ragni 2009, S. 10).
- Frauenspezifische Angebote sind mit Angeboten der *Kinderbetreuung* zu ergänzen (Lindenmeyer et al. 2008, S. 56).
- Neben fachlicher Qualifizierung ist auch die *persönlichkeitsbezogene Förderung* (Selbst- und Sozialkompetenz) zu gewährleisten (Ganter und von Glutz 2008, S. 8).

Während die bisherige Forschung eher die Misserfolge und das Scheitern von Personen mit Migrationshintergrund in Bezug auf berufliche Integration beleuchtet, liegt der Fokus bei neueren Studien vermehrt auf erfolgreichen Bildungs- und Erwerbsverläufen. So zum Beispiel die Studie von Stamm zu erfolgreichen Jugendlichen mit Migrationshintergrund (Stamm 2012), in welcher gute Lehrabschliessende mit und ohne Migrationshintergrund miteinander verglichen wurden. Auch Häfeli und Schellenberg (2009) versuchen in ihrer Literaturübersicht den Erfolgsfaktoren beruflicher Integration bei Jugendlichen nachzugehen. Sie fokussieren zwar nicht Personen mit Migrationshintergrund, kommen aber zu sehr ähnlichen Erfolgsfaktoren wie die oben genannten, z. B. frühzeitige Abklärung, niederschwelliger Zugang zu Coaching und Beratung, gute Beziehung zwischen

Klientinnen und Klienten und beratenden Personen, Struktur gebende Massnahmen, enger Bezug zur Arbeitswelt, gute berufliche Netzwerke und Regelung der Zuständigkeiten (Häfeli und Schellenberg 2009, S. 9).

3.3 Angebote zur beruflichen Integration von Jugendlichen und jungen Erwachsenen mit Migrationshintergrund

Im Rahmen einer umfassenden eigenen Internet- und Publikationsrecherche wurden im deutschsprachigen Raum Angebote zur Förderung der Berufsintegration von Jugendlichen und jungen Erwachsenen mit Migrationshintergrund zusammengetragen. Nebst verschiedenen Webseiten und Suchmaschinen von Bibliotheken wurden auch verschiedene Datenbanken einbezogen und anhand der Stichworte „Berufsintegration", „Lehrstellensuche", „Berufsausbildung", „berufliche Qualifizierung" und „Arbeitslosigkeit" – jeweils kombiniert mit den Stichworten „Jugendliche und junge Erwachsene mit Migrationshintergrund" – durchsucht. Insgesamt konnten für die drei deutschsprachigen Länder 25 Angebote ermittelt werden. Von diesen wiederum konnten 22 abschliessend in die Analyse aufgenommen werden, und zwar diejenigen, die sich explizit an die genannte Zielgruppe richten sowie diejenigen, die Jugendliche und junge Erwachsene mit besonderem Unterstützungsbedarf ansprechen, wobei Jugendliche und jungen Erwachsene mit Migrationshintergrund jeweils als eine zentrale Zielgruppe genannt werden.

Die im Folgenden referierten Erkenntnisse stützen sich auf die in der Recherche ermittelten und damit in den jeweiligen Datenbanken zugänglichen Angebote. Es ist davon auszugehen, dass weitere Angebote bestehen, die jedoch nicht abrufbar sind.

Für die *Schweiz* konnten insgesamt zehn Angebote ermittelt werden. Acht von diesen zielen auf die genannte Gruppe, zwei mussten ausgeschlossen werden. Bei der Analyse wird deutlich, dass sechs der insgesamt acht Angebote bei der Förderung der Personen selber ansetzen, nur zwei sodann auf die organisationale bzw. systemische Ebene abzielen. Weiter wird augenfällig, dass in der Schweiz im Zusammenhang mit Berufsintegrationsprogrammen die Hälfte der recherchierten Projekte und Programme für geschlechterhomogene Gruppen angeboten wird. Zwei weitere Angebote können als allgemeine, breit abgestützte Projekte bezeichnet werden. Beide bieten eine fachliche, praktische und persönlichkeitsbildende Ausbildung an. Sie unterscheiden sich jedoch hinsichtlich des Stellenwerts des individuellen Coachings, wobei bei einem der Angebote das Coaching eine Schlüsselrolle einnimmt. Wie bereits erwähnt setzen nur zwei Angebote auf Ebene Organisation/Struktur an, indem sie Instrumente für Personalverantwortliche zur

Verfügung stellen. Beide verfolgen das Ziel, die Diskriminierung von Jugendlichen und jungen Erwachsenen mit Migrationshintergrund zu vermeiden. Eines der zwei Angebote stellt einen Werkzeugkasten mit praktischen Checklisten zur Verfügung, das andere eine Online-Bewerbungsplattform im kaufmännischen Bereich. Mit Letzterer können zeitsparende Vergleiche anonymisierter Bewerbungsprofile vorgenommen werden.

Gemeinsam ist allen genannten Angeboten in der Schweiz, dass sie frühestens nach 2000 entwickelt wurden und dass ihre Träger Stiftungen, Verbände, Vereine oder Bildungsinstitutionen sind.

Für *Deutschland* konnten ebenfalls insgesamt zehn Angebote ermittelt werden, neun davon fanden schliesslich Eingang in die Endanalyse. Wie bereits bei der Schweiz lassen sich diese Angebote mehrheitlich – es sind deren sieben – dem Angebotstypus „Person" zuordnen. Die verbleibenden zwei Angebote wiederum sind auf einen Einfluss auf organisationaler Ebene ausgerichtet. Gemeinsam ist denjenigen Angeboten, die dem Typus „Person" zugeordnet wurden, dass sie berufsvorbereitend bzw. nachqualifizierend wirken. Hierzu durchlaufen Teilnehmende jeweils ein zweistufiges Verfahren, bei welchem sowohl eine fachtheoretische als auch eine fachpraktische Ausbildung absolviert wird. Die individuelle Begleitung, Beratung bzw. Coaching der Jugendlichen bzw. jungen Erwachsenen spielt bei allen Angeboten dieser Kategorie eine Schlüsselrolle. Von den zwei Projekten, die der Kategorie „Organisation/System" zugeordnet werden können, zielt das eine auf die Bündelung der Selbsthilfepotenziale der Organisationen für Migrantinnen und Migranten ab. Dabei sollen die jeweiligen Organisationen zur Verbesserung der Bildungssituation ihrer Mitglieder beitragen. Das andere Angebot wiederum will Unternehmerinnen und Unternehmer mit Migrationshintergrund für die duale Ausbildung gewinnen. Hierzu bieten sie Informations- und Lobbyarbeit bei Betrieben sowie Coaching für Migrantinnen und Migranten bei der Ausbildungs- und Arbeitsplatzvermittlung an. Im Unterschied zur Schweiz werden in Deutschland die einzelnen Angebote oftmals direkt an mehreren Standorten umgesetzt. Träger der Projekte sind Bildungsträger, einzelne Bundesländer, Wirtschaftsjunioren etc. Abgesehen von einem Projekt (Angebotstypus „Person"), das seit Jahrzehnten angeboten wird, werden die meisten seit 2005 oder etwas später realisiert.

In *Österreich* bildet ein Jugendausbildungs-Sicherungsgesetz (JASG) eine verbindliche Grundlage zur Bereitstellung von Lehrausbildungsplätzen in Form eines Auffangnetzes für jugendliche Lehrstellensuchende. Ein hierzu spezifisch entwickeltes Angebot dient dabei zur verbindlichen Umsetzung dieses gesetzlichen Rahmens. Nebst diesem Angebot konnten im Rahmen der Recherche weitere drei Projekte zur Berufsintegration der genannten Zielgruppe gefunden werden. Beide sind berufsfeldspezifisch und beziehen sich auf den Pflegebereich. Das eine dient der beruflichen Weiterqualifizierung von Migrantinnen und Migranten mit Ausbildung in den Bereichen „Heimhilfe" und „Pflegehilfe", das andere richtet sich an in ihrem Heimatland ausgebildete Krankenpflegerinnen und Krankenpfleger, denen der Berufseinstieg durch das Näherbringen der deutschen Fachsprache sowie des österreichischen Gesundheitssystems erleichtert werden soll. Zudem wird in Wien mittels einer Forschungsstudie aus aktuellem Anlass des Fachkräftemangels in kleinen Wiener Unternehmen abgeklärt, ob der Fachkräftemangel Chancen für die Integration von Migrantinnen und Migranten bietet. Träger der genannten Angebote sind das Haus der Bildung und Beruflichen Integration, das Bundesministerium für Arbeit, Land Oberösterreich sowie die Wirtschaftskammer Wien. Die genannten Projekte werden seit 2005 bzw. 2010 geführt.

Ein Blick über den deutschsprachigen Raum hinaus zeigt, dass in Dänemark vom Ministerium für Flüchtlings-, Immigrations- und Integrationsangelegenheiten und vom Ministerium für Bildung interessante Berufsintegrationsprojekte für Jugendliche und junge Erwachsene mit Migrationshintergrund realisiert werden. Bei einem Projekt, welches bei den Jugendlichen und jungen Erwachsenen direkt ansetzt, werden ideenreiche Aktivitäten zur Verbesserung der Berufsintegration umgesetzt. So werden etwa Vorbilder-Teams von jungen Migrantinnen und Migranten, Rekrutierungskampagnen für Berufe mit Fachkräftebedarf, Mentorinnen und Mentoren-Teams aus pensionierten Handwerkerinnen und Handwerkern, Ausbildungs- und Berufsmessen, zusätzliche Ausbildungsplätze und Hausaufgaben- und Arbeitssuche-Cafés angeboten. Ein weiteres Angebot setzt mittels „Auffangkoordinatorinnen und -koordinatoren" an den Schulen auf Ebene Organisation/System an. Mit diesem sollen der Kontakt zu den Eltern hergestellt, Rollenvorbilder geboten und Unterstützung bei den Hausaufgaben und in der pädagogischen Entwicklung geleistet werden. Dasselbe Projekt bietet auch ein Mentorat für Schülerinnen und Schüler an, Praktikumsplätze für Migrantinnen und Migranten, eine verstärke Zusammenarbeit zwischen Familien und Schulen sowie intensive Lernkurse. Ein weiteres Projekt wiederum stellt vielfältige Massnahmen zur Arbeitsmarktintegration zur Verfügung, wobei Geldleistungen an die Teilnahme an Ausbildungsmassnahmen gebunden sind.

Vor dem Hintergrund der Analyse lässt sich zusammenfassend konstatieren, dass in allen drei deutschsprachigen Ländern Angebote zur Berufsintegration für Jugendliche bzw. junge Erwachsene mit Migrationshintergrund vorhanden sind. Unabhängig vom Land, in welchem die Angebote gemacht werden, setzen diese mehrheitlich direkt bei den jeweiligen Jugendlichen bzw. jungen Erwachsenen an, nur vereinzelt jedoch bei den Organisationen bzw. dem Gesamtsystem. Ebenfalls länderunabhängig werden sowohl berufsfeldspezifische wie berufsfeldunspezifische Angebote gemacht. Gemeinsam ist zudem allen Angeboten, dass sie von unterschiedlichen Trägern angeboten werden und mehrheitlich seit der Zeitspanne von 2005 bis 2010 realisiert wurden. In den drei Ländern unterschiedlich gehandhabt wird hingegen die Frage nach geschlechterhomogenen versus geschlechterheterogenen Zielgruppen. Gemäss recherchierten Angeboten finden sich einzig in der Schweiz – dort im Verhältnis relativ gehäuft – geschlechterhomogene Gruppen. Ein weiteres Alleinstellungsmerkmal zwischen den drei miteinander verglichenen Ländern stellt zudem die einzig in Österreich vorhandene gesetzliche Grundlage zur Bereitstellung von Lehrausbildungsplätzen dar.

3.4 Fazit

Die vorhergehenden Kapitel haben aufgezeigt, dass „Erwerbsquoten" das am häufigsten als Erfolgsfaktor verwendete Kriterium für Massnahmen im Bereich der beruflichen Integration sind. Da diese aber nur bedingt durch Angebote der Sozialen Arbeit beeinflusst werden können, ist der Beizug weiterer Erfolgsfaktoren sinnvoll, zum Beispiel das Kriterium der „Beschäftigungsfähigkeit".

Als promising practices in Bezug auf Arbeitsintegrationsprogramme für Flüchtlinge und vorläufig aufgenommene Personen haben sich hauptsächlich Faktoren bei der Ausgestaltung der Angebote erwiesen, z. B. konstante Beziehungen zwischen Betreuungspersonen und Programmteilnehmenden, sorgfältige Abklärungen bei Beginn der Massnahmen und gute Information der Teilnehmenden.

Die in Kap. 3 dargestellte Auswertung von Angeboten der beruflichen Integration zeigt auf, dass bisher der Fokus vor allem bei den Teilnehmenden liegt und weniger bei den Organisationen und dem „Arbeitsmarkt". Der Einbezug von gesellschaftlichen Aspekten von Problemen, welcher gemäss Leiprecht (2011, S. 40) zentral ist für eine „diversitätsbewusste Sozialpädagogik/Sozialarbeit", erfolgte in den untersuchten Angeboten wenig oder gar nicht. Wie dieses Verhältnis der Fokussierung auf personenbezogene und auf strukturelle bzw. Umweltfaktoren bei den evaluierten Programmen gestaltet ist, wird in Kap. 4 aufgezeigt.

4 Die drei Evaluationsstudien im Vergleich

4.1 Einleitung

Nachfolgend werden die Evaluationsstudien einzeln dargestellt. Um die Vergleichbarkeit der drei Untersuchungen zu erleichtern, werden jeweils zuerst die Projekte und Programme vorgestellt, dann das Evaluationsdesign (Anlass, Evaluationsebenen und forschungsmethodisches Vorgehen) beschrieben und in einem dritten Teil die Hauptergebnisse dargestellt.

Abb. 1 Evaluationsebenen

> Konzept
>
> Strukturen
>
> Interventionen
>
> Ergebnisse

Aufgrund der Erkenntnisse aus bisherigen Evaluationsforschungsstudien und in Anlehnung an Bleck (2011) wird in den drei Evaluationsforschungsprojekten „Erfolg" mehrdimensional erfasst sowie individuelle Verläufe der Programmteilnehmenden aufgezeigt.

In Anlehnung an Balthasar (2000) sowie Knöpfel und Bussmann (2004, S. 70) kann zwischen den in Abb. 1 vorgestellten Evaluationsebenen unterschieden werden.

Um die Anonymität der Anbieter zu gewährleisten, werden die Projekte und Programme mit Pseudonymen dargestellt.

4.2 Evaluation JugMig

Projektbeschrieb
Das Programm JugMig ist ein Angebot für anerkannte und vorläufig aufgenommene Personen im Alter von 16 bis 25 Jahren, welches von einem Verein angeboten wird. Hauptziel ist die Integration der Teilnehmerinnen und Teilnehmer in eine Ausbildung (Vorlehre, Lehre) und letztlich zum einem späteren Zeitpunkt die berufliche Integration. JugMig besteht seit 2009 und bereitet die Teilnehmenden in sechs Schritten (Beratung, Akquisition, Eignungsabklärung, Lerneinsatz, Vorlehre, Lehre) auf die Ausbildung vor. Das Programm dauert durchschnittlich ein Jahr (mit anschliessender Nachbetreuung, die sich bis zum Ende der Ausbildung ausdehnen kann). Integriert ins Programm ist eine interne Sprachförderung, in welcher sich die Jugendlichen durchschnittlich einen Tag pro Woche treffen. In den drei Staffeln von 2009 bis 2012 haben 83 Jugendliche und junge Erwachsene

am Programm teilgenommen[7]. Der Zugang zum Angebot erfolgt gemäss Konzept über eine externe Triagestelle, welche sämtliche Personen der Zielgruppe (Flüchtlinge, vorläufig aufgenommene Personen und zum Teil auch Asylsuchende) des betreffenden Kantons den passenden Bildungs-, Beschäftigungs- und Integrationsprogrammen zuweist. Die Coaches von JugMig nehmen verschiedene Tätigkeiten wahr: Zum einen vermitteln sie die Teilnehmenden in Berufsabklärungen, Praktika und Ausbildungsstellen, zum anderen beraten und coachen sie die Zielgruppe für Bewerbungs- und Vorstellungsgespräche bzw. geben Anweisungen bei Handlungsunsicherheiten im jeweiligen Arbeitseinsatz. Auch die Vermittlung bei Konflikten im Betrieb ist eine wichtige Intervention. Absprachen und die Koordination von Aufgaben mit Sozialdiensten, Betrieben und anderen Stellen sind weitere Tätigkeiten, die die Coaches übernehmen.

In der Typologie von Schaufelberger und Mey (2010) ist das Programm JugMig von der Funktion her bei den Programmen anzusiedeln, die eine Anstellung im regulären Arbeitsmarkt *vorbereiten* (mittels Qualifizierung). Vom Schwerpunkt her ist das Programm sowohl auf das Individuum als auch das Umfeld fokussiert.

Evaluationsdesign

Die Verantwortlichen von JugMig beauftragten die ZHAW mit der Evaluation des Angebots, wobei insbesondere die Wirkungen der Massnahmen bei den Teilnehmenden, den Betrieben und den zuweisenden Stellen untersucht werden sollten. Ausserdem interessierten sich die Auftraggebenden für die Frage, welche Interventionen bei wem wie wirken. Darüber hinaus hatte die Evaluation auch eine legitimatorische Funktion, da der zuständige Verein für eine neue Programmphase wieder auf Gelder von kantonalen Institutionen angewiesen war.

Bei der Evaluation von JugMig wurden insbesondere die beiden letzten Evaluationsebenen, d. h. Interventionen und Ergebnisse sowie die Verknüpfung der beiden Elemente (siehe Abb. 2) berücksichtigt. Eine Aktenanalyse, persönliche qualitative Interviews mit zehn Angebotsteilnehmenden, eine Online-Befragung der Betriebe und zuweisenden Stellen, eine telefonische Befragung der zehn Betriebe, in welchen die interviewten Jugendlichen arbeiten und ein Interview mit einer Kursleiterin für die Sprachförderung stellten sicher, dass die Frage der Wirkungen aus verschiedenen Perspektiven angegangen werden konnte.

Hauptergebnisse

Die *Stärken* des Angebots bestehen zum einen im klaren Phasenmodell der beruflichen Integration. Durch die Vermittlung von JugMig können die Teilnehmenden

---

[7] Auch abbrechende Teilnehmende sind in dieser Zahl enthalten.

Abb. 2 Evaluationsebenen beim Programm JugMig

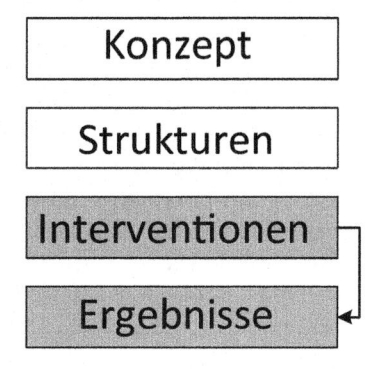

| Konzept |
| Strukturen |
| Interventionen |
| Ergebnisse |

Arbeitseinsätze absolvieren, die dann wiederum zu weiteren Einsätzen (im selben oder in anderen Betrieben) führen. Das grosse Netz an Kooperationsbetrieben, über das JugMig verfügt, trägt dazu bei, dass Platzierungen schnell zustande kommen. Auf einen Betrieb fallen durchschnittlich 1.8[8] Einsätze.

Die Jugendlichen können sich bei allen Fragen und Schwierigkeiten während der Ausbildung an die Mitarbeitenden von JugMig wenden. Das in den Interviews oft geäusserte Gefühl „man ist nicht allein" führt bei den Jugendlichen zur Sicherheit, im Bedarfsfall um Unterstützung bitten zu können. Da meist eine Betreuungsperson während der gesamten Phase zuständig ist (Konstanz in der Betreuung, Langzeitbetreuung), haben die Jugendlichen das nötige Vertrauen, ihren Unterstützungsbedarf auch anzumelden, oder wie es ein Teilnehmer ausdrückt:

> Dass man weiss, wenn man Hilfe braucht, dass man jemanden anrufen kann und sagen kann, hey, können Sie mir vielleicht helfen? (Interviews Angebotsteilnehmende JugMig)

Die Sprachförderung in einer JugMig-Gruppe von Jugendlichen in einer ähnlichen Situation führt zu einer Art geschütztem Raum, in dem sich die Jugendlichen öffnen, neue Kontakte knüpfen und sich neue Handlungsstrategien bei Schwierigkeiten aneignen können.

JugMig führt bei den Teilnehmenden ausserdem zu einer höheren Selbstständigkeit, mehr Selbstvertrauen und einem Zuwachs an arbeitsmarktrelevanten Kompetenzen.

---

[8] Die Daten stammen aus dem Schlussbericht zur Evaluation. Um die Anonymität des Anbieters zu gewährleisten, wird die Quelle jedoch hier nicht angegeben.

Für Betriebe und zuweisende Stellen ist das Angebot von JugMig insofern entlastend, als dass sie bei Bedarf (z. B. Konfliktsituation mit Teilnehmenden im Betrieb) jederzeit JugMig um Unterstützung bitten können.

Zu den *Schwierigkeiten/Herausforderungen* des Angebots gehört, dass bei einem Fünftel der Teilnehmenden ein frühzeitiger Austritt aus dem Angebot erfolgt. Bei einem Teil der Austritte gelingt die berufliche Integration zwar (Finden einer Festanstellung), aber das Hauptziel der Integration in eine Ausbildung wird damit verfehlt. Da bei Jugendlichen aber generell eine Ausbildung Vorrang vor einer raschen Arbeitsmarktintegration hat (siehe hierzu auch die Empfehlungen von Lindenmeyer et al. 2008, S. 40), ist das Ergebnis der Festanstellung nicht als Erfolg im Sinne des Angebots zu werten.

Von Seiten der Jugendlichen braucht die Teilnahme am Angebot von JugMig „sehr viel Geduld" und die Einsicht, dass die Teilschritte (Berufseignungsabklärung, Praktikum, Vorlehre, Lehre) zum Erfolg führen und eine Ausbildung für den weiteren beruflichen Erfolg notwendig ist. Sind diese Voraussetzungen nicht vorhanden, führt dies zum Teil zu einem frühzeitigen Ausstieg aus dem Programm. Ein Jugendlicher drückt den Aspekt der „Geduld" im Interview folgendermassen aus:

> Aber man muss viel, viel Geduld haben. Weil sechs Monate oder zehn Monate Praktikum… und dann ein Jahr Vorlehre. Und nachher zwei oder vier Jahre. Das ist der Plan. Wenn man das akzeptiert, dann wird es am Ende gut. (Interviews Angebotsteilnehmender JugMig)

Zu einer weiteren Schwierigkeit zählt, dass es JugMig in der internen sprachlichen Förderung nur zum Teil gelingt, individuell auf die einzelnen Teilnehmerinnen und Teilnehmer einzugehen. Dies führt in einigen Fällen zur Unterforderung.

Eine weitere Herausforderung ist die Zuständigkeitsaufteilung zwischen zuweisenden Stellen (Sozialämter u. a.) und JugMig. Da sich die Zuständigkeiten zum Teil überschneiden, sind klare Absprachen nötig. Die Evaluation konnte aufzeigen, dass in diesem Bereich noch Optimierungspotenzial besteht.

4.3 Evaluation StartInt

Projektbeschrieb

Das Projekt StartInt ist ein Integrationsangebot für junge Erwachsene mit Schwierigkeiten beim Berufseinstieg. Die Trägerin ist die Sozialabteilung einer Deutschschweizer Stadt N., welche über einen Anteil ausländischer Wohnbevölkerung von etwa 40 % verfügt. Für das Projekt wurde im Rahmen der Sozialberatung eine

Stelle für eine Sozialpädagogin geschaffen, welche das Projekt leitet. Finanziert wird das Projekt vorläufig über eine lokal ansässige Stiftung. Nach Abschluss einer Pilotphase von drei Jahren soll die Finanzierung politisch abgestützt und damit definitiv geregelt werden.

Die Zielgruppe umfasst sowohl Jugendliche zwischen 15 und 18 Jahren, deren Eltern Sozialhilfe beziehen als auch junge Erwachsene zwischen 18 und 25 Jahren, die selber Sozialhilfe beziehen. Das Angebot soll gemäss Konzept insbesondere für Personen sein, die Schwierigkeiten bekunden, ein soziales Netzwerk aufzubauen bzw. zu nutzen und die keine Initiative zur finanziellen Ablösung bei der Sozialhilfe zeigen. Zudem möchte das Konzept Personen ansprechen, die aufgrund ihres Migrationshintergrundes Schwierigkeiten mit der Integration bzw. der eigenen Identifikation bekunden sowie solche, denen durch ihr Auftreten und Verhalten oder durch geringe Arbeitserfahrung der Zutritt zum Arbeitsmarkt nicht gelingt. Ferner ist das Konzept auch für junge Mütter ohne Berufsabschluss gedacht. Die ursprünglich vorgesehene Dauer der Beratung innerhalb des Projekts ist mit drei bis sechs Monaten äusserst kurz angesetzt und wurde in der gesamten Untersuchungsphase meist nicht eingehalten (vgl. dazu Ergebnisse).

Die Teilnehmenden werden in der Regel über eine Zuweisung und Anmeldung durch die Sozialberatung ins Projekt aufgenommen. Andere Stellen der Stadt N. (Jugend- und Familienberatung, diverse Ämter) können auf Anfrage ebenfalls jemanden anmelden. Die Zuweisung erfolgt dementsprechend nicht immer freiwillig. Die Platzzahl ist jedoch aufgrund der eingesetzten Ressourcen auf 12 bis 15 Plätze begrenzt. Die vorgesehene Platzzahl wurde während der Pilotphase, in der auch die Evaluation stattfand, überschritten.

Ziel des Projektes ist eine nachhaltige berufliche Integration der Teilnehmenden. Über das erfolgreiche Absolvieren einer Schnupperlehre, eines Praktikums oder einer Ausbildung soll eine berufliche Laufbahn initiiert werden. Dafür sollen die notwendigen Arbeits-, Leistungs- und Sozialkompetenzen vermittelt werden.

In der Typologie von Schaufelberger und Mey (2010) ist auch die Funktion dieses Projektes die Vorbereitung einer Anstellung im ersten Arbeitsmarkt. Des Weiteren soll je nach Ressourcen der Teilnehmenden, ein realistischer Zugang zu einer Stelle – allenfalls auch in geschütztem Umfeld – ermöglicht werden, der geregelten Tätigkeit wird hohe Priorität beigemessen. Im Projekt wird ausserdem je nach Fall neben dem Individuum auch sein privates Umfeld fokussiert.

Evaluationsdesign

Die ZHAW wurde durch die Leitung der Sozialabteilung der Stadt N. mit der Evaluation des Angebots beauftragt. Ziel der Evaluation war die Schaffung einer empirischen Grundlage für die politische Legitimation des Projektes. Dafür sollen für die Evaluation exemplarisch Fälle und ihr Familiensystem erfasst werden. Dabei

Abb. 3 Evaluationsebenen beim Projekt StartInt

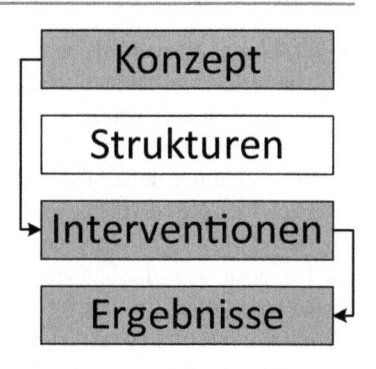

- Konzept
- Strukturen
- Interventionen
- Ergebnisse

werden auch Vorgeschichte und Verlauf während und nach dem Projekt berücksichtigt. Ausserdem werden Qualität und Nutzen des Projektes erfasst.

Bei der Evaluation von StartInt wurden vorwiegend die Ebenen Intervention sowie Ergebnisse berücksichtigt. Ausserdem wurde den Teilnehmenden grosse Aufmerksamkeit gewidmet. Es wurde geprüft, wer letztlich die Teilnehmenden sind und inwiefern sie der im Konzept definierten Zielgruppe entsprechen.

Methodisch wurden erstens quantitative Daten zu allen Teilnehmenden in einem bestimmten Zeitraum erhoben. Erfasst wurden dabei Daten zur Person, zur Projektteilnahme sowie zu weiteren Aktivitäten zu Gunsten des Berufseinstiegs. Zweitens wurden qualitative Interviews mit ausgewählten Teilnehmenden durchgeführt, in denen es um die Schul- und Berufsbiographie, um Ressourcen aus privaten Unterstützungssystemen und zur Nutzung und Beurteilung öffentlicher Unterstützungssysteme sowie um die Einschätzung des zu evaluierenden Projektes und der daraus erzielten Wirkung ging. Drittens wurden alle mit dem Angebot befassten Fachpersonen in einem Gruppeninterview zur Umsetzung, Qualität und Wirkung des Projektes befragt.

Bei der Evaluation StartInt wurden ebenfalls hauptsächlich die zwei untersten Ebenen, Intervention und Ergebnisse evaluiert (vgl. Abb. 3). Insbesondere bezüglich der Teilnehmenden wurde zusätzlich die Konzeptebene geprüft.

Hauptergebnisse
Die am Projekt teilnehmenden Jugendlichen und jungen Erwachsenen entsprechen der angestrebten Zielgruppe. Die Familien der meisten Jugendlichen oder die jungen Erwachsenen selbst beziehen seit einer gewissen Zeit Sozialhilfe. Auffällig, wenn auch nicht überraschend, ist der Umstand, dass mit 60 % ein noch grösserer Anteil der Teilnehmenden über eine andere als die schweizerische Staatsbürgerschaft verfügt als das im Durchschnitt der Wohnbevölkerung in der Stadt N. der Fall ist. Bedenkt man, dass in solchen Gemeinden immer auch viele Einbürgerun-

gen stattfinden, könnte der Anteil Teilnehmender mit Migrationshintergrund noch höher sein. Obwohl dieser Teil der Bevölkerung zwar als mögliche Zielgruppe genannt wird, ist sie nicht der Hauptfokus des Angebots und wird dennoch grossmehrheitlich über das Angebot erreicht. Die meisten Teilnehmenden verfügen über einen Schulabschluss auf der Sekundarstufe C oder B, wenige A. Einzelne verfügen über keinen Schulabschluss. Rund ein Viertel aller Teilnehmenden hat eine Ausbildung, in den meisten Fällen eine Lehre, abgebrochen. Für fast 50 % aller Teilnehmenden konnte eine Anschlusslösung gefunden werden. Die Teilnahme abgebrochen haben ca. 10 %, die restlichen 40 % waren bei Beendigung der Evaluation noch im Projekt engagiert.

Eine grosse Stärke des Angebotes liegt in der hochindividualisierten Betreuung der Teilnehmenden. Das geht sowohl aus den Interviews mit den Teilnehmenden selbst wie auch mit den befragten Fachpersonen hervor. Zudem wird dies durch den Erfolg bei den Anschlusslösungen bestätigt. Die häufigsten Interventionen waren eine intensivere Situationsanalyse der Teilnehmenden etwa bezüglich Berufswunsch, Motivation, Ressourcen und Chancen, das Suchen und Organisieren von Schnupperlehren, Lehrstellen oder Arbeitsplätzen sowie das Erstellen von Bewerbungsunterlagen. Daneben wurde den Teilnehmenden weitere individuelle Unterstützung vermittelt (Berufsberatung, Deutschkurs, psychiatrische Betreuung etc.). Sie wurden zu Terminen begleitet, beraten oder für spezifische Situationen trainiert.

Ein wichtiger Punkt ist insbesondere auch die Enge der Begleitung, welche die Teilnehmenden erfahren. Unter den abgeschlossenen Fällen, die im Durchschnitt 6.5 Monate im Projekt aktiv waren, hatte rund ein Drittel über 10 Kontakte zur Beraterin, zwei Drittel 1 bis 10 Kontakte. Auch dieser Umstand wirkt sich ausschliesslich positiv aus, sowohl auf die Motivation wie auch auf das Verhalten der Teilnehmenden und unterstützt die Aneignung notwendiger Kompetenzen.

Die Vernetzung der Akteure innerhalb der Sozialabteilung wie auch extern zu weiteren Anlaufstellen, Angeboten sowie zu potentiellen Arbeitgebern ist eine weitere Stärke des Projekts. Damit kann das Angebot individuell auf die Bedürfnisse der Teilnehmenden angepasst werden, es können Zugänge nach Bedarf vermittelt werden.

Herausforderung des Projektes ist vor allem die Personenabhängigkeit, die durch die enge Begleitung entsteht. Weiter ist gerade auch diese Art der Betreuung sehr zeitintensiv, und die Verweildauer im Projekt ist im Durchschnitt länger als vorgesehen.

Die nicht ganz freiwillige Aufnahme scheint hingegen kein Problem zu sein, insbesondere nicht bei den definitiv aufgenommenen Personen, die die Beratungen nicht als Pflicht wahrnehmen. Vermutlich scheiden Personen, für die das ein Hindernis ist, bereits vorher aus.

4.4 Evaluation CaseMig

Projektbeschrieb

CaseMig ist ein Case Management Angebot zur beruflichen Integration von anerkannten und vorläufig aufgenommenen Flüchtlingen. Das Angebot besteht seit August 2009. Bis März 2012 wurden 48 Teilnehmerinnen und Teilnehmer betreut. Im Konzept vorgesehen sind fünf Phasen (Situationsanalyse und Zielvereinbarung, Sprachförderung und Suche nach Arbeitsplatz, Arbeitstätigkeit und jobbezogene Qualifizierung, Standortbestimmung, Nachbetreuung). Das Angebot war in der ersten Staffel (2009/2010) auf ein Jahr geplant, in der zweiten (2010/2011) für eine Laufzeit von 18 Monaten und in der aktuellen (2011/2012) für zwei Jahre. Der Zugang der Teilnehmenden zum Angebot erfolgt wie bei JugMig über dieselbe externe Triagestelle.

Neben den Coachingtätigkeiten, die ca. 44 % aller Akteneinträge ausmachen, nimmt auch das stellvertretende Handeln (Internetrecherchen, Anfragen bei Betrieben) einen hohen Stellenwert ein. Daneben pflegen die Coaches die Kontakte mit den fallbezogen involvierten Stellen (Betriebe, zuweisende Stellen u. a.).

Das Angebot richtet sich hauptsächlich an „höher Qualifizierte", was aber im Konzept so nicht vermerkt, sondern nur aus den Aussagen der Interviewpartnerinnen und -partner erschliessbar ist. Seit Start des Angebots im Jahre 2009 bis und mit März 2012 haben 48 Teilnehmerinnen und Teilnehmer das Programm begonnen.

In der Typologie von Schaufelberger und Mey (2010) ist CaseMig von der Funktion her bei den Programmen anzusiedeln, die – ähnlich wie JugMig – eine Anstellung im regulären Arbeitsmarkt vorbereiten, aber ausserdem den Zugang zu einer Anstellung im regulären Arbeitsmarkt herstellen sowie die Arbeitsintegration, falls nötig, begleiten. Vom Fokus her ist das Programm sowohl auf das Individuum als auch das Umfeld fokussiert.

Evaluationsdesign

Die Verantwortlichen von CaseMig beauftragten die ZHAW mit der Evaluation des Angebots, wobei insbesondere die Wirkungen der Massnahmen bei den Teilnehmenden, den Betrieben und den zuweisenden Stellen untersucht werden sollten. Auch diese Evaluation hatte eine legitimatorische Funktion, da die Sprechung neuer Gelder von den Evaluationsresultaten abhängig gemacht wurde.

Bei der Evaluation von CaseMig wurden wiederum die beiden letzten Evaluationsebenen, d. h. Interventionen und Ergebnisse sowie die Verknüpfung der beiden Elemente (siehe Abb. 4) berücksichtigt. Ausserdem wurde analysiert, ob die Umsetzung dem Konzept entspricht (Übereinstimmung Konzept und Interventio-

Abb. 4 Evaluationsebenen beim Angebot CaseMig

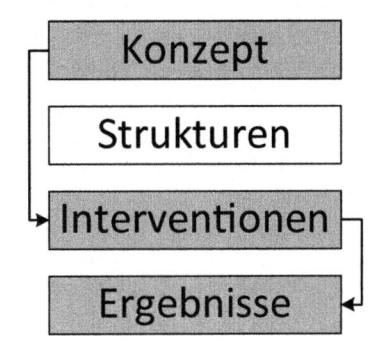

- Konzept
- Strukturen
- Interventionen
- Ergebnisse

nen). Durchgeführt wurden eine Aktenanalyse, persönliche qualitative Interviews mit zehn Angebotsteilnehmenden, eine Online-Befragung der Betriebe und zuweisenden Stellen und eine telefonische Befragung der zehn Betriebe, in welchen die interviewten Teilnehmenden arbeiten.

Hauptergebnisse
Die *Stärken* des Angebots CaseMig liegen in der hochindividualisierten Betreuung einer sehr heterogene Zielgruppe. Die Auswertungen zeigen vier verschiedene Verläufe auf: den idealtypischen Verlauf (gemäss den im Konzept vorgesehenen Phasen), den Verlauf, bei dem es hauptsächlich um eine Qualifizierung der Beteiligten geht (Taxiausbildung u. a.), den Verlauf mit speziellen Interessen und den diskontinuierlichen Verlauf (vorzeitige Austritte und Unterbrüche).

Das „Assessment"[9] bei Beginn der Betreuung führt zu einer Orientierung, die von den Teilnehmenden sehr positiv erwähnt wird. Auch die Qualität der Beziehung zur Bezugsperson (eine Bezugsperson) scheint einen positiven Einfluss auf den Erfolg der Massnahme zu haben. Im Idealfall kann durch eine schnelle Kontaktaufnahme mit der Begleitperson sogar ein frühzeitiger Abbruch der Massnahme verhindert werden.

Zu den weiteren Stärken von CaseMig gehört die bedarfsorientierte Kontakthäufigkeit mit Betrieben und zuweisenden Stellen. Durch die Vermittlungstätigkeit von CaseMig erhalten die Teilnehmenden Zugang zu Betrieben für Praktika.

Neben der Vermittlung von Praktika- und Arbeitsstellen und der Erweiterung der Sprachkenntnisse der Teilnehmenden bewirkt CaseMig bei den Teilnehmenden eine realistische Einschätzung der beruflichen Möglichkeiten.

---

[9] Zur kritischen Diskussion der verwendeten Begrifflichkeiten im Arbeitsfeld der Arbeitsmarktintegration siehe z. B. Nadai und Canonica (2012, S. 30).

Herausforderungen des Programms sind, dass es bei einem Teil der Teilnehmenden (in der ersten Staffel sind es mehr als die Hälfte der Fälle, in der zweiten Staffel nur noch ein Viertel der Fälle) zu Unterbrüchen oder zu einem vorzeitigen Abbruch des Programms kommt. Die bessere Bilanz in der zweiten Staffel ist vorwiegend auf die Ausdehnung des Programms von 12 auf 18 Monate zurückzuführen.

Der idealtypische Verlauf gemäss Konzept kommt in weniger als der Hälfte der Fälle vor. Eine Empfehlung der Forschenden besteht deshalb darin, das Konzept entsprechend der verschiedenen Verlaufsformen anzupassen. Ausserdem scheint es notwendig, die Zuständigkeiten zwischen CaseMig und den zuweisenden Stellen (z. B. Sozialamt u. a.) besser zu klären.

5 Synthese

Die drei vorgestellten Projekte unterscheiden sich zum einen in Bezug auf den *Fokus* des Angebots: JugMig ist auf den Zugang der Zielgruppe zu Praktika und Ausbildungen (Vorlehre/Lehre) spezialisiert, ausserdem bietet das Angebot kontinuierliche Begleitung an. StartInt hingegen konzentriert sich eher auf die Herstellung des Zugangs zu berufsvorbereitenden Massnahmen (Praktika) bzw. zu einer Ausbildung und weniger auf eine dauerhafte Begleitung. CaseMig wiederum ist ähnlich wie JugMig auf den Zugang *und* die Begleitung fokussiert (siehe Abb. 5).

Dieser unterschiedliche Fokus hat Auswirkungen auf die Dauer der drei Projekte. JugMig und CaseMig sind eher längerfristig angelegt, d. h. dauern in der Regel mehr als ein Jahr. StartInt hingegen ist ein Kurzzeitangebot von geplanten drei Monaten. Eine längerfristige Begleitung ist bei diesem Projekt nicht generell geplant, sondern höchstens für spezifische Fälle vorgesehen.

Die drei Programme unterscheiden sich ausserdem in der anvisierten *Zielgruppe*. JugMig richtet sich an Personen im Alter von 16 bis 25, die entweder anerkannte Flüchtlinge oder vorläufig aufgenommene Personen sind. StartInt ist auf Personen im Alter von 15 bis 25 ausgerichtet, die (bzw. deren Eltern) Sozialhilfe beziehen. CaseMig richtet sich an anerkannte Flüchtlinge und vorläufig aufgenommene Personen jeden Alters und spezialisiert sich insbesondere auf Personen mit einer höheren Qualifikation.

Trotz dieser unterschiedlichen Ausgangslagen sind bei den drei Angeboten ähnliche Erfolgsfaktoren auszumachen. Dazu zählt zum einen die *hochindividualisierte Betreuung* der Teilnehmenden, die in CaseMig besonders ausgeprägt ist, d. h. in diesem Angebot lassen sich weniger als die Hälfte der Teilnehmenden dem idealtypischen Verlauf zuordnen. Bei den übrigen Teilnehmenden finden sich individualisierte und vom Konzept abweichende Verläufe.

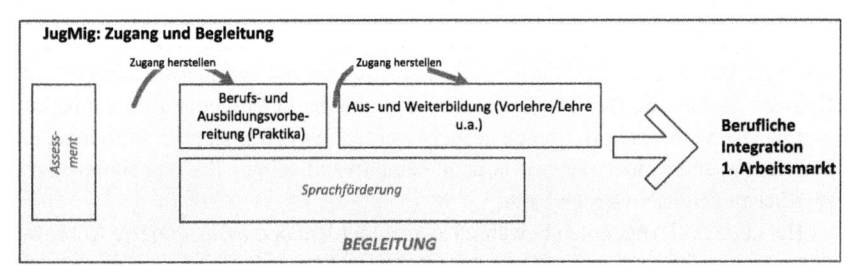

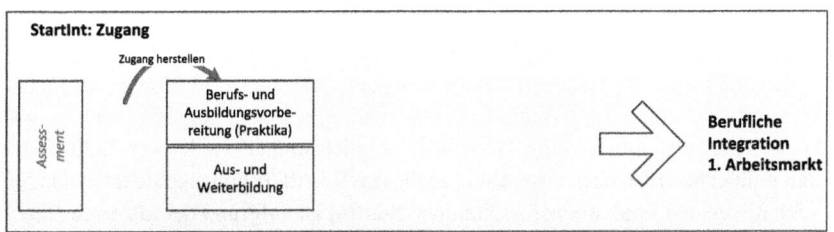

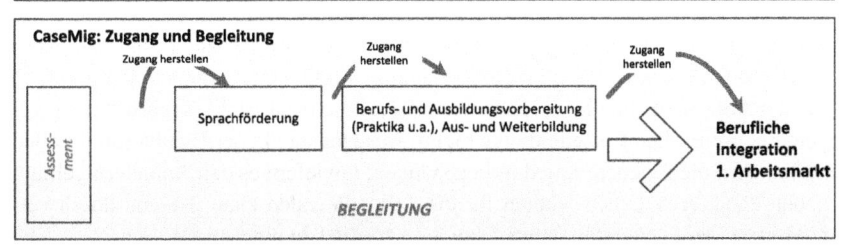

Erfolgs- und Misserfolgsfaktoren von Berufsintegrationsprojekten für Personen

Abb. 5 Fokus der drei Angebote

Ausserdem lässt sich in allen drei Programmen ein Zuwachs an arbeitsmarktbezogenen und sozialen Kompetenzen sowie Selbstsicherheit ausmachen. Ein weiterer wichtiger Aspekt ist die realistischere Einschätzung der eigenen beruflichen Möglichkeiten, die sich durch die Interventionen der Angebote ergeben.

Des Weiteren zählt *Konstanz in der Betreuung* (eine Bezugsperson) zu den wichtigen Erfolgsfaktoren. Durch eine vertrauensvolle Beziehung der Teilnehmenden zur Bezugsperson können Ausbildungsabbrüche verhindert und Konflikte präventiv angegangen werden.

Ein weiterer Erfolgsfaktor für die Zugangsherstellung zu Praktika und Ausbildungen ist die *Vernetzung* der zuständigen Personen mit Betrieben, die Teilnehmende bei sich aufnehmen können. Bei JugMig gelingt diese Vernetzung sehr gut, da der Verein, welcher JugMig entwickelte, auch ein anderes Programm mit einer ähnlichen Zielgruppe anbietet. Kontakte des zweiten Programms können auch für JugMig genutzt werden. Bei StartInt gelingt die Vernetzung mit den Betrieben ebenfalls gut, wobei sie teilweise von den Ressourcen der Projektverantwortlichen abhängt. Ausserdem wird von den Sozialarbeitenden ein vermehrtes Interesse der Betriebe gewünscht. Bei CaseMig muss aufgrund der heterogenen Zielgruppe immer wieder nach neuen Betrieben gesucht werden, was zwar zu einer individuellen Platzierung führt, aber nur mit hohem Zeitaufwand seitens der Angebotsverantwortlichen geleistet werden kann.

Bei allen drei Angeboten bewähren sich ausserdem *bedarfsorientierte Kontakte* mit zuweisenden Stellen und Betrieben. Alle drei Massnahmen versuchen mit den beteiligten Stellen Zusammenarbeitserwartungen zu klären und Kontakthäufigkeiten und -arten auf die unterschiedlichen Wünsche auszurichten.

Zu den Herausforderungen der drei Angebote zählt z. B. die Frage der Finanzierung. Die beiden Programme CaseMig und JugMig sind aufgrund ihrer langen Dauer teuer und müssen ihre Wirkungen folglich immer wieder vor Geldgebern und politischen Instanzen ausweisen. In diesem Rechtfertigungskontext entstanden auch die beiden Evaluationsforschungen. StartInt ist aufgrund der kürzeren Dauer und der einfachen Organisation innerhalb bestehender institutioneller Organe vermutlich günstiger, könnte sich allerdings aufgrund der über weite Strecken gebotenen individuellen Betreuung pro Teilnehmerin/Teilnehmer und der eher geringen Teilnehmerzahlen ebenfalls als teuer erweisen. Auch hier ist die Rechtfertigung gegenüber politischen Entscheidungsträgern Ausgangspunkt der Evaluation. In allen Fällen wird die Finanzierung davon abhängen, inwiefern es den Anbietern gelingt, neben dem persönlichen Nutzen für die Teilnehmenden einen Nutzen durch verhinderte andere Unterstützungsleistungen plausibel zu machen.

Nicht in jedem Fall sind die drei Angebote erfolgreich im Sinne einer geglückten Integration in den ersten Arbeitsmarkt (bzw. Integration in eine Ausbildung): Bei JugMig bricht ein Fünftel der Teilnehmenden das Programm frühzeitig ab, bei CaseMig erreicht ein Drittel der Teilnehmenden nur Teilziele, bei StartInt werden von vornherein unterschiedliche Anschlusslösungen, also beispielsweise auch die Aufnahme einer geregelten Tätigkeit in einer geschützten Umgebung, als erfolgreiches Ergebnis angedacht, da die Zielgruppe bezüglich persönlicher Ressourcen als heterogen angesehen wird. Hier sind es dementsprechend nur 10 % der definitiv Aufgenommenen, welche die Teilnahme ohne Anschlusslösung abbrechen.

Doch in den meisten Fällen sind die Abbrüche bzw. ist das Nicht-Erreichen der Ziele nur zum Teil vom Angebot abhängig. Vielfach sind es Faktoren ausserhalb der Programme, die den Erfolg der Massnahme verhindern (z. B. Gesundheitszustand der Teilnehmenden, Schwangerschaft u. a.). Programmimmanente Faktoren können aber z. B. eine ungenügend klare Kommunikation über das Ziel und die Ausgestaltung der Massnahme sein. Bei JugMig z. B. wird von den Teilnehmenden „ein langer Atem" verlangt, der klar kommuniziert werden muss. Bei StartInt ist zu den Gründen für die Abbrüche nichts bekannt.

Eine weitere Herausforderung ist die *Personenabhängigkeit* der Angebote, die sich besonders stark bei StartInt zeigt (eine Person ist zuständig für die gesamte Massnahme), aber auch bei den beiden anderen Angeboten vorhanden ist. Die Gefahr dieser Personenabhängigkeit ist, dass bei Kündigung der Sozialarbeitenden oder Betreuungspersonen sämtliche Kontakte zu Betrieben verloren gehen bzw. der Vertrauensaufbau in der Interaktion Klient/in-Sozialarbeitende wieder neu gestartet werden muss.

Die Evaluationen konnten ausserdem eine weitere Herausforderung aufzeigen: insbesondere bei JugMig und CaseMig besteht in der Kooperation mit den zuweisenden Stellen (z. B. Sozialdienste) Optimierungspotential. Unklare Erwartungen an die Zusammenarbeit und zu wenig klar geregelte *Schnittstellen* erschweren die Kooperation. Da StartInt ein Angebot ist, welches direkt von einer Sozialabteilung angeboten wird, verläuft die „interne" Kooperation zwischen dem Projekt und dem auftraggebenden Sozialamt ohne Schnittstellenprobleme. Bei JugMig und CaseMig, die als unabhängige Firmen und Organisationen funktionieren, sind die fallführenden Sozialdienste „weiter weg", d. h. Kooperationen müssen jeweils fallbezogen installiert und ausgehandelt werden.

Im Falle von StartInt wird aber ein Ausbau der Kooperation insbesondere mit Arbeitgebern und externen Angeboten ebenfalls als wünschenswert angesehen, scheitert bisher jedoch an der begrenzten Kapazität der verantwortlichen Projektleiterin.

Mit der Evaluation nicht geklärt werden konnte die Frage, ob das Modell „Sprachförderung vor beruflicher Integration" oder „parallele Sprachförderung und berufliche Integration" erfolgsversprechender ist. JugMig verfolgt letzteres Modell, CaseMig setzt den erstgenannten Ansatz um.

6 Fazit und Schlussfolgerungen

6.1 Implikationen zur Messung von Erfolg

Die Ausführungen in Kap. 3.1 haben aufgezeigt, dass die Messung des Erfolgs von Berufsintegrationsmassnahmen schwierig ist, dies insbesondere auch deshalb, weil der Berufsintegrationserfolg nicht nur vom betreffenden Angebot, sondern von zahlreichen anderen Faktoren abhängt, beispielsweise anderen Beteiligten im Hilfeprozess, Arbeitsmarktsituation, Dauer des Programms, Zeitpunkt der Erfolgsmessung u. a. Wie auch die evaluierten Projekte gezeigt haben, greift eine Erfolgsmessung, die nur das Kriterium berücksichtigt, ob jemand nach Abschluss des Programms den beruflichen Einstieg geschafft hat, zu kurz. Im aktuellen Fachdiskurs werden deshalb zusätzliche Kriterien wie z. B. „Ausbildungsreife" bzw.

„Beschäftigungsfähigkeit" diskutiert sowie weitere Effektivitätskriterien gefordert, zusammenfassend siehe z. B. Bleck (2011, S. 326–327). Bei den vorgestellten drei Angeboten wurde versucht, Erfolg nicht nur über einen erfolgreichen Berufseinstieg zu definieren, sondern verschiedene Veränderungsebenen einzubeziehen und die Sicht mehrerer Beteiligter in Bezug auf die Wirksamkeit des Angebots zu erfassen (Teilnehmende, Betriebe, zuweisende Stellen u. a.). Um der individualisierten Betreuung gerecht zu werden, ist sicherlich auch eine detaillierte Auswertung von einzelnen Betreuungsverläufen als Forschungsstrategie erfolgsversprechend. Aus diesen Erkenntnissen kann abgeleitet werden, dass für die Messung von Erfolg von Berufsintegrationsmassnahmen drei Aspekte besonders zu berücksichtigen sind: ein mehrdimensionales Verständnis von Erfolg, der Einbezug verschiedener Perspektiven und Bewertungsebenen sowie die Analyse von individuellen Fallverläufen.

6.2 Promising Practices der Beruflichen Integration von Migrantinnen und Migranten

Programminterne Erfolgsfaktoren: Bezüglich der konkreten Angebotsgestaltung von Massnahmen für die berufliche Integration von Migrantinnen und Migranten haben sich in den vorgestellten drei Projekten bzw. Programmen diejenigen Aspekte als erfolgreich erwiesen, die auch in der bestehenden Literatur als solche benannt wurden, z. B. Konstanz in der Betreuung, sorgfältige Abklärungen, individualisierte Betreuung, sprachliche Förderung, Klärung der Erwartungen der Beteiligten, gute Kooperation mit weiteren involvieren Stellen (klare Zuständigkeiten) sowie vertrauensvolle Beziehung zwischen Coaches und Teilnehmenden. Die meisten dieser Erfolgsfaktoren sind auch bei der beruflichen Integration von anderen Zielgruppen ausschlaggebend. Ein in Bezug auf Personen mit Migrationshintergrund zusätzlich relevanter Erfolgsfaktor scheint vor allem die sprachliche Förderung zu sein.

Nicht beantwortet werden konnte in den bisherigen Überlegungen die Frage, welches Modell der sprachlichen Förderung (Sprachkurs vor Praktika oder Sprachkurs parallel zu Praktika) für das Ziel der beruflichen Integration erfolgsversprechender ist. Diesbezüglich sind weitere Studien nötig. Unklar ist auch, welche Projektdauer für den nachhaltigen Erfolg der beruflichen Integration sinnvoll ist. JugMig und CaseMig dauern mehr als ein Jahr, StartInt hingegen ist auf eine kürzere Zeitspanne ausgelegt. Auch hier besteht weiterer Forschungsbedarf.

Fokus der Angebote: Die Angebotsrecherche in verschiedenen Ländern zeigte klar auf, dass bestehende Angebote mehrheitlich auf das Individuum (d. h. die Teilnehmenden) und weniger auf die Veränderung der Betriebe bzw. die strukturellen Rahmenbedingungen fokussieren. Bei den drei vorgestellten Projekten liegt der Schwerpunkt auch primär auf dem Coaching und der Begleitung der Teilnehmenden. Doch alle drei Angebote versuchen zusätzlich Veränderungen auf der strukturellen Ebene zu erzielen, indem sie beispielsweise durch Einsätze der Teilnehmenden in Betrieben die Haltung und Meinung der beteiligten Unternehmen zur Aufnahme von Personen mit Migrationshintergrund nachhaltig verändern. Besonders gut sichtbar wird dies bei JugMig, da dort durch erfolgreiche erste Einsätze in einem Betrieb weitere Platzierungen zustande kommen. Erfolgversprechend scheinen deshalb Angebote zu sein, welche nicht nur Veränderungen bei den Teilnehmenden anstreben, sondern auch den grösseren Kontext im Blick haben und Einstellungsänderungen auf übergeordneten Interventionsebenen im Blick haben. Da noch wenige Angebote bestehen, die primär auf der Umfeldebene ansetzen, ist es sicherlich sinnvoll, neue Projekte und Massnahmen auf dieser Ebene anzusiedeln und im Sinne von Leiprecht (2011, S. 40) gesellschaftliche Aspekte von Problemen einzubeziehen. Dies würde bedeuten, dass der Grundsatz „Fördern", welcher im Aktivierungs- und Integrationspolitischen Diskurs neben dem „Fordern" als Maxime aufgeführt wird, nicht nur bezogen auf das einzelne Individuum verstanden wird. Um dies zu erreichen, könnte allenfalls eine gesetzliche Grundlage, wie dies in Österreich bereits vorliegt, zielführend sein.

Angebotsstruktur – Spezialisierung vs. Generalisierung: Ein Blick auf die bestehende Angebotsstruktur zeigt, dass sowohl geschlechterhomogene als auch geschlechterheterogene Projekte und Programme existieren. Daneben gibt es Angebote, die sich speziell an Jugendliche mit Migrationshintergrund oder noch spezifischer an eine bestimmte Migrationsgruppe (z. B. Flüchtlinge und vorläufig Aufgenommene) wenden und Projekte, welche für eine breitere Zielgruppe geöffnet sind. Zwei der drei evaluierten Angebote richten sich spezifisch an Flüchtlinge und vorläufig Aufgenommene (JugMig und CaseMig), StartInt hingegen ist für ein breiteres Zielpublikum geöffnet. Diese drei Angebote spiegeln das integrationspolitische Interesse, generell eher auf eine „interkulturelle Öffnung" von Angeboten zu zielen, zusätzlich aber eine „spezifische Integrationsförderung" für einzelne Gruppen, insbesondere bei speziellem Förderbedarf, sicherzustellen. Eine diesbezüglich breite Vielfalt an Angeboten wird deshalb auch in Zukunft nötig sein.

Literatur

Aeppli, D. C., & Ragni, T. (2009). Ist Erwerbsarbeit für Sozialhilfebezüger ein Privileg? SECO Publikation Arbeitsmarktpolitik No. 28 (7.2009). http://www.seco.admin. ch/dokumentation/publikation/00004/00005/02449/index.html?lang=de&download=NHzLpZeg7t, lnp6I0NTU04212Z6ln1acy4Zn4Z2qZpnO2Yuq2Z6gpJCFdX54hGym 162epYbg2c_JjKbNoKSn6A–. Zugegriffen: 28. April 2014.

Auernheimer, G. (2011a). Diversity und interkulturelle Kompetenz. In T. Kunz & R. Puhl (Hrsg.), *Arbeitsfeld Interkulturalität. Grundlagen, Methoden und Praxisansätze der Sozialen Arbeit in der Zuwanderungsgesellschaft* (S. 167–181). Weinheim: Juventa.

Auernheimer, G. (2011b). Diversity und Intersektionalität. Neue Perspektiven für die Sozialarbeit? *Neue Praxis, 41*(4), 409–423.

Balthasar, A. (2000). Evaluationsynthesen: Bedingungen, Möglichkeiten und Grenzen. *Leges -Gesetzgebung & Evaluation, 1,* 13–26.

Bleck, C. (2011). *Effektivität und Soziale Arbeit. Analysemöglichkeiten und -grenzen in der beruflichen Integrationsförderung.* Berlin: Frank und Timme.

Bundesamt für Migration. (2008). Controlling der Integration von B-Flüchtlingen. Berufliche Integration, Ausbildung, Spracherwerb, Gesundheit, soziale Integration. Schlussbericht und Empfehlungen. http://www.bfm.admin.ch/content/dam/data/migration/integration/berichte/schlussber-controlling-integr-d.pdf. Zugegriffen: 28. April 2014.

Bundesamt für Migration. (2009). Syntheseberich Integrationsmassnahmen des Bundes für Flüchtlinge und vorläufig aufgenommenen Personen 2006–2008. Erkenntnisse und Empfehlungen. http://www.bfm.admin.ch/content/dam/data/migration/integration/berichte/syntheseber-pilot-d.pdf. Zugegriffen: 28. April 2014.

Bundesamt für Migration. (2011a). *Integrationsförderung des Bundes und ihre Auswirkungen in den Kantonen. Jahresbericht 2010.* Bern: Bundesamt für Migration.

Bundesamt für Migration. (2011b). Spezifische Integrationsförderung als Verbundaufgabe Bund-Kantone. Grundlagenpapier vom 23. November 2011 im Hinblick auf den Abschluss von Programmvereinbarungen nach Art. 20a SuG. http://www.bfm.admin.ch/content/dam/data/migration/integration/foerderung2012/grundlagen-kip-d.pdf. Zugegriffen: 28. April 2014.

Bundesamt für Statistik. (2008). Erwerbsquote und Erwerbsquote in Vollzeitäquivalenten (VZÄ) nach Migrationsstatus und soziodemographischen Merkmalen (su-d-01.03.03.02.10). http://www.bfs.admin.ch/bfs/portal/de/index/themen/01/07/blank/dos2/02/06.html. Zugegriffen: 28. April 2014.

Domenig, D. (2007). Das Konzept der transkulturellen Kompetenz. In D. Domenig (Hrsg.), *Transkulturelle Kompetenz. Lehrbuch für Pflege-, Gesundheits- und Sozialberufe* (2., überarb. und erw. ed., S. 165–189). Bern: Huber.

Forum für eine kultursensible Altenhilfe. (2009). Memorandum für eine kultursensible Altenhilfe. Ein Beitrag zur Interkulturellen Öffnung am Beispiel der Altenpflege. http://www.aaa-deutschland.de/pdf/Charta-Memorandum_komplett.pdf. Zugegriffen: 28. April 2014.

Ganter, P., & von Glutz, B. (2008). Pilote Berufliche Integration für Flüchtlinge des BFM. Gesamtschlussbericht über die 3 Pilote „Logistik", „Overall" und „Gastro". http://www.bfm.admin.ch/content/dam/data/migration/integration/berichte/schlussber-pilot-d.pdf. Zugegriffen: 28. April 2014.

Gutmann, M., Dujany, L., & Naef, B. (2007). *Bericht Integrationsprojekte 2006 für vorläufig Aufgenommene und Flüchtlinge.* Bern: Bundesamt für Migration.

Gutmann, M., Vukmirovis, B., Feller, A., Reinmann, E., & Naef, B. (2008). *Bericht Integrationsprojekte 2007 für vorläufig Aufgenommene und Flüchtlinge.* Bern: Bundesamt für Migration.

Häfeli, K., & Schellenberg, C. (2009). Erfolgsfaktoren in der Berufsbildung bei gefährdeten Jugendlichen. http://edudoc.ch/record/35458/files/StuB29A.pdf. Zugegriffen: 28. April 2014.

Hamburger, F. (1999). Von der Gastarbeiterbetreuung zur Reflexiven Interkulturalität. *iza: Zeitschrift für Migration und Soziale Arbeit, o. A.* (3/4), 33–38.

Heuer, S. (2012a). Jugendberufshilfe heute – aktivierende Hilfe zum Wettbewerb? *Sozialmagazin. Zeitschrift für Soziale Arbeit, 37*(2), 10–16.

Heuer, S. (2012b). Jugendberufshilfe im Exklusionsmodus. *Sozialmagazin. Zeitschrift für Soziale Arbeit, 37*(2), 17–23.

Jurt, L. (2011). Vom Umgang mit Differenz. Auf dem Weg zu einer migrationssensiblen Sozialen Arbeit. *Sozial Aktuell, 43*(4), 18–20.

Kessl, F. (2011). Von der Omnipräsenz der Kooperationsforderung in der Sozialen Arbeit. Eine Problematisierung. *Zeitschrift für Sozialpädagogik, 9*(4), 405–415.

Knöpfel, P., & Bussmann, W. (2004). Die öffentliche Politik als Evaluationsobjekt. In W. Bussmann, U. Klöti, & P. Knöpfel (Hrsg.), *Einführung in die Politikevaluation* (redigitalisierte ed., S. 58–77). Basel: Helbling und Lichtenahn.

Lamp, F. (2010). Differenzsensible Soziale Arbeit – Differenz als Ausgangspunkt sozialpädagogischer Fallbetrachtung. In F. Kessl & M. Plösser (Hrsg.), *Differenzierung, Normalisierung, Andersheit. Soziale Arbeit als Arbeit mit den Anderen* (S. 195–210). Wiesbaden: Verlag für Sozialwissenschaften.

Leiprecht, R. (2011). Auf dem langen Weg zu einer diversitätsbewussten und subjektorientierten Sozialpädagogik. In R. Leiprecht (Hrsg.), *Diversitätsbewusste Soziale Arbeit* (S. 15–44). Schwalbach: Wochenschau Verlag.

Lindenmeyer, H., von Glutz, B., Häusler, F., & Kehl, F. (2008). *Arbeitsmarktintegration von Flüchtlingen und Vorläufig Aufgenommenen. Studie über erfolgsversprechende Faktoren.* http://www.bfm.admin.ch/content/dam/data/migration/integration/berichte/studie-erfolgsfaktoren-arbeitsintegr-d.pdf. Zugegriffen: 28. April 2014.

Nadai, E., & Canonica, A. (2012). Arbeitsmarktintegration als neu entstehendes Berufsfeld: Zur Formierung von professionellen Zuständigkeiten. *Schweizerische Zeitschrift für Soziologie, 38*(1), 23–37.

Nadai, E., Canonica, A., & Koch, M. (2010). Interinstitutionelle Zusammenarbeit (IIZ) im System der sozialen Sicherung. http://skos.ch/fileadmin/user_upload/public/pdf/grundlagen_und_positionen/themendossiers/soziale_sicherheit/2010_StudieIIZ_Nadaietal.pdf. Zugegriffen: 28. April 2014.

National Association of Public Child Welfare Administrators (NAPCWA). (2009). Guide for child welfare administrators on evidence based practice. http://www.cebc4cw.org/ratings/scientific-rating-scale/. Zugegriffen: 28. April 2014.

Riedweg, W., Benz, F., Fercher, V., & Stremlow, J. (2011). *Bestandesaufnahme der Angebote zur Förderung der beruflichen und sozialen Integration im Bereich Sozialhilfe des Kantons Zürich. Bericht im Auftrag des Kantonalen Sozialamtes Zürich.* Luzern: Hochschule Luzern, Soziale Arbeit.

van Santen, E., & Seckinger, M. (2011). Die Bedeutung von Vertrauen für interorganisatorische Beziehungen – ein Dilemma für die soziale Arbeit. *Zeitschrift für Sozialpädagogik, 9*(4), 387–404.

Schaufelberger, D., & Mey, E. (2010). Viele Massnahmen – wenig Übersicht. *Sozial Aktuell, 42*(5), 15–18.

Stamm, M. (2012). *Mirage. Migranten als Aufsteiger. Der Berufserfolg von Auszubildenden mit Migrationshintergrund im Schweizer Berufsbildungssystem.* Fribourg: Universität Fribourg.

Ullrich, C. G. (2004). Aktivierende Sozialpolitik und individuelle Autonomie. *Soziale Welt, 55*(2), 145–156.

Dr. Sylvie Kobi ist Dozentin am Departement Soziale Arbeit der Zürcher Hochschule für Angewandte Wissenschaften ZHAW. Sie forscht zu den Themen Diversity, Migration, berufliche Integration und Behinderung und lehrt im Bachelor und Master in Sozialer Arbeit zu forschungsmethodischen Themen. Weitere Informationen: http://www.zhaw.ch/fileadmin/php_includes/popup/person-detail.php? kurzz=kobi

Christina Dietrich, lic. phil. I, ist wissenschaftliche Mitarbeiterin in der Abteilung Master des Departementes Soziale Arbeit der Zürcher Hochschule für Angewandte Wissenschaften ZHAW. Sie forscht und lehrt zu den Themen Berufsintegration, Behinderung sowie Bildung und Schule

Dr. Esther Forrer Kasteel ist Professorin im Departement Soziale Arbeit der Zürcher Hochschule für Angewandte Wissenschaften ZHAW und leitet dort den Master am Standort Zürich. Nebst Management-, Strategie- und Konzeptaufgaben forscht sie schwerpunktmässig zu den Themen Bildung, Berufsintegration und Alter. Weitere Informationen: http://www.zhaw.ch/fileadmin/php_includes/popup/person-detail.php? kurzz=fort

Milena Gehrig, lic. phil. I, ist wissenschaftliche Mitarbeiterin am Departement Soziale Arbeit der Zürcher Hochschule für Angewandte Wissenschaften ZHAW und forscht zu Armut, Arbeitsintegration und Migration sowie im Bereich soziale Quartier- und Stadtentwicklung, Partizipationsprozesse und Zivilgesellschaft. Weitere Informationen: http://www.zhaw.ch/fileadmin/php_includes/popup/person-detail.php? kurzz=glna

Teil III
Arbeitsintegration und temporäre Beschäftigung

„Wir sind hier keine Phantasiefirma"

Eingliederung zwischen Betrieb, Amt und Beratung

Gisela Hauss

1 Einleitung

„Der innere Kern allen fürsorgerischen Handelns ist die Erziehung zur Arbeit" mit diesem Topos markiert der Humanist Johann Ludwig Vives (1526, zitiert nach Scherpner 1979, S. 28) bereits zu Anfang der Neuzeit das widersprüchlich verwobene Verhältnis zwischen Fürsorge und Arbeitsmarkt. Eingebunden in sozialstaatliche Strukturen war die Fürsorge in der zweiten Hälfte des 20. Jahrhunderts in den westlichen Industriestaaten Teil des aufrecht zu erhaltenden Gleichgewichts zwischen dem Arbeitsmarkt, der Familie und der staatlichen sozialen Sicherung. Wer in dieser Wohlfahrtstriade (Esping Andersen 1990) sollte die sozialen Risiken abfedern? Seit den 1990er Jahren wird in Arbeitsmarkt-und Sozialpolitik das Verhältnis von Arbeit und Fürsorge, von Arbeitsmarkt und sozialen Sicherungssystemen neu austariert. Der Arbeitsmarkt gewinnt an Regulationsmacht, investiert wird auch im Bereich der Sozialhilfe zunehmend selektiv und nach wirtschaftlicher Logik. Es scheint fast so, als würde die Aussage von Johann Ludwig Vives wieder aus den Kellern der Geschichte ausgegraben. „Erziehung zur Arbeit" durchdringt fürsorgerisches Handeln. Der Einbezug der Autonomie der Adressaten, der Bildungs-, Lebens-, und Entwicklungschancen in das Ziel der Förderung und Erhaltung gesellschaftlicher Teilhabe, sozusagen der in den letzten 100 Jahren herausgearbeitete „Kern" der Sozialen Arbeit, ist nicht länger unumstritten.

G. Hauss (✉)
Olten, Schweiz
E-Mail: gisela.hauss@fhnw.ch

Über die Transformationen des Sozialstaates in ihren Auswirkungen auf Arbeitsmarkt und soziale Sicherung und hier auch auf die Soziale Arbeit wird im einschlägigen Fachdiskurs lebhaft diskutiert. Wie sich diese Transformationen auf der Ebene der konkreten Praxis zeigen, dazu gibt es in der Schweiz bisher nur einzelne Forschungen (etwa Nadai und Mäder 2008; Schallberger und Wyer 2010). Die diesem Artikel zugrunde liegende ethnographisch angelegte Forschung versteht sich als Beitrag dazu, diese Lücke zu schließen. Der folgende Artikel fokussiert dabei auf die Praxis der Eingliederung erwerbsloser Männer und Frauen mit Migrationshintergrund. Im Zentrum des Artikels steht der Eingliederungsprozess in einem Programm, das Einsatzplätze für Erwerbslose auf dem ersten Arbeitsmarkt vermittelt. Mit den Einsatzplätzen im ersten Arbeitsmarkt kommt der erste Arbeitsmarkt als Akteur der Eingliederung in das eingespielte Team der Sozial Tätigen. Neben den Arbeitsintegrationsspezialisten[1] und den Sozialarbeitenden der Kostenstellen (Sozialdienst, Flüchtlingsdienst, Jugendanwaltschaft oder Taggeldversicherungen) sitzen damit auch Betriebsleitende aus dem ersten Arbeitsmarkt am Tisch, an dem der Eingliederungsprozess zusammen mit den Erwerbslosen bearbeitet wird. Sie seien keine „Phantasiefirma" erklären dann auch die Mitarbeitenden. Hier gehe es realistisch zu, es gehe nicht darum Leute zu beschäftigen, sondern vielmehr darum, die Erwerbslosen fit zu machen für den 1. Arbeitsmarkt. Die in der aktuellen Arbeitsmarkt- und Sozialpolitik diskutierten Transformationen im Verhältnis von Arbeitsmarkt und sozialer Sicherung, kurz zwischen Arbeit und Fürsorge werden im folgenden Beitrag „on the ground" untersucht, gefragt wird nach Interaktionen und Strategien der Sozialtätigen in den Eingliederungsprozessen, sei das „am Schalter", „in den Betrieben" oder in den „Beratungsbüros" im Schnittpunkt zwischen 1. Arbeitsmarkt und sozialer Sicherung.

Die Beschäftigungsprogramme der Sozialhilfe arbeiten mit Menschen, die aus ganz unterschiedlichen Gründen von der öffentlichen Unterstützung abhängig sind. Die Wege, auf denen sie in die Programme gelangen sind vielfältig. Und doch teilen sie ein Merkmal, und zwar den Bezug staatlicher Unterstützung. Folgt man dem Soziologen Georg Simmel, einem Klassiker der Soziologie der Armut, treten sie in dem Augenblick, in dem sie unterstützt werden „in einen durch die Armut charakterisierten Kreis" ein (1995, S. 553). Der folgende Artikel fokussiert in diesem Kreis der Unterstützungsbeziehenden anerkannte Flüchtlingen und vorläufig aufgenommenen Personen. Seit dem 1. Januar 2007 haben auch vorläufig aufgenommene Personen in der Schweiz Zugang zu arbeitsmarktlichen Maßnahmen sowie zu spezifischen Integrationsmaßnahmen, die von den Kantonen orga-

---

[1] Sozialarbeiterinnen und Sozialarbeiter teilen sich das Feld der Arbeitsintegration mit anderen Berufsgruppen. Eva Nadai und Alan Cononica bezeichnen die dort Tätigen als „Arbeitsintegrationsspezialisten" (2012).

nisiert werden (BFM und SECO 2012).[2] Es geht in diesem Artikel nicht um eine Analyse der Situation von Flüchtlingen in der Schweiz, sondern vielmehr um die Analyse der professionellen Bearbeitung des Eingliederungsprozesse, der sich bei vor Kurzem Zugewanderten besonders komplex gestaltet. Die interdependenten Kategorien von Armut, Erwerbslosigkeit und Migrationshintergrund (Walgenbach 2012) erschweren den Eintritt in den Schweizer Arbeitsmarkt und erfordern einen Unterstützungsprozess, der Sprachschwierigkeiten der Teilnehmenden sowie fehlende Kenntnisse des Schweizerischen Arbeitsmarktes mit einbezieht. Folgt man Nobert Elias und John L. Scotson (1993; Elias 1986) begründet Zuwanderung immer Inklusions- aber auch Exklusions-Verhältnisse sowie Machtdifferenzen. Treffen Zuwandernde auf Menschen, die in Betrieben und Stellen schon länger heimisch sind, entsteht ein Verflechtungszusammenhang, der charakterisiert ist durch spezifischen Machtquellen und wechselseitigen Abhängigkeitsverhältnisse.[3] Die Komplexität der Beziehungsgeflechte zwischen den Menschen steigt mit deren wachsender Abhängigkeit.[4] Vor kurzem zugewanderte Erwerbslose sind eine Personengruppe, die sich gegenüber einer ihnen fremden Behördenlogik, Sprache, Verfahrenslogik in besonderer Abhängigkeit befindet. Dieses Geflecht im Schnittpunkt von Arbeitsmarkt und sozialer Sicherung zu erhellen, ist Anliegen des folgenden Beitrags. Bevor dieser Schnittpunkt zwischen Arbeit und Fürsorge aktuell und „auf Augenhöhe" in einem spezifischen Beschäftigungsprogramm untersucht wird, ein kurzer Blick in die Geschichte im Sinne einer Kontextualisierung und Historisierung der Fallstudie.

2 Lohnarbeit und soziale Sicherung. Ein umstrittenes Gleichgewicht

Die Verwebung von Arbeit und Fürsorge und nicht zuletzt auch der Zusammenhang mit Wanderbewegungen bestimmt die Geschichte der Sozialen Arbeit seit ihren Anfängen in der Zeit der (Vor)Industrialisierung. Die als fremd erscheinen-

---

[2] Die „soziale, berufliche und kulturelle Integration" von anerkannten Flüchtlingen ist in Art. 91, Abs. 4 des Asylgesetzes (Asylgesetzt vom 26. Juni 1998, SR 142.31) geregelt.

[3] Elias hat das Figurationskonzept in verschiedenen Büchern und Aufsätzen entwickelt. Als zentrales Werk gilt seine mit John L. Scotson veröffentlichte Studie über die Beziehung zwischen Etablierten und Außenseitern in einer englischen Kleinstadt, die in Fachkreisen als Klassiker der Soziologie gilt (Elias und Scotson 1993 (1965)).

[4] Der Figurationsbegriff wird hier in einer doppelten Bedeutung verstanden, erstens als konkrete Untersuchungseinheit, deren Grenzen über konkrete Abhängigkeitsdimensionen bestimmt werden. Zweitens als die Beschreibung eines Wechselverhältnisses zwischen Menschen und Gesellschaft, die in ihrer jeweiligen Entwicklungslogik auf spezifische Weise miteinander verknüpft sind (Treibel 2008, S. 46–54).

den Lebensformen der unteren Schichten sowie wandernder Bevölkerungsgruppen, viele von ihnen in schlechten Arbeitsbedingungen, ohne Arbeit oder sogenannte „Vagabunden" (Castel 2008) mobilisierten die Soziale Arbeit in ihrem Bestreben, Menschen an vorherrschende Normen anzupassen, was – abhängig vom zeitlichen Kontext – die mehr oder weniger starke ‚Disziplinierung' und ‚Normalisierung' der Betroffenen bedeutete. Zeitgeschichtlich in unterschiedlicher Ausprägung war die Gewöhnung an, die Erziehung zur, oder der Zwang zur Arbeit das Mittel der Wahl. In der Schweiz wurden Anfang des 19. Jahrhunderts die Armenerziehungsanstalten zur Rettung „verwahrloster Kinder" gegründet (Hauss 1994; Schoch et al. 1989; Hochueli Freund 1999) und Mitte des Jahrhunderts die „Zwangsarbeitsanstalten" für arbeitsscheue und liederliche Erwachsene (Lippuner 2005).

Die Verflechtung von Arbeit und Fürsorge und deren Auswirkungen auf Wanderbewegungen lässt sich zudem, wenn auch gewissermaßen mit umgekehrtem Vorzeichen, in den Regelungen der Armenfürsorge im Übergang zum 20. Jahrhundert finden. Diese Regelungen waren kaum darauf ausgerichtet, Zuwanderer, die keine Arbeit hatten, in der Integration zu unterstützen. In der Schweiz stand Armen, die fern ihrem Herkunftsort auf der Suche nach Arbeit waren, bis weit ins 20. Jahrhundert hinein keine kommunale Fürsorge zu. Gerieten sie in Not, war die Wohngemeinde nicht für die Fürsorge zuständig, zuständig war vielmehr der Ort ihrer familiären Herkunft, der sogenannte Heimat- oder Bürgerort.[5] Eine Arbeit zu haben, wurde zur Voraussetzung dafür, am Wohnort bleiben zu können und nicht von der Fürsorge „heimgeschafft" zu werden. Im Verhältnis zur Fürsorge war Erwerbsarbeit damit eine Voraussetzung und der Garant um mobil und am Wohnort bleiben zu können. „Heimschaffungen" hatten einen großen Bedrohungsradius, Erwerbslosigkeit wurde gleichzeitig zum Verlust von Wohnort, sozialen Zusammenhängen, in manchen Fällen sogar familialen Zusammenlebens (Hauss 2010, S. 55–69). Fürsorge stand damit nicht am Ende, sondern vielmehr am Anfang von Wanderbewegungen.

Erwerbsarbeit als Lösung sozialer Probleme, ließ Behörden dann auch wegsehen, wenn Arbeit unter diskriminierenden und aus heutiger Sicht menschenunwürdigen Bedingungen verrichtet werden musste. Ein unrühmliches Beispiel in der Schweiz sind die Verdingkinder, Kinder, die durch die Behörden in landwirtschaftliche Familien vermittelt wurden, um dort als Arbeitskräfte eingesetzt zu werden (Leuenberger 2010; Seglias 2010; Leuenberger und Seglias 2009). Im Kontext der

---

[5] Das Heimatprinzip bestimmte die Fürsorge nicht nur in der Schweiz. Auch in Deutschland kannte man das Heimatrecht, das in Preußen jedoch bereits 1871 und in Baden Württemberg 1873 durch das Unterstützungswohnsitz-Prinzip abgelöst wurde. Anders in der Schweiz: Hier kann man erst in den 1950er Jahren von einer durchgängigen Ablösung des Heimatprinzips zugunsten des Wohnortprinzips sprechen.

Arbeitsmigration von Kindern verloren die Fürsorgebehörden das Wohl der Kinder aus den Augen. So wanderten jedes Frühjahr Kinder aus der Ostschweiz, hier vor allem aus Graubünden, in das Gebiet des heutigen Baden-Württembergs und des Bayrischen Allgäus um sich dort, meist auf dafür eingerichteten Kindermärkten, den Sommer über zu verdingen. Im Herbst kehrten sie in der Regel wieder in ihre Dörfer zurück. Von Seiten der Fürsorgebehörden ist zu dieser Praxis keine Kritik überliefert. Es gab offensichtlich keine Bestrebungen, für das Wohlergehen der Kinder an ihren Arbeitsstellen im sogenannten Oberschwaben Verantwortung zu übernehmen oder eine Aufsicht über die Arbeitgeber einzurichten. Die Bemühungen der Behörden richteten sich lediglich darauf aus, die Wanderungen so zu regulieren, dass das Ansehen des Kantons gewahrt blieb, die Behörden überprüften die Gesundheit der Kinder und sorgten für die Vermeidung von Bettel während der Wanderung (Seglias 2010, S. 35–54).

In der relativ lang anhaltenden Prosperität der Nachkriegsjahre, verschob sich die Zuständigkeit für soziale Risiken hin zu einer gut ausgebauten sozialen Sicherung. Durch eine quasi Vollbeschäftigung waren die Arbeit und damit der Zugang zur Quelle des Einkommens gesichert. Bis zum Ende der 60er Jahre sorgten die Arbeitsplatzsicherheit, die Kontinuität von Beschäftigungsverhältnissen und steigendes Einkommen der fortschrittlichen westlichen Industriegesellschaften dafür, dass sich die Soziale Arbeit als Kompensation im Bezug auf die Erwerbsarbeit positionieren konnte. In dieser Zeit lässt sich Soziale Arbeit beschreiben als eine „soziale Infrastruktur der Lebensbewältigung" (Hering und Münchmeier 2000, S. 231). Soziale Arbeit fungierte zum größten Teil jenseits sozialpolitisch-materieller Sicherungssysteme (Rauschenbach 1999, S. 28). Soziale Arbeit gelang es auf diesem Hintergrund, Angebote im Bereich Reproduktion und Bildung beträchtlich auszubauen. Auch für zuwandernde Personengruppen war die Integration in den Arbeitsmarkt, wenn auch befristet und unter Einschränkungen, gegeben. Pädagogik und Sozialen Arbeit beschäftigten sich mit Konzepten der interkultureller Erziehung, Bildung und Sozialisation und mit dem Thema des Familiennachzugs.
[6] Die Interkulturelle Pädagogik entwickelte sich in dieser Zeit zur anerkannten „Teilpädagogik" und begann sich zu professionalisieren hin zu einer „Multikulturalisierung von Bildung" und zur „Kompensatorischen Erziehung" (Githa Steiner Khamsi 2009).

Heute kann man im Verhältnis von Erwerbsarbeit und sozialer Sicherung von einer neuen Austarierung sprechen, die Auswirkungen hat auf die Situation von Menschen mit Migrationshintergrund. Seit den 1990er Jahren gilt in den westeuropäischen Gesellschaften die Integration in den Arbeitsmarkt als vorherrschende

---

[6] Ein Blick in die Literatur der 1970er und 1980er Jahre macht das deutlich. Hier z. B. Schrader et al. 1976; Griese 1984.

normative Zielprojektion in Sozialpolitik und damit auch in vielen Bereichen der Sozialen Arbeit. Der Staat investiert in die „employability" seiner Bürgerinnen und Bürger und weniger in direkte Transferleistungen (Dahme und Wohlfahrt 2008; Jenson 2009). Das verändert auch für die Soziale Arbeit die Ausgangslage (exemplarisch dazu Anhorn und Bettinger 2004). Der Wohlfahrtsstaat transformiert sich hin zum aktivierenden, investiven oder sogar Postwohlfahrtsstaat. Aktiviert werden sollen diejenigen, die nicht mehr oder noch nicht aktiv am ersten Arbeitsmarkt teilnehmen. In die Arbeitsfähigkeit von spezifischen Gruppen zu investieren, so z. B. in die Gruppe der vor Kurzem Zugewanderten (Liebig 2012) wird unter wirtschaftlicher Perspektive interessant. Wie Sozial Tätige in diesem sich verändernden Kontext arbeiten, ist Thema, des hier zu Grunde liegenden Projektes, wie sie mit vor kurzem Zugewanderten arbeiteten soll in diesem Beitrag exemplarisch vorgestellt werden.

3 Berufliche Eingliederung im Kontext von Arbeitslosen- und Sozialversicherung. Eine ethnographische Studie.

Der folgende Beitrag bezieht sich auf ausgewählte Ergebnisse aus einer umfassenderen ethnographischen Studie zur Praxis von Aktivierung und Sozialinvestition in der Arbeitslosenversicherung, der Sozialhilfe und in Integrationsprogrammen für Erwerbslose in der Schweiz. Die umfassende, zugrunde liegende Studie analysiert, inwiefern sich die Paradigmen der Aktivierung und Sozialinvestition in den untersuchten Institutionen zeigen.[7]

3.1 Forschungszugang

Untersuchungsfelder der Forschung, auf die hier Bezug genommen wird, sind die Arbeitslosenversicherung sowie der Sozialhilfe. In diesen Feldern sind strategische Schauplätze von Interesse, zum ersten sozialstaatliche Agenturen, die über Maßnahmen entscheiden und Klienten diesen zuordnen und zweitens Agenturen, in denen diese Maßnahmen durchgeführt werden. Konkret waren das ein Regionales Arbeitsvermittlungszentrum, ein Sozialdienst und vier Arbeitsintegrationsprogramme, wobei frauenspezifische mit gemischtgeschlechtlichen Programmen

---

[7] Die im Sommer 2013 abgeschlossene Forschung wurde vom Schweizerischen Nationalfonds im Rahmen des NFP 60 gefördert. Neben der Autorin waren Eva Nadai, Alan Canonica und Loredana Monte am Projekt beteiligt. Der Forschungszugang wird ausführlicher vorgestellt im Schlussbericht (Nadai et al. 2013).

kontrastiert wurden. An diesen Schauplätzen wurden teilnehmende Beobachtung sowie leitfadengestützte Interviews mit Klienten sowie mit Mitarbeitenden durchgeführt. Die Datenerhebung und Auswertung folgte der Grounded Theory in der Linie von Strauss und Corbin (1990).[8]

Um die street level bureaucacies den Blick zu bekommen, eignet sich Dorothy Smith Ansatz der „institutional ethnography (Smith 2005). In „everyday worlds", so Smith (Smith 2005, S. 32), interagieren Menschen auf alltäglicher Ebene. Sozialpolitische Entwicklungen werden beobachtbar in „issues, concerns, or problems that are real for people and that are situated in their relationship to an institutional order" (Smith 2005). Hier in der Mikrosoziologie sozialer Institutionen lassen sich Zusammenhänge beobachten („ruling relations"), die weit über das beobachtete Feld hinaus weisen. Smith geht davon aus, dass soziale Ordnungen nicht abstrakt zu verstehen sind, sondern sich in konkreten Beziehungen, die in der Koordination von Handeln hergestellt werden, konstituieren. Soziale Ordnungen lassen sich folglich über die Beschreibung konkreten Handelns in einem spezifischen Kontext erschließen. Die diesem Beitrag zugrunde liegende Studie „Lohnende Investitionen" (2010–2013) war als multi-sited Ethnographie angelegt, die ihren Forschungsgegenstand über verschiedene Felder hinweg verfolgt, in denen je Teilantworten zur übergeordneten Fragestellung zu finden sind. Das ethnographische Feld ist dabei kein physischer Ort, sondern vielmehr ein Netzwerk von Orten, Akteuren, Ideen und Ereignissen, die im Verlauf der Forschung untersucht werden. Der folgende Beitrag fokussiert das Feld der Sozialhilfe und damit ein Feld, das zu einem der traditionellen Arbeitsfelder der Sozialen Arbeit gehört. Für den vorliegenden Beitrag wurde vor allem auf die Praxis eines Integrationsprogramms fokussiert, in dem zum Zeitpunkt der Untersuchung ein großer Teil der Teilnehmenden Flüchtlinge waren.

3.2 Vor Kurzem aus humanitären Gründen Zugewanderte: die Praxis der Eingliederung

Das in diesem Beitrag speziell fokussierte Programm Viadukt vermittelt Einsatzplätze im ersten Arbeitsmarkt. Viadukt ist dadurch charakterisiert, dass die Teilnehmenden von einer großen Bandbreite unterschiedlicher Stellen zugewiesen

---

[8] Die Datenbasis umfasst Beobachtungsprotokolle, Interviews mit insgesamt 24 Mitarbeitenden bzw. Expertinnen und Experten Ausgewertet wurde das Material mit der Grounded Theory entlang Strauss/Corbin (Strauss und Corbin 1990) und 22 Klientinnen und Klienten sowie organisationsinterne bzw. übergreifende Dokumente. Direkte Zitate aus dem Datenmaterial werden in Anführungszeichen gesetzt, der Lesbarkeit wegen wird hier auf detaillierte Verweise verzichtet.

werden, so z. B. Sozialdiensten, Flüchtlingsdiensten[9], der Jugendanwaltschaft oder auch mit den Case Managern der Taggeldversicherungen von Krankenkassen. Dementsprechend groß ist die Notwendigkeit einer individuellen Ausgestaltung des Beratungs- und Begleitungsangebotes. Es sind Variationen möglich, es ist, wie ein Mitarbeiter es ausdrückte, anders als im Kontext der Arbeitslosenversicherung kein bestimmter „Durchlauf" vorgeschrieben. Die Einsatzplätze sind im ersten Arbeitsmarkt lokalisiert, sie sind als Praktikum ohne Lohn konzipiert. Flüchtlinge machten zum Zeitpunkt der Untersuchung einen großen Teil der Teilnehmenden aus. Sie fanden sich damit in einem Programm wieder, das nicht spezifisch auf vor Kurzem Zugewanderte ausgerichtet ist, jedoch über einen gewissen Freiraum zur Ausgestaltung der Angebote verfügt.

Bevor die Praxis der Eingliederung exemplarisch und konkret dargestellt wird, soll die Arbeitssituation der anerkannten und vorläufig aufgenommenen Flüchtlinge in der Schweiz kurz skizziert werden, eine Situation deren Bedingungen sich durch den Zugang auch vorläufig aufgenommener Personen zu arbeitsmarktlichen Maßnahmen und spezifischen Integrationsprogrammen verändert haben. Im Jahr 2012 wurden 28.631 Asylgesuche in der Schweiz eingereicht, 27 % mehr als im Vorjahr. Wichtigstes Herkunftsland der Asylsuchenden war Eritrea, gefolgt von Nigeria, Tunesien, Serbien und Afghanistan. Syrien belegt mit 1229 Gesuchen den sechsten Platz (Bundesamt für Migration 2012). Auch in dem von uns untersuchten Programm war die Gruppe aus Eritrea laut Aussagen der Mitarbeitenden am stärkste vertreten (BFM Asylstatistik 2012).

Unter einer ökonomischen Perspektive, mit der Frage nach einem Platz auf dem Arbeitsmarkt, werden der Schweiz im Großen und Ganzen relativ gute Erfolge bei der Integration von Zuwandern bescheinigt (Liebig et al. 2012). Dies vor allem aufgrund der guten Lage auf dem Schweizer Arbeitsmarkt. Trotz diesem im Ganzen positiven Bild zeigt sich im Vergleich mit anderen OECD Ländern eine niedrige Beschäftigungsquote bei gewissen Einwanderungsgruppen. Zu diesen gehören – neben der Gruppe der Frauen mit kleinen Kindern – die Gruppe derjenigen, die vor Kurzem aus humanitären Gründen eingewandert sind. Diese bekunden zunehmend mehr Schwierigkeiten, Zugang zum Arbeitsmarkt zu finden. Für die Integration dieser Gruppen von Neuankömmlingen stellt die Schweiz nur wenige spezifische Integrationsprogramme zur Verfügung. Während andere OECD Länder für aus humanitären Gründen zugewanderten Personen strukturierte Angebote eingerichtet

---

[9] In der hier untersuchten Stadt sind – beauftragt durch den Kanton – die jeweiligen Sozialdienste der Flüchtlingshilfe (Caritas und Schweizerisches Rotes Kreuz, SRK) für die Ausrichtung der Sozialhilfe und die berufliche und soziale Integration der Flüchtlinge zuständig. Diese können Beschäftigungsprogramme der sozialen Sicherung, sowie Integrationsprogramme nutzen.

haben, die bis zu drei Jahren dauern können, finden sich Personen dieser Gruppe in der Schweiz in der Regel in allgemeinen Beschäftigungsprogrammen der kantonal organisierten Sozialhilfe wieder.[10] Vergleicht man mit dem internationalen Standard, fällt auf, dass hier die soziale Integration in den Hintergrund tritt und die Eingliederung in den Arbeitsmarkt prioritär gesetzt wird.[11] Formal möglich, ist der Zugang zu Arbeitsstellen im ersten Arbeitsmarkt für aus humanitären Gründen Zugewanderte durch strukturelle Voraussetzungen erschwert. So benötigen sie eine Arbeitsbewilligung, die sie in der Regel erst bekommen, wenn sie einen Arbeitgeber finden, der bereit ist, sie einzustellen. Eine restriktive Einbürgerungspolitik, ungenügende Sprachförderung, die erschwerte Anerkennung ausländischer Diplome verbunden mit wenigen Passerellen-Angeboten und Diskriminierungen bei der Anstellung, erschweren es, in die Berufswelt einzusteigen (Liebig et al. 2012, S. 10–13). Im Hinblick auf den ökonomischen Wettbewerb der Nationalstaaten werden hier Hindernisse ausgemacht. Die vor kurzem zugewanderten Frauen und Männer werden zum Potential für den Arbeitsmarkt und wirtschaftlich interessant. Flüchtlinge werden Teil des Systems von Beschäftigungs- und Integrationsmaßnahmen, Teil der „Inklusionsmaschine" (Land und Willisch 2006), die niemanden außerhalb der Arbeitsgesellschaft stehen lässt.

Wie sieht die Eingliederungspraxis im Programm Viadukt mit der Personengruppe der vor Kurzem Zugewanderten konkret aus? In weiten Bereichen gestaltet sich der Eingliederungsprozess in der gleichen Logik wie bei Personen, die sich schon länger in der Schweiz aufhalten. Und doch zeigen sich spezifische Machtpotentiale, Inklusions- und Exklusionsverhältnisse, die sich mit Elias als ein Verflechtungszusammenhang darstellen, der im Kontext der Zuwanderung komplexer wird.

Die Simulation vertraglich geregelter Erwerbsarbeit
Aus humanitären Gründen Zugewanderte werden – wie die anderen Teilnehmenden im Viadukt auch – in Einsatzplätze des ersten Arbeitsmarktes vermittelt. Sie finden sich damit in der gleichen Situation wie diejenigen, die von den kommunalen Sozialdiensten, der Jugendanwaltschaft oder anderen Stellen zugewiesen werden. Wie die Mitarbeitenden betonen, zeigt sich für sie jedoch die Situation anders. Erst vor kurzem zugewandert können sie den Eingliederungsprozess, in den sie

---

[10] Die ersten fünf, bei vorläufig aufgenommenen die ersten sieben Jahren ist der Bund für die finanzielle Unterstützung der Zugewanderten zuständig. In einer besonders schwierigen Situation sind vorläufig aufgenommene Personen. Sie erhalten weniger als die ordentliche Sozialhilfe, was mit einer Verminderung der Integrationsbemühungen für diese Gruppe einherzugehen scheint.

[11] Zu spezifischen Programmen liegen in der Schweiz etwas mehr als ein halbes Duzend Evaluation vor, exemplarisch dazu Kobi und Gehrig 2012; Kobi et al. 2012.

gestellt werden, und an dem eine Vielzahl von Stellen und Institutionen beteiligt ist, weniger gut nachvollziehen. Schon aufgrund der Sprachkenntnisse ist die Verständigung eingeschränkt.

Aus der Sicht der Mitarbeitenden machen die Erwerbslosen im Viadukt einen *„Schritt raus"* aus dem geschützten Rahmen der Arbeitsintegrationsprogramme. Sich in der Arbeitswelt zu befinden, wird von den Beratenden als Wert an sich eingeschätzt. Hier sei man in ein Team integriert und teile die Tagesstruktur mit anderen Erwerbstätigen. Die Beschäftigung auf dem Arbeitsmarkt wird in ihrer Auswirkung mit Erwerbsarbeit gleichgesetzt, „…dass man sich definieren kann über eine Arbeit, einen Sinn findet. Dass man wieder jemand ist, einen Platz hat in der Gesellschaft, in unserer Gesellschaft, die sich über Arbeit definiert." Der Unterschied zwischen einer Beschäftigung ohne Lohn und Arbeitsvertrag und bezahlter und vertraglich geregelter Erwerbsarbeit wird damit ausgeblendet. „Gratisarbeit" oder „keine richtige Arbeit", wie es einige schon länger in der Schweiz lebende Teilnehmer/innen kritisch bezeichnen, wird durch die räumliche und soziale Verortung im Arbeitsmarkt als Erwerbsarbeit inszeniert. Die in einschlägigen empirischen Arbeiten vielfach kritisierten „simulierten Arbeitswelten" von Beschäftigungsprogrammen (Nadai und Mäder 2008) werden zur Simulation von vertraglich geregelter Erwerbsarbeit. Obwohl die Erwerbslosen im ersten Arbeitsmarkt beschäftigt werden, ist lediglich die Seite der „Arbeitnehmenden" an gewöhnlich in Arbeitsverträgen festgelegte Regelungen wie z. B. Arbeitszeiten und Ferientage gebunden. Die Gegenleistung der anderen Seite, der Lohn, bleibt aus. Ein regulärer Verdienst wird dadurch ersetzt, dass das Programm respektive der Einsatzbetrieb die Beschäftigten mit den Dokumenten versorgt, die im Lande der „Papierlisammler", so ein Berater, wichtig sind. Die Teilnehmenden erhalten ein Arbeitszeugnis, können Arbeitserfahrungen nachweisen, manchmal die ersten Arbeitserfahrungen in der Schweiz, und sie haben die kleine Chance, nach ihrem Einsatz im selben Betrieb in eine geregelte Arbeitsstelle übernommen zu werden. Im Hinblick auf die Arbeitgeber wird die Situation von den Beratenden als „Win-Win-Situation" dargestellt. Die Betriebe müssen die Infrastruktur eines Arbeitsplatzes zur Verfügung stellen und die Einarbeitung nimmt Zeit in Anspruch. Dafür verfügen sie über eine Arbeitskraft, die nichts kostet. Falls die Einsatzleistenden im Betrieb im Anschluss in eine reguläre Anstellung übergehen, kann man den Einsatz auch als risiko- und kostenlose Einarbeitungszeit verstehen.

Die Vorgesetzten in den Betrieben sowie die Beratenden im Viadukt stehen in einem Dilemma zwischen Ausrichtung am Arbeitsmarkt und Eingehen auf die individuelle Begleitung und Unterstützung der Erwerbslosen. Einsatzbetriebe haben einerseits die Verpflichtung, auf die individuelle Situation der Einsatzleistenden einzugehen, die Aufgabe der Integration zu übernehmen, und sie sehen sich anderseits dazu verpflichtet, die Realitäten des Arbeitsmarkts zu vertreten und das Funktionieren ihres Betriebes aufrecht zu erhalten. Von Seiten des Beschäftigungsprogramms erwartet man, dass sich Betriebe auf der sozialen Ebene in Lernorte umfunktionieren, dass sie Einsatzstellen schaffen, an denen man Deutsch spricht, und dass sie auch fachlich eine gewisse Variation in den Bereichen und einen Aufbau in den Leistungszielen gewährleisten. Von Seiten der zahlenden Stellen sowie in der marktwirtschaftlichen Logik der Betriebe sind die Vorgesetzten dazu angehalten, unabhängig von der Situation der Erwerbslosen eine gewisse Arbeitsdisziplin und Kontrolle aufrechtzuerhalten. Überwiegt dieser Aspekt und sehen die Erwerbslosen keinen persönlichen Nutzen in ihrer Beschäftigung, kann diese zur Arbeit werden, auf die sich die Betroffenen unter Druck, im Falle der Flüchtlinge zudem mit eingeschränkten Informationen, einlassen und bei der die Karten ungleich verteilt sind. Die formalen Rechte der Beschäftigten sind nicht durch ein arbeitsrechtlich reguläres Beschäftigungsverhältnis gesichert (Schallberger 2011, S. 21–24).

Je nach Passung zwischen der Situation der Erwerbslosen und dem Einsatz können die Maßnahmen der Arbeitsintegration im ersten Arbeitsmarkt in ihrer Wirkung sehr unterschiedlich ausfallen (vgl. auch Schallberger und Wyer 2010). Welche Form der Einsatz annimmt, ist dabei in hohem Masse von der Kooperation zwischen Vorgesetzten und Erwerbslosen abhängig; die Persönlichkeit der bzw. des Vorgesetzten, spielt damit eine große Rolle. Bei vor Kurzem Zugewanderten hängt es zudem davon ab, inwieweit diese über interkulturelle Kompetenzen verfügen bzw. selbst transnationale Erfahrungen haben. So wurde in einem Fall eine junge Frau ermutigt, sich als Coiffeuse selbstständig zu machen. Ihre Vorgesetzte im Coiffeursalon, selbst eine Person mit Migrationshintergrund, vermittelte ihr schrittweise das Wissen dazu und vertrat sie in diesem Anliegen gegenüber Viadukt und Sozialdienst. Andere Einsätze sind „Durchläufe", die keine Wirkung zeitigen. Sie verlaufen ohne großes Engagement. Die Erwerbslosen zeigen kein Interesse, die Einsätze werden einfach durchlaufen, dort „plätschert es so durch, und die machen ein bisschen etwas, aber tun niemandem weh." Und zuletzt gibt es Einsätze, deren offensichtlichste Funktion es ist, unbezahlte Arbeitskraft in sozialen Zwischenbereichen (etwa Spazierengehen mit Pflegebedürftigen) nutzbar zu machen oder diese Arbeitskraft im Niedriglohnsektor zu verwerten.[12] So arbeitet eine Frau mit schlechten Deutschkenntnissen ein Jahr lang in einer Mensaküche „Abwaschen, Schneiden, Maschine brauchen". Nach einem Jahr, beim Abschlussgespräch des Einsatzes, kann sie immer noch „die Liste nicht lesen", d. h. einen Zettel, auf dem die zu erledigenden Aufgaben stehen. Die Voraussetzung, in einer Mensa als reguläre Arbeitskraft übernommen zu werden, hat sie somit nicht erworben. Diese Arbeitsplätze stellen zwar sicher, dass die Arbeitskraft der anerkannten Flüchtlinge

---

[12] Ausführlicher dazu Schallberger und Wyer (2010).

verwertet werden kann, doch sie stellen diesen keine kompensatorischen Angebote zur Verfügung, welche die Chance auf eine Vermittelbarkeit in den Arbeitsmarkt wesentlich erhöhen würden. Im Fall des beschriebenen Einsatzortes in der Mensa war die Möglichkeit sprachlich weiterzukommen eher eingeschränkt, auch wenn der Vorgesetzte deutsch sprach. Der Kollege war aus der gleichen Sprachregion wie die Einsatzleistende. Die Mitarbeitenden von Viadukt sind sich bewusst, „je niederschwelliger der Arbeitsplatz ist, umso gemischter ist dann das Nationalitätenverhältnis, umso schwieriger ist es, dort bei der Arbeit Deutsch lernen zu können oder anzuwenden." Im Hausdienst und in der Küche rede man schon untereinander, doch „kreuzfalsch". Unter diesen Umständen Deutsch zu lernen wird in die eigene Verantwortung der Menschen mit Migrationshintergrund gestellt. Es hänge von deren Persönlichkeit ab.

Der richtige Umgang. Die Normierung einheimischer Arbeitsverhältnisse
In den Interaktionen an Eintritts-, Standort- und Austrittsgesprächen lässt sich rekonstruieren, wie zwischen den Vertreterinnen und Vertretern eines einheimischen Arbeitsmarktes und den Neuankömmlingen Machdifferenzen aufgebaut und Grenzen gezogen werden. Folgt man Elias, sind es dabei nicht vor allem ethnische Unterschiede, die Inklusions- und Exklusionsverhältnisse begründen, sondern vielmehr Kohäsions- und Integrationsdifferentiale (Elias S. 16). Auf Sozialdiensten Tätige, Betriebsleiter und die Mitarbeitenden von Viadukt konstruieren eine spezifische Deutung von Arbeit, die in scheinbarer Eindeutigkeit und Selbstverständlichkeit auf eine lange Tradition der Zugehörigkeit der in Betrieb bzw. Arbeitswelt Etablierten verweist. Das Bekenntnis zu gemeinsamen Regeln gibt den Etablierten die Möglichkeit ihre Zusammengehörigkeit herzustellen und die Grenzen gegenüber den Neuankömmlingen zu schießen (Elias S. 9). Wie die Prozesse der Differenzierung auf der Ebene alltäglicher Interaktionen hergestellt werden, zeigt sich in einer gemeinsamen Deutung von Arbeit und der mächtigen Demonstration gemeinsamer Regeln.

Nach dem Abschlussgespräch nach einem Praktikum ohne Anschlusslösung und ohne weiterführende Perspektiven bekräftigt die Sozialarbeiterin, dass Frau T. zuvor noch nie gearbeitet hätte, jetzt hätte sie doch zumindest eine Arbeitserfahrung. „Noch nie gearbeitet" bezieht sich dabei wie selbstverständlich auf Arbeitserfahrungen in der Schweiz, Frau T. ist Flüchtling, 37 Jahre alt und seit rund 10 Jahren in der Schweiz. Ob sie in ihrem Herkunftsland gearbeitet hat, scheint im Hinblick auf eine berufliche Integration in der Schweiz nicht von Interesse zu sein. Eine junge Frau mit Pflegeerfahrungen in ihrem Heimatland berichtet „Aber hier in der Schweiz habe ich nicht viel Erfahrung, ich habe das Gefühl, ich hätte zu wenig Erfahrung, die Absagen sind immer so begründet."

Mit der primären Orientierung am Arbeitsmarkt wird zudem die Situation, in der die Betroffenen aktuell leben, in den Hintergrund gerückt. So werden z. B. prekäre Wohnverhältnisse, Obdachlosigkeit oder die Finanzierung von Reisekosten für verpflichtende Bewerbungskurse nicht thematisiert. „Ich bin nur für die berufliche Integration zuständig" bestätigt ein Mitarbeiter von Viadukt. Dass Schwierigkeiten regelmäßig zu Arbeiten oder auch weiterführende Stellen zu finden in gewissen Fällen auf schwierige oder fehlende Wohnmöglichkeiten zurückzuführen sind, wird nicht zum Thema. Zwischen den politischen Tätigkeiten der Flüchtlingen und der Arbeitsverpflichtung wird eine klare Grenze markiert. „Ich erwarte, dass sie ihre Priorität bei der Arbeit setzen" sagt die Sozialarbeiterin in einem Standortgespräch, „wir sind nicht dazu da, ihre politische Tätigkeit zu bezahlen", und sie fügt hinzu „keine politisch motivierten Ausflüge mehr", womit sie die Wertung zwischen Politik und Arbeit klar markiert. Eine Ausnahme bilden Care Verpflichtungen bei Frauen. Diese sind Thema in den Beratungsgesprächen. Die Verantwortung die Betreuung der Kinder zu organisieren wird dann jedoch den Frauen individuell überlassen.

Die hohe Gewichtung der Arbeitserfahrungen in der Schweiz markiert eine klare Linie zwischen Arbeitserfahrungen im Herkunftsland und im Einwanderungsland. Erfahrungen im Herkunftsland finden nur vage und mit Vorbehalt Eingang in die Standort- bzw. Eintrittsgespräche im Programm Viadukt: „Sie erzählen alle, sie seien Mechaniker", doch dann merkt, man „sie haben eigentlich keine Ahnung". Ob es stimme, dass der Teilnehmer im Herkunftsland wirklich „Plättlileger" gewesen sei, wisse er auch nicht, erklärt ein Mitarbeiter nach dem Gespräch. Bei der im Herkunftsland ausgebildeten Krankenschwester führt die nicht bestandene Abschlussprüfung einer abgeschlossenen Krankenpflegeausbildung dazu, dass wieder „auf dem ersten Tritt" der Leiter mit Praktikum und Rot Kreuz (SRK) Kursen angefangen wird. Die Mitarbeitenden bestätigen, dass Diplome, auch höhere Berufsabschlüsse anderer Ländern in der Schweiz kaum anerkannt werden. Im Kontext des Sozialdienstes sei es zudem schwierig, fehlende Qualifikationen, z. B. zur Anerkennung eines Studienabschlusses nachzuholen.

Mit der Herabsetzung des Lebens- und Herkunftskontextes wird die Überlegenheit von Arbeitserfahrungen in der Schweiz deutlich hervorgebracht. In Abgrenzung zur „anderen Arbeitskultur" des Herkunftslandes der Migrantinnen und Migranten wird der Arbeitsmarkt in der Schweiz entlang von Arbeitstugenden konstruiert.

Eine immer wiederholte und offensichtlich gut lernbare Tugend ist die Verbindung von Pünktlichkeit und Zuverlässigkeit. „Immer pünktlich, keine Fehlstunden, Abmeldung bei Krankheit, keine Freitage, keine kurzfristigen Reisen, keine Ferien, die Weiterbildung lückenlos" listet die Sozialarbeiterin die Punkte auf, an denen sich der Praktikant, nachdem er bereits alle Ferientage bezogen hat, bewähren muss.

Eine zweite Tugend ist die Unterordnung. „Sie macht was man sagt" meint der Vorgesetzte lobend, gefragt nach der Einschätzung seiner Praktikantin. Besonders positiv gewertet wird diese Eigenschaft, wenn sie mit Freundlichkeit verbunden ist, „sie ist als Mensch keine Unangenehme, vom Charakter" ergänzt der Vorgesetzte seine Einschätzung. Eine in der Reinigung arbeitende Frau wird beschrieben als „immer pünktlich, sehr freundlich, sehr still". Mit der impliziten Anforderung der Unterordnung stoßen die Betriebsleiter jedoch nicht bei allen auf sofortiges Gehör. So wird in den Standortgesprächen betont, dass der Praktikant erst seinen Vorgesetzten fragen muss, bevor er seine Freitage oder Ferien verbindlich plant. Den Praktikanten wird das Setzen eigener Prioritäten aberkannt: „Wir erwarten, dass Sie Ihren Lebensunterhalt selbst verdienen, erst dann sind ihre Prioritäten ihre Sache." Wenn das nicht eingehalten wird, können Standortgespräche zur Abmahnung zu angepasstem Verhalten genutzt werden. Wenn das Programm trotz Verfehlungen nicht abgebrochen wird, wird eine gewisse Dankbarkeit erwartet. „Ich will dass Sie das schätzen" formuliert eine Sozialarbeiterin gegen Ende des Gesprächs.

Der Schweizer Arbeitsmarkt wird dann noch mit einer dritten Tugend charakterisiert. Man geht davon aus, dass Motivation und eine gewisse Selbstständigkeit im Wahrnehmen und Ausführen von Aufgaben die Angestellten auszeichnen. Eine Betriebsleiterin beschreibt das folgendermaßen: in der Schweiz sei es typisch, dass man die Arbeit sehe und dann ausführe. Man denke hier für den Betrieb, bei dem man angestellt ist, man arbeite gerne. Sie zeigt auf das Ende des Tisches. Wenn dort Abfall herumliege, dann würde man das von sich aus entfernen, nicht warten bis es der Chef sage. Man arbeite auch gerne, wenn der Chef nicht gerade schaue. „Das ist so in der Schweiz". Über eine in der Reinigung arbeitenden Frau wird positiv bemerkt, „Sie kann gut alleine arbeiten", von einer Frau in der Fabrikation weiß man zu berichten, man müsse ihr die Dinge nur kurz erklären, dann könne sie diese serienmäßig herstellen. In der motivierten Arbeit zeigt sich aus Sicht der Sozialarbeiterin eine Loyalität gegenüber dem Betrieb. Vor Arbeitsbeginn herum zu sitzen und auf den offiziellen Arbeitsbeginn zu warten, obwohl es bereits viel zu tun gibt, wird als Dienst nach Vorschrift und als fehlende Motivation gedeutet. Demgegenüber steht die Aussage der Sozialarbeiterin: „ich möchte, dass sie beweisen, dass sie ein verantwortungsvoller Mitarbeiter sind, loyal gegenüber dem Unternehmen".

Als vierte Tugend wird eine gewisse Offenheit erwartet. Ein Abteilungsleiter beschreibt die Einsatzleistende in der Fabrikation, mit der er sehr zufrieden sei, als fröhlich, gut gelaunt, lache viel, pflege Kontakt mit anderen. Als Gegensatz dazu wird der Einsatzleistende in der Reinigung von der Leiterin des Altersheims bildhaft als „Überraschungsei" bezeichnet. Äußerlich sei alles sehr gut, meint die Leiterin des Altersheims dazu. Er sei freundlich, ruhig, falle nicht auf, reklamiere nicht. Wie es aber innen drin aussehe, wie er sich fühle, ob er Freude habe, das wisse sie nicht. Die Sozialarbeiterin konkretisiert, er müsse nicht sein Inneres nach außen kehren, doch auch sie fordert den Einsatzleistenden auf, dem Arbeitgeber zu sagen, was er denke, was er gut, was er weniger gut finde und sich mit Problemen und Fragen an die Vorgesetzte zu wenden. Vom „stillen Mann" wird gefordert, zu sprechen, etwas aus sich raus zu gehen. Er müsse nicht 100 Sätze am Tag sagen, aber fünf wären schon mal gut, damit er nicht vergessen gehe. Die hier aufgezeigte Arbeitstugend betrifft ein bestimmtes Mass der Selbstmitteilung, die in der Konstruktion eines Schweizerischen Arbeitsmarktes vorausgesetzt wird.

Die Tugenden charakterisieren einen einheimischen Arbeitsmarkt, an dessen Rand es Nischen gibt, in denen die Regelungen der Einheimischen keine vollumfängliche Gültigkeit haben. Diese Nischen werden durch kulturelle Zuschreibungen zu klar umgrenzten Inseln. Hier vermutet man die Möglichkeit, auch ohne anerkannten Abschluss in informellen Netzwerken von Zuwanderern zu arbeiten. Kulturelle Symbole wie z. B. die Kaffeezeremonie aus dem Herkunftsland oder die Frisur als Kennzeichen einer Ethnie werden betont. Nischen geben dem einheimischen Arbeitsmarkt Lebendigkeit, „das macht die Schweiz so farbig" sagt eine Mitarbeiterin im Gespräch mit der Einsatzleistenden, die von ihrer Betriebsleiterin darin unterstützt wird, selbstständig ein Nischengeschäft zu eröffnen. Nischen werden dabei deutlich vom einheimischen Arbeitsmarkt unterschieden. Hier finden sich Sonderwege, in denen Arbeit als Selbstverwirklichung gedeutet wird oder sie sind ein letztes Netz einer informellen Arbeitsvermittlung, wenn der Zugang in den regulären einheimischen Arbeitsmarkt nicht gelingt.

Mit der Konstruktion einer spezifischen Deutung von Arbeit im Einwanderungsland und der Produktion von Regeln, die den einheimischen Arbeitsmarkt als in sich einheitlichen Bereich darstellen, ziehen die Arbeitsintegrationsspezialisten klare Grenzen gegenüber Zugewanderten. Sie entwickeln ein „Wir-Bild" und „Wir-Ideal" (Elias 1986, S. 44) und stellen diesem die vermeintliche Arbeitsfremdheit der Zugewanderten gegenüber. Inklusions- und Exklusionsverhältnisse werden damit begründet und die Kohäsion des Arbeitsmarktes des Einwanderungslandes sicher gestellt. Hergestellt wird eine Figuration, die auf Machunterschieden beruht.

4 Schlussbemerkungen

Handelt es sich bei den hier beschriebenen Inklusions- und Exklusions-Verhältnissen um einen Sonderfall, treffen sie lediglich auf die spezifische Gruppe der neu aufgenommenen Flüchtlinge in diesem spezifischen Programm zu? Folgt man Dorothy Smith (2005), weist die Interaktion von Menschen auf der alltäglichen Ebene von Institutionen weit über das beobachtete Feld hinaus. Wie im Forschungszugang dargelegt, geht die hier vorgestellte ethnographische Studie davon aus, dass sich in der Mikrosoziologie sozialer Institutionen „ruling relations" beobachten lassen, die auf soziale Ordnungen verweisen. Die Beschreibung konkreten Handelns erschließt damit übergreifende soziale Ordnungen.

Die Beobachtungen der Interaktionen zwischen den Neuankömmlingen und dem Arbeitsintegrationssystem zeigen deutlich, dass sich in der Arbeitsintegration Inkludierungs- und Exkludierungsprozesse vermischen. Die scheinbare Eindeutigkeit des Topos ‚Integration durch Arbeit' darf nicht darüber hinwegtäuschen, dass es auch innerhalb des Eingliederungsprozesses Ausschlussprozesse gibt. Die Simulation vertraglicher Arbeit schafft Ungleichheiten und die Zuschreibung einer „fremden Arbeitskultur" kann Schließungsprozesse auf dem Arbeitsmarkt auslösen. So führt der Weg von Einsätzen und Praktika oftmals nicht zur Unabhängigkeit von staatlichen Leistungen und wenn dann in vielen Fällen in Working-Poor Situationen. Der Zugang in die durch „Etablierte" besetzten Bereiche des Arbeitsmarktes wird durch die Produktion eines einheimischen Arbeitsmarktes mit vermeintlich einheitlichen Regeln zu einer Assimilationserwartung, die Ressourcen der Zugewanderten negiert.

Auch in der Sozialen Arbeit wissen diejenigen, die sich im Feld der Arbeitsintegration bewegen, dass Arbeit die Betroffenen in soziale Interdependenzbeziehungen einbindet, die für eine Integration bedeutsam sind. Aus der Sicht einer historisch informierten Sozialen Arbeit ist jedoch die Frage danach zu stellen, wie in einem Arbeitsintegrationssystem die Balance gehalten werden kann zwischen ökonomischer Ausrichtung und dem Anliegen, die Autonomie und Handlungsfähigkeit der Betroffenen zu stützen. Wenn letzteres aus dem Blick gerät, so lehrt die Geschichte, kann Soziale Arbeit nicht mehr entlang ihrer eigenen professionellen Standards tätig werden. In der Geschichte waren die Akteure im Bereich der Fürsorge immer wieder diejenigen, die Neuankömmlingen die Zugehörigkeit absprachen. Aktuell sind Sozial Arbeitende nicht immer davor gefeit, zwischen dem Schweizer Arbeitsmarkt und den Zugewanderten eine große Distanz zu markieren. Zugehörigkeit herstellen würde hier bedeuten, diejenigen Ressourcen, die die Neuankömmlinge aus ihrem Herkunftsland mitbringen, anzuerkennen. Es würde zudem bedeuten kompensierend zu arbeiten, nicht nur gegenüber dem Arbeitsmarkt, sondern auch in Bezug auf das Arbeitsintegrationssystem. Oft müssen Situationen in der Lebenswelt wie Care-Verpflichtungen oder Wohnungslosigkeit erst gelöst werden, bevor die Eingliederung in den Arbeitsmarkt möglich wird. Arbeitsintegration kann nicht für sich stehen, sondern muss in Zusammenhang gesehen werden mit Angeboten im Sozialraum, Wohnmöglichkeiten für Zugewanderte sowie mit Angeboten der Kinderbetreuung.

Das professionelle Wissen um Ambivalenzen und Widersprüchlichkeiten kann in den Feldern der aktuellen Arbeitsintegration ein kritisches Potential darstellen. Auf der Grundlage professionellen und historischen Wissens muss Integration bearbeitet werden im Spannungsfeld zwischen biographischer Unterstützung und Wirtschaftlichkeit, zwischen Arbeitsmarkt und Sozialhilfe und im ambivalenten, selten eindeutigen Verhältnis von Integration und Ausschluss.

Literatur

Anhorn, R., & Bettinger, F. (Hrsg.). (2004). *Sozialer Ausschluss und Soziale Arbeit. Posititonsbestimmung einer kritischen Theorie und Praxis sozialer Arbeit*. Wiesbaden: VS Verlag für Sozialwissenschaften.

BFM (Bundesamt für Migration). (2012). Asylstatistik. https://www.bfm.admin.ch/dam/data/bfm/publiservice/statistik/asylstatistik/jahr/2012/stat-jahr-2012-d.pdf.

BFM und SECO (Bundesamt für Migration/Staatssekretariat für Wirtschaft). (2012). Informationen über den Zugang vorläufig aufgenommener zum Schweizerischen Arbeitsmarkt.

Castel, R. (2008). *Die Metamorphose der Sozialen Frage. Eine Chronik der Lohnarbeit*. Konstanz: UVK Verlag.

Dahme, H. J., & Wohlfahrt, N. (2008). Der Effizienzstaat: die Neuausrichtung des Sozialstaats durch Aktivierungs- und soziale Investitionspolitik. In B. Bütow, K. A. Chasse, & R. Hirt (Hrsg.), *Soziale Arbeit Post- Wohfahrtsstaat* (S. 43–58). Oplaten und Farmington Hills: Barbara Budrich.

Elias, N. (1986). ‚Figuration', ‚Soziale Prozesse' and ‚Zivilisation'. In B. Schäfers (Hrsg.), *Grundbegriffe der Soziologie* (S. 88–91, 234–241, 382–387). Opladen: Leske & Budrich.

Elias, N., & Scotson, J. L. (1993). *Etablierte und Aussenseiter*. Berlin: Suhrkamp Taschenbuch.

Esping-Andersen, G. (1990). *The three worlds of welfare capitalism*. New Jersey: Princeton University Press.

Hauss, G. (1994). *Retten, Erziehen, Ausbilden. Zu den Anfängen der Sozialpädagogik als Beruf*. Bern: Peter Lang.

Hauss, G. (2010). ‚Heimschaffung' statt Fürsorge als die Fürsorge Armutsbetroffene über die Gemeindegrenze verschob. In G. Hauss & S. Maurer (Hrsg.), *Migration, Flucht und Exil im Spiegel der Sozialen Arbeit* (S. 55–69). Bern: Haupt.

Hering, S., & Münchmeier, R. (2000). *Geschichte der Sozialen Arbeit. Eine Einführung*. Weinheim: Juventa.

Hochueli-Freund, U. (1999). *Heimerziehung von Mädchen im Blickfeld. Untersuchung zur geschlechtshomogenen und geschlechtergemischten Heimerziehung von Mädchen im 19. und 20. Jahrhundert in der deutschsprachigen Schweiz*. Frankfurt a. M.: Peter Lang.

Jenson, J. (2009). Lost in translation: The social investment perspective and gender equality. *Social Politics, 16*(4), 446–483.

Kobi, S., & Gehrig, M. (2012). Evaluation „Case Management zur beruflichen Integration von anerkannten Flüchtlinge und vorläufig aufgenommener Personen". Schlussbericht (Züricher Hochschule für Angewandte Wissenschaften, Soziale Arbeit).

Kobi, S., Gehrig, M., & Bäriswil, V. (2012). Evaluation Jucomo. Berufsintegration, sprachliche Förderung und soziale Vernetzung für Jugendliche und junge Erwachsene Migrantinnen und Migranten. Schlussbericht (Züricher Hochschule für Angewandte Wissenschaften, Soziale Arbeit).

Land, R., & Willisch, A. (2006). Die Probleme mit der Integration. Das Konzept des „sekundären Integrationsmodus". In B. Heinz & W. Andreas (Hrsg.), *Das Problem der Exklusion. Ausgegrenzte, Entbehrlich, Überflüssige* (S. 70–93). Hamburg: Hamburger Edition.

Leuenberger, M. (2010). Verdingkinder – ein schweizerischer Sonderfall? In H. Gisela & M. Susanne (Hrsg.), *Migration, Flucht und Exil im Spiegel der Sozialen Arbeit* (S. 17–34, 55–69). Bern: Haupt.

Leuenberger, M., & Seglias, L. (Hrsg.). (2009). Versorgt und vergessen. *Ehemalige Verdingkinder erzählen*. Zürich: Rotpunktverlag.

Liebig, T., et al. (2012). The labour market integration of immigrants and their children in Switzerland. OECD social employment and migration working papers No128, directorate for employment, labour and social affairs, OECD publishing.

Lippuner, S. (2005). Bessern und Verwahren. Die Praxis der administrativen Versorgung von „Liederlichen" und „Arbeitsscheuen" in der thurgauischen Zwangsarbeitsanstalt Kalchrain (19. und frühes 20. Jahrhundert). Frauenfeld, Verlag des Historischen Vereins des Kantons Thurgau.

Nadai, E., & Canonica, A. (2012). Arbeitsmarktintegration als neu entstehendes Berufsfeld: Zur Formierung von professionellen Zuständigkeiten. *Swiss Journal of Sociology, 38*(1), 23–37.

Nadai, E., & Mäder, C. (2008). Messen, Klassieren, Sortieren. Zur Konstruktion von „Leistung" und „Beschäftigungsfähigkeit" in Unternehmen und Arbeitsprogrammen. In D. Kai, M. Kira & M. Wolfgang (Hrsg.), *Rückkehr der Leistungsfrage. Leistung in Arbeit, Unternehmen und Gesellschaft*. Berlin: Edition Sigma.

Nadai, E., Hauss, G., & Canonica, A. (2013). *Lohnende Investitionen? Zum Gleichstellungspotenzial von Sozialinvestitionen und Aktivierung. Schlussbericht*. Olten: Fachhochschule Nordwestschweiz. http://www.fhnw.ch/ppt/content/prj/s206-0033/lohnende-investitionen-schlussbericht. Zugegriffen: 15. Jan. 2015.

Rauschenbach, T. (1999). *Das sozialpädagogische Jahrhundert. Analysen zur Entwicklung der Sozialen Arbeit in der Moderne*. Weinheim: Juventa.

Schallberger, P. (2011). Sozialfirmen in der Schweiz. Ein Modell auch für Deutschland? *Sozial Extra, 7/8*, 21–24.

Schallberger, P., & Wyer, B. (2010). *Praxis der Aktivierung. Eine Untersuchung von Programmen zur vorübergehenden Beschäftigung*. Konstanz: UVK Verlagsgesellschaft.

Schoch, J., Tuggener, H., & Wehrli, D. (1989). *Aufwachsen ohne Eltern. Zur außerfamiliären Erziehung in der deutschsprachigen Schweiz*. Zürich: Chronos.

Seglias, L. (2010). Die Bündner Schwabengängerei. Saisonale Kindermeigration nach Oberschwaben unter Berücksichtigung der Frage nach der sozialen Aufgabe von Kirche und Staat. In H. Gisela & M. Susanne (Hrsg.), *Migration, Flucht und Exil im Spiegel der Sozialen Arbeit* (S. 35–54, 55–69). Bern: Haupt.

Smith, D. E. (2005). Institutional ethnography. *A sociology for people*. Lanham: Altamira Press.

Steiner-Khamsi, G. (2009). Referat am Podium Pestalozzianum vom 20.11.2009.

Strauss, A. L., & Corbin, J. (1990). *The basic of qualitative analysis: Grounded theory procedures and techniques*. Newbury Park: Sage.
Treibel, A. (2008). *Migration in modernen Gesellschaften. Soziale Folgen von Einwanderung, Gastarbeit und Flucht*. Weinheim: Juventa.
Walgenbach, K. (2012). Intersektionalität – eine Einführung. www.portal-intersektionalität. de. Zugegriffen: 31. Aug. 2012.
Griese, H. M. (1984). Der gläserne Fremde. *Bilanz und Kritik der Gastarbeiterforschung und Ausländerpolitik*. Opladen: Leske und Budrich.

Zeitgenössische Quellen

Scherpner, H. (1979). Geschichte der Fürsorge. Göttingen: Vandenhoeck & Ruprecht.
Schrader, A., Nikles, B. W., & Griese, H. M. (1976). *Die zweite Generation: Sozialisation und Akkulturation ausländischer Kinder in der Bundesrepublik*. Duisburg: Verlag sozialwissenschaftliche Kooperative (Quellenliteratur).

Dr. Gisela Hauss ist Professorin an der Hochschule für Soziale Arbeit der Fachhochschule Nordwestschweiz. Ihre Schwerpunkte in Forschung und Lehre sind Erwerbslosigkeit sowie Theorien und Geschichte der Sozialen Arbeit. Sie leitet das vom Schweizerischen Nationalfonds finanzierte Sinergia Forschungskooperation „Placing children in Care. Child Welfare in Switzerland 1940–1990". Weitere Informationen: www.fhnw.ch/personen/gisela-hauss.

Zwischen Care-Gemeinschaft und Marginalisierung

Migrantinnen in Privathaushalten

Nadia Baghdadi und Raphaela Hettlage

1 Einleitung

Dann hatte ich zunächst den Job in der Privatspitex[1] X. Und dann auf einmal hat die Familie gesagt, die Frau, die ich gepflegt habe, sie nehmen keine Privatspitex mehr. Sie haben gedacht, eine eh Ausländerin zum Beispiel aus Bulgarien oder Polen wäre günstiger. Dann haben sie gesagt, ja, sie hören auf mit der Privatspitex in X. Dann hatte ich wieder weniger Einsätze, oder, weil die Familie hat den Vertrag gekündigt. Und danach sind sie aber auf mich zurückgekommen, weil die Polin, mit der polnischen Frau, hat es glaub nicht geklappt. Nelly, 45, aus Thailand

Hinter dem Zitat von Nelly, einer 45 jährigen Thailänderin mit Schweizer Pass, verbergen sich die komplexen Zusammenhänge der Care-Thematik in Privathaushalten, die in diesem Beitrag diskutiert werden sollen. So spricht Nelly die Unsicherheiten, die sich für die Care-Dienstleisterinnen stellen, an. Dies gilt insbesondere für die privat organisierte Care. Neben oder an Stelle von institutionellen Betreuungsmöglichkeiten nehmen Privathaushalte mit betreuungsbedürftigen Er-

---

[1] Gemeint ist ein privater ambulanter Pflegedienst.

N. Baghdadi (✉)
St. Gallen, Schweiz
E-Mail: nadia.baghdadi@fhsg.ch

R. Hettlage
Bern, Schweiz

© Springer Fachmedien Wiesbaden 2015
T. Geisen, M. Ottersbach (Hrsg.), *Arbeit, Migration und Soziale Arbeit*,
DOI 10.1007/978-3-658-07306-0_15

wachsenen oder Kindern vermehrt die Hilfe von privaten Care-Dienstleisterinnen in Anspruch.[2] Diese sind günstig, flexibel und bieten den betreuten Erwachsenen und Kindern eine individuelle Versorgung, die von Institutionen so nicht angeboten werden kann. Aus Nellys Aussage lässt sich jedoch ablesen, dass der Arbeitsmarkt Privathaushalt die Care-Dienstleisterinnen vor spezifische Herausforderungen stellt. Care-Arbeiterinnen sind großer arbeitsrechtlicher Unsicherheit ausgesetzt (Luebker 2013), so dass sich ihre Arbeitsumstände in privaten Care-Arrangements vielfach als marginalisiert und gar prekär präsentieren.

Die Hintergründe für den Zuwachs von privaten Care-Dienstleisterinnen sind vielfältig. Dies soll anhand von drei Fragekomplexen illustriert werden. Zunächst einmal stellt sich die gesellschaftspolitische Frage, wer heute für Care zuständig sein soll bzw. sein kann. Demographische und soziale Veränderungen haben dazu geführt, dass die Care-Aufgaben in unserer Gesellschaft ein zunehmend schwer zu lösendes Problem darstellen. So wollen oder müssen heute nicht nur Männer, sondern auch Frauen einer Erwerbsarbeit nachgehen. Sie müssen flexibel verfügbar sein. Arbeits- und Freizeit sind deshalb wenig planbar. Familien leben außerdem immer weiter voneinander entfernt und die einzelnen Familienmitglieder werden älter und öfter pflegebedürftig, sie können sich bei Sorgearbeiten wenig(er) unterstützen. Entsprechend müssen die vormals durch weibliche Familienangehörige unbezahlt erledigten Care-Aufgaben an marktvermittelte private Dienstleistungen ausgelagert werden. Damit sind wir bei der nächsten Frage. An wen werden Care-Arbeiten üblicherweise ausgelagert? Eine verstärkte internationale Arbeitsteilung und globale Ungleichheiten führen zu einer gestiegenen Nachfrage in westlichen Ländern nach günstigen Care-Dienstleistungen (Lutz 2005; Sassen 2006). So wandern Care-Arbeiterinnen aus Ländern des globalen Südens oder Ostens, die in ihrem Heimatland geringe Möglichkeiten zur Existenzsicherung haben, in Länder des Nordens oder Westens aus, um dort mit kommerzieller Care-Arbeit die Versorgungslücke zu füllen. Und dies, obwohl – oder gerade weil – sie oftmals auch eigene Care-Verpflichtungen haben (Widding Isaksen et al. 2009). Die im obigen Zitat erwähnten Polinnen oder Bulgarinnen gehören mittlerweile auch in der Schweiz zum Sorgealltag. Und damit eröffnet sich der dritte Fragekomplex nach den politisch-institutionellen Rahmenbedingungen für migrantische Care-Arbeite-

---

[2] Die ILO geht weltweit von ca. 53 bis zu 100 Mio. Hausangestellten aus. Davon arbeiten 3.6 Mio. in entwickelten Ländern (Luebker 2013). In der Schweiz arbeiteten im Jahr 2009 gemäß den Zahlen des Bundesamts für Statistik (BFS) 69.000 Personen als Hausangestellte, was einem Anteil von 1,5 50am Arbeitsmarkt entspricht, nicht eingerechnet sind hier die geschätzten 50.000 nicht erfassten Hausangestellten, die im Grau- oder Schwarzbereich arbeiten. Nicht alle Hausangestellten leisten personenbezogene Care-Arbeit, die Grenzen zwischen Care-Arbeit und Hausarbeit sind jedoch fließend und deshalb schwer auszumachen.

rinnen. Migrantinnen sind selten in ihren angestammten Berufen tätig, sondern in Arbeitsbereichen, die andernorts unbezahlt verrichtet werden. Die staatliche Anerkennung ihres institutionalisierten kulturellen Kapitals gestaltet sich schwierig, der Arbeitsmarkt für Versorgungs- und Haushaltsarbeiten bleibt unterreguliert. Hinzu kommt, dass viele ausländische Care-Arbeiterinnen mit einem restriktiven Aufenthaltsrecht zu kämpfen haben (vgl. Rostock 2008 für Deutschland, Knoll et al. 2012 für die Schweiz). Dies bedeutet für viele Care-Migrantinnen eine rechtlich unsichere Position im Zielland und kann zu marginalisierten Arbeits- und Lebensbedingungen führen.

Vor diesem Hintergrund möchten wir in unserem Beitrag folgenden Fragen nachgehen: Wie gehen Migrantinnen mit den unsicheren und teilweise prekären Beschäftigungsverhältnissen um? Wie verhalten sich die Arbeitgebenden im Spannungsfeld von Sorge für die Angehörigen, finanzieller Belastung und Flexibilitätsansprüchen? Oder allgemeiner gefragt: Wie werden in den Care-Arrangements Herrschaftsverhältnisse entlang der Linien von Klasse, Herkunft/Ethnizität und Geschlecht und Arbeitsbedingungen miteinander verknüpft und gedeutet? Der Beitrag basiert auf unserer zwischen 2010 und 2014 durchgeführten Studie zu „Care Trends in Privathaushalten: Umverteilen oder auslagern?".[3] In der Analyse werden soziale Machtverhältnisse und individuelle Deutungsstrategien von Haushalts- und Sorgearbeit im Privathaushalt herausgearbeitet.

Wir möchten in unserem Beitrag aufzeigen, dass die Kombination von Arbeit im Privathaushalt und entgrenzter und flexibilisierter Sorgearbeit für Migrantinnen aus den oben erwähnten Gründen zu prekären und marginalisierten Lebensumständen führen kann. Gleichzeitig möchten wir jedoch die andere Seite der Care-Arrangements beleuchten und darauf verweisen, dass auch die Arbeitgebenden vulnerabel sind. Aufgrund ihrer freiwilligen oder erzwungenen Erwerbsorientierung können oder wollen sie die Sorgearbeiten nicht mehr (vollständig) selbst übernehmen und sind deshalb auf ein möglichst reibungslos funktionierendes, aber auch von Liebe und Fürsorglichkeit geprägtes Care-Arrangements angewiesen. Die Abhängigkeiten innerhalb der Care-Arrangements sind also komplex, wechselseitig und sowohl strukturell wie auch individuell angelegt. Wie diese Abhängigkeiten in der täglichen Care-Praxis ausgehandelt und bearbeitet werden, soll dieser Buchbeitrag aufzeigen. Die Analyse der Widersprüchlichkeit familiärer Praxen im Kontext von Migration soll Grundlagenwissen bereitstellen zu aktuellen Fragen rund um Arbeit, Gender und Care. Themen, die für die Soziale Arbeit in verschiedenen Handlungsfeldern relevant sind.

---

[3] Das Forschungsprojekt ist Teil des Nationalen Forschungsprogrammes 60 (www.nfp60.ch) und wird vom Schweizerischen Nationalfonds unterstützt.

Der Beitrag beginnt mit einem Überblick über die Ursachen des gestiegenen Bedarfs nach privaten, internationalen Care-Arbeitenden und stellt den Zusammenhang zwischen gestiegener Frauen-Erwerbsbeteiligung und dem Bedarf nach außerfamiliären Care-Dienstleisterinnen dar. Vor dem Hintergrund gesellschaftlicher Entwicklungen im Carebereich werden aus der Perspektive der Sozialen Arbeit und der damit verbundenen Haltung zentrale Fragestellungen behandelt. Nach der Beschreibung des forschungsmethodischen Zugangs werden die Auswirkungen der Auslagerung von Care-Arbeit beschrieben. Es werden Deutungsmuster und Handlungsstrategien, die die Arbeitnehmerinnen und die Arbeitgeberinnen im Rahmen des Care-Arrangements entwickeln, im Rahmen einer knappen Typisierung herausgearbeitet. Diese wird anhand zweier Fallbeispiele aus unserem Sample illustriert.

2 Gesellschaftliche Veränderung im Carebereich als Herausforderung für die Soziale Arbeit?

Für die Umschreibung von bezahlter und unbezahlter Fürsorge und Pflegearbeit von Kindern, älteren, behinderten oder kranken Menschen (Daly und Lewis 1998) wird mittlerweile auch in der deutschsprachigen Literatur der englische Begriff „Care" verwendet. Da sich zwischen Haushaltsarbeit und Sorgearbeit nur schlecht eine Trennlinie ziehen lässt und sich die Tätigkeitsbereiche in der Praxis oftmals überschneiden, werden in der Regel Haushaltsarbeiten ebenfalls zu Care hinzugezählt. Heute haben sich Sorgearbeiten teilweise aus den familiären Bezügen wegbewegt und werden vermehrt von marktwirtschaftlich orientierten Dienstleisterinnen und damit neu gegen Bezahlung übernommen.

Diese Entwicklungen betreffen auch die Soziale Arbeit als Profession an der Schnittstelle von Individuum (das Personal im Care-Bereich) und Gesellschaft (Care als gesellschaftliche Aufgabe und damit verbunden Qualitäts- und Anerkennungsansprüche). Es stellen sich zum einen Professionalisierungsfragen hinsichtlich der Anerkennung von Care-Arbeit als sozialer Beruf, mit einer gerechten Entlohnung, angemessenen Arbeitsbedingungen, sozialen Rechten und Qualifizierungsanforderungen. Angesichts der aktuellen Entwicklungen in Richtung Billiglohnsektor stellt sich die Herausforderung, wie einer gesellschaftlichen Entwertung von Care-Tätigkeiten und einer Dequalifizierung des Personals entgegengewirkt werden kann. Zum anderen stellen sich vergleichbar mit sozialpädagogischen Settings Fragen betreffend der Sicherung von Qualität für die betreuten Personen. Gibt es einen Bedarf einer gesetzlichen Absicherung analog des Beistandsprinzips bei Kindesschutzmassnahmen beziehungsweise bei fürsorgerischen Beistandschaften im Erwachsenenbereich? Schliesslich stellen sich Fragen nach Gleichheit und Ungleichheit, die durch Care-Aufgaben (re-)produziert werden und denen die Soziale Arbeit im Sinne einer „egalisierenden und herrschaftskritischen Praxis" (Freise 2013) entgegenzuwirken versucht.

Weiters ist die Entwicklung hin zu marktorientierten Care-Dienstleistungen in den Veränderungen der Familienmodelle begründet. Das Pflegen und Umsorgen von kleinen Kindern, Pflegebedürftigen und älteren Personen (wobei auch gesunde Personen Care benötigen und erhalten) galt lange unbestritten als Familienarbeit, die von weiblichen Familienangehörigen in der Regel ohne Bezahlung geleistet wurde (Razavi 2007). War als Folge der Industrialisierung die Herausbildung der klassischen Kernfamilie mit alleinigem Unterhalt durch den Lohn des (männlichen) Familienernährers noch vorherrschend, erleben wir heute eine zunehmende Erwerbsorientierung von beiden Geschlechtern, auch wenn sich Frauen vor allem in Richtung Teilzeitarbeit orientieren (Haidinger 2008). Auch die Politik stützt die zunehmende Erwerbsbeteiligung von Frauen. Mit der Umorientierung vom Hausfrauenmodell oder „male breadwinner model" zum „adult worker model" (Beteiligung am Erwerbsleben durch beide Geschlechter) soll die soziale und finanzielle Abhängigkeit der Frauen von ihren verdienenden Ehemännern gesenkt werden (Klenner u. a. 2011).[4]

Durch die steigende Erwerbsbeteiligung von Frauen stellen sich neue gesellschaftliche Probleme der Vereinbarkeit von Sorgearbeit und Beruf: „Wer soll unter solchen Umständen die Kinder versorgen? Den Haushalt erledigen?" (Haidinger 2008, S. 5). Wer ist (neu) für Care zuständig, wenn Frauen ihre Kapazitäten für diese Arbeiten aufgrund ihrer Erwerbstätigkeit reduzieren müssen (während im klassischen „male breadwinner model" die Männer für Erwerbsarbeit und die Frauen für die unbezahlten Care-Arbeiten zuständig waren)? Auch wenn Männer von Vereinbarkeitsfragen heute ebenso betroffen sind wie Frauen, muss festgestellt werden, dass sich aufgrund des „adult worker model" vor allem für Frauen die Vereinbarkeitskonflikte zwischen Fürsorgearbeit („Care-Arbeit") und Erwerbsarbeit verschärfen. Trotz höherer Frauenerwerbsquote gilt weiterhin: es sind hauptsächlich weibliche Familienmitglieder, die unentgeltlich Reproduktionsleistungen erbringen oder dafür verantwortlich sind – unabhängig davon, ob und wie viel sie berufstätig sind (Haidinger 2008). Die zunehmende Teilhabe von Frauen am bezahlten Arbeitsmarkt und damit verbunden der Wegfall von unbezahlter Frauen-Familienarbeit führt zu Betreuungslücken („care deficit") und zu dem, was heute üblicherweise als „care crisis" bezeichnet wird. Diese sind gemäss Jurczyk et al. (2009) in den Widersprüchlichkeiten der postfordistischen Gesellschaft angelegt:

---

[4] Damit werden einerseits Forderungen der Frauenbewegung aufgenommen, andererseits fließt aber auch die Realität der gestiegenen finanziellen Belastungen von Familien in diese Politikbestrebungen ein.

„Die *Gleichzeitigkeit* des Fortdauerns des Modells des ‚Eineinhalb-Personen-Berufs', das die fordistische Familie voraussetzt, Berufsstrukturen und Karrieremuster, die nach wie vor Verfügbarkeit erfordern, (...) Entgrenzung der Erwerbsarbeit, (...) sowie veränderte Lebensmodelle von Frauen und (teilweise) von Männern markieren einen der zentralen Widersprüche spätmoderner Geschlechterverhältnisse. Es spricht viel dafür, dass sich aus ihm strukturelle Engpässe der Alltagsversorgung ebenso wie Beziehungs- und Identitätskonflikte ergeben" (Jurczyk et al. 2009, S. 57).

Solche Konflikte auf der individuellen Ebene können zum Gegenstand sozialarbeiterischer Handlungspraxis werden, beispielsweise in der Familienberatung oder in Bereichen wie der Arbeitsmarktintegration (vgl. z. B. Koch und Canonica 2012). In diesem Feld sind die durch Widersprüche von Aktivierung zur Erwerbsarbeit versus Zuschreibung von (unbezahlten) Care-Aufgaben und damit verbunden Fragen von Prekarisierung durch Care-Arbeit gerade für weibliche Klientinnen noch ungelöst. Beispiele sind die Klassierung von Schwangeren und Müttern als „nicht vermittelbar" (Koch und Canonica 2012) bei gleichzeitig fehlenden Versicherungsleistungen für unbezahlte Care-Tätigkeiten und Nichtanerkennung von Care als Arbeitserfahrung.

Zusammenfassend kann festgehalten werden, dass gesellschaftliche Umbrüche dazu führen, dass die Nachfrage nach externen Personen, an die die Care-Arbeiten im Privathaushalt delegiert werden können, steigt. Die Folge davon ist ein neuer Arbeitsmarkt für Care-Arbeiterinnen. Nicht selten handelt es sich hierbei um Migrantinnen, die der expandierenden Nachfrage nach bezahlbaren privaten Care-Arbeiterinnen am besten entsprechen. Hausarbeit stellt neben Gastronomie und Sexarbeit den weltweit wichtigsten Sektor für Arbeitsmigrantinnen dar (Lutz 2005). Frauen des Südens oder Ostens migrieren in die reicheren Länder des Nordes oder Westens auf der Suche nach Arbeit im Care-Sektor, in der Hoffnung, mit ihrem Lohn die Lebensbedingungen ihrer Familie im Heimatland zu verbessern. Eine egalisierende und herrschaftskritische Anforderung an die Soziale Arbeit in Richtung Geschlechtergerechtigkeit, wie beispielsweise von Brückner (2011) gefordert, erhält hier eine Ergänzung und Verknüpfung mit den sozialen Differenzen von Klasse und Ethnizität (resp. Migrationshintergrund und Aufenthaltsstatus).

3 Forschungsmethodischer Zugang

Um den hier skizzierten theoretischen Überlegungen Rechnung zu tragen, wurden Privathaushalte gesucht, in denen für die Bewältigung der Care-Arbeit Migrantinnen eingestellt worden sind. Es wurden in erster Linie Fälle in Betracht gezogen, in denen die Betreuung von Kindern bzw. pflegebedürftigen älteren Erwachsenen im Vordergrund stand. Neben der unterschiedlichen Betreuungsaufgaben kontrastierten wir die Fälle anhand folgender Dimensionen: Haushalte mit im Haus (live-in) und außer Haus (live-out) lebenden Care-Dienstleisterinnen und Care-Arrangements mit legalen und irregulären Beschäftigungsverhältnissen.

Ein privates Care-Arrangement besteht als formale Untersuchungseinheit aus mindestens drei Rollen. Erstens ein Kind oder eine ältere Person als *Care Receiver* und Eltern resp. erwachsene Kinder als *Care Manager* – im Fall der *elderly care* können Care Receiver und Care Manager auch ein und dieselbe Person sein. Die dritte Rolle wird von der Person gefüllt, die gegen Geld Arbeit im Haushalt leistet (*Care Worker*). Die Arrangements fassen wir auch als „soziale Figurationen" (Elias 2003), in denen von allen Beteiligten ein jeweils spezifisches Machtgefüge hergestellt wird. Um die unterschiedlichen Sichtweisen auf Care und die dazugehörigen Strukturen und Deutungsmuster darlegen zu können, wurden, wo immer möglich, die Arbeitgeberin (oder der Arbeitgeber) und die Arbeitnehmerin innerhalb desselben Arrangements interviewt. Das konkrete Gefüge der privaten Care-Arrangements wurde im Rahmen von an Narrationen orientierten Leitfadeninterviews[5] aus den Perspektiven der Arbeitgeberin bzw. Arbeitnehmerin erhoben und mit den formalen Angaben zum Arbeitsverhältnis ergänzt. In den bisher rekrutierten 25 Fällen konnten in 10 Fällen mit beiden Seiten Interviews geführt werden, in weiteren 10 Fällen mit einer Arbeitnehmerin und in den anderen fünf Fällen mit einer Arbeitgeberin. Die Interviewtranskripte wurden mittels Grounded Theory (Strauss und Corbin 1996) ausgewertet unter spezieller Berücksichtigung der Frage, welche wechsel- oder eben einseitigen Abhängigkeitsverhältnisse sich in den teilökonomisierten Haushalten zeigen, und ob und wie diese mit strukturell verankerten Ungleichheiten zusammenhängen (Stichwort Intersektionalität vgl. Winkler und Degele 2009).

4 Auswirkungen von Care-Arrangements mit Migrantinnen

Wie oben beschrieben, kollidieren die zunehmende Erwerbsorientierung resp. der steigende Erwerbszwang und die Veränderungen im Wirtschaftsleben hin zu mehr Flexibilisierung und Deregulierung[6] mit den Bedürfnissen der Familie nach

---

[5] Im Rahmen des Leitfadeninterviews wurden vier Erzählschwerpunkte initiiert: 1. Konkrete Entstehungsgeschichte (wie kam es eigentlich dazu, dass ....); 2. Involvierte Personen, konkrete Tätigkeiten, Abläufe und Arbeitsteilung im Haushalt; 3. Unterschiedliche Beziehungen; 4. Persönliche Bewertungen. Im Anschluss daran wurden die formalen Daten des Arrangements erhoben.

[6] In der deutschsprachigen Diskussion wird dies in der Regel als „Entgrenzung von Arbeit" bezeichnet (Stichworte dazu sind Sonn- und Feiertagsarbeit, erhöhte Mobilitätsanforderungen, das Verschwimmen der Grenzen zwischen Erwerbszeit und Freizeit etc; vgl. Jurczyk et. al. 2009).

Verlässlichkeit und planbarer, gesicherter Präsenz. Wie unsere Interviews zeigen, können die Anforderungen der Erwerbsarbeit oftmals gerade im Bereich Kinderbetreuung auch institutionell nicht vollumfänglich abgefedert werden (bspw. Krippenöffnungszeiten). Gleichzeitig weicht die bürgerlich-fordistische Kernfamilie als vorherrschende Norm einer größeren Vielfalt an familialen Lebensformen. Neben neuen Optionen der privaten Lebensführung sind auch Multilokalität von Familien und Generationen (*living apart together*), Trennungen und Scheidungen zunehmend verbreitet. Diese „doppelte Entgrenzung" (Jurczyk et al. 2009) von Arbeit und Familie stellt die Individuen und Familien vor neue Herausforderungen des Alltagsmanagements. Zu diesen zählen etwa die Organisation der Erwerbs- und Careaufgaben und die komplexen Abstimmungsprozesse zwischen mehreren Akteuren eines Care-Arrangements. In diesem Sinne spiegelt der flexible Einsatz einer privaten Care-Arbeiterin die strukturellen Veränderungen des Arbeitsmarktes und den familiären Wandel wieder.

Weiters lässt sich eine Überlagerungen der Dimensionen von privat und öffentlich beobachten. Diese zeigt sich darin, dass die ehemals unbezahlt geleistete Care-Arbeit nun ökonomisiert, d. h. bezahlt, wird und der private und mit Intimität verbundene Raum des Haushalts zugleich Erwerbsarbeitsort ist. In anderen Worten wird der Haushalt zum Arbeits- und Lebensort auch für Nichtfamilienmitglieder. Durch die Delegation von Care gegen Geld wird neben der Familienlogik eine zweite Beziehungslogik, nämlich die Erwerbslogik, in die Familiengemeinschaft eingeführt (vgl. auch Wigger et al. 2013). Während die Arbeitgebenden nun vor der Aufgabe stehen, ihr Haus Fremden zu öffnen und es zugleich als Ort der Intimität vor Fremden zu schützen, müssen die Arbeitnehmenden einen Umgang mit dem „Boundary Management" (Jurczyk et al. 2009) der Arbeitgebenden finden, aber auch mit der Einsamkeit dieses isolierten und tendenziell marginalisierten Arbeitsortes „Privathaushalt" fertig werden.

Ein Care-Arrangement muss von Familien- und Nichtfamilienmitgliedern aktiv gestaltet werden. Diese erweiterte Gemeinschaft steht aufgrund der erwähnten Ökonomisierung von hauswirtschaftlichen Tätigkeiten und der Überlappung von (Erwerbs-)Arbeits- und Lebensort vor besonderen Gestaltungsherausforderungen. Neben dem Organisieren des Care-Arrangements (wer macht wann was?), unter Berücksichtigung der unterschiedlichen Zeit- und Bedürfnisstrukturen sowie gesellschaftlicher Rahmenbedingungen, muss der arbeits- und sozialrechtliche Rahmen ausgehandelt werden. Hier zeigt sich, dass der Arbeitsplatz Privathaushalt ein Ort der Unsicherheit ist, in dem die Arbeitsbedingungen für Care-Arbeit in der Regel als prekär gelten (Knoll u. a. 2012, Schilliger 2013). Care-Arbeiterinnen arbeiten zum Teil ohne Vertrag und Sozialversicherungen. Wenn es sich auch noch um Migrantinnen handelt, deren Aufenthaltsstatus nicht gesichert ist, führt diese zusätzliche Unsicherheit dazu, dass die Care-Arbeiterinnen wenig Handlungsspielraum zur Verteidigung ihrer Rechte haben. Am Arbeitsplatz Privathaushalt entfalten gesetzliche Rahmenbedingungen, insbesondere das Arbeitsrecht, wenig(er) Wirkungsmacht (Knoll et al. 2012). Hinzu kommt die ökonomische Unsicherheit, da die Erwerbsarbeit der Care-Dienstleisterinnen mehrheitlich schlecht bezahlt, ja teilweise nicht einmal existenzsichernd ist. Schließlich manifestieren sich in den Arbeitsbedingungen der privaten Haus- und Sorgearbeit typische Merkmale der flexibilisierten Arbeitswelt. Arbeitsplatzunsicherheit, verschwimmende Grenzen zwischen Arbeits- und Freizeit (insbesondere für sogenannte *live-ins*, die 24 Stunden zur Verfügung stehen müssen) hohe Flexibilitätsanforderungen und Arbeit auf Abruf schränken Zukunftsplanung und Alltagsgestaltung für die Care-Dienstleisterinnen ein (Knoll et al. 2012).

Aus Sicht der Arbeitgebenden kann man nur in wenigen Fällen von Prekarisierung sprechen, sehr wohl aber von Fragilität (vgl. auch Hettlage und Baghdadi 2013). In der Regel besteht in den Care-Arrangements ein ökonomisches Gefälle zugunsten der Arbeitgeber. Finanzielle Existenznöte sind für diese selten ein Thema. Dennoch möchten wir darauf hinweisen, dass auch auf dieser Seite der Herrschaftsverhältnisse eine starke Verunsicherung der Lebenswelt durch die Fragilität der Care-Arrangements erwachsen kann. So empfinden viele Arbeitgeberinnen die Care-Verantwortung als große Last, auch wenn die eigentliche Care-Arbeit an andere Frauen weitergegeben wird. Nicht nur Care-Arbeit als solche, auch das Management von Care ist mit seinen administrativen, organisatorischen und beziehungspflegerischen Anforderungen zeit- und arbeitsintensiv. Hinzu kommen Verunsicherungen durch die zeitliche Unbeständigkeit des Care-Arrangements, das jederzeit von beiden Seiten aufgelöst werden kann und die Care-Verantwortliche ohne Care-Lösung, aber mit gleichwohl bestehenden Verpflichtungen zurücklassen würde. Dieser Unsicherheit, vor allem auch bezüglich der Qualität der delegierten Care-Arbeit, kann nicht mit einem vertraglichen Regelwerk begegnet werden. Sie verlangt deshalb eine intensive Beziehungsarbeit, die letztlich in gegenseitiges Vertrauen münden muss. Umso mehr als die Arbeitgebenden in der Regel die Care-Arbeit nicht überwachen können und die Versorgung ihrer Kinder oder Eltern in wortwörtlich „fremde" Hände übergeben müssen. Die Arbeitgebenden können Verlässlichkeit, Flexibilität und eine liebevolle Versorgung von Angehörigen nur wünschen, kaum aber wirksam durchsetzen. Hier zeigt sich, dass Prekarität und Fragilität nicht nur anhand objektiver Merkmale der Erwerbslage und der Lebensbedingungen festgemacht werden können, sondern ebenso stark durch diffusere beruflich-soziale Verunsicherungen (Kraemer 2009) markiert sind. Diese Wahrnehmung einer diffusen, gefühlten Prekarität haben wir in unseren Interviews sowohl bei Arbeitgeberinnen als auch bei Arbeitnehmerinnen gefunden. Abhängigkeitsverhältnisse innerhalb der Care-Arrangements sind demnach zwar als ungleich, aber als gegenseitig zu bezeichnen.

5 Deutungsmuster und Handlungsstrategien in Care-Arrangements

Aus unserer Studie geht hervor, dass die Beschäftigungsverhältnisse im privaten Care-Bereich sehr unterschiedlich sind. Die große Bandbreite von Care-Arrangements ist augenfällig, die Arbeitsbeziehungen zwischen Care-Arbeiterin und Arbeitgebenden lassen sich weit gestreut zwischen großzügig gestalteter Beschäftigung und eigentlicher Ausbeutung einreihen. Vor diesem Hintergrund entwickeln die Arbeitgebenden und Arbeitnehmenden unterschiedliche Deutungsmuster und Umgangsstrategien. Während manche Arbeitgebende versuchen, etwa durch die Vermeidung von funktionaler Arbeitsteilung, Ungleichheit zu reduzieren, definieren andere klare Zuständigkeiten in einem hierarchischen, aber „gerechten"[7] Verhältnis. Die Arbeitsbeziehungen sind also auch davon geprägt, wer welche Rolle einnimmt resp. zugeschrieben bekommt und wie viel Entscheidungskompetenz damit verbunden ist. In der Regel werden neben der eigentlichen Bezahlung auch materielle und immaterielle Gaben wie Dankbarkeit, Kleider oder Parfüms eingesetzt, um eine ausgeglichene Austauschbeziehung zu erzielen. Arbeitgebende, die sich der Diskrepanz zwischen Arbeitsleistung und Bezahlung bewusst sind, versuchen mit Geschenken und persönlicher Anerkennung einen symbolischen Ausgleich zu finden. Doch auch so können die strukturellen Ungleichheitsverhältnisse, auf welcher die Ökonomisierung der privaten Haus- und Betreuungsarbeit fußt, nicht aufgehoben werden, auch dann nicht, wenn Arbeitgebende und Arbeitnehmende von einer Win-Win-Situation sprechen (vgl. Wigger et al. 2013, siehe Fallbeispiel 1 in diesem Beitrag).

Eine weitere Herausforderung, auf die unsere Fälle hinweisen, ist die Gestaltung des Care-Arrangements, die zum „Doing Family" in einem Spannungsverhältnis steht. Jurczyk et al. (2009, S. 68) entwickelten das Konzept des „Doing Family" analog zum sozialkonstruktivistischen Ansatz des „Doing Gender" und verstehen darunter das Herstellen von Familie als „zusammengehörige Gruppe" mit spezifischen Selbstdefinitionen und Inszenierungen. Wir fassen das Herstellen von Care-Arrangements auf der konzeptuellen Ebene ähnlich. Durch das gemeinsame Tun (Sorgen und Versorgen), durch alltägliche Interaktionen und Arbeitsteilungen oder allenfalls deren Abwesenheit sowie durch die Außendarstellung wer-

---

[7] Zu einem „gerechten" Arbeitsverhältnis gehören in der Regel die Garantie eines Mindestlohns, das Vorhandensein von Verträgen und Sozialleistungen und das Sicherstellen mindestens eines freien Tages. In solchen herarchischen, aber gerechten Arrangements wird in der Erzählung meist die Trennung von Management und Ausführung betont, wobei unumstritten ist (und von Arbeitnehmerinnen- und Arbeitgeberinnseite gleichermaßen anerkannt), dass die Entscheidungsmacht und -verantwortung klar bei den Arbeitgebenden liegt.

den Care-Arrangements auf einer gemeinschaftlichen und auf einer symbolischen Ebene konstruiert. Drei verschiedene Strategien des „Doing Care-Arrangement" konnten in unserer Studie identifiziert werden. Den ersten Typus bezeichnen wir als eine familienähnliche Care-Gemeinschaft. Diesem Typus stehen der zweite, die Chef/in-Angestellten-Beziehung – in seiner Extremform ein Dienstbotenmodell – sowie der dritte Typus, ein (professionelles) Auftragsverhältnis, gegenüber (für eine ausführliche Diskussion der Typen siehe Wigger et al. 2013).

Im ersten Typus wird das Muster der Kernfamilie im Grundsatz beibehalten und die angestellte Care-Arbeiterin darin integriert. Dies zeigt sich beispielweise in der Selbstbezeichnung vieler Nannies als „Tante" oder „Schwester". Diese Strategie eröffnet die Möglichkeit, das „Fremdsein" für alle aufzuheben. Die Betreuerin darf sich Räume und Familienmitglieder des Care-Arrangements ein Stück weit zu eigen machen. In vielen dieser Arrangements haben sich eine situative Flexibilität entlang der Care-Notwendigkeiten und eine wechselseitige Großzügigkeit eingestellt. Beziehungen sind eher diffus und basieren auf gegenseitigem Interesse und Anerkennung und doch stehen sie in einem gewissen Widerspruch zur ökonomischen Seite des Arbeitsverhältnisses. Problematisch ist dies v. a. dann, wenn unter dem Deckmantel der Familialisierung Ausbeutungsverhältnisse installiert werden (siehe auch Truong 2011). Der zweite Typ basiert auf einer klaren Abgrenzung zwischen Familie und Nicht-Familienmitgliedern. Die Care-Arbeiterin wird in ihrer Angestellten-Funktion gesehen oder sogar als eine Art „Dienstbotin" adressiert. Die Bedürfnisse der Familie haben Vorrang vor den Vorstellungen, Interessen und Bedürfnissen der Angestellten – im Dienstbotenmodell auch vor den rechtlichen Bestimmungen. Es handelt sich um ein funktionales Machtverhältnis, die Arbeitgeberin als „Chefin" behält in der Regel die Entscheidungskompetenz bei sich, die Carearbeiterin verfügt nur über wenige Möglichkeiten die Abläufe, Tätigkeiten und (rechtliche) Ausgestaltung der Arbeitsverhältnisse mitzubestimmen. Im dritten Typus wird Care als professionelle Dienstleistung von den Familien als Auftraggebende eingekauft. Die in der Regel von Profit- und Nonprofit-Organisationen (oder von Einzelpersonen, die sich professionell vermarkten) angebotenen Leistungen sind zeitlich und inhaltlich klar definiert und von persönlichen, intimen Beziehungen (aber nicht von Fürsorglichkeit) abstrahiert. Organisation, Personal und Qualität liegen in der Hand der Organisationen, und nicht der Familien. Mit der Professionalisierung von Care wird zwar eine gesellschaftliche Aufwertung unterstützt, doch nach wie vor werden die Aufträge mehrheitlich von Frauen und zu niedrigen Löhnen erbracht.

Die Typenbildung lässt es erahnen und die Fallbeispiele werden es weiter veranschaulichen: Care-Arrangements mit externen Personen führen nicht pauschal zu Veränderungen im Geschlechterverhältnis oder gar zur Auflösung der traditionalen Arbeitsteilung zwischen Mann und Frau. An Stelle der durch die zunehmende Frauenerwerbsarbeit erwarteten Umverteilung der Arbeit zwischen den Geschlechtern findet vielmehr eine Umverteilung von Arbeit zwischen unterschiedlichen Gruppen von Frauen statt (Rerrich 1993), d. h. entlang der Linien von Klasse und Ethnizität. „Reproduktive Arbeit verbleibt damit innerhalb des weiblichen Geschlechts und weitgehend innerhalb des privaten Raums von Haushalt und Familie" (Jurczyk et al. 2009, S. 56). Die Weitergabe von Care an andere Frauen ist demnach die Konsequenz dieser vergeschlechtlichten Zuständigkeit und Tätigkeit.

Dies hat wiederum Konsequenzen für die verschiedenen Strategien der Arbeitgebenden des „Doing Family" und die damit verbundenen Grenzziehungen, resp. Einbindungen. Im folgenden ersten Fallbeispiel droht das gleiche Geschlecht von Nanny (Angestellte) und Mutter (Arbeitgeberin), die Mutter-Kind-Beziehung zu konkurrenzieren. Arbeitgeberin und Arbeitnehmerin verfolgen deshalb die Strategie, die jeweiligen Zuständigkeiten niemals in Frage zu stellen und insbesondere die Mutter-Kind-Beziehung zu schützen. Diese Strategie wird durch den Mischtypus zwischen Typ eins und Typ zwei (familienähnliche, aber hierarchische Care-Gemeinschaft) gestützt. Der zweite Fall wiederum veranschaulicht, dass auch im Alterspflegebereich das „Doing Family" und die Frage nach Ausschluss vs. Einbezug von Care-Angestellten in die Familie Themen sind. Der Fall zwei ist zwischen dem zweiten und dritten Typus angesiedelt, die Care-Beziehung ist einerseits von einem professionellen Grundgedanken getragen, ist aber auch gleichzeitig eine hierarchische Chef(in)-Angestellten-Beziehung. Das bewusste Ausklammern der Care-Dienstleisterin aus gemeinsamen Familienaktivitäten, aber auch Hierarchisierungen, müssen aus dieser Perspektive gelesen werden.

6 Ein Care-Arrangement mit Familienanschluss: „Sie müssen nicht, aber sie können..."

Jasmin Kehlmann[8] ist alleinerziehende Mutter eines 13-jährigen Sohnes. Nicht nur ist sie alleinerziehend, sie hat als Polin auch keine Verwandten in der Schweiz, auf die sie zurückgreifen kann. Der Vater des Sohnes kommt in der Erzählung nicht vor. Seit nunmehr 12 Jahren sucht sich Jasmin polnische Au-Pairs, die ihren Sohn betreuen, während sie ihrer Tätigkeit als Verkaufsleiterin in einem internationalen Unternehmen nachgeht. Konferenzen und Messen im In- und Ausland mit kürzeren und längeren Abwesenheiten sind Teil von Jasmins Job. Aufgrund dieser unregelmäßigen Arbeitszeiten kommt eine institutionelle Lösung (KITA) für sie nicht

---

[8] Alle Interviewpartner/innen wurden mit Pseudonymen versehen.

in Frage. Zumal es ihr „zu viel ist"[9] ihr (damals noch) kleines Baby in eine KITA zu geben. Da sie das Modell einer privaten Betreuung aus ihrem Bekanntenkreis kennt, entscheidet sie sich dafür, ein Au-Pair aus ihrem Herkunftsland anzustellen. Das Au-Pair soll ihren Haushalt um eine zweite Erwachsene ergänzen – dieser Punkt ist ihr sehr wichtig – und ihren Sohn miterziehen. Leichte Hausarbeiten gehören ebenfalls zum Aufgabenbereich der Care-Arbeiterin. Eine Schweizerin anzustellen kam und kommt für Jasmin aus finanziellen Gründen nicht in Frage, „das ist halt einfach nicht finanzierbar hier" und so rutschen ihre Care-Arrangements trotz ihrer Bemühungen um Versicherung, Arbeitserlaubnis und Einhalten der restriktiven Aufenthaltsbestimmungen auch mal in den Graubereich.[10] „Es gab dann halt auch Situationen da hatte ich zwei, die waren wirklich gut, die wollte ich dann behalten und die waren dann einfach schwarz da."

Zum Zeitpunkt des Interviews – nachdem auch Polen zum Einzugsgebiet der bilateralen Verträge zwischen der Schweiz und der Europäischen Union gehört – hat sie eine 25-jährige, ledige und kinderlose Polin, Antje Volnic, engagiert, die parallel ein Fernstudium absolviert. Antje lebt in der Schweiz mit einem befristeten Aufenthaltsstatus. Sie wohnt seit einem Jahr im Haus von Jasmin und ist zu 50 % angestellt.

Antje Volnic stellt ihren Werdegang als Au-Pair als eher zufälliges Ereignis ohne eigenes Zutun dar. Ihre Mutter habe die Anzeige in der Zeitung gesehen und war zunächst selber als Nanny bei Jasmin tätig. Als die Mutter einen anderen Job annimmt, übernimmt Antje die Stelle bei Jasmin.

Das aktuelle Care-Arrangement mit der Fern-Studentin und deren Mutter (die einspringt, wenn die Tochter wegen Prüfungen ausfällt) funktioniert gut und wird von Jasmin Kehlmann als „Win-Win-Situation" bezeichnet. Das Au-Pair könne studieren und gleichzeitig Geld verdienen und Jasmin hat Unterstützung zu einem Lohn, „den ich mir auch leisten kann." Das Au-Pair bekommt neben Lohn, Kost und Logis auch noch Familienanschluss. Eine Wanderung als „erweiterte Familie" am Wochenende oder ein gemeinsames Glas Wein abends seien Teil des Arrangements, jedoch ohne Zwang: „sie müssen nicht, aber sie können." Dieser zwischenmenschliche Aspekt wird von Jasmin sehr geschätzt, sie freut sich über ein freundschaftliches (man könnte fast sagen, schwesterliches Verhältnis) zum aktuellen Au-Pair.

---

[9] Bei den Textstellen in Anführungszeichen handelt es sich um Originalzitate aus den im Rahmen des Forschungsprojektes geführten Interviews.

[10] Hier zeigt sich, dass die restriktiven politisch-institutionellen Rahmenbedingungen der Schweiz, gepaart mit einem immensen und unübersichtlichen administrativen Aufwand, für viele Arbeitgeberinnen ein Hindernis zur Etablierung von korrekten, legalen Care-Arrangements darstellen.

Gleichzeitig werden Fragen der Hierarchie aber nicht negiert. Jasmin betont mehrfach, dass sie die Entscheidungen trifft. Im Unterschied zu einer Erziehungssituation mit einem Partner/einer Partnerin als Sorgeberechtigte(r), liegt „in diesem Modell die Entscheidungsgewalt" bei Jasmin. Sie entscheidet über Erziehungsregeln, Rollenfunktionen und -inhalte. Sie sagt: „Wenn ich das Gefühl habe, dass ich mit meinen Vorstellungen richtig liege, dann wird es so gemacht". Hier sieht sie auch den Vorteil einer Care-Beziehung gegenüber einer Partnerschaft. Sie muss nicht diskutieren, sondern kann allein bestimmen, welche Erziehungsgrundsätze gelten.[11]

Die Herstellung des Care-Arrangements als Care-Gemeinschaft erfolgt in diesem Fall eindeutig über den Familienweg. Dazu passt, dass Jasmin es nicht mag, wenn sich die Au-Pairs als Angestellte deklarieren. Sie sollen zur erweiterten Familie gehören. Auch die Darstellung des Au-Pairs stützt das Deutungsmuster der Familialisierung: So empfindet Antje Volnic „Arbeit" als unpassende Bezeichnung für diese Tätigkeit. Sie mache hier „dasselbe wie zu Hause", dort einfach ohne einen Lohn. Das Geld bezeichnet sie als „Extra" und in ihrer Darstellung hilft sie einfach ihrer „Adoptivmutter" (so bezeichnet sie die Arbeitgeberin) bei der Haus- und Familientätigkeit und das zu betreuende Kind sei für sie „wie ein kleiner Bruder". Deshalb fühle sich das für sie nicht wie echte Arbeit an. Auch sie schätzt die gemeinsamen Ausflüge mit Mutter und Sohn und den Familienanschluss, den sie gewonnen hat. Mit Jasmin könne sie auch über „alles reden, Liebe, Schule, Freunde und wie man in der Schweiz lebt."

Gleichzeitig wird im Interview aber deutlich, dass durch diese erweiterte Familienform eine emotionale Bindung von Au-Pair zum Kind und umgekehrt entstehen kann, die auf Jasmin bedrohlich wirkt. So sagt sie, in einer institutionellen Betreuung hätte ihr Sohn vielleicht „ nicht so den Drang, sich an eine Person zu binden", wie er das offenbar mit den Au-Pairs tut. Die starke Beziehung zwischen Au-Pair und Sohn ist für Jasmin manchmal schwer zu ertragen und bedroht die primäre Bindung zwischen Mutter und Sohn, die ihr sehr wichtig ist. Frühere Au-Pairs, die die Situation „missverstanden" und entweder versuchten, Jasmin „den Sohn zu entfremden" oder die „Kumpane für den Kleinen" sein wollen, mussten wieder gehen. Die Beziehung zu ihrem Sohn sieht Jasmin als Grenze, die nicht übertreten werden darf und gesichert werden muss. Sie sucht eine Person, die auch mal streng ist und die aufgestellten Regeln gegenüber dem Sohn durchsetzt. Es ist

---

[11] Hierarchie wird sozusagen normalisiert, Jasmin nimmt keinen Perspektivwechsel vor und macht sich keine Gedanken über deren Wirkung auf die angestellten Au-Pairs. Dies könnte auch als Abwehr von Ambivalenz gedeutet werden. Die Normalisierung entbindet sie von selbstkritischen oder herrschaftskritischen Überlegungen, die dann zu einer Veränderung des Arrangements führen müssten.

ihr zwar wichtig, dass die Au-Pairs für Wurzeln und Konstanz sorgen und dass das „Kind gut aufgehoben ist", aber nicht auf Kosten der Mutter-Sohn-Beziehung. Sie sei zwar auf Hilfe angewiesen, die „gefühlsmäßige Verpflichtung" (und vor allem primäre Bindung) wolle sie aber nicht abgeben. Diese Ambivalenz kennzeichnet das familialisierte Arrangement und verlangt nach einer steten Absicherung und klaren Grenzen. Dennoch wirkt es nicht fragil, Jasmin scheint durch jahrelange Erfahrung einen guten und für sie zufriedenstellenden Umgang mit den Au-Pairs gefunden zu haben.

Antje wiederum hat intuitiv einen Weg gefunden, wie sie ihre Care-Tätigkeit ausüben kann, ohne die Mutter zu konkurrenzieren. Sie versteht sich als große Schwester oder jüngere Tante mit freundschaftlichem Verhältnis zu Jasmins Sohn, trotzdem setzt sie Grenzen und entspricht damit den Anforderungen von Jasmin Kehlmann. Antje spürt offenbar, was bei der Arbeitgeberin ansteht. Dieser Punkt scheint ganz wichtig für das Funktionieren des Arrangements. Dies wird durch folgende Passage illustriert: „When Jasmin stays here, I don't want that he [der Sohn] feels that I talk with him, I play with him. So, when they are together I go downstairs and make – I don't know – read, use the internet, but when she goes away, and is not here for several days, we play football and Star Wars and these things (lachend)."[12] Der Rückzug im richtigen Moment ist eine passende Strategie, um eine Mutterkonkurrenz zu vermeiden. Antje macht unausgesprochen das, was Jasmin, ihre Arbeitgeberin, ausgesprochen will. Sie verhält sich funktional zu den Erwartungen von Jasmin. Das Care-Arrangement bleibt im Gleichgewicht und kann als familiäre Care-Gemeinschaft Bestand haben.

7 Ein Care-Arrangement ohne Vergemeinschaftung: „Sie gehen wieder"

Filipp und Doris Sauter sind seit 25 Jahren verheiratet und haben vier Kinder im Alter von 15 bis 21 Jahren. Sie arbeitet Vollzeit als Selbständige, er Teilzeit als Angestellter, sowie an eigenen Projekten im Home Office. Im Haus der Familie Sauter lebt seit ein paar Jahren auch die Mutter von Doris, „Nonna" genannt, die an Demenz erkrankt ist. Betreuungs- und Haushaltsaufgaben werden als selbstverständlicher Bestandteil der Familiengeschichte und als grundlegender Bestandteil des Lebens präsentiert, als „etwas Lebensnahes". Die kontinuierliche Ausübung einer Berufstätigkeit beider Partner verlangt kaum nach ausführlichen Erklärungen

---

[12] Das Interview fand auf Englisch statt, längere Passagen haben wir deshalb im Original belassen.

und Legitimation. Ebenso selbstverständlich ist das Beiziehen von externer Hilfe bzw. Angestellten zur Bewältigung dieser Aufgaben: neben (früheren) Personen zur Kinderbetreuung, haben die Sauters bis heute Putzfrauen angestellt. Aktuell kommen mehrmals pro Woche eine Haushaltshilfe und zur Unterstützung der „Nonna", die ausgebildete Pflegerin Shehide Ismadi.

Die alltägliche Care-Arbeit, das „Doing Care" ist gekennzeichnet durch ein – wie wir es nennen – *partnerschaftliches Ver/teilen in der vernetzten Großfamilie*. Sauters sehen sich als „gut funktionierendes Team", das sich alle anfallenden Aufgaben teilt. Beide Partner sind gleichermaßen in die Organisation der Care- und Haushaltaufgaben eingebunden. Filipp Sauter ist durch seine Heimarbeit häufiger anwesend und zeigt sich im Interview als besserer Kenner der alltäglichen Careprozesse, während Doris für sich das Überblicksmanagement beansprucht. Interessant ist auch, dass sich in diesem Interview Filipp, also der Mann, auf einen Entlastungsdiskurs bezieht und sein Einkommen als „Zusatzeinkommen" bezeichnet, das für die Putzfrau aufgewendet wird – mit dem also Care-Leistungen auf dem Markt eingekauft werden können. Diese Darstellung im Interview und die tatsächliche Alltagspraxis im Haushalts- und Care-Arrangement legen umgekehrte Geschlechterrollen nahe. Geschlechts(un)typische Verantwortlichkeiten und Praxen spielen jedoch für das Paar und ihre Erzählung eine untergeordnete Rolle. Wesentlich ist vielmehr, dass sie eine partnerschaftliche Einheit kreieren können und beide gleichermaßen involviert sind, d. h. dass sich beide gleich „fest reingeben" und die Last gemeinsam „tragen". Partnerschaft heißt hier also eher eine gerecht empfundene als eine gleiche Verteilung von Aufgaben.

Arbeiten, die die Sauters nicht selber erledigen können, verteilen sie auf weitere Personen. Nach der Aufnahme der Nonna in den Haushalt wächst das Bedürfnis nach vermehrter Hilfe im Haushalt. Die zusätzlichen Hausarbeiten übernimmt zunächst die Putzfrau. Eine Hüftfraktur der Nonna führt schließlich zu einem Moment der „Überforderung" und Shehide Ismadi wird für täglich zwei Stunden zur Pflege eingestellt. Die tägliche Betreuung erfolgt zwar auf Basis eines wöchentlich abgesprochenen Plans der Sauters, doch wird sie laufend den Erfordernissen und Prioritäten angepasst. Die Carepraxis wird somit fließend organisiert und erbracht.

Durch die tägliche Carepraxis wird auch ein gemeinschaftliches Gefüge hergestellt und umgekehrt bestimmt die Zugehörigkeit zur „Großfamilie" auch die Betreuungskonstellation. So sind Kinder, Bruder und Schwägerin ebenfalls in die Betreuung der Nonna eingebunden und leisten je nach Möglichkeiten Präsenz- bis Pflegearbeiten. Durch die Erzählweise wird deutlich, dass es das Paar ist, das die gemeinschaftliche Großfamilie laufend herstellt, aber auch die Qualität, die Bedingungen und Grenzen des Gefüges bestimmt. In die Care- und Familienkonstellation und die damit verbundenen Werte haben sich die übrigen, insbesondere die

Angestellten, einzufügen. So wird das Arbeitsverhältnis formal korrekt abgewickelt und auf legale Bedingungen wird großen Wert gelegt, weil „das ist natürlich langfristig für sie auch wichtig, dass (...) man ihre soziale Abgabe für sie zahlt, (...) auch wenn sie das vielleicht im ersten Moment nicht so begreifen...". Die Sauters denken also an das Wohl aller Beteiligten, bestimmten aber auch ein Stück weit darüber, was für die anderen gut ist. Dies zeigt sich auch in der Haltung zu den Beiträgen von Shehide Ismali zum „Doing Care". Verbesserungsvorschläge werden geprüft und akzeptiert – so etwa, dass die Pflegerin selbständig Massageöl besorgt oder Tipps zum Heben der Patientin gibt. Sie werden aber eher entgegengenommen als explizit ersucht. Sie sind daher nur beschränkt Teil eines „Aufgabenprofils", sondern eher Teil der Arbeitsbeziehung. Care wird als familiäre, alltägliche Praxis verstanden, die punktuell von Angestellten übernommen wird. Widersprüche werden deutlich zwischen den formellen und informellen Aspekten des Anstellungsverhältnisses und einer familiären Deutung von Care.

Hier zeigt sich auch, dass dieses Care-Arrangements nicht im typischen Sinne als Modell der „professionellen Dienstleistung" (Typ 3) oder der „Chef/in-Angestellten-Beziehung" (Typ 2) gelten kann, weil im Gegensatz zu anderen Erwerbsarbeitsverhältnissen nicht die Arbeitsqualität und die Qualifikationen der Arbeitnehmerin im Vordergrund stehen, sondern eben die Beziehungsaspekte. Ein offenes Ohr für die persönlichen Nöte der Arbeitnehmerin gehört neben der formal korrekten Anstellung zum Rollenverständnis der Arbeitgebenden. Eine Ausweitung des Haushaltes zur erweiterten Großfamilie mit den Care-Arbeiterinnen wird allerdings nicht angestrebt. Zu weit gehende „Umstellungen" im Haushalt und Ansprüche an die Familie werden denn auch als vereinnahmend und störend erlebt. Übergeordnetes Ziel ist es auch hier, das familiäre Gefüge zu festigen und zu schützen. Schutz scheint der Familie zu bieten, dass die Anstellungen zeitlich befristet und kündbar sind („sie gehen wieder").

Shehide Ismadi möchte auch gar nicht zur Familie gehören. Sie hat eigene kleine Kinder und damit genügend private Care-Verpflichtungen. Ihr fachlicher Hintergrund und das geringe Arbeitspensum bieten ihr die Möglichkeit, ein professionelles und abgegrenztes Arbeitsverständnis zu leben. Ihre eigene Arbeit versteht sie dementsprechend als professionelle Ergänzung zum Familien-Care-Setting. Im Gegensatz zu Antje Volnic sind Professionalitätsfragen für Shehide sehr wichtig. Liebe und Fürsorge wird dem nicht entgegengesetzt, sie gehören zum professionellen Selbstverständnis. Das familiäre Care-Arrangement wird unterstützt durch professionelle Dienstleistungen, die mit Herz und Verstand angeboten werden. Die Familie Sauter wird von ihr angeleitet, wie die „Nonna" optimal zu versorgen ist. Shehide gibt Tipps und übernimmt anspruchsvollere Care-Aufgaben, während die Familie mehr um Präsenz bemüht ist. Die alltägliche Fürsorge durch die Sauters mutet die Arbeitnehmerin teilweise zwar als etwas chaotisch an, aber Liebe und „dedication" der Sauters machen das in ihren Augen durchaus wett. Durch diese professionalisierte Darstellungsweise ist Shehide Ismadi eine Begegnung mit ihren Arbeitgebern auf gleicher Augenhöhe möglich.

Die Erzählung der Arbeitnehmerin unterscheidet sich im Careverständnis also stark von der ihrer Arbeitgebenden. Während Sauters die Professionalität von Shehide manchmal (unbewusst) unterbewerten oder abwerten und als „Hilfeleistung" (zur eigenen anspruchsvollen Care-Tätigkeit) deklarieren, betont Shehide Ismali wiederum ihre pflegerisch-kompetenten Beiträge zur Care-Arbeit und die Unbedarftheit der Sauters in der Pflege von Demenzerkrankten. Außerdem wird das „offene" Haus, das zu leben die Sauters so betonen, von Shehide Ismadi zwar geschätzt, gleichzeitig ahnt man aber, dass sie manchmal gerne Grenzen ziehen würde, dort wo es die Arbeitgebenden eben nicht tun. So macht es ihr Sorgen, dass sie das Haus einmal betreten könnte, wenn Sauters noch nicht fertig angekleidet (also „in Unterhosen") sind, da sie nicht abschätzen kann, wie sehr diese ihre Privatsphäre schützen (würden). An diese Offenheit will sie sich gar nicht erst gewöhnen, sie sorgt bei ihr für Irritation. Es ist anzunehmen, dass sie ihre Intimität nicht mit der der Arbeitgebenden vermischt haben möchte.

8 Fazit

Verschiedene Faktoren leisten der Marginalisierung von in Privathaushalten angestellten Migrantinnen Vorschub. Zu nennen sind erstens der isolierte Arbeitsort „Privathaushalt" und die teilweise prekären Rahmenbedingungen der privaten Care-Arbeit, wie sie auch aus anderen Studien bekannt sind (siehe etwa Lutz 2005). Dazu zählen u. a. geringer Lohn, wenig soziale und rechtliche Sicherheit oder flexible und entgrenzte Arbeitseinsätze. Diese Rahmenbedingungen spiegeln gewissermaßen die flexibilisierten Arbeitsanforderungen und die Vereinbarkeitskonflikte zwischen ökonomischem Erwerbszwang und Care-Ansprüchen resp. die gesellschaftlich ungelöste Care-Frage wieder. Rechtliche Lücken und ein restriktives Migrationsregime tragen weiter zur Marginalisierung von Care-Arbeiterinnen bei.

Vor diesem Hintergrund schlägt Brückner (2011 Handbuch soziale Arbeit) vor, neue Modelle des Sorgens als gesellschaftliche Aufgabe zu entwickeln, die die Sorgenden nicht ausbeuten, aber auch den Bedürfnissen der zu Versorgenden gerecht werden. Dafür bedürfe Care eines sozialstaatlich gesicherten, institutionalisierten Überbaus und der Anerkennung von Sozial- und Pflegeberufen als Teil einer gerechten, öffentlichen Kultur des Sorgens. Diesem Anliegen widerstrebt das bislang noch dominierende familienorientierte Care-Verständnis, das sich in den meisten von uns untersuchten Fällen präsentiert. Die enge Verknüpfung von Care und Familie basierend auf der historischen Verankerung von Care-Arbeit als unentgeltliche Tätigkeit und als gesellschaftlich wenig anerkannte Arbeit setzt die Grundstrukturen für eine weitere Marginalisierung der Care-Arbeiterinnen. Hierin liegt auch die Schwierigkeit vieler Familien begründet, ihre Rolle als Arbeitgebende wie ein Unternehmer, eine Unternehmerin zu leben. Auch wenn sich Arbeitgebende um eine formal korrekte Anstellung mit Vertrag, Versicherungen und geregelten Arbeitszeiten bemühen – sofern dies möglich ist –, fällt es ihnen meist schwer, in der Care-Arbeit auch eine professionelle Erwerbsarbeit und im Privathaushalt einen Erwerbsort zu erkennen. Mit ihrem Careverständnis, das Care als „Hilfe" statt als Arbeit darstellt, stützen auch manche Care-Arbeiterinnen diese Lesart. Fallbeispiel zwei ist eine interessante Ausnahme, hier ergänzt die Arbeitnehmerin die familiäre Care um eine fürsorgliche professionelle Praxis. Doch bleibt auch hier der Privathaushalt durch die Doppelnutzung als Arbeits- und Familienort ein zwischen privat und öffentlich angesiedelter Raum.

Die Soziale Arbeit könnte das Arrangement in Beratungsangeboten bei dieser Rollenfindung unterstützen. Aufgebaut werden kann dabei auf professionelle Ansätze zum Umgang mit Nähe und Distanz, Emotionsarbeit sowie Rollensicherheit zwischen diffusen Aspekten und funktionellen Zugängen (Oevermann 1996). Denn die dritte Schwierigkeit zeigt sich in der Spezifika der Care-Arbeit selbst: durch Versorgen, Pflegen und Betreuen werden immer auch Beziehungen hergestellt. Dadurch, dass durch die alltägliche Carepraxis auch familiäre Banden geknüpft und gepflegt werden, ist die Anstellung von einer Arbeiterin auch mit Gefahren für das familiäre Gefüge verbunden. Während die Arbeitnehmerinnen in die Care-Gemeinschaft integriert werden und das familiäre Territorium zumindest ein Stück weit geöffnet werden muss[13], wird in den meisten Fällen zugleich die exklusive Familiengemeinschaft gegenüber Außenseitern (Care-Arbeiterinnen) abgegrenzt und damit geschützt. Obwohl Care-Arbeit als Wunschkombination mit Herz und Verstand geleistet werden soll und die Care-Arbeiterinnen in intimer Beziehung zu manchen Familienmitgliedern stehen, und teilweise sogar als eine Art Familienmitglieder bezeichnet werden[14], bleiben Statusunterschiede bewusst bestehen, familiären Bedürfnissen wird der Vorrang vor dem Arbeitsverhältnis gegeben und der Zugang zum inneren Familienkreis ist nicht vorgesehen. Hier besteht offen-

---

[13] Was in diesem Artikel nicht thematisiert wurde, aber natürlich bei der Analyse von Care-Arrangements auch Beachtung finden muss, ist die Tatsache dass auch von den Gepflegten/ Betreuten viel an Integrationsarbeit und innerer Öffnung abverlangt wird.

[14] Dies erinnert an die „black mammies" in den amerikanischen Plantagenhaushalten.

sichtlich ein Widerspruch zwischen dem Schützen eines exklusiven familiären Gefüges und dem Stützen der alltäglichen und realen Care-Gemeinschaft. Auf der anderen Seite schaffen Familiarisierungsbestrebungen wie im ersten Beispiel Zugehörigkeit zur Care-Gemeinschaft, die zum Teil die prekären Aspekte abfedern, und sichern eine liebevolle, verlässliche, flexible Betreuung, die auch von den Arbeitnehmenden als sinnstiftend erlebt wird.

Für die angestellten Migrantinnen bedeutet dies ein Balanceakt zwischen Care- und Exklusivitätsansprüchen, aber auch zwischen eigener (professioneller) Arbeitsethik und Zugehörigkeitswünschen. Care-Arbeiterinnen sind im Care-Gefüge marginal positioniert, obwohl sie die zentrale Figur der Care-Gemeinschaft geworden sind. Bei Nichtbeachten des fragilen Gefüges oder der Ansprüche an ihre Care-Rolle droht Ausschluss aus der Familie und damit eine Beendigung des Arbeitsverhältnisses. Für die Beratung und Unterstützung von Migrantinnen durch die Soziale Arbeit verlangt ihre widersprüchliche Lage besonderes Fingerspitzengefühl, das auf diese unterschiedlich gelagerten, zum Teil strukturell bedingten, zum Teil in der Alltagspraxis hergestellten Ungleichheiten, Bezug nimmt. Denn die neue Arbeitsteilung zwischen Frauen in der privaten Sorgearbeit knüpft an bereits vorhandene Ungleichheiten an und reproduziert diese. Eine egalisierende Praxis kann aus diesen Gründen nicht nur bei den Individuen ansetzen, sondern verlangt ein Engagement im sozialpolitischen Bereich, d. h. neben Lobbyarbeit auch Betroffene(ngruppen) zu ermächtigen, ihre Rechte (politisch) einzufordern.

Für die Arbeitgebenden gilt, dass private Care-Lösungen selten zu einer vollständigen Entlastung von Care-Aufgaben beitragen, ein Teil an Verantwortung, Verpflichtung, Management und auch eigentlicher Care-Arbeit bleibt immer bei ihnen. Dies zeigt sich deutlich in den obigen Beispielen, wobei insbesondere der Fall von Jasmin Kehlmann auf die grosse „care burden" der Arbeitgeberin hinweist. Auch andere Arbeitgeberinnen finden sich in einer ähnlichen Lage. Die Fragilität von arbeitgebenden Frauen in der Care-Management-Situation, etwa ihre Abhängigkeit von einer verantwortungsvollen Betreuung der Liebsten oder die vielfältigen Unsicherheiten bezüglich Zuständigkeiten und ihrer oft neuen Rolle als Arbeitgeberin, muss gerade im Bereich von Arbeitsmarktintegration noch größere Beachtung finden. Eine Sicht auf Arbeit, die Erwerbsarbeit und unbezahlt geleistete Arbeit kombiniert, hilft, die von Frauen erbrachten Reproduktionsleistungen nicht auszublenden und einer Abwertung dieser Tätigkeiten entgegenzuwirken.

Literatur

Brückner, M. (2011). Care – Sorgen als sozialpolitische Aufgabe und als soziale Praxis. In H. U. Otto & H. Thiersch (Hrsg.), *Handbuch Sozialarbeit/Sozialpädagogik* (S. 207–213). München: Ernst Reinhardt Verlag.

Daly, M., & Lewis, J. (1998). Introduction: Conceptualising social care in the context of welfare state restructuring. In J. Lewis (Hrsg.), *Gender, Social Care and Welfare State Restructuring in Europe* (S. 1–23). Aldershot: Ashgate.

Elias, N. (2003). Figuration. In B. Schäfers (Hrsg.), *Grundbegriffe der Soziologie. 8. Aktualisierte Auflage* (S. 88–91). Opladen: Leske+Budrich.

Freise, J. (2013). Situationsorientierte Soziale Arbeit in der Migrationsgesellschaft als Weiterführung der Interkulturellen Sozialen Arbeit. *Migration und Soziale Arbeit, 35*(3), 270–276.

Haidinger, B. (2008). Prekarität mit Geschichte: Die Care-Ökonomie der Privathaushalte. *Kurswechsel, 1*, 34–46.

Hettlage, R., & Baghdadi, N. (2013). Fragil und prekär? Privatisierung der Care-Arbeit in der Schweiz. *„ARBEIT", Zeitschrift für Arbeitsforschung, Arbeitsgestaltung und Arbeitspolitik, 3*, 212–223.

Jurczyk, K., Schier, M., Szymenderski, P., Lange, A., & Voß, G. G. (2009). *Entgrenzung von Arbeit – Entgrenzung von Familie. Grenzmanagement im Alltag als neue Herausforderung.* Berlin: Edition sigma.

Kraemer, K. (2009). Prekarisierung – ein Vorschlag zur Systematisierung eines schillernden Begriffs. In S. Kutzner, et al. (Hrsg.), *Armut trotz Arbeit die neue Arbeitswelt als Herausforderung für die Sozialpolitik* (S. 21–37). Zürich: Seismo.

Klenner, Ch. (2011). *Flexible Familienernährerinnen. Prekarität im Lebenszusammenhang ostdeutscher Frauen. Projektendbericht*, in. Düsseldorf: Wirtschafts- und Sozialwissenschaftliches Institut (WSI) in der Hans-Böckler-Stiftung gemeinsam mit SowiTra.

Knoll, A., et al. (2012). *Wisch und weg! Sans-Papiers-Hausarbeiterinnen zwischen Prekarität und Selbstbestimmung.* Zürich: Seismo.

Koch, M., & Canonica, A. (2012). Im Dazwischen: Erwerbslose mit „komplexer Mehrfachproblematik" im Schweizer Aktivierungsregime. In K. Scherschel, P. Steckeisen & M. Krenn (Hrsg.), *Neue Prekarität. Die Folgen aktivierender Arbeitsmarktpolitik – europäische Länder im Vergleich* (S. 237–252). Frankfurt a. M.: Campus.

Luebker, M., et al. (2013). Domestic workers across the world: Global and regional statistics and the extent of legal protection. Geneva: International Labour Organization.

Lutz, H. (2005). Der Privathaushalt als Weltmarkt für weibliche Arbeitskräfte. *Peripherie, 25*(97/98), 65–87.

Oevermann, U. (1996). Theoretische Skizze einer revidierten Theorie professionalisierten Handelns. In C. Arno & H. Werner (Hrsg.), *Pädagogische Professionalität. Untersuchungen zum Typus pädagogischen Handelns* (S. 70–182). Frankfurt a. M.: Suhrkamp.

Razavi, S. (2007). The political and social economy of care in a development context: Conceptual issues, research questions and policy options, June 2007 GD PP No. 3: S. 1–38.

Rerrich, M. S. (1993). Familie heute: Kontinuität oder Veränderung? In K. Jurczyk, & M. S. Rerrich (Hrsg.), *Die Arbeit des Alltags* (S. 112–132). Freiburg: Lambertus.

Rostock, P. (2008). Familie – Arbeit – Migration: Bezahlte Hausarbeit als Thema feministischer Politikwissenschaft. gender…politik…online Oktober 2008: S. 1–15. FU Berlin.

Sassen, S. (2006). Global cities and survival circuits. In M. K. Zimmerman et al. (Hrsg.), *Global dimensions of gender and carework* (S. 30–38). Stanford: Stanford Social Sciences.
Schilliger, S. (2013). Care-Migration. Kampf der Hausarbeiterinnen um transnationale Wohlfahrt und Rechte. *Widerspruch, 32*(62), 51–59.
Strauss, A., Strauss, C., & Corbin, J. (1996). *Grounded Theory: Grundlagen Qualitativer Sozialforschung*. Weinheim: Beltz, Psychologie Verlags Union.
Truong, J. (2011). Arbeit, Arbeitsidentiät, Arbeitsplatz. Die neuen Wanderarbeiterinnen in der Sorgewirtschaft, Masterarbeit am Geographischen Institut der Universität Zürich.
Widding, I., et al. (2009). Die globale Fürsorgekrise. *WestEnd, 6,* 56–79.
Wigger, A., et al. (2013). „Care"-Trends in Privathaushalten: Umverteilen oder auslagern? In R. K. Schweizerisches (Hrsg.), *Who cares? Pflege und Solidarität in der alternden Gesellschaft. Reihe „Gesundheit und Integration – Beiträge aus Theorie und Praxis"* (Bd. 8) (S. 82–103). Zürich: Seimo.
Winker, G., & Degele, N. (2009). *Intersektionalität: Zur Analyse sozialer Ungleichheiten*. Bielefeld: Transkript Verlag.

Dr. Nadia Baghdadi studierte Islamwissenschaften, Medienwissenschaften und Ethnologie, sie promovierte in Sozialgeographie an der Universität Bern und war Gastforscherin an der Middlesex University in London. Heute ist sie an der FHS St.Gallen am Fachbereich Soziale Arbeit tätig. Sie lehrt und forscht im Bereich Migration, transnationale soziale Unterstützung, Care und Familie und leitet die Fachstelle Internationales. Sie ist Mitglied von Passagen – Forschungskreis Migration und Geschlecht (http://www.passagen.ch).

Dr. Raphaela Hettlage hat Ethnologie an der Universität Zürich studiert und ihre Dissertation an der Universität Bern am Institut für Sozialanthropologie zu selbständig erwerbstätigen Migrant/innen geschrieben. Sie ist heute Postdoktorandin am Forschungsprojekt zu Private Care-Arrangements in der Schweiz, das an der FHS St. Gallen angesiedelt ist. Die Autorin ist Mitglied von Passagen – Forschungskreis Migration und Geschlecht (http://www.passagen.ch).

Die Arbeit von MigrantInnen in Haushalten Pflegebedürftiger zwischen Prekariat und Autonomie

Nausikaa Schirilla

1 Einleitung

Die Zunahme der Anzahl pflegebedürftiger Menschen, die Beharrlichkeit hierarchischer gender Verhältnisse, die Struktur der deutschen Sozialpolitik und die soziale Ungleichheit in Europa haben zu einem Phänomen geführt, das stoßzeitenartig die Medien, gelegentlich, die Politik und kontinuierlich die Wissenschaft beschäftigt: Pendelmigration aus mittel- und osteuropäischen Ländern in der Pflege. Über hundertfünfzigtausend Mittel- und Osteuropäerinnen – überwiegend Frauen – arbeiten in Privathaushalten in Deutschland, und darüber hinaus auch in Österreich und in der Schweiz. Da sie nicht registriert sind, gibt es keine genaue Zahlen über diese Arbeitsverhältnisse, die Zahlenschätzungen werden aus der Anzahl pflegebedürftiger Menschen, die zuhause versorgt werden und aus der Anzahl von Personen, die Leistungen aus der Pflegeversicherung erhalten, rekonstruiert (vgl. Neuhaus et al. 2009). Die Migrantinnen versorgen und pflegen ältere oder auch andere pflegebedürftige Personen. Selten sind sie fest angestellt und nicht immer legal beschäftigt. Wenn sie EU Bürgerinnen sind, leben sie mit legalen Aufenthaltsstaus, aber das Arbeitsverhältnis kann arbeitsrechtlich illegal sein. DrittstaatlerInnen arbeiten meist aufenthaltsrechtlich und arbeitsrechtlich illegal (Tießler-Marenda 2012). In der aktuellen Forschungslage zeigt sich, dass die Arbeits- und Lebensverhältnisse der Hausarbeiterinnen unterschiedlich charakterisiert werden

N. Schirilla (✉)
Freiburg, Deutschland
E-Mail: nausikaa.schirilla@kh-freiburg.de

(Kalwa 2010; Satola 2010). Die unterschiedlichen Einschätzungen sind nicht aufgrund völlig anderer empirischer Forschungsergebnisse zustande gekommen, sondern hängen eher von der Forschungs- oder Betrachtungsperspektive ab. Während beispielsweise Emunds und Schacher in ihrer Studie (2012) die Arbeitsverhältnisse grundsätzlich als prekär und die Rolle der Haushaltsarbeiterinnen als submissiv (Emunds und Schacher s. 58) bezeichnen, betonen andere eher Aspekte der Selbstbestimmung in der Gestaltung dieser Verhältnisse (beispielsweise Karakayali 2010; Satola 2010). Im Folgenden werden Studien zu den Arbeitsverhältnissen und beiden Betrachtungsweisen als Gegensatz zwischen Prekariat und Autonomie dargestellt. Prekariat wird dabei als Charakterisierung rechtlich ungeschützter, unsicherer und schlecht bezahlter Arbeitsverhältnisse verstanden (vgl. Vogel 2008). Mit dem Autonomiebegriff wird auf den Willen und auf Formen der Selbstgestaltung dieser Verhältnisse verwiesen. In einem nächsten Schritt wird gefragt, inwieweit der Hinweis auf die prekären Aspekte die Gefahr der Viktimisierung in sich birgt, insofern als die Frauen zu Opfern gemacht und als hilflos dargestellt werden. Anschließend wird der Autonomiediskurs daraufhin hinterfragt, ob hier nicht unkritisch neue Selbsttechnologien im Sinne von Bröcklings „unternehmerischem Selbst" zelebriert werden (vgl. Lemke et al. 2000). Abschließend werden Folgen dieser unterschiedlichen Betrachtungsweisen in Bezug auf sozialarbeiterische Forschung und Intervention diskutiert.

2 Prekäre Arbeitsverhältnisse

Zunächst soll aber das Problem umrissen und die Forschungslage dargestellt werden. Es gibt einige wenige Studien zu den Lebens- und Arbeitsbedingungen der informellen, legal oder illegal beschäftigten Haushaltsarbeiterinnen (vgl. Emunds und Schacher 2012; Karakayali 2010a; Neuhaus et al. 2009). Die Ergebnisse, zu denen die genannten AutorInnen kommen, sind in einiger Hinsicht widersprüchlich, beispielsweise was die Auswirkungen illegaler Beschäftigung und Arbeitsbedingungen im besonderen Arbeitsverhältnis Privathaushalt betrifft. Da es sich hier um qualitative Studien handelt, die sich auch auf rechtlich sehr unterschiedlich organsierte Arbeitsverhältnisse beziehen, können keine repräsentativen Aussagen über Arbeitszeiten, Freizeit, Aufgaben etc. gemacht werden. Fragen von Standards, Rechte der Arbeitenden, Arbeitsbedingungen etc. müssen noch weiter erforscht werden (vgl. auch die Beiträge in Scheiwe und Krawitz 2010). Die Arbeitstätigkeiten dieser Frauen sind unterschiedlich und die Frauen werden auch unterschiedlich benannt – die Frauen werden als Haushaltsarbeiterinnen, Haushaltshilfen, Betreuungskräfte, Pflegekräfte oder als *live ins* bezeichnet. Die erste Studie, die sich ausschließlich mit informeller Arbeit von MigrantInnen in der Pflege befasste, sprach von MoH – Mittel- und osteuropäischen Haushaltshilfen (Neuhaus et al. 2009). Wissenschaftlerinnen, die schon viel zur Tätigkeit von Migrantinnen im Haushalt gearbeitet hatten, sprechen eher von *domestic work* beziehungsweise Haushaltsarbeiterinnen (Lutz 2010). Es ist wichtig darauf hinzuweisen, dass diese überwiegend weibliche Ost – West Pendelmigration eine längere Tradition hat. Neben MigrantInnen aus Drittstaaten arbeiten Mittel- und Osteuropäerinnen schon lange in Privathaushalten in Deutschland und anderen westeuropäischen Staaten, seit der Wende 1989 sind sie als Reinigungskräfte, Hausangestellte, Kindermädchen und in anderen Funktionen in Privathaushalten tätig (Rerrich 2010). Zunehmend versorgen sie nun auch ältere Personen. 2013 gab es ca. 2,5 Mio. Pflegebedürftige in Deutschland, davon werden über zwei Drittel zu Hause gepflegt und dies geschieht oft mit der Hilfe einer Migrantin (Frings 2010). Die Pflege- oder Betreuungskräfte sind nur zu einem geringen Prozentsatz fest angestellt bzw. legal beschäftigt, obwohl es die Möglichkeit der legalen Beschäftigung gibt (Tießler-Marenda 2012). Sie teilen sich meist eine Arbeitsstelle mit ein oder zwei KollegInnen, fahren regelmäßig nach Hause und versorgen dort oft Ehemänner, (meist ältere) Kinder und andere Familienangehörige. Sie migrieren in der Regel nicht mit ihren Familien und nutzen die Pendelmigration, um das Familienleben im Herkunftsland fortzusetzen und um es zu verbessern. Andere arbeiten fest im Pflegebereich in der stationären Pflege und pendeln nicht, haben aber dennoch die Familie im Herkunftsland.

Einige dieser PendelmigrantInnen sind im Herkunftsland für die Pflegearbeit ausgebildet und werden als Betreuungskräfte in Deutschland rekrutiert. Sie sind als „live ins" beschäftigt und werden wie Haushaltsarbeiterinnen bezahlt, üben aber de facto grundpflegerische und pflegerische Tätigkeiten aus (Emunds und Schacher 2012; Neuhaus et al. 2009). Vergleichbare Arbeit leisten aber eben auch viele nicht pflegerisch ausgebildete Kräfte. Wie viele fach- und wie viele fachfremde Kräfte nun in dem Bereich tätig sind, ist schwer zu ermitteln, so dass beide Gruppen im Folgenden als vergleichbar dargestellt werden. Über die genaue Aufgabenverteilung dieser Gruppe von PflegemigrantInnen ist auch wenig bekannt. Es handelt sich um Kräfte, die meist bei den Pflegebedürftigen leben, für den Haushalt sorgen, d. h. kochen, einkaufen, reinigen, ferner Körperhygiene und Versorgung übernehmen und als Betreuung und Ansprechpartner rund um die Uhr für die Pflegebedürftigen fungieren. Schätzungen zu Folge sind in 50–30 % der Haushalte mit osteuropäischen *live-ins* noch professionelle Pflegedienste präsent (Neuhaus et al. 2008; Tießler-Marenda 2012). Diese Studien zeigen auch, dass die meisten Haushaltsarbeiterinnen sehr qualifiziert sind, sie haben die verschiedensten Berufe oder Universitätsabschlüsse und eignen sich die für ihre Betreuungstätigkeit oder Pflege notwendigen Kenntnisse am Arbeitsplatz an.

Die rechtlichen Rahmenbedingungen der Beschäftigung bieten viele Möglichkeiten, hier gibt es aber auch viele Grauzonen. Es gibt durchaus eine legale Beschäftigungsmöglichkeit, bei der die Kräfte in den Familien fest angestellt sind und über die Arbeitsagentur vermittelt werden. Diese legale Möglichkeit wird aber nur sehr wenig in Anspruch genommen. Die kaum genutzte legale Form bedeutet die Festanstellung in einem normalen Arbeitsverhältnis in einem Privathaushalt, die Anmeldung und das Abführen von Steuern und Sozialabgaben. Dies wäre im Rahmen der EU Freizügigkeit für Osteuropäerinnen kein Problem. Eine andere Option ist die Niederlassungsfreiheit: Alle EU BürgerInnen können sich in Deutschland in allen Bereichen selbstständig niederlassen, aber hier ergibt sich aus der Struktur der Hauhalts—und Pflegearbeit ganz klar die Gefahr der Scheinselbstständigkeit (Husmann 2010). Andererseits können im Rahmen der Dienstleistungsfreiheit EU Bürgerinnen und Bürger in allen Mitgliedsstaaten verschiedene Leistungen selbstständig erbringen bzw. als Firmen Arbeitnehmer zur Erbringung der Dienstleistungen entsenden. Auf diese Möglichkeit beziehen sich die meisten Vermittlungsagenturen. Die Relevanz der Dienstleistungsfreiheit ist allerdings umstritten, da die Firmen ihren Hauptsitz im Entsendeland haben müssen und Dienstleistungen nur vorübergehend erbringen dürfen (Tießler-Marenda 2012).

Aus den erwähnten Studien lassen sich einige Erkenntnisse in Bezug auf die Arbeits- und Lebensverhältnisse herauslesen. Emunds und Schacher untersuchen in einer Studie von 2012 vier Pflegesettings von den Seiten aller Beteiligten (Angehörige, Pflegebedürftige und pflegende MigrantInnen). Sie stellen fest, dass trotz unterschiedlicher legaler und auch halblegaler Arrangements weder die Arbeitszeiten noch die Entlohnung einem Normalarbeitsverhältnis entsprechen. Sie zeigen, dass in den Pflegearrangements vor allem die Zufriedenheit der Angehörigen im Vordergrund steht und die der Haushaltskräfte eine sekundäre Rolle spielt (Emunds und Schacher 2012, S. 54 f.). Diese passen sich sehr den Erwartungen von Auftraggebern und Pflegebedürftigen an. Emunds und Schacher bezeichnen alle von ihnen untersuchten Arbeitsverhältnisse als irregulär und prekär. Es fehlen in allen *settings* schriftliche Vereinbarungen zu Krankheit (Lohnfortzahlung), Arbeitsunfällen, Pausen, Freizeitregelungen und Urlaubsansprüchen. Der Arbeitstag sieht keine 24 Stunden Arbeit vor sondern eine 24 h Bereitschaft. Bereitschaft stellt für die Autoren aber ein unpassender Begriff dar, da es in den *settings*, wo nur das Wohl der/der Pflegebedürftigen im Vordergrund steht, unmöglich ist, zwischen Arbeit und Pausen zu unterscheiden und es weder Maximalarbeitsphasen noch klare Pausenphasen gibt. Viele dieser geschilderten Problematiken sind auch in anderen Studien dargestellt, wenn beispielsweise Frauen von Konflikten in früheren Arbeitsverhältnissen berichten, die sie dann aber gewechselt haben (vgl. Karakayali 2010).

So sind die Arbeitsverhältnisse der Betreuungskräfte kritisch zu betrachten. Dies gilt hinsichtlich der den Statuten eines Normalarbeitsverhältnisses entsprechenden Arbeitsverhältnisses. Wie eingangs beschrieben, existieren die verschiedensten rechtlichen Formen – die auch unterschiedlich legal sind. Es wird kontrovers diskutiert, ob die Arrangements besser sind, je legaler die Arbeitsverhältnisse sind. Die Arbeit von Karakayali, die auf qualitativen Interviews mit aufenthaltsrechtlich legalen und illegalen Frauen beruht, zeigt beispielsweise, dass Arbeitsverhältnisse nicht unbedingt besser sind, wenn sie legal sind. Zwar sind Anforderungen formal beschrieben und Rechte formal einklagbar, aber als illegale Beschäftigte haben Frauen auch durchaus eigene Strategien, Ansprüche durchzusetzen und sich unpassenden Arbeitsverhältnissen durch Wechsel zu entziehen (ebenda, S. 285).

Interessanterweise zeigen viele Studien (und auch die bislang zitierten), dass viele der befragten Frauen die Irregularität der Beschäftigungsverhältnisse nicht als Problem für sich wahrnehmen (Emunds und Schacher 2012, S. 57, 58). Sie akzeptieren die Arbeitsverhältnisse mit dem Hinweis auf die Menschlichkeit ihrer Arbeitgeber, der Notlage der Pflegebedürftigen, ihrem eigenen materiellen Gewinn (ebenda) oder ihren Bewältigungsstrategien (Satola 2010).

3 Migrationsmotive und Bewältigungsstrategien – Streben nach Autonomie

So werden von vielen auch die Handlungsspielräume, Aushandelungsversuche und Autonomiebestrebungen der Frauen in den Blick genommen. Interessant sind hier einerseits die Beschreibungen der Migrationsmotive der Zielgruppe: In den Studien über Migrationsmotive und Migrationsbeweggründe (Metz-Göckel u. a. 2010) werden als Beweggründe der Migration die Existenzsicherung und Statusverbesserung der eigenen Familie genannt: sozioökonomische Lage, Verbesserung der Lebensverhältnisse, Ausbildung für die Kinder, Wohnungskauf oder Wohnungseinrichtung, etc. Hier stehen der soziale Aufstieg, die Zukunft der Kinder und die soziale Verantwortung für die Familie im Vordergrund. Aber auch individuelle Motive spielen eine Rolle: Es geht den Frauen auch darum, Arbeit zu finden, sich zu entwickeln und zu verwirklichen, biographische Umbrüche zu gestalten und neue Lebensphasen einzuleiten. Ferner spielen auch Neugier und Lernbereitschaft eine Rolle. In diesen qualitativen Studien kommt immer wieder zum Ausdruck, dass die Frauen mit einer objektiv schwierigen Situation im Herkunftsland konfrontiert sind und dass sie darin aber aktiv handeln. Es wird deutlich, dass Frauen diese Arbeitsweise suchen, meist mangels Alternativen in der Beschäftigung, aber dass sie diese Arbeitsverhältnisse bewusst eingehen, um damit Projekte für sich und die Familien zu realisieren (vgl. Kalwa 2010). Die Rekrutierung der Migrantinnen erfolgt unterschiedlich: Viele kommen über Vermittlungsagenturen in die Familien, andere über eigene Kontakte oder über eigenständige Netzwerke, in denen schon länger in Deutschland lebende Personen aus dem Herkunftsland eine Rolle spielen (bei den Vermittlungsagenturen auch) und einige wenige kommen über die Arbeitsagentur (Metz-Göckel 2010; Krawietz 2010).

Die in den Pflegehaushalten tätigen Migrantinnen entwickeln neue Formen der Pendelmigration und gestalten transnationale Lebensformen und transnationale Familienleben. Zwar kann die Versorgung von Alten und Kranken in der Familie im Herkunftsland ein Problem darstellen und die Trennung der Familien für alle Seiten immer auch schwierig sein, aber die Studien zeigen, das die Frauen versuchen, eine Kontrolle des Familienlebens und der Budgets aus der Ferne zu behalten. Sie entwickeln eigene Bewältigungsstrategien wie transnationale Mutterschaft – das bedeutet entsprechende Arrangements für die Kinder in der Heimat bei Großmutter, Tante etc., Kontakte mit den Kindern über Skype, Handy etc. und eine entsprechende Anteilnahme am Alltagsleben und Heimreisen über das Pendeln (Ducu 2012). Es ist aber wichtig zu betonen, dass diese Möglichkeiten und Bewältigungsstrategien abhängig vom Aufenthalt sind – es ist leichter, wenn die Möglichkeit der Reise in die Heimat besteht, für Menschen ohne legalen Aufenthaltsstatus ist eine Heimreise bei Problemen zu Hause zu riskant.

In der Studie des deutschen Instituts für Pflegeforschung wird beschrieben – und andere auf qualitativen Interviews beruhenden Studien bestätigen dies – dass die Haushaltsarbeiterinnen als Teil der Familie gesehen werden, die Familien in der Regel sehr zufrieden sind und sich die Haushaltsarbeiterinnen auch in die Familien integrieren (Neuhaus et al. 2009). So wird beispielsweise die zu pflegende oder zu betreuende Person meist als Oma oder Opa bezeichnet. Verschiedene Autorinnen verstehen dies als Autonomiestrategie. So zeigt Kalwa, dass die informellen Haushaltsarbeiterinnen sich als Professionelle sehen, die zwei Haushalte – einen eigenen und einen fremden – gut versorgen und stolz auf diese Leistung sind. Kałwa argumentiert, dass die von ihr befragten Frauen eine Strategie der Familialisierung verwenden und damit die Unterschiede zwischen Arbeitsplatz und dem eigenen Haushalt verwischen. Die Frauen sehen sich als gute Hausfrau und als aktives Familienmitglied, das in der Familie bzw. gegenüber den Pflegebedürftigen großes Gewicht hat. In den Interviews drücken sie Selbstbewusstsein und Stolz auf ihre Arbeit aus. Sie gestalten ihre Arbeitstätigkeit selbstständig und selbstbestimmt und setzen eigene Vorstellungen auch gegen Widerstand der Angehörigen, die sie angestellt haben, durch (Kalwa 2010). Auch bei Satola spielen Autonomiebestrebungen eine zentrale Rolle: In ihrer Diskussionen von biographischen Interviews mit älteren Pflegekräften hebt sie drei Aspekte hervor: In der Betreuung Pflegebedürftiger werden vorhandene, aber sonst „unsichtbare" Kompetenzen von Frauen – Haushaltsführung, Familienarbeit und Fürsorge – anerkannt, können gezielt eingesetzt werden und werden zur Grundlage von Erfolgserlebnissen und Befriedigung. Sie werden eingesetzt, um die konkrete Haushaltsarbeit und die Beschäftigungsverhältnisse im Interesse der Frauen auszugestalten (Satola 2012S. 26).

Karakayali (2010S. 281 ff.) unterscheidet in der Auswertung von biographisch orientierten Interviews mehrere Typen hinsichtlich des *gender-* und Migrationsregimes, die auch verschiedene Perspektiven auf die Hausarbeit und damit auf die Arbeit im Privathaushalt ausdrücken: Sie unterscheidet einerseits Personen, die die Haus- und Pflegearbeitarbeit nur als Dequalifizierung, das heißt als eine durch die Not erzwungene Abwertung verstehen, da die betroffenen Frauen in ihren (zum Teil akademischen) Berufen im Herkunftsland nichts oder nicht ausreichend verdienen (Typ 1). Die Hausarbeit sehen sie wiederum als ein notwendiges, an die Frauenrolle gekoppeltes Übel, „als universell weibliche Tätigkeit", die eben überall zur Rolle der Frau dazu gehört. Mit Typ 2 und 3 charakterisiert Karakayali Personen, die ein pragmatisches oder instrumentelles Verhältnis zur Hausarbeit und den Arbeitsbedingungen entwickeln und dies in ein persönliches Lebensprojekt integrieren – entweder um später in der Migration andere, besser qualifizierte Stellen zu besetzen oder um durch Migration in eine neue Lebenssituation zu treten. Diese Typen entwickeln ein pragmatisches Verhältnis zu ihrer Tätigkeit und sehen sie als ein Mittel zum Zweck, um andere Lebensziele zu erreichen. Typ 4 hat ein rein instrumentelles Verhältnis zur Haus- und Pflegearbeit. Die Arbeit in Deutschland dient der Verbesserung der Lebenssituation im Herkunftsland und ist eine direkte Reaktion auf mangelnde Perspektiven dort. Es handelt sich hier um ein aktives Vorgehen, aber diese Gruppe leidet dennoch an der Tätigkeit im Privathaushalt, wenn die Bedingungen schlecht sind. Karakayali zeigt auch (vor allem für Typ 4), dass Frauen ihre Arbeitsverhältnisse aktiv gestalten, vor allem durch ein Wechseln bei schlechten Arbeitsbedingungen. Viele Interviews bestätigen, dass Haushaltsarbeiterinnen klar sagen, dass sie vorher andere Stellen mit viel schlechteren Arbeitsbedingungen inne hatten, aber auf der Suche nach besseren Arbeitsbedingungen immer wieder wechselten. Dabei sind informelle (meist ethnische) Netzwerke hilfreich.

Auch Knoll, Schillinger und Schwager, die in der Schweiz illegal tätige Haushaltsarbeiterinnen (Reinigung, Kinderbetreuung, einige wenige *live ins*) befragt haben, zeichnen Autonomiebestrebungen nach. Sie entwerfen eine Typologie „zwischen Autonomie und Unterwerfung" (Knoll et al. 2012). Die AutorInnen zeigen, (ebenda S. 130 ff), dass es (auch) in der Illegalität eine Gruppe widerständiger Frauen gibt: Es sind Frauen, die ihr Migrationsprojekt eigenständig planen und ihre Arbeit im Zielland auch eigenständig organisieren. Sie haben teilweise viele verschiedene Stellen oder haben Arbeitgeber oft gewechselt, sehen aber Ansprüche an die Arbeitszeitgestaltung und Arbeitsbedingungen sowie ihre Wünsche nach Anerkennung zumindest ansatzweise befriedigt. Diese Gruppe kann auch über die informelle Selbstorganisation hinausgehen und sich an politischen Bewegungen wie die der *sans papiers* oder Haushaltsarbeiterinnengewerkschaften beteiligen. Die zweite Gruppe, die diese Autoren kennzeichnen, hat ein pragmatisches Verhältnis zur Arbeit, begreift sich eher als Dienstleisterin und sieht ihre Arbeit im Haushalt als eine professionelle Dienstleistung an, auf deren Qualität sie stolz ist. Es wird angestrebt, diese Dienstleistung zu einem guten Preis auf den Markt zu bringen. Auch hier lassen sich selbstbestimmte und zielgerichtete Formen der Gestaltung des Arbeitsverhältnisses finden, allerdings wird weniger Kritik oder politisches Bewusstsein ausgedrückt. Der dritte Typ wird die transnationale Mutter genannt. Hier ist die Migration ein Projekt, das der Verbesserung der Familiensituation dienen soll, die Zuwendung zur Familie ist Ziel und Zweck zugleich, die Mutterschaft oder anderen Familienrollen werden neben der Arbeit aktiv ausgelebt und im Sinne der eingangs beschriebenen transnationalen Mutterschaft ausgestaltet. Auch wenn hier eine selbstbestimmte Regelung der Arbeitsverhältnisse nicht im Vordergrund steht und die Illegalität immer wieder neue Probleme bereitet (und die Frauen de facto von der Familie trennt), sind diese Frauen den Autorinnen zufolge jedoch auch zufrieden mit ihrem frei gewählten Lebensprojekt in der Migration. Als vierte Gruppe nennen die Autorinnen eine Gruppe der Fügsamen, die sich eher als Opfer sehen und über sehr geringe Handlungsspielräume hinsichtlich der Ausgestaltung ihrer – de facto auch ausbeuterischen und unmenschlichen – Arbeitsverhältnisse verfügen.

Aus der Darstellung dieser unterschiedlichen (aber doch vergleichbaren) Typologien wird deutlich, dass für MigrantInnen die Arbeit im Privathaushalt auch in informellen und schlecht bezahlten Arbeitsverhältnissen eine selbst gewählte Option darstellen kann, dass sie an deren Ausgestaltung aktiv teilhaben und Bewältigungsstrategien entwickeln, die auf Autonomie zielen.

4 Viktimisierung oder Neue Technologien des Selbst?

Die Situation der Pflegemigrantinnen bzw. Haushaltsarbeiterinnen wird sehr unterschiedlich geschildert, je nachdem aus welcher Perspektive sie betrachtet wird. In der eher biographisch orientierten (Frauen) Forschung werden die Autonomiepotentiale herausgearbeitet. Einerseits wird in den Studien explizit die Frage nach Migrationsmotiven und Bewältigungsstrategien gestellt (beispielsweise Metz-Göckel 2010). Andererseits zeichnet gerade die Biographieforschung aus, dass sie den

Subjekten in ihren Selbstkonstruktionen folgt und damit Strategien und Logiken herausstellen kann, mit denen sich Subjekte als selbstständig handelnde setzen (vgl. Satola 2012, S. 27).

In den eher pflegewissenschaftlich orientierten Arbeiten (Emunds und Schacher, Neuhaus et al.) kommt der Aspekt, dass diese Frauen eine billige Konkurrenz zu professioneller Pflege darstellen, eher zum Tragen. Ihr Arbeitsverhältnis wird als Ausbeutung dargestellt und geäußerte Zufriedenheit als Arrangement mit ihrer Abhängigkeit von den Arbeitgebern gedeutet, so schreiben Emunds und Schacher: „Die hohe Prekarität des Beschäftigungsverhältnisses ... zwingt die Pflegekräfte gegenüber den Arbeitgebern in eine Rolle der beinahe vollständigen Ergebenheit" (2012, S. 58). Karakayali hingegen kommentiert ihre oben entfaltete Typologie mit folgendem Fazit: „ Diese Typologie zeigt auf, dass die in Haushalten Pflegebedürftiger tätigen , care workers' zwar mit den ... Härten der Haushaltsarbeit und ihrer mangelnden Anerkennung kämpfen, darin ihre Handlungsfähigkeit aber nicht verlieren." (Karakayali 2010a, S. 174)

Die Überbetonung des prekären Charakters der Arbeitsverhältnisse leugnet die Autonomiebestrebungen der Migrantinnen und trägt zu ihrer Viktimisierung bei. Viktimisierung im Sinne einer Darstellung von Subjekten als handlungsunfähige Opfer stellte einerseits ein zentrales Element in der Konstruktion von Migrantinnen bzw. nicht-westlichen Frauen dar, das lange Zeit die Frauenforschung und den Mediendiskurs über Migrantinnen geprägt hat (vgl. Mohanty 1998) – und auch heute noch prägt. Auf diesem Hintergrund ist kritisch zu fragen, welche Konstruktionsmuster und Überlegenheitsansprüche in den Diskursen und damit auch in der Forschung zu Haushaltshilfen/ *care workerinnen* zum Ausdruck kommen. Anderseits spielt Viktimisierung im Sinne der Betonung der Hilflosigkeit und des Opferstatus von KlientInnen in der Sozialen Arbeit eine historische Rolle (vgl. Gängler 2001). Aktuelle Konzepte Sozialer Arbeit sind jedoch eher ressourcenorientiert und setzen an den Selbstgestaltungsmöglichkeiten von Subjekten an (Pieper 2007). Der Autonomiediskurs kann auch anderseits als Herrschaftstechnik im Sinne der Konzeption des „unternehmerischen Selbst" verstanden werden, wenn *agency* und Selbstgestaltung als Selbstregulierungskräfte gedeutet werden, die Interventionen überflüssig machen (vgl. Bröckling et al. 2000). Das Setzen auf die aus Autonomiebestrebungen resultierende Zufriedenheit der betroffenen Frauen wäre dann als eine spezifische Variante der Beziehung zwischen Macht und Subjektivität und damit als Herrschaftstechnik im Sinne einer Technologie des Selbst zu kritisieren (vgl. Pieper 2007).

5 Sozialarbeiterische Interventionen und Forschung

Mit zunehmender öffentlicher Thematisierung wird auch die informelle Arbeit im Privathaushalt als Herausforderung für Beratung und sozialarbeiterische Intervention begriffen (vgl. http://www.diakonie-wuerttemberg.de/rat-und-hilfe/faircare). Strategien von Seiten der Sozialen Arbeit zur Verbesserung der Situation sind auf mehreren Ebenen anzusetzen. Zum Einen ist strategisch auf eine Legalisierung zu setzen, die die Standards eines guten Arbeitsverhältnisses – wie Arbeitszeit, Arbeitsbedingungen, Entlohnung etc. – formell festschreibt, überprüfbar und einklagbar macht. In diese Richtungen gehen Projekte wie „faircare" und weitergehende Modelle, die allerdings neue sozialpolitische Arrangements voraussetzen (vgl. Hoffer 2010). Zum anderen sind aber auch auf der subjektiven Seite Frauen in ihren Selbstgestaltungs- und Autonomiebestrebungen zu unterstützen (Schwenken 2010). Als potentielle Netzwerke kommen in Frage: Selbsthilfeinitiativen, die Migrationsdienste der Wohlfahrtsverbände, Muttersprachliche Gemeinden, kommunale Stellen, Arbeitsämter, Vermittlungsagenturen, Pflegedienste etc.. Auch Aktivitäten im Sinne des Ansatzes der unterstützenden Arbeit zielen darauf, niedrig schwellige Hilfen bei Arbeitsverträgen, bei der Gestaltung der Arbeitsbedingungen, Sozial- und Qualitätsstandards anzubieten (Cyrus 2002). Weitere Ansätze wären hier die Ermöglichung von Austausch und Kontakt und niedrig schwellige Beratungsangebote. Entsprechende Informationen und Unterstützung in den Entsendeländern wären auch wichtig. Eine weitere wichtige Strategie ist die Unterstützung von Selbstorganisation und Interessenverbänden der „domestic workers", Informationen über die rechtliche Situation und internationale Konventionen wie die der International Labour Organisation (ILO). Die genannten Ziele können über eine Organisierung der Frauen realisiert werden oder über pädagogische Angebote: Austausch, Gruppenangebote, Treffpunkte etc.

Perspektivisch bedeutet dies auf dem Hintergrund des entfalteteten Gegensatzes zwischen Unterwerfung und Autonomie: Interventionen zu entwickeln, aber eine Skandalisierung der Arbeitsverhältnisse und eine Kriminalisierung oder Viktimisierung der Frauen zu vermeiden. Einige Berichte in den Medien über die Kinder, die Pflegemigrantinnen in der Heimat zurücklassen, als Eurowaisen oder Sozialwaisen sowohl in den Entsendeländern als auch in den Zielländern sind skandalisierend und viktimisierend (vgl. Ducu 2012, 2013). Frauen bzw. die wenigen Männer in dem Bereich werden ausgesprochen selten als eigenständig handelnde verantwortlich entscheidende Wesen dargestellt, sondern eher als Opfer oder als Täter in Bezug auf ihre Familien. Eine entsprechende Öffentlichkeitsarbeit ist hier notwendig.

Diese niedrigschwelligen Ansätze stellen nur ein Element einer Doppelstrategie dar, die einerseits nach Möglichkeiten der aufenthaltsrechtlichen und arbeitsrechtlichen Legalisierung sucht, anderseits aber Autonomiebestrebungen und Selbstgestaltungswillen unterstützt. Migrationspolitisch würde dies bedeuten, Formen der zirkulären Migration zuzulassen und MigrantInnen aus Drittstaaten den Zuzug nach Europa zu erleichtern. Zum anderen geht es aber um die Suche nach Formen der arbeitsrechtlichen Legalisierung, die von Familien bezahlbar und für Migrantinnen lohnend und realisierbar sind.

Interventionen, die an Perspektiven der Migrantinnen selbst anknüpfen, müssen Migration auch als Ressource sehen. Migration stellt eine Ressource für Migranten und Zielländer, aber auch für die Entsendeländer dar. Eine Position aus der Perspektive der MigrantInnen beinhaltet meiner Meinung nach:

- anzuerkennen, dass Frauen diese Arbeitsweise suchen
- nach ihren Bewältigungsstrategien forschen
- Bedürfnisse und Forderungen erforschen
- Sich mit den Folgen auseinandersetzen

Längerfristig werden sich Soziale Arbeit und auch die Altenhilfe einer Positionierung bezüglich dieser Tätigkeiten nicht entziehen können. Dies gilt für weitere Forschung wie für Interventionen. Die Frage, handelt es sich um Autonomiebestrebungen oder Herrschaftsverhältnisse, wird sich durch weitere Forschung aber letztlich nicht klären lassen. So argumentiert beispielsweise Ilse Langemeyer in ihrer allgemeinen Kritik an einer einseitigen Rezeption des Foucaultschen Gouvermentalitätsbegriffes in der Sozialen Arbeit, dass nicht jede subjektive Handlungsautonomie eine Form der Unterwerfung unter prekäre Verhältnisse darstelle (Langemeyer , 2007). Daher müssen Interventionsformen in dem hier diskutierten Feld konzeptionell so angelegt sein, dass die Spannung zwischen dem Respekt vor der Entscheidung der MigrantInnen und ihren Bewältigungsstrategien einerseits und einer öffentlichen Kritik an prekären Arbeitsverhältnissen anderseits in ihnen thematisiert werden.

Abschließend ist festzuhalten, dass in der Diskussion der Arbeitsverhältnisse und der Bewältigungsstrategien von in Haushalten Pflegebedürftiger arbeitenden Migrantinnen ein Spannungsfeld zwischen prekären Arbeitsverhältnissen und auf Autonomie zielenden Handlungsstrategien erhalten bleibt. Daher ist es notwendig, Gegensätze anzuerkennen, Ambivalenzen auszuloten und differenziert zu urteilen. Sowohl in einer Forschungsperspektive, als auch in einer Anwendungsperspektive müssen Widersprüche zwischen den Autonomiebestrebungen der Subjekte und den Herrschaftsverhältnissen, denen sie unterworfen sind, immer wieder neu ausgestaltet werden. Keiner dieser beiden Pole kann als Wahrheit oder als richtige Lösung dargestellt werden, es kommt hingegen darauf an, den Gegensatz zwischen ihnen stets neu zu entfalten. Sozialarbeiterische Forschung und Intervention gewinnen aus diesem Widerstreit ihre spezifische Dynamik.

Literatur

Apitzsch, U., & Schmidbaur, M. (Hrsg.). (2010). *Care und Migration. Die Ent-Sorgung Menschlicher Reproduktionsarbeit Entlang Von Geschlechter- und Armutsgrenzen*. Opladen: Budrich.
Bröckling, U., Krasman, S., & Lemke, Th. (Hrsg.). (2000). *Gouvernementalität der Gegenwart: Studien zur Ökonomisierung des Sozialen*. Frankfurt a. M.: Suhrkamp.
Cyrus, N. (2002). Unterstützung statt Kontrollen: siehe http://www.labournet.de/diskussion/wipo/migration/cyrus.html Zugegriffen: 7. Jan. 2015.
Ducu, V. (2012). Transnationale Mutterschaft. In A. Hitzemann, N. Schirilla, & A. Waldhausen (Hrsg.), *Pflege und Migration in Europa*. Freiburg i. Br.: Lambertus.
Ducu, V. (2013). Romanian migrant women's response to their discrimination. In T. Geisen, T. Studer, & E. Yildiz (Hrsg.), *Migration, Familie und soziale Lage*. Wiesbaden: Springer VS.
Emunds, B., & Schacher, U. (2012). *Ausländische Pflegekräfte in Privathaushalten. Frankfurter Arbeitspapiere zur gesellschaftsethischen und Sozialwissenschaftlichen Forschung*, Heft 61, Frankfurt a. M.
Frings, D. (2010). Die Entwicklung haushaltsnaher Dienstleistungen im Kontext der begrenzten Arbeitnehmerfreizügigkeit für Neu-Unionsbürgerinnen. In K. Scheiwe & J. Krawietz (Hrsg.), *Transnationale Sorgearbeit. Rechtliche Rahmenbedingungen und gesellschaftliche Praxis*. Wiesbaden: VS Verlag für Sozialwissenschaften.
Gängler, H. (2001). Hilfe. In H. U. Otto & H. Thiersch (Hrsg.), *Handbuch Sozialarbeit Sozialpädagogik*, 2. Aufl. Neuwied: Luchterhand.
Hoffer, H. (2010). Irreguläre Arbeitsmigration in der Pflege: rechtliche und politische Argumente für das notwendige Ende einer Grauzone. In K. Scheiwe & J. Krawietz (Hrsg.), *Transnationale Sorgearbeit. Rechtliche Rahmenbedingungen und gesellschaftliche Praxis*. Wiesbaden: VS Verlag für Sozialwissenschaften.
http://www.diakonie-wuerttemberg.de/rat-und-hilfe/faircare/
Husmann, M. (2010). Rechtliche Rahmenbedingungen bei grenzüberschreitender Haushalts- und Pflegearbeit. In K. Scheiwe & J. Krawietz (Hrsg.), *Transnationale Sorgearbeit. Rechtliche Rahmenbedingungen und gesellschaftliche Praxis*. Wiesbaden: VS Verlag für Sozialwissenschaften.
Kalwa, D. (2010). *Migration von Polinnen ins Ruhrgebiet*. In S. Metz-Göckel, D. Kalwa, & S. Münst (Hrsg.), *Migration als Ressource: zur Pendelmigration polnischer Frauen in Privathaushalte der Bundesrepublik*. Opladen: Budrich.
Karakayali, J. (2010). *Transnational Haushalten. Biographische Interviews mit care workers aus Osteuropa*. Wiesbaden: VS Verlag für Sozialwissenschaften.
Karakayali, J. (2010a). Prec(ar)iousLabour. Die biografische Verarbeitung widersprüchlicher Klassenmobilität transnationaler ‚Care workers' aus Osteuropa. In U. Apitzsch &

M. Schmidbaur (Hrsg.), *Care und Migration. Die Ent-Sorgung menschlicher Reproduktionsarbeit entlang von Geschlechter- und Armutsgrenzen*. Opladen: Budrich.
Knoll, A., Schilliger, S., & Schwager, B. (Hrsg.). (2012). *Wisch und weg. Sans Papiers-Haushaltsarbeiterinnen zwischen Prekariat und Selbstbestimmung*. Zürich: Seismo.
Krawietz, J. (2010). Pflegearbeit unter Legitimationsdruck – Vermittlungsagenturen im transnationalen Organisationsfeld. In K. Scheiwe & J. Krawietz (Hrsg.), *Transnationale Sorgearbeit. Rechtliche Rahmenbedingungen und gesellschaftliche Praxis*. Wiesbaden: VS Verlag für Sozialwissenschaften.
Langemeyer, I. (2007). Wo Handlungsfähigkeit ist, ist nicht immer schon Unterwerfung. In R. Anhorn, et al. (Hrsg.), *Foucaults Machtanalytik und soziale Arbeit: eine kritische Einführung und Bestandsaufnahme*. Wiesbaden: VS Verlag für Sozialwissenschaften.
Lemke, Th., Krasman, S., & Bröckling, U. (2000). Gouvernementalität, Neoliberalismus und Selbsttechnologien. Eine Einleitung. In U. Bröckling, S. Krasman, & T. Lemke (Hrsg.), *Gouvernementalität der Gegenwart: Studien zur Ökonomisierung des Sozialen*. Frankfurt a. M.: Suhrkamp.
Lutz, H. (2010) Wer übernimmt die Care-Arbeit zu Hause? *Forschung Frankfurt, 2,* 28–31.
Metz-Göckel, S., Kalwa, D., Münst, S. (2010). *Migration als Ressource: zur Pendelmigration polnischer Frauen in Privathaushalte der Bundesrepublik*. Opladen: Budrich.
Mohanty, Ch. T. (1988). Feministische Theorie und koloniale Diskurse. *Beiträge zur feministischen Theorie und Praxis, 11*(23), 149–162.
Neuhaus, A., et al. (2009). *Bericht über das Projekt: Situation und Bedarfe von Familien mit ost- und mitteleuropäischen Haushaltshilfen (moH), Deutsches Institut für angewandte Pflegeforschung*. Köln.
Pieper, M. (2007). Armutsbekämpfung als Selbsttechnologie. Konturen einer Analytik der Regierung von Armut. In R. Anhorn, F. Bettinger, & J. Stehr (Hrsg.), *Foucaults Machtanalytik und soziale Arbeit: eine kritische Einführung und Bestandsaufnahme*. Wiesbaden: VS Verlag für Sozialwissenschaften.
Rerrich, M. S. (2010). Care und Gerechtigkeit. Perspektiven der Gestaltbarkeit eines unsichtbaren Arbeitsbereichs. In U. Apitzsch & M. Schmidbaur (Hrsg.), *Care und Migration. Die Ent-Sorgung menschlicher Reproduktionsarbeit entlang von Geschlechter- und Armutsgrenzen*. Opladen: Budrich.
Satola, A. (2010). Auseutungsverhältnisse und Aushandelungsprozesse in der Pflege- und Hausarbeit von polnischen Frauen in deutschen Haushalten. In U. Apitzsch & M. Schmidbaur (Hrsg.), *Care und Migration. Die Ent-Sorgung menschlicher Reproduktionsarbeit entlang von Geschlechter- und Armutsgrenzen*. Opladen: Budrich.
Satola, A. (June 2012). Being exploited versus being autonomous. Biography and Society, Newsletter, 24–27. Research Committee 38 of the ISA http://www.isa-sociology.org.
Schwenken, H. (2010). Transnationale und lokale Organisierungsprozesse für eine ILO Konvention „Decent Work for Domestic Workers". In U. Apitzsch & M. Schmidbaur (Hrsg.), *Care und Migration. Die Ent-Sorgung menschlicher Reproduktionsarbeit entlang von Geschlechter- und Armutsgrenzen*. Opladen: Budrich.
Tießler-Marenda, E. (2012). Rahmenbedingungen für die Arbeit in Pflegehaushalten in Deutschland. In A. Hitzemann, N. Schirilla, & A. Waldhausen (Hrsg.), *Pflege und Migration in Europa*. Freiburg i. Br.: Lambertus.
Vogel, B. (2008). Prekarität und Prekariat – Signalwörter neuer sozialer Ungleichheiten. *APuZ, 58*(33–34) 12–18.

Dr. Nausikaa Schirilla ist Professorin für Soziale Arbeit, Migration und Interkulturelle Kompetenz an der Katholischen Hochschule Freiburg. Sie studierte von 1975–1983 Philosophie, Soziologie und Pädagogik an den Universitäten Köln, Leeds/GB, Frankfurt am Main und promovierte 1996 in Erziehungswissenschaften an der Universität Frankfurt am Main, wo sie 2002 auch habilitierte und seitdem als Privatdozentin dort tätig ist.

Wanderarbeitende am Rand der Gesellschaft

Matthias Wagner

In einem Forschungsprojekt der Universitäten Bielefeld und Warschau untersuchte ein deutsch-polnisches Wissenschaftlerteam den Alltag polnischer Wanderarbeitende. Wanderarbeit verstehen wir als einen Begriff, unter dem verschiedene Formen der temporären Migration zusammengefasst werden. Temporäre Migration kann in einer Pendelbewegung, zyklisch oder rotierend, während der Erntesaison, in der Pflege, oder Reinigung, sowie in Gastronomie und auf Jahrmärkten stattfinden. Gegenüber dem eher technischen Begriff der temporären Migration betont Wanderarbeit den politischen Aspekt eines entwurzelten Alltags. Die Entscheidung für den historischen Begriff begründet sich aus der politischen Dimension dieser Migrationsform.[1]

---

[1] Die historische Form der Wanderarbeit war insoweit anders strukturiert, als die Arbeiter sich auf die Suche nach Arbeit begaben, hingegen in der deutsch-polnischen Wanderarbeit der Arbeitsplatz vor der Abreise vereinbart ist.

Das Forschungsprojekt „Wanderarbeit als Alltagspraxis. Soziokulturelle Effekte saisonaler Migration in lokalen Gesellschaften: Fallstudien aus Polen und Deutschland" wurde von den Universitäten Bielefeld und Warschau durchgeführt und von der Deutsch-Polnischen Wissenschaftsstiftung finanziert. Vgl. Mathias Wagner et al. (2013) Deutsches Waschpulver und polnische Wirtschaft. Die Lebenswelt polnischer Saisonarbeiter. Ethnographische Beobachtungen. Bielefeld: Transcript.

M. Wagner (✉)
Bielefeld, Deutschland
E-Mail: mathias.wagner@uni-bielefeld.de

© Springer Fachmedien Wiesbaden 2015
T. Geisen, M. Ottersbach (Hrsg.), *Arbeit, Migration und Soziale Arbeit*,
DOI 10.1007/978-3-658-07306-0_17

Vorrangiges Ziel unserer Untersuchung war es, die sozialen und psychischen Belastungen der Wanderarbeitenden und ihrer Angehörigen in der Heimat, in der Regel Ehepartner und Kinder, zu erfassen. Selbstverständlich gerieten dabei auch die wirtschaftlichen Auswirkungen und der gesellschaftliche Kontext ins Blickfeld, denn ohne diese Rahmenbedingungen ist das Phänomen, weder in seiner Entwicklung noch Beständigkeit verständlich.

Wanderarbeit, die man auch als Fernpendeln beschreiben kann, das sich von mehreren Tagen bis zu Monaten erstreckt, hat in Anbetracht offener Arbeitsmärkte einen bedeutenden Anteil. Bei dieser Migrationsform verbleibt der Lebensmittelpunkt, der häufig mit den weiteren Familienmitgliedern verbunden ist, am Herkunftsort, während der Migrationsort ausschließlich mit dem Ziel der Erwerbsarbeit aufgesucht wird. Zwischen Polen und Deutschland besteht seit Anfang der 1990er Jahre ein dichtes Netz der Wanderarbeit. Polnische Arbeitskräfte haben einen hohen Anteil bei Erntearbeiten in der deutschen Landwirtschaft und in den Arbeitsfeldern der häuslichen Pflege, sowie im gastronomischen Saisonbetrieb.

Für die Sozialarbeit stellen sich bezüglich der Wanderarbeit mehrere Problemfelder. Zum einen sind es Fragen der (arbeits-)rechtlichen Betreuung an ihrem Arbeitsplatz. Daneben ergeben sich im Krankheitsfall Probleme der Hilfeleistung, da den Arbeitskräften überwiegend die sprachliche Kompetenz zum Aufsuchen eines Arztes fehlt und das deutsche Gesundheitssystem unbekannt ist. In deutschen und polnischen Medien wird in den letzten 15 Jahren vermehrt auf Fragen der Kinder und Jugendlichen eingegangen, deren Eltern oftmals für Monate abwesend sind, weil sie in Westeuropa arbeiten. Hier stehen Schulsozialarbeiter und Lehrer in Polen vor neuen Herausforderungen.

Einleitend wird in dem Artikel zunächst die Forschungsmethode dargelegt und die historische Entwicklung der Wanderarbeit zwischen Polen und Deutschland skizziert. Anschließend werden deren ökonomische Rahmenbedingungen und die familiären Probleme diskutiert, die aufgrund der regelmäßigen langzeitlichen Abwesenheit eines Familienmitgliedes entstehen. In den Fokus geraten dabei auch die Kinder und Jugendlichen, deren Eltern auf der einen Seite für die materielle Besserstellung der Familie sorgen, und zugleich Schwierigkeiten bei der emotionalen und sozialen Fürsorge zu bewältigen haben. In einem weiteren Abschnitt wird die soziale Trennung der Wanderarbeitenden zwischen Wohn- und Lebensumfeld in der Heimatgemeinde und dem Arbeitsaufenthalt am Zielort dargelegt. Dies wird vor dem Hintergrund eines transnationalen Theorieansatzes problematisiert.

1 Aspekte der Forschungsmethode

Unsere Untersuchung führten wir mit den Methoden der ethnografischen Feldforschung durch. Zentral für die Methode ist die teilnehmende Beobachtung. In unserem Fall erstreckte sich die Beobachtung sowohl auf die polnischen Heimatorte als auch die deutschen Arbeitsorte. Entsprechend den Forderungen einer „multi-sighted ethnography" (Schaefer 2012, S. 152) erscheint es notwendig, die Bewegung in der Migration auch durch die Forschenden nachzuvollziehen. Da sich die Untersuchung sowohl auf den Bereich der Arbeit in Deutschland als auch auf das Wohnumfeld in Polen erstrecken sollte, musste ein Arbeitsbereich in Deutschland ausgesucht werden, zu dem wir leicht Zugang bekommen konnten und in dem Wanderarbeitende als Gruppe tätig sind. Den umfangreichsten Anteil in der Wanderarbeit findet man in Deutschland immer noch bei landwirtschaftlichen Erntearbeiten. Da der Zugang zum Bereich der Landwirtschaft relativ einfach ist und sich in größeren Gruppen unterschiedliche soziale Gegebenheiten beobachten lassen, bildete die Landwirtschaft einen Schwerpunkt unseres Untersuchungsabschnitts in Deutschland. Darüber hinaus wurden aber auch Interviews mit Wanderarbeitenden aus anderen Tätigkeitsbereichen berücksichtigt.

Neben der Feldforschung in deutschen landwirtschaftlichen Betrieben wurde die Untersuchung auch an vier weiteren Orten durchgeführt: in einem Dorf im Norden Deutschlands, in dem eine große Anzahl Erntehelfer untergebracht werden, und in drei polnischen Gemeinden in unterschiedlichen Wojewodschaften. Unsere Absicht war es, die Reaktionen des deutschen Umfeldes zu erfassen und die Situation der polnischen Familien sowie deren sozialen Kontext in ihren Heimatorten zu untersuchen. Während sich die Phase der Feldforschung in Deutschland auf den Bereich der Landwirtschaft konzentrierte, kamen in den polnischen Herkunftsdörfern auch andere Arbeitsbereiche in das Blickfeld der Forschung. In dieser Phase wurden neben Kontakten zu landwirtschaftlichen Erntehelfern auch Daten von Wanderarbeitenden aus anderen Tätigkeitsbereichen, wie Senioren- und Kinderbetreuung, Raumpflege, Forst, Messebau, Jahrmarkt oder Gastronomie in die Untersuchung einbezogen. In die Auswertung fanden auch die Beobachtungen und die Interviewsequenzen von Wanderarbeitenden aus dem Bereich der häuslichen Pflege, Reinigung und handwerklicher Tätigkeiten Eingang.

An jedem Forschungsort wurden zwischen 30 und 60 qualitative Interviews unterschiedlicher Länge, in den Muttersprachen der Interviewten durchgeführt. Neben Gesprächen mit den Wanderarbeitenden wurden auch Interviews an Schulen mit dem Lehrpersonal und Sozialarbeitern sowie ein Gruppeninterview mit Jugendlichen geführt, deren Eltern regelmäßig im Ausland arbeiten. Anschließend wurden die Interviews transkribiert und unter Zuhilfenahme der Software MaxQda ausgewertet. In der hermeneutischen Auswertung orientierten wir uns an den Regeln der hermeneutischen Inhaltsanalyse. Regelmäßigen Workshops der Arbeitsgruppe dienten dazu, Fragen der Interpretation und interkulturelle Interferenzen auszuräumen.

Ein tragendes Element ethnografischer Forschung stellt die teilnehmende Beobachtung dar. Begründet war die Entscheidung darin, dass die Bereitschaft über emotionale Probleme zu reden, ein Vertrauensverhältnis zwischen den Akteuren und Wissenschaftlern voraussetzt. Vertrauensvolle Beziehungen lassen sich aber nicht auf der abstrakten Ebene einer Zusicherung von Anonymität und schematisierter Fragen herstellen, sondern gründen in einem entscheidenden Maß in dem persönlichen Verhältnis. Es handelt sich also um stark subjektiv geprägte Verhältnisse zwischen zwei Individuen (Sutterlüty 2008, S. 10).[2] Wollten wir die teilnehmende Beobachtung im Sinne einer langzeitlichen ethnografischen Feldforschung durchführen, stellte sich die Frage, wie die Kontaktaufnahme mit dem Forschungsobjekten vollzogen werden sollte. Wir entschieden uns zu einer doppelten Strategie: Die Forschung in deutschen landwirtschaftlichen Betrieben erfolgte als verdeckte teilnehmende Beobachtung, während wir bei der Kontaktaufnahme in den polnischen Herkunftsorten unsere Intention offen legten. Bei der offenen teilnehmenden Beobachtung hätten die Forschenden von vornherein eine Sonderrolle gegenüber den Wanderarbeitenden eingenommen. Gehen wir aber von stark hierarchisch gegliederten Beziehungen bzw. Abhängigkeiten zwischen den Wanderarbeitenden und ihren unmittelbaren Vorgesetzten aus, dann bleiben uns in dem Fall diese Zusammenhänge verschlossen.

Mit der Entscheidung für eine verdeckte teilnehmende Beobachtung standen wir vor der Aufgabe, die damit verbundenen ethischen Fragen zu lösen. Der Ausweg bestand für uns darin, die Wahrheit in einer „Grauzone" zu belassen. Beide Mitarbeiterinnen stellen sich wahrheitsgemäß an ihrem Arbeitsplatz als Studentinnen vor. Damit hatten sie eine übliche Rolle eingenommen. Vielfach arbeiten polnische Studierende während der Sommermonate als Saisonkräfte im Ausland. Nachdem im Laufe der Zeit Vertrauensverhältnisse zu den Kollegen und Kolleginnen aufgebaut waren, konnten diese auch auf ihre Bereitschaft angesprochen werden, sich für ein anonym gehaltenes Interview im Rahmen einer wissenschaftlichen universitären Arbeit zur Verfügung zu stellen. Die Bereitschaft zur Mitarbeit war groß und wurde von der Intention getragen, die Lebenssituation und Arbeitsbedingungen publik zu machen. Darüber hinaus entsprach es unserer ethischen Selbstverpflichtung persönliche Details zu schützen und die Daten zu anonymisieren. Im Anschluss an die Klärung der forschungstechnischen Rahmenbedingungen sollen einige Daten die Bedeutung der polnischen Wanderarbeit skizzieren.

---

[2] Gleichwohl die Methode die Arbeitsweise von subjektiven Faktoren getragen wird, besteht die Aufgabe darin die Erkenntnisse in der Datenanalyse und Interpretation zu objektivieren.

2 Polnisch-deutsche Wanderarbeit als historisches Phänomen

Arbeitsmigration über Landesgrenzen hinweg hat in Europa eine jahrhundertelange Tradition (Bade 2002, S. 17 ff.). In der Tradition wandernder Handwerksgesellen wird ersichtlich, wie Arbeitsmigration für Ausbildung und Qualifizierung genutzt wurde. Schon im 18. Jahrhundert wanderten in Frankreich und Spanien lokale Herkunftsgruppen gemeinsam einem Zielort entgegen (Moch 2003, S. 81). Indem die Wanderung gemeinsam durchgeführt wurde, konnten sie sich unterstützen und für ihre Sicherheit sorgen. Gleichwohl zeigen Unterlagen aus Krankenhäusern die Verletzbarkeit der Wanderarbeitenden. Fehlender sozialer und ökonomischer Schutz wurde für sie im Fall von Krankheiten oder anderen Unwägbarkeiten existenzgefährdend (Moch 2003, S. 81). Historisch nahmen große Migrationsbewegungen ihren Ausgang in wirtschaftlich schlecht entwickelten ländlichen Gebieten mit hoher Bevölkerung (Bade 2002, S. 24 f.). Auch saisonale Arbeitsmigration tritt immer dann auf, wenn die Herkunftsregion eine unzureichende Erwerbsgrundlage bietet und soziale Möglichkeiten der Abwanderung bestehen. In den Herkunftsgebieten müssen Arbeitskräfte abkömmlich sein und lediglich geringen Verdienst haben, hingegen im Zielland ein Bedarf an Arbeitskräften bestehen muss, denen ein vergleichsweise hoher Lohn geboten wird (Bade 2002, S. 16 f.).

Mit dem Zuwachs des Arbeitskräftebedarfs in der Industrie und Landwirtschaft steigt seit dem 19. Jahrhundert auch die temporäre Migration (Moch 2003, S. 76). Schon im 19. Jahrhundert setzt ein Migrationsstrom von Osten nach Westen in Preußen ein, der sich im Deutschen Reich fortsetzt. „An die Stelle der Teilbetriebswirtschaft der Gutsherrschaften, überwiegend östlich der Elbe, traten nach den Agrarreformen Gutsbetriebe. Es bildete sich eine Klasse persönlich freier, landarmer oder landloser Landarbeiter heraus. Mitglieder dieser Unterschicht wanderten im Verlauf des 19. Jahrhunderts in die Industriegebiete des Rheinlandes und Westfalens ab. Die landwirtschaftliche Arbeit wurde zunehmend mit Hilfe saisonal eingestellter und billigerer polnischer und russischer Arbeiter bewältigt" (Friedeburg 2004, S. 80). Am Ende des 19. Jahrhunderts lag beispielsweise die Entlohnung eines Landarbeiters in Deutschland ca. 40–50 % höher als in Polen (Bade 2002, S. 229).

Traditionell kommt die Mehrzahl der Erntehelfer in der deutschen Landwirtschaft aus Polen. Seit dem 19. Jahrhundert ist die Westwanderung unter dem Begriff der „Sachsengängerei" bekannt (Obermeier 1999, S. 1). Vor dem Ersten Weltkrieg lebte circa ein Viertel der Bevölkerung aus dem erst 1918 wieder entstandenen Polen von der Wanderarbeit (Bade 2002, S. 158). Unmittelbar vor Beginn des Ersten Weltkriegs wird die Zahl von 433.000 polnischsprachigen Erntehelfern angegeben. Im Deutschen Reich erhielten sie saisonale Arbeitsgenehmigungen, die sie zur regelmäßigen Rückkehr in ihre Heimat zwangen. Schon in dieser Zeit war die deutsche Landwirtschaft existenziell auf die Saisonkräfte angewiesen (Bade 2002, S. 225 f.). Eine dauerhafte Ansiedlung der Wanderarbeitenden verhinderte der „Rückkehrzwang für die Zeit vom 20.12. bis 1.2. jeden Jahres" (Bade 2002, S. 223 f.). Bei der Anwerbung der Arbeitskräfte waren die Landwirte auf Unterstützung durch private Agenten angewiesen. Erfolglos versuchten staatliche Behörden die betrügerischen Strukturen dieses Vermittlungssystems zu unterbinden. Die Agenten ließen sich ihre Tätigkeit von den Arbeitgebern und den Arbeitern bezahlen, außerdem waren sie in Deutschland zugleich als Vorarbeiter tätig und behielten oftmals einen Teil des Arbeitslohns ein. Seit den 1990er Jahren hat sich wiederum ein vergleichbares System der informellen privaten Arbeitsvermittlung etabliert, bei dem polnische Wanderarbeitende in Abhängigkeit von ihren Vermittlern und Vorarbeitern sind.

Während sowohl historisch als auch aktuell der Anteil von Frauen bei den landwirtschaftlichen Saisonkräften auf bis zu 50 % geschätzt werden kann, stellen sie in den Bereichen der häuslichen privaten Dienstleistungen nahezu 100 % der Arbeitenden. Jedoch sind die Tätigkeiten im häuslichen Bereich oftmals weniger sichtbar, wie die Historikerin Leslie Page Moch (2003, S. 80) bemerkt. Gleichwohl stellt Helma Lutz (2002, S. 163) fest, dass es aufgrund der formalisierten Arbeitsverhältnisse über die historischen Erscheinungsformen der Dienstmädchen mehr Quellenmaterial gibt als über die aktuellen. Als Ursache sieht sie aktuell die weitestgehende Informalität der Arbeitsverhältnisse an.

Obwohl aufgrund der politischen Situation seit 1939 die Migrationsbewegung nach Deutschland unterbrochen war, entwickelte sich Deutschland, nach dem Fall des „Eisernen Vorhangs", innerhalb weniger Jahre wieder zu einem bevorzugten Arbeitsmarkt polnischer Wanderarbeitender. Bis Mitte der 2000er Jahre erreichten die Zahlen registrierter polnischer Wanderarbeitender in Deutschland mit 455.000 Personen wieder einen Umfang wie einhundert Jahre zuvor (Kępińska 2008, S. 145 ff.; Frelak 2012, S. 12; vgl. auch Piechowska und Fiałkowska 2013, S. 65 f.). Zwar waren die Zahlen 2005 nach der Öffnung des britischen Arbeitsmarktes für Polen leicht rückläufig, jedoch stabilisierte sich die befristete Zuwanderung in Deutschland anschließend wieder.[3] Insgesamt lässt sich jedoch in Polen ein allmählich abnehmendes Interesse an Erntetätigkeiten im Ausland feststellen.

---

[3] Die Gründe waren vielfältiger Natur. Zum einen spielten die historisch gewachsenen Netzwerke zwischen Polen und Deutschland eine Rolle, zum anderen klagten rückkehrende Arbeiter über schlechte Unterkünfte in Großbritannien und hohe Kosten für den Lebensunterhalt. Als Konsequenz kehrten in den folgenden Jahren Erntehelfer wieder auf deutsche Betriebe zurück.

Dieser Prozess wird ursächlich in den Zusammenhang eines steigenden Lebensstandards in ihrem Heimatland, sowie zunehmenden Interesses an qualifizierten und langfristig auszuübenden Arbeitsbereichen im Ausland gebracht. Da viele Erntearbeiten in der Landwirtschaft jedoch nicht oder nur teilweise mechanisierbar sind, sind die Betriebe darauf angewiesen, Arbeiter aus anderen Ländern anzuwerben. Immer wieder weisen Landwirte in den Interviews darauf hin, dass in ausreichendem Umfang innerhalb der Staaten der Europäischen Union zukünftig keine Erntehelfer zu rekrutieren sind. Ihre Hoffnungen ruhen auf vereinfachte Bedingungen für die Anwerbung von Ukrainern.

3 Wirtschaftliche Relevanz im regionalen Kontext

In dem Artikel wurde schon die Bedeutung der wirtschaftlichen Daten als Motor für die Wanderarbeit erwähnt. Daher sollen zunächst noch einige Angaben zum Einkommen und den Verdienstmöglichkeiten in Polen gemacht werden. Für 2012 wird das landesweite monatliche Bruttoeinkommen mit ca. 850 € (ca. 3500 Złoty) angegeben. Um diese Angabe in ihrem Bezug zum Lebensstandard einschätzen zu können, ist es notwendig, sie mit den Preisen und regionalen Differenzierungen zu verbinden. Beides ist komplex und kann hier nur ungefähr umrissen werden, wobei sich die Berechnungen auf unsere Beobachtungen der lokalen Situation stützen. Bleiben wir zunächst bei den Preisen. Die üblichen traditionellen Grundnahrungsmittel sind in Polen immer noch ungefähr um ein Drittel günstiger, als westlich der Oder. Hingegen haben sich die Kosten für Benzin und Diesel, ebenso wie die Preise für Drogeriewaren und Elektrogeräte zwischen beiden Staaten angeglichen.

Entscheidend sind aber nicht die absoluten Preise, sondern die regional unterschiedlichen Verdienstmöglichkeiten und die Arbeitslosenzahl. Wir treffen in Polen eine, im europäischen Vergleich, außergewöhnlich große regionale Differenzierung an (Le Monde diplomatique 2007, S.). In den Durchschnittszahlen werden diese Unterschiede statistisch eingeebnet, daher ist deren Aussagekraft für die realen Lebensbedingungen in den Herkunftsregionen der Wanderarbeiter gering. Lokale Statistiken sind jedoch nur selten zu bekommen, so dass wir auf unsere Beobachtungen und Interviews angewiesen sind. Die folgenden Angaben beziehen sich auf eine niederschlesische Gemeinde, die sich wenige Kilometer östlich der deutsch-polnischen Grenze befindet.

In dieser Region bewegt sich der Nettoverdienst für Fachkräfte, wie Sekretärin, Lehrerin und Lehrer, Facharbeiter und Facharbeiterinnen, zwischen 350 und 500 € (1300–2000 Złoty). Ein Teil der Arbeiten erfolgt jedoch im informellen Sektor der so genannten „Schwarzarbeit". Welches Ausmaß die Schattenwirtschaft hat, ist nur schwer einzuschätzen. Nach unseren Informationen muss von einem erheblichen Umfang ausgegangen werden. Zum Teil handelt es sich dabei um Tagelöhner, deren Arbeitskraft, je nach Bedarf, stunden- oder tageweise eingekauft wird. Ein Tagelöhner im Baubereich erhielt beispielsweise 2010 zwei Euro (acht Złoty) pro Stunde ausgezahlt. Eine Kassiererin verdiente im „Hypermarkt" einer 20 km von ihrem Wohnort entfernten Kreisstadt monatlich 300 € (1200 Złoty) netto. Der Betrieb ist ganzjährig rund um die Uhr geöffnet, wodurch wechselnde Arbeitszeiten entstehen. Um ihren Arbeitsplatz zu erreichen, ist sie auf einen PKW angewiesen. Nachdem sie ihre Unkosten berechnete, blieb ihr praktisch kein Gewinn. Daraufhin gab sie ihre Arbeit auf und begann nach Deutschland zu pendeln. Selbstverständlich werden auch in Polen Saisonkräfte in der Landwirtschaft gesucht. In der erwähnten Gemeinde bauen einige Kleinbetriebe Himbeeren für einen internationalen Verarbeitungsbetrieb an. Geerntet wird im Akkord mit jahreszeitlich schwankenden Erträgen. In der Hochsaison erntet ein guter Pflücker am Tag ungefähr 50 Kilo Himbeeren und erhält einen Lohn von 19 € (75 Złoty). An durchschnittlichen Tagen sinkt der Verdienst auf neun Euro (35 Złoty).

Man könnte diese Beispiele weiterführen, ohne andere Ergebnisse zu erhalten. Einen realistischen Eindruck von der wirtschaftlichen Situation erhält man jedoch nur bei Einbeziehung der regionalen Arbeitslosigkeit. Während in den wirtschaftlich prosperierenden städtischen Einzugsgebieten die Arbeitslosigkeit schon seit einigen Jahren kontinuierlich auf unter fünf Prozent gesunken ist, besteht in den ländlichen Gemeinden weiterhin eine 15 % und darüber liegende Arbeitslosenquote. Erst auf der Basis dieser Arbeitslosenzahlen sind die niedrig entlohnten Arbeitsplätze und die Schattenwirtschaft entstanden. Einen Ausweg bietet die Arbeitsmigration.[4]

4 Soziale und psychische Belastungen in der Wanderarbeit

Arbeitsmigration ist ein Weg zur Stabilisierung des familiären Einkommens und zur Verbesserung der wirtschaftlichen Bilanz eines Staates. Soweit das Credo der Verfechter von Arbeitsmigration! Doch welcher emotionale und soziale Einsatz ist damit verbunden? An diesem Punkt setzte unsere Forschung an.

Festhalten lässt sich zunächst eine überdurchschnittliche Arbeitsbelastung. Ob es sich um landwirtschaftliche Erntearbeiten, häusliche Pflege oder Arbeiten auf

---

[4] Einschränkend muss man auf die hohe Zahl von landwirtschaftlichen Erntehelfern hinweisen, die über einen festen Arbeitsplatz in Polen verfügen und ihren Jahresurlaub für die Arbeit in Deutschland nutzen. Nach Stichproben verfügt ungefähr die Hälfte der Arbeiter über einen Arbeitsplatz (vgl. Becker 2010).

Jahrmärkten und Messen handelt, ist zunächst nebensächlich. Jeder Bereich hat spezielle Herausforderungen. Während der landwirtschaftlichen Hochsaison sind Arbeitszeiten bis zu 16 h nicht außergewöhnlich. Auch bei extremen Wetterlagen wird oftmals sieben Tage die Woche durchgearbeitet. Nur in wenigen Betrieben wird Regenkleidung oder Schutz vor Kälte und Hitze gestellt. Die Arbeiter sind also angehalten, die entsprechende Kleidung auf eigene Kosten anzuschaffen. Hinzu kommen die Wohnverhältnisse in Mehrbettzimmern, die sie sich mit vier bis sechs Kollegen teilen. Obwohl eine europäische Verordnung die Mindeststandards für Arbeitsbedingungen und Unterbringung regelt, werden diese Regelungen nicht von allen Betrieben eingehalten. Eine Mitarbeiterin unseres Projektes hatte die Gelegenheit, Einblick in einen dementsprechenden Betrieb zu nehmen. Die Unterbringung erfolgte in einer Containersiedlung, weder standen ausreichende Kochmöglichkeiten, noch Waschgelegenheiten zur Verfügung (Wagner und Fiałkowska 2011, S. 10 f.). Sicherlich sind schlechte Unterkünfte nicht die Regel, jedoch bilden sie einen Aspekt der Wanderarbeit. In jedem Fall sind Wanderbeiter gezwungen, wochenlang auf die private Sphäre einer eigenen Wohnung zu verzichten.

Belastende, überlange Arbeitszeiten sind auch in der privaten häuslichen Pflege mit einer eingeschränkten Privatsphäre verbunden. Gewöhnlich handelt es sich um ein eins-zu-eins-Betreuungsverhältnis, bei der eine Pflegerin in der Wohnung, der zu betreuenden Person für vier bis acht Wochen permanent anwesend ist. Üblich ist ein freier Nachmittag pro Woche. Am Ende der Einsatzzeit lässt sich die Pflegerin von einer Kollegin ablösen, kehrt für die kommenden zwei Monate nach Polen zurück, bis der Turnus von vorne beginnt. Etwas einfacher ist die Situation der selbständig arbeitenden Raumpflegerinnen, wenn sie nur über eine begrenzte Entfernung pendeln. In diesen Fällen ist es ihnen möglich, nach drei oder vier Arbeitstagen in ihren Heimatort zurückzukehren. Allerdings arrangieren sie sich ebenfalls mit einfachsten Wohnbedingungen. Verbreitet ist die Anmietung einer Ein-Zimmer-Wohnung durch mehrere Frauen, die in einem Raum ihre Matratzen ausbreiten.

Während die landwirtschaftlichen Erntehelfer und Erntehelferinnen gezwungen sind auf engem Raum zusammenzuleben, leiden die Arbeiterinnen in der häuslichen Pflege unter Isolierung. Da alle Wanderarbeitenden in der Regel nur über geringe, meist auf das Arbeitsfeld bezogene Kenntnisse der deutschen Sprache verfügen, verstärkt sich gerade bei den Pflegerinnen das Gefühl der Einsamkeit. Justyna Grabowska[5] berichtet, wie sie, aufgrund des Einsamkeitsgefühls in kurzer Zeit 20 kg abnahm. Eine andere Akteurin blieb einmal in der Straßenbahn sitzen, nur um den vertrauten Klang polnischer Sprache zweier Fahrgäste zu hören.

---

[5] Alle Eigennamen sind anonymisiert.

Es stellt sich die Frage, warum Wanderarbeitende diese Arbeitsbedingungen akzeptieren, zumal sie, wie bei den selbständig arbeitenden Raumpflegerinnen selbst gewählt sind? Die Antwort ist in der Ökonomie der Wanderarbeit zu finden. Überwiegend handelt es sich um Arbeiten im Niedriglohnbereich des Gastlandes, also in unserem Beispiel von Deutschland. Rechnet man die normalen Lebenshaltungskosten gegen und bedenkt gleichzeitig Arbeitszeiten und Unterkunftsbedingungen, dann zeigt sich, dass es sich um extrem unattraktive Arbeitsplätze handelt. Für die polnischen Wanderarbeitenden sind sie jedoch akzeptabel, da ihre Lebenshaltungskosten in Polen niedriger sind, sie durch die Umrechnung von Euro in Złoty einen Kaufkraftgewinn erzielen und in ihren Heimatorten alternative Verdienstmöglichkeiten fehlen. Erst mit dem Spagat zwischen Arbeitsort und Wohnort wird die Tätigkeit im Niedriglohnsektor lukrativ. Wanderarbeiter sind daher daran interessiert, ihre Ausgaben in dem deutschen Arbeitsort zu minimieren. Dies gelingt, indem sie sich auf die unverzichtbaren Ausgaben beschränken. Schon bei der Anreise bringt man für einige Tage Lebensmittel aus Polen mit. In Deutschland beschränkt man sich auf den Einkauf möglichst billiger Produkte und verzichtet auf alle kulturellen und sonstigen Ausgaben. Diese Lebensweise ist erstaunlicherweise auch bei Personen anzutreffen, die schon seit über zehn Jahren regelmäßig in Deutschland arbeiten. Selbstverständlich bleibt diese Lebensweise nicht ohne emotionale und soziale Konsequenzen.

Welche emotionale Belastung die Wanderarbeit bedeutet, wird schon in der Vorbereitung der Abreise deutlich. Elżbieta Jeleniewicz hat drei Kinder und arbeitet seit zehn Jahren als private Altenbetreuerin in Deutschland. Je näher der Termin ihrer nächsten Reise rückt, so berichtet sie, desto mehr leidet ihre ganze Familie unter Krankheitssymptomen. Vor allem in den ersten Jahren litten sie besonders unter der Trennung. Erst im Laufe der Jahre setzte, mit dem Heranwachsen der Kinder, ein Prozess der Gewöhnung ein. Auch andere Akteure berichteten in unserer Forschung von diesen Belastungen, die sich bis zu einem Entfremdungseffekt steigern können. Obwohl aufgrund der verbesserten technischen Kommunikationsmöglichkeiten die Familien seit einigen Jahren einen engeren Kontakt halten können, leben sie doch in unterschiedlichen Welten. Die psychische Herausforderung besteht in der Abwesenheit von der Familie und in den eingeschränkten Möglichkeiten der Einflussnahme auf den Haushalt und das familiäre Leben. Von der Organisation des Haushaltes bis zur Anteilnahme an der schulischen Entwicklung der Kinder müssen Strategien der Bewältigung gefunden werden.

Kommen Wanderarbeitende nach mehrwöchiger Abwesenheit zurück in die Heimat, stehen sie vor dem Problem, sich wieder in den Alltagsrhythmus der Familie einzugewöhnen. Kleinigkeiten entwickeln sich dann schnell zu handfesten Komplikationen. Szymon Bulczak schilderte solch eine Situation, bei der seine

Frau die Schränke während seiner Abwesenheit umgeräumt hatte, und er ärgerlich darauf reagierte, seine Kleidung nicht mehr am gewohnten Platz vorzufinden. An diesem einfachen Beispiel wird deutlich, wie ihm seine Wohnung fremd geworden war. Nicht nur die Trennung, sondern auch das wiederholte Einfinden in den gemeinsamen Alltag, erfordert von allen Familienmitgliedern Einfühlung und Toleranz. Tendenziell steigen diese Schwierigkeiten mit der Dauer der Abwesenheit. Jedoch auch das kurzfristige Pendeln, wie es bei Frauen anzutreffen ist, die jede Woche für einige Tage in Berlin arbeiten, erfordert eine stringente Organisation des Alltags. Joanna arbeitet beispielsweise von Montag bis Donnerstag in Berlin. Für alle Termine mit der Schule ihres Sohnes, eventuelle Arztbesuche usw. steht ihr nur der Freitag zur Verfügung. Um diese Termine wahrnehmen zu können, müssen sie rechtzeitig mit den entsprechenden Stellen abgesprochen werden. Üblicherweise wartet darüber hinaus zuhause eine Vielzahl von unerledigten Arbeiten.

Mit dem Aufkommen von Internet- und Mobiltelefonkommunikation haben sich die Kontakte zu den Angehörigen in Polen intensiviert. In den ersten zehn Jahren nach dem Fall des „Eisernen Vorhangs" waren zudem auch die Möglichkeiten des Personentransports deutlich schlechter. Heute werden über Notebook, Internet oder per Mobiltelefon manchmal täglich Informationen zwischen dem Wanderarbeitenden in Deutschland und seiner Familie ausgetauscht. Einschränkend muss man jedoch bemerken, dass die verfügbare Zeit abhängig von den Arbeitsbereichen ist. Erntehelfer sind in der Regel auf das Mobiltelefon angewiesen, hingegen Pflegekräfte und Reinigungskräfte in ihren Unterkünften häufiger Internetverbindungen haben. Jedoch können diese technischen Kommunikationsmöglichkeiten nicht über die räumliche Distanz hinwegtäuschen. Vor allem für Kinder kann, je nach Lebensalter und zeitlicher Dauer der Trennung, der physische Abstand auch zu emotionalen Erschütterungen führen.

Unter dem medial aufbereiteten Schlagwort der „Eurowaisen" wird seit einigen Jahren auf die Lebensbedingungen der Kinder verwiesen, deren Eltern langfristig im westlichen Ausland arbeiten. Meist werden die Kinder von nahen Verwandten versorgt. Der Begriff der „Eurowaisen" ist umstritten, denn die Eltern bleiben, trotz ihrer Abwesenheit, im Leben der Kinder präsent. Zudem halten sich nur in einem geringen Prozentsatz beide Elternteile zeitgleich im Ausland auf. Verbreiteter ist das Modell, bei dem ein Elternteil bei den Kindern bleibt. Im Jahr 2009 summierte sich die Zahl polnischer Familien, in denen mindestens ein Elternteil langfristig und regelmäßig im Ausland arbeitete auf 110.000 (Matyjas 2011, S. 32). An der Sekundarschule (poln. Gimnazjum) einer niederschlesischen Gemeinde mit einem hohen Anteil von Arbeitsmigranten zeigte sich exemplarisch folgende Situation. Im Jahr 2009 lebte knapp ein Viertel der Schüler in Familien, von denen ein Elternteil im westlichen Ausland arbeitete. Deutlich geringer war die Zahl der

Familien, in denen beide Elternteile gleichzeitig im Ausland arbeiteten. 2009 handelte es sich um zwei, ein Jahr darauf um drei Schüler, deren beide Elternteile nicht in Polen arbeiteten. Um die Auswirkungen zu erfassen, führten wir Interviews mit Lehrerinnen und Sozialarbeiterinnen und diskutierten mit betroffenen Schülern und Schülerinnen der Klassen 7 bis 9.

Lehrerinnen und Sozialarbeiterinnen beschreiben in den Interviews eine starke emotionale Belastung der Kinder. Durchgängig berichten sie von Veränderungen der Schüler, die sie als untrügliche Zeichen der Abwesenheit von Elternteilen interpretieren. Auf Nachfragen der Lehrerinnen erzählen die Kinder über ihre Trauer bei der Abreise ihres Vaters oder der Mutter. Solange sich die Kinder im Grundschulalter befinden muss, von einer emotionalen Erschütterung der Kinder ausgegangen werden. Wie sich jedoch diese Belastungen im Verhalten äußern, kann sehr unterschiedlich sein. Berichtet wird von sozialem Rückzug, von häufigem Weinen, aber auch von Aggressivität. Mit zunehmendem Alter werden die Auswirkungen für dritte Personen weniger deutlich sichtbar. Bei Jugendlichen, die überwiegend von ihren Großeltern versorgt werden, zeigen sich mit Beginn der Pubertät verstärkte soziale Konflikte. Sozialarbeiterinnen führen dies auch auf eine Überforderung der Großeltern zurück, deren Weltbild den Jugendlichen keine adäquate Orientierung bietet. Neben einem Leistungsabfall in der Schule, sind bei einzelnen älteren Jugendlichen Anzeichen der Verwahrlosung festzustellen. Eine Schulsozialarbeiterin machte dafür die mangelnde Kontrolle durch Verwandte und Großeltern verantwortlich, die mit dem Verhalten pubertierender Jugendlicher überfordert sind.

Betont werden muss aber, dass es sich bei den geschilderten Reaktionen um Möglichkeiten, jedoch nicht um einen Automatismus handelt. Desgleichen wird man bei einer Beurteilung der schulischen Leistungen auf ein Spektrum unterschiedlicher Ergebnisse stoßen. Lehrer berichten immer wieder von Beispielen zeitlich befristeter Leistungseinbrüche. Vermutlich kann man hier auch von einem Gewöhnungsprozess ausgehen, der bei den Kindern im Verlauf der Jahre einsetzt. Als eine Auswirkung der massenhaften Arbeitsmigration beschreiben Lehrer eine Unlust zur weiterführenden Bildung. In Gemeinden mit hoher Arbeitsmigration wachsen die Kinder in einer Atmosphäre auf, in der Migration als Normalität erlebt wird. Da es sich überwiegend um unqualifizierte Tätigkeiten handelt, mit denen jedoch, verglichen mit den lokalen Einkommensmöglichkeiten, relativ gut verdient wird, erkennen Schüler nicht den Sinn einer Ausbildung. Wie uns die Rektorin einer Schule berichtete, erleben die Schüler, dass ihre Eltern mit Saisonarbeiten oder einem Putzjob in Deutschland über einen höheren Lebensstandard verfügen, als das Lehrpersonal einer Schule. Auch in dem Gruppeninterview mit Schülern und Schülerinnen, konnten wir, neben den Spuren einer emotionalen Belastung, den Einfluss der Arbeitsmigration als Lebensperspektive feststellen. Im Alter des

Sekundarschulbesuches sind die westlichen Nachbarländer als mögliche Zukunftsperspektive präsent. Die Arbeit im Ausland scheint demnach einen sicheren Weg zur Realisierung wirtschaftlicher Träume zu bieten. Ausgeblendet werden die realen Bedingungen unqualifizierter, und damit auch unsicherer Arbeitsplätze.

Während sich mit dem Begriff der „Eurowaisen" die Perspektive auf die Kinder beschränkt, erscheint es sinnvoll, den Blick auf die Familie zu erweitern, da auch die Eltern die Trennung von ihren Kindern als emotional belastend erleben. Besonders Frauen, die regelmäßig für mehrere Monate den Haushalt einer Familie in Westeuropa führen und dort Kinder betreuen, berichten von ihren Problemen mit der Trennung. Mit dem Abstand von zwanzig Jahren beschreibt eine Arbeiterin ihre Erfahrung, die sie bis heute als emotionale Unsicherheit gegenüber ihrem jüngsten Sohn erlebt, den sie im Alter von sieben Jahren regelmäßig bei ihrem Mann zurücklassen musste. In der Migration war sie vom alltäglichen Erleben ihrer Kinder abgeschnitten. Damit stellte sich eine Distanz her, die sie auch gegenüber ihren erwachsenen Kindern nicht mehr ausräumen konnte. Reduziert sich der Kontakt im Extremfall auf wenige Wochen im Jahr, so setzt eine Entfremdung ein, da die gemeinsam verbrachte Zeit immer in einer Atmosphäre des Außergewöhnlichen verbleibt. Marta Bulczak, deren Mann seit über zehn Jahre regelmäßig für viele Monate in Deutschland arbeitet, erzählt uns von der Abreise ihres Mannes: „Mein Mann wünschte sich sehr eine Tochter. Als sie zwei Jahre alt war, und er wieder wegfuhr, da stand sie auf der Treppe und schrie, dass er nicht fahren sollte. Da ging er weinend und fuhr los."

Fernpendeln mit mehrtägiger Abwesenheit führt zu einer Steigerung der Stressfaktoren. Mit dem Stress steigt das Risiko von dauerhaften Erkrankungen (Rüger 2010, S. 9 ff.). Stressfaktoren sind die zeitliche Beschränkung im Kontakt der Ehepartner und Kinder, die Entfremdung vom familiären Alltag und die eingeschränkten gemeinsamen Möglichkeiten der Freizeitgestaltung. Ausgleichend wirkt in der Situation der „Erfolg" einer Migration. Jeder Migration liegt ein Ziel zugrunde. Ziele von Migranten können wirtschaftlicher Art sein, im Erreichen einer beruflichen Weiterentwicklung liegen oder vielleicht auch eine Strategie zur Heirat sein. Wird das jeweils persönlich definierte Ziel erreicht, also eine Verbesserung des Lebensstandards, eine verbesserte berufliche Position oder eine zufriedenstellende Ehe, so relativieren sich die Belastungen der Migration (Schneider et al. 2002, S. 164). Eine Rolle spielt die zeitliche Dauer der Trennung und das Bewusstsein über die Gründe. Die psychosozialen Auswirkungen der Wanderarbeit in den Familien stellt ein Zusammenspiel komplexer ökonomischer, sozialer und psychischer Faktoren dar. Je mehr Ziele und Erfolge übereinstimmen, desto besser sind die Folgen zu verarbeiten. Vorrangiges Ziel der Wanderarbeitenden ist die wirtschaftliche Verbesserung. Überwiegend gelingt ihnen eine wirtschaftliche Verbesserung ihrer Lebenssituation. Vor diesem Hintergrund wird das positive Resümee der Wanderarbeitenden über ihre Entscheidung verständlich. Allerdings sollte das kein „Freibrief" für die Propagierung der Arbeitsmigration sein, denn die individuellen und sozialen Rückwirkungen können sich durchaus auch langfristig bemerkbar machen.

5 Wanderarbeit als gesellschaftspolitische Herausforderung

Wanderarbeitende stehen vor der Aufgabe, zwei geografisch entfernte Aufenthaltsorte miteinander zu verbinden. Außer der Differenzierung zwischen Wohn- und Arbeitsort wurde bisher noch nicht nach ihren Bezügen zu den beiden Orten gefragt. Eine erste Hürde in der Kontaktaufnahme am Arbeitsort stellen für den großen Teil der Arbeiter die fehlenden Kenntnisse der Fremdsprache dar. Vor allem landwirtschaftliche Erntehelfer kennen meist nur wenige Begriffe in der Fremdsprache. Ihre Freizeit verbringen sie in Sammelunterkünften mit Landsleuten, und während der Feldarbeit übernimmt ein Vorarbeiter, der über die notwendigen Kenntnisse der Fremdsprache verfügt, die Übersetzung von betrieblichen Anordnungen. Kontakte mit der lokalen Bevölkerung sind also, mangels freier Zeit und fehlender Sprachkenntnisse, eine Ausnahme.

Die landwirtschaftlichen Saisonarbeiter und -arbeiterinnen halten sich während ihres Arbeitseinsatzes in Deutschland praktisch in einer polnischen Exklave auf. Von ihrem deutschen Umfeld nehmen sie nur den oberflächlichen Eindruck ihrer Umgebung, beispielsweise den Zustand von Straßen, Häusern usw. wahr, ohne in Kontakt mit den Einwohnern zu kommen. Mehr als ein kurzer Gruß einiger deutschen Spaziergänger wird üblicherweise nicht ausgetauscht. Eine Wanderarbeiterin antwortete auf unsere Frage, woran sie wahrnehmen würde, dass sie in Deutschland sei, man merke es, weil man mit einer Gruppe Polen zusammen sei. Was uns hier wie eine „freudsche Fehlleistung" erscheint, sagt in Wahrheit viel über ihren Alltag in Deutschland aus. Die landwirtschaftlichen Saisonarbeiter transferieren ihr polnisches Leben, das sich gleichwohl von ihrem Alltag in Polen unterscheidet, nach Deutschland. Deutschland und seine Einwohner erleben sie gleichsam als Zuschauer aus der sozialen Entfernung. Die Größe der Gruppe reduziert die Außenkontakte und fördert zudem die soziale Abschottung. In Kleinbetrieben besteht zumindest die Möglichkeit eines täglichen Kontaktes mit dem Landwirt und seiner Familie. Obwohl es sich meist um oberflächliche Beziehungen handelt, gibt es durchaus auch Beispiele, in denen die polnischen Arbeiter und Arbeiterinnen zu dörflichen Veranstaltungen eingeladen werden. Selten reichen Kontakte darüber hinaus, oder führen sogar zu Besuchen der Arbeitgeber bei den Familien ihrer polnischen Saisonarbeiter.

Während die Erntehelfer und Erntehelferinnen sich in relativ großen Gruppen von Landsleuten aufhalten, arbeiten private Pflegerinnen allein. Die durch ihre Arbeitssituation hervorgerufene Isolation von anderen Arbeiterinnen, sowie die zeitliche Verfügbarkeit eines „Rund-um-die-Uhr" Dienstes, verhindern den Aufbau sozialer Beziehungen in Deutschland. Wie schon erwähnt, teilen sich Frauen, die als Reinigungskraft in Privathaushalten arbeiten, üblicherweise eine kleine Wohnung. Auch bei ihnen bestehen nur in seltenen Ausnahmen Kontakte zu ihrem deutschen Umfeld. Eine Wanderarbeiterin berichtete beispielhaft, wie sie ihren freien Arbeitstag dafür nutzt, mit dem öffentlichen Bus durch Berlin zu fahren, um sich aus dieser Perspektive die Stadt anzusehen.

Wanderarbeitende, so lassen sich die Beispiele aus unterschiedlichen Arbeitsbereichen interpretieren, leben in zwei voneinander getrennten lokalen Orten. An dem Ort in Deutschland[6] reduziert sich ihr Leben auf den Aspekt des Verdienstes.

Vergleichen lässt sich ihr Bezug mit Arbeitern, die auf kurzfristig wechselnden Plätzen zur Montage eingesetzt werden, oder mit den Arbeitsbedingungen von Fernfahrern (vgl. Plänitz 1983). Deren Arbeitssituation führt ebenfalls zur sozialen Isolation. Die knapp bemessene Freizeit verbringen Wanderarbeitende mit ihren Arbeitskollegen. Außerhalb des Arbeitsumfeldes werden keine sozialen Bezüge aufgebaut. Unterstützt wird die Isolierung durch fehlende Kenntnisse der deutschen Sprache und das Bestreben möglichst wenig Geld in Deutschland auszugeben. Alle sozialen Aktivitäten und kulturellen Interessen werden in die Heimatorte verlagert. Allerdings bewirkt allein die zeitliche Begrenzung des Aufenthaltes in der Heimat eine Beschränkung sozialer Aktivitäten. Zunächst wird die verfügbare Zeit für notwendige Angelegenheiten wie Behördengänge, Arztbesuche etc. benötigt. Das Leben am Heimatort konzentriert sich daher auf die unmittelbaren Angehörigen und auf die materielle Verbesserung des Lebensstandards. Am polnischen Wohnort gibt man das im Ausland verdiente Geld aus. Diese Trennung zwischen Wohn- und Arbeitsort erscheint allerdings nicht erstaunlich, wenn man die eingeschränkte freie Zeit in der Landwirtschaft und bei der privaten Pflege bedenkt. Erklärungsbedürftig ist aber die Situation von Raumpflegerinnen. In unserer Untersuchung trafen wir in diesem Kreis Personen an, die schon seit über zehn Jahren selbständig in Berlin arbeiteten, ohne Kontakte zu ihrem Umfeld aufgebaut zu haben. Ökonomische Gründe bilden zunächst die Basis ihres Verhaltens. Da sie in einem Niedriglohnsektor Arbeiten mit geringem sozialem Prestige ausführen, können sie nur durch den Transfer ihres Verdienstes nach Polen, eine Steigerung ihres Lebensstandards erreichen. Ein Umzug nach Deutschland ist in Anbetracht ihrer wirtschaftlichen Perspektive unattraktiv, gleichwohl auch die emotionalen Bindun-

---

[6] Unsere Untersuchung beschränkte sich auf die Arbeitsorte in Deutschland. Jedoch gilt die Aussage für alle Arbeitsorte der Wanderarbeiter, unabhängig vom Land.

gen an den Herkunftsort nicht unterschätzt werden sollten. Als Folge hält man die Spaltung zwischen beiden Orten über viele Jahre aufrecht. Indirekt bestätigt sich diese Analyse seit der Öffnung des westeuropäischen Arbeitsmarktes für Polen. Wer seitdem eine qualifizierte Arbeit außerhalb Polens ausführt, tendiert dahin, auch seinen gesamten Lebensbereich an den Arbeitsort zu verlagern.

Die Situation der Wanderarbeitenden lässt sich nicht mit dem Ansatz einer transnationalen Lebensweise erfassen. Als transnational kann man die Situation der Wanderarbeitenden nur beschreiben, wenn man die fehlenden sozialen Bezüge ausblendet. Transnationalismus würde in dem Fall auf den rein ökonomischen Aspekt reduziert. Han definiert jedoch Transnationalismus als eine Verbindung sozialer Felder zweier Staaten (Han 2005, S. 70). Unter sozialen Feldern sind Beziehungen auf den Ebenen von Verwandtschaft, Wirtschaft, Politik, Kultur, Religion usw. zu verstehen (Han 2006, S. 151). Transnationalität umfasst also mehr, als das Überschreiten einer Grenze um an einem anderen Ort zu arbeiten. Eine transnationale Lebensform verbindet vielmehr die sozialen Felder des Herkunftslandes mit dem Zielland. Der Akteur bewegt sich in den sozialen Feldern beider Staaten und konstruiert in dieser Bewegung eine grenzüberschreitende Struktur mit einer spezifischen Qualität (Pries 2008, S. 51 f.). Im Alltag konkretisiert sich der transnationale soziale Raum, indem sich die Akteure in beiden Kulturen, der des Herkunfts- sowie der des Ankunftslandes, bewegen und sie zugleich in einer neuen, nämlich der transnationalen Kultur verbinden. Der Migrant ist somit nicht mehr nur in einer, sondern in beiden Gesellschaften zu Hause (Zoll 2007, S. 67; Scherke 2011, S. 82). Im Gegensatz dazu sind Wanderarbeitende nur physisch in Deutschland anwesend, verbleiben jedoch sozial und kulturell in Polen.[7] In der Regel verfügen Wanderarbeitenden auch nicht über die sozialen und kulturellen Kompetenzen, mit denen sie selbstständig eine Arbeit in Deutschland finden können. Erst mit der Hilfe von Vermittlern gelangen sie an entsprechende Arbeitsplätze.

---

[7] Das Feld der Migration kann als differenzierter Prozess verstanden werden. So gibt es Migranten, die als Wanderarbeiter erste Erfahrungen sammeln, anschließend eine transnationale Lebensweise aufbauen und am Ende dieses Prozesses ihren Lebensmittelpunkt in das Zielland verlagern. Wenn sie eine transnationale Lebensweise aufgebaut haben, verlassen sie jedoch den Bereich der Wanderarbeit, da sie sich ökonomisch, sozial und kulturell auch im Zielland integrieren.

6 Schlussfolgerungen

Im Zielland stehen durch die Wanderarbeit Arbeitskräfte zur Verfügung, die bereitwillig Arbeiten im Niedriglohnbereich und oftmals mit geringem Prestige ausführen. Ein entscheidender Vorteil für die Arbeitgeber ist die hohe Motivation der Wanderarbeitenden. Motivierend wirkt, wie oben ausgeführt, die kurzfristig erreichbare Verbesserung des Lebensstandards. Die Arbeitskräfte sind hoch flexibel einsetzbar und werden beispielsweise in der Landwirtschaft bei witterungsbedingten Ausfällen nur minimal entschädigt. Üblich sind auch Verträge, bei denen Arbeiter nur einen ungefähren Einsatzzeitraum mitgeteilt bekommen und mit zwei oder drei Tagen Vorlauf anreisen müssen. In gleicher Weise können die Verträge aufgrund von Witterungsbedingungen früher als vereinbart aufgekündigt werden.

Bereitwilliger als fest angestellte einheimische Arbeiter akzeptieren Wanderarbeitende mangelhafte Arbeitsbedingungen, wie beengte Massenunterkünfte, fehlende Arbeitskleidung und überlange Arbeitszeiten. Sie wissen um die zeitliche Begrenzung ihres Arbeitseinsatzes und erleben die finanzielle Verbesserung in der Heimat. In kritischer Perspektive kann man einen hierdurch ausgelösten Prozess der Entpolitisierung feststellen. Aufgrund schlechter Erfahrungen besteht wenig Interesse, den Arbeitsplatz zu wechseln oder für eine Verbesserung von Arbeitsbedingungen einzutreten. Relativ kurze Beschäftigungszeiten mit teilweise wechselnden Kollegen und Kolleginnen erschwert solidarisches Verhalten. Vielmehr besteht ein hoher Grad an Betriebstreue der Wanderarbeitenden. Selbst in einem landwirtschaftlichen Betrieb, bei dem wir die mehrfache Verletzung arbeitsrechtlicher Vorschriften feststellen konnten, kam die Mehrzahl der Arbeiter und Arbeiterinnen regelmäßig seit Jahren zurück. Neben den oben erwähnten Faktoren lassen sich weitere Gründe für die Betriebstreue feststellen. Erstens erschwert die Unkenntnis der Sprache des Gastlandes eine Auseinandersetzung mit dem Arbeitgeber. Zweitens sind Wanderarbeitende in der Regel nicht über die gesetzlichen Arbeitsregelungen in der Europäischen Union orientiert.[8] Drittens spielen die Beziehungen zu den Arbeitskollegen eine nicht zu unterschätzende Rolle. Im Verlauf des Arbeitseinsatzes hat man sich kennengelernt und weiß sich wechselseitig mit den kleinen Problemen des Alltags zu arrangieren. Daher sind Arbeitskollegen, die sich einen Wohnraum teilen, bemüht auch in der folgenden Saison wieder gemeinsam zu wohnen. Zudem besteht viertens in den Betrieben eine ausgeprägte Hier-

---

[8] Organisationen, die sich für die Rechte der Wanderarbeiter einsetzen sind der Deutsche Gewerkschaftsbund (DGB), der Europäische Verein für Wanderarbeiterfragen e. V., dessen Internetseite in sieben europäischen Sprachen erreichbar ist (http://www.emwu.org/index.php/de/ aufgerufen am 7.2.2014) und LabourNet (http://labournet.de/ueberuns/index.html aufgerufen am 7.2.2014).

archie. Neue Kollegen stehen in dieser Hierarchie am unteren Ende, bekommen weniger ertragreiche Stellen eines Feldes zugewiesen und sind gezwungen, die längsten Wege zwischen Pflückplatz und Abgabestelle zurückzulegen.

Aus diesen Faktoren heraus erscheint eine arbeitspolitische Mobilisierung der Wanderarbeitenden äußerst schwer. Gleichzeitig zeigen sowohl Betriebe, in denen arbeitsrechtliche Vorschriften nicht eingehalten werden,[9] als auch die psychosozialen Auswirkungen der Wanderarbeit, die Notwendigkeit einer gewerkschaftlichen und sozialpolitischen Auseinandersetzung. Für die Sozialarbeit stellt sich die Aufgabe, psychosoziale Auswirkungen der Wanderarbeit, nicht nur in der eingeschränkten Fokussierung auf die Kinder in den Heimatorten sondern als Belastung aller Familienmitglieder zu erfassen. Dabei stellen sich auch Fragen, wie sowohl in der Schulsozialarbeit, als auch im Lehrplan der betroffenen polnischen Heimatgemeinden auf die speziellen Bedürfnisse betroffener Kinder und Jugendlicher eingegangen werden kann. Bisher erfolgt nach unserer Beobachtung eine Reaktion allein aufgrund der individuellen Kompetenz und Initiative des Lehrpersonals. Auf deutscher Seite sollte zumindest überlegt werden, auf welchen Wegen man die arbeitsrechtlichen Bestimmungen unter Wanderarbeitenden publik machen kann.

Einer unkritischen Befürwortung offener Grenzen innerhalb eines europäisierten Arbeitsmarktes ist hier die Auseinandersetzung mit humanen Lebensbedingungen entgegenzusetzen. Die notwendige gesellschaftliche Auseinandersetzung wird bisher eher vernachlässigt. Sie kann auch nicht durch den Verweis auf einen allmählich steigenden Lebensstandard in Polen, der zu einem abnehmenden Interesse der Bürger und Bürgerinnen an schlecht entlohnten Arbeitsplätzen im Ausland führt, ersetzt werden. Die unkritische Akzeptanz der Wanderarbeit führt dann lediglich zu einer Anwerbung aus anderen Staaten. So berichteten uns während der Forschung deutsche Landwirte über ihre Hoffnungen bezüglich des Arbeitskräftepotentials der Ukraine. Als armes bevölkerungsreiches Land östlich der EU könnte die Ukraine auf lange Sicht den drohenden Mangel an Saisonarbeitern in der europäischen Landwirtschaft beheben. Die von wirtschaftlichen Interessen geleitete Forderung ignoriert die emotionalen und sozialen Belastungen, denen ukrainische Wanderarbeitende heute schon ausgesetzt sind (vgl. Voloshyn 2010).

---

[9] An dieser Stelle sei ausdrücklich darauf hingewiesen, dass damit keine Form der unangemeldeten Beschäftigung, also „Schwarzarbeit" gemeint ist, sondern legale Arbeitsverhältnisse.

Literatur

Bade, K. J. (2002). *Europa in Bewegung. Migration vom späten 18. Jahrhundert bis zur Gegenwart*. München: C. H. Beck.

Becker, J. (2010). *Erdbeerpflücker, Spargelstecher, Erntehelfer: Polnische Saisonarbeiter in Deutschland – temporäre Arbeitsmigration im neuen Europa*. Bielefeld: Transcript.

Frelak, J. S. (2012). Polska migracja zarobkowa do Niemiec po 2004. In Instytut Spraw Publicznych (Hrsg.), *Znikająca granica. Nowa polska migradja do Niemiec – perspektywa lokalna* (S. 33–50).Warszawa: Fundacja Instytut Spraw Publicznych.

Friedeburg, R. von. (2004). Brach liegende Felder. Grundzüge der deutschen Agrargeschichtsschreibung. In E. Bruckmüller, E. Langthaler, & J. Redl (Hrsg.), *Agrargeschichte schreiben: Traditionen und Innovationen im internationalen Vergleich* (S. 78–93). Innsbruck: Studienverlag.

Han, P. (2005). *Soziologie der Migration*. Stuttgart: Lucius und Lucius.

Han, P. (2006). *Theorien der internationalen Migration*. Stuttgart: Lucius und Lucius.

Kępińska, E. (2008). *Migracje sezonowe z Polski do Niemiec*. Warszawa: Wydawnictwo Universytetu Warzawskiego.

Le Monde diplomatique. (2007). Welches Einkommen ist gerechter? Drei Profile. In M. Wagner, K. Fiałkowska, M. Piechowska, & W. Łukowski (Hrsg.), *Deutsches Waschpulver und polnische Wirtschaft. Die Lebenswelt polnischer Saisonarbeiter. Ethnographische Beobachtungen* (S. 125). Bielefeld: Transcript.

Lutz, H. (2002). In fremden Diensten: Die neue Dienstmädchenfrage in Europa als Herausforderung zur Gendergerechtigkeit im Wohlfahrtsstaat. In K. Gottschall & B. Pfau-Effinger (Hrsg.), *Zukunft der Arbeit und Geschlecht. Diskurse, Entwicklungspfade und Reformoptionen im internationalen Vergleich* (S. 161–182). Opladen: Leske und Budrich.

Matyjas, B. (2011). Euro-Orpanhood – a New Dimension of Childhood in Migrating Families. *The New Educational Review, 25*(3), 31–41.

Obermeier, M. (1999). *Die Sachsengänger. Wanderarbeiter im Rübenanbau 1850 bis 1915*. Berlin: Verlag Albert Bartens.

Piechowska, M., & Fiałkowska, K. (2013). Erntehelfer in der Tradition der ‚Sachsengänger'. In M. Wagner, K. Fiałkowska, M. Piechowska, & W. Łukowski (Hrsg.), *Deutsches Waschpulver und polnische Wirtschaft. Die Lebenswelt polnischer Saisonarbeiter. Ethnographische Beobachtungen* (S. 165–181). Bielefeld: Transcript.

Plänitz, G. (1983). *Das bißchen fahren... Arbeits- und Lebensbedingungen von Fernfahrern*. Hamburg: VSA.

Pries, L. (2008). Transnationalisierung und soziale Ungleichheit. Konzeptionelle Überlegungen und empirische Befunde aus der Migrationsforschung. In P. A. Berger & A. Weiß (Hrsg.), *Transnationalisierung sozialer Ungleichheit* (S. 41–64). Wiesbaden: VS Verlag für Sozialwissenschaften.

Rüger, H. (2010). Berufsbedingte räumliche Mobilität in Deutschland und die Folgen für Familie und Gesundheit. *Bevölkerungsforschung, 31*, 8–12.

Schaefer, K. (2012). *Die wilde 13. Durch Raum und Zeit in Hamburg-Wilhelmsburg*. Hamburg: Schaefer.

Scherke, K. (2011). Transnationalität als Herausforderung für die soziologische Migrationsforschung. In G. Marinelli-König & A. Preisinger (Hrsg.), *Zwischenräume der Migration. Über die Entgrenzung von Kulturen und Identitäten* (S. 79–90). Bielefeld: Transcript.

Schneider, N. F., Limmer, R., & Ruckdeschel, K. (2002). *Mobil, flexibel, gebunden. Familie und Beruf in der mobilen Gesellschaft*. Frankfurt a. M.: Campus.
Sutterlüty, F., & Imbusch, P. (2008). Unvermutete Begegnungen. In F. Sutterlüty & P. Imbusch (Hrsg.), *Abenteuer Feldforschung. Soziologen erzählen* (S. 9–15). Frankfurt a. M.: Campus.
Voloshyn, S. (2010). *Zarobitschanstwo – Eine Form der ukrainischen Arbeitsmigration. (Wer nach Stunden arbeiten will, bekommt 3,50 Euro)*. (unveröffentlichte Magisterarbeit). Philosophische Fakultät der Leibniz-Universität Hannover, Deutschland.
Wagner, M., & Fiałkowska, K. (2011). Knochenjob im Urlaub. Erlebnisse einer polnischen Saisonarbeiterin. *Le Monde Diplomatique, 11*, 10–11. (Berlin).
Zoll, K. (2007). *Stabile Gemeinschaften. Transnationale Familien in der Weltgesellschaft*. Bielefeld: Transcript.

Dr. Matthias Wagner ist wissenschaftlicher Mitarbeiter an der Universität Bielefeld, Fakultät für Soziologie. Er studierte Pädagogik, Soziologie, Psychologie und Ges-chichte in Hannover, Berlin und Hildesheim. Promotion in Bielefeld über soziale Konflikte und symbolische Aneignung nach Flucht und Vertreibung in Masuren/Polen. Mitarbeit und Leitung internationaler ethnographischer Forschungsprojekte zu Themen der informellen Ökonomie und Migration. Mehrere Jahre Berater des Jugendverbandes der deutschen Minderheit in der Republik Polen. Arbeitsschwerpunkte sind ethnographische Methoden, Biographieforschung, ländliche Entwicklung, Polen, Armutsforschung. Er ist Autor mehrerer Hörfunkbeiträge. Zuletzt publiziert: „Deutsches Waschpulver und polnische Wirtschaft. Die Lebenswelt polnischer Saisonarbeiter. Ethnographische Beobachtungen" (2013, gemeinsam mit Kamila Fiałkowska, Maria Piechowska, Wojciech Łukowski, 2013). Weitere Informationen: http://www.uni-bielefeld.de/tdrc/ag_comcad/team/wagner.html.

The Swedish Welfare-State's Unnoticed Helpers

Local Support to Asian Seasonal Migrant Berry-Pickers in Distress

Eva Wikström

1 Introduction

Every summer and fall, thousands of seasonal migrant workers travel cross the world to pick berries in Scandinavia, led by the expectations of returning to the nation of residency with an improvement of their financial situation. The processes behind the migration-movement and berry-industry's import of workers must partly be viewed through the lenses of globalisation of capital opening up for a global labour-market, but which also enforces global division of economy in which levels of global inequality continues to be high (UN 2009; Anand et al. 2010). Through temporary berry-picking labour in Sweden the migrant workers struggle to make improvements of their living-standard in their country of residency, while they simultaneously solve a quest for labour which the Swedes are reluctant to do.

The seasonal migrant berry pickers have repeatedly been violated of workers' rights and in some cases, stranded in the remote Swedish berry-picking regions without receiving the agreed payment, ending up in an emergent insecure position (NAT 2010; Woolfson et al. 2010). The year 2010 almost 500 Asian migrant berry pickers were stranded in four municipalities in northern Sweden without reasonable prospects to escape. The event highlights that globalisation not only has led to a growing interconnectedness of economies and people across the world, but also to new social problems which transcends national borders calling for a globalised

E. Wikström (✉)
Umeå, Schweden
e-mail: eva.wikstrom@umu.se

© Springer Fachmedien Wiesbaden 2015
T. Geisen, M. Ottersbach (Hrsg.), *Arbeit, Migration und Soziale Arbeit*,
DOI 10.1007/978-3-658-07306-0_18

social work attention (Ahmadi 2003; Healy and Link 2012). However, a general perception of social work is that the practice is inherently local, led by nation-state ideals and goals without clearly identified or legitimate claim in relation to globalised issues (Dominelli; Lorenz & Soydan, 2001). But the presence of migrant workers and the issue's international character may challenge the very notion of the domestic social work practice (Lorenz 1997).

The aim of this text is to reflect on the vulnerability of seasonal migrant berry pickers and the responses made by local Social-services. Could the pickers count on local welfare-state support in their emergent-situation? Support applied by Swedish local social-services often referred to as welfare-state's 'final mesh', is crucial as a protection to vulnerable people, irrespective of (national) residency (Johansson 2001). However, the Swedish welfare-state's decentralised governance opens up for local authorities' space of action to negotiate welfare applicant's positions and entitlements to use it either in a generous or restricted sense (Johansson 2001). Central for the paper is to explore the responses from local welfare-services to the pickers' distress and whether the space of action is used by officials, either to delimit or extend the inclusion of the berry-pickers as 'new' clients. Related to this is whether the social workers and other officials perceive the situation of the berry-pickers as an urgent and legitimate 'global issue' for local welfare-state engagement.

The text is divided into two main parts; the first part is a contextualization of the issue seasonal migrant workers in the Swedish berry-industry, a presentation of some previous research-findings of relevance and some key-concepts which offers analytical outlooks on the empirical findings. The second part thematically presents empirical findings discussed in relation to the issues of berry-pickers distress and local welfare-state responses.

2 Seasonal Migrant Workers in the Swedish Berry-Industry

2.1 Formal and Substantial Citizenship-Rights of the Seasonal Migrant Worker

One of the common images of the Swedish welfare-system is that migrants living in the country legally have the same relatively generous rights as national citizens (Lister et al. 2007, p. 86). Third national migrant workers with temporary work permit are included in rights as a worker (but not citizen). Third national migrant workers' are entitled to the rights as every other worker enjoy which is stipulated in general Swedish labour law[1] for example maximum 8 h working day

---

[1] E.g. the Working hours Act; Annual leave Act; Wage-guarantee Act; Discrimination Act; Act on driving-time and rest-periods (Swedish work environment authority 2010)

(Swedish work environment authority, 2012). All social rights attached to work enjoyed by registered workers apply also for seasonal migrant workers[2]. Employers' commitment to the agreement is conditional for granting temporary residence permit for the labour migrants which they want to hire[3]. Although seasonal migrant workers enjoy workers' rights equivalent with every worker, it is ambiguous how the rights de facto works. The duration of the temporary residence permit is tied to a valid employment contract, which in principle, means that if the employment contract is terminated, the workers social rights ends, as well as the residence permit. Besides basic social and workers' rights, the Swedish welfare-state involves national formulations of social rights practices to also embrace individuals in need, without regard to their position (i.e. residency). The Social Services Act (2001:453) is practiced at the local level and applicable in cases of anyone staying within the border of the municipal territory that cannot provide for him or herself. In practice, the law leaves rather generous space for interpretation in the 'specific case' which implies that a space appears in the local welfare-state practices which makes the entitlements and position of the political subject negotiable (Johansson 2001; Nybom 2012). Local municipalities cannot disclaim their obligation to support anyone in need within the local territory. However the intention of law does not clarify how the municipal is obliged to support non-residents, thus, the law can be interpreted generously or restricted.

The traditional nation bound view on citizenship-rights looks only at formal rights based on the existence of a 'presumed homogeneous nation-state without considering the situations that confront immigrants, ethnic minorities or women' (Schierup et al. 2006, p. 243, my translation). The study of welfare-state support to third national seasonal migrant berry-pickers require an analysis which not exclusively looks at formal rights (or entitlements) but must include the investigation of the de facto possibilities to use these rights (substantial rights) (Schierup et al. 2006, p. 244).

2.2 Local Social Services and Street-Level Bureaucrats

One of the features of a universal welfare-state model is that the quality and level of municipal services is guaranteed to be same all over the country (Sunesson et al. 1998). However, regional differences in provisions of services is a frequent

---

[2] E.g. insurances for sickness, right to rehabilitation-measures, parental-leave (Swedish work environment authority 2010).

[3] To obtain a work permit, the salary in 2010, must be no less than SEK 13,000 (1400 €) per month, and the employment conditions must be equal to those of the Swedish Collective Labour Agreement.

debated issue, and to some degree it is not 'one' state anymore, but rather 290 mini states, equivalent to the number of municipalities (Wörlén 2010). Decentralisation of budgetary responsibility and increased local self-governance has increased the diversification of municipal's prioritizations and, standards of service provided (Wörlén 2010).

The social services, is populated by the profession of social workers often perceived as 'street level bureaucrats' (Lipsky 1980). In the assessment of support there is often a balancing of local resources and client's need in which the possibilities to make wide interpretation of law-text serves an instrument to negotiate the municipal obligations (cf. Lister et al. 2007). In this negotiating the officials' try to balance what is the most legitimate action publicly (among politicians, other authorities and citizens) (Johansson 2001). To achieve legitimacy, there is a devotion to portray the actions as rationally and based on the values which at time are the most legitimate (Johansson 2001). This space of negotiating welfare-states provision often becomes in the words of Lister et al. (2007, p. 86) 'a vehicle to manage marginal groups, whether permanently or settled temporary'.

2.3 Seasonal Migrants' Vulnerability and Social Rights

In decades foreign berry pickers have been working in the shadows of labour market[4], but are now visualized through an increased interest to report on the berry industry and a rising public consciousness on berry pickers presence and conditions. A recent national academic interest has resulted in a number of texts which sheds light on some of the issues related to wild berry-picking (Eriksson and Tollefsen 2012; Hedberg 2012; Woolfson et al. 2010). Results from these studies indicate an industry characterized by environmental and financial risks, which in turn makes the workers exposed to hazardous conditions (Eriksson and Tollefsen 2012; Hedberg 2012; Woolfson et al. 2010).

There are only few studies dealing with temporary migrant workers' position in a host- national welfare-state context. International studies on seasonal migrant workers access to health- and welfare services reveal an overall limited access to welfare-state services (Basok 2003; Mysyk et al. 2009). There are worldwide similar pattern on that migrant workers don't use the health care or social support they need and are entitled to either because it is too costly, or of social or communica-

---

[4] The berry-picking industry has just until recently been an unregulated business and mostly been considered as leisure enabled by the Swedish Allemansrätt (right of public access) which was established in late nineteenth century. It enables anyone to visit and enjoy the nature as long as it does not interfere with private ownership.

tive barriers (Basok 2003; Mysyk et al. 2009). Seasonal migrant workers are often unaware of the social insurances they are entitled to, or they do not know how to use them (Basok 2003). Governments for the most part don't apply any measures to integrate seasonal migrant workers and in most national contexts, there is no coercive measures practiced by governments to urge local authorities or employers to make sure that seasonal migrants' are properly informed about their rights while working in the host country (Basok 2003; Mysyk et al. 2009). Studies show that employer benefit from the outsider position of the migrant worker, because they are inclined to work hard without complaint, unaware of their rights (Waldinger and Lichter 2003; Maldonado 2009).

Often addressed in the research on seasonal migrant workers, are the dilemmas on efforts to improve migrant workers' rights and the counteracting mechanism of deportability (Waldinger and Lichter 2003; Maldonado 2009).

2.4 Wild Berry Picking—A Racialized Labour?

It is suggested that the Swedish policies on labour-immigration, so far is pointing towards an increasingly racially and ethnically segmented labour-market (Hansen 2010)[5]. Berry pickers usually coming to Sweden are often farmers from northeastern provinces of Thailand and rural areas of Vietnam and China. Employers and recruitment-agencies have argued that berry picking seem to be attractive and preferable for a global labor force, especially for Asian laborers in particular regions (Hedberg 2012). Thus, it is suggested that the import of berry pickers from mostly low-paid countries to low-skilled jobs, involves a racialization of labor (Eriksson and Tollefsen 2012).

Racialization processes is produced by ideological constructs of racial meanings, which is used to differentiate and to create a conception about the 'racialized Other' (Miles 1993, p. 44). Arguments by employers to advertise for and contracting workers in specific low-paid regions often emphases the benefits of agricultural skills of the workers, used to the working conditions of harvesting and difficult terrain (Maldonado 2009). Those kinds of arguments functions to normalize and de-problematize the racial hierarchies and job segmentation constituted by the recruitment of foreign labour (Winant 2004).

---

[5] There were total 4200 with temporary work permit for working in the berry-industry year 2010. The largest national group of migrants were from Thailand (3520), India (1853) and China (1518) (The board of migration 2012).

Bonilla-Silva (1996) stresses that racial differentiation of labour, is a part of a broader systemic racialization-process in which racial meanings are embedded in institutional structures. Also, racialization of individuals and groups are not simply a product of people's racial conceptions and meanings, but based on unaware institutionalized practices, unspoken (racial) assumptions on which organizations base their practices and unquestioned principles they may use (Cashmore 1996, p. 169). This implies that besides racial representations of the migrant worker, the positioning of the temporary migrant worker in a welfare-state context, may also involve racial representations (and practices).

3 The Stranded Berry-Pickers—Methodological Approach and Introduction to the Results

Following section is based on a retrospective case study of local welfare-state's responses to and positioning of approx. 500 seasonal berry pickers which in the year of 2010 were stranded simultaneously in four municipalities in southern Lapland in Sweden (Table 1). The study of welfare-state responses is delimited to the investigation of *municipal governmental* responses to the pickers in distress and does not include the investigation of other actors' responses that may be of relevance for a holistic understanding of the berry-pickers issue.

The data collected was focus-group-interviews in retrospect (during autumn 2011) of mainly representatives of local authorities; heads of city councils and administration, social workers, but also union ombudsmen and civil inhabitants' who took action for the berry pickers sake during the events 2010[6]. The local settings were given pseudonyms and the interviewed unidentified out of ethical considerations.

The presentation of the result is divided into two parts; the first is an illustration of the distress seasonal migrant-pickers experienced while they were stranded in

Table 1 Overview of locations, nationalities and number of berry-pickers

Location of the pickers	Nationalities	Situation
Hilltown	160 Thai	No payment
Laketown	170 Chinese	Contractual conflict
Rivertown	138 Thai	Poor accommodation
Seatown	100 Vietnamese	No payment, contractual conflict

[6] At total 26 persons were interviewed.

the four local settings in 2010. The second part is about the local governmental responses in terms of negotiating the pickers need and the support provided. The presentation will not give detailed descriptions of the scenarios in the four municipalities, but rather present the major themes evolved from the empirical findings in which it is randomly referred to respective groups of berry-pickers as well as local settings involved. The translations of interview-excerpts from Swedish to English have been controlled and approved by a dual speaking reviewer.

3.1 Berry Pickers Distress—Stranded and Deprived

The situation of the berry pickers in year 2010 was exposed simultaneously in the four settings included in the study. At three of the four local settings (Laketown, Middletown, Seatown and Hilltown)[7] the pickers appeared publicly in states of helplessness during roughly the same time period in the middle of August. The emergency-situation was similar, the pickers were for several of reasons stranded and deprived of resources. Common for the whole situation was that this year, there was a poor growth of blue-berries and the pickers struggled to pick the amount of berries demanded by employer and were faced with the risk of impoverishment as a result of debts owed to recruitment-agencies and moneylenders[8]. The employer's (or local berry-buyers) refused to pay the pickers the monthly salary stipulated in the contract, unless they picked the amount of berries of value. But still it was asked for pickers to pay for everyday costs of accommodation, transport and food. In two of the settings the employer had left the region, emptied the bank-account, leaving the pickers behind without paying them salary for almost two months work.

When the pickers in the four municipalities showed up walking down the roads or showing up at the town hall square in upset state of minds, it was maybe for the first time ever, an actual visualization of the pickers' conditions, and (some kind of) mobilization for berry pickers workers' rights. First noticed was the group of 170 Chinese pickers which packed their belongings and left only 3 weeks after

---

[7] The four municipalities included in the case-study are located in northern part of Sweden. They are typical examples of vulnerable local settings because of demographic imbalances; with 4000–7500 inhabitants, a migration deficit, an ageing population and declining industry development.

[8] In advertising for berry pickers, recruitment agencies in Thailand asks for recruitment fees for arranging visas and travel expenses about 15–25 000 SEK (1500–2500 €), which is doubled a whole years earning for a Thai rice farmer. The money invested to pay for the travel costs is often allocated from private high-interest loans and pledging of the house or the rice fields (Wingborg 2011).

they've arrived to Sweden. They began to walk all the way from Southern Lapland, to Stockholm which is at the distance of approximately 900 km. They were decisive about a termination of the work-contract, to leave the lodging and the local berry picker organiser, and head back to China. They showed what could be described as frustration and despair, at first with no will to fight for their rights or to negotiate with employer. The authorities (Police and Social services) tried to make the pickers return to the employer where there was food and accommodation available. But the pickers showed strong resentment to go back referring to the fear of increased debts of having to pay for everyday costs at the local organiser. They also expressed resentment to go back to China because of the anxiety of coercive measures from employer situated in China and of the financial stress and shame to go back empty-handed.

The illustration of the situation of the Chinese pickers confirms earlier research on the vulnerability of seasonal workers if calculations go wrong (Waldinger and Lichter 2003; Maldonado 2009). Financial investments, fear of deportability or coercive measures if contract is broken, makes the workers a highly exploitable labour which are not inclined to pose legitimate claim on their rights (Waldinger and Lichter 2003; Maldonado 2009). The example of the Chinese pickers also illustrate the 'outsider position' of the seasonal migrant worker making them quite isolated without anyone or any place to turn to, if contract breaks down with employer (Maldonado 2009).

3.2 Rights of the Seasonal Migrant Berry Pickers—In Theory and in Practice

The contextual circumstances of the pickers' distress speaks directly to the issues on citizenship rights of migrant workers', that is formal rights which are in theory, and the de facto, limited possibilities to use these rights (Schierup et al. 2006). For the pickers in the four settings, there existed a contract which stipulated employer to pay a guarantee monthly minimum wage[9]. A role of the labour-union representing berry-picking labour was to observe that for every worker-permit applicants', there was a legitimate underlying contract corresponding to a collective agreement. Besides that, labour-union was also assigned to observe that employer undertook the working terms in par with Swedish labour law regulations. However, the employers' and berry-buyers' applied an informal payment-system of salary, making

---

[9] For the pickers the year of 2010 this was negotiated to be equivalent with the collective agreement on the Swedish labour market, 16 372 SEK per month.

the salary conditional and based on performance according to the market-value of the berries. This conditional payment was generally practiced, and also commonly known and accepted by most actors interviewed. Trade-union ombudsmen and officials' at the local authorities were aware of it, but de-problematized it as an expected feature of the industry's need to achieve economy.

The Chinese pickers' wanted to terminate the work-contract and head home, because of the conditional piecework, which was impossible to accomplish in this 'bad' berry season[10], but most of all it was an objection of the employers' assertion of working-terms other than stipulated in the contract.

It is dubious whether the employers' obligation to follow the rules on maximum 8 h working a day was practiced because the trade-union seldom checked the working conditions of the pickers[11]. Several of actors were aware of that those 8 h working day were frequently exceeded, but referred to that long working-hours often was a choice made by the pickers themselves.

The accommodation organised by the local berry-buyers had repeatedly been proved to be poor, and at several of times been shut down by the environmental inspector at the municipal Health and safety department. The 138 Thai pickers in Hilltown, were living in an accommodation suitable for approx. 60 pickers. Rules on sanitary conditions were violated as well as the safety criteria's set by the Fire-department and the place was shut down by the authorities, but without replacement lodging. The pickers were practically homeless but were posted at another municipality 300 km away, where there were no berries to pick. Some 80 pickers stayed in Hilltown and continued picking berries but slept in their cars. Also in the other local settings, there were observations from inhabitants' as well as from officials that the living conditions were poor as well as crowded and combined with too long working hours.

> I've observed them leaving early in the morning, and returning back home late at night, and they were wet, their clothes were full of blue liquid from the berries they've carried on their backs. In the school building where they lived, there was no place to clean or dry up clothes, and the time was too short for letting them dry outside—so they just went on working wearing the same wet clothes as the day before. (Inhabitant in Laketown 05)

---

[10] The berry-buyers demanded an amount of approx. 40–60 kg of berries a day in order to receive full salary (16.372 SEK). Due to the poor supply of berries, the pickers could at best pick about 10–25 kg a day.

[11] However, it is legitimate for industries to circumvent the rules of eight hours working day conditioned that at least eleven consecutive hours of rest exists in every 24-hour work-period (Swedish work environment authority 2010).

Some of the local inhabitant's as well as Social workers found out that the Chinese pickers had been deceived by the recruitment agencies' of what conditions they were about to work. Before leaving China they were informed that they were going to pick cultivated berries in fields and were presented multiple choices on how to live. Brochures which showed pictures on spacious cottages and plants of blueberries growing in something looking like strawberry beds, proved to be false and not resembling reality.

> [...] later that autumn we found a brochure which some of the pickers left behind. This was a commercial brochure handed out by the recruitment company, describing maybe three possible choices on accommodation, beautiful pictures of generous kitchen and rooms, but which did not correspond with real life at all. [...] They were cheated by the employer. (Social worker 016)

The circumstance to pickers' distress in two of the local settings was that the employer left the scene just before payday leaving the pickers behind. The collective agreement stipulating guarantee payment was useless unless there was an employer to be held responsible. Moreover, the pickers were not members of the trade union making the collective agreement to a toothless instrument. In the case of the Chinese pickers the employer signing the contract with the pickers was an outsourcing company located in China which let the pickers to the local berry organizer in Sweden. However, the collective agreement did not apply for the employer situated in China. So, even if there *was* a collective agreement guaranteeing the pickers workers right in accordance with Swedish labour law, the agreement was not legally binding in case of the employer was located elsewhere than in Sweden. According to citizenship theory (Lister et al. 2007), the situation illustrates that berry pickers workers' rights, was formally established by the contractual agreement, but was in practice not followed, and not substantial, as long as there was no agency controlling the conditions at the actual berry-pickers sites, and as long as the pickers weren't trade-union members. In correspondence with previous research, the measures were inadequate to make sure that seasonal migrant workers were properly informed, not only about their formal rights, but on their substantial possibilities to use them (cf. Waldinger and Lichter 2003; Maldonado 2009). The curtailment of pickers enjoying their rights was also a product of employers' use of 'regulation-manipulating' practices, in which the outsourcing of employer represents a way to circumvent Swedish labour-law. This implies that without state directing instructions to employer's violating the laws, the half-and-half strengthening of seasonal workers formal rights, serves to nothing but a symbolic message about the continued outsider-position of seasonal migrant worker which the employer still can benefit from (cf. Waldinger and Lichter 2003).

Table 2 Municipalities' responses

Municipality	Support	Kind of support	Duration of support
Hilltown	None	–	–
Laketown	Extensive	Food, lodging, counseling, transport[a]	2 weeks
Rivertown	Average	Lodging, transport	5 days
Seatown	Minor	Transport	–

[a] The shelter and food support provided by the authorities was meant to be an emergency action but lasted for 14 days and total spending was 60,000 € for lodging, support and finally a bus transfer to Arlanda airport.

4 Local Responses to Migrant Pickers' Distress

4.1 Intervene or Not, Insiders or Outsiders?

Common responses in three of four municipalities, were an ambivalence whether to intervene or not when the pickers' turned up at the local sites. In one municipality there was no intervention at all, as the officials dismissed the need for or requisite to intervene. The result indicates that the four municipalities' in the study responded quite differently to the pickers' emergency situation. The amount of support provided in the four municipalities represents all varieties from being quite generous to that of non-existing. Table 2 gives an overview of the various kinds of responses, and the duration of the support that was offered.

As illustrated above, in a quantification of the support laid down by the municipalities the variety of support provided, what kind of support and for how long, implies that some of the municipals recognize the pickers need and deservingness, more than other municipalities. This is partially likely, but analysing officials' arguments to the responses, the formalization of the support and the symbolic meaning of the distribution, offers substantial information on the positioning of the pickers in terms of belonging and deservingness, more than that of a quantification of support illustrates (Lister et al. 2007). As will be scrutinized below, in front of the municipals' decisions to intervene or not, were a range of contextual circumstances rather than a decision-making based on legal and professional considerations. Aspects influencing the actions were the visibility of pickers' exposure, local authorities' quest for public legitimacy but also what seem to be more of ad hoc decisions based on bureaucratic routines and every-day practices.

According to Hasenfeld et al. (1987), the signals sent to clients as they walk towards or through the doors of Social Services office or any other governmental human service organisation for that matter, are powerful messages about belonging and deservingness. Worth to mention is that none of the pickers assembled in the four municipalities, ever walked through the doors of social services. In one of the local settings, the pickers, symbolically speaking, weren't even close to walk towards the doors of local town hall. In the municipality which provided the most extensive support (food and lodging for 14 days and bus-transport to airport) the officials' went outside the buildings of the authorities to see the pickers at the road, at the town square, and not the other way around. Later, when the municipality decided to support the Chinese pickers they provided lodging first in a school, and later in a sport-hall located at the outskirts of city-centre in which they stayed until they left. Although, providing lodging in a sport-hall for the 170 Chinese pickers can probably be viewed as a quite reasonable thing for a small municipality to do. Nevertheless, the non-invitation of the pickers into the town-hall sent signals about the out-sider position of the pickers as non-citizen positioned in the margins of local welfare-state (cf Lipsky 1980). Moreover, in the local settings where support was provided, in no case were the support anchored in law with a preceding application and undertaken assessment. There were no references made of the support to a paragraph in Social Services Act, thus not formalised in any way which would enable for a juridical process or appeal (cf. Lister et al. 2007). Although the pickers received materialized support, and thus were recognized as individuals in distress, they were not included as welfare-state recipient with basic rights. They had no substantial right to have a say and influence the decisions made, neither were they granted the formal possibility to make an appeal.

4.2 Hiding Behind Bureaucracy

The first response in two of the settings was a dismissal of the events, trying to push the matter away from the local town hall. The head of county council in one of the settings describes that the first hesitant reaction was because of the novelty of the issue and the uncertainty of which agency had the ultimate responsibility for the migrant pickers, but also because a lack of resources to deal with 100 pickers' need for housing, food, financial and social redress.

> We [the municipality] are responsible, I mean we cannot have that people are starving and freezing in the municipality. We have a moral and legal duty … but the state should have a financial responsibility, because there is a state-collection of income tax from each berry pickers earning. (Head of Secretariat 012)

The officials and social workers searched among everyday routines and practices as a rational for their choices to either intervene or not. What 'do we normally do' seemed to an important point of reference for their actions, although this rational did not apply for this unusual case.

The pickers in Hilltown were deprived of a decent accommodation as the camp had been shut down which led to that some of them stayed in their cars. In spite of this, they did not receive any attention at all from the local Social Services. In this case, their exposure was not visualized as no one turned up at the town square or beside the road. Social workers who were asked why they did not take any action, referred to that none of the pickers applied for support. In the social-workers' justification of non-visiting activities, they use in the words of Harris (1987) defensive practices, referring to bureaucratic practices and deny a possible space of action (i.e. discretion) which could be used to recognise and alter the outsider-position of the pickers.

> Yes, they stayed here alright, and we were informed by the environmental inspector who asked for our cooperation, but our reasoning was: 'none of them raised the issue [...] we [Social Services] had no request from them, we never talked to them, so we assume they went away to another setting. But if they'd turned up to say 'we are stranded', yes than it would have been our responsibility. (Head of social services 014)

Although, local Social services are obliged to seek information about inhabitants living conditions[12], this did not seem to be a priority. The logic of 'non-intervention' applied, was justified by that there was nothing for the Social services to actually reply on. In a legal sense the 'non-intervention' was legitimate, because the Social services cannot be held responsible for an unnoticed need if there is no preceding application[13]. However, the social workers' expectation of berry pickers' to apply for support, presumes a lot of resources and agency's out of reach for the berry pickers (cf. Basok 2003; Mysyk et al. 2009). It presumes berry pickers knowledge about their social rights, language skills and familiarity with local authorities' routines, but most of all a position of agency not curtailed by the dependency to employer or the fear of disciplinary action from moneylenders or recruitment agencies back in China or Thailand (cf. Mysyk et al. 2009). Clearly, the social workers (and other officials) engaged in the berry-pickers issue, failed to recognize the very global character of the pickers' vulnerability, how the global context of the pickers influences their vulnerability locally (cf. Healy and Link 2012). Furthermore, they didn't seem to apply a transnational perspective or embracing a more global professional agenda in negotiating pickers' needs and deciding on local support

---

[12] Social Services Act SFS 200:453 Ch 3. 1§.

[13] In legal instructions to the law it says that the municipalities have an "obligation to consider the right to social assistance *in the case a person chooses to apply* " (Nybom 2012).

(cf. Ahmadi 2003). The context of support in the minds of the officials, seem to be framed by nation-state ideals on for what purposes, and to whom, local social support is intended.

4.3 Normalization of Differentiated Conditions

Although the social-workers' interviewed were aware of the pickers poor working- and living-conditions and although a paragraph stipulates Social services obligation to become acquaintance with conditions in the municipality and to take action if necessary[14], none of the officials reflected on their feasible role to react on pickers *social* inconvenience. To pay a visit to the pickers' accommodation was not an action the social workers had considered. It was either understood as a duty for the environmental inspector, or again referred to 'as nothing we normally do'. The social-workers used ambivalent reasoning on the pickers' poor conditions, recognizing it at the one hand, normalising it at the other. In normalisation of the pickers' conditions they used racialised comparisons on preferences and acceptances of living-conditions of the average Swedes and the Asian workers (cf. Winant 2004).

> We [Swedes] would never accept living like they do in the accommodation. […] they live crowd in bunk beds shared on three individuals. This is quite horrible. The size of the building (a school) is for a maximum size of maybe fifty people and they were more than 150 […] I guess they are used to other living-conditions than we are. (Social worker 015)

In the social-workers' reactions of the berry-pickers living-conditions they use what Waldinger and Lichter (2003) has called *a dual frame of reference*, they deproblematize the (poor) conditions facing the Asian workers by comparing them to the conditions they would presumable face in their countries of origin. Not only does it represent a social stratification based on perceptions of racial differences, but it also reproduces (and justifies) the disadvantageous living-conditions of the Asian pickers (cf. Miles 1993; Winant 2009). Officials also used ethnic stratifications to normalize the Chinese pickers 'complaints' and termination of the work-contract, through comparing with previous years groups of Thai pickers who 'never opposed' and seem to be content with the conditioned offered. Some of the officials referred to that they've observed what they thought was a 'city look' of the Chinese pickers clothes and bags speculating that they were city folks not used

---

[14] Social Services Act SFS 200:453 Ch 3.1§.

to hard labour in the woods, thus had not the same tolerance for poor working- and living conditions as the Thai pickers, which represented 'genuine agricultural workers' according to the officials.

In the officials' normalization of Chinese 'complaints' they simultaneously racialize Chinese as well as Thai pickers according to how suited they are for hard agricultural labour. The responses illustrates a dismissal of the Chinese workers actual opposition of poor working-conditions by referring to Thai pickers, distinguishing them according to how they are suitable (or not suitable) for hard (berry-picking) labour. It serves to normalize and de-problematize the system pegging Asian workers to low-end jobs with poor working conditions (cf. Maldonado 2009, p. 1027).

4.4 The 'Established' Versus the 'Outsiders'—The Quest for Legitimacy

In two settings (Laketown and Rivertown) where the support in the end was quite extensive, the provision of support was influenced by the local scarce physical and financial resources to provide for so many people at the same time. However, the presence of media spreading nationally and internationally news about the 'berry-picking scandal' posed a threat to the local to be depicted as a bad example of narrowness and greed. The administration of the local authority balanced a local, regional and a possible national negative public opinion on how a northern municipality handled migrant pickers in despair. Arguments from the head of the local government on why the local authorities decided to intervene, was that besides fulfilling their obligation to support the stranded pickers, the decision to intervene was also motivated by a probable risk of 'massive bad publicity' in case of a dismissal of the pickers call for emergency-support.

> [...] We could not leave anyone on the municipal territory in a stranded position, thus we are responsible to sort things up. [...] It would have been an impossible task to try to force them back to the accommodation of the berry organiser without the assistance from the Police authorities, such a scenario would have led to a massive bad publicity in media. (Head of Secretariat 012)

Evidently influencing local authorities decisions were the outplaying of need to safeguard the local budget and weighing a likely national bad reputation if the local did nothing for the pickers, but also to compromise local questionings of whether the picker's distress was of local concern. Officials referred to a heavy burden on the municipalities to maintain the level and quality of social services and the provision of all service areas measuring up to national goals and standards.

The difficulties to balance the local budget made sudden financial claims a feasible risk of throwing over a whole years financial planning. In the quest for local-state legitimacy the officials were caught in a draught of national pressure to intervene for the pickers' sake simultaneously as they were approached by inhabitants who questioned how the local authority handled tax-payers' money, while supporting the pickers with food and accommodation.

> A majority of the municipal citizens did not approve of the support provided to the pickers. [...] they questioned how we (local authorities) handled the citizen's tax money. (Head of local council 07)

The various conflicting interests turning up in front of the officials' decisions to support the berry-pickers activated the dilemmas of what priorities and action was perceived as the most legitimate and for whom? In literature the negotiations and priorities of needs and service provisions in human service organizations, is often understood as that actions need to be perceived as legitimate in its environment, and to achieve this, there is a devotion to portray the actions as rationally and based on values which at time are the most legitimate (Hasenfeld et al. 1987; Evans and Harris 2004). The very essence of human service organizations, characterized by inadequate levels of resources and agency goals that often are vague, conflicting and ambiguous and therefor difficult to specify and measure, places the officials in a context of uncertainty. In addition, the "new" global issue (of the berry-pickers) was thrown up at the humans services, for which the local authorities neither was prepared, nor perceived as an issue within the range of the local welfare-state's engagement (cf. Ahmadi 2003). The conflicting interests, that of budgetary considerations, media portrayal of the municipality, berry-pickers distress and that of local inhabitant's, illustrates the need for local authorities to recognize that they exists within a political and ideological context in which the officials themselves are political actors (cf. Evans and Harris 2004).

In the end, support provided to the pickers, which probably was viewed as of most significance for the pickers' sake, was the claim of worker's salary. However this support was mainly initiated and monitored by another actor than by the local authorities. In one of the municipals' (Rivertown) the local trade union ombudsman took action and managed to file a bankruptcy against the employer and managed to finally receive a state guarantee payment[15], covering a part of the income for the pickers' income-loss. However, pickers' were not trade-union-members, thus had no one to represent them to claim their rights. But the trade-union om-

---

[15] The guarantee-salary paid to the Thai pickers covered the expenses and gave a small surplus for most of the 162 pickers.

budsman quickly made the 162 Thai pickers members of the union and supported them to fill in a form of payment claims. In the case for those pickers, they had financial redress through the support provided by a single local trade-union ombudsman, and not by the social services which at least in theory has the power to alter the position of precarious groups.

5 Concluding Remarks

This text focused on the vulnerability of and Swedish local welfare-state support to stranded seasonal migrant berry-pickers. The non-formalized emergency support provided by the municipalities was a recognition of the pickers distress, however reproduced the outsider-position of the pickers by denying them positions as 'subjects' with a say in relation to local welfare-state assessments and provisions of support. Moreover the non-formalized support which was provided was located 'outside' the city-halls which sent powerful symbolic messages about non-belonging (cf. Hasenfeld et al. 1987; Lister et al. 2007). In the local realms of tight budgets, ambiguous policy-goals and conflicting interests, although providing materialized support, the municipal's used the space of self-governance mainly to delimit the inclusion of berry-pickers as 'new' clients in the welfare-state. Among the range of strategies used to justify non-recognition of the berry-pickers needs, was the de-problematization of the pickers' poor and unjust conditions. Opposite to what would be a global understanding of the pickers' issue, the officials responded with a failure to embrace a more global agenda and role of local welfare-support (cf. Healy and Link 2012). The study illustrates the unpreparedness to locally mobilize for new (precarious) groups, and globalized issues showing up in the local welfare-state territories. The pickers' presence and the issues of social injustice and violations of rights appearing at the local sites are linked to the global context (cf. Ahmadi 2003; Khinduka 1999). Just as berry-picking labour is an illustration of that economy and politics have transcended national boundaries, so too should welfare policy and social work transcend national and cultural boundaries, be relieved of territorial constraints in order to become intelligently analyzed and effectively combated.

References

Ahmadi, N. (2003). Globalization of consciousness and new challenges for international social work. *International Journal Of Social Welfare, 12,* 14–23.
Anand, S., Segal, P., & Stiglitz, J. E. (2010). Introduction. In S. Anand, P. Segal & J. E. Stiglitz (Eds.), *Debates in the measurement of global poverty* (pp. 1–23). New York: Oxford University Press.

Arbetaren (2010). *Bärplockarna ställer krav.* http://arbetaren.se/artiklar/fackligt-upprop-for-barplockare/. Accessed 27 Jan 2012.

Arbetsmiljöverket. (2012). *Kunskapsöversikt: Migration, arbetsmiljö och hälsa.* Rapport 2012:4. Uppsala: Arbetsmiljöverket.

Basok, T. (2003). Mexican seasonal migration to Canada: A communit-based comparison. *International migration, 41*(2), 3–26.

Bonilla-Silva, E. (1996). Rethinking racism: Toward a structural interpretation. *American Sociological Review, 62,* 465–480.

Cashmore, E. (1996). *Dictonary of race and ethnic relations.* London: Routledge.

Dominelli, L., Lorenz, W., & Soydan, H. (2001). *Beyond racial divides: ethnicities in social work practice.* Ashgate

Eriksson, M., Tollefsen, A. (2012). Disciplining temporary workers: Thai seasonal labourers and the Swedish berry industry. In M. Geiger & A. Pécoud (Eds.) *Disciplining Transnational Mobility of People.* London: Palgrave Macmillan.

Evans, T., & Harris, J. (2004). Street-level bureaucracy, social work and the (exaggerated) death of discretion. *British Journal of Social Work, 34,* 871–895.

Harris, N. (1987). Defensive social work. *British Journal of Social Work, 17*(1), 61–69.

Hasenfeld, Y., Rafferty, J., & Zald, M. N. (1987). The welfare-state, citizenship and bureaucratic encounters. *Annual Review of Sociology, 13,* 387–415.

Hansen, P. (2010). *The politics of European citizenship: Deepening contradictions in social rights and migration policy.* Oxford: Berghan.

Hedberg, C. (2012). Grapes of wrath? Power spatialities and aspects of labour in the wild berry commodity chain. Workingpaper. Department of Human geography, Stockholm University.

Healy, L., & Link, R. (Eds.). (2012). *Handbook of international social work: Human rights, development and the global profession.* New York: Oxford University Press.

Johansson, H. (2001). *I det sociala medborgarskapets skugga: rätten till socialbidrag 1980–1990.talen.* Arkiv.

Khinduka, S. (1999). Foreword. In C. S. Ramanathan & R. J. Link (Eds.), *All our futures: Principles and resources for social work practice in a global era* (pp. xi–xii). Belmont: Wadsworth.

Lipsky, M. (1980). *Street-level bureaucracy: The dilemmas of individuals in public service.* New York: Russel Sage foundation.

Lister, R., et al. (Ed.). (2007). *Gendering citizenship in Western Europe new challenges for citizenship-research in a cross-national context.* Bristol: Policy.

Lorenz, W. (1997). Social work in a changing Europe. Paper presented at the Joint European Regional Seminar of IFSW and EASSW on Culture and Identity. Dublin, Ireland: August 24. 1997.

Maldonado, M. M. (2009). 'It is their nature to do menial labour': The racialization of 'Latino/a workers by agricultural employers. *Ethnic and Racial studies, 32*(6), 1017–1036.

Miles, R. (1993). *Racism after "race relationsö.* London: Routledge.

Mysyk, A., et al. (2009). A case fo certified interpreters in Canada/Mexico agricultural workers programme. *Human Organization, 68*(3), 318–327.

NAT (2010). *Labour trafficking, The 2009 blue berry Fiasco.* NAT (Network against trafficking) bullentine.

Nybom, J. (2012). *Aktivering av socialbidragstagare – om stöd och kontroll i socialtjänsten.* Ak. Avh. Rapport i Socialt arbete 141. Institutionen för socialt arbete, Stockholms Universitet. Stockholm.
Payne, M., & Askeland, G. A. (2008). *Globalization and international social work: Postmodern change and challenge.* Aldershot: Hamsphire.
Piven, F. F., & Cloward, R. A. (1993). *Regulating the poor* (updated edition). New York: Vintage.
Schierup, C. U., Hansen, P., & Castles, S. (Eds.). (2006). *Migration, Citizenship and the European welfare-state.* Oxford: Oxford University press.
Schierup, C. U., & Åhlund, A. (2011). The end of Swedish exceptionalism? Citizenship, neoliberalism and the politics of exclusion. *Race & Class, 53*(1), 45–64.
Schierup, C. U., Krifors, K., & Slavnic, Z. (2013). Social exkludering—migration och social utsatthet. In M. Dahlstedt & A. Neergaard (Eds.), *Migrationens och etnicitetens epok* (pp. 330–360). Stockholm: Liber.
SFS 200:453. Social Services Act. (2005) With amendments up to and including SFS 2004:851. Date of translation, March 2005. Ministry of health and social affairs.
Sunesson, S., Blomberg, S., Edebalk, G., et al. (1998). The flight from universalism. *European Journal of Social Work, 1*(1), 19–29.
United nations (UN) (2009) Millennium Development Goals report 2009. www.unu.or/milleniumgoals/.
Waldinger, R., & Lichter, M. (2003). *How the other half works: Immigration and the social organization of labour.* Berkely: University of California press.
Winant, H. (2004). *New politics of race: Globalism, difference, justice.* Minneapolis: University Minnesota press.
Woolfson, C., Thörnqvist, & Herzfeld, O. (2010). *Forced labour in Sweden? The case of Migrant Berry Pickers.* A report from council of Baltic Sea states task force on trafficking in Human beings.
Wörlén M. (2010). Att prioritera i socialtjänsten, om kommunalt handlingsutrymme och beslutsfattande. *Socialvetenskaplig tidsskrift.* nr 1. 2010.

Dr. Eva Wikström is senior lecturer and researcher in the Department of Social Work at Umeå University, Sweden. Her research is dedicated to the interplay of welfare state interventions and interethnic relations, exposure and integration processes. She has been involved in several evaluation-studies of different welfare-state programs aimed at receiving asylum seekers, or to integrate resettled refugees. Current research involves access to social support for seasonal migrant workers; and to study the Swedish work-oriented policy program for newly arrived refugees (funded by the Swedish research council for health, working life and welfare).

In Deutschland nur geduldet. Rechtsstaatliche Diskriminierung und Handlungsmöglichkeiten Sozialer Arbeit

Andreas Deimann

1 Einleitung

Mein Beitrag macht auf die rechtsstaatliche Diskriminierung einer relativ kleinen Gruppe von Migrantinnen und Migranten in Deutschland aufmerksam. Sie wird wie keine andere von Teilhabe und Arbeit ausgeschlossen. Es geht um Flüchtlinge, die nur geduldet werden. Das waren nach Angaben der Bundesregierung am 31.12.2013 insgesamt 94.508 Personen, von denen sich elf Prozent bereits seit mehr als 15 Jahren, 24 % seit mehr als 10 Jahren in Deutschland aufgehalten haben. Ein Viertel der Personen mit Duldung ist jünger als 18 Jahre (vgl. BT-Drucksache 2014, S. 23 ff.). Sie dürfen nicht bleiben, können aber nicht abgeschoben werden. Für die Soziale Arbeit stellt sich die Frage, welche Möglichkeiten professionell zu handeln bestehen, obwohl Hilfen zur Integration politisch nicht erwünscht sind.

Als „Duldung" bezeichnet das deutsche Aufenthaltsrecht die „vorübergehende Aussetzung der Abschiebung" (§ 60a AufenthG). Wer geduldet wird, besitzt kein Aufenthaltsrecht. Im Gegenteil, Menschen mit Duldung sind ausreisepflichtig. Vor allem wenn ein Antrag auf Asyl endgültig abgelehnt wurde, eine Abschiebung aber unmöglich ist, wird die Duldung regelmäßig erteilt. Das Recht kennt „tatsächliche" und „rechtliche Gründe", die eine Abschiebung unmöglich machen. Tatsächliche Gründe können z. B. darin liegen, dass die Identität der Personen nicht eindeutig festgestellt werden kann, weil Papiere fehlen oder falsch sind, oder darin,

---

A. Deimann (✉)
Leverkusen, Deutschland
E-Mail: andreas.deimann@stadt.leverkusen.de

© Springer Fachmedien Wiesbaden 2015
T. Geisen, M. Ottersbach (Hrsg.), *Arbeit, Migration und Soziale Arbeit*,
DOI 10.1007/978-3-658-07306-0_19

dass sich das Herkunftsland weigert, an der Rückführung mitzuwirken. Rechtlich unmöglich ist eine Abschiebung z. B. bei schwerer körperlicher oder seelischer Krankheit. Insofern bezeichnet die Duldung ein Vollstreckungsproblem, von dem angenommen wird, dass es sich mit der Zeit durch Rückführung wird lösen lassen. In der Praxis wird die immer wieder auf wenige Monate befristete Duldung aber wiederholt erteilt, oft mit kurzen Fristen über mehrere Jahre. Entgegen ihrer gesetzlichen Zweckbestimmung hat sich die Duldung seit den 1990er Jahren de facto zu einem diskriminierenden Aufenthalts(un)recht in Deutschland entwickelt (vgl. Benz 2006; Riecken 2006).

Wer mit Duldung in Deutschland lebt, bleibt weitestgehend ausgeschlossen: regelmäßig erfolgt eine Unterbringung in Sammelunterkünften, oft über Jahre unter Bedingungen, die Intimität und Mobilität enorm einschränken. Der Bewegungsspielraum ist zudem über die sog. Residenzpflicht begrenzt, die Teilhabe an Bildung und Gesundheit unsicher (vgl. Ndahayo 2014). Eine weitere diskriminierende Folge der Duldungspraxis ist die gezielte Benachteiligung beim Zugang zum Arbeitsmarkt. Im ersten Jahr des Aufenthalts, während des Asylverfahrens oder der Duldung, ist die Aufnahme legaler Erwerbstätigkeit vollständig verboten. Das ist einmalig. Ein Beschäftigungsverbot gibt es sonst nur zum Schutz von Kindern und Müttern. Vom zweiten bis zum vierten Jahr der Duldung besteht ein nachrangiger Arbeitsmarktzugang, d. h. es wird vor einer Arbeitserlaubnis geprüft, ob nicht arbeitsuchende Inländer ein vorrangiges Interesse an der Stelle haben. Danach ist Arbeit erlaubt, es sei denn, der bzw. die Geduldete hat sich in der Zwischenzeit seiner Abschiebung aktiv entzogen oder widersetzt (vgl. aktuell §§ 32, 33 BeschV, grundsätzlich Kühne und Rüßler 2000).

Der Beitrag nimmt im ersten Schritt den inzwischen geläufigen Begriff „Migrationshintergrund" auf und weist auf die großen Unterschiede hin, die das Aufenthaltsrecht innerhalb der Gruppe der sog. „Menschen mit Migrationshintergrund" herstellt. Wie Menschen mit aufenthaltsrechtlicher Duldung in Deutschland leben, soll anschließend am Beispiel von zwei biografischen Erzählungen langjährig geduldeter Flüchtlinge deutlich werden. Beide sind ein Ergebnis aus Interviews, die im Rahmen einer früheren empirischen Untersuchung erhoben wurden (vgl. Deimann 2012). In beiden Fällen war Flucht auch mit der Hoffnung auf Arbeit und beruflichen Aufstieg verbunden, die sich im Asyl nicht erfüllt hat. Im zweiten Schritt werden die Handlungsmöglichkeiten professioneller Sozialer Arbeit diskutiert, langjährig geduldeten Flüchtlingen zu helfen. Dabei beziehe ich mich auf eine Unterscheidung, die Michael Bommes und Albert Scherr eingeführt haben (vgl. dies. 1996, 2000): Inklusionsvermittlung, Exklusionsvermeidung oder Exklusionsverwaltung? Was kann Soziale Arbeit leisten, die erkennt, dass auf Dauer auch abgelehnte Asylbewerber/innen letztlich Einwanderer/innen sind (vgl. Butterwegge und Hentges 2009, S. 263)?

2 Migrationshintergründe: Praxen der Diskriminierung

Migration heißt „Wanderung". In der Sozialen Arbeit ist es inzwischen üblich, von Kindern, Jugendlichen oder Menschen „mit Migrationshintergrund" zu sprechen. Sie werden als spezifische Zielgruppe beobachtet. Dabei schleicht sich immer wieder ein Blick auf Defizite ein, die besondere Maßnahmen begründen: mangelnde Sprachkenntnisse machen Sprachförderung nötig; fehlende familiäre Ressourcen und schlechtere Bildungsabschlüssen sind zusätzliche Argumente für Hausaufgabenhilfen, Ganztagsschulen und Schulsozialarbeit; Schwierigkeiten bei der Eingliederung ins Berufsleben verlangen nach Jugendberufshilfe und Qualifizierungsangeboten für Erwachsene; überkommene Geschlechterrollen begründen Mädchen- oder Jungenarbeit und besonders schwierige Fälle unter den Eingewanderten erklären eine Zunahme der Hilfen zur Erziehung. Migration wird als „Migrationshintergrund" zum Makel und so ist es nicht verwunderlich, dass Menschen, die der Gruppe zugerechnet werden, diese pauschale Zuschreibung selbst oft zurückweisen. Auch wenn die negativen Konnotationen in bester Absicht ins Positive gewendet werden, interkulturelle Potenziale und Vorteile der Mehrsprachigkeit hervorgehoben, hohe Bildungsaspiration der Eltern festgestellt und soziale Einrichtungen interkulturell geöffnet werden: es wird ein Unterschied zwischen Einheimischen und Eingewanderten gemacht und für relevant gehalten, der trennt, was vielfach zusammen gehört (vgl. Hamburger 2011).

Hinter dem Label „Migrantinnen und Migranten" oder „Menschen mit Migrationshintergrund" steckten völlig verschiedene soziale Lagen, Lebensgeschichten, -situationen und –entwürfe: Menschen, die vor Jahrzehnten für gering qualifizierte Tätigkeiten angeworben wurden, hier Eltern und Großeltern geworden sind; Menschen, die als Kinder und Enkel der „Gastarbeiter" hier geboren wurden und ihr vermeintliches Herkunftsland nur aus dem Urlaub kennen; Menschen die über Generationen als deutsche Minderheit im Ausland gelebt haben und als Deutsche nach Deutschland zurück gewandert sind; Menschen, die als Familienangehörige oder Teil einer global mobilen Arbeitsmarktelite neu zuwandern und eben auch Menschen, die in Europa Asyl gesucht, aber nur eine Duldung in Deutschland gefunden haben. Die Praxis, alle unter dem Label „Migrationshintergrund" zu subsumieren, wird der Komplexität der sozialen Wirklichkeit nicht gerecht. „Im Grunde drückt sich darin nichts anderes aus als ein Ordnungsraster, das entlang der Devise einer „Ethnisierung sozialer Sachverhalte" aufgebaut ist. Ein Grund dafür liegt auf der Hand: Ethnische Zuschreibungen schaffen Orientierung in einer Welt voller Unübersichtlichkeiten" (Möller 2010, S. 10).

Das Label „Migrationshintergrund" kann nicht nur zu einer unzulässigen Vereinfachung führen, sondern mehr noch den alten Rassismus im neuen Gewand kaschieren. Das ist selbstverständlich nicht die Absicht Sozialer Arbeit, noch die der sozialwissenschaftlichen Migrationsforschung, die den Begriff ja eingeführt hatte, um Wanderungsphänomene abzubilden, die mit der früher alternativlosen Unterscheidung von Deutschen und Ausländern nicht zu erfassen waren (vgl. Settelmeyer und Erbe 2010). Und doch bedarf gerade der „Rassismus ohne Rassen" (Hall 1994) keiner bösen Absichten, sondern wird alltäglich immer wieder, oft unbewusst und ungewollt, (re)produziert. Eine Schlüsselstellung kommt dabei dem Kulturbegriff zu. In der Praxis Sozialer Arbeit, auch in der Diskussion mit Studierenden und in der Literatur, wird Migration immer wieder mit kulturellen Differenzen verknüpft, die als Erklärung für soziale Ungleichheit im Einwanderungsland herhalten. Dabei wird Kultur häufig als Nationalkultur oder ethnische Einheit verstanden: so sind sie, „die Türken", „die Albaner" – und „die Roma" sind ganz anders (vgl. Krüger-Potratz 2005). Um dieser Rassismus-Falle zu entgehen und gleichzeitig die soziale Exklusion als Folge der Migration nicht einfach auszublenden, muss gesehen werden, dass „die Frage der natio-ethno-kulturellen Zugehörigkeit" damit verknüpft ist, wie „Menschen unterschieden und so positioniert werden, dass ihnen unterschiedliche Werte der Anerkennung und Möglichkeiten des Handelns zugewiesen werden" (Mecheril 2010, S. 15). Vielmehr als Kulturen, entscheiden Politik und Recht über die Positionierung von Menschen, die die Grenzen der Nationalstaaten überschreiten (vgl. Hamburger 2009). Das Aufenthaltsrecht schafft eine Hierarchie der Migration, die auch Möglichkeiten sozialer Teilhabe reglementiert, von oben nach unten: Staatsangehörige, Menschen mit unbefristeter Niederlassungserlaubnis, Menschen mit befristeter Aufenthaltserlaubnis, Menschen, die nur geduldet werden, also sich unrechtmäßig aufhalten, aber nicht abgeschoben werden können und jenseits dessen, was rechtlich überhaupt sichtbar wird, Illegalisierte (vgl. Fintonelli 2007). Trotz einer bemerkenswerten integrationspolitischen Wende seit dem Ende der 1990er Jahre (vgl. Bade 2007) wird man feststellen müssen, dass die Integration der beiden zuletzt genannten Gruppen, zwischen denen auch fließende Übergänge vorkommen, politisch nicht erwünscht ist (vgl. Alt und Bommes 2006). Genau das soll an zwei Fallbeispielen veranschaulicht werden.

2.1 Sedigeh: „Ich will aktiv sein"

Sedigeh war zum Zeitpunkt des Interviews vierzig Jahre alt. Elf Jahre früher war sie mit ihrem Mann und einem damals zweijährigen Sohn aus Iran nach Deutschland gekommen. Im deutschen Asyl ist eine Tochter geboren worden, die inzwischen sechs Jahre alt war. Die Familie lebte seit fünf Jahren mit der Duldung. Nach einem Studium der Betriebswirtschaft in Teheran war Sedigeh auch schon vor der Ehe berufstätig und konnte sich selbst „eine gute Situation" (Z. 12) erarbeiten, „eine eigene Wohnung und Geld genug" (Z. 13). Probleme mit der Politik, waren erst mit dem Mann, den sie geheiratet hatte, in ihr Leben gekommen. Als Anhänger des „Schahregime" (Z. 31) und säkularer Humanist war ihr Mann in akute „Gefahr" (Z. 22) geraten. Die Familie hatte, nach einer Razzia, bei der ein Satellitenreceiver in der Wohnung gefunden worden war, Angst, er müsse ins Gefängnis. Sedigeh macht einen Unterschied zwischen der Lebenslage ihres Mannes und ihrer eigenen. Ihr Mann war regimekritisch und politisch aktiv. Er brauchte Sicherheit. Sedigeh wollte Sicherheit für ihren Mann und Freiheit für sich und ihre Familie. Für sie selbst war die Ausreise von Anfang an auch mit der Hoffnung verbunden, „weiterstudieren" (Z. 21) zu können. Gemeinsam hat das Paar daher entschieden, (aus)„zu wandern" (Z. 56) und einen Antrag auf Einwanderung bei der kanadischen Botschaft in Teheran gestellt. Erst als ihnen klar wurde, dass eine Ausreise nach Kanada mit Wartezeiten und Auflagen verbunden wäre, die akute Gefahr für den Mann ihnen aber „keine Zeit" (Z. 66) ließ, entschied sich das Paar für eine Flucht nach Deutschland. Deren Verlauf scheint dann schnell klar gewesen zu sein: Mit richtigen Pässen und 10.000 $ nach Istanbul. Dort gab es für das Geld falsche Visa und einen Flug über Sofia nach Deutschland. Schon beim Check Out am deutschen Flughafen war klar, dass die Visa falsch waren und die „Polizei" (Z. 85) eröffnete der Familie die Wahl, in den Iran zurückzukehren oder Asyl in Deutschland zu beantragen. Sedigeh und ihr Mann haben einen Asylantrag gestellt, ohne recht zu wissen, was das bedeutet. Sedigeh hat ihre Migration nicht als Opfer sozialer Umstände erzählt, sondern als Abfolge von selbstverantworteten Entscheidungen zwischen begrenzten Optionen.

Im deutschen Asyl erleben Sedigeh und ihre Familie erneut staatliche Fremdbestimmung, die die Möglichkeiten ihrer selbstständigen Lebensführung begrenzt. Nach kurzer Haft im Transitbereich eines deutschen Flughafens kommt die Familie in eine Großstadt und von dort aus in eine Kreisstadt. Nicht die Umstände der Unterbringung, vielmehr die Lage der Unterkunft hebt Sedigeh als alltägliches Problem hervor. Denn sie hält auch während des Asylverfahrens an ihren Bildungsaspirationen fest und informiert sich über die Möglichkeiten, zu studieren. Eine Voraussetzung dafür sind Deutschkenntnisse auf einem gewissen Kursniveau, doch in der Provinz findet Sedigeh „keine gute Sprachschule" (Z. 144 f.) und keine Universität. Sie beantragt daher vergeblich, in eine Großstadt umziehen zu dürfen. Sedigeh „will aktiv sein" (Z. 146), sieht sich aber zur Passivität gezwungen. Die Ungewissheit über die Dauer der Duldung und die Angst vor Abschiebung lähmen ihre Ambitionen und bringen Sedigeh und ihre Familie in eine Lage, die sie mit einer eigensinnigen Metapher beschreibt: „Genau wie Luft wissen wir nicht, dürfen wir hier bleiben oder nicht" (Z. 159 ff.). Den Vergleich mit der Luft bezieht Sedigeh auf einen Mangel an Gebundenheit, wenn sie anschließend darauf hinweist, dass die Familie schon deshalb nicht zurückkehren könne, weil die Kinder kein Persisch lesen und schreiben könnten, aber die Familie auch nicht in Deutschland bleiben könne, wenn sie und ihr Mann keine Arbeit hätten. Die außergewöhnliche Metapher von der Luft steht vielleicht auch für die Freiheit des Windes, die sich Sedigeh wünscht und noch nicht aufgegeben hat, wenn sie im Verlauf des Gesprächs die Option wieder einführt, nach Kanada auszuwandern.

Mit der Duldungspraxis in Deutschland ist sie gar nicht einverstanden und äußert sich dezidiert kritisch. Ihre Erfahrungen ziehen die Duldungspraxis soweit in Frage, dass es ihr im Nachhinein sogar besser vorkommt, wenn die Familie direkt mit einer konkreten Abschiebeandrohung konfrontiert gewesen wäre. Dann hätte sie gewusst, woran sie ist und versuchen können, sich dem zu entziehen. Dann wären Entscheidungen fällig gewesen, was besser gewesen wäre, als „immer nervös […] immer im Stress" (Z. 230 f.) mit der Duldung in Deutschland zu leben. In Sedigehs Geschichte werden die sozialen Folgen der Duldungspraxis als Verunsicherung der Lebenswelt und Lähmung individueller Motivation sichtbar. In ihr kommt das Selbstbewusstsein einer hoch qualifizierten Akademikerin, Frau und Mutter zum Ausdruck, die etwas leisten kann und will, um sich und ihrer Familie das freie und sichere Leben zu erarbeiten, das sie sich mit ihrem Migrationsprojekt möglich machen wollte und nach wie vor möglich machen will. „Ich hatte Diplom und ich hatte Erfahrung von Arbeit. Wieso Deutschland hat nicht, hat keine Interesse? Ich hab gehört, Deutschland braucht solche Wirtschafter, Buchhalter und kommt jemand aus Spanien und Italien. Wieso? Wir sind hier. Wieso müssen wir zu Hause bleiben?" (Z. 240 ff.)

Sedigeh erzählt im Interview ihre Geschichte sozialer Exklusion als Ausgrenzung aus Aufenthaltsrechten, die ein Studium und hoch qualifizierte Berufstätigkeit erlauben. Wie das deutsche Aufenthaltsrecht in Form der Duldung mit ihr umgeht, kann nur an einem Irrtum, einer Verwechslung liegen. Sie ist nicht nach Deutschland gekommen, um zu „schlafen oder essen" (Z. 273), sondern um etwas zu leisten. Sie kann nicht verstehen, warum das deutsche Asylverfahren alle gleich behandelt und Hochqualifizierten, zu denen sie sich zählt, keine Aufenthaltsrechte eröffnet. So bleibt ihr nur die ferne Hoffnung Kanada.

2.2 Art: „Mit so vielen Träumen"

Art ist mit zwanzig Jahren allein aus Kamerun nach Frankreich und von dort nach Deutschland gekommen. Zum Zeitpunkt des Interviews lebt er seit vier Jahren im deutschen Asyl, seit zwei Jahren mit Duldung. Er hat einen dem Abitur vergleichbaren Schulabschluss in Kamerun gemacht, wo er als Sohn einer allein erziehenden Mutter aufgewachsen ist, die ein Jahr vor seiner Ausreise verstorben war. Seinen Vater, von dem Art annimmt, dass er als deutscher Staatsangehöriger in Deutschland lebt, hat er nie kennen gelernt. Art erzählt von einer glücklichen Kindheit und Jugend, in der er sich „wie ein Prinz" (Z. 14) gefühlt habe, „ziemlich gut" (Z. 16) in der Schule gewesen sei und Freude an Basketball und Musik hatte. Ein tiefer Einschnitt für ihn war der Tod seiner Mutter, als er achtzehn Jahre alt war. Im selben Jahr habe Art beiläufig im Gespräch mit seiner Cousine während der Ferien von einem „politische[n] Mord" (Z. 27 f.) gehört, den ihr Freund verübt habe. Für Art hatte die Geschichte keine besondere Bedeutung, bis er davon in der Zeitung gelesen habe, als der Fall ein Jahr später vor Gericht gekommen sei. Dort hätte er als Zeuge aussagen sollen. „Und Kamerun ist nicht so wie hier. Wenn du ein Problem in Kamerun hast, nur mit dem Bürgermeister, also dein Leben ist ein bisschen verkürzt. Die haben Kraft, Macht, Geld und alles." (Z. 55 ff.) Einer dieser mächtigen Politiker habe Art gefangen genommen und genötigt, das Land zu verlassen. Dabei habe er ihm einerseits mit Gewalt gedroht, andererseits argumentiert, Art sei als Sohn eines deutschen Vaters ohnehin „kein Kameruner" (Z. 68). Art vertritt selbst diese Einschätzung, deren Plausibilität er mit seiner nicht voll schwarzen Haut- und Haarfarbe begründet und damit, dass es in Kamerun üblich sei, die Nationalität eines Kindes vom Vater abzuleiten, weshalb er auch in Kamerun nie einen „Nationalausweis" (Z. 72) besessen habe. In dieser Situation der Nötigung habe er zwar keine Wahl gehabt, aber auch die Chance erkannt, so weit zu kommen, wie er immer geträumt hatte.

Sein Gegenspieler habe ihm einen falschen Pass besorgt und ihn in ein Flugzeug nach Frankreich gesetzt. Angekommen in Paris sei Art selbst auf einen Kontrolleur zugegangen und habe ihn auf den offensichtlich gefälschten Pass aufmerksam gemacht und gefragt, wo er hin solle. Bei dem was dann auf ihn zukam, habe er gemerkt, dass er „keine Ahnung" (Z. 134) gehabt habe: „Papierkram" (Z. 138) und Vorschriften, Haft im Transitbereich und Verhöre. Arts stürmisch vorgetragene Erzählung widerspricht sich an dieser Stelle, wenn er einerseits schildert, er habe in dieser Situation „alles erzählt" (Z. 142), andererseits aber „nicht gesagt, was in Kamerun passiert ist" (Z. 158 f.), weil er gefürchtet habe, die sehr guten Beziehungen zwischen Frankreich und Kamerun könnten ihn erneut in Gefahr bringen.

Schließlich habe ihn die französische Polizei entlassen und aufgefordert: „Geh nach Deutschland! Such deinen Vater dort." (Z. 173 ff.)

Genau das hat Art getan und ist schließlich in einer deutschen Großstadt angekommen. Dort wurde er zu einer Erstaufnahmeeinrichtung geschickt, in der er seine Geschichte erneut vorträgt und sich über die Möglichkeiten der Asylantragstellung in Deutschland informieren lässt. Für ihn war inzwischen klar, dass er kein politisches Problem im Sinne des Asylrechts hatte, vielmehr ein „soziales Problem" (Z. 187), doch man habe ihm versichert, auch das sei ein Asylgrund und sein Antrag sei „okay" (Z. 197). Bei der Anhörung des zuständigen Bundesamtes musste Art seine Geschichte wieder präsentieren und man habe ihm am Ende zugesichert, seinen deutschen Vater zu suchen. Aber bis in die Gegenwart war dieser nicht gefunden worden, was für Art eine sehr große Enttäuschung bedeutet hat. Offensichtlich hatte Art gehofft, Anerkennung in Deutschland nicht als Asylberechtigter, sondern als Sohn eines deutschen Staatsangehörigen zu finden. Diese Hoffnung hatte sich nicht erfüllt. Das empfindet Art als ungerecht, genauso wie den Abschluss seines Asylverfahrens, in dem er Widerspruch gegen die Ablehnung hätte einreichen wollen, was wegen einer versäumten Frist nicht mehr zulässig gewesen sei. Die Verantwortung für diesen Formfehler, dessen Konsequenz für Art überaus befremdlich ist, sieht er bei seinem Anwalt, der den Widerspruch nicht eingelegt habe, sodass er einen zweiten Anwalt hinzugezogen hätte, aber zu spät. Art fühlt sich in mehrfacher Hinsicht ungerecht behandelt: Nicht nur, dass sein deutscher Vater nicht gefunden wurde, sondern auch und gerade, dass er gar nicht vor Gericht habe aussagen können und ehe er sich versah nur eine Duldung hatte.

Der mit Duldung verbundene prekäre Aufenthalt in Deutschland ist für Art eine Enttäuschung großer Hoffnungen und seine Empörung und Verzweiflung darüber trägt er leidenschaftlich vor. Er habe Frauenarzt oder Psychiater werden wollen, aber hier gar keine Gelegenheit, etwas zu lernen. Er dürfe weder arbeiten noch studieren und leide darunter, dass die Lebensjahre, die üblicherweise der Ausbildung vorbehalten sind, ungenutzt verstreichen. Er versuche so viel Deutsch zu lernen wie möglich und seinen unbedingten Willen zur Integration zu zeigen. „Ich versuch den Leuten zu zeigen, Integration kann nicht ein Problem für mich sein. Aber auf die andere Seite bekomm ich nichts." (Z. 268 ff.) Art erlebt seine Staatenlosigkeit, dass er für die Kameruner kein Kameruner, für die Deutschen kein Deutscher ist, als existenzielle Bedrohung. Seine Träume seien verloren, seine Zukunft unklar und seine Lebensgeschichte „einfach vorbei" (Z. 290). „Es ist wie, ich hab kein Gehirn, ich hab keine Geschichte mehr." (Z. 290 f.)

Wenn Art einen Vergleich zwischen Kamerun und Deutschland zieht, übt er scharfe Kritik daran, dass die proklamierten westlichen Werte weit von seinen Erfahrungen entfernt liegen und ihm unglaubwürdig erscheinen. Er identifiziert sich mit Kamerun bzw. Afrika und unterscheidet zwischen „wir" und „die", wenn er sagt: „Wir kopieren eigentlich von der westlichen Welt, die Afrikanischen kopieren von der Westlichen. Und die Westlichen reden von der Modernisation, Globalisation. Und wir versuchen das in Afrika zu praktizieren". (Z. 320 ff.) Praktizieren heißt für Art konkret, dass ein Fremder in Kamerun willkommen sei, bleiben dürfe und alltäglich vielmehr privilegiert als benachteiligt würde. Das sei hier in Wirklichkeit „umgekehrt" (Z. 330), weshalb er sich frage: „Welche Globalisation denn? [...] Die machen anders, als was die sagen." (Z. 332 ff.) Aus seiner spontanen Erzählung im Interview geht hervor, dass sich Art schon intensiv mit gesellschaftlichen Fragen befasst hat, die sein Alltag aufwirft, denn er bleibt nicht dabei, die Frage zu stellen, sondern gibt gleich seine Antwort hinzu. Er könne das „nie gut verstehen" (Z. 337), weil er nicht in diesem „System geboren" (Z. 338) sei, habe sich aber mit der Zeit daran gewöhnt und gemerkt: „Ja, auf eine Seite die haben recht, weil der Staat ist [in der westlichen Welt] für jeden da und jeder soll für sich allein da sein. Aber bei uns der Staat ist für niemand da, deswegen ist jeder füreinander da." (Z. 342 ff.)

Art bleibt nicht bei der Gegenüberstellung von „wir" und „die", sondern drückt seine ambivalente Position aus, wenn er die selbst konstruierten Unterschiede rhetorisch wieder einfängt und betont, dass Freundschaften „überall" (Z. 368) „so gut" (Z. 366 f.) sein könnten wie die Bande zwischen Geschwistern. Art hat auch in Deutschland Kontakt zu „ein paar kamerunische[n] Leute[n]" (Z. 374) gefunden, die ihm zwar das gute Gefühl geben, „einen Schritt näher zu Hause" (Z. 388 f.) zu sein, aber bei der „Veränderung" (Z. 388), die er zu leben versuche, nicht wirklich helfen könnten.

Für Art ist die Unterbringung in einem Wohnheim, als allein stehender Mann in einem Zimmer mit einem anderen, den er gar nicht „mag" (Z. 397), eine alltägliche Einschränkung der Lebensqualität. Er beschreibt ironisch, dass es „komisch" (Z. 399) sei, „dreiundachtzig Treppen" (Z. 401) aus dem vierten Stock in den Keller zum Duschen oder Waschen zu gehen. „Und das finde ich überhaupt nicht normal." (Z. 403 f.) Er könne keinen Besuch in sein Zimmer einladen, weil eine dritte Person gar nicht hineinpasse. Dass sich Art in der Gegenüberstellung von „wir" [Kameruner] und „die" [Deutschen] selbst auch auf der Seite der Deutschen positioniert, wird in der abschließenden Sequenz des Interviews besonders deutlich, wenn er von „unseren Staat" (Z. 439) spricht und damit den deutschen meint. Ausgangspunkt ist die in seinen Augen völlig unzureichende, aber mehr noch sinnlose Alimentierung aus dem Asylbewerberleistungsgesetz. Er könne doch nützlich sein, etwas lernen und das Geld zurückzahlen. „Aber wenn einer sagen wir zwanzig Jahre nichts gelernt, er hat immer von der Stadt Geld bekommen, wie kann er das dann zurückbezahlen? Also am Ende steht die Stadt da mit Krediten. Das will ich überhaupt nicht." (Z. 443 ff.) Warum „die das so" (Z. 450) machen, könne er nicht verstehen und habe auf seine Fragen dazu keine Antwort bekommen. Er habe keine Möglichkeit zurückzukehren und keine zu bleiben. „So ist mein Leben" (Z. 457 f.).

2.3 Erfahrungen aufenthaltsrechtlicher Duldung: eine alltäglich Diskriminierungspraxis

Seidgeh präsentiert ihre Fluchtmigration als Ergebnis eines individuellen Entscheidungsprozesses. Von „freiwilliger" Migration kann in ihrem Fall keine Rede sein. Sedigeh musste fürchten, dass ihr Ehemann im Iran inhaftiert würde. Trotzdem hatte sie eine Wahl: Sedigeh hätte sich von ihrem Mann trennen können, hat sich aber dafür entschieden, mit ihm zu fliehen. Die Ausreise war eine letzte Möglichkeit, eine Ultima Ratio, die sie doch als Ergebnis einer rationalen Abwägung dem eigenen Handeln zurechnet. Eine riskante Entscheidung. Die große Unsicherheit der Fluchtmigration musste in Kauf genommen werden, um des Vorteils willen, sich als Familie gemeinsam einer existenziellen Gefahr im Herkunftsland zu entziehen. Auch die Duldungspraxis in Deutschland ist für Sedigeh ein kaum überschaubares Risiko, das sie nicht daran hindert, selbstbewusst handlungsfähig zu bleiben. In Sedigehs Geschichte fällt auf, dass die provinzielle Lage der Zwangsunterbringung alltäglich zum Problem wird, das es ihr unmöglich macht, eine Sprachschule oder Universität zu erreichen und ihre Bildungsaspirationen zu verwirklichen. Doch trotz alltäglicher Diskriminierung im Asyl lässt sich in ihrer Geschichte ein Moment der Selbstbestimmung lesen, Fähigkeit und Verantwortung erkennen, selbst zu handeln. Sedigeh versucht sich der Kategorisierung durch das deutsche Aufenthaltsrecht zu entziehen und hält an ihren Karriereplänen fest mit der Hoffnung, in einem dritten Land Inklusionschancen realisieren zu können.

In der Erzählung von Art wird Fluchtmigration noch mehr als äußerer Zwang sichtbar. Er erzählt davon, wie er in die Hände einer kriminellen Politmafia in Kamerun geraten ist, die ihm keinen Anteil an der Entscheidung ließ, das Land zu verlassen. Für ihn war die Ausreise das Ergebnis äußerer Gewalt, die er hinnehmen musste, ohne jeden Anteil an der Entscheidung. Kaum mehr Platz für individuelle Entscheidungen bleibt ihm auch während der Duldung in Deutschland. Er erlebt die Duldungspraxis als akute Gefahr, die subjektive Handlungsfähigkeit vollständig zu verlieren. Wenn schon die Fluchtmigration als Gefahr außerhalb der eigenen Kontrolle erlebt wurde, kann genau genommen von einem „Verlust" der Handlungsfähigkeit keine Rede sein. Vielmehr dauert in solchen Fällen die individuelle Ohnmacht angesichts einer übermächtigen Fremdbestimmung an, stellt sich in anderer Form wieder her. Art hat seine vielen Träume verloren, den Traum, seinen deutschen Vater zu finden, genauso wie den, in Deutschland studieren und Arzt werden zu können. Er findet eine eindrückliche Formulierung, um den Schaden zu beschreiben, den die Duldungspraxis anrichtet, wenn er sagt, es sei so, als ob er kein Gehirn, keine Geschichte mehr habe. In seiner Erzählung präsentiert er sich selbst als Opfer, das keine Verantwortung für seine soziale Exklusion trägt. Art erscheint aber gerade im Ausdruck seines Ehrgeizes und seiner offensiven Kritik daran, wie der Staat mit ihm umgeht, selbstbewusst an den eigenen Inklusionschancen orientiert.

In beiden Fällen wird die Duldungspraxis als ein diskriminierendes Format des „Migrationsregimes" (vgl. Tsianos 2010) sichtbar. Das Interesse der Nationalstaaten, ihr Territorium gegen ungerechtfertigte Inanspruchnahme von außen zu schützen, steht in Widerspruch zu den Interessen der Fluchtmigrantinnen und -migranten, Schutz vor Gefahren zu finden und ihre persönliche Freiheit zurückzugewinnen. Die Aufenthaltskontrolle wird auf Kosten der Freiheit von Fluchtmigrantinnen und -migranten realisiert. Ihr Aufenthalt ist unerwünscht, genauso wie ihr alltägliches Bemühen um Integration. Fluchtmigration bleibt als vermeintliche Bedrohung des nationalen Wohlstandes weitestgehend ausgegrenzt. Die soziale Praxis der Duldung greift diskriminierend in individuelle Biografien ein und kann doch die ihr zugeschriebene Funktion der Abschreckung nicht erfüllen.

Das sachliche Problem des unerlaubten Aufenthalts wird durch die vorübergehende Aussetzung der Abschiebung nicht gelöst, sondern schlicht in die Zeitdimension verschoben. Wenn aber auch die Zeit nicht daran denkt, das Problem zu lösen, weil Abschiebehindernisse fortbestehen oder neue hinzukommen, wird es nicht nur vertagt, sondern in der Sozialdimension vervielfacht. Es entwickelt sich eine Eigendynamik kumulierender Exklusion: ohne Aufenthaltsrecht bleibt die große Belastung ständiger Angst vor Abschiebung; i. d. R. keine Wohnung, also keine Intimsphäre, sondern die alltägliche Belastung, Bad und Küche, bei Singels sogar das Zimmer, mit Fremden teilen zu müssen; meist keine Sprachförderung, weil die unerreicht oder unbezahlbar bleibt; keine legale, sozialversicherungspflichtige Beschäftigung, die eine selbständige Finanzierung des Lebensunterhalts erlaubt und darum dann wiederum kein Aufenthaltsrecht, weil die wenigen Möglichkeiten der Legalisierung darin eine Voraussetzung haben. Welche Ausgrenzungen für die betroffenen Personen relevant werden, hängt einerseits von ihrem Lebensalter und den damit verbundenen biografischen Stationen im Lebenslauf ab, andererseits aber auch von ihren individuellen Wahrnehmungs-, Denk- und Handlungsmustern. Es gibt Menschen, die Auswege aus der kumulierenden Diskriminierung der Duldungspraxis gefunden haben. Wie kann Soziale Arbeit in dieser prekären Lebenslage helfen?

3 Exklusionsvermeidung, Inklusionsvermittlung oder Exklusionsverwaltung?

Die drei Begriffe gehen auf einen Ansatz von Bommes und Scherr (1996, 2000) zurück, mit dem sie eine gesellschaftheoretische Bestimmung der Funktion Sozialer Arbeit versuchen. Wann, wo, wie und für wen Soziale Arbeit als „organisierte Hilfe" (von Bommes und Scherr 1996, S. 108) geleistet wird, hängt nicht von Menschen ab, die sich selbst in einer Lebenslage sehen, in der sie der Hilfe anderer bedürfen. Konkret: Sedigeh hätte gerne Hilfe beim Zugang zu Bildung gehabt, Art bei der Suche nach seinem Vater, aber bekommen haben beide die in ihren Augen notwendigen Hilfen nicht. Ob geholfen wird oder nicht steht auch nicht einfach im Ermessen einzelner Sozialpädagoginnen/Sozialarbeiter. Für die Bildungsbeteiligung von Sedigeh und Arts Familienzusammenführung war niemand zuständig, der schlecht gearbeitet oder sich verweigert hätte. Die Rahmenbedingungen Sozialer Arbeit sind in erster Linie von Entscheidungen „definitionsmächtiger Instanzen des politischen Systems" (von Bommes und Scherr 1996) abhängig. Mit Bezug auf die Duldungspraxis heißt das, Menschen wie Sedigeh und Art gelten dem nationalen Wohlfahrtsstaat nicht als hilfebedürftig, sondern als Asylsuchende, „die nur aus missbräuchlichen oder asylfremden Gründen zu uns kommen", deren Aufenthalt „schnell beendet werden" muss (vgl. Friedrich 2013). Sozialer Arbeit wird in diesen Fällen als nicht wirtschaftlich und kontraproduktiv für die beabsichtigte „Politik der Abschreckung" (Marx 1984) auf ein Mindestmaß reduziert.

Grundsätzlich, so argumentieren Bommes/Scherr, ist Inklusion oder soziale Teilhabe als Sache der jeweiligen Teilsysteme und Individuen anzusehen. Als politische Reaktion auf die Erfahrung des massenhaften Scheiterns der Inklusion durch allgemeine Lebensrisiken wie Krankheit, Unfälle, Alter, und Arbeitslosigkeit entwickelt der moderne Staat in erster Linie Sozialversicherungen. Sie gewähren Leistungen, auf die ein Anspruch entsteht, wenn allgemein anerkannte Risiken eintreten. Soziale Arbeit kommt als Auffang- oder Zweitsicherung später und vermehrt hinzu, „für alle die Fälle, die aus diesem Sicherungssystemen aus individuellen, familiären oder sonstigen spezifischen, nicht-generalisierten und darum auch nicht versicherbaren Gründen herausfallen" (Marx 1984, S. 114). Erst dann wird das weite Methodenrepertoire der Sozialen Arbeit eingesetzt, Beratung, Erziehung, Bildung, stellvertretendes Handeln auf den Einzelfall zugeschnitten, um eine kumulierende Exklusion zu vermeiden oder (Re-) Inklusion in die originär zuständigen Funktionssysteme zu vermitteln oder zumindest einen Exklusionsbereich zu verwalten, in dem sich die wieder finden, deren Teilhabe an den Funktionssystemen der Gesellschaft nicht (mehr) erwartet wird.

Für den Umgang mit Migration kommt hinzu: Das Grundgesetz definiert Deutschland ausdrücklich als einen Nationalstaat, der sich wesentlich durch Abgrenzung nach außen und innen auszeichnet. Der Staat konstituiert sich für das deutsche Staatsvolk, dessen Interessen er innerhalb der Völkergemeinschaft vertritt. Damit grenzt er sich „als mitgliedschaftlicher Verband gegenüber anderen Völkern" (Riecken 2006, S. 99) nach außen ab. Gleichzeitig erfolgt eine Abgrenzung nach innen, indem der Staat zwischen deutschen Mitgliedern und ausländischen Nicht-Mitgliedern unterscheidet. Das Nationalstaatsprinzip begründet so das Recht des Staates, an den Außengrenzen über die Zulassung von Ausländern zum Staatsgebiet zu entscheiden. Es legitimiert damit das Grenzregime insgesamt, also alle Maßnahmen der Grenzsicherung und Grenzkontrolle, die inzwischen EU-einheitlich geregelt sind (vgl. Heine 2009). Es schließt auch die Macht ein, zwischen rechtmäßigem und unrechtmäßigem Aufenthalt im Inland zu unterscheiden und einen Aufenthaltsstatus mit im Vergleich zu Staatsangehörigen und anderen Ausländern einschränkenden Aufenthaltsbedingungen zu versehen. Damit wird auch das Integrationsregime legitimiert, also die Summe der Maßnahmen zur inneren Kontrolle und Förderung der Migration, deren europäische Harmonisierung voranschreitet, aber noch nicht vollendet ist (vgl. Hunger et al. 2008). Aufenthaltsrechtliche Duldung, die den schlichten Aufenthalt nicht genehmigt und deshalb als unrechtmäßig definiert, erfährt hier ihre Rechtfertigung.

Der Ansatz von Bommes/Scherr erlaubt jenseits der vermeintlichen Beliebigkeit und Allzuständigkeit Sozialer Arbeit einen analytischen Blick auf das, was Soziale Arbeit leistet und z. B. auf dem politisch definierten Feld der Duldungspraxis leisten kann. Menschen, die in Europa Asyl suchen, haben soziale Exklusion in ihrem Herkunftsland erlebt. Erst ihr Ausschluss von Bürger- und Menschenrechten, aus Bildung, Arbeit und Wirtschaft, Religion, Politik, Gesundheit und/oder Familie macht Migration für sie zu einer rationalen Option. Sie kommen, wenn überhaupt, als anderswo Ausgeschlossene an und werden in Europa nicht mit offenen Armen empfangen. Für Exklusionsvermeidung, für präventive Ansätze ist es zu spät.

Was politisch von der Sozialen Arbeit mit Geduldeten erwartet wird ist klar: Exklusionsverwaltung. Schon die sozialräumliche Anordnung der sog. „Gemeinschaftsunterkünfte" zeigt, worum es definitionsmächtigen Instanzen geht. Asylsuchende, gerade die, die keine Anerkennung finden, sollen außerhalb der Gesellschaft bleiben, weitestgehend von der einheimischen Bevölkerung isoliert in einem „totalen Flüchtlingsraum" (Schroeder 2003). „Die Grenze zwischen Innen- und Außenwelt ist von außen wie von innen allzeit zu sehen, die Mauer und der Zaun bringen die totale Institution als empirisch wahrnehmbare Realität gleichsam hervor. Doch [...] [es ist] gerade das Unsichtbare, das nur schwer Erkennbare, das Nicht-Eingrenzbare, das Subtile, das sich in der sozialen Außenwelt Vollziehende, das den Raum, in dem die Flüchtlinge leben, zu einem kontrollierten, überwachten und disziplinierenden werden lässt" (Schroeder 2003, S. 385.). Soziale Arbeit mit Flüchtlingen muss prüfen, wann sie selbst, entgegen ihrem Selbstverständnis als

„Menschenrechtsprofession" (Staub-Bernasconi 1997), zur „organisierte Desintegration" (Täubig 2009) beiträgt, Asylsuchende kontrolliert, überwacht und diszipliniert, statt ihnen zu helfen. Es bleibt aber nicht nur selbstkritische Beobachtungen, wie weit Soziale Arbeit wider Willen zur Exklusionsverwaltung beiträgt. Vielmehr muss es guter Praxis Sozialer Arbeit um Inklusionsvermittlung gehen. Das kann die Flüchtlingssozialarbeit als Spezialdienst nicht alleine leisten. Sie sollte auch nicht versuchen, separate Hilfeangebote für Flüchtlinge über die Einzelfallhilfe hinaus, zu etablieren. Vielmehr geht es um eine Vernetzung mit Regeldiensten, mit Kindergärten, Schulen, Schulsozialarbeit, Jugendhilfe und Jugendberufshilfe, Erwachsenenbildung und Integrationskursträgern, aber auch mit Ausbildungsbetrieben, Vermietern, Ärztinnen und Psychotherapeuten, die ihre Angebote auch für Menschen öffnen, die kein Aufenthaltsrecht besitzen. Soziale Arbeit steht in der Pflicht, denen zu helfen, die Hilfe am dringendsten benötigen. Auch wenn das politisch nicht erwünscht ist.

Literatur

Alt, J., & Bommes, M. (Hrsg.). (2006). *Illegalität. Grenzen und Möglichkeiten der Migrationspolitik.* Wiesbaden: VS Verlag für Sozialwissenschaften.

Bade, K. J. (2007). *Leviten lesen: Migration und Integration in Deutschland. Abschiedsvorlesung mit Grußworten und ausgewähltem Schriftenverzeichnis* (Aufl. 31). Osnabrück: Inst. für Migrationsforschung und Interkulturelle Studien.

Benz, W. (Hrsg.). (2006). *Umgang mit Flüchtlingen. Ein humanitäres Problem.* München: Deutscher Taschenbuch Verlag.

Bommes, M., & Scherr, A. (1996). *Exklusionsvermeidung, Inklusionsvermittlung und/oder Exklusionsverwaltung – Zur gesellschaftstheoretischen Bestimmung sozialer Arbeit* (Aufl. 2, S. 107–124). Lahnstein: Neue Praxis.

Bommes, M., & Scherr, A. (2000). *Soziologie der Sozialen Arbeit. Eine Einführung in Formen und Funktionen organisierter Hilfe.* Weinheim: Juventa.

BT-Drucksache. (2014). Drucksache 18/1033 vom 03.04.2014: Antwort der Bundesregierung auf die Kleine Anfrage der Abgeordneten Ulla Jelpke, Sevim Dağdelen, Katrin Kunert, weiterer Abgeordneter und der Fraktion DIE LINKE – Drucksache 18/669 – Zahlen in der Bundesrepublik Deutschland lebender Flüchtlinge zum Stand 31. Dezember 2013.

Butterwegge, C., & Hentges, G. (2009). *Zuwanderung im Zeichen der Globalisierung. Migrations-, Integrations- und Minderheitenpolitik.* Wiesbaden: VS Verlag für Sozialwissenschaften.

Deimann, A. (2012). *Die Duldung der Duldung. Ein Beitrag zur empirischen Rekonstruktion unerwünschter Migration und Integration.* Bonn: Free-Pen-Verlag.

Finotelli, C. (2007). *Illegale Einwanderung, Flüchtlingsmigration und das Ende des Nord-Süd-Mythos. Zur funktionalen Äquivalenz des deutschen und des italienischen Einwanderungsregimes.* Berlin: LIT.

Friedrich, H.-P. (2013). Presseerklärung des BMI vom 15.07.2013, online verfügbar unter http://www.bmi.bund.de/SharedDocs/Pressemitteilungen/DE/2013/07/asylzahlen-juni-2013.html. Zugegriffen: 20. Mai 2014.

Hall, S. (1994). ‚Rasse', Artikulation und Gesellschaften mit struktureller Dominante. In S. Hall (Hrsg.), *Rassismus und kulturelle Identität* (S. 89–136). Hamburg: Argument.
Hamburger, F. (2009). *Abschied von der Interkulturellen Pädagogik. Plädoyer für einen Wandel sozialpädagogischer Konzepte.* Weinheim: Beltz Juventa.
Hamburger, F. (2011). Migration. In H.-U. Otto & H. Thiersch (Hrsg.), *Handbuch Soziale Arbeit* (S. 946–958). München: Neuwied und Kriftel.
Heine, J. (2009). Europäisierung als Strategie. Die Änderung des deutschen Grundrechts auf Asyl. Saarbrücken: VDM.
Hunger, U., Aybek, C. M., Ette, A., & Michalowski, I. (Hrsg.). (2008). *Migrations- und Integrationsprozesse in Europa. Vergemeinschaftung oder nationalstaatliche Lösungswege?* Wiesbaden: VS Verlag für Sozialwissenschaften.
Krüger-Potratz, M. (2005). *Interkulturelle Bildung.* Münster: Eine Einführung.
Kühne, P., & Rüßler, H. (Hrsg.). (2000). *Die Lebensverhältnisse der Flüchtlinge in Deutschland.* Frankfurt a. M.: Campus.
Marx, R. (1984). Vom Schutz vor Verfolgung zur Politik der Abschreckung. Zur Geschichte des Asylverfahrensrechts in der Bundesrepublik Deutschland. In R. Marx (Hrsg.), *Asylrecht* (S. 379–395). Baden-Baden: s.n.
Mecheril, P. (2010). Migrationspädagogik. Hinführung zu einer Perspektive. In P. Mecheril et al. (Hrsg.) *Migrationspädagogik* (S. 7–22). Weihnheim: Belk.
Möller, K. (2010). Hybrid-Kulturen. Wie „Jugendliche mit Migrationshintergrund" postmigrantisch werden. In Archiv der Jugendkulturen e. V. (Hrsg.), *KanakCultures. Kultur und Kreativität junger MigrantInnen* (S. 9–22). Berlin: Verlag des Archivs der Jugendkulturen.
Ndahayo, E. (2014). Asylsuchende in Deutschland. Handlungsmöglichkeiten auf lokaler Ebene. *Migration und Soziale Arbeit, 36*(2), 183–187.
Riecken, P.-A. (2006). *Die Duldung als Verfassungsproblem. Unrechtmäßiger, nicht sanktionierter Aufenthalt von Ausländern in der Bundesrepublik Deutschland.* Berlin: Duncker & Humblot.
Schroeder, J. (2003). Der Flüchtlingsraum als ein „totaler Raum". Bildungsinstitutionen und ihre Grenzen. In U. Neumann, H. Niedrig, J. Schroeder, & L. H. Seukwa (Hrsg.), *Lernen am Rande der Gesellschaft* (S. 379–396). Münster: Bildungsinstitutionen im Spiegel von Flüchtlingsbiographien.
Settelmeyer, A., & Erbe, J. (2010). *Migrationshintergrund. Zur Operationalisierung des Begriffs in der Berufsbildungsforschung. Wissenschaftliches Diskussionspapier 112.* Bonn: Bundesinstitut für Berufsbildung.
Staub-Bernasconi, S. (1997). Soziale Arbeit als Menschenrechtsprofession. In F. Hochstrasser, H.-K. von Matt, S. Grossenbacher, & H. Oetiker (Hrsg.), *Die Fachhochschule für Soziale Arbeit* (S. 313–340). Bern: Bildungspolitische Antwort auf soziale Entwicklungen.
Täubig, V. (2009). *Totale Institution Asyl. Empirische Befunde zu alltäglichen Lebensführungen in der organisierten Desintegration.* Weinheim: Juventa.
Tsianos, V. (2010). Zur Genealogie und Praxis des Migrationsregimes. In Bildpunkt. *Zeitschrift der IG Bildende Kunst.* Wien, o. S.

Andreas Deimann ist Lehrbeauftragter an der Fachhochschule Köln und der Hochschule Niederrhein und leitet das Kommunale Integrationszentrum der Stadt Leverkusen.

Printed by Printforce, the Netherlands